Reinhard Rürup
unter Mitwirkung von Michael Schüring

Schicksale und Karrieren
Gedenkbuch für die von den Nationalsozialisten
aus der Kaiser-Wilhelm-Gesellschaft
vertriebenen Forscherinnen und Forscher

GESCHICHTE DER KAISER-WILHELM-GESELLSCHAFT
IM NATIONALSOZIALISMUS

Herausgegeben von
Reinhard Rürup und Wolfgang Schieder
im Auftrag der Präsidentenkommission
der Max-Planck-Gesellschaft

Band 14

Reinhard Rürup

unter Mitwirkung von Michael Schüring

Schicksale und Karrieren

Gedenkbuch für die von den Nationalsozialisten
aus der Kaiser-Wilhelm-Gesellschaft
vertriebenen Forscherinnen und Forscher

Mit einem Geleitwort
des Präsidenten
der Max-Planck-Gesellschaft

WALLSTEIN VERLAG

Lektorat: Christine Rüter

INHALT

Teil II

Biographische Skizzen

Teil III

Fotodokumentation

Geleitwort

Lise Meitner hatte über drei Jahrzehnte lang sehr erfolgreich mit Otto Hahn zusammen gearbeitet, als sie am 13. Juli 1938 aus dem nationalsozialistischen Deutschland fliehen mußte. Vorausgegangen war im Frühjahr 1938 der sogenannte »Anschluß« Österreichs an das Deutsche Reich. Seitdem galt die gebürtige Wienerin als »Inländerin«; sie fiel unter die seit 1933 ständig verschärften antisemitischen Bestimmungen, die sie als »100 % nichtarisch« stigmatisierten und der unmittelbaren Verfolgung aussetzten. Wenige Wochen nach Kriegsende, am 27. Juni 1945, richtete die renommierte Physikerin einen dramatischen brieflichen Appell an ihren ehemaligen Kollegen Otto Hahn: »Ihr habt auch alle für Nazi-Deutschland gearbeitet und habt auch nie nur einen passiven Widerstand zu machen versucht … Ich und viele andere mit mir meinen, ein Weg für Euch wäre, eine offene Erklärung abzugeben, dass Ihr Euch bewusst seid, durch Eure Passivität eine Mitverantwortung für das Geschehene auf Euch genommen zu haben, und dass Ihr das Bedürfnis habt, soweit das Geschehene heute überhaupt gut gemacht werden kann, dabei mitzuwirken … Du wirst Dich vielleicht erinnern, dass ich, als ich noch in Deutschland war, oft sagte: Solange wir die schlaflosen Nächte haben und nicht Ihr, solange wird es in Deutschland nicht besser werden. Aber Ihr hattet keine schlaflosen Nächte – Ihr habt nicht sehen wollen, es war zu unbequem«.

Knapper und eindrucksvoller kann man das Dilemma in der – oft irreführend als »Stunde Null« bezeichneten – unmittelbaren Nachkriegszeit wohl kaum auf den Punkt bringen. Doch nicht nur in jenem Jahr, sondern auch in den darauf folgenden Jahrzehnten wurde versäumt, das Geschehene wirklich zu hinterfragen oder genauer zu untersuchen. Die Rolle der Kaiser-Wilhelm-Gesellschaft im Nationalsozialismus fand zu lange zu wenig Beachtung, sie wurde geradezu tabuisiert.

Damit stand die Max-Planck-Gesellschaft in den Anfangsjahren der Bundesrepublik Deutschland keineswegs allein da. Ein Großteil der Organisationen aus Gesellschaft, Politik oder Wirtschaft hat damals versucht, einer konkreten Auseinandersetzung mit der eigenen Geschichte im Nationalsozialismus aus dem Weg zu gehen. Das änderte sich grundlegend erst in den 1980er Jahren und manifestierte sich besonders in der vielbeachteten Rede von Bundespräsident Richard von Weizsäcker am 8. Mai 1985 anläßlich des 40. Jahrestags des Kriegsendes. Damals legte Weizsäcker überzeugend dar, daß der 8. Mai 1945 nicht vom 30. Januar 1933, dem Beginn der nationalsozialistischen Diktatur, zu trennen ist. In der

Folge plädierte 1986 auch der damalige Präsident der Max-Planck-Gesell-schaft, Heinz Staab, anläßlich des 75. Jahrestags der Gründung der Kaiser-Wilhelm-Gesellschaft für einen offenen Umgang mit der Vergangenheit der Kaiser-Wilhelm-Gesellschaft im Nationalsozialismus – »ohne Beschönigung und Einseitigkeit«. Vier Jahre später bestattete die Max-Planck-Gesellschaft in einem symbolischen Akt die noch in den Max-Planck-Instituten vorhandenen Hirnschnitte von Opfern der national-sozialistischen Verbrechen.

Die systematische wissenschaftliche Untersuchung der Geschichte der Kaiser-Wilhelm-Gesellschaft im Nationalsozialismus wurde schließlich von meinem Vorgänger im Präsidentenamt, Hubert Markl, eingeleitet; auf seine Initiative hin ist auch der vorliegende Gedenkband erarbeitet worden. Eine im Jahre 1997 eingesetzte Präsidentenkommission sollte das Verhältnis der Kaiser-Wilhelm-Gesellschaft zum nationalsozialistischen System, das Handeln ihrer Wissenschaftler und Repräsentanten in der Zeit des Nationalsozialismus sowie die Folgewirkungen auf die Max-Planck-Gesellschaft so vollständig wie möglich, rückhaltlos und ohne jegliche institutionelle Befangenheit erforschen und publizieren. Die Kommission stand daher unter dem Vorsitz zweier unabhängiger Historiker, die be-wußt nicht der Max-Planck-Gesellschaft angehören sollten: Prof. Dr. Reinhard Rürup (Technische Universität Berlin) und Prof. Dr. Wolfgang Schieder (Universität zu Köln).

Beiden Vorsitzenden, den Projektleiterinnen und dem Projektleiter des Forschungsprogramms, seinen wissenschaftlichen Mitarbeiterinnen und Mitarbeitern und Doktoranden, bin ich zu Dank verpflichtet. In der von Reinhard Rürup und Wolfgang Schieder herausgegebenen Reihe »Geschichte der Kaiser-Wilhelm-Gesellschaft im Nationalsozialismus« sind 17 Bände veröffentlicht worden. Eine weitere, von den Projektlei-tern Carola Sachse, Susanne Heim und Rüdiger Hachtmann im Selbst-verlag des Forschungsprogramms herausgegebene Reihe kann insgesamt 28 Vorabdrucke vorweisen. Damit war das zunächst auf fünf Jahre an-gelegte und später auf sechs Jahre verlängerte Forschungsprogramm äu-ßerst produktiv; die historischen Ergebnisse haben internationale Be-achtung gefunden, und dies weit über die *scientific community* der Histo-riker hinaus.

Bei der notwendigen Aufarbeitung der institutionellen Geschichte sollten auch Verantwortung und Schuld der Täter sowie das persönliche Schicksal und das Leid der Opfer eine wichtige Rolle spielen. Die Histo-riker des Forschungsprogramms haben frühzeitig wissenschaftliche Be-funde vorgelegt, die eine geistige Miturheberschaft und zum Teil aktive Mitwirkung von Direktoren und Mitarbeitern mehrerer biowissenschaft-

lich ausgerichteter Kaiser-Wilhelm-Institute an den Verbrechen des nationalsozialistischen Regimes historisch zweifelsfrei belegen. Hubert Markl
hat sich daher im Jahre 2001 zur historischen Verantwortung der Max-
Planck-Gesellschaft für die Schuld bekannt, die eine Reihe von damals
an Kaiser-Wilhelm-Instituten tätigen Wissenschaftlern auf sich geladen
hatte. An Stelle der Kaiser-Wilhelm-Gesellschaft bat Markl um Verzei-
hung für das Leid, das den Opfern dieser Verbrechen im Namen der Wissenschaft zugefügt worden war. Er entschuldigte sich auch dafür, daß die
Max-Planck-Gesellschaft lange Zeit zu wenig zur Aufklärung der Geschichte der Kaiser-Wilhelm-Gesellschaft im Nationalsozialismus unternommen und sich somit zu spät dieser Verantwortung gestellt hat.

Terror, Willkür und Leid standen aber nicht erst am Ende der nationalsozialistischen Gewaltherrschaft, sondern schon an ihrem Anfang, im
Jahre 1933. Darauf hat seinerzeit bereits, wie erwähnt, Bundespräsident
Weizsäcker verwiesen, und das vorliegende Gedenkbuch belegt dies ein-
drucksvoll anhand der rassistischen Politik, die unmittelbar nach der
»Machtergreifung« einsetzte. Im Zuge der Ausführung des »Gesetzes zur
Wiederherstellung des Berufsbeamtentums«, das bereits wenige Wochen
nach der »Machtergreifung«, am 7. April 1933, erlassen (und von der Leitung der Kaiser-Wilhelm-Gesellschaft ohne großen Widerspruch umge-
setzt) wurde, verloren viele Wissenschaftlerinnen und Wissenschaftler
ihre Arbeitsplätze an den Kaiser-Wilhelm-Instituten. Zehn von insgesamt
35 Institutsleitern waren infolge der faschistischen Politik gezwungen, die
Kaiser-Wilhelm-Gesellschaft (und in vielen Fällen auch das Land) zu verlassen. Dabei handelte es sich um Max Bergmann (Kaiser-Wilhelm-Institut für Lederforschung), Albert Einstein (Physik), Richard Goldschmidt
(Biologie), Fritz Haber (physikalische Chemie und Elektrochemie), Reginald Oliver Herzog (Faserstoffchemie), Otto Meyerhof (medizinische
Forschung), Carl Neuberg (Biochemie), Ernst Rabel (ausländisches und
internationales Privatrecht), Hans Sachs (medizinische Forschung) und
Oskar Vogt (Hirnforschung).

Das gleiche Schicksal erlitten zahlreiche Abteilungsleiter (darunter
auch Cécile Vogt und Lise Meitner), wissenschaftliche, technische und
administrative Mitarbeiter, Stipendiaten und Gastforscher. Ihre individuelle Geschichte entwickelte sich dabei sehr unterschiedlich: Einige
konnten sehr erfolgreich an ihre Karriere anknüpfen, andere wiederum
fanden keine feste Stelle mehr. Ein Großteil erlebte den Verlust des Arbeitsplatzes – und der Heimat – als persönliche Katastrophe. Entwurzelt
und in die Emigration getrieben, dauerte es oft Jahre, bis sie sich sprachlich und kulturell in ihrem neuen Heimatland – in vielen Fällen waren
dies die USA – einleben konnten.

Der Gedenkband vereint nun insgesamt 104 biografische Skizzen, die um wertvolles fotografisches Material ergänzt wurden. Sie dokumentieren das Unrecht, das die aus den Reihen der Kaiser-Wilhelm-Gesellschaft stammenden Opfer des nationalsozialistischen Terrors und der Vertreibungspolitik erleiden mußten. Diese Menschen zu würdigen, ihren Platz in der deutschen Forschung zu dokumentieren und den vielfach Unbekannten ein Gesicht zu geben, ist das Anliegen des vorliegenden Gedenkbandes. Die Max-Planck-Gesellschaft als Erbin der Kaiser-Wilhelm-Gesellschaft ist es ihnen schuldig.

Peter Gruss
Präsident der Max-Planck-Gesellschaft

Teil I
Der Nationalsozialismus
und die Kaiser-Wilhelm-Gesellschaft:
Verfolgung und Vertreibung

1. Eine noble Adresse:
Die Kaiser-Wilhelm-Gesellschaft im Kaiserreich und in der Republik

Ein Clubhaus für die Wissenschaft

Am 7. Mai 1929 feierte man in Berlin-Dahlem die Eröffnung des von dem Münchener Architekten Carl Sattler entworfenen »Harnack-Hauses«. Es war ein großzügig geplantes, aufwendig gestaltetes Club- und Gästehaus der Kaiser-Wilhelm-Gesellschaft zur Förderung der Wissenschaften, das den Namen Adolf Harnacks trug, des großen liberalen Theologen, einflußreichen Wissenschaftsorganisators und langjährigen Präsidenten der Kaiser-Wilhelm-Gesellschaft. Seit Anfang 1926 hatte die Kaiser-Wilhelm-Gesellschaft für das in Deutschland einzigartige Vorhaben geworben und eine bemerkenswerte Unterstützung sowohl bei den Regierungen als auch in der Zivilgesellschaft gefunden: Preußen stellte ein repräsentatives Grundstück zur Verfügung, das Reich übernahm die Baukosten in Höhe von 1,5 Millionen Mark, und Spender aus dem gesamten Reichsgebiet (Individuen, Unternehmen und Gesellschaften) steuerten ca. 1,3 Millionen Mark für die Inneneinrichtung bei.

In der Werbung für das »Harnack-Haus« hatte der internationale wissenschaftliche Austausch im Vordergrund gestanden. Indem die Kaiser-Wilhelm-Gesellschaft ein Zentrum »für die internationale wissenschaftliche Zusammenarbeit« schaffe, hoffe sie, so hieß es in dem Spendenaufruf, der unter anderem von Carl Duisberg, Friedrich Flick, Hans Fürstenberg, Franz von Mendelssohn, Carl Friedrich von Siemens und Albert Vögler unterschrieben war, »eine praktische Leistung Deutschlands für die Organisation der internationalen Wissenschaft zu erbringen«. Ausländischen Forschern solle hier die Gelegenheit geboten werden, »auch außerhalb des Laboratoriums mit deutschen Gelehrten, aber auch mit Politikern, Wirtschaftlern, Beamten und Künstlern gesellschaftlich zusammenzukommen«. Darüber hinaus gehe es darum, »in Dahlem, fern von dem Getriebe der Großstadt, ein Heim zu schaffen, das alle geistig interessierten Kreise in Berlin und darüber hinaus anzieht, einige Stunden im Monat eine Aussprache mit Angehörigen gleicher oder anderer geistiger Richtungen zu suchen«.[1]

1   Eckart Henning, Das Harnack-Haus in Berlin-Dahlem. »Institut für ausländische Gäste«, Clubhaus und Vortragszentrum der Kaiser-Wilhelm-/Max-Planck-Gesellschaft, München 1996, Text des Spendenaufrufs S. 105 f.

Außenminister Gustav Stresemann überbrachte bei der Eröffnung die Glückwünsche der Reichsregierung, und als Vertreter des diplomatischen Corps gab der Botschafter der Vereinigten Staaten von Amerika seiner Überzeugung Ausdruck, daß man künftig »die ausländischen Gelehrten, die im Harnack-Hause leben werden, zu den glücklichsten aller Menschen« rechnen müsse. Tatsächlich wurde das »Harnack-Haus« ein hoch geschätzter Aufenthaltsort vieler ausländischer Gäste. Noch wichtiger aber waren seine Funktionen als Clubhaus der Kaiser-Wilhelm-Gesellschaft und als begehrter Veranstaltungsort, der mit seinen großen Sälen, dem Goethe-Saal mit 500 und dem Helmholtz-Saal mit 320 Plätzen, sowie zahlreichen kleineren Veranstaltungsräumen auch von Reichs- und preußischen Ministerien, politischen Parteien, vom Allgemeinen Deutschen Gewerkschaftsbund, der Juristischen Gesellschaft, der Archäologischen Gesellschaft und manchen anderen Institutionen und Vereinigungen genutzt wurde. Im »Harnack-Haus« fanden zudem die öffentlichen Vorträge der Kaiser-Wilhelm-Gesellschaft, die berühmten »Haber-Colloquien«, die »Dahlemer Medizinischen Abende«, die »Dahlemer Biologischen Abende« und nicht zuletzt die Jahreshauptversammlungen der Gesellschaft statt. »In wenigen Jahren«, konstatierte ein »Merkblatt« des Hauses, das vermutlich aus dem Jahr 1932 stammt, »hat das Harnack-Haus sich zum Zentrum des geistigen Lebens in Berlin entwickelt.«[2] Das war in dieser Form sicherlich übertriebenes Selbstlob, doch handelte es sich unbestritten um einen der repräsentativen Orte des geistigen und gesellschaftlichen Lebens der deutschen Hauptstadt.

Als Clubhaus bot das »Harnack-Haus« den Angehörigen und Gästen der in Dahlem gelegenen Kaiser-Wilhelm-Institute einen Komfort, für den es in den deutschen Universitäten, Akademien und anderen wissenschaftlichen Einrichtungen nichts Vergleichbares gab. Im »Handbuch der Kaiser-Wilhelm-Gesellschaft« konnte man 1936 lesen, daß hier täglich etwa 150-180 Personen »ein einfaches, gut zubereitetes Mittagessen zu mäßigen Preisen« einnahmen. Die übrigen Annehmlichkeiten wurden folgendermaßen geschildert: »Nach dem Essen stehen die mit bequemen Sesseln ausgestattete Bismarck-Halle mit ihrer Terrasse und der große, gepflegte Garten zur Verfügung. Dort kann der Kaffee genommen werden, während man Zeitungen [zur Auswahl standen 10 deutsche und 10 ausländische Zeitungen] und Zeitschriften [die Bibliothek des Hauses abonnierte 140 Zeitschriften] durchsieht, oder es bilden sich Gruppen beim Schachspiel oder im Gespräch. Andere ziehen es vor, in dem mit

---

2   Faksimile des »Merkblatts«: ebd., S. 109-110.

Liegestühlen versehen Lesezimmer eine Stunde der Ruhe zu verbringen, ehe sie an ihre Arbeit in die Institute zurückkehren. Morgens vor der Arbeit oder auch nachmittags werden die drei Tennisplätze im Garten oder der helle Turnsaal sowie die Bade- und Duschräume zu Training und Erholung benutzt.«[3] Um möglicher Kritik an der luxuriösen Ausstattung des Hauses zuvorzukommen, hatte Friedrich Glum, Generaldirektor der Kaiser-Wilhelm-Gesellschaft, bei der Eröffnung betont: »Alles, was Ihnen in diesem Hause oder seiner Umgebung als Luxus erscheinen könnte, die Bilder und die sonstigen Kunstgegenstände, die Bücher und die Teppiche, die Tennisplätze draußen im Garten, sie alle sind uns gestiftet worden.«[4] In unmittelbarer Nachbarschaft des »Harnack-Hauses« wurden im Laufe der dreißiger Jahre außerdem noch ein privat geführtes Schwimmbad der Kaiser-Wilhelm-Gesellschaft und ein Kindergarten für die Kinder der Mitarbeiter und Gäste geschaffen. Wer in der Kaiser-Wilhelm-Gesellschaft und hier insbesondere in den Dahlemer Instituten arbeitete, befand sich in einer außerordentlich privilegierten Position, und dessen waren sich von den Institutsdirektoren und den festen wissenschaftlichen Mitarbeitern bis zu den Gastforschern und Stipendiaten, den Sekretärinnen und dem technischen Personal auch alle bewußt.

Entstehung und Blüte der Kaiser-Wilhelm-Gesellschaft

1929 war die Kaiser-Wilhelm-Gesellschaft auf dem Höhepunkt ihrer Entwicklung vor 1933, denn schon bald hatte auch sie mit den großen, aus der Weltwirtschaftskrise resultierenden Finanzproblemen zu kämpfen, die ihren bis dahin stetig fortschreitenden Ausbau stoppten, die Fortführung der laufenden Arbeiten erschwerten und möglicherweise sogar ihre Existenz bedrohten. Gegründet worden war die Gesellschaft im Januar 1911, in der Zeit der Hochindustrialisierung, in der das Deutsche Reich zur zweitgrößten Industriemacht der Welt, hinter den USA, aber vor Großbritannien und Frankreich, aufgestiegen war. Chemie und Elektroindustrie, beide in Deutschland besonders stark entwickelt, waren zu den neuen Leitsektoren des wirtschaftlichen Wachstums geworden. Es war eine Zeit großer wissenschaftlicher Entdeckungen und technischer Pionierleistungen, die weit über die nationalen Grenzen hinaus wirkten und den Glauben an die scheinbar unbegrenzten Möglichkeiten des wissenschaftlich-technischen Fortschritts immer aufs neue beflügelten. Daß Deutschland zu den führenden Wissenschaftsnationen der Welt gehörte,

---

3 Zitiert ebd., S. 10.
4 Zitiert ebd., S. 9.

war bei den Zeitgenossen völlig unumstritten. Sein Schul- und Universitätswesen, nicht zuletzt seine Technischen Hochschulen, galten international als vorbildlich. Die deutsche Sprache war am Vorabend des Ersten Weltkrieges die maßgebliche Wissenschaftssprache, in den Natur- und Technikwissenschaften ebenso wie in den Geisteswissenschaften. Dennoch gab es Befürchtungen, daß das deutsche Wissenschaftssystem im Zeitalter der imperialistischen Konkurrenz den kommenden Herausforderungen nicht gewachsen sein könnte. Aus solchen Überlegungen heraus entstand die Idee, neben den bestehenden und durchaus erfolgreichen Universitäten, Technischen Hochschulen und Akademien einen neuen Typus außeruniversitärer Forschungsstätten zu schaffen, die den begabtesten und leistungsfähigsten Wissenschaftlern die Möglichkeit bieten sollten, sich unbelastet von den üblichen Lehr-, Prüfungs- und Verwaltungsaufgaben ausschließlich der Forschung zu widmen.

Nach längeren Vorarbeiten, die vor allem im preußischen Kultusministerium geleistet wurden, kündigte Kaiser Wilhelm II. im Oktober 1910 bei der Hundertjahrfeier der Berliner Friedrich-Wilhelms-Universität die Gründung einer »Gesellschaft zur Förderung der Wissenschaften« an, die – »unter meinem Protektorat und Namen« – »sich die Errichtung und Erhaltung von Forschungsstätten zur Aufgabe stellt«, die – außerhalb der Universitäten und Hochschulen – »lediglich der Forschung dienen«. Die Dringlichkeit des Vorhabens betonend, erklärte er: »Solche Forschungsstätten tunlichst bald ins Leben zu rufen, erscheint mir als eine heilige Aufgabe der Gegenwart, und ich halte es für meine landesväterliche Pflicht, das allgemeine Interesse für dieses Unternehmen zu erbitten.« Finanziert werden sollte das Unternehmen in erster Linie durch das mäzenatische Engagement der Bürger, doch wurde der Staat, wie Wilhelm II. ausdrücklich versicherte, damit nicht aus seiner Pflicht entlassen: »Daß den zu gründenden Instituten, soweit erforderlich, auch staatliche Hilfe nicht fehle, wird die Sorge meiner Regierung sein.«[5]

5   Zur Entstehung und Frühgeschichte der Kaiser-Wilhelm-Gesellschaft siehe Lothar Burchardt, Wissenschaftspolitik im Wilhelminischen Deutschland. Vorgeschichte, Gründung und Aufbau der Kaiser-Wilhelm-Gesellschaft zur Förderung der Wissenschaften, Göttingen 1975; Günter Wendel, Die Kaiser-Wilhelm-Gesellschaft 1911-1914. Zur Anatomie einer imperialistischen Forschungsgesellschaft, Berlin 1975; und vor allem Bernhard vom Brocke, Die Kaiser-Wilhelm-Gesellschaft im Kaiserreich. Vorgeschichte, Gründung und Entwicklung bis zum Ausbruch des Ersten Weltkriegs, in: Rudolf Vierhaus/Bernhard vom Brocke (Hg.), Forschung im Spannungsfeld von Politik und Gesellschaft. Geschichte und Struktur der Kaiser-Wilhelm-/Max-Planck-Gesellschaft, Stuttgart 1990, S. 17-162, hier auch die zitierten Äußerungen Wilhelms II., S. 27 und 30.

Mit der konstituierenden Sitzung der Kaiser-Wilhelm-Gesellschaft in der Berliner Akademie der Wissenschaften begann im Januar 1911 eine Entwicklung, deren Tempo selbst die hochgestimmten Gründer überraschte. Bis zum Beginn des Ersten Weltkrieges wurden acht Forschungseinrichtungen begründet, und im Laufe des Krieges kamen sechs weitere hinzu. Schon im Oktober 1912 konnten auf dem Gelände der früheren Domäne Dahlem im Südwesten Berlins die Neubauten der ersten zwei Institute, beide mit Stiftungsgeldern bzw. Mitteln der Industrie errichtet, eingeweiht werden. Es handelte sich um das Kaiser-Wilhelm-Institut für Chemie unter der Leitung von Ernst Beckmann (mit den Abteilungsleitern Richard Willstätter und Otto Hahn) und um das KWI für physikalische Chemie und Elektrochemie unter der Leitung von Fritz Haber. Ein Jahr später wurden die Institute für Arbeitsphysiologie unter der Leitung von Max Rubner und für experimentelle Therapie unter der Leitung von August von Wassermann (aus dem 1925 das Institut für Biochemie unter Leitung von Carl Neuberg wurde) eröffnet. Im Juli 1914 konnte das Institut für Kohlenforschung in Mülheim an der Ruhr (Direktor Franz Fischer), im Mai 1915 das Institut für Biologie (Direktor Carl Correns, mit den Abteilungsleitern Richard Goldschmidt, Max Hartmann, Hans Spemann und Otto Warburg) seine Arbeit aufnehmen. Mit der Eröffnung der Zoologischen Station Rovigno (später »Deutsch-Italienisches Institut für Meeresbiologie«) an der Adria 1911 und der Bibliotheca Hertziana in Rom 1914 waren die ersten ausländischen Forschungseinrichtungen der KWG geschaffen. 1917 begann das (kleine) Institut für Deutsche Geschichte seine Arbeit, 1918 entstanden das Kaiser-Wilhelm-Institut für Eisenforschung in Düsseldorf und ein zweites Kohlenforschungsinstitut in Breslau (»Fritz von Friedländer-Fuldsches Institut«, später »Schlesisches Kohlenforschungsinstitut der Kaiser-Wilhelm-Gesellschaft«). 1919 fiel die Entscheidung für das von Oskar Vogt konzipierte Kaiser-Wilhelm-Institut für Hirnforschung, das auf den geplanten Neubau allerdings bis 1931 warten mußte, ähnlich wie das Kaiser-Wilhelm-Institut für Physik, zu dessen Direktor 1914 Albert Einstein ernannt wurde, das ein eigenes Gebäude aber erst in den dreißiger Jahren erhielt.

Ihre Hauptblütezeit erlebte die Wissenschaftsförderungsgesellschaft, trotz revolutionärer Unruhen, Inflation und internationaler Isolierung, in der kurzlebigen Weimarer Republik. Schon in der frühen Nachkriegszeit entstanden weitere industrienahe Institute wie das KWI für Faserstoffchemie (1920), das KWI für Metallforschung (1920), das in den dreißiger Jahren nach Stuttgart verlegt wurde, und das KWI für Lederforschung in Dresden (1922). 1924 wurde die Deutsche Forschungsanstalt für Psychiatrie in München in die Kaiser-Wilhelm-Gesellschaft übernommen, 1925

nahmen das KWI für Strömungsforschung in Göttingen in Verbindung
mit der Aerodynamischen Versuchsanstalt und das KWI für ausländisches
öffentliches Recht und Völkerrecht den Betrieb auf, 1926 folgte mit dem
KWI für ausländisches und internationales Privatrecht das zweite juristische Institut. Bis Anfang der dreißiger Jahre, als die Wirtschaftskrise alle
weiteren Gründungsaktivitäten zu einem vorläufigen Scheitern verurteilte,
konnten noch fünf Institute eröffnet werden: für Silikatforschung (1926),
für Anthropologie, menschliche Erblehre und Eugenik (1927), für Züchtungsforschung in Müncheberg/Mark (1928), für medizinische Forschung
in Heidelberg (1929/30, mit 4 bzw. 5 Teilinstituten) und für Zellphysiologie (1931). Dazu kamen zahlreiche andere Forschungs- oder Forschungs-
förderungseinrichtungen wie die Hydrobiologische Anstalt in Plön, die
Vogelwarte Rossitten, das Deutsche Entomologische Museum (später
»Deutsches Entomologisches Institut«), das Forschungsinstitut für Was-
serbau und Wasserkraft in München und am Walchensee, die Forschungsstelle für Mikrobiologie in São Paulo, nicht zuletzt auch das 1925
gegründete »Japan-Institut« (zur Förderung der wissenschaftlichen und
kulturellen Beziehungen zwischen Deutschland und Japan) und das
»Harnack-Haus«.

Dahlem als »deutsches Oxford«?

1931, nach zwanzig Jahren ihres Bestehens, konnte die Kaiser-Wilhelm-
Gesellschaft mit berechtigtem Stolz feststellen, daß unter ihrem Dach inzwischen 34 Institute und andere Forschungseinrichtungen tätig waren.
Die meisten der Kaiser-Wilhelm-Institute befanden sich im hauptstädtischen Berlin, doch waren von Anfang an auch andere Standorte innerhalb Preußens berücksichtigt worden (Mülheim/Ruhr, Düsseldorf, Breslau, Göttingen), und während der Weimarer Republik, als das Deutsche
Reich hinsichtlich seiner finanziellen Zuwendungen einen Platz neben
und schon bald vor Preußen einnahm, entwickelte sich die Kaiser-Wilhelm-Gesellschaft mit den neuen Instituts-Standorten in Dresden, München und vor allem Heidelberg immer mehr zu einem gesamtdeutschen
Unternehmen. Mit Einrichtungen in Italien, Österreich, der Schweiz
und schließlich sogar Brasilien reichte sie sogar deutlich über die deutschen Grenzen hinaus. Das Zentrum blieb jedoch Berlin, wo der Präsident und die Generalverwaltung ihren Sitz zuerst in den Räumen der
Königlichen Bibliothek (Unter den Linden) und seit 1922 im Berliner
Schloß hatten (auch die beiden juristischen Institute und das Institut für
Deutsche Geschichte waren im Schloß untergebracht). Wer von der Kaiser-Wilhelm-Gesellschaft und ihren Instituten sprach, dachte allerdings

weniger an das Schloß als an das abseits des hauptstädtischen Getriebes gelegene Dahlem, das frühere Domänengelände, das Friedrich Althoff, der viele Jahre lang einflußreichste Wissenschaftspolitiker im preußischen Kultusministerium, bereits in den 1890er Jahren als Standort »einer durch hervorragende Wissenschaftsstätten bestimmten vornehmen Kolonie, eines deutschen Oxford« konzipiert hatte.[6]

In Dahlem entstanden die ersten großen Kaiser-Wilhelm-Institute und die in unmittelbarer Nachbarschaft erbauten repräsentativen Direktorenvillen. Mit zehn Instituten, dem Entomologischen Museum und dem »Harnack-Haus« bildete Dahlem den eigentlichen Kern der Kaiser-Wilhelm-Gesellschaft und ihrer Forschungen. Hier arbeiteten und lebten die meisten Nobelpreisträger, deren Namen mit der Geschichte der Gesellschaft vor 1933 verbunden sind: Albert Einstein, James Franck (der bei der Verleihung des Preises bereits in Göttingen lehrte, aber dem Institut für physikalische Chemie und Elektrochemie eng verbunden blieb), Fritz Haber, Max von Laue, Otto Meyerhof (der kurz nach der Verleihung des Preises aus Kiel an das KWI für Biologie berufen wurde), Otto Warburg und Richard Willstätter (der schon 1916 einen Ruf nach München annahm). Nach 1933 kamen noch Adolf Butenandt, Peter Debye und Werner Heisenberg dazu. Mit Max Planck war ein weiterer Nobelpreisträger von 1930 bis 1937 Präsident der Kaiser-Wilhelm-Gesellschaft.[7] Das hohe internationale Ansehen der Dahlemer Forschungsstätten kam auch in der ständig steigenden Zahl ausländischer Mitarbeiter und vor allem Gastwissenschaftler zum Ausdruck, während umgekehrt vor allem Einstein, Goldschmidt und Haber, aber auch viele andere Kollegen ehrenvolle Einladungen zu Vorträgen und Gastaufenthalten in zahlreichen europäischen und außereuropäischen Ländern erhielten. Der wissenschaftliche Austausch mit den international wichtigsten Zentren der Forschung wurde systematisch gefördert, und die jungen deutschen Forscher fanden in ihren Bemühungen um Auslandsstipendien die nachdrückliche Unterstützung ihrer Institute.

Die Kaiser-Wilhelm-Gesellschaft insgesamt und vor allem ihre Dahlemer Institute gehörten am Ende der Weimarer Republik unbestritten zu

---

6 Eckart Henning/Marion Kazemi, Dahlem – Domäne der Wissenschaft/Dahlem – Domain of Science, 2. Aufl., Berlin 2002, Faksimile des Aktentitels mit der zitierten Formulierung S. 2 (»Frontispiz«). Zur Geschichte Dahlems, das 1920 nach Berlin eingemeindet wurde, als Berliner Villenviertel und Wissenschaftszentrum vor allem Michael Engel, Geschichte Dahlems, Berlin 1984, sowie ders., Dahlem als Wissenschaftszentrum, in: Vierhaus/vom Brocke (Hg.), Forschung, S. 552-578.

7 Vgl. Marion Kazemi, Nobelpreisträger in der Kaiser-Wilhelm-/Max-Planck-Gesellschaft zur Förderung der Wissenschaften, Berlin 2002.

den ersten Adressen in der internationalen Wissenschaftslandschaft. Eine Einladung als Gastforscher galt als eine besondere Ehre und Chance, die Tätigkeit als Doktorand, Assistent oder Stipendiat bedeutete in den allermeisten Fällen den Beginn einer wissenschaftlichen Karriere, die Berufung zum Wissenschaftlichen Mitglied und Direktor den Höhepunkt der wissenschaftlichen Laufbahn. Manche zogen sogar die Stellung eines Wissenschaftlichen Mitglieds und Abteilungsleiters in einem der großen Institute einer ordentlichen Universitätsprofessur vor, weil die Forschungsmöglichkeiten besser, der Austausch mit den Kollegen intensiver und kontinuierlicher, das soziale Umfeld unkomplizierter und damit angenehmer waren. Im Rückblick derjenigen, die ab 1933 aus politischen und rassistischen Gründen aus diesem Wissenschaftsmilieu vertrieben wurden, mag sich manches verklärt haben, doch ist es auffällig, wie sehr nahezu alle, von denen Äußerungen überliefert sind, darin übereinstimmten, daß es sich um eine Konstellation handelte, die den beteiligten Forschern in ganz besonderer Weise die volle Entfaltung ihrer wissenschaftlichen Fähigkeiten ermöglichte. Die Vertreibung aus der Kaiser-Wilhelm-Gesellschaft und ihren Instituten bedeutete deshalb für die allermeisten nicht nur den Verlust eines hoch geschätzten Arbeitsplatzes, sondern auch den Verlust von Zugehörigkeit, den Verlust wissenschaftlicher Heimat.

Die aus einer berühmten Gelehrtenfamilie stammende Fanny du Bois-Reymond, die ihre Stelle als Gärtnerin im KWI für Züchtungsforschung aus rassistischen Gründen verlor, formulierte im März 1934 in einem Brief an Friedrich Glum, »was es für mich bedeutet, die Gemeinschaft der K.W.G. verlassen zu müssen« und »wie innig man an dieser Gemeinschaft hängt«: »Man atmet hier die Luft, die ich aus der hohen wissenschaftlichen Tradition meiner Familie gewohnt war. Diese Atmosphäre war mir selbst in meiner bescheidenen Stellung vollkommen gemäß, so daß ich heute noch gar nicht verstehe, wie ich außerhalb davon existieren soll. Es war mir immer eine bewußte Ehre, dazuzugehören, der ich mich die 6 $^1/_2$ Jahre lang bemüht habe, durch ganze Hingabe an die Arbeit gerecht zu werden.«[8] Aus sehr viel größerem Abstand und in vollem Bewußtsein alles dessen, was inzwischen geschehen war, schrieb der Nobelpreisträger Otto Meyerhof im Herbst 1948 aus Philadelphia in einem Brief an Otto Hahn, mit dem er die Wahl zum Auswärtigen Wissenschaftlichen Mitglied der Max-Planck-Gesellschaft annahm: »Da diese

---

8   Brief vom 30.3.1934, zitiert nach Ute Deichmann, Biologen unter Hitler. Porträt einer Wissenschaft im NS-Staat, 2., überarbeitete und erw. Aufl., Frankfurt/Main 1995, S. 35. Fanny du Bois-Reymond wurde entlassen, weil eine ihrer Großmütter, die bereits 1839 (!) getauft worden war, als jüdisch galt.

das geistige Erbe der Kaiser-Wilhelm-Gesellschaft anzutreten bestimmt ist, will ich zum Ausdruck bringen, daß ich meine 14jährige Tätigkeit als wissenschaftliches Mitglied und Direktor der Kaiser-Wilhelm-Gesellschaft in Dahlem und Heidelberg als die erfolgreichste Periode meiner wissenschaftlichen Existenz betrachte, daß ich diese Jahre und die Arbeitsgemeinschaft mit den dortigen Kollegen in freundlichster Erinnerung habe und daß ich mich freue, diese Beziehungen wiederaufzunehmen.«[9]

Ursachen des Erfolges

Was die Kaiser-Wilhelm-Gesellschaft von anderen wissenschaftlichen Einrichtungen unterschied, war zunächst einmal, daß es sich um eine sehr lockere Organisation handelte, in der die einzelnen Institute eine bemerkenswerte Selbständigkeit und Unabhängigkeit genossen. Die Kaiser-Wilhelm-Gesellschaft war ein eingetragener Verein, der aufgrund seiner beträchtlichen Einnahmen aus privaten Stiftungen, Zuwendungen der Industrie und Mitgliedsbeiträgen vom Staat zwar beaufsichtigt, aber nicht direkt kontrolliert wurde, andererseits durch seine Staatsnähe vor möglichen Zudringlichkeiten der privaten Geldgeber weitgehend geschützt war. Wissenschaft könne nur in Freiheit gedeihen, hatte Adolf von Harnack schon im Vorfeld der Gründung argumentiert. Geboten sei deshalb,»den besten Weg zwischen der Tyrannei der Masse und der Bureaukratie einerseits und der Clique und dem Geldsack andererseits« zu finden.[10] Auch sollte der Verwaltungsaufwand so niedrig wie möglich gehalten werden. Die ersten Generalsekretäre der Gesellschaft nahmen ihre Aufgaben ehrenamtlich wahr, erst Friedrich Glum war ab 1922 als Generalsekretär (ab 1927 als Generaldirektor) hauptamtlich tätig. Er verkörperte einen neuen Typus des modernen Wissenschaftsmanagers: wissenschaftlich begabt und politisch selbstbewußt, vielfältig vernetzt und organisatorisch effektiv, innovations- und entscheidungsfreudig. Auch

9 Brief vom 16.10.1948, zitiert nach Michael Schüring, Minervas verstoßene Kinder. Vertriebene Wissenschaftler und die Vergangenheitspolitik der Max-Planck-Gesellschaft, Göttingen 2006, S. 337 f. Durch die Arbeit mit Meyerhof in Heidelberg stark geprägt wurden u. a. vier spätere Nobelpreisträger: Fritz Lipmann, André Lwoff, Severo Ochoa und Georg Wald; vgl. Bernhard vom Brocke, Die Kaiser-Wilhelm-Gesellschaft in der Weimarer Republik. Ausbau zu einer gesamtdeutschen Forschungsorganisation, in: Vierhaus/vom Brocke (Hg.), Forschung, S. 197-355, hier S. 314.

10 Harnack an den preußischen Kultusminister August von Trott zu Solz, 22.1.1910, in: 50 Jahre Kaiser-Wilhelm-Gesellschaft und Max-Planck-Gesellschaft zur Förderung der Wissenschaften, 1911-1961. Beiträge und Dokumente, Göttingen 1961, S. 95.

unter seiner Leitung blieb jedoch die Zahl der Mitarbeiter in der Generalverwaltung bemerkenswert klein.

Sinn und Zweck der Gesellschaft war es, wie es in der Satzung von 1911
hieß,»die Wissenschaften, insbesondere durch Gründung und Erhaltung
naturwissenschaftlicher Forschungsinstitute, zu befördern«. Die eigentliche Forschungsarbeit fand in den Instituten statt, die auf sehr unterschiedliche Weise finanziert wurden und je spezifische, keineswegs einheitliche Organisationsformen aufwiesen. Es gab Institute, die ganz oder
zumindest überwiegend aus privaten Mitteln unterhalten wurden, und es
gab andere Einrichtungen, die ganz überwiegend mit staatlichen Geldern
finanziert wurden. Dabei waren im Laufe der Zeit erhebliche Veränderungen zu beobachten: In den frühen Jahren der Kaiser-Wilhelm-Gesellschaft konnten die laufenden Kosten zu drei Vierteln aus privaten und zu
nur einem Viertel aus öffentlichen Mitteln bestritten werden, gegen Ende
der Weimarer Republik lag der Anteil der öffentlichen Mittel dagegen
bereits bei 55 %, weil die Stiftungsmittel durch die Inflation dezimiert
und unter dem Einfluß von Inflation und wirtschaftlicher Depression
auch die Zuwendungen aus Handel und Industrie zurückgegangen, die
staatlichen Zuwendungen aber gestiegen waren. Zugleich hatte der preußische Staat seine führende Rolle an das Deutsche Reich abgetreten: Im
Haushaltsjahr 1932/33 kamen rund 74 % der öffentlichen Mittel für die
Kaiser-Wilhelm-Gesellschaft aus den Kassen des Reiches.[11]

Die Gründung der Kaiser-Wilhelm-Gesellschaft ist immer wieder als
ein entscheidender Schritt auf dem Wege zur modernen Großforschung
interpretiert worden. Das ist aber nur in einem eingeschränkten Sinne
zutreffend. Theodor Mommsen hatte schon 1890 im Hinblick auf die
Langzeitprojekte der Akademie der Wissenschaften »die Großforschung,
die nicht von Einem geleistet, aber von Einem gelenkt wird«, als »ein not-
wendiges Element unserer Kulturentwicklung« bezeichnet, und Harnack
hatte 1905 von der Notwendigkeit eines »Großbetriebs der Wissenschaft«
gesprochen:»Wissenschaft ist im Grunde und letztlich immer Sache des
Einzelnen; daran vermag keine Entwicklung etwas zu ändern. Aber es
gibt Aufgaben, deren Bewältigung ein Menschenleben weit übersteigt; es
gibt ferner Aufgaben, die so viele Vorbereitungen verlangen, daß der Einzelne bis zur Aufgabe selbst gar nicht vorzudringen vermag; es gibt end-

---

11   Zu den Finanzen der Kaiser-Wilhelm-Gesellschaft vor allem Peter-Christian
     Witt, Wissenschaftsfinanzierung zwischen Inflation und Deflation. Die Kaiser-
     Wilhelm-Gesellschaft 1918/19 bis 1934/35, in: Vierhaus/vom Brocke (Hg.), For-
     schung, S. 579-656; für die Gründungsjahre auch vom Brocke, Kaiser-Wilhelm-
     Gesellschaft (Kaiserreich), S. 155-157.

lich solche, die durch ihre Kompliziertheit eine Arbeitsteilung erfordern.«[12] Diese Einsichten standen auch hinter der Gründung der Kaiser-Wilhelm-Gesellschaft. Doch gab es große außeruniversitäre Forschungseinrichtungen bereits vorher. In Deutschland waren das neben den immer wichtiger werdenden Industrielabors vor allem die staatlichen Forschungsanstalten, vom Kaiserlichen Gesundheitsamt (1876) über die Physikalisch-Technische Reichsanstalt (1887) bis zum Königlichen Materialprüfungsamt (1904) und der Biologischen Reichsanstalt für Landwirtschaft und Forsten (1905). Hochschulunabhängige Forschungseinrichtungen existierten auch schon in den USA, in Großbritannien, Frankreich und Schweden, von denen die 1902 gegründete »Carnegie Institution of Washington«, die binnen weniger Jahre zwölf Forschungsinstitute errichtete, aber auch das New Yorker »Institute for Medical Research« der Rockefeller Foundation (seit 1901) und die Institute der Nobel-Stiftung in Schweden (seit 1905) besondere Aufmerksamkeit verdienen.

Die Kaiser-Wilhelm-Gesellschaft war kein in sich geschlossener wissenschaftlicher Großbetrieb, sie bildete vielmehr ein gemeinsames Dach zahlreicher wissenschaftlicher Einrichtungen, von denen einige selber eine beachtliche Größenordnung erreichten. Das galt bei den ersten Gründungen für das KWI für physikalische Chemie und Elektrochemie und das KWI für Biologie, später vor allem für das KWI für medizinische Forschung und das KWI für Hirnforschung. Gemeinsam war allen Instituten die starke Position des Direktors. Über dessen Stellung führte Harnack 1928 auf der Jahreshauptversammlung der Kaiser-Wilhelm-Gesellschaft aus: »In so hohem Grade ist der Direktor die Hauptperson, daß man auch sagen kann: die Gesellschaft wählt einen Direktor und baut um ihn herum ein Institut.«[13] Vier Jahre später erklärte Max Planck als Präsident: »Die Leistungen eines jeden Kaiser-Wilhelm-Instituts beruhen im Grunde auf der Persönlichkeit seines Direktors. Der Direktor ist die Seele des Instituts, er schaltet im Rahmen der allgemeinen satzungsmäßigen Bestimmungen und des ihm zur Verfügung stehenden Etats als Herr

---

12 Mommsen zitiert nach Conrad Grau, Genie und Kärrner – zu den geistesgeschichtlichen Wurzeln des Harnack-Prinzips in der Berliner Akademietradition, in: Bernhard vom Brocke/Hubert Laitko (Hg.), Die Kaiser-Wilhelm-/Max-Planck-Gesellschaft und ihre Institute. Studien zu ihrer Geschichte: Das Harnack-Prinzip, Berlin 1996, S. 139-144, hier S. 141; Adolf von Harnack, Vom Großbetrieb der Wissenschaft, in: ders., Aus Wissenschaft und Leben, Bd. 1, Gießen 1911, S. 10-20, hier S. 10 f. (zuerst in: Preußische Jahrbücher 119, 1905, S. 193-201).

13 Zitiert nach Rudolf Vierhaus, Bemerkungen zum sogenannten Harnack-Prinzip. Mythos und Realität, in: vom Brocke/Laitko (Hg.), Kaiser-Wilhelm-/Max-Planck-Gesellschaft, S. 129-138, hier S. 129.

im Hause, er bestimmt die Aufgaben, die in Angriff zu nehmen sind, er trägt die Verantwortung für das in dem Institut Geleistete.«[14] Der Direktor entschied nicht nur über das Forschungsprogramm, sondern auch in allen Personalangelegenheiten, soweit es sich nicht um Wissenschaftliche Mitglieder und Abteilungsleiter handelte, und er verfügte über die dem Institut zur Verfügung stehenden Mittel, von denen keineswegs alle über die Konten der Generalverwaltung liefen.

Allerdings wurde dieses Prinzip nicht dogmatisch gehandhabt. Bei der Gründung des Instituts für Biologie wurden beispielsweise gleichzeitig mit dem Direktor auch die Abteilungsleiter berufen, und zwar als Wissenschaftliche Mitglieder mit eigenen, deutlich abgegrenzten Arbeitsgebieten. Und selbst ein seine umfassenden Entscheidungsvollmachten so effizient nutzender Direktor wie Fritz Haber gewährte den Abteilungsleitern seines Instituts, die ihre eigenen Arbeitsgruppen bildeten und ihre Forschungsschwerpunkte selber bestimmten, ein hohes Maß an Autonomie. Das Kaiser-Wilhelm-Institut für medizinische Forschung in Heidelberg war von Anfang an als die organisatorische Einheit von vier bzw. fünf Teilinstituten gedacht, die in ihrer Forschungsarbeit weitgehend unabhängig voneinander agierten. Das von Harnack formulierte Prinzip prägte vor allem die kleineren Institute und läßt sich besonders deutlich an dem für Otto Warburg geschaffenen und von ihm geleiteten KWI für Zellphysiologie beobachten. Über Warburgs Führungsstil berichtete der spätere Nobelpreisträger Sir Hans Krebs, der als junger Mann bei ihm gearbeitet hatte: »Er bestand darauf, daß er in seinem Institut in jeder Beziehung sein eigener Herr war, entsprechend dem Zeitgeist früherer Generationen. Er allein entschied über die Anstellung und Entlassung seiner Mitarbeiter.«[15] Und Manfred von Ardenne erinnerte sich an »die tagtägliche persönliche Kontrolle und nötigenfalls auch Umdisponierung der Arbeit der Mitarbeiter durch Otto Warburg«.[16] Nicht zuletzt aus diesem Grunde war Warburg stets darauf bedacht, die Zahl der Wissenschaftler in seinem Institut nicht zu groß werden zu lassen.

14   Zitiert nach Herbert Haevecker, 40 Jahre Kaiser-Wilhelm-Gesellschaft, in: Jahrbuch der Max-Planck-Gesellschaft, Göttingen 1951, S. 7-59, hier S. 44; vgl. dazu Hubert Laitko, Persönlichkeitszentrierte Forschungsorganisation als Leitgedanke der Kaiser-Wilhelm-Gesellschaft. Reichweite und Grenzen, Ideal und Wirklichkeit, in: vom Brocke/Laitko, Kaiser-Wilhelm-/Max-Planck-Gesellschaft, S. 583-632.

15   Sir Hans Krebs, Otto Warburg. Biochemiker, Zellphysiologe, Mediziner, in: Jahrbuch der Max-Planck-Gesellschaft, Göttingen 1978, S. 79-96, hier S. 90.

16   Manfred von Ardenne in einem 1984 veröffentlichten Interview, zitiert nach Laitko, Persönlichkeitszentrierte Forschungsorganisation, S. 614 f.

Die autoritäre Leitungsstruktur der meisten Kaiser-Wilhelm-Institute
stand in vielen Fällen in einer gewissen Spannung zu dem in den Instituten und auch über die Grenzen der Institute hinaus praktizierten Stil des
offenen wissenschaftlichen Austausches aller am Forschungsprozeß Beteiligten. Man nutzte die Möglichkeit, theoretische und praktische Fragen der Forschung mit den Koryphäen des jeweiligen Faches, aber auch
mit den Vertretern benachbarter Disziplinen zu diskutieren, und an diesen
Diskussionen waren nicht nur die bereits durch überragende Forschungsergebnisse ausgewiesenen Gelehrten, sondern auch die Nachwuchswissenschaftler und Gäste intensiv beteiligt. Wissenschaftliche Neuansätze
fanden in diesem Klima ständiger fachlicher Kommunikation besondere
Aufmerksamkeit und Unterstützung. Herausragende Begabungen wurden früh erkannt und entsprechend gefördert. Es gab gewiß auch Kon-
kurrenzen zwischen einzelnen Wissenschaftlern und Instituten, doch war
das Wir-Gefühl in der Kaiser-Wilhelm-Gesellschaft in aller Regel so stark
ausgeprägt, daß man den Kollegen die wissenschaftlichen Erfolge nicht
neidete, sondern sie als Ausweis des gemeinsamen Leistungsvermögens
würdigte.

2. Selbstbehauptung und »Selbstgleichschaltung«: Nationalsozialistische »Machtergreifung« und Kaiser-Wilhelm-Gesellschaft

»Nationale Revolution« und Einparteiendiktatur

Für die Angehörigen der Kaiser-Wilhelm-Gesellschaft war die Ernennung Adolf Hitlers zum Reichskanzler am 30. Januar 1933 eine ebenso
große Überraschung wie für die meisten deutschen Politiker und die
politisch interessierte Öffentlichkeit. Die Nationalsozialistische Deutsche Arbeiterpartei (NSDAP) hatte bei den Reichstagswahlen im November 1932 erstmals große Verluste erlitten, sie hatte mit heftigen innerpar-
teilichen Auseinandersetzungen zu kämpfen und war auch finanziell am
Ende. Hitlers Strategie des »Alles oder Nichts« war erfolglos geblieben,
die bis dahin unwiderstehlich wirkende Dynamik der nationalsozialistischen »Bewegung« schien gebrochen. Daß Hitler dennoch Kanzler wurde,
war ein Ergebnis des Machtpokers und Intrigenspiels einer kleinen
Gruppe national-konservativer Politiker, die die nationalsozialistische
Mobilisierung der Massen zur Etablierung eines autoritären Systems nut-

zen wollten.[17] Diesen Zielvorstellungen entsprach die Zusammensetzung der neuen Regierung: Mit Wilhelm Frick als Reichsinnenminister und Hermann Göring als Minister ohne Geschäftsbereich (der aber gleichzeitig zum kommissarischen preußischen Innenminister ernannt wurde) gab es unter den zehn Ministern lediglich zwei Nationalsozialisten (erst im März kam Josef Goebbels als »Minister für Volksaufklärung und Propaganda« dazu), während der frühere Reichskanzler Franz von Papen als Vizekanzler und der Vorsitzende der Deutschnationalen Partei Alfred Hugenberg als Minister für Wirtschaft, Ernährung und Landwirtschaft als die eigentlich starken Männer des Kabinetts galten.

Formal betrachtet, handelte es sich am 30. Januar 1933 um die Einsetzung einer neuen »Präsidialregierung«, d. h. einer Regierung, die über keine parlamentarische Mehrheit verfügte und deshalb in ihrem politischen Handeln vom Vertrauen des Reichspräsidenten abhängig war. Hitler wurde nicht als der »Führer« eines neuen »Dritten Reiches« berufen, sondern als der 13. Regierungschef der Weimarer Republik. Das von ihm geführte »Kabinett der nationalen Konzentration« war die 21. Regierung dieser Republik. Tatsächlich handelte es sich jedoch um alles andere als politische Routine. Hitlers Ernennung zum Reichskanzler erwies sich vom ersten Tag an als eine fatale, schon bald nicht mehr korrigierbare politische Weichenstellung. Die nationalsozialistische Propaganda erklärte den 30. Januar umgehend zum ersten Tag einer neuen Epoche der deutschen Geschichte. Sie verkündete den Beginn der »nationalen Revolution«, die das deutsche Volk in einer »Volksgemeinschaft« einen werde.

Von Anfang an setzte man die staatlichen Machtmittel ein, um die politische Linke, allen voran die Kommunisten, aber auch Sozialdemokraten, Gewerkschafter und Linksliberale, zu verfolgen und systematisch zu unterdrücken. Gegnerische Zeitungen, Demonstrationen und Versammlungen wurden verboten, den Zugriff auf die Polizei nutzte man skrupellos für die politischen Auseinandersetzungen. Schon Mitte Februar schuf Göring in Preußen eine neue »Hilfspolizei« aus Angehörigen der SA, der SS und des »Stahlhelm«, des deutsch-nationalen »Frontkämpferbundes«. Die staatlichen Organe duldeten und unterstützten die Einrichtung von Konzentrationslagern und »Privatgefängnissen« der SA. Durch die Verbindung von Staatsmacht und unverhüllter Gewaltanwendung der para-

---

17 Zur Krise der NSDAP und der unmittelbaren Vorgeschichte des 30. Januar 1933 vor allem Henry Ashby Turner, Hitlers Weg zur Macht. Der Januar 1933, München 1996; und Eberhard Kolb, Die Weimarer Republik und das Problem der Kontinuität vom Kaiserreich zum »Dritten Reich«, in: ders., Umbrüche deutscher Geschichte: 1866/71 – 1918/19 – 1929/33, hg. v. Dieter Langewiesche und Klaus Schönhoven, München 1993, S. 359-372.

militärischen Verbände gelang den Nationalsozialisten binnen weniger Wochen die faktische Ausschaltung aller politischen Gegner und die Einschüchterung weiter Teile der Bevölkerung.

Der Terror war jedoch nicht alles. Die nationalsozialistische »Machtergreifung« erfolgte auch im Bündnis mit großen Teilen des deutschen Bürgertums und der national-konservativen Funktionseliten im Militär, im Beamtenapparat, in der Industrie, aber auch in den Kirchen, Universitäten und Schulen. Die Zahl der Menschen, die den »nationalen Aufbruch« und das Ende der Weimarer Republik begrüßten, reichte weit über das Lager der NSDAP-Mitglieder und -Wähler hinaus. Allzu viele stellten sich nicht nur »auf den Boden der Tatsachen«, wie das in der Revolution von 1918/19 geschehen war, sondern identifizierten sich geradezu enthusiastisch mit dem schon lange erhofften politischen »Systemwechsel«.[18]

Im Rückblick erstaunt vor allem das atemberaubende Tempo der nationalsozialistischen Machteroberung und Machtsicherung. Sofort nach der Regierungsbildung setzte Hitler für den 5. März 1933 eine Neuwahl des im November 1932 gerade erst gewählten Reichstags durch. Es folgte ein Wahlkampf mit massiven Behinderungen der gegnerischen Parteien. Den Brand des Reichstagsgebäudes am 27. Februar, den die Nationalsozialisten als Signal für einen kommunistischen Aufstandsversuch darstellten, nutzte die Regierung für eine »Notverordnung« des Reichspräsidenten »zum Schutz von Volk und Staat«, durch die der Ausnahmezustand verkündet und die in der Verfassung verankerten Grundrechte außer Kraft gesetzt wurden. Da die Geltung dieser Verordnung nicht befristet war, wurde der permanente Ausnahmezustand zum eigentlichen »Grundgesetz« des »Dritten Reiches«, das die Weimarer Verfassung zwar kaum noch beachtete, aber nie vollständig außer Kraft setzte.[19] Obwohl die Reichstagswahl der NSDAP mit 43,9% einen relativen Sieg brachte, der zusammen mit den 8% der Deutschnationalen Volkspartei eine Mehr-

---

18 Zum »Machtergreifungsprozeß« siehe u. a. Karl Dietrich Bracher, Stufen der Machtergreifung, Frankfurt/Main 1983; Martin Broszat, Der Staat Hitlers. Grundlegung und Entwicklung seiner inneren Verfassung, 15. Aufl., München 2000; Gotthard Jasper, Die gescheiterte Zähmung. Wege zur Machtergreifung Hitlers 1930-1934, Frankfurt/Main 1986; Norbert Frei, Der Führerstaat. Nationalsozialistische Herrschaft 1933 bis 1945, 6., erw. Aufl., München 2001. Ergänzend dazu die Dokumentationen von Josef Becker/Ruth Becker (Hg.), Hitlers Machtergreifung 1933. Vom Machtantritt Hitlers 30. Januar 1933 bis zur Besiegelung des Einparteienstaates 14. Juli 1933, 2., erw. Aufl., München 1992; und Wolfgang Michalka (Hg.), Das Dritte Reich. Dokumente zur Innen- und Außenpolitik, Bd. 1: »Volksgemeinschaft« und Großmachtpolitik 1933-1939, München 1995.

19 Vgl. Ernst Fraenkel, Der Doppelstaat. Recht und Justiz im »Dritten Reich«, Frankfurt/Main 1984 (zuerst New York 1941), S. 26.

heit im Parlament bedeutete, entschied sich die nationalsozialistische Führung grundsätzlich gegen eine Wiederbelebung des parlamentarischen Systems. Durch das »Ermächtigungsgesetz«, dem unter starkem politischen Druck am 23. März alle politischen Parteien außer der Sozialdemokratie zustimmten (die KPD-Mandate waren vorher für ungültig erklärt worden), erhielt die Regierung für die gesamte Legislaturperiode das Recht, Gesetze, auch solche verfassungsändernder Art, ohne Zustimmung des Reichstages zu erlassen. Danach ging alles ganz schnell. Ende März/Anfang April erfolgte die politische »Gleichschaltung« der deutschen Länder. Am 2. Mai überfielen SA-Männer die Häuser der Gewerkschaften, die unmittelbar danach aufgelöst und durch die nationalsozialistische »Deutsche Arbeitsfront« beerbt wurden. Nachdem die KPD und die ihr nahestehenden Organisationen schon gleich nach dem Reichstagsbrand in die Illegalität getrieben worden waren, erfolgte am 22. Juni das Verbot der SPD. Wenige Tage später gaben die Deutsche Staatspartei (früher »Deutsche Demokratische Partei«), die Deutsche Volkspartei und auch die Deutschnationale Partei, der bisherige Bündnispartner der NSDAP, ihre Selbstauflösung bekannt. Am 4. und 5. Juli folgten das katholische Zentrum und die ihm nahestehende Bayerische Volkspartei. Mit dem »Gesetz gegen die Neubildung von Parteien« vom 14. Juli, dessen erster Paragraph lautete: »In Deutschland besteht als einzige politische Partei die Nationalsozialistische Deutsche Arbeiter-Partei«, wurde Deutschland offiziell zum Einparteienstaat. Politische Bestrebungen außerhalb der NSDAP waren von da an strafbar. Am gleichen Tag erging eine Weisung des Reichsinnenministers an die Reichs- und Landesbehörden, mit der den Beamten der »Hitler-Gruß« zur Pflicht gemacht wurde.

Im September 1933 folgten das »Reichskulturkammer«-Gesetz und das »Schriftleiter«-Gesetz, die der »Gleichschaltung« der Kultureinrichtungen und der Presse dienten, indem sie den Ausschluß aller politisch oder rassistisch unerwünschten Künstler, Journalisten und Redakteure ermöglichten. Schon vom Frühjahr 1933 an entschieden sich die meisten Organisationen und Verbände, von den Turn- und Sportvereinen bis zum Allgemeinen Deutschen Automobil-Club (ADAC), für eine politische »Selbstgleichschaltung«, die ihren Ausdruck in erster Linie in dem Ausschluß jüdischer bzw. »nichtarischer« Mitglieder und der Einführung des »Führerprinzips« fand. Als Hitler im November 1933 eine Volksabstimmung durchführen ließ, bei der die Wähler ihre Zustimmung zur Politik der Reichsregierung, die inzwischen die Genfer Abrüstungskonferenz verlassen und Deutschlands Austritt aus dem Völkerbund verkündet hatte, bekunden sollten, stimmten – bei einer extrem hohen Wahlbeteiligung –

95,1 %, das waren 40,6 Millionen Wähler, in dem politisch gewünschten Sinne ab. Auch wenn es sich eindeutig nicht mehr um freie Wahlen handelte, bleibt das Ausmaß der Zustimmung bis heute ein erschreckendes Zeugnis der politischen Verführbarkeit des deutschen Volkes. Wenig später, am 1. Dezember, verkündete ein »Gesetz zur Sicherung der Einheit von Partei und Staat«: »Nach dem Sieg der nationalsozialistischen Revolution ist die Nationalsozialistische Deutsche Arbeiterpartei die Trägerin des deutschen Staatsgedankens und mit dem Staate unlöslich verbunden.« Zum endgültigen Abschluß kam der »Machtergreifungs«-Prozeß schließlich Anfang August 1934, als mit dem Tod des Reichspräsidenten Paul von Hindenburg die Ämter des Reichspräsidenten und des Reichskanzlers vereint wurden und Hitler als Staatsoberhaupt (von da an: »Führer und Reichskanzler«) auch Oberkommandierender der Reichswehr (seit 1935: Wehrmacht) wurde.

Erste Reaktionen in der Kaiser-Wilhelm-Gesellschaft

Hitlers Ernennung zum Reichskanzler, die ersten Wochen des »Machtergreifungs«-Prozesses und selbst die Wahlergebnisse vom 5. März und die Verabschiedung des »Ermächtigungsgesetzes« am 23. März wurden weder an der Spitze der Kaiser-Wilhelm-Gesellschaft noch in den meisten Instituten als besorgniserregend empfunden. Von dem seit dem 28. Februar bestehenden Ausnahmezustand war man nicht unmittelbar betroffen, und das Programm einer politischen Neuordnung unter der Parole der »nationalen Revolution« erschien vielen als ein längst überfälliger Ausbruch aus der krisenhaften Weimarer Republik. Max Planck und Friedrich Glum repräsentierten die Kaiser-Wilhelm-Gesellschaft bei der feierlichen Eröffnung des Reichstages in der Potsdamer Garnisonskirche am 21. März, die publikumswirksam als Symbol der Verschmelzung des alten Preußen mit der »jungen« nationalsozialistischen »Bewegung« inszeniert wurde. In zahlreichen Kaiser-Wilhelm-Instituten hißte man an diesem Tag statt Schwarz-Rot-Gold erstmals die schwarz-weiß-rote Fahne des Kaiserreichs und die Hakenkreuzfahne, die durch eine »Notverordnung« des Reichspräsidenten am 12. März zu den offiziellen Fahnen des Deutschen Reiches erklärt worden waren.

Ende März sahen weder Planck noch Glum einen Grund, ihre seit langem geplanten Ferienreisen nach Italien zu verschieben. Sogar als am 7. April das »Berufsbeamtengesetz« erlassen wurde, dessen rassistische Bestimmungen auch die Angehörigen der Kaiser-Wilhelm-Gesellschaft bedrohten, sah man in der Generalverwaltung keinen unmittelbaren Handlungsbedarf. Ernst Telschow, zweiter Geschäftsführer der Gesellschaft, schrieb am 8. April beruhigend an Planck, und Max Lukas von Cranach, der Stellvertreter Glums, versicherte diesem am 10. April:»Ich sehe die Sachlage als durchaus nicht aufregend an; ähnlich ist auch die Einstellung von Exzellenz Schmidt-Ott.«[20] Selbst Fritz Haber, der klarer als die meisten anderen erkannte, was auf die Kaiser-Wilhelm-Gesellschaft zukommen würde, und durch die Ende März vom preußischen Justizminister verfügte »Beurlaubung« jüdischer Richter ausgesprochen alarmiert war, meinte in einem Brief vom 1. April an seinen Freund Richard Willstätter in München:»Der Präsident der KWG ist bis Ende des Monats in Italien, und es scheint mir nicht angemessen, einen Mann seines Alters ohne unmittelbare Not aufzufordern, vorzeitig zurückzukehren.«[21]

Im Vergleich zu den Universitäten und Hochschulen, an denen die Unruhe vor allem von den Studenten, aber auch von einem Teil der Assistenten und jüngeren Dozenten ausging, blieb es im Frühjahr 1933 in der Kaiser-Wilhelm-Gesellschaft tatsächlich deutlich ruhiger. Der Nationalsozialistische Deutsche Studentenbund hatte seit 1929, zuerst an der Universität Erlangen, dann an einer schnell wachsenden Zahl von Universitäten und Technischen Hochschulen (1932 bereits an 11 der 23 Universitäten), absolute Mehrheiten bei den Studentenwahlen errungen und dementsprechend die jeweiligen Studentenausschüsse dominiert, seit dem Sommer 1931 auch den nationalen Dachverband (»Deutsche Studentenschaft«). Die »Machtergreifung« fand, was allzu oft übersehen wird, bei den deutschen Studenten sehr viel früher als auf gesamtpolitischer und gesamtgesellschaftlicher Ebene statt. So lange die Autorität des Rektors, des Akademischen Senats und der Fakultäten noch nicht ernsthaft in Frage gestellt war, blieben die Auswirkungen auf den Universitätsbetrieb allerdings gering. Das änderte sich jedoch mit dem Beginn der nationalsozialistischen »Machtergreifung«. Die nationalsozialistischen Studenten machten die Universitäten und Hochschulen zu Orten unmittelbarer politischer Auseinandersetzungen. Sie forderten die Entlassung unerwünschter Professoren, verhinderten Lehrveranstaltungen, übten psychischen, aber auch physischen Druck auf die politisch anders denkenden Studenten und Dozenten aus.[22] Das größte Aufsehen, auch international, erregte die von

20 Telschow an Planck, 8.4.1933, und von Cranach an Glum, 10.4.1933, MPG-Archiv, Abt. I, Rep. 1A, Nr. 531/1. Friedrich Schmidt-Ott, Staatsminister a. D. und Vorsitzender der Notgemeinschaft der deutschen Wissenschaft, vertrat als 2. Vizepräsident den abwesenden Präsidenten Planck.

21 Zitiert nach Petra Werner/Angelika Irmscher (Hg.), Fritz Haber. Briefe an Richard Willstätter, 1910-1934, Berlin 1995, S. 128.

22 Vgl. Michael Grüttner, Studenten im Dritten Reich, Paderborn 1995. Als aktuelle Zusammenfassung des inzwischen erreichten Kenntnisstandes über die deut-

den Studenten initiierte und organisierte »Aktion wider den undeutschen Geist«, die mit der berüchtigten Bücherverbrennung abgeschlossen wurde, die am 10. Mai in den deutschen Universitätsstädten stattfand. Die »Feuerrede« hielten an vielen Orten die Rektoren oder Professoren der Universität. In Berlin, wo die Scheiterhaufen auf dem Opernplatz gegenüber der Universität errichtet wurden, übernahm diese Aufgabe Reichspropagandaminister Goebbels.[23]

Von diesen Entwicklungen blieb die Kaiser-Wilhelm-Gesellschaft weitgehend verschont. Unter ihren Mitgliedern gehörte nur Einstein zu den Autoren, deren Bücher verbrannt wurden. Studenten gab es in den Instituten lediglich als Doktoranden oder Hilfskräfte. Zwar befanden sich darunter, wie auch unter den jüngeren wissenschaftlichen Mitarbeitern, durchaus Anhänger und Mitglieder der NSDAP, doch suchten diese die politische Auseinandersetzung in der Regel nicht an ihrem Arbeitsplatz. Über die nationalsozialistischen »Aktionskomitees« urteilte Telschow am 8. April, daß sie »zum größten Teil aus untergeordneten Persönlichkeiten wie technischen Assistenten« bestünden und keine wirkliche Gefahr darstellten.[24] Auch den »Betriebszellen« der NSBO (Nationalsozialistische Betriebszellenorganisation) gehörten nur in Einzelfällen jüngere Wissenschaftler an. Doch war, spätestens nach der Zerschlagung der deutschen Gewerkschaften am 2. Mai, die Bildung von Parteiorganisationen in den Instituten nicht mehr aufzuhalten, zumal die Aktivitäten der NSBO von einigen Direktoren wie Eugen Fischer (KWI für Anthropologie, menschliche Erblehre und Eugenik) und Wilhelm Eitel (KWI für Silikatforschung) ausdrücklich unterstützt wurden. Eitel, der einzige Institutsdirektor, der im Frühjahr 1933 der NSDAP beitrat, hatte nach eigenem Bekunden Anfang Mai sogar persönlich »die Führung und Ausgestaltung der Betriebszellen innerhalb der Kaiser-Wilhelm-Gesellschaft« übernommen.[25] In

schen Universitäten seit 1933 siehe ders., Die deutschen Universitäten unter dem Hakenkreuz, in: John Connolly/Michael Grüttner (Hg.), Zwischen Autonomie und Anpassung: Universitäten in den Diktaturen des 20. Jahrhunderts, Paderborn 2003, S. 67-100.

23 Vgl. Gerhard Sauder (Hg.), Die Bücherverbrennung. Zum 10. Mai 1933, München 1983; Ulrich Walberer (Hg.), 10. Mai 1933. Bücherverbrennung in Deutschland und die Folgen, Frankfurt/Main 1983; Reinhard Rürup, Deutsche Studenten »wider den undeutschen Geist«. Die Bücherverbrennungen vom 10. Mai 1933, in: Friedrich Meschede (Hg.), Micha Ullman: Bibliothek, Amsterdam 1999, S. 27-36.

24 Zitiert nach Richard H. Beyler, »Reine« Wissenschaft und personelle »Säuberungen«. Die Kaiser-Wilhelm-/Max-Planck-Gesellschaft 1933 und 1945, Berlin 2004, S. 13.

25 So Eitel nach dem Protokoll der Sitzung Plancks mit den Direktoren der Berliner Institute am 5.5.1933, MPG-Archiv, Abt. I, Rep. 1A, Nr. 531/1. Glum berichtete in

einer Sitzung am 5. Mai 1933, zu der Planck die Direktoren der Berliner
Institute eingeladen hatte, verständigte man sich deshalb dahin, die Zellen der NSBO in den Kaiser-Wilhelm-Instituten vorläufig als Betriebsgruppen anzuerkennen.[26] Die Konflikte waren damit allerdings nicht
behoben, sondern blieben, teilweise in verschärfter Form, noch bis ins
Frühjahr 1934 präsent.

Während die Direktoren in den meisten Fällen darum bemüht waren,
die Politik nicht in die Institute eindringen zu lassen, und man an der
Spitze der Kaiser-Wilhelm-Gesellschaft vor allem darauf bedacht war, die
institutionelle Autonomie der Gesellschaft nicht zu gefährden, fehlte es
andererseits auch nicht an Beispielen eiliger Anpassung an die neuen Verhältnisse. In der Generalverwaltung traten Max Lukas von Cranach und
Ernst Telschow ohne langes Zögern in die NSDAP ein. Am 1. Mai beteiligte sich die Generalverwaltung mit den Berliner Institutsmitarbeitern an
der von den Nationalsozialisten propagierten Großkundgebung zum »Tag
der Arbeit«.[27] Im Sommer 1933 wurde der »Hitler-Gruß« auch in der Kaiser-Wilhelm-Gesellschaft eingeführt, und schon bald folgte der besondere
»Führer-Schmuck« mit Hitler-Bildern und Hitler-Büsten. Besonders erwähnenswert sind in diesem Zusammenhang die Vorgänge im Dresdener
KWI für Lederforschung, wo der Direktor Max Bergmann offensichtlich
schon sehr früh wegen der Beschäftigung von Juden, Ausländern und angeblich linksradikal eingestellten Mitarbeitern unter Druck geriet. Nach
einer von ihm selber verfaßten, von anderen Teilnehmern gegengezeich-
neten Niederschrift über eine Sitzung am 5. April, zu der er »die bezahl-
ten Mitarbeiter und Angestellten des Instituts« eingeladen hatte, führte
Bergmann bei dieser Gelegenheit aus: »Ich mache die Angestellten darauf
aufmerksam, daß ich bisher, solange in Deutschland politisch ein Wider-
streit der Meinungen geherrscht hat, die Angestellten angehalten habe,
sich von jeder aktiven Stellungnahme fernzuhalten; jetzt, nachdem ein-
deutige politische Verhältnisse geschaffen sind und ein einheitlicher politischer Wille vorliegt, halte ich es für die Angestellten unseres Instituts,
das zum Teil aus Staats- und öffentlichen Mitteln unterhalten wird, für
notwendig, sich klar und eindeutig hinter die neue Regierung zu stellen

---

der Sitzung, daß eine Vertretung der Dahlemer Betriebsgruppen bereits in der
Generalverwaltung gewesen sei: »die Verhandlungen seien durchaus erfreulich
verlaufen, man brauche keinerlei Befürchtungen für die Zukunft zu haben«.

26 Vgl. Margit Szöllösi-Janze, Fritz Haber, 1868-1934. Eine Biographie, München
1998, S. 661.

27 Friedrich Glum, Zwischen Wissenschaft, Wirtschaft und Politik. Erlebtes und Erdachtes in vier Reichen, Bonn 1964, S. 445: »Da mußten auch wir mit sämtlichen
Büro- und Institutsangehörigen auf dem Tempelhofer Feld aufmarschieren.«

und in jeder Lebenslage nach dem Willen der Regierung zu handeln, genau wie ich selbst mich völlig hinter den Willen der Regierung stelle. Mitarbeiter und Angestellte, die sich nicht hinter die Regierung stellen wollen, dürfen im Institut nicht vorhanden sein und können auf keinen Fall geduldet werden.«[28] Bergmann, der zu diesem Zeitpunkt den Ausländern unter den Beschäftigten seines Instituts bereits gekündigt hatte und auch einen Mitarbeiter und eine Mitarbeiterin, die zu heiraten beabsichtigten, nachdrücklich darauf hingewiesen hatte, daß einer der beiden dann als »Doppelverdiener« gelten werde und aus dem Institut ausscheiden müsse, nützte das alles wenig. Nur kurze Zeit später wurde er von der sächsischen Regierung, die für ihn als ordentlicher Professor der Technischen Hochschule Dresden zuständig war, aufgrund der antisemitischen Bestimmungen des »Berufsbeamtengesetzes« vom 7. April 1933 in den Ruhestand versetzt. Im Oktober 1933 unternahm er eine Vortragsreise in die USA, von der er nicht mehr nach Deutschland zurückkehrte.

Ringen um institutionelle Autonomie

Als die Italien-Urlauber Planck und Glum in den letzten Apriltagen wieder in Berlin eintrafen, schien rasches Handeln dringend geboten.[29] Glum begann gleich nach der Wiederaufnahme seiner Dienstgeschäfte mit den ersten Schritten zur Durchführung des »Berufsbeamtengesetzes«. Planck lud die Berliner Direktoren zu einer Sitzung ein, in der die politische Situation in den Instituten zur Diskussion stand, und versuchte vergeblich, Fritz Haber davon abzuhalten, sein Rücktrittsgesuch als Direktor des KWI für physikalische Chemie und Elektrochemie abzuschicken. Ausgelöst wurden diese Aktivitäten durch ein Gespräch, das von Cranach am 21. April im preußischen Ministerium für Wissenschaft, Kunst und Volksbildung geführt hatte. Der für Wissenschaft und Forschung zuständige Ministerialbeamte hatte ihm bei dieser Gelegenheit erklärt, daß sofortige Änderungen vor allem im Personalbestand des Haber-Instituts unerläßlich seien. Sonst bestünde, hielt von Cranach in einem »Vermerk«

---

28 »Niederschrift über den Verlauf der Besprechungen am Mittwoch, dem 5. April 33«, MPG-Archiv, Abt. I, Rep. 1A, Nr. 538/4.

29 Zur Politik der Kaiser-Wilhelm-Gesellschaft im »Machtergreifungsprozeß« jetzt vor allem Rüdiger Hachtmann, Wissenschaftsmanagement im »Dritten Reich«. Das Beispiel der Generalverwaltung der Kaiser-Wilhelm-Gesellschaft, 2 Bde., Göttingen 2007, bes. Bd. 1, S. 259-443; außerdem Kristie Macrakis, Surviving the Swastika. Scientific Research in Nazi Germany, New York 1993; Helmuth Albrecht/Armin Hermann, Die Kaiser-Wilhelm-Gesellschaft im Dritten Reich (1933-1945), in: Vierhaus/vom Brocke (Hg.), Forschung, S. 356-406.

über das Gespräch fest, »die größte Gefahr nicht nur für das Haber'sche
Institut, sondern auch für die Kaiser-Wilhelm-Gesellschaft«. In diesem
Zusammenhang sei, so hieß es in dem »Vermerk« weiter, »auch die Ein-
setzung eines Staatskommissars« erwähnt worden.[30] Die Drohung mit
dem Staatskommissar, bei der nicht ganz klar ist, ob sie sich allein auf das
Institut oder auf die Gesellschaft insgesamt bezog, erwies sich vor dem
Hintergrund der allgemeinen politischen Entwicklungen als außerordentlich wirksam.[31] Der nationalsozialistische »Machtergreifungs«-Prozeß bedeutete in seiner scheinbar unwiderstehlichen Dynamik auch für die
Kaiser-Wilhelm-Gesellschaft das Ende aller Sicherheit. Die Eingriffe in
den Universitätsbetrieb, die Denunziationen von Hochschullehrern und
die Forderungen nach einer sofortigen »Beurlaubung« aller künftig unerwünschten Dozenten betrafen auch die Direktoren und einen Teil der
wissenschaftlichen Mitarbeiter der Kaiser-Wilhelm-Institute, und als ein
Menetekel besonderer Art mußten in dieser Situation die Auseinandersetzungen um die »Sektion Dichtkunst« der Akademie der Künste erscheinen, die schon im Februar/März zum Ausschluß und Austritt führender
Mitglieder der Sektion geführt hatten und in einer radikalen politischen
»Gleichschaltung« der Sektion endeten.

Ende April begann die Kaiser-Wilhelm-Gesellschaft mit dem, was
Friedrich Glum später als »Selbstgleichschaltung« charakterisierte.[32]

30 MPG-Archiv, Abt. I., Rep. 1A, Nr. 531/1. Dem Ministerium lagen auch gegen das
    Haber-Institut gerichtete Denunziationen vor. So hieß es in dem Schreiben eines
    Dr. Albert Auerhahn (Heidelberg) vom 4.4.1933 an den preußischen Kultusmini-
    ster: »Der berühmte Professor Haber am Kaiser-Wilhelm-Institut in Berlin be-
    schäftigt 14 Assistenten, wovon 13 Juden sind. Der Vertrauensmann für die Stel-
    lenbesetzung an allen Universitäten ist eine galizische Jüdin Lissy [sic] Meitner.«
    Selbst so absurde Behauptungen wie diese wurden dem Präsidenten der Kaiser-
    Wilhelm-Gesellschaft vom Ministerium in Kopie »zur Kenntnisnahme und wei-
    teren Veranlassung« vorgelegt (MPG-Archiv, Abt. I, Rep. 1A, Nr. 451/3). Vgl.
    Szöllösi-Janze, Fritz Haber, S. 840 f.
31 Vorschläge zu einer Neustrukturierung der Kaiser-Wilhelm-Gesellschaft kamen
    auch aus dem Kreis der KWI-Direktoren. Wilhelm Eitel, Direktor des KWI für
    Silikatforschung, schickte schon am 24.4.1933 eine »Denkschrift über die Neuori-
    entierung der Kaiser-Wilhelm-Gesellschaft« an Reichsinnenminister Frick, in der
    er vorschlug, einen Reichskommissar einzusetzen, »der mit Vollmacht die Gesell-
    schaft ihren grundlegenden Bestimmungen einer nationalen umfassenden For-
    schungsarbeit wieder zuführt«. Eitel blieb allerdings mit diesem Vorstoß in der
    Kaiser-Wilhelm-Gesellschaft isoliert. Vgl. Heiko Stoff, Eine zentrale Arbeitsstätte
    mit nationalen Zielen. Wilhelm Eitel und das Kaiser-Wilhelm-Institut für Silikat-
    forschung 1926-1945, Berlin 2006, Zitat S. 23.
32 Vgl. Glum, Wissenschaft, S. 443. Der Begriff der »Selbstgleichschaltung« ist in
    der neueren Literatur zuerst von Albrecht/Hermann aufgenommen worden; vgl.
    diess., Kaiser-Wilhelm-Gesellschaft, S. 359.

Hierbei ging es in erster Linie darum, die Leitung der Kaiser-Wilhelm-Gesellschaft zu »reorganisieren«, d. h., den neuen politischen Verhältnissen anzupassen. Das betraf den Senat, den Verwaltungsausschuß – das eigentliche Lenkungsorgan der Gesellschaft – und den Präsidenten. Die letzten satzungsmäßigen Wahlen und Berufungen – die Hälfte der Senatsmitglieder wurde von der Mitgliederversammlung gewählt, die andere Hälfte von der preußischen Regierung und der Reichsregierung benannt, der Präsident und der Verwaltungsausschuß wurden vom Senat gewählt – hatten 1930 stattgefunden. Turnusmäßige Neuwahlen standen erst im Jahre 1936 wieder an. Doch verständigte sich Glum mit den zuständigen Ministerien dahingehend, daß die für den 22./23. Mai 1933 vorgesehene Jahreshauptversammlung für eine Neubildung des Senats genutzt werden sollte. Dabei gelang es ihm, hinsichtlich der jüdischen bzw. »nichtarischen« Senatsmitglieder die Zustimmung der Reichsregierung für die Wiederwahl der für die Kaiser-Wilhelm-Gesellschaft besonders wichtigen langjährigen Mitglieder Franz von Mendelssohn, Alfred Merton und Paul Schottländer zu gewinnen, allerdings nur mit dem Zugeständnis, daß andere Juden oder »Nichtarier«, darunter so großzügige Mäzene der Gesellschaft wie Leopold Koppel oder Paul von Schwabach, die dem Senat seit seiner Gründung angehörten, nicht mehr nominiert wurden. Vereinbart wurde darüber hinaus, daß die Satzung der Kaiser-Wilhelm-Gesellschaft, die zuletzt 1930 geändert worden war, im wesentlichen unverändert bleiben und lediglich die Zahl der Senatsmitglieder verringert werden würde. Das bedeutete, daß in der Kaiser-Wilhelm-Gesellschaft – anders als bei den Universitäten – zu diesem Zeitpunkt auf die Einführung des »Führerprinzips« verzichtet wurde.

Diesen Planungen entsprechend trat der Senat bei seiner Sitzung am 18. Mai in seiner Gesamtheit zurück, so daß am 23. Mai die verabredete Neubildung erfolgen konnte. Zu den ausscheidenden Mitgliedern gehörten klangvolle Namen der Wissenschaft wie Fritz Haber, Oskar von Miller oder Walther Nernst, vor allem aber die politischen Repräsentanten der Weimarer Republik wie Rudolf Hilferding und Gustav Radbruch, Theodor Leipart und Georg Schreiber. Obwohl nicht weniger als 20 Mitglieder ausschieden, waren in dem verkleinerten Senat die Kontinuitätselemente stark ausgeprägt. Zu den 18 Personen, die dem Gremium vor und nach 1933 angehörten, zählten vor allem die Vertreter der Großindustrie wie Robert Bosch, Carl Duisberg, Gustav Krupp von Bohlen und Halbach, Carl Friedrich von Siemens, Friedrich Springorum und Albert Vögler, aber auch Otto Hahn, Ludolf von Krehl, Max Planck, Heinrich Saemisch, Friedrich Schmidt-Ott und Friedrich Glum. Neue Senatsmitglieder wurden einflußreiche und prominente Nationalsozialisten wie

Walther Darré, Kurt Freiherr von Schröder, Karl Theodor Vahlen, August Wilhelm Prinz von Preußen und Carl Eduard Herzog von Sachsen-Coburg-Gotha, dazu die Nobelpreisträger (und Vorkämpfer einer »deutschen Physik«) Philipp Lenard und Johannes Stark sowie Hjalmar Schacht, Fritz Thyssen, der Rüstungsforscher und -organisator General Karl Becker und profilierte Unternehmer wie Carl Bosch und Hermann Röchling. Am 18. Juni wählte der neue Senat Max Planck erneut zum Präsidenten, der allerdings vorher mitgeteilt hatte, daß er aus Altersgründen – er war inzwischen 75 Jahre alt – nur bis 1936, d. h. bis zum Ende der ursprünglichen Wahlperiode, zur Verfügung stehen werde. Der in der gleichen Sitzung gewählte Verwaltungsausschuß blieb in den wichtigsten Positionen unverändert, mit Krupp als 1. und Schmidt-Ott als 2. Vizepräsidenten, Mendelssohn als 1. Schatzmeister, Hugo Andreas Krüss als 3. Schriftführer und Glum als Geschäftsführendem Mitglied. Neu hinzu kamen Vahlen als 3. Vizepräsident (statt des verstorbenen früheren preußischen Kultusministers Carl Heinrich Becker), Vögler als 2. Schatzmeister, August Wilhelm Prinz von Preußen als 1. Schriftführer (der diese Wahl jedoch nicht annahm) und Fritz Thyssen als 2. Schriftführer.[33]

Damit war es der Kaiser-Wilhelm-Gesellschaft gelungen, auf der Ebene ihrer zentralen Organe allzu scharfe Brüche zu vermeiden und ihre institutionelle Autonomie vorläufig zu sichern. Schon Anfang Mai hatte Max Planck Hitler um einen Gesprächstermin gebeten, um ihm »über die augenblickliche Lage und die weiteren Pläne der Gesellschaft« berichten zu können. Die Unterredung fand am 16. Mai statt, und sie war offensichtlich insofern erfolgreich, als Planck der Jahreshauptversammlung eine Woche später mitteilen konnte, daß der Reichskanzler »sein Wohlwollen für unsere Sache bekundet« und ausdrücklich versichert habe, daß er »die Kaiser-Wilhelm-Gesellschaft nicht im Stich lassen« werde.[34] Hinsichtlich

33 Vgl. vom Brocke, Kaiser-Wilhelm-Gesellschaft (Weimarer Republik), S. 349-355 (»Zusammensetzung des Senats der Kaiser-Wilhelm-Gesellschaft; 1921/22 bis 1933«); Albrecht/Hermann, Kaiser-Wilhelm-Gesellschaft, S. 403-406 (»Zusammensetzung des Senats der Kaiser-Wilhelm-Gesellschaft 1933 bis 1945«). Zu den alten und neuen Mitgliedern des Senats und des Verwaltungsausschusses siehe auch Ulrike Kohl, Die Kaiser-Wilhelm-Gesellschaft zur Förderung der Wissenschaften im Nationalsozialismus. Quelleninventar, Berlin 1997, S. 21-35 (»Wissenschaftliche Mitglieder, Direktoren der Institute, Leiter von Forschungsstellen und Senatoren der Kaiser-Wilhelm-Gesellschaft 1933-1945«). Eine Analyse der Zusammensetzung des 1933 gewählten Verwaltungsausschusses bei Hachtmann, Wissenschaftsmanagement, Bd. 1, S. 505-524.

34 Vierzehn Jahre später verfaßte Planck gemeinsam mit seiner Frau Marga einen kurzen Bericht, der unter dem Titel »Mein Besuch bei Adolf Hitler« in den *Physikalischen Blättern* 1947 (Nr. 3, S. 143) veröffentlicht wurde. Darin legte er den

der künftig zu leistenden Forschungsarbeit waren sich der Präsident, die
Generalverwaltung und der Senat darin einig, daß man sich den besonderen Erwartungen, die von den neuen Machthabern formuliert wurden
– Verstärkung der Grundlagenforschung sowie der anwendungsorientier-
ten Forschung auf den Gebieten der Wehrtechnik und Rüstung, Ernährung und Rohstoffversorgung, aber auch der Rassentheorie, Volksgesundheit und Eugenik –, nicht entziehen wolle. Man erhoffte sich vielmehr
gerade in diesen Bereichen neue Ressourcen, Kooperations- und Wir-
kungsmöglichkeiten. Auch die große Mehrzahl der Institutsdirektoren
dachte in Kategorien des nationalen Interesses und der daraus auch für
die Wissenschaft resultierenden »vaterländischen Pflichten«. Grundsätz-
liche Bedenken gegen die Zusammenarbeit mit einem von den Nationalsozialisten beherrschten Staat hatten nur wenige, und selbst die Tatsache,
daß man sich von hoch geschätzten Kollegen trennen, wissenschaftliche
und nichtwissenschaftliche Mitarbeiter entlassen mußte, nur weil das von
den neuen Machthabern politisch gewollt und gesetzlich vorgeschrieben
wurde, änderte daran nichts. Man stellte sich mehr oder weniger pragma-
tisch auf die veränderten politischen Rahmenbedingungen ein, bemühte
sich, die Beeinträchtigungen des Forschungsbetriebes so gering wie möglich zu halten, und versuchte, die sich neu eröffnenden Chancen so gut
wie möglich zu nutzen.

Politische Konflikte in den Instituten

Die Hoffnung, daß die politischen Auseinandersetzungen innerhalb der
Kaiser-Wilhelm-Gesellschaft mit den im Mai/Juni 1933 getroffenen Ent-
scheidungen beendet sein würden, erfüllte sich allerdings nicht. Am
16. Juni mußte der Präsident sich beispielsweise zu dem antisemitischen
Pamphlet eines Oberingenieurs Ewald Reche äußern, das dieser am
21. Mai unter der Überschrift »Die Kaiser-Wilhelm-Institute in Dahlem.
Eine Brutstätte jüdischer Ausbeuter, Bedrücker und Marxisten!« an das
Reichsministerium des Inneren geschickt hatte. Darin wurde »die Ver-

Akzent darauf, daß er sich bei dieser Gelegenheit dafür ausgesprochen habe, jüdische Wissenschaftler wie Fritz Haber dem Vaterland zu erhalten. Diese Bemühungen seien von Hitler schroff zurückgewiesen worden. Vgl. dazu die quellenkriti-
sche Untersuchung von Helmuth Albrecht, Max Planck: »Mein Besuch bei Adolf
Hitler« – Anmerkungen zum Wert einer historischen Quelle, in: ders. (Hg.),
Naturwissenschaft und Technik in der Geschichte. 25 Jahre Lehrstuhl für Geschichte der Naturwissenschaft und Technik am Historischen Institut der Universität Stuttgart, Stuttgart 1993, S. 41-63 (dort auch die Äußerungen Plancks auf
der Jahreshauptversammlung).

judung« der Gesellschaft beklagt und unter anderem behauptet, daß die Direktoren der »mehr als 30 Institute« »mit ganz wenigen Ausnahmen« Juden seien, von denen die »deutschen Wissenschaftler« schamlos ausgebeutet würden. »Sie [die jüdischen Institutsdirektoren] sind«, hieß es weiter, »nur Parasiten am deutschen Volkskörper, sie sind Vampire an höchster wissenschaftlicher Kulturstätte.« Gefordert wurde nicht nur die Entlassung dieser Direktoren, sondern auch die sofortige Einsetzung eines »Reichskommissars«, um hier »gründlich Remedour« zu schaffen. Der Präsident verzichtete in seinem Schreiben an den Innenminister auf eine Auseinandersetzung mit den antisemitischen Tiraden und beschränkte sich darauf, zu den vor allem gegen Reginald Oliver Herzog und das von ihm geleitete KWI für Faserstoffchemie gerichteten Behauptungen Stellung zu nehmen und diese »mit aller Schärfe zurück[zu]weisen«. Obwohl alle Vorwürfe im Detail widerlegt werden konnten, wurde Herzog, der das Institut seit seiner Gründung im Jahre 1920 geleitet hatte, am 30. September 1933 vom preußischen Minister für Wissenschaft, Kunst und Volksbildung zwangsweise in den Ruhestand versetzt. Das Institut, das sich seit dem Beginn der Weltwirtschaftskrise in besonderen wirtschaftlichen Schwierigkeiten befand, wurde zum 31. März 1934 geschlossen.[35]

Zu einem ganz anders gearteten politischen Konflikt kam es im Juni 1933 im »Harnack-Haus«. Der dort als Wirtschaftsleiter beschäftigte Erwin Giersch, ein langjähriges NSDAP-Mitglied, der zu den NSBO-Funktionären in Dahlem gehörte und als »Betriebsratsvorsitzender« fungierte, verlangte plötzlich vom Präsidenten, ihm und einem weiteren NSBO-Funktionär Sitz und Stimme im Senat der Kaiser-Wilhelm-Gesellschaft zu geben. Planck lehnte dieses Ansinnen ab, und Giersch wurde kurz darauf mit der Begründung entlassen, daß er versucht habe, die Leitung des »Harnack-Hauses« zu usurpieren.[36] Im KWI für Biochemie wurde der der NSDAP angehörende oder zumindest nahestehende Mechaniker Kurt Delatrée-Wegner am 11. Juli wegen verschiedener Vorkommnisse, darunter auch Tätlichkeiten gegenüber einem anderen Mitarbeiter, von dem Direktor Carl Neuberg entlassen. Er denunzierte daraufhin Neuberg, indem er behauptete, dieser habe in einem Gespräch mit ihm abfällige Bemerkungen über Hitler gemacht. Nachdem Neuberg am 21. Juli in einer Sitzung mit einer NS-Organisation, die sich »Bezirksleitung Brandenburg für den Arbeitsfrieden« nannte, massiv bedroht worden war, nahm sich die Generalverwaltung der Angelegenheit an. Vom preußischen Kul-

35   Die Dokumente zu den geschilderten Vorgängen befinden sich im MPG-Archiv, Abt. I, Rep. 1A, Nr. 535/3.
36   Vgl. Hachtmann, Wissenschaftsmanagement, Bd. 1, S. 356 f.

tusministerium erhielt sie, wie Friedrich Glum in einem Aktenvermerk notierte, die beruhigende Mitteilung, die Leitung der Kaiser-Wilhelm-Gesellschaft und die Institutsdirektoren sollten sich von »untergeordneten Parteiinstanzen nichts gefallen lassen«. Obwohl das Denunziationsverfahren schließlich eingestellt wurde, führten die damit verbundenen Ermittlungen über die politische Einstellung Neubergs, die sich über viele Monate hinzogen, schließlich doch zu der im Frühjahr 1934 vom Ministerium getroffenen Entscheidung, daß er als Institutsdirektor politisch nicht mehr tragbar sei.[37]

Unter besonderem politischen Druck stand von Anfang an das KWI für Hirnforschung in Berlin-Buch, das angeblich Juden und Ausländer begünstigte und außerdem noch als »kommunistenfreundlich« galt. Hier kam es schon im März 1933 zu Überfällen der SA, die sich im Juni wiederholten. Zwar ließ sich Oskar Vogt als Institutsdirektor weder dadurch noch durch die Denunziation eines seiner Mitarbeiter einschüchtern, doch gelang es ihm nicht, die gegen ihn und einen Teil der Mitarbeiter gerichteten politischen Bedenken auszuräumen. Als Max Planck sich über das terroristische Vorgehen der SA im KWI für Hirnforschung beschwerte, antwortete ihm die Gestapo-Zentrale, daß eine politische Überprüfung der Verhältnisse im Institut zwingend geboten sei. Zu den konkreten Vorfällen erklärte sie: »Herausfordernde Bemerkungen des Institutsdirektors und seines Anhangs über die SA und den Nationalsozialismus, seine immer wieder zutage tretenden Begünstigungshandlungen Juden gegenüber, die Unterlassung der Unterbindung bzw. die stillschweigende Duldung kommunistischer Propaganda und die Beschäftigung von Ausländern hatten einen Spannungszustand geschaffen, der in irgendeiner Form eine Auflösung finden mußte.« Den selbstbewußten Vogt hinderte das nicht daran, noch am 17. Juli 1933, als die NSDAP bereits die einzige gesetzlich zugelassene Partei war, seine Mitarbeiter anzuweisen: »Eingriffe lokaler Parteiinstanzen in das Institut werden als Hausfriedensbruch verfolgt werden. […] Während des Dienstes hat jede politische Tätigkeit zu ruhen. Urlaub dafür kann nicht erteilt werden.« Mittel- und langfristig konnte er sich mit dieser Haltung allerdings nicht durchsetzen. Im Herbst 1934 erfolgte seine Entlassung als Institutsdirektor, nachdem man im Reichs-

---

37 Vgl. Michael Schüring, Der Vorgänger. Carl Neubergs Verhältnis zu Adolf Butenandt, in: Wolfgang Schieder/Achim Trunk (Hg.), Adolf Butenandt und die Kaiser-Wilhelm-Gesellschaft. Wissenschaft, Industrie und Politik im »Dritten Reich«, Göttingen 2004, S. 346-368, hier S. 349 f.; Hinderk Conrads, Carl Neuberg (1877-1956). Eine Biographie, Diss., Medizinische Hochschule Hannover, 2001 (Masch.), S. 117 ff.; Arnold Nordwig, Vor fünfzig Jahren: der Fall Neuberg, in: MPG-Spiegel 6, 1983, S. 49-53, hier S. 51 f.

ministerium für Wissenschaft, Erziehung und Volksbildung Mitte September zu dem Schluß gekommen war, daß er »in einem katastrophalen Umfang parteizersetzend gewirkt« habe und deshalb in einer Leitungsfunktion »untragbar« sei.[38]

Ihren negativen Höhepunkt erreichten diese Auseinandersetzungen in Berlin am 29. September 1933, als im »Harnack-Haus« eine Sitzung der nationalsozialistischen Betriebszellen-Obleute mit den Direktoren der Dahlemer Institute stattfand, an der auch Generaldirektor Glum teilnahm. In dieser Sitzung ging es um »Die Durchführung des Gesetzes zur Wiederherstellung des Berufsbeamtentums«. Die heftige und von den Obleuten sehr polemisch geführte Diskussion, in der der Generalverwaltung und einigen Institutsdirektoren vorgeworfen wurde, daß sie die politisch gewollten »Säuberungen« sabotierten, mündete in die Aufstellung einer Liste von »Beamten und Angestellten, die zur Sicherung der nationalsozialistischen Ziele aus Schlüsselstellungen entfernt« und durch Nationalsozialisten ersetzt werden müßten. An der Spitze dieser Liste, die nicht weniger als 16 Namen enthielt, standen Glum, sein Stellvertreter von Cranach und der Bürodirektor Franz Arndt, die Direktoren Herzog und Neuberg sowie das Wissenschaftliche Mitglied Fritz Epstein aus dem KWI für physikalische Chemie und Elektrochemie. Die Liste wurde an die NSDAP-Gauleitung Groß-Berlin geschickt und von dieser an das Reichsinnenministerium weitergeleitet. Dort war man jedoch zu diesem Zeitpunkt offensichtlich nicht an einer weiteren Zuspitzung der Konflikte interessiert. Der Präsident der Kaiser-Wilhelm-Gesellschaft konnte sich deshalb in seiner abschließenden Stellungnahme am 6. November darauf beschränken, die einzelnen Namen kurz zu kommentieren und jeden Handlungsbedarf zu bestreiten. Besonders betont wurde, daß die »politische Zuverlässigkeit« der Herren der Generalverwaltung außer Zweifel stehe; sie seien »wohl lediglich wegen ihres pflichtgemäßen Verhaltens im Falle Neuberg/Delatrée-Wegner angezeigt worden«. Abschließend appellierte Planck an den Reichsinnenminister, die im vorliegenden Fall beteiligten NS-Organisationen unmißverständlich über die Grenzen ihrer Zuständigkeit und die Unzulässigkeit ihres Vorpreschens zu belehren. Das sei besonders bei den Herren der Dahlemer NSBO »dringend erforder-

---

38 Zu Oskar Vogt und den Vorgängen im KWI für Hirnforschung vor allem Igor Klatzo, Cécile and Oskar Vogt. The Visionaries of Modern Neuroscience, New York 2002, S. 42-58, und Rudolf Schottländer, Verfolgte Berliner Wissenschaft. Ein Gedenkwerk, Berlin 1988, S. 67-70 (dort auch die zitierte Einschätzung des Ministeriums, mit einer Auflistung aller politischen Verfehlungen, die Vogt vorgeworfen wurden).

lich, um die angegriffene Autorität der Generalverwaltung und der Direktoren zu befestigen«.[39]

Schon Ende Oktober hatte Planck die Institutsdirektoren in einem Rundschreiben aufgefordert, dem Denunziantentum mit aller Entschiedenheit entgegenzutreten:»Anzeigen, die ohne vorherige Kenntnis des Direktors an eine andere Stelle [d. h. außerhalb der KWG] gerichtet sind, stellen einen groben Vertrauensbruch, eine Verletzung der Disziplin und der dem Direktor geschuldeten Achtung dar. Sie müssen aufs Schärfste, gegebenenfalls mit Entlassung, geahndet werden. Ich bitte auch erneut darauf hinzuweisen, daß, wer unbegründete Beschuldigungen vorbringt, im Sinne der Regierung und der nationalsozialistischen Auffassung als besonders verächtlich anzusehen ist, und daß ein rücksichtsloses Vorgehen, besonders in Zeiten, in denen das Angebertum allzu leicht um sich greift, besonders geboten erscheint.«[40]

Die Gedenkfeier für Fritz Haber

Politische Unruhen gab es in den Kaiser-Wilhelm-Instituten seit dem Frühjahr 1934 nur noch vereinzelt. Zu einem ernsthaften Konflikt mit dem Reichsministerium für Wissenschaft, Erziehung und Volksbildung kam es allerdings wegen der von Planck und Glum für Januar 1935 im»Harnack-Haus« geplanten Gedenkfeier für Fritz Haber. Das Ministerium sah in der Veranstaltung für einen Wissenschaftler, der aus Protest gegen die antisemitischen Maßnahmen der Reichsregierung seine Direktorenstelle und andere wichtige wissenschaftliche und wissenschaftspolitische Ämter aufgegeben hatte und nach Großbritannien emigriert war, einen politischen Affront und versuchte sie zu verhindern. Als Planck auf der Gedenkfeier bestand, sprach das Ministerium zwar kein direktes Verbot aus, untersagte aber allen Beamten die Teilnahme. Die Feier, mit Reden von Planck, Otto Hahn, Karl Friedrich Bonhoeffer und Oberst a. D. Joseph Koeth, der als Leiter der Kriegsrohstoffabteilung im Ersten Weltkrieg und Chef der wirtschaftlichen Demobilmachung 1918/19 eng mit Haber zusammengearbeitet hatte, konnte am 29. Januar in der geplanten Weise durchgeführt werden, wenn auch die meisten früheren Kollegen Habers an den Universitäten und in den Kaiser-Wilhelm-Instituten sich dem Teilnahmeverbot gebeugt hatten und nicht gekom-

---

39 Zu diesen Vorgängen: MPG-Archiv, Abt. I, Rep. 1A, Nr. 546/2; vgl. vom Brocke, Kaiser-Wilhelm-Gesellschaft (Weimarer Republik), S. 258.
40 Rundschreiben vom 25.10.1933, zitiert nach Hachtmann, Wissenschaftsmanagement, Bd. 1, S. 361.

men waren.[41] Planck schloß seine einleitenden Worte mit dem später viel zitierten Satz: »Haber hat uns die Treue gehalten, wir werden ihm die Treue halten.«[42] Als ein Jahr später, im Januar 1936, die Kaiser-Wilhelm-Gesellschaft den 25. Jahrestag ihrer Gründung festlich beging, waren ihre Mitglieder und Mitarbeiter mit nur wenigen Ausnahmen davon überzeugt, daß die Gefahren, denen man sich im Prozeß der nationalsozialistischen »Machtergreifung« immer wieder ausgesetzt gesehen hatte, nunmehr gebannt seien, so daß man sich mit neuem Selbstbewußtsein ganz auf die wissenschaftliche Arbeit konzentrieren könne.[43]

Integration in das NS-System seit 1936/37

Einen deutlichen Einschnitt in der Geschichte der Kaiser-Wilhelm-Gesellschaft bedeutete das Jahr 1936/37. Im September 1936 wurde von der Regierung ein »Vierjahresplan« verkündet, durch den die deutsche Wehrmacht und die deutsche Wirtschaft auf einen Krieg vorbereitet, »kriegsfähig« gemacht werden sollten. Die damit verbundene Intensivierung der Forschungsförderung ermöglichte der Kaiser-Wilhelm-Gesellschaft die bis weit in den Krieg hinein anhaltende Gründung neuer Institute und Forschungseinrichtungen. Auch die bereits bestehenden Institute konnten von nun an in erheblichem Umfang auf zusätzliche Mittel für ihre Forschungsarbeiten rechnen. In den Jahren zwischen 1936 und 1945 bestand auf diese Weise eine weitgehende Interessengemeinschaft oder zumindest ein eindeutiges Zweckbündnis der Kaiser-Wilhelm-Gesellschaft mit dem NS-Staat. Während des Krieges wurden die Anforderungen an die Kaiser-Wilhelm-Institute ständig größer, flossen aber auch die Mittel zur Erfüllung solcher Ansprüche immer reichlicher.[44]

---

41 Zu den Ausnahmen zählten – neben Carl Bosch, Friedrich Schmidt-Ott und Richard Willstätter – die KWG-Wissenschaftler Lise Meitner, Fritz Straßmann, Max Delbrück, Elisabeth Schiemann und Georg Melchers. Die Rede Bonhoeffers, dem der Rektor seiner Universität die Beteiligung an der Veranstaltung ausdrücklich untersagt hatte, wurde von Hahn verlesen.

42 Zitiert u. a. bei Albrecht/Hermann, Kaiser-Wilhelm-Gesellschaft, S. 374; dort (S. 373) auch ein Faksimile des Programms der »Gedächtnisfeier für Fritz Haber«. Vgl. allgemein Hachtmann, Wissenschaftsmanagement, Bd. 1, S. 390-392; Szöllösi-Janze, Fritz Haber, S. 692-699; Macrakis, Surviving, S. 68-71.

43 Das wissenschaftliche Selbstbewußtsein fand seinen Ausdruck vor allem in der zum Jubiläum erschienenen Festschrift: 25 Jahre Kaiser-Wilhelm-Gesellschaft zur Förderung der Wissenschaften, 3 Bde., Berlin 1935-37.

44 Vgl. Rüdiger Hachtmann, Eine Erfolgsgeschichte? Schlaglichter auf die Geschichte der Generalverwaltung der Kaiser-Wilhelm-Gesellschaft im »Dritten Reich«, Berlin 2004.

Innerhalb der Gesellschaft bedeutete das Jahr 1936/37 vor allem das Ende der »Ära Planck/Glum«. Plancks Amtszeit als Präsident endete offiziell bereits am 31. März 1936, doch überredete man ihn, noch so lange im Amt zu bleiben, bis ein geeigneter Nachfolger gefunden war. Das erwies sich als schwierig, weil man nach einer Persönlichkeit suchte, die nicht nur über wissenschaftliches Ansehen verfügte, sondern auch stark genug war, die Interessen der Gesellschaft gegenüber den wachsenden Anforderungen der Ministerien, der Industrie und des Militärs erfolgreich zu vertreten.[45] Sie wurde schließlich mit Carl Bosch, dem Chemie-Nobelpreisträger von 1931, gefunden, der der Kaiser-Wilhelm-Gesellschaft seit 1920 als Senator, seit 1925 auch als Mitglied des Verwaltungsausschusses verbunden war, jedoch erst vom Sommer 1937 an für das Amt des Präsidenten zur Verfügung stand. Bosch, langjähriger Vorstandsvorsitzender und seit 1935 Aufsichtsratsvorsitzender der IG Farben, gehörte unbestritten zu den einflußreichsten Industriellen im »Dritten Reich«, stand aber, darin Planck vergleichbar, der Ideologie und dem politischen Auftreten der Nationalsozialisten eher distanziert gegenüber.[46]

Der Wechsel im Präsidentenamt war mit einer Änderung der Satzung verbunden, auf die das zuständige Ministerium gedrängt hatte. Mit der neuen Satzung vom 22. Juni 1937 wurde nun auch in der Kaiser-Wilhelm-Gesellschaft das »Führerprinzip« eingeführt.[47] Der Präsident war künftig der »verantwortliche Leiter der Gesellschaft«, der Senat wurde in seinen Rechten deutlich beschränkt und der Verwaltungsausschuß in einen »Beirat« umgewandelt, dessen Mitglieder vom Präsidenten ernannt wurden. Gleichzeitig erfuhr die Stellung des Reichsministers für Wissenschaft, Erziehung und Volksbildung gegenüber der Kaiser-Wilhelm-Gesellschaft eine spürbare Stärkung. Dieser führte die »Aufsicht« über die Gesell-

---

45   Im Reichsministerium für Wissenschaft, Erziehung und Volksbildung war als Nachfolger Plancks der Heidelberger Physiker Philipp Lenard in Betracht gezogen worden. Dieser lehnte aus Altersgründen ab, umriß aber seine Position in einem Schreiben vom 6.4.1936 an Ministerialdirektor Theodor Vahlen folgendermaßen: »Ich würde als Präsident der K.W.G. vor allem daran gehen, diese Ges[ellschaft] ganz und gar aufzulösen. Sie war von Anfang an […] eine jüdische Mißgeburt mit dem S[einer] M[ajestät] und seinen Ratgebern wohl unbekannten Hauptzweck, Juden durch Geld hoffähig zu machen und Juden, deren Freunde und ähnliche Geister in angenehme und einflußreiche Stellungen als ›Forscher‹ zu bringen.« Zitiert nach Albrecht/Hermann, Kaiser-Wilhelm-Gesellschaft, S. 383.

46   Zur Präsidentschaft Boschs wie auch zu der von Planck und Vögler siehe Ulrike Kohl, Die Präsidenten der Kaiser-Wilhelm-Gesellschaft im Nationalsozialismus. Max Planck, Carl Bosch und Albert Vögler zwischen Wissenschaft und Macht, Stuttgart 2002.

47   Text der Satzung in: Kohl, Kaiser-Wilhelm-Gesellschaft (Quelleninventar), S. 225-230.

schaft, erhielt das Bestätigungsrecht für alle Senatoren und ernannte, auf Vorschlag des Senats, den Präsidenten. Dem entsprach, daß der Alt-Nationalsozialist und frühere badische Kultusminister Otto Wacker, der inzwischen Leiter des »Amtes Wissenschaft« im Reichsministerium geworden war, das Amt des 1. Vizepräsidenten übernahm. Die Kaiser-Wilhelm-Gesellschaft behielt die Rechtsform eines eingetragenen Vereins, doch wurde sie in der Praxis immer mehr zu einer öffentlich-rechtlichen Institution, einer vom Staat abhängigen und von ihm kontrollierten Wissenschaftseinrichtung.[48]

Die für die weitere Entwicklung wichtigste personelle Veränderung bestand darin, daß mit dem Präsidentenwechsel auch ein Wechsel in der Leitung der Generalverwaltung verbunden war. Der Generaldirektor Friedrich Glum, der die Geschäfte der Gesellschaft seit 1920 geführt hatte, zum Zeitpunkt seines Ausscheidens aber erst 45 Jahre alt war, wurde durch Ernst Telschow als Generalsekretär ersetzt.[49] Glums Entlassung mag das Ergebnis politischer Intrigen gewesen sein, was aber nicht eindeutig nachweisbar ist.[50] Er war nicht Mitglied der NSDAP (bis 1933 hatte er der Deutschnationalen Volkspartei angehört), hatte aber die Machtübernahme durch die Nationalsozialisten begrüßt und sich durchaus erfolgreich darum bemüht, die Kaiser-Wilhelm-Gesellschaft, unter möglichst weitgehender Wahrung ihrer Privilegien, in das NS-System zu integrieren. Sein ausgeprägtes Selbstbewußtsein und sein energischer Einsatz für die besonderen

---

48 Zur Satzungsänderung siehe Hachtmann, Wissenschaftsmanagement, Bd. 1, S. 664-668; Albrecht/Hermann, Kaiser-Wilhelm-Gesellschaft, S. 385 f.
49 Vgl. Alexandra Przyrembel, Friedrich Glum und Ernst Telschow. Die Generalsekretäre der Kaiser-Wilhelm-Gesellschaft: Handlungsfelder und Handlungsoptionen der »Verwaltenden« von Wissen während des Nationalsozialismus, Berlin 2004. Zu Glum auch Bernhard vom Brocke, Friedrich Glum (1891-1974), in: Kurt A. Jeserich/Helmut Neuhaus (Hg.), Persönlichkeiten der Verwaltung. Biographien zur deutschen Verwaltungsgeschichte 1648-1945, Stuttgart 1991, S. 449-454. Zum Wechsel in der Leitung der Generalverwaltung jetzt mit neuen Akzenten Hachtmann, Wissenschaftsmanagement, Bd. 1, S. 621-648. Bosch, Krupp und Vögler hatten als führende Mitglieder des Verwaltungsausschusses Glum, der über eine Verbesserung seiner – ohnehin ungewöhnlich hohen Bezüge – verhandelte, schon im August 1936 ein Ausscheiden aus seinem Amt nahegelegt. Hinzu kam eine heftige Kritik des Rechnungshofes des Deutschen Reiches an der von Glum zu verantwortenden Haushaltsführung der Kaiser-Wilhelm-Gesellschaft.
50 Glums Darstellung des Entlassungsvorgangs in seinen Erinnerungen ist auffällig knapp: Glum, Wissenschaft, S. 487-491. Die gelegentlich zu lesende Behauptung, daß die Tatsache, daß seine Ehefrau eine jüdische Großmutter hatte, für seine Entlassung als Generaldirektor ausschlaggebend gewesen sei, ist von Glum selber als unzutreffend bezeichnet worden; vgl. Hachtmann, Wissenschaftsmanagement, Bd. 1, S. 622.

Interessen der Gesellschaft hatten dabei immer wieder auch zu Konflikten mit Vertretern nationalsozialistischer Behörden und Organisationen sowie zu polemischen Artikeln in der nationalsozialistischen Parteipresse geführt. Der Präsidentenwechsel wurde deshalb von manchen führenden Mitgliedern der Kaiser-Wilhelm-Gesellschaft offensichtlich auch als Chance begriffen, sich von einem Manager zu trennen, der keineswegs zu den Gegnern des NS-Staates gehörte, dem Nationalsozialismus aber nicht bedingungslos ergeben war. Der promovierte Chemiker Ernst Telschow, der im Mai 1933 in die NSDAP eingetreten war, galt dagegen nicht nur als ein besonders erfahrener und durchsetzungsfähiger Verwaltungsfachmann, sondern auch als Vertrauensmann der Partei in der Kaiser-Wilhelm-Gesellschaft. Seit Juli 1936 nahm er außerdem die Aufgaben eines Forschungskoordinators des im Rahmen des »Vierjahresplans« von Hermann Göring geschaffenen »Rohstoff- und Devisenstabs« (später »Reichsamt für Wirtschaftsausbau«) wahr. Durch die Einführung des »Führerprinzips« und wegen der häufigen Abwesenheit des Präsidenten errang Telschow als geschäftsführendes Vorstandsmitglied schon bald eine noch einflußreichere Stellung in der Kaiser-Wilhelm-Gesellschaft, als Glum sie gehabt hatte.

Ausblick: Die Kaiser-Wilhelm-Gesellschaft im Krieg

Es ist an dieser Stelle nicht nötig, die Geschichte der Kaiser-Wilhelm-Gesellschaft im Nationalsozialismus weiterzuverfolgen, weil die Vertreibung von Direktoren, Abteilungsleitern und wissenschaftlichen Mitarbeitern in der großen Mehrheit schon 1933/34 erfolgte und die danach noch verbliebenen von der Entlassung bedrohten Forscher mit ganz wenigen Ausnahmen bis Ende 1935 aus der Kaiser-Wilhelm-Gesellschaft ausscheiden mußten. Die allerletzten Vertreibungen – sieht man von den zwei Fällen ab, in denen es 1944 um Opposition und Widerstand ging – fielen in das Jahr 1938. Die Präsidentschaft des gesundheitlich schwer angeschlagenen Carl Bosch währte nur kurz. Als er am 26. April 1940 starb, entstand für die Kaiser-Wilhelm-Gesellschaft nicht zuletzt dadurch eine schwierige Situation, daß kurz zuvor, im Februar 1940, auch der 1. Vizepräsident Otto Wacker gestorben war. Hinsichtlich der Nachfolge von Bosch einigte man sich bald auf den wirtschafts- und auch wissenschaftspolitisch besonders einflußreichen Albert Vögler, der jedoch das Amt erst nach dem in naher Zukunft erwarteten Ende des Krieges übernehmen wollte. So kam es zu einem längeren »Interregnum«, in dem die Geschicke der Kaiser-Wilhelm-Gesellschaft im wesentlichen von Ernst Telschow gelenkt wurden. Erst als eine kommissarische Leitung der Gesellschaft durch den dezidiert nationalsozialistischen Wissenschaftspolitiker Rudolf Mentzel drohte, erklärte Vögler sich zur Amtsübernahme bereit. Am 31. Juli 1941 wurde er zum Präsidenten ernannt. Vögler war, anders als Bosch, ein überzeugter Nationalsozialist, aber er war auch ein Garant der relativen Selbständigkeit der Kaiser-Wilhelm-Gesellschaft, solange sie bereit war, ihre Kräfte konsequent in den Dienst des Krieges zu stellen. Die immer stärkere Einbindung der Gesellschaft in das NS-Herrschaftssystem und die von diesem definierten »kriegswichtigen« Aufgaben kamen auch in der Ernennung des 1. und 2. Vizepräsidenten zum Ausdruck. 1. Vizepräsident wurde mit Herbert Backe der für den Gesamtbereich von Landwirtschaft und Ernährung verantwortliche Politiker. 2. Vizepräsident, anstelle des am 9. Juli 1941 gestorbenen Carl Friedrich von Siemens, wurde der bereits erwähnte Rudolf Mentzel, seit 1936 Präsident der Deutschen Forschungsgemeinschaft. Beide waren entschiedene Nationalsozialisten und ebenso radikale wie durchsetzungsfähige Funktionsträger des »Dritten Reiches«.

Bis in das Jahr 1943 hinein wurden noch neue Institute eröffnet. 1944 existierten unter dem Dach der Kaiser-Wilhelm-Gesellschaft 40 »großdeutsche« und 5 ausländische Institute. Schon 1943 begann die Generalverwaltung mit der Verlagerung von Instituten aus den bombengefährdeten großen Städten, und hier vor allem aus Berlin. Bis April 1945 waren nicht weniger als 24 Institute ganz oder teilweise evakuiert. Auch die Generalverwaltung, deren Räume im Schloß durch Bombenangriffe zerstört wurden, blieb nicht in Berlin. Sie nahm ihren Sitz in Göttingen, wo bereits eine Nebenstelle eingerichtet worden war, die der besseren Verbindung mit den im Westen Deutschlands gelegenen Instituten dienen sollte. Von Göttingen aus wurden 1945/46 dann auch die Rekonstruktion der Kaiser-Wilhelm-Gesellschaft und ihre Um- oder Neugründung als Max-Planck-Gesellschaft zur Förderung der Wissenschaften betrieben.

3. Entlassungen und Vertreibungen: Die NS-Gesetze und ihre Ausführung in der Kaiser-Wilhelm-Gesellschaft

Entlassungen an den deutschen Universitäten

Im nationalsozialistischen »Machtergreifungs«-Prozeß, aber auch in den unmittelbar darauf folgenden Jahren spielte die Wissenschaftspolitik keine große und schon gar keine entscheidende Rolle. Die NSDAP verfügte über kein ausgearbeitetes wissenschaftspolitisches Programm.[51] Die Eingriffe in die Universitäten beschränkten sich deshalb in organisatorischer Hinsicht weitgehend auf die Ablösung des traditionellen Kollegialsystems durch das »Führerprinzip«, das die Stellung der Rektoren und Dekane gegenüber den Professoren einschneidend veränderte. Sehr viel bedeutsamer waren dagegen die Veränderungen im personellen Bereich, wobei es von Anfang an um die radikale Ausschaltung und Verdrängung aller aus politischen und rassistischen Gründen nicht erwünschten Professoren, Dozenten und Assistenten ging. Über die Verluste, die die deutschen Universitäten und Hochschulen auf diese Weise erlitten, lagen erstaunlicherweise bis vor kurzem kaum verläßliche Zahlen vor.[52] In einer bereits 1937 veröffentlichten Untersuchung kam Edward Hartshorne zu dem Ergebnis, daß bis 1936 an den deutschen wissenschaftlichen Hochschulen insgesamt 14,3 %, an den Universitäten allein 16,3 % der Lehrenden ihre Stellen verloren. In der ersten historisch-soziologischen Nachkriegsstudie aus dem Jahr 1956 wurden die »Emigrationsverluste« der deutschen wissenschaftlichen Hochschulen mit 39 % beziffert. 1998 hieß es im »Handbuch der deutschsprachigen Emigration«, daß die »Wissenschaften im deutschsprachigen Raum« in der NS-Zeit »rund ein Drittel ihres Personals« verloren, und in einer Emigrationsstudie aus dem Jahr 1991 wurde die Zahl der bis 1938 entlassenen Wissenschaftler auf 20-25 % geschätzt.[53]

51 Vgl. Michael Grüttner, Wissenschaftspolitik im Nationalsozialismus, in: Doris Kaufmann (Hg.), Geschichte der Kaiser-Wilhelm-Gesellschaft im Nationalsozialismus. Bestandsaufnahme und Perspektiven der Forschung, Bd. 2, Göttingen 2000, S. 557-585; ders., Wissenschaft, in: Enzyklopädie des Nationalsozialismus, hg. v. Wolfgang Benz u. a., Stuttgart 1997, S. 135-153.

52 Eine kritische Bestandsaufnahme der Forschung und verläßliche Zahlen für die Universitäten jetzt bei Michael Grüttner/Sven Kinas, Die Vertreibung von Wissenschaftlern aus den deutschen Universitäten 1933-1945, in: Vierteljahrshefte für Zeitgeschichte 55, 2007, S. 123-186.

53 Edward Y. Hartshorne, The German Universities and National Socialism, London 1937, S. 87 f. und 95; Christian von Ferber, Die Entwicklung des Lehrkörpers

Tatsächlich wurden, wie wir inzwischen wissen, an den 23 deutschen Universitäten, die es 1933 gab, 19,3 % der Hochschullehrer (beamtete und nichtbeamtete Professoren, Privatdozenten und Lehrbeauftragte) entlassen; an den Technischen Hochschulen und Handelshochschulen war der Anteil deutlich geringer. Dabei waren die Verluste an den einzelnen Universitäten sehr unterschiedlich, was nicht auf eine größere oder geringere Radikalität der Entlassungspolitik, sondern auf die unterschiedliche Berufungspolitik im Kaiserreich und in der Weimarer Republik zurückzuführen ist. So wurden an der Universität Berlin insgesamt 278 Personen (34,9 %) und an der Universität Frankfurt am Main 128 Personen (36,5 %) entlassen, an den Universitäten Heidelberg, Hamburg, Göttingen und Köln zwischen 25,0 % und 20,4 %, an der Universität Tübingen dagegen nur 4 %.[54]

Das »Berufsbeamtengesetz« vom 7. April 1933

Die gesetzliche Grundlage für die Entlassungen aus den Universitäten und Hochschulen, aber auch aus wissenschaftlichen Einrichtungen wie der Kaiser-Wilhelm-Gesellschaft, bildete das »Gesetz zur Wiederherstellung des Berufsbeamtentums«, das am 7. April 1933, nur zwei Wochen nach dem »Ermächtigungsgesetz«, von der Reichsregierung erlassen wurde.[55] Dabei handelte es sich um ein Gesetz, daß nicht speziell auf die Stätten wissenschaftlicher Forschung und Lehre zugeschnitten war, sondern für alle Bereiche des öffentlichen Dienstes galt. Paragraph 1, Absatz 1 bestimmte, daß Beamte »zur Wiederherstellung eines nationalen Beamtentums und zur Vereinfachung der Verwaltung« auch dann entlassen werden konnten, »wenn die nach dem geltenden Recht dafür erforderlichen Voraussetzungen nicht vorliegen«. Dazu wurde in Absatz 2 festgestellt, daß alle Reichs-, Länder- und Kommunalbeamten, aber auch »Beamte von Körperschaften des öffentlichen Rechts sowie diesen gleichgestellten Einrichtungen und Unternehmungen« als Beamte »im Sinne dieses Gesetzes« zu gelten hatten. Paragraph 2, Absatz 1 legte fest, daß alle Beamten zu entlassen waren, die erst nach dem 9. November 1918 in das Beamtenverhältnis eingetreten waren und nicht »die für ihre Laufbahn vorge-

der deutschen Universitäten und Hochschulen 1864-1954, Göttingen 1956, S. 145; Handbuch der deutschsprachigen Emigration 1933-1945, hg. v. Claus-Dieter Krohn u. a., Darmstadt 1998, Sp. 681; Klaus Fischer, Die Emigration von Wissenschaftlern nach 1933. Möglichkeiten und Grenzen einer Bilanzierung, in: Vierteljahrshefte für Zeitgeschichte 39, 1991, S. 535-549, hier S. 537.
54 Alle Zahlen nach Grüttner/Kinas, Vertreibung, S. 140 f.
55 Reichsgesetzblatt 1933, Teil I, Nr. 34, S. 175 f.

schriebene oder übliche Vorbildung oder sonstige Eignung« besaßen. Dem schloß sich mit Paragraph 3, Absatz 1 der sogenannte »Arierparagraph« an, wonach alle Beamten, »die nichtarischer Abstammung sind«, in den Ruhestand zu versetzen oder zu entlassen waren, sofern sie nicht (§ 3, Abs. 2) schon vor dem 1. August 1914 im Beamtenverhältnis standen oder »im Weltkrieg an der Front für das Deutsche Reich oder seine Verbündeten gekämpft« oder aber den Vater oder einen Sohn im Krieg verloren hatten. Paragraph 4 enthielt eine pauschale Ermächtigung zu weiteren politisch motivierten Entlassungen: »Beamte, die nach ihrer bisherigen politischen Tätigkeit nicht die Gewähr dafür bieten, daß sie jederzeit rückhaltlos für den nationalen Staat eintreten, können aus dem Dienst entlassen werden.« Für die Durchführung des Gesetzes bestimmte Paragraph 7, Absatz 2, daß die entsprechenden »Verfügungen« den Betroffenen »spätestens am 30. September 1933 zugestellt werden« mußten. Schließlich regelte Paragraph 15 noch, daß die Vorschriften für die Beamten eine »sinngemäße Anwendung« auch bei den Angestellten und Arbeitern im öffentlichen Dienst finden sollten.

Dieses Gesetz war in der zweiten Hälfte des Monats März im nationalsozialistisch geführten Reichsministerium des Inneren vorbereitet worden. Der erste Entwurf, der »März 1933« datiert war, wurde als Instrument des Machteroberungs- und Machtsicherungskampfes konzipiert, wobei man sich unter anderem an einem Gesetz des faschistischen Italien vom 24. Dezember 1925 orientieren konnte, das die Entlassung aller Beamten möglich machte, die »im Gegensatz zu den allgemeinen politischen Richtlinien der Regierung« standen.[56] Im Kern ging es zunächst darum, politisch mißliebige Angehörige des öffentlichen Dienstes möglichst rasch aus ihren Stellen zu entfernen und durch Nationalsozialisten oder Deutschnationale zu ersetzen. Auffällig ist, daß die spezifisch antisemitische Ausrichtung des Gesetzes im ersten Entwurf fehlte, der schon bald berüchtigte »Arierparagraph« noch nicht existierte.[57] Das dürfte sich daraus erklären, daß im März 1933 auch an dem »Entwurf zu einem Gesetz zur Regelung der Stellung der Juden«, einem alles umfassenden »Judengesetz«, gearbeitet wurde, in dem unter anderem vorgesehen war, den

56 Zitiert nach Hans Mommsen, Beamtentum im Dritten Reich. Mit ausgewählten Quellen zur nationalsozialistischen Beamtenpolitik, Stuttgart 1966, S. 38. Zur nationalsozialistischen Beamtenpolitik außerdem Sigrun Mühl-Benninghaus, Das Beamtentum in der NS-Diktatur bis zum Ausbruch des Zweiten Weltkrieges. Zu Entstehung, Gehalt und Durchführung der einschlägigen Beamtengesetze, Düsseldorf 1996.
57 Text des Entwurfs bei Mommsen, Beamtentum, S. 151-153.

Juden alle politischen Rechte abzuerkennen und sie grundsätzlich vom öffentlichen Dienst auszuschließen. Dieser Entwurf lag am 6. April ausgearbeitet vor, doch war schon einige Zeit früher klar geworden, daß der Gedanke einer sofortigen umfassenden Regelung der Rechtsstellung der Juden in Deutschland nicht weiter verfolgt und durch eine Strategie der Einzelregelungen ersetzt würde.[58] Unter diesen Umständen lag es nahe, die Vorbereitungen für das »Berufsbeamtengesetz« zunächst allein auf die Ausschaltung politischer Gegner auszurichten, dann aber einen besonderen »Arierparagraphen« einzufügen.

Es ist nicht bekannt, wann und auf wessen Veranlassung das geschehen ist, es muß jedoch spätestens in den letzten Märztagen gewesen sein, weil Reichspräsident Paul von Hindenburg schon am 31. März Bedenken gegen einen pauschalen Ausschluß aller Juden aus dem öffentlichen Dienst äußerte. Am 4. April wandte er sich mit der dringenden Bitte an Hitler, daß »Beamte, Richter, Lehrer und Rechtsanwälte, die kriegsbeschädigt oder Frontsoldaten sind oder Söhne von Kriegsgefallenen sind oder selber Söhne im Feld verloren haben – soweit sie in ihrer Person keinen Grund zur Sonderbehandlung geben –, im Dienst belassen werden«. Er fügte hinzu: »Wenn sie wert waren, für Deutschland zu kämpfen und zu bluten, sollen sie auch als würdig angesehen werden, dem Vaterland in ihrem Beruf weiter zu dienen.«[59] Hitler, dem zu diesem Zeitpunkt noch an einem Einvernehmen mit dem Reichspräsidenten, der Reichswehr und der nationalen Rechten gelegen war, akzeptierte die Bedenken Hindenburgs, so daß es zu den bereits zitierten Ausnahmeregelungen in Paragraph 3, Absatz 2 kam. Dabei war man sich offensichtlich nicht darüber im klaren, wie hoch der Prozentsatz der durch die Ausnahmeregelungen vorläufig »geschützten« Juden bzw. »Nichtarier« sein würde. Es waren bei den Rich-

---

58 Zur antijüdischen Gesetzgebung siehe Reinhard Rürup, Das Ende der Emanzipation: Die antijüdische Politik in Deutschland von der »Machtergreifung« bis zum Zweiten Weltkrieg, in: Arnold Paucker (Hg.), Die Juden im nationalsozialistischen Deutschland/The Jews in Nazi Germany 1933-1943, Tübingen 1986, S. 97-114; Karl A. Schleunes, The Twisted Road to Auschwitz. Nazi Policy Towards German Jews, 1933-1939, Urbana 1970; Uwe Dietrich Adam, Judenpolitik im Dritten Reich, Düsseldorf 1972; Kurt Pätzold, Faschismus, Rassenwahn, Judenverfolgung. Eine Studie zur politischen Strategie und Taktik des faschistischen deutschen Imperialismus (1933-1935), Berlin 1975; grundlegend jetzt Cornelia Essner, Die »Nürnberger Gesetze« oder die Verwaltung des Rassenwahns 1933-1945, Paderborn 2002.

59 Zitiert nach Johannes Hohlfeld (Hg.), Dokumente der Deutschen Politik und Geschichte von 1848 bis zur Gegenwart, Bd. 4: Die Zeit der nationalsozialistischen Diktatur. Aufbau und Entwicklung 1933-1938, Berlin o.J. [ca. 1953], S. 47 f.; dort (S. 48-50) auch das Antwortschreiben Hitlers vom 5.4.1933.

tern und Staatsanwälten 47%, bei den Rechtsanwälten fast 70% und bei
den Ärzten mit Krankenkassenzulassung rund zwei Drittel.[60]
Das »Gesetz zur Wiederherstellung des Berufsbeamtentums«, das eindeutig gegen die in der Verfassung verankerten Rechte der Beamten ver-
stieß, war in aller Eile formuliert, kaum diskutiert und mehr oder weniger handstreichartig verabschiedet worden. Widerspruch innerhalb der
Regierung gab es nicht, die nicht-nationalsozialistische Mehrheit der Minister schwieg genau so, wie sie es zum Straßenterror der SA und zu den
antisemitischen »Boykott«-Maßnahmen um den 1. April getan hatte und
einen Monat später bei der »Bücherverbrennung« wieder tat. Im übrigen
enthielt das Gesetz, wie es in der Gesetzgebung des »Dritten Reiches«
üblich wurde, nur einige Grundaussagen, die in der Folgezeit durch Einzel-
bestimmungen präzisiert und ergänzt wurden. Bis 1935 wurden nicht weniger als sieben Durchführungsverordnungen und sechs Änderungsgesetze
erlassen, dazu noch fünf Änderungsverordnungen zur 2. Durchführungsverordnung.[61] Die wichtige 1. Durchführungsverordnung datierte schon
vom 11. April. Sie regelte, wer künftig als »nichtarisch« zu gelten hatte,
nämlich jeder, der – unabhängig von der eigenen Religions- oder Konfessionszugehörigkeit – mindestens einen Großelternteil hatte, der der jüdischen Religion angehört hatte. Damit war entschieden, daß nicht nur
Juden entlassen wurden, sondern auch Protestanten, Katholiken oder re-
ligiöse Dissidenten, für deren Selbstverständnis und Lebensweise die Tatsache, daß sie aus einer ganz oder teilweise jüdischen Familie stammten,
bis zu diesem Zeitpunkt noch eine geringe oder gar keine Bedeutung mehr hatte. Diese Durchführungsverordnung enthielt außerdem
die Bestimmung, daß alle Beschäftigten im öffentlichen Dienst, »die der
kommunistischen Partei oder kommunistischen Hilfs- oder Ersatzorga-
nisationen angehören«, sofort zu entlassen waren. Mit der 3. Durchführungsverordnung vom 6. Mai wurde verfügt, daß das Gesetz auch für

60 Daten nach Bruno Blau, Das Ausnahmerecht für die Juden in den europäischen
    Ländern 1933-1945, New York 1952, S. 7.
61 Vgl. Andreas Fijal, Die Rechtsgrundlagen der Entpflichtung jüdischer und poli-
    tisch mißliebiger Hochschullehrer nach 1933 sowie der Umbau der Universitäten
    im nationalsozialistischen Sinne, in: Wolfram Fischer u. a. (Hg.), Exodus von
    Wissenschaften aus Berlin: Fragestellungen – Ergebnisse – Desiderate. Entwick-
    lungen vor und nach 1933, Berlin 1994, S. 101-115, hier S. 106. Eine präzise Zu-
    sammenfassung der rechtlichen Grundlagen der Entlassung und Vertreibung von
    Wissenschaftlern jetzt bei Grüttner/Kinas, Vertreibung, S. 133-139. Zu den einzel-
    nen Schritten der antisemitischen Gesetzgebung siehe Joseph Walk, Das Sonder-
    recht für die Juden im NS-Staat. Eine Sammlung der gesetzlichen Maßnahmen
    und Richtlinien – Inhalt und Bedeutung, 2. Aufl., Heidelberg 1996.

Personen galt, die in keinem festen Beschäftigungsverhältnis standen, aber in öffentlichen Einrichtungen tätig waren, beispielsweise als nichtbeamtete Hochschuldozenten (Honorarprofessoren, nichtbeamtete außerordentliche bzw. außerplanmäßige Professoren, Privatdozenten und Lehrbeauftragte).

Wegen der Ausrichtung auf den »Machtergreifungs«-Prozeß war das »Berufsbeamtengesetz« in seiner ersten Fassung bis zum 30. September 1933 befristet. Schon bald stellte sich aber heraus, daß zu seiner Durchführung sehr viel mehr Zeit erforderlich war, so daß die Frist immer wieder verlängert wurde und die Gültigkeit des Gesetzes erst mit dem »Deutschen Beamtengesetz« vom 27. Januar 1937 erlosch.[62] Die Schwierigkeiten resultierten nicht zuletzt daraus, daß es in Deutschland 1,5 Millionen Beamte gab, zu denen noch eine mindestens gleich große Zahl von Angestellten und Arbeitern im öffentlichen Dienst kam.[63] In der historischen Erinnerung ist das Gesetz vom 7. April 1933 vor allem mit der Einführung des »Arierparagraphen« verbunden, weil damit zum ersten Mal seit der Reichsgründungszeit in Deutschland wieder ein Sonderrecht für Juden geschaffen und auf diese Weise das Zeitalter der Emanzipation abrupt beendet wurde. Tatsächlich waren jedoch insgesamt, vor allem bei den Angestellten und Arbeitern, mehrheitlich Nichtjuden betroffen, wie zwei Beispiele aus dem nichtwissenschaftlichen Bereich demonstrieren. In der Reichsfinanzverwaltung gab es unter den bis Ende 1933 abgeschlossenen Verfahren 5 Entlassungen wegen der Zugehörigkeit zur KPD oder zu anderen kommunistischen Organisationen, 30 Entlassungen aus rassistischen Gründen (wobei 10 weitere Personen als »Frontkämpfer« vorläufig »geschützt« waren) und 253 Entlassungen wegen politischer Unzuverlässigkeit im Sinne des NS-Systems. Sehr viel höher, aber in der Tendenz ähnlich waren die Zahlen für die Reichsanstalt für Arbeitsvermittlung und Arbeitslosenversicherung. Hier wurden 670 Personen nach Paragraph 2 (angeblich mangelnde Qualifikation) entlassen, 94 nach Paragraph 3 (»nichtarisch«), 2092 nach Paragraph 4 (politische Unzuverlässigkeit) und 304 nach Paragraph 6 (»Vereinfachung der Verwaltung«). Im Bereich der Wissenschaft, in den Universitäten und außeruniversitären Forschungseinrichtungen, sah das allerdings deutlich anders aus. Hier gab es so gut wie keine Entlassungen wegen mangelnder Qualifikation und

---

62 Das »Deutsche Beamtengesetz« war für die Zeit nach dem Ende der politischen und rassistischen »Säuberungen« konzipiert. Die letzten Entlassungen nach dem »Berufsbeamtengesetz« mußten deshalb bis zum 30.9.1937 ausgesprochen werden.
63 Zu diesen und den folgenden Zahlenangaben: Mommsen, Beamtentum, S. 39 f. und 54 f.

nur relativ wenige wegen der Zugehörigkeit zu inzwischen verbotenen Parteien. Die Entlassungen erfolgten vielmehr ganz überwiegend aus rassistischen Gründen.

Das »Reichsbürgergesetz« vom 15. September 1935

Bei den personalpolitischen Entscheidungen, die der Kaiser-Wilhelm-Gesellschaft seit dem Frühjahr 1933 abverlangt wurden, handelte es sich, wie aus dem bisher Dargelegten hervorgeht, nicht um eine spezifisch wissenschaftspolitische Maßnahme, sondern im wesentlichen um die Auswirkungen einer antisemitischen Politik, die sich generell gegen die Beschäftigten des öffentlichen Dienstes richtete. Die politische Verantwortung für diese Vorgänge lag deshalb beim Reichsinnenministerium, obwohl auch die preußische Wissenschaftsverwaltung an den Entlassungen beteiligt war. Die zwischen Preußen und dem Reich hinsichtlich der Kaiser-Wilhelm-Gesellschaft geteilten Zuständigkeiten wurden im Mai 1934 in dem neu geschaffenen »Reichs- und Preußischen Ministerium für Wissenschaft, Erziehung und Volksbildung« zusammengeführt. Die rechtlichen Bedingungen für die Beschäftigung von Juden bzw. »Nichtariern« änderten sich noch einmal mit dem »Reichsbürgergesetz«, einem der »Nürnberger Gesetze«, die am 15. September 1935 während des »Reichsparteitages« von dem nach Nürnberg einberufenen Reichstag verabschiedet wurden. Mit diesem Gesetz traten an die Stelle der bis dahin geltenden »Staatsbürgerschaft« die »Staatsangehörigkeit« und die »Reichsbürgerschaft«. Die vollen politischen Rechte, einschließlich der Fähigkeit, ein öffentliches Amt zu bekleiden, waren danach den »Reichsbürgern« vorbehalten. »Reichsbürger« aber konnte, wie es in Paragraph 2, Absatz 1 des Gesetzes hieß, »nur der Staatsbürger deutschen oder artverwandten Blutes« sein, der darüber hinaus »durch sein Verhalten beweist, daß er gewillt und geeignet ist, in Treue dem deutschen Volk und Reich zu dienen«.[64] Da Juden und »Nichtarier« auf diese Weise zu bloßen »Staatsangehörigen« degradiert wurden, entfielen nunmehr die im »Berufsbeamtengesetz« enthaltenen Schutzbestimmungen, die es einigen der älteren Forscher in der Kaiser-Wilhelm-Gesellschaft ermöglicht hatten, bis dahin im Amt zu bleiben. Damit wurden auch die Privilegien weitgehend hinfällig, die den »Industrieinstituten« der Kaiser-Wilhelm-Gesellschaft im Hinblick auf das

---

64 Reichsgesetzblatt 1935, Teil I, Nr. 100, S. 1146. Zur Entstehung des »Reichsbürgergesetzes« (unter Berücksichtigung bis dahin unbekannter Quellen) siehe Essner, »Nürnberger Gesetze«, S. 113-173.

»Berufsbeamtengesetz« eingeräumt worden waren. Noch vor dem Erlaß
der Ausführungsbestimmungen zum »Reichsbürgergesetz« wies das
Reichsinnenministerium alle Behörden an, die noch vorhandenen jüdischen Mitarbeiter »mit sofortiger Wirkung« zu beurlauben.[65]
In der 1. Verordnung zum »Reichsbürgergesetz« vom 14. November
1935 wurde, anders als 1933, zwischen Juden und »Mischlingen« unterschieden. Als Juden im Sinne des »Reichsbürgergesetzes« galten fortan Menschen, die drei oder vier jüdische Großeltern hatten, wobei die eigenen
religiösen Überzeugungen und Bindungen keine Rolle spielten. Unter
den rassistisch Verfolgten gab es deshalb weiterhin Juden und »Juden«,
d. h. Menschen, die sich selber nicht als Juden verstanden, aber von den
Inhabern der politischen Macht als solche kategorisiert wurden. Bei der
im Reichsinnenministerium entwickelten »Mischlings«-Kategorie unterschied man zwischen »Mischlingen ersten Grades« mit zwei jüdischen
Großeltern und »Mischlingen zweiten Grades« mit nur einem jüdischen
Großelternteil. Ein »Mischling« konnte theoretisch sogar einen »Vorläufigen Reichsbürgerbrief« erhalten, doch gab es in der Kaiser-Wilhelm-
Gesellschaft keinen einzigen Fall, in dem jemand, der als »Nichtarier«
entlassen worden war, als »Mischling« wiedereingestellt worden wäre.[66]
Mit einem Runderlaß vom 12. Dezember 1935 wies der Reichs- und Preußische Minister für Wissenschaft, Erziehung und Volksbildung darauf hin,
daß alle Juden, im Sinne der Definition vom 14. November, zum 31. Dezember aus ihren Ämtern auszuscheiden hatten.[67] Auch zum »Reichsbürgergesetz« gab es zahlreiche Durchführungs- und Ergänzungsverordnun-
gen, darunter die berüchtigte 11. Verordnung vom 25. November 1941, in
der bestimmt wurde, daß den deutschen Juden, die ihren »gewöhnlichen
Aufenthaltsort« außerhalb der Grenzen des Deutschen Reiches hatten,
d. h. Deportierten ebenso wie Emigranten, die Staatsangehörigkeit aberkannt und ihr Vermögen vom Reich eingezogen wurden.[68]

---

65 Runderlaß vom 30.9.1935, zitiert nach Walk, Sonderrecht, S. 134.
66 Grundlegend zur »Mischlings«-Problematik: Beate Meyer, »Jüdische Mischlinge«.
    Rassenpolitik und Verfolgungserfahrung 1933-1945, Hamburg 1999; zu den ras-
    senpolitischen Auseinandersetzungen in der NS-Führung über die Behandlung
    der »Mischlinge« siehe Essner, »Nürnberger Gesetze«, S. 384-444.
67 Walk, Sonderrecht, S. 144.
68 Adam, Judenpolitik, S. 292-302. Die 13. und letzte Durchführungsverordnung
    zum »Reichsbürgergesetz« datierte vom 1.7.1943 und enthielt u. a. die Bestimmung,
    daß strafbare Handlungen von Juden nicht mehr durch die Justiz, sondern durch
    die Polizei zu ahnden waren.

Der »Fall Einstein«

In der Generalverwaltung der Kaiser-Wilhelm-Gesellschaft reagierte man, in Abwesenheit von Planck und Glum, auf die Verkündung des »Berufsbeamtengesetzes«, wie erwähnt, erstaunlich gelassen. Man glaubte offensichtlich, die Rückkehr des Präsidenten und des Generalsekretärs zum Ende des Monats in aller Ruhe abwarten zu können. Für Aufregung in der Öffentlichkeit hatte in den Wochen vor dem Gesetz vor allem Albert Einstein gesorgt, aber dabei stand die Akademie der Wissenschaften, nicht die Kaiser-Wilhelm-Gesellschaft im Mittelpunkt des Interesses. Einstein hatte den Winter 1932/33 als Gast des California Institute of Technology in Pasadena verbracht und dort am 10. März, unmittelbar vor Beginn seiner Rückreise, der Presse erklärt, daß und warum er nicht mehr nach Deutschland zurückkehren werde. »Solange mir eine Möglichkeit offensteht«, hieß es in dieser Erklärung, »werde ich mich nur in einem Lande aufhalten, in dem politische Freiheit, Toleranz und Gleichheit aller Bürger herrschen. [...] Diese Bedingungen sind gegenwärtig in Deutschland nicht erfüllt. Es werden dort diejenigen verfolgt, die sich um die Pflege internationaler Verständigung besonders verdient gemacht haben, darunter einige der führenden Künstler.«[69]

Einstein selber war während der Weimarer Republik immer wieder von Rechtsradikalen und Antisemiten verfolgt und bedroht worden, und er gehörte zu den wenigen prominenten Wissenschaftlern, die auch öffentlich, beispielsweise vor der Reichstagswahl im Juli 1932, eindringlich vor der nationalsozialistischen Gefahr gewarnt hatten. Im Sommer 1932 hatte er bereits das Angebot akzeptiert, dem neu gegründeten Institute for Advanced Study in Princeton als ständiges Mitglied vom Herbst 1933 an jeweils für das Winterhalbjahr zur Verfügung zu stehen. Am 28. März, gleich nach der Ankunft in Belgien, erklärte er in der deutschen Botschaft in Brüssel seinen Verzicht auf die deutsche Staatsbürgerschaft. Der Akademie der Wissenschaften in Berlin teilte er am selben Tag schriftlich mit: »Die in Deutschland gegenwärtig herrschenden Zustände veranlassen mich, meine Stellung bei der Preußischen Akademie der Wissenschaften hiermit niederzulegen.« Er dankte für die ihm über so lange Zeit gewährten großen Privilegien, sprach auch von »den schönen menschlichen Beziehungen« mit vielen Kollegen, schloß jedoch mit dem Satz:

---

69 Zitiert nach Albrecht Fölsing, Albert Einstein. Eine Biographie, 3. Aufl., Frankfurt/ Main 1994, S. 743 f.; dort auch die im Text folgenden Zitate: Einsteins Brief an die Akademie (S. 745), die Presseerklärung der Akademie (S. 747), Plancks Äußerungen in der Akademiesitzung (S. 749) und Plancks Brief an Einstein (S. 746).

»Die durch meine Stellung bedingte Abhängigkeit von der Preußischen Regierung empfinde ich aber unter den gegenwärtigen Umständen als untragbar.« Von der Kaiser-Wilhelm-Gesellschaft war dabei nicht ausdrücklich die Rede. Erst im Juni 1933 bat Einstein seinen Freund Max von Laue, dafür Sorge zu tragen, daß er in allen deutschen wissenschaftlichen Gesellschaften und Organisationen als Mitglied gestrichen werde.

In der Akademie der Wissenschaften gab es insofern ein Nachspiel, als der Jurist Ernst Heymann, der 1937 zum Direktor des KWI für ausländisches und internationales Privatrecht ernannt wurde, als amtierender Akademie-Sekretär der Presse gegenüber erklärte, daß Einstein im Ausland »Greuelhetze« gegen Deutschland betrieben habe, so daß die Akademie »keinen Anlaß« habe, »den Austritt Einsteins zu bedauern«. Max von Laue versuchte, die Akademiemitglieder am 6. April zu einer Distanzierung von dieser Erklärung zu bewegen, blieb aber mit seiner Position in der Minderheit. Selbst Max Planck, der in der Plenarsitzung der Akademie am 11. Mai die außerordentliche wissenschaftliche Bedeutung Einsteins unmißverständlich würdigte, war der Auffassung, es sei »tief zu bedauern, daß Herr Einstein selber durch sein politisches Verhalten sein Verbleiben in der Akademie unmöglich gemacht hat«. Schon Ende März hatte Planck angesichts eines vom preußischen Kultusminister geforderten Disziplinarverfahrens gegen Einstein diesem geschrieben, daß eine Austrittserklärung »der einzige Ausweg zu sein scheint, der einerseits Ihnen eine ehrenvolle Lösung Ihres Verhältnisses zur Akademie sichert, andererseits Ihren Freunden ein unabsehbares Maß an Kummer und Schmerz erspart«. Von Einsteins Stellung als Direktor des KWI für Physik sprach Planck in diesem Zusammenhang nicht, obwohl es offensichtlich war, daß das Ausscheiden aus der Akademie auch die Trennung von der Kaiser-Wilhelm-Gesellschaft zur Folge haben würde. Anders als in der Akademie wurde dieser Vorgang ohne große Diskussionen zur Kenntnis genommen.

Fritz Haber und das »Haber-Institut«

In der Kaiser-Wilhelm-Gesellschaft gerieten die Dinge erst in Bewegung, als die Auseinandersetzungen um das von Fritz Haber geleitete KWI für physikalische Chemie und Elektrochemie begannen. Am 21. April 1933 hatte von Cranach im preußischen Ministerium für Wissenschaft, Kunst und Volksbildung eine Unterredung mit dem Ministerialdirektor Johann David Achelis. In dem darüber angelegten »Vermerk« hielt er fest, daß sich das Interesse hinsichtlich der »Judenfrage« in der Kaiser-Wilhelm-Gesellschaft ganz auf das Haber-Institut konzentriere. Nur wenn es gelänge, »den Personalbestand im Haber'schen Institut grundsätzlich zu ändern«, werde es möglich sein, »die führenden Gelehrten, soweit sie Juden sind, zu halten«. Wenn nicht sofort etwas geschehe, bestünde »die größte Gefahr, nicht nur für das Haber'sche Institut, sondern auch für die Kaiser-Wilhelm-Gesellschaft«. Achelis habe in diesem Zusammenhang, so hieß es in dem »Vermerk« weiter, »auch die Einsetzung eines Staatskommissars« erwähnt.[70] Noch am gleichen Tag schickte von Cranach, der auch Haber umgehend informierte, ein Telegramm an Glum, in dem er dessen »sofortige Rückkehr« für notwendig erklärte.

Haber war zu diesem Zeitpunkt bereits bekannt, daß es Bestrebungen gab, sein Institut erneut zu einem Zentrum für Kampfgasforschung zu machen und mit dieser Aufgabe einen dezidiert nationalsozialistischen Chemiker aus Göttingen zu betrauen. Es ging deshalb im Frühjahr 1933 offensichtlich nicht nur um Personalfragen, sondern auch um die wissenschaftliche Ausrichtung des von ihm geleiteten Instituts.[71] Zu den Aussagen des Ministerialdirektors, die von Cranach ihm übermittelte, warf Haber eine Woche später in einem Brief an Glum die berechtigte Frage auf, ob es sich dabei eigentlich um »eine freundschaftliche Warnung, eine dienstliche Warnung oder gar eine dienstliche Anordnung« handele.[72] Hinsichtlich des »Berufsbeamtengesetzes« entschied er sich, die unvermeidlichen Kündigungen selber in die Hand zu nehmen, um die dadurch freiwerdenden Stellen möglichst sachgerecht neu besetzen zu können. Noch im April kündigte er den Assistenten Ladislaus Farkas und Leopold Frommer. Zugleich versuchte er, leider vergeblich, für zwei weitere Wissenschaftler (Hartmut Kallmann und Joseph Weiss) und zwei Sekretärinnen (Rita Cracauer und Irene Sackur) Ausnahme- oder Sonderregelungen durchzusetzen. Die beiden wichtigsten Abteilungsleiter des Instituts, Herbert Freundlich und Michael Polanyi, international hoch angesehene Forscher, hatten schon am 22. April, im Einvernehmen mit Haber, um ihre Versetzung in den Ruhestand gebeten, weil sie unter den durch die Nationalsozialisten geschaffenen Verhältnissen nicht weiterarbeiten wollten.

Am 30. April erklärte Haber selber, nach einer Unterredung mit Max Planck, der vergebens versucht hatte, ihn umzustimmen, seinen Rück-

---

70 MPG-Archiv, Abt. I, Rep. 1A, Nr. 531/1; vgl. oben, S. 35 f.

71 Zur Neuausrichtung des KWI für physikalische Chemie und Elektrochemie und zu den damit verbundenen politischen Vorstößen und Eingriffen in die Rechte der Kaiser-Wilhelm-Gesellschaft siehe Florian Schmaltz, Kampfstoff-Forschung im Nationalsozialismus. Zur Kooperation von Kaiser-Wilhelm-Instituten, Militär und Industrie, Göttingen 2005, S. 45-92.

72 Haber an Glum, 29.4.1933, MPG-Archiv Abt. I, Rep. 1A, Nr. 541/3.

tritt als Institutsdirektor. Den preußischen Kultusminister bat er, ihn zum 30. September von seinen Aufgaben zu entbinden. Er könne, so legte er dar, »bei der Auswahl von Mitarbeitern nur die fachlichen und charakterlichen Eigenschaften der Bewerber berücksichtigen, ohne nach ihrer rassenmäßigen Beschaffenheit zu fragen«: »Sie werden von einem Manne, der im 65. Lebensjahr steht, keine Änderung der Denkweise erwarten, die ihn in den vergangenen 39 Jahren seines Hochschullebens geleitet hat, und Sie werden verstehen, daß ihm der Stolz, mit dem er seinem deutschen Heimatlande sein Leben lang gedient hat, jetzt diese Bitte um Versetzung in den Ruhestand vorschreibt.«[73]

Das war, weil Haber als »Altbeamter« und »Frontkämpfer« von den Bestimmungen des »Berufsbeamtengesetzes« nicht unmittelbar betroffen war, eine ungewöhnliche, für nicht wenige seiner Zeitgenossen unverständliche Entscheidung. Er setzte damit eines der seltenen Zeichen von Selbstbewußtsein und Nichtverfügbarkeit in einer Zeit, die weithin durch vorsichtiges Taktieren und opportunistische Anpassung bestimmt war. Eine »gehorsame Hinnahme der Versetzung in das Ghetto«, war für ihn ausgeschlossen, wie er zwei Monate später in einem Brief an seinen Freund und Kollegen Georg Bredig formulierte.[74] Und als er im Juli 1933 den Fragebogen zur Durchführung des »Berufsbeamtengesetzes« an die Berliner Universität zurückschickte, erklärte er in dem Begleitschreiben, daß er unter den gegebenen Verhältnissen nicht bereit sei, seine Tätigkeit aufgrund von scheinbaren »Privilegien« fortzusetzen: »ich will weder auf Grund meiner langen Dienstzeit vor dem Kriege noch auf Grund meiner Frontkämpfer-Eigenschaft im Dienste bleiben«.[75] Sein Rücktritt, der ihm durchaus nicht leicht fiel, war eine politische Demonstration, die von den neuen Machthabern auch sofort als solche verstanden wurde.

Die meisten seiner Kollegen in der Kaiser-Wilhelm-Gesellschaft, die fortan als »Nichtarier« galten, entschieden sich anders. Auch Max Planck war der Überzeugung, daß man in schwierigen Zeiten einfach ausharren müsse. Er fürchtete darüber hinaus, daß nicht nur das KWI für physikalische Chemie und Elektrochemie, sondern die gesamte Kaiser-Wilhelm-Gesellschaft durch Habers Ausscheiden entscheidend geschwächt würde. Tatsächlich löste dessen Entscheidung unter den für die Gesellschaft Ver-

---

73 MPG-Archiv, Abt. I, Rep. 1 A, Nr. 541/1. Der Text des Schreibens ist häufig wiedergegeben worden, u. a. von Albrecht/Hermann, Kaiser-Wilhelm-Gesellschaft, S. 363. Zu Habers Aktivitäten und Entscheidungen im Frühjahr 1933 siehe vor allem Szöllösi-Janze, Fritz Haber, S. 643-668.
74 Haber an Bredig, 27.6.1933, zitiert ebd., S. 657.
75 Schreiben vom 25.7.1933, zitiert ebd., S. 648.

antwortlichen, aber auch in den Instituten eine viel größere Unruhe aus, als das bei Einstein der Fall gewesen war. Denn Haber gehörte nicht nur zu den großen Namen der Kaiser-Wilhelm-Gesellschaft, sondern auch zu denen, die die Gesellschaft in besonderer Weise mitgestaltet und geprägt hatten. Sein Institut geriet durch die Entlassungen und Protest-Kündigungen binnen weniger Wochen und Monate in eine Existenzkrise, die dadurch verschärft wurde, daß der Kaiser-Wilhelm-Gesellschaft gegen den Widerstand des Präsidenten und des Verwaltungsausschusses vom preußischen Ministerium mit Gerhard Jander ein Nachfolger aufgedrängt wurde, dessen Berufung nicht nur politisch, sondern auch fachlich einen Kontinuitätsbruch bedeutete. Im Spätjahr 1933 erhielten im Rahmen der Neuausrichtung des Instituts alle noch vorhandenen Mitarbeiter ihre Kündigung.

Die Kaiser-Wilhelm-Gesellschaft und die »Ausländerbeschäftigung«

Die Durchführung des »Berufsbeamtengesetzes« begann in der Kaiser-Wilhelm-Gesellschaft mit einem Schreiben vom 24. April 1933, in dem Hans Pfundtner, Staatssekretär im Reichsinnenministerium, den Präsidenten aufforderte, »mir diejenigen Beamten, Angestellten und Arbeiter Ihres Geschäftsbereichs namhaft zu machen, die Ihrer Ansicht nach auf Grund der §§ 2, 3 oder 4 [des Gesetzes vom 7. April] aus dem Dienst zu entlassen sind«. Außerdem hieß es in dem Schreiben: »Die Personalakten des Betroffenen bitte ich beizufügen. Sollten wegen der jüdischen Abstammung einer in Frage kommenden Person Zweifel bestehen, so bitte ich auch darüber unter Darlegung des Sachverhalts zu berichten, damit ich die Angelegenheit der Begutachtung des […] Sachverständigen unterbreiten kann.«[76] Drei Tage später verschickte der gerade aus dem Urlaub zurückgekehrte Generaldirektor Glum – ohne auf den Präsidenten zu warten, der erst einen Tag später in Berlin eintraf – einen entsprechenden Fragebogen an die Institute. Er wies die Direktoren zugleich an, »nicht arischen« und »politisch unzuverlässigen« Mitarbeitern umgehend zu kündigen, womit er die im Gesetz gesetzte Frist (30. September 1933) drastisch verkürzte.[77]

---

76 MPG-Archiv, Abt. I, Rep. 1A, Nr. 531/1. Als »Sachverständiger für Rassenforschung« war im Innenministerium seit dem 11. April 1933 Dr. Achim Gercke tätig, der von 1931 an das »Sippenamt der NSDAP« geleitet hatte.

77 MPG-Archiv, Abt. I, Rep. 1A, Nr. 531/1.

Im Verfahren knüpfte man in der Generalverwaltung an einen nur
wenige Wochen zurückliegenden Vorgang an, bei dem es um die Beschäftigung von Ausländern ging. Ausländische Arbeitnehmer durften nach
einer Verordnung vom 23. Januar 1933 in Deutschland vom 1. Mai 1933
an nur noch beschäftigt werden, wenn sie über eine »Arbeitserlaubnis«
und die jeweiligen Arbeitgeber über eine »Beschäftigungsgenehmigung«
verfügten.[78] Der Präsident hatte deshalb am 4. Februar die Institutsdirektoren aufgefordert, ihm bis zum Ende des Monats eine »Aufstellung« der
in den Instituten Beschäftigten unter Angabe der jeweiligen Heimatländer
zu schicken, wobei zwischen den »für Entgelt Arbeitenden« und den »unentgeltlich Arbeitenden (Gäste)« unterschieden werden sollte. Obwohl
die Angelegenheit in einigen Instituten für Unruhe sorgte, erfolgte die
Beantwortung in den meisten Fällen prompt. Die ersten Institute legten
die Liste schon am 6. Februar vor, nur wenige nahmen sich Zeit bis Ende
Februar. Dabei zeigte sich, daß der Ausländeranteil in vielen Instituten sehr
gering war. Die KWI für Eisenforschung, Kohlenforschung (Breslau)
und Silikatforschung beschäftigten gar keine Ausländer, andere nur sehr
wenige, in der Regel als Gastwissenschaftler und Stipendiaten. Höhere
Zahlen meldeten lediglich das KWI für physikalische Chemie und Elektrochemie (16), das KWI für medizinische Forschung (15), das KWI für
Hirnforschung (10), die Deutsche Forschungsanstalt für Psychiatrie (8),
das KWI für Lederforschung (7) und das KWI für ausländisches und internationales Privatrecht (7). Da viele Ausländer zu den Wissenschaftlern
gehörten, die nicht fest angestellt waren, und für andere Sondergenehmi-
gungen erwirkt werden konnten, scheint die Verordnung über die Ausländerbeschäftigung in der Kaiser-Wilhelm-Gesellschaft insgesamt keine
großen Auswirkungen gehabt zu haben. Kündigungen aufgrund dieser
Bestimmungen gab es beispielsweise im KWI für Lederforschung, aus
dem der griechische Abteilungsleiter Leonidas Zervas (der seit seinem
Studium in Deutschland lebte und mit einer Deutschen verheiratet war)
und die Laboratoriumsgehilfin Marie Berschtel (die in Deutschland geboren war, aber die polnische Staatsbürgerschaft besaß) ausscheiden
mußten. In einer Reihe von anderen Fällen waren ausländische oder
»staatenlose« Mitarbeiter später von den gegen »Nichtarier« gerichteten
gesetzlichen Bestimmungen betroffen, so daß sie aus diesem Grunde entlassen wurden.[79]

---

78 Reichsgesetzblatt 1933, Teil I, Nr. 5, S. 26-29.
79 Zu dem gesamten Vorgang »Ausländerbeschäftigung« siehe MPG-Archiv, Abt. I,
    Rep. 1A, Nr. 1082/1-23.

Der erste »Nichtarier«-Bericht der
Kaiser-Wilhelm-Gesellschaft

Am 19. Juni legte Präsident Planck dem Reichsminister des Inneren den ersten Bericht über die »Ausführung des Gesetzes zur Wiederherstellung des Beamtentums vom 7. April 1933« vor, dem er die vom Ministerium gewünschten Personalbogen beifügte.[80] Darin waren allerdings nur die Institute berücksichtigt, die zu mehr als 50% aus öffentlichen Mitteln finanziert wurden. Die Kaiser-Wilhelm-Gesellschaft war als eingetragener Verein zwar keine staatliche Behörde, wurde aber überwiegend vom Staat unterhalten und zählte deshalb zu den »Einrichtungen und Unternehmungen«, die nach Paragraph 1, Absatz 2 des Gesetzes wie Körperschaften öffentlichen Rechts zu behandeln waren. Jedoch hatte man sich schon 1931, als es um die Kürzung der Beamtengehälter ging, darauf verständigt, daß jene Institute, die überwiegend aus Mitteln der Industrie oder anderen privaten Zuwendungen unterhalten wurden, von entsprechenden Regelungen auszunehmen seien. Darauf bezog sich die Generalverwaltung der Kaiser-Wilhelm-Gesellschaft nun auch im Hinblick auf das »Berufsbeamtengesetz« und fand damit die Zustimmung des Innenministeriums. Nicht berücksichtigt wurden in dem Bericht zudem die Institutsdirektoren, »deren Stellen [als ordentliche Universitätsprofessoren] im Haushaltsplan der Länder enthalten sind«, so daß deren Überprüfung durch die jeweils zuständigen Länder zu erfolgen habe.

Genannt wurden 27 Personen, die aufgrund der Gesetzesbestimmungen als »nichtarisch« zu gelten hatten. Dabei hatte die Generalverwaltung drei Gruppen gebildet: A (»Auszusprechende Kündigungen«), B (»Zweifelhafte Fälle«) und C (»Härtefälle«). Der Gruppe A wurden 19 Personen aus acht Instituten zugeordnet: Biochemie (4), physikalische Chemie und Elektrochemie (4), Biologie (3), medizinische Forschung (2), ausländisches und internationales Privatrecht (2), Arbeitsphysiologie (2), Hirnforschung (1), Physik (1). Bei den in dieser Gruppe genannten Wissenschaftlern handelte es sich um ein Wissenschaftliches Mitglied (Karl Weissenberg), einen Wissenschaftlichen Referenten (Dr. Felix Eckstein) und acht Wissenschaftliche Assistenten (Dr. Ladislaus Farkas, Dr. Irvin Fisher, Dr. Leopold Frommer, Dr. Fabius Gross, Dr. Max Hoffer, Dr. Ernst Simon, Dr. Karl Söllner, Privatdozent Dr. Albert Wassermann), bei dem nichtwissenschaftlichen Personal um vier Sekretärinnen (Milli Berlak, Alice Breu, Dora Heimann, Dr. Margot Selberg), drei technische Assistenten (Hedwig Kirchner, Martin Schmalz, Lisa Wohlgemuth) und zwei

---

80 MPG-Archiv, Abt. I, Rep. 1A, Nr. 531/1.

Laboranten bzw. Laborgehilfen (Dietrich Bodenstein, Ruth Jaeger). Bei dieser Liste ist allerdings zu bedenken, daß diejenigen, die aus politischen Gründen gekündigt hatten (»freiwillig« ausgeschieden waren, wie man damals in der Kaiser-Wilhelm-Gesellschaft formulierte), darin nicht berücksichtigt sind, was unter anderem für Einstein und Haber, Freundlich und Polanyi gilt.

Unter B wurden drei Fälle aufgeführt: der Wissenschaftliche Assistent Dr. Hans Laser im Heidelberger KWI für medizinische Forschung, der im Krieg in einem Seuchenlazarett eingesetzt war und deshalb möglicherweise den »Frontsoldaten« gleichgestellt werden konnte; der Wissenschaftliche Referent Dr. Max Rheinstein im KWI für ausländisches und internationales Privatrecht, der sich im Frühjahr 1919 in München an den Kämpfen gegen die »Räterepublik« beteiligt hatte; die Sekretärin Irene Sackur im KWI für physikalische Chemie und Elektrochemie, deren Vater Otto Sackur im Dezember 1914 als wissenschaftlicher Gast in diesem Institut bei einem im Auftrag des Kriegsministeriums durchgeführten Versuch tödlich verunglückt war, so daß für sie die Ausnahmeregelung für Personen, die im Krieg ihren Vater an der Front verloren hatten, in Frage kommen konnte.

Bei den »Härtefällen« ging es um fünf Personen. Hinsichtlich der Wissenschaftlichen Assistentin im KWI für Biologie Dr. Mathilde Hertz, die auch Privatdozentin an der Berliner Universität war, wurde auf ihre »besonderen wissenschaftlichen Verdienste«, vor allem aber darauf verwiesen, daß sie die »Enkelin [richtig: die Tochter] des berühmten Physikers, Entdeckers der drahtlosen Wellen, Heinrich Hertz« sei. Auch bei der Gärtnerin Fanny du Bois-Reymond im KWI für Züchtungsforschung wurde damit argumentiert, daß sie eine Enkelin »des berühmten Physiologen [Emil] du Bois-Reymond« sei und ihr Vater ebenso wie ihre Brüder »im Kriege große Verdienste erworben« hätten. Zu Rita Cracauer, langjährige Sekretärin Habers im KWI für physikalische Chemie und Elektrochemie, brachte man vor, daß sie von 1917 bis 1920 im Kriegsministerium tätig war, ehe sie wegen ihrer »besonderen Tüchtigkeit« von Haber in das Institut übernommen wurde; außerdem habe sie 1914 ihre beiden Brüder »an der deutschen Front vor dem Feinde verloren«, so daß sie ihre Mutter, die nur eine »kleine Kriegshinterbliebenenrente« erhalte, finanziell unterstützen müsse. Bei Irene Moses, Stenotypistin im Deutschen Entomologischen Institut, lautete die Argumentation, daß ihre Mutter und deren Vorfahren »rein arisch« seien und sie selber »als Christin getauft und als solche erzogen« worden sei; ihr jüdischer Vater sei im Kriege als freiwilliger Sanitäter in einem Seuchenlazarett bei Verdun tätig gewesen. Schließlich betonte man im Falle von Dr. Hartmut Kallmann, der

auch Privatdozent an der Berliner Universität war, seine besonderen wissenschaftlichen Leistungen (die von der Rockefeller Foundation in erheblichem Umfang unterstützt wurden); im übrigen verwies man auf
dessen eigene Ausführungen auf der Rückseite des beigelegten Personal-
bogens.

Abschließend bat Planck hinsichtlich der in den Gruppen B und C
genannten Personen »mit Rücksicht auf die damit verbundenen Härten
um eine Entscheidung, ob in diesen Fällen von der Anwendung der
Kündigungsvorschriften eine Ausnahme gemacht werden darf«. Darüber
hinaus teilte er mit: »Ich beabsichtige, den Institutsdirektoren nahezu-
legen, die in Gruppe A aufgeführten Angestellten unter Beachtung der
Vorschriften des Gesetzes vom 7. April ds. Jrs. zu kündigen.«

Das Ministerium zeigte allerdings keinerlei Entgegenkommen. Ohne
weitere Begründung teilte Staatssekretär Pfundtner am 15. Juli mit: »Mit
Ausnahme von Laser und Rheinstein ist sämtlichen in den Gruppen A, B
und C aufgeführten Persönlichkeiten zu kündigen.« Selbst in den Fällen
von Laser und Rheinstein wurde lediglich eine genauere Prüfung der an-
gegebenen Sachverhalte angeordnet, über deren Ergebnis dem Ministerium »zu gegebener Zeit« zu berichten sei.[81] Von einem Einzelfall abgesehen, verzichteten der Präsident und die Generalverwaltung daraufhin
auf weitere Versuche, zumindest einen Teil der vom »Berufsbeamtengesetz« betroffenen Mitarbeiter zu halten. Planck informierte am 21. Juli
die Direktoren der Institute: »Meine Bemühungen, für besondere Fälle
bei dem Herrn Minister eine Ausnahme von der Anwendung der gesetzlichen Bestimmungen zu erwirken, sind zu meinem Bedauern ohne Erfolg geblieben. Ich bitte daher, im Hinblick auf die bevorstehenden Fe-
rien baldmöglichst die Kündigung [...] auszusprechen.«[82]

81 MPG-Archiv, Abt. I, Rep. 1A, Nr. 531/1. Das Ergebnis der weiteren Erkundungen
    war, daß das Ministerium im Falle Lasers auf Kündigung, im Falle Rheinsteins
    auf Weiterbeschäftigung entschied, wobei übersehen wurde, daß Rheinstein zwar
    gegen die Münchener »Räterepublik« gekämpft hatte, aber nicht in den Reihen
    der Rechtsradikalen, sondern der Sozialdemokraten. Rheinstein war inzwischen
    mit einem Stipendium der Rockefeller Foundation in die USA gereist und be-
    schloß dort, wegen der politischen Verhältnisse nicht mehr nach Deutschland
    zurückzukehren.
82 Hier zitiert nach dem Schreiben Plancks an Haber vom 21.7.1933, in dem die
    Namen der sieben Mitarbeiter genannt wurden, denen nunmehr gekündigt wer-
    den müsse; MPG-Archiv, Abt. I, Rep. 1A, Nr. 539/2.

Bemühungen um »Ausnahmeregelungen«

Nur im Falle von Mathilde Hertz war Planck nicht bereit, die vom Ministerium angeordnete Kündigung zu veranlassen. Er wandte sich persönlich an den Minister und teilte ihm mit, daß sie als »arisch« einzustufen sei, weil sich inzwischen herausgestellt habe, daß »alle acht Urgroßeltern evangelisch getauft waren«.[83] Das Ministerium berief sich dagegen, wie es Ende Oktober mitteilte, auf ein Gutachten des »Sachverständigen für Rassenforschung«, wonach Mathilde Hertz als »nichtarisch‹ im Sinne des Gesetzes« zu gelten habe. Es forderte deshalb, ihr jetzt »beschleunigt« zu kündigen. Die Kündigung wurde zum 31. Dezember 1933 ausgesprochen, doch gab Planck sich noch nicht geschlagen. In einem Schreiben an den Minister vom 21. November bezog er sich nunmehr auf die 2. Durchführungsverordnung zum »Berufsbeamtengesetz« vom 28. September, die besagte, daß »in Einzelfällen« der Reichsminister des Innern »weitere Ausnahmen« zulassen konnte, »wenn dringende Rücksichten der Verwaltung es erfordern«.[84] Da man für die besonders wichtigen tierpsychologischen Arbeiten von Mathilde Hertz, »die von anderer Seite in Deutschland nicht gepflegt werden«, auf dem Gelände des KWI für Biologie ein eigenes Gebäude errichtet habe, müsse die Kaiser-Wilhelm-Gesellschaft, argumentierte Planck, in diesem Falle »dringende Rücksichtnahmen der Verwaltung« geltend machen. Und tatsächlich lenkte das Ministerium nunmehr ein. Am 3. Januar 1934 wurde »die Belassung der Assistentin Fräulein Dr. Mathilde Hertz im Dienste des Kaiser-Wilhelm-Instituts für Biologie« genehmigt, und zwar ohne jede zeitliche Befristung. Daß Mathilde Hertz im Spätjahr 1935 trotzdem das Institut verließ und nach Großbritannien emigrierte, war eine Folge der weiteren politischen Entwicklungen und des ständig zunehmenden Drucks auf alle Juden und »Nichtarier«.

Auch Fritz Haber war nicht gewillt, den Bescheid des Ministeriums vom 15. Juli in vollem Umfang zu akzeptieren. Er wandte sich vielmehr direkt an den nationalsozialistischen Leiter der Hochschulabteilung im preußischen Ministerium für Wissenschaft, Kunst und Volksbildung, der ihm zu einem früheren Zeitpunkt seine Unterstützung hinsichtlich der von der Entlassung bedrohten Sekretärinnen zugesagt hatte. Haber legte noch einmal schriftlich dar, daß und warum die Entlassung in beiden Fällen ein großes Unrecht sein würde, das er nicht verantworten

---

83 Zu der Korrespondenz Plancks mit dem Reichsministerium des Innern wegen Mathilde Hertz siehe MPG-Archiv, Abt. I, Rep. 1A, Nr. 534/4.
84 Zu dieser Verordnung siehe Fijal, Rechtsgrundlagen, S. 109.

könne.[85] Bei Rita Cracauer ergänzte er die bereits vorliegenden Angaben dahin, daß sie vom preußischen Kriegsministerium mit dem Verdienstkreuz für Kriegshilfe ausgezeichnet worden sei und 1932 auch ein Verdienstabzeichen der Kaiser-Wilhelm-Gesellschaft erhalten habe. Im Falle von Irene Sackur betonte er noch einmal die besonderen Verpflichtungen, die für sein Institut und ihn persönlich daraus erwachsen seien, daß ihr Vater während des Krieges bei einem für die Feldartillerie-Abteilung des Kriegsministeriums durchgeführten Versuch im KWI für physikalische Chemie und Elektrochemie tödlich verunglückte. Das Institut habe »mit der Anstellung der Tochter Irene in der Zeit der Wirtschaftskrise einen bescheidenen Ausdruck für die moralische Verpflichtung gesucht, die ihm aus dem Leben und Sterben des Professors Sackur erwachsen ist«. Haber fügte hinzu: »Es hat damit derselben Denkweise Ausdruck gegeben, die aus der Gedenktafel spricht, die im Institut zu seinen Ehren angebracht ist und die Inschrift trägt: ›Er starb als Forscher im Dienste des Vaterlandes‹.« Schon wenige Tage später erhielt Haber die Mitteilung, daß die Bemühungen um eine andere Entscheidung des Ministeriums erfolglos geblieben seien. Beide Mitarbeiterinnen wurden entlassen.

Das Ausbleiben öffentlicher Proteste

Im Vorfeld dieser Ereignisse hatte es schon einige erfolgreiche Interventionen gegeben, die gegen die Entlassung leitender Wissenschaftler wie Felix Plaut und Karl Theodor Neubürger in München und Hans Sachs in Heidelberg gerichtet waren, die von den jeweils zuständigen Behörden bereits Ende März »beurlaubt« worden waren. Die »Beurlaubungen« wurden aufgehoben, wobei wohl auch die Tatsache von Bedeutung war, daß für die betreffenden Forscher seit dem 7. April die Ausnahmeregelungen des »Berufsbeamtengesetzes« galten. Öffentliche Proteste des Präsidenten, der Generalverwaltung, der Institute oder einzelner Forscher gegen die drohende Entlassung jüdischer bzw. »nichtarischer« Kollegen gab es dagegen gar nicht.[86] Als Otto Hahn vorschlug, eine größere Zahl promi-

---

85 Haber an Ministerialdirektor Georg Gerullis, 20.7.1933, und Gerullis an Haber, 26.7.1933, MPG-Archiv, Abt. I, Rep. 1A, Nr. 541/4; dazu auch Haber an Planck, 9.5.1933, MPG-Archiv, Abt. I, Rep. 1A, Nr. 541/3.
86 Immerhin richteten am 4.5.1933 »alle wissenschaftlichen und technischen Mitarbeiter« des KWI für physikalische Chemie und Elektrochemie, »die nicht von der Neuregelung [des ›Berufsbeamtengesetzes‹] betroffen sind«, ein Schreiben an Max Planck, in dem sie ihr »tiefstes Bedauern« über die Rücktritte von Haber, Freundlich und Polanyi mit der Bitte verbanden, »die genannten Herren mindestens noch für eine gewisse Zeit dem Institut zu erhalten«. Sie betonten außer-

nenter Wissenschaftler zu sammeln, um öffentlich gegen die Diskriminierung und Entlassung jüdischer Kollegen Stellung zu nehmen, antwortete Planck im Juli 1933 unter Hinweis auf die Erfahrungen mit dem am 15. April erfolgten Protest-Rücktritt von James Franck in Göttingen ebenso illusionslos wie resignativ: »Wenn heute 30 Professoren aufstehen und sich gegen das Vorgehen der Regierung einsetzen, dann kommen morgen 150 Personen, die sich mit Hitler solidarisch erklären, weil sie die Stellen haben wollen.«[87] Tatsächlich kam es, abgesehen von der Gedenkveranstaltung für Fritz Haber, in der Kaiser-Wilhelm-Gesellschaft zu keinen nach außen sichtbaren Solidaritätskundgebungen, geschweige denn zu öffentlichen Protesten. Es fehlte durchaus nicht an Zeichen der persönlichen Verbundenheit mit den vertriebenen Kollegen, auch nicht an kleinen oder größeren praktischen Hilfeleistungen, aber alle Gesten dieser Art blieben mehr oder weniger privater Natur.

Planck protestierte als Präsident sowohl 1933 als auch in den folgenden Jahren immer wieder gegen die Entlassung einzelner Kollegen oder deren vorzeitige Versetzung in den Ruhestand (u. a. bei Max Bergmann, Reginald Oliver Herzog, Carl Neuberg und Oskar Vogt), aber das geschah, indem er sich an das jeweils zuständige Ministerium wandte, stets auf dem üblichen Dienstweg, und es blieb in jedem einzelnen Falle ohne Erfolg. Er litt mit denen, die nach seiner Überzeugung ungerecht behandelt wurden, war aber, wie sein Biograph John Heilbron zusammenfassend urteilte, von seinem ganzen Wesen her ungeeignet für öffentliche De-

---

dem, daß bei der langjährigen Sekretärin Rita Cracauer und Dr. Hartmut Kallmann »Zweifel bezüglich der Anwendbarkeit des Gesetzes bestehen«. Im Falle Kallmanns wiesen sie darauf hin, »daß sein Bleiben aufs engste mit der Aufrechterhaltung der mechanischen Werkstätte in der bisherigen Form verbunden« sei und die Mittel für seine Arbeit »zu einem erheblichen Teil aus der Rockefeller Foundation« stammten, so daß sein erzwungener Weggang »eine außerordentliche Belastung unserer Beziehung zu dieser Gesellschaft« bedeuten würde. Schließlich wurde noch die Bitte ausgesprochen, »daß denjenigen Herren, deren Entlassung unvermeidlich ist, die Möglichkeit gegeben wird, die Abwicklung ihrer laufenden wissenschaftlichen Arbeiten in Ruhe durchzuführen, daß also bei ihrer Kündigung Härten in der Festsetzung der Termine vermieden werden«. Das Schreiben war von 39 Mitarbeiterinnen und Mitarbeitern unterzeichnet. MPG-Archiv, Abt. I, Rep. 1A, Nr. 539/2.

87 Zitiert nach Otto Hahn, Mein Leben, München 1968, S. 145; vgl. Grüttner/Kinas, Vertreibung, S. 150; John Lewis Heilbron, The Dilemmas of an Upright Man. Max Planck and the Fortunes of German Science; with a new afterword, Cambridge, Mass. 2000 (Erstausgabe mit dem Untertitel »Max Planck as a Spokesman of German Science«, Berkeley 1986), S. 150. Zu den Vorgängen in Göttingen siehe Alan D. Beyerchen, Wissenschaftler unter Hitler. Physiker im Dritten Reich, Frankfurt/Main 1982, S. 36-41.

monstrationen gegen staatliche und andere Behörden.[88] Statt dessen versuchte er beispielsweise am 16. Mai 1933, Hitler im persönlichen Gespräch davon zu überzeugen, daß man zwischen »wertvollen« (aus »alten Familien mit bester deutscher Kultur«) und anderen Juden (Planck, der antisemitischer Tendenzen durchaus unverdächtig war, gebrauchte die fatale Formulierung von »wertlosen« Juden) unterscheiden müsse und »daß es eine Selbstverstümmelung wäre, wenn man wertvolle Juden nötigen würde auszuwandern, weil wir ihre wissenschaftliche Arbeit nötig brauchen und diese sonst in erster Linie dem Ausland zugute komme«.[89] Auf Hitler konnte er mit solchen Argumenten keinen Eindruck machen. Ebenso erfolglos blieb er mit seinem Versuch, bei dieser Gelegenheit etwas für Fritz Haber und dessen Verbleiben in der Kaiser-Wilhelm-Gesellschaft zu tun.

Die »Nichtarier«-Nachweise vom Herbst 1933

Am 20. September 1933 legte die Generalverwaltung dem Reichsministerium des Inneren eine »Nachweisung aller Angestellten der mit mehr als 50 % aus öffentl. Mitteln finanzierten KWI mit Angabe über ihre arische oder nichtarische Abstammung« vor, der am 4. Oktober die »Nachweisung aller Angestellten der ganz oder hauptsächlich von der Industrie oder mit privaten Mitteln finanzierten Unternehmungen der Kaiser-Wilhelm-Gesellschaft zur Förderung der Wissenschaften mit Angabe ihrer arischen oder nicht arischen Abstammung« folgte.[90] Die Liste vom 20. September umfaßte 21 Institute, die vom 4. Oktober 8 Institute und das »Harnack-Haus«. Bei den Beschäftigten wurde zwischen dem Direktor, den Abteilungsleitern, den Wissenschaftlichen Assistenten, den Technikern/Büropersonal und den Arbeitern/Reinigungsfrauen unterschieden. Genannt wurden keine Namen, sondern nur die Zahlen für das jeweilige Institut und die einzelnen Rubriken. Danach gab es in den 21 Instituten

---

88 Vgl. Heilbron, Dilemmas, S. 201: »Planck was temperamentally unfit for public protest against constituted authority.«
89 Zitate nach dem Kurzbericht, den Planck 1947 veröffentlicht hat (siehe Anm. 34).
90 MPG-Archiv, Abt. I, Rep. 1A, Nr. 532/2. Intern existierte eine solche Aufstellung schon am 7.7.1930 (MPG-Archiv, Abt. I, Rep. 1A, Nr. 531/3); siehe dazu die auswertenden Tabellen bei Albrecht/Hermann, Kaiser-Wilhelm-Gesellschaft, S. 361. An die überwiegend privat finanzierten Institute wurde der Fragebogen zur Beschäftigung von »Ariern« und »Nichtariern« am 18.9.1933 mit dem Hinweis verschickt, daß nur Zahlen, nicht Namen zu nennen seien. Dabei wurde allerdings auch gefragt, ob bzw. in welchem Umfang es in diesen Instituten bis dahin zu Entlassungen von »nichtarischen« Beschäftigten gekommen sei.

767 Beschäftigte, von denen 45 »nichtarisch« waren. Das waren 6 Direktoren, 8 Abteilungsleiter, 17 Wissenschaftliche Assistenten, 13 Techniker/ Büroangestellte, 1 Arbeiter/Reinigungsfrau. In den 9 Einrichtungen der Liste vom 4. Oktober betrug die Gesamtzahl der Beschäftigten 274 Personen, von denen 9 als »nichtarisch« ausgewiesen wurden: 2 Direktoren, 1 Abteilungsleiterin (Lise Meitner), 4 Wissenschaftliche Assistenten, 2 Techniker/Angehörige des Büropersonals, 0 Arbeiter/Reinigungsfrauen. Einschließlich der 20 Beschäftigten in der Generalverwaltung, unter denen sich ebenso wie bei den Beschäftigten des Harnack-Hauses kein »Nichtarier« befand, wurde die Gesamtzahl der zu diesem Zeitpunkt in den inländischen Instituten der Kaiser-Wilhelm-Gesellschaft Beschäftigten mit 1.061 Personen angegeben. Die 54 »nichtarischen« Angestellten in den Instituten stellten einen Anteil von 5,1%. In den überwiegend privat finanzierten Instituten waren es 3,3%, in den ganz oder mehrheitlich aus öffentlichen Mitteln finanzierten Instituten 5,9%, wobei die Generalverwaltung ausdrücklich darauf hinwies, daß im Haber-Institut (mit 49 Beschäftigten) der Anteil der 12 »nichtarischen« Mitarbeiter 24,5% betrug.[91] Bemerkenswert ist, daß es nur in 17 Instituten, also etwas mehr als der Hälfte der Einrichtungen der Kaiser-Wilhelm-Gesellschaft, Beschäftigte gab, die als Juden oder »Nichtarier« bedroht waren. Da vier dieser Institute zu den überwiegend privat finanzierten Einrichtungen gehörten, in denen das »Berufsbeamtengesetz« nicht angewendet wurde, war zu diesem Zeitpunkt sogar nur eine Minderheit der Institute unmittelbar betroffen. Hinzu kam, daß in den 13 Instituten, in denen das Gesetz anzuwenden war, 11 der als »nichtarisch« geltenden Beschäftigten – vor allem Direktoren, Abteilungsleiter und ältere wissenschaftliche Mitarbeiter – durch die Ausnahmeregelungen (»Altbeamter«, »Frontkämpfer«) zunächst geschützt waren.[92] In 28 Fällen waren die Entlassungen bereits erfolgt bzw. die Kündigungen ausgesprochen worden, in 6 Fällen hieß es: »Verfahren schwebt«. Entlassungen wegen der Zugehörigkeit zur kommunistischen Partei oder anderen kommunistischen Organisationen gab es bis dahin gar keine. Die Fragebogen, die sich auf die Zugehörigkeit zu politischen Parteien bezogen, wurden von der Generalverwaltung erst Ende September 1933 verschickt. Die Generalverwaltung ging offensichtlich davon aus, daß es

---

91 Ähnliche Anteile von »Nichtariern« gab es, bei deutlich niedrigeren Beschäftigtenzahlen, in den KWI für Biochemie mit 25,0% (5 von 20), ausländisches und internationales Privatrecht mit 20,8% (5 von 24) und Lederforschung mit 16,7% (4 von 24).

92 In der »Nachweisung« vom 20.9.1933 befand sich bei den entsprechenden Namen der Eintrag: »geblieben aufgrund des § 3, Abs. 2«.

in dieser Hinsicht zumindest bei den Wissenschaftlern keinen Handlungsbedarf gab.

Im Hinblick auf die Gesamtheit derer, die in der NS-Zeit aus der Kaiser-Wilhelm-Gesellschaft vertrieben wurden, vermitteln die hier genannten Zahlen allerdings ein unvollständiges und insofern irreführendes Bild. Es fehlten, wie bereits erwähnt, alle Beschäftigten, die aus ausschließlich politischen, nicht rassistischen Gründen ihren Arbeitsplatz verloren, was insbesondere bei dem nichtwissenschaftlichen Personal ins Gewicht fiel. Vor allem aber wurden bei den »Nachweisen« nur diejenigen berücksichtigt, die in einem festen Anstellungsverhältnis zur Kaiser-Wilhelm-Gesellschaft standen. Daraus erklärt sich, daß hier nur von 38 »nichtarischen« Wissenschaftlern die Rede ist, von denen 18 vorläufig »geschützt« waren, weil sie unter die Ausnahmebestimmungen des »Arierparagraphen« fielen oder den »Industrie-Instituten« angehörten. Tatsächlich gab es in den Kaiser-Wilhelm-Instituten eine große Anzahl von Forschern, die entweder gar nicht oder aus Mitteln bezahlt wurden, die nicht über die Konten der Kaiser-Wilhelm-Gesellschaft liefen. Das waren Gastforscher, von denen viele langfristig tätig waren, Projektforscher, wissenschaftliche Mitarbeiter, die auf eigene Kosten arbeiteten, »Volontärassistenten«, Stipendiaten und Doktoranden. Deren Zahl war, wie man den Listen entnehmen kann, die im Januar/Februar 1933 zur Klärung der Ausländerbeschäftigung erstellt wurden, in den einzelnen Instituten sehr unterschiedlich, insgesamt aber höchst beachtlich.[93]

Was die unentgeltlich Beschäftigten angeht, gab es nur zwei Institute, das KWI für Zellphysiologie und das Breslauer KWI für Kohlenforschung, in denen niemand ohne Bezahlung arbeitete, und etwa ein halbes Dutzend Einrichtungen, bei denen es sich nur um wenige Personen (1-6) handelte. Daneben aber standen andere Institute, in denen der Anteil der nicht fest angestellten Mitarbeiter sehr hoch war. Im KWI für Metallforschung waren es 13 von 26 (50 %), im KWI für ausländisches und internationales Privatrecht 19 von 41 (46,4 %), im KWI für Arbeitsphysiologie 20 von 48 (41,7 %), im KWI für medizinische Forschung 31 von 80 (38,8 %). Im KWI für physikalische Chemie und Elektrochemie hatte man es, wie Haber der Generalverwaltung mitteilte, »für notwendig erachtet«, bei den für Entgelt Arbeitenden eine Unterteilung vorzunehmen, so daß zwischen Personen, »die aus den Personal-Mitteln der Kaiser-Wilhelm-Gesellschaft besoldet werden«, und solchen, »die aus anderen Quellen

---

93 MPG-Archiv, Abt. I, Rep. 1A, Nr. 1082/1-23. Auf den in diesem Bestand überlieferten Mitarbeiterverzeichnissen der Institute beruhen die im Folgenden genannten Daten.

ihre Besoldung erhalten (Haber-Fonds, Stipendien der Notgemeinschaft und anderer Stellen, Geldmittel Privater)« unterschieden wurde. Dabei ergab sich, daß von den 79 Personen, die im »Haber-Institut« tätig waren, 38 nicht auf den Gehaltslisten der Kaiser-Wilhelm-Gesellschaft standen (48,1%), von denen nicht weniger als 24 völlig unentgeltlich arbeiteten (30,4%) und 14 »aus anderen Quellen« finanziert wurden (17,7%).[94] Ähnlich war man in den KWI für Eisenforschung und für Faserstoffchemie verfahren: Im Eisenforschungsinstitut bildeten die unentgeltlich Arbeitenden (10) oder aus Drittmitteln Finanzierten (7) mit 17 von 31 Beschäftigten sogar die Mehrheit (55,0%), während bei der Faserstoffchemie 6 von 23 Mitarbeitern nicht festangestellt waren (26,1%), wobei jeweils 3 (13%) ohne Entgelt tätig waren oder anderweitig bezahlt wurden.

Weil sich die Angaben der meisten Institute auf alle Beschäftigten bezogen, es beim nichtwissenschaftlichen Personal in der Regel aber keine unentgeltlich tätigen Mitarbeiter gab, sind die Prozentsätze hinsichtlich der in diesen Instituten arbeitenden Wissenschaftler entsprechend höher anzusetzen. Diese Annahme bestätigt sich, wenn man den Blick auf die Einrichtungen richtet, die sich in ihren Angaben ausdrücklich auf die im Institut tätigen Wissenschaftler beschränkten. Dazu gehörten das KWI für Biologie, in dem 17 von 32 Forschern nicht fest angestellt waren (53,1%), das KWI für Biochemie mit 6 von 15 (40%) und das KWI für Chemie mit 9 von 26 (34,6%). Bei einigen anderen Instituten ist es aufgrund der vorliegenden Daten möglich, zwischen dem wissenschaftlichen und nichtwissenschaftlichen Personal zu unterscheiden. So arbeiteten im KWI für medizinische Forschung 31 der 48 Forscher (64,6%) auf der Basis von Stipendien, von Zuwendungen Dritter oder unentgeltlich, im KWI für ausländisches und internationales Privatrecht waren es 19 von 32 (59,4%), im KWI für Strömungsforschung 18 von 37 (48,7%) und im KWI für Arbeitsphysiologie 7 von 15 (46,7%).[95]

94 Von den 9 Personen in Michael Polanyis Abteilung wurden nur er selber und die beiden Labortechniker von der Kaiser-Wilhelm-Gesellschaft bezahlt, die übrigen arbeiteten auf der Basis von Projektgeldern, Stipendien oder eigenen Mitteln; vgl. William Taussig Scott/Martin X. Moleski, Michael Polanyi. Scientist and Philosopher, Oxford 2005, S. 119.

95 Vollständige Listen lassen sich aufgrund der Daten von Anfang 1933 leider nicht erstellen, weil die Angaben der einzelnen Institute zu unterschiedlich sind. Einige berücksichtigten, wie erwähnt, das nichtwissenschaftliche Personal gar nicht. Von vielen Instituten wurden die Doktoranden unter den unentgeltlich arbeitenden oder durch Stipendien finanzierten Mitarbeitern aufgeführt, von anderen jedoch nicht. Auch waren nicht wenige der Listen rein alphabetisch, ohne akademische Titel, angelegt, so daß in ihnen nicht eindeutig zwischen wissenschaftlichen und nichtwissenschaftlichen Beschäftigten unterschieden werden kann.

Da man sich in den »Nachweisen« über die »Arier« und »Nichtarier« in der Kaiser-Wilhelm-Gesellschaft im Herbst 1933 nur zu den Mitarbeitern äußerte, die entgeltlich beschäftigt waren, fielen die Zahlen entsprechend niedriger aus. So wurde beispielsweise die Gesamtzahl der Beschäftigten im KWI für medizinische Forschung statt mit 80 wie zu Jahresbeginn jetzt mit 57 angegeben, wurden im KWI für physikalische Chemie und Elektrochemie statt 79 nur 57 genannt, im KWI für Arbeitsphysiologie statt 48 nur 25, im KWI für ausländisches und internationales Privatrecht statt 41 nur 24 und im KWI für Metallforschung statt 26 nur 12. Für Stipendiaten der Rockefeller Foundation galt ausdrücklich die Regelung, daß sie während der Laufzeit ihres Stipendiums keine Fragebogen ausfüllen mußten. Außerdem waren die Ausländer von der Vorlage der Nachweise befreit, doch kam es in der Praxis auch bei den ausländischen Institutsangehörigen in teilweise erheblichem Umfang zu Vertreibungen aus rassistischen Gründen.[96]

Die Tatsache, daß viele »nichtarische« Wissenschaftler, die in den Instituten der Kaiser-Wilhelm-Gesellschaft tätig waren, nicht in die Statistik eingingen, bedeutete keineswegs, daß sie ungestört weiterarbeiten konnten.[97] Manche Institute versuchten zwar, die wissenschaftlichen Mitarbeiter, die nicht aus öffentlichen Mitteln finanziert wurden, möglichst lange zu halten, einige nahmen sogar vorübergehend Wissenschaftler auf, die von der Universität entlassen worden waren.[98] In den meisten Fällen war es jedoch so, daß man Stipendien nicht erneuerte oder Verträge einfach auslaufen ließ. Auch verließen nicht wenige der jüngeren Wissenschaftler die Institute, ohne die ihnen drohende Kündigung abzuwarten. Auf diese

---

96 Zu den Ausnahmeregelungen u. a. ein Schreiben des Generaldirektors an Carl Neuberg vom 20.11.1933, MPG-Archiv, Abt. I, Rep. 1A, Nr. 534/3.

97 Aus rassistischen Gründen gekündigt wurde in Einzelfällen auch Wissenschaftlern, die zwar ›arisch‹, aber, wie es in der antisemitischen Terminologie hieß, »jüdisch versippt« waren. Dazu gehörte der Leiter der Abteilung Futterpflanzen im KWI für Züchtungsforschung, Max Ufer, der im September 1933 wegen seiner jüdischen Frau das Institut verlassen mußte.

98 So konnte Walter Kempner, ein früherer Assistent Otto Warburgs, dem an der Berliner Charité gekündigt worden war, 1933 in das KWI für Zellphysiologie zurückkehren, ehe er ein Jahr später in die USA emigrierte. Werner Henle, der als »nichtarischer« Mediziner nach seiner Promotion 1934 weder an der Universität noch in staatlichen oder städtischen Krankenhäusern arbeiten konnte, wurde von Ludolf von Krehl in das Pathologie-Institut des KWI für medizinische Forschung geholt und 1935/36 als Wissenschaftlicher Assistent beschäftigt. Hermann Lehmann und Lore Hirsch, die in der gleichen Situation waren, konnten 1934-36 (Lehmann) bzw. 1936-37 (Hirsch), ebenfalls im KWI für medizinische Forschung, ihre wissenschaftlichen Arbeiten bei Otto Meyerhof fortsetzen.

Weise wurde nur einem Teil der »nichtarischen« Mitarbeiter förmlich gekündigt. In vielen anderen Fällen neigte die Generalverwaltung dazu, von einem »freiwilligen« Ausscheiden aus dem jeweiligen Institut zu sprechen.

Schwer einzuschätzen sind schließlich die Entlassungen von Mitarbeitern, die aus der Vertreibung des Institutsdirektors resultierten. Im Falle des KWI für Faserstoffchemie führte die Entlassung Herzogs zur Schließung des gesamten Instituts, »weil«, wie Planck am 15. Dezember 1933 formulierte, »nach der Entlassung des Direktors durch den Preußischen Herrn Minister für Wissenschaft, Kunst und Volksbildung auf Grund des Beamtengesetzes die Fortführung des bereits in den letzten Jahren stark eingeschränkten Betriebes nicht mehr verantwortet werden kann«.[99] Im KWI für physikalische Chemie und Elektrochemie kam es nach dem Ausscheiden Habers, Freundlichs und Polanyis, Epsteins und Kallmanns und aufgrund der mit der Einsetzung des kommissarischen Direktors Jander verbundenen wissenschaftlichen Neuausrichtung des Instituts zu einem fast vollständigen Austausch des Personals. Auch im KWI für Biochemie bedeutete der Leitungswechsel von Neuberg zu Butenandt einen radikalen Einschnitt: »Da mit dem Wechsel in der Leitung eine vollständige Änderung der Arbeitsrichtung verbunden war, haben alle bisher im Institut wissenschaftlich tätigen Herren das Institut verlassen«, hieß es im Jahresbericht der Kaiser-Wilhelm-Gesellschaft 1937.[100] Ein Teil der auf diese Weise entlassenen Mitarbeiter fand eine Stelle in anderen Instituten der Kaiser-Wilhelm-Gesellschaft, andere kamen an der Universität, in anderen Forschungsinstituten oder in der Industrie unter. Doch keineswegs immer hatte der Wechsel in den Leitungspositionen so weitreichende Folgen. Max Bergmann im KWI für Lederforschung und Oskar Vogt im KWI für Hirnforschung konnten sogar auf die Wahl ihrer Nachfolger Einfluß nehmen, und auch im KWI für Biologie gab es nach dem erzwungenen Ausscheiden Goldschmidts keine grundlegenden Veränderungen.

Entlassungen und Vertreibungen aus nichtrassistischen Gründen

Die Zahl der Forscher, die nicht aus rassistischen, sondern anderen politischen Gründen aus den Instituten der Kaiser-Wilhelm-Gesellschaft vertrieben wurden, ist, wie bereits erwähnt, verhältnismäßig klein. Völlig ein-

---

99 Zitiert nach Schüring, Minervas verstoßene Kinder, S. 72.
100 Die Naturwissenschaften 25, 1937, S. 378, zitiert nach Annette Vogt, Vertreibung und Verdrängung. Erfahrungen von Wissenschaftlerinnen mit Exil und »Wiedergutmachung« in der Kaiser-Wilhelm-/Max-Planck-Gesellschaft (1933-1955), in: Dahlemer Archivgespräche 8, 2002, S. 93-136, hier S. 98.

deutig war es im Falle des Russen Sergej Tschachotin, der als langfristiger
Gastwissenschaftler in dem von Karl Wilhelm Hausser geleiteten (Teil-)
Institut für Physik des KWI für medizinische Forschung in Heidelberg
arbeitete. Tschachotin, ein vielseitig begabter Wissenschaftler, der auf ein
seit seiner Studentenzeit in St. Petersburg ungewöhnlich bewegtes Leben
als Forscher und politisch aktiver Zeitgenosse zurückblicken konnte, hatte
sich 1932 neben seiner wissenschaftlichen Arbeit für die deutschen Sozialdemokraten engagiert, sie bei ihren Wahlkämpfen unterstützt und eine
dezidiert antinazistische politische Kampfsymbolik entwickelt. So wurde
er schon im März 1933 ein Opfer politischer Übergriffe der Nationalsozialisten. Der von ihm erbetene Schutz gegen willkürliche Durchsuchun-
gen seines Arbeitsplatzes im Institut und in seiner Wohnung wurde vom
Institutsdirektor wie auch von der Leitung der Kaiser-Wilhelm-Gesellschaft mit der Begründung abgelehnt, daß er selber das für einen Ausländer geltende Gebot innenpolitischer Zurückhaltung mißachtet habe.
Tschachotin mußte das Institut schon zum 1. Mai 1933 verlassen.[101]

Aus rein politischen Gründen entlassen wurde auch Hermann Muckermann, Mitbegründer, Wissenschaftliches Mitglied und Abteilungsleiter
des KWI für Anthropologie, menschliche Erblehre und Eugenik. Als früherer Jesuit und führender katholischer Eugeniker galt er für die einschlä-
gig interessierten Nationalsozialisten von vornherein als politisch untragbar. Ende Juni 1933 äußerte sich Arthur Gütt, der einflußreiche Leiter der
Abteilung für Volksgesundheit im Reichsministerium des Inneren, unmißverständlich: »Das Institut fällt für jede Mitarbeit aus, solange Herr
Muckermann sich an ihm befindet.«[102] Muckermann wurde daraufhin
»beurlaubt« und von der weiteren Arbeit im Institut ausgeschlossen. Die
endgültige Trennung erfolgte im Sommer 1936 auf Betreiben des Institutsdirektors Eugen Fischer, der die Generalverwaltung ganz unverblümt
dazu aufgefordert hatte. »Nachdem Herr Muckermann nun schon so lange
und aus politischen Gründen ausgeschieden ist«, schrieb er, »möchte ich
aus eben diesen Gründen seinen Namen nicht mehr in meinem Haus-

101 Vgl. Richard Albrecht, »… daß Sie Ihre Tätigkeit einstellen müssen«. Die Ent-
    lassung Sergej Tschachotins aus dem Heidelberger Kaiser-Wilhelm-Institut 1933,
    in: Berichte zur Wissenschaftsgeschichte 10, Nr. 2, 1987, S. 105-112; ders., Symbol-
    kampf in Deutschland 1932: Sergej Tschachotin und der »Symbolkrieg« der Drei
    Pfeile gegen den Nationalsozialismus als Episode im Abwehrkampf der Arbeiter-
    bewegung gegen den Faschismus in Deutschland, in: Internationale wissen-
    schaftliche Korrespondenz zur Geschichte der deutschen Arbeiterbewegung 22,
    Nr. 4, 1986, S. 498-533.
102 Gütt an Minister Bernhard Rust, 26.6.1933, zitiert nach Niels C. Lösch, Rasse als
    Konstrukt. Leben und Werk Eugen Fischers, Frankfurt/Main 1997, S. 301.

haltsplan sehen.«[103] Muckermann erhielt später ein Rede- und Veröffentlichungsverbot. Mit ihm mußte im Sommer 1933 auch seine Wissenschaftliche Assistentin Ida Frischeisen-Köhler das Institut verlassen. Sie war, ebenso wie der Wissenschaftliche Mitarbeiter Heinrich Kranz, von einem nationalsozialistischen Institutskollegen wegen ihrer katholischen Grundeinstellung als »politisch unzuverlässig« denunziert worden.[104] Während für Frischeisen-Köhler die Entlassung das Ende einer eigenen wissenschaftlichen Karriere bedeutete, konnte Kranz mit der Unterstützung Fischers, der behauptete, daß Kranz das Institut auf eigenen Wunsch verlassen wolle, auf eine Universitätsstelle wechseln und sich 1936 in der Medizinischen Fakultät der Universität Breslau mit einer im KWI für Anthropologie, menschliche Erblehre und Eugenik begonnenen wissenschaftlichen Untersuchung habilitieren.[105]

Oskar Vogt, Direktor des KWI für Hirnforschung, war offenbar schon vor dem Beginn der nationalsozialistischen »Machtergreifung« in das Visier der künftigen Machthaber geraten – wegen seiner engen wissenschaftlichen Zusammenarbeit mit sowjetischen Kollegen, seines politischen Bekenntnisses zur Weimarer Republik und seiner prinzipiellen Weltoffenheit. So wurde er von Anfang an als ein Nazi-Gegner und »Kommunistenfreund« attackiert, der auch Juden und Ausländer protegiere. Vogt trat solchen Vorwürfen selbstbewußt entgegen, konnte sich aber gegen den anhaltenden politischen Druck auf die Dauer nicht behaupten. Im Herbst 1934 wurde er als Institutsdirektor entlassen. Aufgrund der besonderen Unterstützung durch Max Planck und Gustav Krupp von Bohlen und Halbach, der Vorsitzender des Institutskuratoriums war, konnte er das Direktorenamt noch bis zum Amtsantritt seines Nachfolgers am 1. April 1937 kommissarisch wahrnehmen. Danach übernahm er die Leitung eines inzwischen von ihm im Schwarzwald errichteten privaten Forschungsinstituts. Mit ihm gemeinsam mußte Cécile Vogt, seine Frau und engste Mitarbeiterin, die Wissenschaftliches Mitglied und Abteilungsleiterin des KWI für Hirnforschung war, das Institut verlassen. Politisch motiviert war auch das Ausscheiden der Töchter Marthe und Marguerite Vogt aus dem Institut. Marthe Vogt, seit 1931 Leiterin der Chemischen

---

103 Fischer an die Generalverwaltung, 14.6.1936, MPG-Archiv, Abt. I, Rep. 1A, Nr. 2406.

104 Günther Brandt an Minister Wilhelm Frick, 13.6.1933, zitiert nach Lösch, Rasse, S. 239.

105 Zu den Vorgängen um Muckermann, Frischeisen-Köhler und Kranz zusammenfassend: Hans-Walter Schmuhl, Grenzüberschreitungen. Das Kaiser-Wilhelm-Institut für Anthropologie, menschliche Erblehre und Eugenik 1927-1945, Göttingen 2005, S. 166-174 (»Der Fall Muckermann«).

Abteilung und ebenfalls eine entschiedene Gegnerin des Nationalsozialismus, wählte die Emigration. Sie reiste im Frühjahr 1935 mit einem Rockefeller-Stipendium nach England und entschloß sich, unter den Bedingungen der NS-Herrschaft nicht mehr nach Deutschland zurückzukehren. Ihre sehr viel jüngere Schwester Marguerite, die als Doktorandin in der Genetischen Abteilung des Instituts tätig war, folgte 1937 ihren Eltern in das private Forschungsinstitut.[106]

Unter dem Zwang der politischen Verhältnisse entschieden sich noch einige andere Forscher, die selber nicht unmittelbar bedroht waren, aber das NS-System ablehnten, gegen eine Fortsetzung ihrer wissenschaftlichen Arbeit in der Kaiser-Wilhelm-Gesellschaft. Der Biochemiker Hans Gaffron, der 1936 mit dem endgültigen Ausscheiden des Direktors Carl Neuberg das KWI für Biochemie verlassen mußte, wurde zwar vorläufig in das KWI für Biologie übernommen, er war aber nicht mehr bereit, weiter im nationalsozialistischen Deutschland zu arbeiten und benutzte deshalb Ende 1937 ebenfalls ein Stipendium der Rockefeller Foundation, um in die USA zu emigrieren. Ähnlich war die Situation für den mit ihm befreundeten theoretischen Physiker und später berühmten Molekularbiologen Max Delbrück, der von 1932 bis 1937 als Wissenschaftlicher Assistent mit Lise Meitner im KWI für Chemie arbeitete, den Nationalsozialismus explizit ablehnte und deshalb an der Berliner Universität nicht Privatdozent werden konnte. Auch er ging im Herbst 1937 mit einem Rockefeller-Stipendium in die USA und entschied sich, nicht mehr in das nationalsozialistische Deutschland zurückzukehren.[107] Nicht ganz so eindeutig ist der Fall von Woldemar Weyl, der die Abteilung für Glastechnologie im KWI für Silikatforschung leitete und eine Gastprofessur im Department of Ceramics des Pennsylvania State College dazu nutzte, eine wahrscheinlich politisch motivierte Emigration in die USA vorzubereiten, die im Januar 1938 erfolgte.

Für die Kriegsjahre bedarf in diesem Zusammenhang der »Fall Debye« einer kurzen Erwähnung. Der Holländer Peter Debye, Nobelpreisträger des Jahres 1936, war 1934 Direktor des KWI für Physik geworden. Er hatte einen wesentlichen Anteil daran, daß der so lange verzögerte, erst dank

---

106 Vgl. Klatzo, Cécile and Oskar Vogt; Alan W. Cuthbert, Marthe Louise Vogt, 8 September 1903 – 9 September 2003, in: Biographical Memoirs of Fellows of the Royal Society London 51, 2005, S. 409-423.

107 Vgl. Peter Fischer, Licht und Leben. Ein Bericht über Max Delbrück, den Wegbereiter der Molekularbiologie, Konstanz 1985; Lily E. Kay, Conceptual Models and Analytical Tools: The Biology of Physicist Max Delbrück, in: Journal of the History of Biology 18, Nr. 2, 1985, S. 207-246; Solomon W. Golomb, Max Delbrück. An Appreciation, in: The American Scholar 51, Nr. 3, 1982, S. 351-367.

der Finanzierung durch die Rockefeller Foundation realisierte Neubau des Physikgebäudes 1936 bezogen werden konnte. Debye gehörte ganz unbestritten zu den weltweit bekannten Forschern der Kaiser-Wilhelm-Gesellschaft. Im Hinblick auf das NS-System galt er als politisch loyal. Von Angeboten, seine Forschungen außerhalb Deutschlands fortzusetzen, machte er keinen Gebrauch. Die Situation änderte sich jedoch Mitte September 1939, als das Heereswaffenamt von der Kaiser-Wilhelm-Gesellschaft forderte, das KWI für Physik für die Dauer des Krieges der deutschen Wehrmacht zu unterstellen. Debye wurde dabei vor die Wahl gestellt, entweder die deutsche Staatsbürgerschaft zu erwerben oder auf sein Direktorenamt zu verzichten. Da er weder zu einem Wechsel der Staatsbürgerschaft noch zu einem Amtsverzicht bereit war, wurde er, um Aufsehen zu vermeiden, zuerst für eine Vortragsreise in die USA und etwas später für die Dauer des Krieges, die man sich zu diesem Zeitpunkt noch als sehr kurz vorstellte, bei vollen Bezügen beurlaubt. Als Werner Heisenberg 1942 die Leitung des Instituts übernahm, ernannte man ihn aus Rücksicht auf Debye nicht zum Direktor *des* Instituts, sondern zum Direktor *am* Institut. Debye blieb jedoch in den USA und ging auf diese Weise der Kaiser-Wilhelm-Gesellschaft dauerhaft verloren. Da er aber grundsätzlich bereit gewesen war, das KWI für Physik auch im Kriege zu leiten, wenn das für ihn als Ausländer möglich gewesen wäre, wird man sein Ausscheiden nicht zu den Fällen spezifisch nationalsozialistischer Verfolgung rechnen können. Auch in anderen am Krieg beteiligten Ländern wäre jemand wie er, unabhängig von seinen politischen Überzeugungen, als »feindlicher Ausländer« kategorisiert und in einem dem Militär unterstellten Forschungsinstitut nicht mit Leitungsaufgaben betraut worden.[108]

Ganz anders lagen die Dinge bei dem Völkerrechtler Berthold Schenk Graf von Stauffenberg, Wissenschaftliches Mitglied und seit 1937 Leiter der Abteilung für Kriegs- und Wehrrecht im KWI für ausländisches öffentliches Recht und Völkerrecht. Er war seit Kriegsbeginn in der Seekriegsleitung des Oberkommandos der Marine für Völkerrechtsfragen zuständig. Seit dem Sommer 1943 arbeitete er auch mit Helmuth James Graf von Moltke zusammen, der als Völkerrechtler im »Amt Ausland/Abwehr« im Oberkommando der Wehrmacht tätig war. Stauffenberg ge-

---

108 Vgl. Mansel Davies, Peter Joseph Wilhelm Debye. 1884-1966, in: Biographical Memoirs of Fellows of the Royal Society London 16, 1970, S. 175-232; J. W. Williams, Peter Debye, in: Biographical Memoirs. National Academy of Sciences 46, 1975, S. 51-68.

hörte nicht zum »Kreisauer Kreis«, der Widerstandsgruppe, die sich um
Moltke und Peter Graf Yorck von Wartenburg gebildet hatte, stand aber
in Kontakt zu einigen ihrer führenden Mitglieder. Vor allem war er ein
enger Vertrauter seines jüngeren Bruders Claus Schenk Graf von Stauffenberg, der im Zentrum des Umsturzversuches vom 20. Juli 1944 stand.
Er war an den Vorbereitungen für den Umsturz beteiligt, wurde unmittelbar nach dessen Scheitern verhaftet und schon am 10. August 1944 vom
»Volksgerichtshof« zum Tode verurteilt. Das Urteil wurde noch am gleichen Tage in Berlin-Plötzensee vollstreckt. Unter den Wissenschaftlichen
Mitgliedern der Kaiser-Wilhelm-Gesellschaft ist Berthold Schenk Graf
von Stauffenberg der einzige, der sein Leben im Widerstand gegen den
Nationalsozialismus und die von ihm verübten Verbrechen verlor.[109]

Auch Wilhelm Wengler, Referent im KWI für ausländisches und internationales Privatrecht seit 1935 und im KWI für ausländisches öffentliches
Recht und Völkerrecht seit 1938, gehörte zu den Juristen, die dem nationalsozialistischen Herrschaftssystem kritisch-ablehnend gegenüberstanden.
Als Völkerrechtler wurde er 1942 in das »Amt Ausland/Abwehr« des Oberkommandos der Wehrmacht abgeordnet, wo er sich mit Helmuth James
Graf von Moltke um die Einhaltung der Völkerrechtsregeln durch die
deutsche Wehrmacht bemühte. In politische Schwierigkeiten geriet er jedoch nicht durch die Zusammenarbeit mit Moltke, sondern durch un-
vorsichtige regimekritische Äußerungen und eine darauf folgende Denunziation. Mitte Januar 1944 wurde er deshalb von der Gestapo verhaftet,
wegen seiner Tätigkeit im Oberkommando der Wehrmacht aber nach
einigen Wochen der Militärgerichtsbarkeit überstellt. Das Militärgericht,
das den Belastungszeugen für unglaubwürdig erklärte, stellte Ende Mai
das Untersuchungsverfahren ein, doch war Wengler von der Generalverwaltung der Kaiser-Wilhelm-Gesellschaft schon Ende Februar fristlos
entlassen worden. Die Entlassung wurde auch nach der Einstellung des
Verfahrens nicht rückgängig gemacht. Wengler, der als Professor an der
Freien Universität Berlin später eine Karriere als international anerkannter
Fachmann sowohl des Völkerrechts als auch des internationalen Privatrechts machte, erstattete deshalb 1949 beim Berliner Generalstaatsanwalt
eine Anzeige gegen Ernst Telschow wegen dessen Rolle als Generalsekretär
der Kaiser-Wilhelm-Gesellschaft bei seiner Verhaftung und Entlassung,
blieb damit aber erfolglos, weil der Beschuldigte zahlreiche prominente

---

109 Vgl. Alexander Meyer, Berthold Schenk Graf von Stauffenberg (1905-1944). Völ-
       kerrecht im Widerstand, Berlin 2001; Peter Hoffmann, Claus Schenk Graf von
       Stauffenberg und seine Brüder, Stuttgart 1992.

Wissenschaftler aus der früheren Kaiser-Wilhelm-Gesellschaft zu seiner Verteidigung mobilisieren konnte, die sich über seine Rolle in der NS-Zeit entlastend äußerten.[110]

Die »judenfreie« Kaiser-Wilhelm-Gesellschaft

Die aufgrund der nationalsozialistischen Gesetzgebung erfolgten Entlassungen und Vertreibungen von Wissenschaftlern fanden, wie dargelegt, ganz überwiegend 1933 und in den ersten Monaten des Jahres 1934 statt. Diejenigen »Nichtarier«, die als »Altbeamte« oder »Frontkämpfer« galten, waren zunächst »geschützt«, konnten jedoch trotzdem als politisch unerwünscht bzw. untragbar entlassen werden. Das galt auch für diejenigen, die in den »Industrie-Instituten« arbeiteten. Auf sie sollte das »Berufsbeamtengesetz« zwar keine Anwendung finden, doch fielen auch in diesen Instituten nicht wenige der politischen und rassistischen Verfolgung zum Opfer. Seit dem »Reichsbürgergesetz« vom September 1935 und den zugehörigen Ausführungsbestimmungen waren Juden, die damit zu bloßen »Staatsangehörigen« degradiert wurden, dann prinzipiell von allen Stellen im öffentlichen Dienst ausgeschlossen. Die bis dahin »geschützten« Wissenschaftler wurden in der Regel im Herbst 1935 »beurlaubt« und wenig später mit Wirkung zum 31. Dezember 1935 zwangsweise in den Ruhestand versetzt. Als Richard Kuhn im Herbst 1936 bei der Generalverwaltung anfragte, ob er einen »Auslandsdeutschen (tschechoslowakischer Staatsangehörigkeit) als Assistenten einstellen« könne, »der mit einer Frau verheiratet ist, die zu einem Viertel jüdischer Abstammung ist«, teilte ihm Glum am 22. September 1936 unmißverständlich mit: Weil die Frau »zu 25 % jüdischer Abstammung« ist, »muß die beabsichtigte Einstellung unterbleiben«.[111]

Danach gab es nur noch für eine kleine Zahl prominenter Angehöriger der Kaiser-Wilhelm-Gesellschaft eine mehr oder weniger kurz bemessene »Gnadenfrist«. Von Carl Neuberg, der 1934 aus politischen Gründen, gegen den Willen der Kaiser-Wilhelm-Gesellschaft, aus dem Direktorenamt gedrängt wurde, war bereits die Rede. Es war den Bemühungen des Präsidenten und der Generalverwaltung zu verdanken, daß er sein Amt noch so lange »kommissarisch« wahrnehmen konnte, bis ein Nachfolger gefunden war. Das war im Herbst 1936 der Fall, so daß Neuberg zu diesem Zeitpunkt endgültig aus der Kaiser-Wilhelm-Gesellschaft ausschied.[112]

---

110 Vgl. Fabian von Schlabrendorff, Wilhelm Wengler – Wesen und Gestalt, in: Josef Tittel u. a. (Hg.), Multitudo Legum Ius Unum, Bd. 1, Berlin 1973, S. 1-10.
111 MPG-Archiv, Abt. I, Rep. 1A, Nr. 540/2.
112 Zur Entlassung Neubergs siehe Conrads, Carl Neuberg, S. 73-94.

Deutliche Besonderheiten wiesen die Fälle von Ernst Rabel, Direktor des KWI für ausländisches und internationales Privatrecht, und Martin Wolff, Wissenschaftlicher Berater des KWI für ausländisches öffentliches Recht und Völkerrecht, auf. Beide gehörten zu den angesehensten Ordinarien der Juristischen Fakultät der Berliner Universität, beide galten nach den Bestimmungen des »Berufsbeamtengesetzes« als »geschützt«. Als der neue Dekan der Juristischen Fakultät im Juli 1935 dennoch ihre »Beurlaubung« durchsetzte, war damit die Zusage des Ministeriums verbunden, daß sie ihren Aufgaben in der Kaiser-Wilhelm-Gesellschaft ohne Einschränkungen weiter nachgehen könnten. Im Falle Rabels forderte das Ministerium deshalb erst im Dezember 1936 seinen Rücktritt als Institutsdirektor, der zum 15. Februar 1937 erfolgte.[113] Bei Martin Wolff versuchte man offensichtlich, eine Kündigung zu vermeiden. Er erhielt erst im November 1937 vom Vorsitzenden des Institutskuratoriums die offizielle Mitteilung, daß er seine Stellung als Wissenschaftlicher Berater verliere, weil der Senat der Kaiser-Wilhelm-Gesellschaft im Juni 1937 den Grundsatzbeschluß gefaßt habe, daß es künftig keine Stellen für Wissenschaftliche Berater mehr geben solle.[114] Beiden wurde ausdrücklich freigestellt, ihre Forschungen als »Privatpersonen« in den Instituten fortzuführen. Wolff emigrierte 1938 nach Großbritannien, Rabel 1939 über die Niederlande in die USA.

Lise Meitner, Wissenschaftliches Mitglied und Abteilungsleiterin des KWI für Chemie, verlor ihre Lehrbefugnis an der Berliner Universität trotz des Protestes von Otto Hahn und Max Planck schon im September 1933. In der Kaiser-Wilhelm-Gesellschaft war sie, die aus einer Familie des Wiener jüdischen Bürgertums stammte, dagegen hinsichtlich der Bestimmungen des »Berufsbeamtengesetzes« als Ausländerin und als Angehörige eines aus überwiegend privaten Mitteln unterhaltenen Instituts doppelt »geschützt«. Möglichkeiten, während der ersten Jahre des »Drit-

---

113 Vgl. Rolf Ulrich Kunze, Ernst Rabel und das Kaiser-Wilhelm-Institut für ausländisches und internationales Privatrecht 1926-1945, Göttingen 2004; Gerhard Kegel, Ernst Rabel (1874-1955). Vorkämpfer des Weltkaufrechts, in: Helmut Heinrichs u. a. (Hg.), Deutsche Juristen jüdischer Herkunft, München 1993, S. 571-593.

114 Vgl. Gerhard Dannemann, Martin Wolff (1872-1953), in: Jack Beatson/Reinhard Zimmermann (Hg.), Jurists Uprooted. German-Speaking Emigré Lawyers in Twentieth-Century Britain, Oxford 2004, S. 441-461; Dieter Medicus, Martin Wolff (1872-1953). Ein Meister an Klarheit, in: Heinrichs u. a. (Hg.), Deutsche Juristen, S. 543-569. Wolffs Ehefrau, Marguerite Wolff, Referentin im KWI für ausländisches öffentliches Recht und Völkerrecht, die die britische Staatsbürgerschaft besaß, war schon 1935 nach Großbritannien emigriert; vgl. Marion Röwekamp, Wolff, Marguerite, in: dies. (Hg.), Juristinnen. Lexikon zu Leben und Werk, Baden-Baden 2005, S. 436-438.

ten Reiches« ins Ausland zu wechseln, nahm sie nicht wahr. Mit dem
»Anschluß« Österreichs im Frühjahr 1938 änderte sich ihre Situation jedoch dramatisch. Sie wurde zur »Reichsdeutschen«, die künftig nicht
mehr durch die österreichische Staatsangehörigkeit abgesichert war. Als
es im Sommer 1938 hieß, daß in Kürze mit einem Ausreiseverbot für
hochqualifizierte deutsche Wissenschaftler zu rechnen sei, entschloß sie
sich zur Flucht, bei deren Vorbereitung ihr Freunde und Kollegen in Berlin und in den Niederlanden halfen. Am 13. Juli 1938 gelang ihr die illegale
Ausreise in die Niederlande, von wo aus sie über Kopenhagen nach
Stockholm weiterreiste.[115]

Bei Otto Meyerhof, dem Direktor des Instituts für Physiologie im
KWI für medizinische Forschung, der 1923 mit dem Nobelpreis ausgezeichnet worden war, scheint es so gewesen zu sein, daß er bis 1935 als
»Altbeamter« (er war bereits vor dem Krieg Wissenschaftlicher Assistent
und Privatdozent an der Universität Kiel) weitgehend unbehelligt blieb.
Allerdings konnte er schon 1934 das ihm turnusmäßig zustehende Amt
des Geschäftsführenden Direktors des KWI für medizinische Forschung
nicht mehr übernehmen.[116] Danach durfte er offenbar aufgrund besonderer Vereinbarungen, die die Generalverwaltung mit dem Ministerium
getroffen hatte, im Amt bleiben. Im Frühsommer 1938 war seine Position
jedoch endgültig unhaltbar geworden. Die Generalverwaltung sicherte
den Regierungsbehörden im Juni 1938 zu, daß Meyerhof spätestens zum
31. März 1939 offiziell ausscheiden werde. Daraufhin entschloß er sich
zur sofortigen Emigration. Er ging im August 1938 nach Paris. Von dort
flüchtete er im Mai 1940 über Spanien und Portugal in die USA.[117]

Bis 1945 im Amt bleiben konnte erstaunlicherweise Otto Warburg,
Nobelpreisträger des Jahres 1931 und Direktor des KWI für Zellphysiolo-

---

115 Vgl. Ruth Sime, Lise Meitner. Ein Leben für die Physik, Frankfurt/Main 2001;
       dies., From Exceptional Prominence to Prominent Exception. Lise Meitner at
       the Kaiser-Wilhelm Institute for Chemistry, Berlin 2005.
116 Ähnlich hatte man in der Kaiser-Wilhelm-Gesellschaft schon 1933 entschieden,
       daß Richard Goldschmidt, der Zweite Direktor des KWI für Biologie, aus poli-
       tischen Erwägungen nicht dem verstorbenen Carl Correns als Erster Direktor
       nachfolgen durfte. Im Falle von Georg Sachs, Auswärtiges Wissenschaftliches
       Mitglied des KWI für Metallforschung, wurde 1933 die Absicht, ihn als neuen
       Direktor des Instituts zu berufen, wegen des »Berufsbeamtengesetzes« nicht
       mehr weiterverfolgt.
117 Vgl. David Nachmansohn u. a., Otto Meyerhof: 1884-1951, in: Science 115,
       Nr. 2988, 1952, S. 365-368; Rudolph A. Peters, Otto Meyerhof, 1884-1951, in:
       Obituary Notices of Fellows of the Royal Society London 9, Nr. 1, 1954, S. 174-
       200; Anselm Model, Otto Meyerhof, in: Badische Biographien. Neue Folge, hg.
       v. Bernd Ottnad u. a., Bd. 4, Stuttgart 1996, S. 212-215.

gie. Obwohl »Nichtarier« nach NS-Kriterien, war er zunächst als im Ersten Weltkrieg verwundeter Frontoffizier und als Direktor eines überwiegend aus privaten Mitteln finanzierten Instituts, dessen Baukosten zudem von der Rockefeller Foundation getragen worden waren, scheinbar auf der sicheren Seite. Nach dem »Reichsbürgergesetz« von 1935 galt er als »Mischling ersten Grades«, d. h. nicht als Jude, aber als »Halbjude«. Damit hätte er in einer leitenden Position allenfalls noch übergangsweise tätig sein können, doch hatte die Generalverwaltung mit dem zuständigen Ministerium, ähnlich wie bei Meyerhof, schon frühzeitig eine Vereinbarung getroffen, daß der Nobelpreisträger Warburg möglichst unbehelligt bleiben sollte. Kritisch wurde die Situation erst wieder, als das Ministerium im April 1941 forderte, daß er als »Halbjude« spätestens am 1. Juli entlassen werde. Die Kaiser-Wilhelm-Gesellschaft sprach, mit einiger Verzögerung, die geforderte Kündigung aus, bemühte sich aber gleichzeitig mit großem Nachdruck darum, Warburg im Amt halten zu können. Dabei wies man nicht nur darauf hin, daß er für das Vaterland als Offizier »im Weltkrieg sein Blut vergossen« habe, von seiner Mutter her, »deren Bruder als General im Weltkrieg gefallen ist«, von »rein arischer Abstammung« sei und der familiäre Zusammenhang mit der bekannten Hamburger Bankiersfamilie Warburg »über 3 Jahrhunderte zurückliegt«, sondern betonte auch noch einmal den außergewöhnlichen wissenschaftlichen Rang Warburgs, nicht zuletzt in der Krebsforschung. Darüber hinaus wurden die persönlichen Beziehungen eines Mitglieds des Institutskuratoriums zu Philipp Bouhler, dem Chef der »Führerkanzlei«, zugunsten Warburgs genutzt. Tatsächlich waren diese Bemühungen bereits nach kurzer Zeit erfolgreich, so daß die Kündigung zurückgenommen werden konnte. Im September 1942 stellte Warburg als »jüdischer Mischling ersten Grades« einen Antrag auf »Gleichstellung mit Deutschblütigen«, der kurz darauf genehmigt wurde. Diesem Umstand verdankte Warburg, daß er als einziger unter den prominenten Wissenschaftlern der Kaiser-Wilhelm-Gesellschaft, die durch den Rassismus des NS-Systems bedroht waren, das »Dritte Reich« im Amt überleben konnte.[118]

Die Folgen des nationalsozialistischen Antisemitismus wurden im Bereich der Forschung am stärksten sichtbar. Betroffen waren aber, was oft übersehen wird, auch Juden bzw. »Nichtarier« auf allen anderen Ebenen der Kaiser-Wilhelm-Gesellschaft, von den Mitgliedern der Gesellschaft über den Senat bis zu dem nichtwissenschaftlichen Personal in den Insti-

---

118 Vgl. Petra Werner, Otto Warburg. Von der Zellphysiologie zur Krebsforschung. Biografie, Berlin 1988, S. 250-264; Hachtmann, Wissenschaftsmanagement, Bd. 1, S. 432-435.

tuten. Am 28. Mai 1937, als von den »nichtarischen« Wissenschaftlern nur noch Meitner, Meyerhof, Warburg und Wolff im Amt waren, teilte Max Planck, kurz vor dem Ende seiner Präsidentschaft, Otto Wacker, dem Staatssekretär im Ministerium für Wissenschaft, Erziehung und Volksbildung, offiziell mit, »daß im Senat der Kaiser-Wilhelm-Gesellschaft zur Förderung der Wissenschaften sich kein Jude mehr befindet«. Und er ergänzte: »Von den 800 ordentlichen Mitgliedern der Gesellschaft sind etwa 2 Prozent Juden.«[119] Angesichts dieser Daten muß daran erinnert werden, daß bei der Gründung der Kaiser-Wilhelm-Gesellschaft der Anteil von Juden und Personen jüdischer Herkunft bei den Mitgliedern ca. 23% und im Senat 25% betragen hatte. Auch hatte das jüdische Großbürgertum – darunter so bekannte Namen wie Eduard Arnold, Albert Ballin, Carl Fürstenberg, Leopold Koppel, James Simon und Max Warburg – einen erheblichen Anteil an dem gesellschaftlichen Engagement zugunsten der Kaiser-Wilhelm-Gesellschaft. In den Gründungsjahren bis 1914 stammten 31,5% der Stiftungen und anderen Zuwendungen von diesen Mäzenen. Und die größte Einzelstiftung, die die Kaiser-Wilhelm-Gesellschaft noch während des Ersten Weltkrieges erhielt, waren die drei Millionen Mark, die die Erben des schlesischen Kohlenindustriellen Fritz Friedländer-Fuld für das 1918 gegründete KWI für Kohlenforschung in Breslau zur Verfügung stellten.[120]

Von den drei »nichtarischen« Senatoren, für deren Verbleiben im Amt die Generalverwaltung sich 1933 so nachdrücklich eingesetzt hatte, war Franz von Mendelssohn inzwischen gestorben, Paul Schottländer 1936 aus dem Amt geschieden und Alfred Merton zu Beginn des Jahres 1937 zum Rücktritt gedrängt worden. Mit der neuen Satzung wurde das »Reichsbürgerrecht« zur Voraussetzung der Mitgliedschaft in der Kaiser-Wilhelm-Gesellschaft erklärt.[121] Damit waren Juden aus der Kaiser-Wilhelm-Gesellschaft und ihren Gremien endgültig ausgeschlossen. Für die Institute zog man aus diesen Entwicklungen den Schluß, daß Juden nun auch der Status des Auswärtigen Wissenschaftlichen Mitglieds aberkannt wurde, den Forscher wie James Franck, Rudolf Ladenburg, Richard Willstätter und andere bis dahin noch hatten.[122]

119 Zitiert nach vom Brocke, Kaiser-Wilhelm-Gesellschaft (Kaiserreich), S. 57 f.
120 Die genannten Daten nach Burchardt, Wissenschaftspolitik, S. 155-158 (und Anhang), und vom Brocke, Kaiser-Wilhelm-Gesellschaft (Kaiserreich), S. 47 f.
121 § 3, Abs. 1: »Die Mitgliedschaft kann von natürlichen Personen, die das Reichsbürgerrecht besitzen, von juristischen Personen sowie von Vereinen und Gesellschaften ohne Rechtsfähigkeit erworben werden.« Zitiert nach Kohl, Kaiser-Wilhelm-Gesellschaft (Quelleninventar), S. 236.
122 Oskar Vogt, der aus nichtrassistischen Gründen aus seinem Amt als Instituts-

Das nichtwissenschaftliche Personal

Wie viele Sekretärinnen, Laborantinnen und Laboranten, Techniker und andere Angestellte und Arbeiter zwischen 1933 und 1945 aus politischen bzw. rassistischen Gründen aus den Instituten der Kaiser-Wilhelm-Gesellschaft entlassen wurden, wird sich kaum noch exakt ermitteln lassen.[123] Am vollständigsten sind vermutlich die Angaben über diejenigen, die ihren Arbeitsplatz 1933, spätestens aber 1934 verloren, weil sie als »nichtarisch« eingestuft wurden. Bekannt sind die Namen von acht Büromitarbeiterinnen: Milli Berlak, Sekretärin im KWI für Biochemie; Alice Breu, Sekretärin im KWI für ausländisches und internationales Privatrecht; Rita Cracauer, Sekretärin im KWI für physikalische Chemie und Elektrochemie; Dora Heimann, Sekretärin im KWI für Biologie; Irene Moses, Stenotypistin im Deutschen Entomologischen Institut; Irene Sackur, Sekretärin im KWI für physikalische Chemie und Elektrochemie; Rosy Schragenheim, Privatsekretärin von Oskar Vogt im KWI für Hirnforschung (sie wurde aus Mitteln der Rockefeller Foundation bezahlt); Dr. Margot Selberg, geb. Wreschner, Verwaltungssekretärin im KWI für Biochemie. Dazu kamen acht technische Mitarbeiterinnen und Mitarbeiter: Elisabeth Beck, medizinisch-technische Assistentin im KWI für Hirnforschung; Fanny du Bois-Reymond, technische Assistentin und Gärtnerin im KWI für Züchtungsforschung; Ursula Ehrenberg, medizinisch-technische Assistentin im KWI für medizinische Forschung; Ruth Jaeger, Laborgehilfin im KWI für Arbeitsphysiologie; Hedwig Kirchner, technische Assistentin im KWI für Hirnforschung; Martin Schmalz, technischer Assistent im KWI für physikalische Chemie und Elektrochemie; Hedwig Weissenberg, geb. Kind, technische Assistentin (?) im KWI für physikalische Chemie und Elektrochemie; Lisa Wohlgemuth (nach ihrer Heirat: Salinger), technische Assistentin im KWI für Biochemie.

Einige der hier Genannten (Cracauer, du Bois-Reymond, Moses, Sackur) waren im Juni 1933 von der Kaiser-Wilhelm-Gesellschaft gegenüber dem zuständigen Ministerium als »Härtefälle« bezeichnet worden. Bei Alice Breu hatte sich Ernst Rabel als Institutsdirektor, bei Cracauer auch die Gesamtheit der Institutsangehörigen für ihren Verbleib eingesetzt, doch scheiterten alle diese Versuche an der Unnachgiebigkeit des Ministeriums. Über das weitere Schicksal der Entlassenen liegen nur wenige,

---

direktor gedrängt worden war, wurde dagegen 1937 zum Auswärtigen Wissenschaftlichen Mitglied ernannt und konnte es auch in den folgenden Jahren bleiben.

123 Die folgenden Angaben beruhen auf verstreuten Unterlagen im MPG-Archiv, vor allem den Vorgängen um die Entlassungen oder drohenden Entlassungen 1933/34.

mehr oder weniger bruchstückhafte Informationen vor. Die meisten setzten ihre Berufstätigkeit in den nächsten Jahren vermutlich in der Berliner Privatwirtschaft fort. Lisa Wohlgemuth war beispielsweise nach ihrer Entlassung zuerst im »Diagnostischen Institut Dr. Fritz Sachs« (1934), dann in der Praxis von Dr. Richard Samson (1935-36) und schließlich in der von ihrem früheren Institutsdirektor Carl Neuberg gegründeten »Biologisch-Chemischen Forschungsanstalt« (1937-38) als technische Assistentin und Sekretärin tätig, ehe sie im Juli 1938 Berlin und Deutschland verließ. Einige überlebten das »Dritte Reich« als »Mischlinge« oder weil sie mit einem nichtjüdischen Partner verheiratet waren (Breu, du Bois-Reymond, Moses), andere emigrierten: Beck, Berlak, Schmalz (der Michael Polanyi an die University of Manchester begleitete und dort zumindest in den ersten zwei Jahren arbeitete) und Weissenberg (mit ihrem Ehemann Karl Weissenberg) nach Großbritannien; Cracauer (die später ebenfalls nach Großbritannien ging) und Sackur nach Palästina; Heimann nach Japan; Kirchner nach Frankreich; Wohlgemuth in die USA. Elisabeth Beck begann in der Emigration eine wissenschaftliche Karriere: In den 1950er Jahren war sie an der University of London als Lecturer im Department of Neuropathology tätig, in späteren Jahren erhielt sie einen Ehrendoktor der Universität Frankfurt am Main. Fanny du Bois-Reymond ließ sich als Psychoanalytikerin ausbilden und war ab 1938 als Psychotherapeutin in Potsdam tätig. 1945 zog sie in die Schweiz, wo sie 1990 im Alter von 98 Jahren starb. Margot Selberg wurde Ende Januar 1943 mit ihrem Ehemann Hans Arthur Selberg aus Berlin nach Auschwitz deportiert und dort ermordet.

Allenfalls punktuell sind die Kenntnisse über die Angestellten und Arbeiter, die entlassen wurden, weil sie linken, insbesondere kommunistischen Parteien und anderen Organisationen angehört hatten oder sich in unerlaubter Weise politisch betätigten. Da die Generalverwaltung erst im Herbst 1933 begonnen hatte, sich mit dieser Thematik zu beschäftigen (die Fragebogen über frühere politische Aktivitäten und Mitgliedschaften wurden, wie erwähnt, Ende September an die Institute verschickt), fanden die entsprechenden Entlassungen in der Regel erst zum Jahresende 1933 oder im Frühjahr 1934 statt. Anders als bei den »nichtarischen« Mitarbeitern waren in diesen Fällen die einmal ausgesprochenen Entlassungen nicht immer endgültig, weil es Parteistellen gab, die sich zumindest für einen Teil der Entlassenen einsetzten, wenn diese sich inzwischen der nationalsozialistischen »Bewegung« angeschlossen hatten.

Im Heidelberger KWI für medizinische Forschung, Institut für Physiologie, wurden beispielsweise 1934 der Mechaniker Walter Möhle und der Laborant Karl Schröder entlassen. Schröder war schon im August 1933 wegen illegaler kommunistischer Tätigkeit verhaftet worden, auf Fürsprache des Institutsdirektors Otto Meyerhof jedoch im September aus der Haft freigekommen und wiedereingestellt worden. Im März 1934 entschied die Generalverwaltung der Kaiser-Wilhelm-Gesellschaft, daß Schröder und Möhle, der bis 1932 ebenfalls der KPD (oder der KAPD) angehört hatte, aufgrund der Bestimmungen des »Berufsbeamtengesetzes« zu entlassen seien, obwohl das Institut auf die bewährten Mitarbeiter nicht verzichten wollte und deshalb geltend gemacht hatte, daß beide schon vor dem 30. Januar 1933 Parteien und Verbänden beigetreten seien, die zu den Unterstützern der »Regierung der nationalen Erhebung« gehörten. Die Entlassungen wurden erst rückgängig gemacht, als sich die »Deutsche Arbeitsfront« in Heidelberg für die Weiterbeschäftigung von Möhle und Schröder aussprach. Anfang Mai wurde Möhle, im Juni auch Schröder wiedereingestellt, wofür allerdings, wie die Generalverwaltung in einem Schreiben vom 12. Juni 1934 wissen ließ, Otto Meyerhof als der unmittelbare Vorgesetzte und Ludolf von Krehl als Geschäftsführender Direktor des KWI »die volle Verantwortung« zu tragen hatten.[124]

Vom Göttinger KWI für Strömungsforschung forderte die Generalverwaltung im März 1934 die Entlassung des in der Aerodynamischen Versuchsanstalt beschäftigten Kupferschmieds Richard Wagner, weil dieser 1926/27 der Jugendorganisation des »Internationalen Sozialistischen Kampfbundes« angehörte, der sich um den Göttinger Philosophen Leonard Nelson gebildet hatte. Der Institutsdirektor Ludwig Prandtl weigerte sich jedoch mit der Begründung, daß es sich um eine bloße »Jugendsünde« gehandelt habe und Wagner im Juli 1933 Mitglied der örtlichen SA geworden sei, die Entlassung vorzunehmen. Auch in diesem Falle gab die Generalverwaltung nach: Wagner konnte bleiben. Tatsächlich aus politischen Gründen entlassen wurden dagegen im KWI für Strömungsforschung bzw. in der Aerodynamischen Versuchsanstalt die technischen Mitarbeiter H. Lutze und Otto Nagel (wobei letzterem außerdem angelastet wurde, daß er mit einer Jüdin verheiratet war).[125]

Wesentlich unübersichtlicher entwickelte sich die Situation im KWI für Hirnforschung, in dem die politischen Auseinandersetzungen hefti-

---

124 Zu den Auseinandersetzungen um Möhle und Schröder: MPG-Archiv, Abt. I, Rep. 1A, Nr. 547/3 und 4. Schröder, der auch in späteren Jahren noch Kontakte zu KPD-Angehörigen hatte, trat 1940 – zur Tarnung, wie er nach 1945 erklärte – in die SA ein. Möhle, inzwischen Mechanikermeister, wurde im Januar 1942 ebenfalls SA-Mitglied.

125 Zu den Vorgängen im KWI für Strömungsforschung: MPG-Archiv, Abt. I, Rep. 1A, Nr. 547/1 und 3.

ger als in anderen Instituten waren. Dort wurden Gert Fischer schon im April 1933 und Hermann Lucke spätestens Ende des Jahres wegen früherer politischer Aktivitäten in der kommunistischen Bewegung entlassen. Lucke, der inzwischen der SA angehörte, mußte jedoch auf Druck der Berliner SA-Führung im April 1934 wiedereingestellt werden. Ähnlich verliefen die Entlassungsverfahren bei Ernst Heyse (KPD), Max Malkowski (Rote Hilfe), Robert Schopf (KPD) und Walter Schumann (KPD), denen auf Veranlassung der Generalverwaltung zum 30. April bzw. (im Falle von Heyse, der seit 14 Jahren im Institut tätig war) zum 30. Juni 1934 gekündigt worden war. Auf Vorschlag des Institutsdirektors Oskar Vogt wurde am 18. Mai in allen vier Fällen die Kündigung zurückgenommen, weil Heyse inzwischen der »Deutschen Arbeitsfront«, Malkowski und Schumann der »Nationalsozialistischen Betriebszellenorganisation« (NSBO) angehörten und Schopf zumindest einen Antrag auf Aufnahme in die NSBO gestellt hatte.[126]

Während in den bisher vorgestellten Fällen die Institutsdirektoren dazu neigten, ihre fachlich qualifizierten Mitarbeiter gegen die Vermutung »politischer Unzuverlässigkeit« in Schutz zu nehmen, waren die Verhältnisse im KWI für Züchtungsforschung insofern anders, als dort der kommissarische Direktor Bernhard Husfeld und eine beträchtliche Zahl von Wissenschaftlern Nationalsozialisten waren und es auch beim nichtwissenschaftlichen Personal eine deutliche Tendenz zur politischen Neuorientierung im Sinne des Nationalsozialismus gab. Anfang März 1934 benannte die Generalverwaltung fünf Angestellte, die aufgrund der in den Fragebogen gemachten Angaben zu Mitgliedschaften und Parteizugehörigkeiten fristlos zu entlassen seien. Das waren Arnold Fallmer (Arbeiter-Turn- und Sportverein Fichte), Walter Huhnke (Arbeiter- Turn- und Sportbund), Alfred Muschner (Internationale Arbeiter-Hilfe), Max Sahr (Rote Hilfe) und Charlotte Tiege (Arbeiter-Turn- und Sportbund). Fristlos entlassen wurde auch die Angestellte Helga Nowaczyk, die ihre Mitgliedschaft im Arbeiter-Turn- und Sportverein Fichte verschwiegen hatte. Auch hier gab es seitens der Betroffenen Versuche, die Kündigung abzuwehren. Fallmer und Sahr protestierten beim Deutschen Landarbeiterverband gegen ihre Entlassung, Charlotte Tiege wurde in ihrem Protest vom Deutschen Arbeiterverband unterstützt. Im KWI für Züchtungsforschung, wie übrigens auch im KWI für Hirnforschung, ermittelte sogar die Gestapo. Mitte März wurden die Arbeiter Herbert Precht und Max Rudolph wegen verbotener politischer Tätigkeiten von der Gestapo verhaftet und anschließend vor Gericht gestellt. Ein Vorschlag der General-

---

126 MPG-Archiv, Abt. I, Rep. 1A, Nr. 547/1-3.

verwaltung, alle Angestellten, deren Status strittig war, vorläufig weiter-
zubeschäftigen, wurde im Mai 1934 vom kommissarischen Direktor ab-
gelehnt.[127] Anfang Juli forderte die Generalverwaltung das Institut auf,
bei den politisch belasteten Arbeitern – das KWI beschäftigte zwischen
60 und 130 Arbeitern, die meisten nur saisonal – zwar keine sofortigen
Entlassungen vorzunehmen, aber die Verträge nicht mehr zu verlängern.
Dabei handelte es sich um Emma Hübscher (Rote Hilfe), Rudolf Mirus
(Roter Frontkämpferbund), Helene Moritz (Rote Hilfe), Paul Rudolph
(Arbeiter-Turn- und Sportverein Fichte), Paul Selinski (KPD), Johannes
Wohlgehagen (Radfahrverein Pfeil) und Günther Zick (Arbeiter-Turn-
und Sportbund, Internationale Arbeiterhilfe). Die Antwort des kommis-
sarischen Direktors lautete, daß Selinski bereits entlassen sei (wegen
Mangel an Arbeit), Hübscher und Rudolph bei nächster Gelegenheit
entlassen würden, alle anderen aber inzwischen nationalsozialistischen
Organisationen angehörten und deshalb aus politischen Gründen nicht
mehr entlassen werden könnten.[128]

Entlassungen aus rein politischen Gründen ließen sich noch für einige
andere Institute ermitteln, doch würde sich das Bild dadurch nicht wesentlich ändern. Auch unter den nichtwissenschaftlichen Angestellten
und Arbeitern gab es in nicht geringem Umfang Opfer der nationalsozialistischen Verfolgungs- und Vertreibungspolitik, doch lassen sich die einzelnen Vorgänge nicht zu einer halbwegs verläßlichen Gesamtzahl addie-
ren.[129] Auffällig ist, daß diejenigen, die kommunistischen oder anderen
sozialistischen Organisationen angehört hatten, oft nur vorübergehend
entsprechend organisiert waren und daß erstaunlich viele sehr schnell
den Anschluß an die NS-Organisationen suchten und fanden.

Euphemismen und Irreführungen

Es ist bereits erwähnt worden, daß man sich in den Fällen, in denen Wissenschaftler die ihnen drohende Kündigung nicht abwarteten oder wegen
der politischen Verhältnisse von einem Auslandsaufenthalt nicht mehr

---

127 Walter Huhnke war seit 1935 im Reichsarbeitsdienst tätig. 1934 war er bereits in
     die SS eingetreten. 1935 heiratete er Charlotte Tiege, die 1928-34 als Laborgehil-
     fin im KWI für Züchtungsforschung beschäftigt war.
128 MPG-Archiv, Abt. I, Rep. 1A, Nr. 547/3 und 4.
129 Besondere Aufmerksamkeit verdient noch eine Kündigung im KWI für Lederfor-
     schung. Der Direktor Wolfgang Graßmann teilte am 29.9.1936 der Generalverwal-
     tung mit, daß er einen nichtjüdischen jungen Mitarbeiter entlassen habe, weil die-
     ser »von Ende 1934 bis Februar 1936 ausschließlich bei Juden als Untermieter ge-
     wohnt« habe; zitiert nach Hachtmann, Wissenschaftsmanagement, Bd. 1, S. 431.

zurückkehrten, in der Generalverwaltung darauf verständigt hatte, von einem »freiwilligen« Ausscheiden zu sprechen. Fast immer bediente man sich hinsichtlich der Entlassungen und Vertreibungen offiziell einer beschönigenden, scheinbar neutralen Sprache. So antwortete beispielsweise Max Planck in der Senatssitzung vom 28. Juni 1933 auf eine schriftlich formulierte Frage von Philipp Lenard, der vom Senat unter anderem die sofortige Entfernung des »Jesuiten Muckermann« forderte, daß dieser »auf seinen Wunsch« hin bis auf weiteres beurlaubt worden sei.[130] In der Zeitschrift »Die Naturwissenschaften«, in der die Kaiser-Wilhelm-Gesellschaft nicht nur über die im vergangenen Jahr erzielten Forschungsergebnisse, sondern auch über personelle Veränderungen berichtete, bemühte man sich, die aus politischen Gründen eingetretenen Personalverluste als mehr oder weniger normale Berufungsangelegenheiten darzustellen. So teilte man zum Beispiel 1934 in dem Bericht über das KWI für physikalische Chemie und Elektrochemie mit: »Professor Freundlich hat eine Gastprofessur am University College in London angenommen, und Professor Polanyi wurde a. o. Professor an der Universität Manchester.« Über das KWI für Biologie war 1937 zu lesen: »Der am 31. Dezember 1935 ausgeschiedene 2. Direktor Prof. Dr. R. Goldschmidt folgte einem Ruf an die University of California, Berkeley (USA).« Im gleichen Jahr berichtete man über die Veränderungen in der Biochemie: »Das Kaiser-Wilhelm-Institut für Biochemie befindet sich zur Zeit in einer weitgehenden Umgestaltung. Der bisherige Direktor, Professor C. Neuberg, ist in den Ruhestand getreten, und zu seinem Nachfolger ist seit dem 1. November 1936 Professor A. Butenandt […] ernannt worden.« Und zu Oskar und Cécile Vogt: »Der bisherige Leiter des Kaiser-Wilhelm-Instituts für Hirnforschung, Prof. Dr. Vogt, legte Ende März 1937 die Leitung des Instituts nieder, da er die Altersgrenze erreicht hat. Ebenso schied das Wissenschaftliche Mitglied Dr. Cécile Vogt aus dem Institut aus.« 1939 meldete man zum KWI für Chemie und zu Lise Meitner, die im Juli 1938 ins Ausland geflohen war: »Das Kaiser-Wilhelm-Institut für Chemie hat einige wichtige personelle Änderungen erfahren. Professor Lise Meitner, die dem Institut seit 1914 als Wissenschaftliches Mitglied angehört und die Physikalisch-Radioaktive Abteilung von Anfang an geleitet hat, trat am 1. Oktober 1938 in den Ruhestand.«[131]

Was sich hier den Anschein der Objektivität gab, war in vielen Fällen sachlich unrichtig und diente ausnahmslos der Verschleierung der tat-

---

130 Zitiert nach Vogt, Vertreibung, S. 102.

131 Alle Zitate aus der Zeitschrift *Die Naturwissenschaften* (22, 1934, S. 341; 25, 1937, S. 376, S. 378, S. 382; 27, 1939, S. 323) zitiert nach Vogt, Vertreibung, S. 97 f.

sächlichen, höchst dramatischen Vorgänge. Der Unrechts- und Gewalt-
charakter der Vertreibung aus den Instituten blieb unsichtbar. Unter den
Bedingungen der NS-Herrschaft war eine andere Art der Darstellung
allerdings schwer vorstellbar, und offene Kritik an der erzwungenen Aus-
grenzung der bisherigen Kollegen und Mitarbeiter war kaum möglich.
Um so bemerkenswerter ist es, daß einige der Beteiligten sich auch nach
1945 von dieser Denk- und Redeweise nicht lösen konnten. Das gilt vor
allem für Friedrich Glum, den Generaldirektor der Kaiser-Wilhelm-
Gesellschaft, der bis 1937 im Amt war. In seinen Erinnerungen, die 1964
als Buch erschienen, gingen Erinnerungslücken und Fehlinterpretatio-
nen Hand in Hand. Über den zwangsweise in den Ruhestand versetzten
Goldschmidt hieß es dort: »Richard Goldschmidt zog es vor, nach den
USA zu gehen, wo er alte Verbindungen hatte.« Auch die Entwicklungen
im KWI für Biochemie, wo Carl Neuberg schon 1934 sein Direktorenamt
verloren hatte, aber bis zum Amtsantritt seines Nachfolgers im Herbst
1936 kommissarisch die Geschäfte führte und erst unmittelbar vor
Kriegsbeginn, im August 1939, emigrierte, wurden völlig verzerrt dargestellt: »Als Neuberg sich schließlich auch entschloß, nach Amerika zu gehen, gelang es mir, Butenandt [...] zu gewinnen.« So wundert es kaum
noch, daß Glum für die Zeit bis zum November 1938 die geradezu aben-
teuerliche Behauptung aufstellte: »Im Allgemeinen aber waren die Juden
ungeschoren geblieben. Nur wenige hatten 1933 das Land verlassen, die
meisten konnten unangefochten ihrem Beruf nachgehen.«[132]

---

132 Glum, Wissenschaft, S. 467, 468 und 507. Vgl. dazu die ebenso skandalösen
Aussagen Wilhelm Eitels, des einzigen KWI-Direktors der 1933 in die NSDAP
eintrat, in einem politischen Rechtfertigungstext vom 22.1.1946, in dem er behauptete, daß er 1933 persönlich bei Reichsinnenminister Frick den »vollen
Schutz« für die Kaiser-Wilhelm-Gesellschaft erwirkt habe, und fortfuhr: »Die
israelitischen Direktoren und Mitarbeiter sind damals unbehelligt geblieben; ihr
persönlicher Dank an mich hat mich tief gerührt und von der Richtigkeit mei-
nes Schrittes überzeugen können. Erst später haben sich die meisten der israelitischen Kollegen bekanntlich in Ruhe und ungestörtem Frieden aus Deutschland
begeben.« Zitiert nach Stoff, Zentrale Arbeitsstätte, S. 46.

4. Die aus der Kaiser-Wilhelm-Gesellschaft vertriebenen Forscherinnen und Forscher: Umrisse eines Gruppenporträts

Die Forscherinnen und Forscher, die seit 1933 aus den Instituten der Kaiser-Wilhelm-Gesellschaft vertrieben wurden, bildeten alles andere als eine in sich geschlossene soziale Gruppe. Es waren Individuen, die aus unterschiedlichen Elternhäusern, Regionen und Nationen stammten, sich hinsichtlich ihres Alters und Familienstandes, ihrer Religion und Lebenserfahrung unterschieden, sich mit einer breit aufgefächerten Vielzahl von Forschungsproblemen befaßten und sich nicht zuletzt auch auf sehr unterschiedlichen Stufen ihrer wissenschaftlichen Karriere befanden. Daß sie in der Kaiser-Wilhelm-Gesellschaft wissenschaftlich tätig waren, teilten sie mit vielen anderen, die nicht verfolgt und vertrieben wurden. Eine soziale Gruppe wurde aus ihnen erst durch die politische Willkür des Nationalsozialismus und durch den Verfolgungsdruck, dem sie – anders als die große Mehrzahl ihrer Kolleginnen und Kollegen – ausgesetzt waren. Die Schicksale der Betroffenen, deren Bandbreite vom Tod in Auschwitz bis zu einer mit dem Nobelpreis gekrönten Wissenschaftskarriere in den USA reicht, können nur individuell gewürdigt werden, und das geschieht, so weit das verfügbare Material es zuläßt, in den biographischen Skizzen, die den zweiten Teil des Gedenkbuches bilden. Ergänzend dazu wird in diesem Kapitel der Versuch unternommen, einige bei der Bearbeitung der Biographien gewonnene Daten zusammenzufassen und vorsichtig zu interpretieren. Das Ziel ist keine Kollektivbiographie in einem strengen Sinne, sondern ein Gruppenporträt, dessen Vorläufigkeit unübersehbar ist, zumal es dabei ganz überwiegend nur um solche Fragen geht, die sich mehr oder weniger eindeutig mit statistischen Daten beantworten lassen.

Die Zahl der Vertriebenen

Es ist bereits dargelegt worden, daß die Gesamtzahl derjenigen, die durch die Nationalsozialisten aus der Kaiser-Wilhelm-Gesellschaft vertrieben wurden, sich schon deshalb nicht eindeutig ermitteln läßt, weil nicht genau genug angegeben werden kann, wer zu Beginn der NS-Verfolgungen in den Instituten und anderen wissenschaftlichen Einrichtungen forschend tätig war und zu den Institutsangehörigen gehörte. Mit einiger Sicherheit läßt sich lediglich die Zahl der Wissenschaftler feststellen, die in einem eindeutigen Vertragsverhältnis zur Kaiser-Wilhelm-Gesellschaft standen.

Doch würde man damit, wie die Daten zeigen, die Anfang 1933 zur Feststellung der »Ausländerbeschäftigung« in der Kaiser-Wilhelm-Gesellschaft erhoben wurden, nur einen Teil, in vielen Einrichtungen sogar weniger als die Hälfte, derjenigen erfassen, die tatsächlich in den Instituten Forschungsarbeit leisteten.[133] Neben den Direktoren, Abteilungsleitern, wissenschaftlichen Mitarbeitern und Assistenten, die in einem geregelten Anstellungsverhältnis standen, gab es nicht nur »Wissenschaftliche Berater«, die ebenfalls feste Verträge hatten, sondern auch eine nicht geringe Zahl von Forschern, deren Arbeiten durch Stiftungen und Industrieunternehmen finanziert wurden, sowie »Gastforscher«, nationale und internationale Stipendiaten, Doktoranden und »Volontärassistenten«, die alle nicht auf den Gehaltslisten der Kaiser-Wilhelm-Gesellschaft standen. Sie galten aber in ihrer großen Mehrzahl als Institutsangehörige und publizierten ihre wissenschaftlichen Arbeiten unter dem Namen des jeweiligen Instituts.

Es ist deshalb nicht überraschend, daß sich in der wissenschaftlichen Literatur bis heute unterschiedliche und offensichtlich unzureichende Angaben über die Zahl der aus der Kaiser-Wilhelm-Gesellschaft vertriebenen Forscherinnen und Forscher finden. Helmuth Albrecht und Armin Hermann veröffentlichten 1990 eine erste »Übersicht« über die infolge der nationalsozialistischen »Beamtengesetzgebung« aus der Kaiser-Wilhelm-Gesellschaft vertriebenen »Nichtarier«. Sie enthielt 45 Namen, von denen 32 Wissenschaftler waren.[134] Unberücksichtigt blieben in dieser ohnehin sehr vorläufigen »Übersicht« alle diejenigen, die nicht unter den »Arierparagraphen« fielen, aber ebenfalls wegen der NS-Herrschaft die Kaiser-Wilhelm-Gesellschaft verließen bzw. verlassen mußten. Kristie Macrakis, deren Harvard-Dissertation 1993 als Buch erschien, konnte bereits eine Liste von 71 emigrierten Wissenschaftlern erstellen, wobei allerdings einige Personen einbezogen waren, die schon vor Beginn der NS-Herrschaft aus den Instituten der Kaiser-Wilhelm-Gesellschaft ausgeschieden waren.[135] Inzwischen wissen wir, daß auch in dieser Liste nur etwa zwei Drittel der tatsächlich aus der Kaiser-Wilhelm-Gesellschaft

---

133 Siehe oben S. 61 f. und 71-73.
134 Albrecht/Hermann, Kaiser-Wilhelm-Gesellschaft, S. 364 f. (Tabelle).
135 Macrakis, Surviving, S. 207-210 (Liste); vgl. auch dies., Exodus der Wissenschaftler aus der Kaiser-Wilhelm-Gesellschaft, in: Fischer u. a. (Hg.), Exodus, S. 267-283, mit der im Anhang des Bandes (S. 628-630) veröffentlichten Liste »Die nach 1933 entlassenen Wissenschaftler der Kaiser-Wilhelm-Gesellschaft«. Richard H. Beyler äußerte die Vermutung, daß die tatsächlichen Zahlen doppelt so hoch seien wie die in den zeitgenössischen Statistiken der Generalverwaltung genannten, legte aber selber keine neuen Zahlen vor; vgl. Beyler, »Reine« Wissenschaft, S. 9.

vertriebenen Wissenschaftler erfaßt worden sind. 2006 hat Michael
Schüring in seinem Buch »Minervas verstoßene Kinder«, das der »Vergangenheitspolitik« der Max-Planck-Gesellschaft gegenüber den in der
NS-Zeit vertriebenen Wissenschaftlern der Kaiser-Wilhelm-Gesellschaft
gewidmet ist, eine Liste von 126 betroffenen Personen veröffentlicht, die
22 Nichtwissenschaftler einschließt.[136]

In den vorliegenden Band sind nunmehr 104 Wissenschaftlerinnen und
Wissenschaftler aufgenommen worden, deren Karrieren und Lebenswege
durch den Nationalsozialismus einschneidend verändert, in nicht wenigen
Fällen auch zerstört wurden. Dabei kann nicht ausgeschlossen werden,
daß trotz intensiver Nachforschungen noch immer einzelne Personen
übersehen worden sind.[137] Auch fehlen in einigen Fällen hinreichende
Informationen. So ist von Irene Gutmann nicht viel mehr bekannt, als
daß sie als promovierte Medizinerin vor 1933, möglicherweise aber auch
noch zu Beginn der NS-Herrschaft, Assistentin in der Deutschen Forschungsanstalt für Psychiatrie war, und von Elisabeth Peters weiß man
nur, daß sie 1932-33 als Stipendiatin der Rockefeller Foundation im KWI
für Biologie tätig war. Es ist nicht auszuschließen, daß beide zu den vertriebenen Wissenschaftlerinnen zu rechnen sind, doch mangelt es an eindeutigen Belegen, und für eine biographische Skizze fehlt in diesen Fällen ohnehin das Material. Bei den Doktorandinnen, die aus rassistischen
Gründen aus der Kaiser-Wilhelm-Gesellschaft ausscheiden mußten, ha-

136 Schüring, Minervas verstoßene Kinder, S. 88-103. In dieser Liste sind bereits die
     Ergebnisse der Recherchen für das Gedenkbuch-Projekt berücksichtigt worden,
     allerdings mit einigen Abweichungen. So sind unter den Wissenschaftlern u. a.
     Paul Beck (der bereits 1931 aus dem KWI für Metallforschung ausschied), Irene
     Gutmann (bei der unklar ist, ob sie 1933 noch in der Deutschen Forschungs-
     anstalt für Psychiatrie tätig war), Clara Ostendorf (die 1933, im Jahr nach ihrer
     Heirat mit dem Biochemiker Hans Gaffron, die Arbeit an ihrer Dissertation im
     KWI für Biochemie abbrach, aber nicht politisch oder rassistisch verfolgt war),
     und Margarete Zuelzer (die nur kurzfristig im KWI für physikalische Chemie
     und Elektrochemie als Gastforscherin tätig war) genannt, während Gertrude
     Szpingier, verheiratete Henle (Doktorandin im KWI für medizinische For-
     schung), Berthold Schenk Graf von Stauffenberg (Wissenschaftliches Mitglied
     und Abteilungsleiter im KWI für ausländisches öffentliches Recht und Völker-
     recht), Wilhelm Wengler (Referent im gleichen Institut) und Marguerite Vogt,
     die mit ihren Eltern Cécile und Oskar Vogt aus dem KWI für Hirnforschung
     vertrieben wurde, nicht berücksichtigt wurden.
137 Im November 2004 ist an alle Max-Planck-Institute eine Liste mit den Namen
     der für das Gedenkbuch vorgesehenen Personen mit der Bitte verschickt wor-
     den, gegebenenfalls Ergänzungen für die jeweiligen Vorgänger-Institute vorzu-
     nehmen. Bislang unbekannte Namen sind im Rahmen dieser Aktion nicht auf-
     getaucht.

ben diejenigen eine Berücksichtigung gefunden, die in ihrer weiteren Entwicklung als Wissenschaftlerinnen in Erscheinung traten. Das gilt für Charlotte Auerbach, Lore Hirsch, Hilde Levi, Ursula Philip, Gertrud Henle (geb. Szpingier) und Marguerite Vogt. Bei ihnen darf aufgrund ihrer Leistungen in späteren Jahren unterstellt werden, daß sie unter anderen politischen Bedingungen die Möglichkeit gehabt hätten, ihre Forschungsarbeiten in der Kaiser-Wilhelm-Gesellschaft fortzuführen.[138]

Abgrenzungen

Nicht berücksichtigt worden sind die »Auswärtigen Wissenschaftlichen Mitglieder«, weil sie zwar häufig in einem engen persönlichen Kontakt zu dem Direktor, den Abteilungsleitern und anderen profilierten Institutsangehörigen standen, aber nicht unmittelbar in den Kaiser-Wilhelm-Instituten tätig waren. Der Status eines »Auswärtigen Wissenschaftlichen Mitglieds« war 1925 als eine Art Ehrentitel geschaffen worden, um wissenschaftlich besonders angesehene Forscher an das jeweilige Institut zu binden. Eine Ausnahme ist hier nur für Fritz Epstein gemacht worden, weil er als früheres »Mitglied ehrenhalber«, das seit dem Ende der zwanziger Jahre als »Auswärtiges Wissenschaftliches Mitglied« geführt wurde, ganz unbestreitbar zum KWI für physikalische Chemie und Elektrochemie gehörte, in dem er unter anderem eine Abteilung leitete und als Vertreter des Direktors wirkte.

Zu den vertriebenen Wissenschaftlern sind auch die »wissenschaftlichen Gäste« gezählt worden, die entweder, wie Viktor Jollos, Alfred Klopstock und Alfred Reis, auf unbegrenzte Zeit oder, wie Alfred Schön und Sergej Tschachotin, zumindest über einen verhältnismäßig langen Zeitraum in einem der Kaiser-Wilhelm-Institute arbeiteten. Dabei ist, vielleicht zu Unrecht, die Biologin Margarete Zuelzer, Direktorin des

138 Nicht berücksichtigt wurde Lotte Wolff, die 1934-35 als Doktorandin im KWI für medizinische Forschung arbeitete. Sie war eine überzeugte Nationalsozialistin und bekannte BDM (»Bund Deutscher Mädel«)-Führerin, die wegen einer plötzlich entdeckten jüdischen Großmutter als »nichtarisch« galt. Für ihre Aufnahme als Doktorandin in das KWI hatten sich mehrere NS-Führer bzw. NS-Organisationen nachdrücklich eingesetzt. Sie promovierte im Dezember 1935, erhielt das Recht zur Führung des Doktortitels aber erst 1945 mit der ärztlichen Approbation, die ihr im »Dritten Reich« verweigert wurde. Sie war deshalb, ihrer politischen Einstellung und Verhaltensweise ungeachtet, ein Opfer der rassistischen Politik, kann aber, da sie erst 1934 auf besonderen Wunsch nationalsozialistischer Stellen als Doktorandin in das Heidelberger Institut aufgenommen wurde, nicht zu den aus der Kaiser-Wilhelm-Gesellschaft Vertriebenen gerechnet werden.

Protozoenlaboratoriums im Reichsgesundheitsamt, nicht einbezogen
worden, weil sie zwar 1932 als »Gastwissenschaftlerin« in das KWI für
physikalische Chemie und Elektrochemie kam, aber unklar ist, ob das als
ein nur vorübergehender Aufenthalt oder als Beginn einer längerfristigen
Zusammenarbeit gedacht war. Sie wurde 1933 wegen der antisemitischen
Bestimmungen des »Berufsbeamtengesetzes« aus dem Reichsgesundheitsamt entlassen. 1939 emigrierte sie in die Niederlande. Am 1. August 1943
wurde sie aus dem Konzentrationslager Westerbork »in den Osten« deportiert und wahrscheinlich in Auschwitz ermordet.

Zu den Forschern, die durch den rassistischen Antisemitismus bedroht waren, ist zweifellos auch Otto Warburg zu zählen. Da es in seinem
Falle aber gelang, ihn über die gesamte Zeit des »Dritten Reiches« im Amt
zu halten, gehört er nicht in ein Gedenkbuch, das den aus der Kaiser-
Wilhelm-Gesellschaft vertriebenen Wissenschaftlern gewidmet ist.[139] Bereits erörtert worden sind auch die möglicherweise strittigen Fälle von Peter
Debye und Heinrich Kranz.[140] Um weitere Grenzfälle, bei denen ebenfalls
gegen die Aufnahme in das Gedenkbuch entschieden wurde, handelt es
sich bei Hans Stubbe, Hermann Kuckuck und Rudolf Schick, Wissenschaftliche Mitarbeiter im KWI für Züchtungsforschung, die 1936 entlassen wurden. In diesem Institut bestanden seit Beginn der »Machtergreifung« politische Spannungen zwischen einer Gruppe von NSDAP-,
SA- und SS-Mitgliedern, zu der auch der spätere kommissarische Direktor Bernhard Husfeld gehörte, und Stubbe, der in diesen Kollegenkreisen
als politisch unzuverlässig galt. Ihm, der nach dem Tod Erwin Baurs im
Dezember 1933 zunächst selber die kommissarische Leitung des Instituts
übernehmen sollte, wurde unter anderem vorgeworfen, daß er sich über
Hitler und die NSDAP abfällig geäußert habe, Umgang mit Juden und
Kommunisten pflege und mit der Sowjetunion sympathisiere. Auslösend
für die Entlassung war jedoch, daß Stubbe, Kuckuck und Schick Anfang
1936 die Leitung des Instituts beschuldigten, ihre Forschungsarbeiten in
unverantwortlicher Weise zu behindern. Sie wurden daraufhin der »Störung des Betriebsfriedens« und der »Verhetzung der Gefolgschaft« be-
zichtigt, zuerst »beurlaubt« und einige Monate später fristlos entlassen.
Da gegen Kuckuck und Schick politisch nichts vorlag, scheint es so, daß
es sich bei diesen Vorgängen um eine »Mischung aus akademischer Konkurrenz und persönlich-politischen Animositäten« handelt.[141] Kuckuck

139 Siehe oben S. 82 f.
140 Siehe oben S. 77 f. (Debye) und S. 76 (Kranz).
141 Susanne Heim, Kalorien, Kautschuk, Karrieren. Pflanzenzüchtung und landwirt-
     schaftliche Forschung an Kaiser-Wilhelm-Instituten 1933-1945, Göttingen 2003,
     S. 209.

und Schick wechselten in private Saatzucht-Unternehmen, während
Stubbe, bei dem man am ehesten von einer politisch motivierten Entlas-
sung sprechen kann, zwar aus dem Institut, aber nicht aus der Kaiser-
Wilhelm-Gesellschaft vertrieben wurde. Er konnte seine Forschungen im
KWI für Biologie fortsetzen und wurde 1943 Direktor des neu gegründe-
ten KWI für Kulturpflanzenforschung.[142]

Um einen Grenzfall anderer Art handelt es sich bei Elena Aleksandrovna Timoféeff-Ressovsky, seit 1925 wissenschaftliche Mitarbeiterin in
der von ihrem Ehemann Nikolaj Timoféeff-Ressovsky im KWI für Hirnforschung aufgebauten und geleiteten Genetischen Abteilung. 1933 verlor
sie als sogenannte Doppelverdienerin unter nationalsozialistischem Druck
ihre Institutsstelle. Sie mußte allerdings nicht das Institut verlassen und
konnte als unbezahlte »Volontärassistentin« weiterarbeiten. Oskar Vogt,
der sich in ihrem Fall als Institutsdirektor dem politischen Druck hatte
beugen müssen, schuf für den Wegfall ihres Gehalts einen Ausgleich, indem er ihrem Ehemann eine entsprechende Gehaltserhöhung zubilligte.
Als unter den Bedingungen des Krieges der Arbeitskräftemangel auch in
den Wissenschaften immer mehr zunahm, wurde sie vom Herbst 1942 an
sogar wieder als volle wissenschaftliche Mitarbeiterin beschäftigt.[143]

Schließlich muß erwähnt werden, daß Robert Havemann, der 1932/33
bei Herbert Freundlich und Georg Ettisch an seiner Dissertation arbeitete,
gelegentlich zu denen gerechnet wird, die das KWI für physikalische

142 Alle drei machten nach 1945 bemerkenswerte Karrieren: Stubbe baute in Gaters-
leben, Kreis Quedlinburg, ein Kulturpflanzeninstitut von Weltruf auf, das er, der
gleichzeitig Professor an der Universität Halle-Wittenberg war, bis zu seiner Pensionierung 1968 leitete. Er war in der DDR ein einflußreicher Wissenschaftspolitiker und 1963-86 auch Abgeordneter der Volkskammer. Schick gehörte ebenfalls
zu den führenden Züchtungsforschern der DDR. Er war Professor in Rostock und
1959-65 Rektor der Universität. Kuckuck, der in der frühen Nachkriegszeit Professuren an der Universität Halle-Wittenberg und an der Berliner Humboldt-
Universität innehatte, wechselte 1950, nach politischen Konflikten, an die Freie
Universität Berlin und war 1954-69 ordentlicher Professor für Pflanzenzüchtung
an der Technischen Hochschule Hannover. Er übernahm außerdem wichtige internationale Aufgaben und war unter anderem für die Welternährungsbehörde
(FAO) in Rom tätig. Vgl. vor allem Heim, Kalorien, S. 199-246 (zu Stubbe); Ger-
linde Schattenberg/Dieter Spaar, Rudolf Schick. Pflanzenzüchter und Hochschullehrer. Ein biographisches Porträt, Müncheberg 2000; Hermann Kuckuck,
Wandel und Beständigkeit im Leben eines Pflanzenzüchters, Berlin 1988.

143 Vgl. Helga Satzinger/Annette Vogt, Elena Aleksandrovna und Nikolaj Vladimirovic Timoféeff-Ressovsky (1898-1973; 1900-1981), Berlin 1999. Das Ehepaar
Timoféeff-Ressovsky half während der NS-Zeit, vor allem in den Kriegsjahren,
politisch und rassistisch bedrohten und verfolgten Menschen. Ihr Sohn Dimitrij
wurde 1942 von der Gestapo wegen Widerstandsaktivitäten verhaftet und am
1.5.1945 im KZ Mauthausen ermordet.

Chemie und Elektrochemie aus politischen Gründen verlassen mußten. Für eine politisch motivierte Vertreibung des Doktoranden Havemann aus dem Institut fehlen jedoch die Belege. Belegt ist vielmehr, daß Havemann im Sommer 1933 den früheren Geschäftsführer der NSDAP-Reichstagsfraktion, der inzwischen persönlicher Referent des Reichsministers des Inneren geworden war, darüber informierte, daß einige der Forscher, die aus dem KWI vertrieben wurden, die Apparate und Instrumente, die ihnen die Rockefeller Foundation für ihre Forschungen zur Verfügung gestellt hatte, an ihre neuen Arbeitsstätten zu verlagern beabsichtigten. Havemann bewirkte damit, daß diese Vorgänge, die mit Zustimmung des Institutsdirektors und des Präsidenten erfolgten, umgehend gestoppt und die Verhältnisse im Institut einer strengen Untersuchung unterworfen wurden. Selbst wenn man bereit ist, diese Aktivitäten des Doktoranden als einen Fall von politischer Orientierungslosigkeit und Verwirrung, wie sie für das Jahr 1933 charakteristisch waren, herunterzuspielen, deutet nichts darauf hin, daß Havemann zu diesem Zeitpunkt in prinzipieller politischer Opposition zu den neuen Machthabern stand.[144] Seine Zeit im KWI für physikalische Chemie und Elektrochemie endete – ebenso wie die seines Freundes Georg Groscurth, der 1931 bis 1933 als Mediziner im gleichen Institut forschte – im Zuge der Umstrukturierung des Instituts durch den kommissarischen Direktor Gerhard Jander im Herbst 1933. Als Havemann und Groscurth 1943 wegen ihrer Aktivitäten im Rahmen der Widerstandsgruppe »Europäische Union« verhaftet und vom »Volksgerichtshof« zum Tode verurteilt wurden, standen sie beide schon seit vielen Jahren in keiner näheren Beziehung zur Kaiser-Wilhelm-Gesellschaft mehr. Groscurth und die anderen Mitangeklagten wurden 1944 hingerichtet, während Havemann wegen »kriegswichtiger Forschungen« einen Vollstreckungsaufschub erhielt, so daß er die NS-Zeit im Zuchthaus Brandenburg-Görden überlebte.

Geburts- und Sterbedaten[145]

Bei 15 der 104 Personen, die in das Gedenkbuch aufgenommen wurden, sind für die Zeit nach ihrem Ausscheiden aus der Kaiser-Wilhelm-Gesellschaft keine oder allenfalls sehr bruchstückhafte Daten überliefert. In eini-

---

144 Vgl. Szöllösi-Janze, Fritz Haber, S. 669-673, mit Hinweisen auf die entsprechenden Dokumente. In einem Brief an seinen Vater vom 31.3.1933 schrieb Havemann über das KWI: »Schließlich haben wir weit über 50 % Juden bei uns, d. i. die 50fache Menge, als [!] erlaubt sein sollte.« Florian Havemann, Havemann, Frankfurt/Main 2007, S. 136 f.

145 Die hier und im Folgenden vorgestellten Daten beruhen auf den in den biogra-

gen Fällen sind dennoch das Todesdatum und der Sterbeort bekannt, weil sie in Gerichtsakten genannt werden (z. B. in Erbschaftsfällen) oder in Sterbelisten enthalten sind. Für das Geburtsdatum und den Geburtsort wie auch für die soziale Herkunft, die Religionszugehörigkeit und die Schulbildung sonst weniger bekannter Personen kann man in der Regel auf den in der Dissertation gedruckten Lebenslauf oder die Promotionsakten zurückgreifen. Allerdings ist der Informationsgehalt der von den Doktoranden vorgelegten Lebensläufe sehr ungleichmäßig. Nicht immer werden beispielsweise die Namen der Eltern, der Beruf des Vaters, die besuchten Schulen oder die Religionszugehörigkeit genannt.

Ein Blick auf die Altersstruktur zeigt, daß 22 der Vertriebenen 1883 oder früher geboren wurden, 1933 also mindestens 50 Jahre alt waren. Sie waren deshalb in der großen Mehrheit auf dem Höhepunkt ihrer wissenschaftlichen und beruflichen Entwicklung. Im In- und Ausland hoch angesehen, hatten sie wegen ihres Status und ihres fortgeschrittenen Alters besonders große Schwierigkeiten, nach dem erzwungenen Abschied von den gewohnten Arbeits- und Lebensverhältnissen noch einmal einen neuen Anfang zu machen. Die ältesten in dieser Gruppe waren Fritz Haber (geb. 1868) und Max Bielschowsky (geb. 1869). 42 wurden zwischen 1884 und 1902 geboren (27 von ihnen zwischen 1893 und 1902). Sie waren 1933 zwischen 31 und 49 Jahren alt und befanden sich damit zu Beginn der Verfolgung und Vertreibung in ihren »besten Jahren«. Fast genauso viele, nämlich 40, gehörten den Jahrgängen ab 1903 an, so daß sie 1933 höchstens 30 Jahre alt waren und folglich noch am Beginn ihrer Karriere standen. Die Jüngsten in dieser Gruppe waren Hans Jakob von Baeyer (geb. 1912), Gertrude Szpingier, verheiratete Henle (geb. 1912), und Marguerite Vogt (geb. 1913).

35, also mehr als ein Drittel, waren außerhalb des Deutschen Reiches geboren, davon 21 in der Habsburger Monarchie – 6 in der ungarischen, 15 in der österreichischen Reichshälfte (10 in Wien) – und 8 in Rußland, einschließlich der polnischen Gebiete. Dazu kamen je einmal Frankreich, Großbritannien, Guatemala, Peru, die Schweiz und die Türkei. Von den 69, die in Deutschland geboren waren, stammten, dem preußischen Anteil an der Fläche und Bevölkerung des Reiches entsprechend,

phischen Skizzen des Gedenkbuches enthaltenen Informationen. Sie werden deshalb nicht einzeln nachgewiesen. Wenn von den aus der Kaiser-Wilhelm-Gesellschaft vertriebenen Forscherinnen und Forscher die Rede ist, sind durchweg diejenigen gemeint, die in das Gedenkbuch aufgenommen worden sind. Soweit bei Prozentzahlen keine näheren Angaben gemacht werden, handelt es sich um den jeweiligen Anteil an diesen 104 Personen.

etwas über zwei Drittel aus Preußen (48), davon 19 aus dem Groß-Berliner Raum. Die übrigen Geburtsorte lagen in Bayern (8), Baden (4), Hamburg, Hessen und Sachsen (je 2), Schaumburg-Lippe, Thüringen und Württemberg (je 1).

Von den 94 Personen, bei denen das Todesjahr bekannt oder einzugrenzen ist, starben 15 noch vor Kriegsende, Fritz Haber schon im Januar 1934 und Reginald Oliver Herzog 1935, die anderen in den Kriegsjahren 1940 bis 1945. In den ersten anderthalb Jahrzehnten nach 1945 starben weitere 15, zwischen 1961 und 1985 noch einmal 39. 1986 lebten noch 23, von denen fünf auch den Übergang in das 21. Jahrhundert erlebten. 2003 starben Hilde Levi mit 94 Jahren in Kopenhagen, Fritz Buchthal mit 96 Jahren in Santa Barbara und Marthe Vogt am Tag nach ihrem 100. Geburtstag in San Diego. Die letzten Überlebenden der aus der Kaiser-Wilhelm-Gesellschaft vertriebenen Forscherinnen und Forscher waren Gertrude Henle, die im September 2006 in Newtown Square, Pennsylvania, starb, und Marguerite Vogt, die im Juli 2007 in La Jolla (San Diego) starb, beide im Alter von 94 Jahren. Bei einigen anderen ist lediglich bekannt, daß sie in den siebziger und frühen achtziger Jahren noch lebten: Kurt Guggenheimer starb nach 1975, Ursula Philip nach 1977 und Hans Eisner nach 1983. Über 40 Prozent derjenigen, deren Todesdaten vorliegen, erreichten ein ungewöhnlich hohes Lebensalter: 38 wurden 80 und mehr Jahre alt, 13 von ihnen sogar mehr als neunzig Jahre.

Ein Blick auf die Sterbeorte zeigt, daß 36, d. h. mehr als ein Drittel der 94 Personen, von denen entsprechende Daten verfügbar sind, in den USA gestorben sind, 15 in den Neuengland-Staaten, zehn in Kalifornien, die übrigen elf auf viele Orte von Chicago und Madison, Wisconsin, bis Charlottesville, Virginia, und Durham, North Carolina, verteilt. 18 sind in Großbritannien gestorben, davon fünf in London, fünf in Cambridge, zwei in Oxford und zwei in Edinburgh. Zehn fanden den Tod in Deutschland, darunter vier als Opfer des NS-Terrors. Sechs Todesfälle sind in Israel zu verzeichnen, fünf in der Schweiz, drei in Belgien, je zwei in Kanada und Italien, je einer in Australien, Dänemark, Frankreich, Irland, Japan, den Niederlanden, Österreich, Schweden, der Sowjetunion und Ungarn. Dabei ist freilich zu bedenken, daß manche Sterbeorte eher zufällig waren, wenn der Tod zum Beispiel bei Ferienreisen oder Kuraufenthalten (Fritz Haber in Basel, Reginald Oliver Herzog in Zürich, Max Rheinstein in Bad Gastein) oder bei Flugzeugabstürzen (Ladislaus Farkas in der Nähe von Rom, Albert Wassermann in Belgien) eintrat. Auch verlegten manche ihren Wohnsitz in fortgeschrittenem Alter zu nahen Angehörigen: Kurt Jacobsohn aus Lissabon zu seiner Tochter in Haifa, Lise Meitner aus Stockholm zu ihrem Neffen in

Cambridge, Cécile Vogt aus Neustadt im Schwarzwald zu ihrer Tochter Marthe Vogt in Cambridge, Marthe Vogt zu ihrer Schwester Marguerite Vogt in San Diego.

Männer und Frauen

Daß es sich bei den vertriebenen Wissenschaftlern ganz überwiegend um Männer handelte, ist nicht weiter überraschend. Bemerkenswert ist vielmehr, daß sich unter den 104 im Gedenkbuch gewürdigten Personen 22 Frauen befinden. Das entspricht einem Anteil von etwas mehr als einem Fünftel und zeigt deutlich, daß die Kaiser-Wilhelm-Gesellschaft wissenschaftlich begabten Frauen, nicht zuletzt auf der Doktoranden-Ebene, größere Möglichkeiten eröffnete, als es die deutsche Ordinarienuniversität des späten Kaiserreichs und der Weimarer Republik zu tun bereit war. Ein erheblicher Teil dieser Frauen war jüdisch oder jüdischer Herkunft, was damit zusammenhängt, daß in den jüdischen Bürgerfamilien in der Regel nicht nur den Söhnen, sondern auch den Töchtern eine höhere Schulbildung ermöglicht wurde, so daß der jüdische Anteil unter den Studentinnen der deutschen Universitäten noch höher war als unter den Studenten. Allerdings mußten nicht wenige der Frauen auf ihrem Weg in die Wissenschaft Umwege in Kauf nehmen, die den Männern erspart blieben. Lise Meitner, Mathilde Hertz, Ida Frischeisen-Köhler, Lore Hirsch oder Marie Wreschner durchliefen zunächst andere Ausbildungen, waren auch in den erlernten Berufen tätig und mußten sich daneben in Privatanstalten auf ein externes Abitur vorbereiten. Auffällig ist übrigens, daß sich unter den in der Kaiser-Wilhelm-Gesellschaft tätigen jungen Forscherinnen mit Marthe und Marguerite Vogt, Irene Neuberg oder Margarete Willstätter mehrere Töchter früherer oder noch amtierender Direktoren und Wissenschaftlichen Mitglieder befanden.

Freilich war auch in der Kaiser-Wilhelm-Gesellschaft der Anteil von Frauen in den Führungspositionen sehr gering. Bis 1933 bzw. 1945 gab es keine Institutsdirektorin. Nur drei Frauen waren Wissenschaftliche Mitglieder – von denen Lise Meitner und Cécile Vogt zu den in der NS-Zeit Vertriebenen gehörten –, und nur fünf waren Abteilungsleiterinnen, von denen – mit Meitner, Cécile und Marthe Vogt – drei vertrieben wurden.[146] Daß Frauen es schwerer hatten, sich im Wissenschaftsbetrieb zu behaupten, zeigt sich auch darin, daß die Vertreibung aus der Kaiser-Wilhelm-Gesellschaft bei acht Forscherinnen, also etwas mehr als einem Drittel

---

146 Vgl. Annette Vogt, Wissenschaftlerinnen in Kaiser-Wilhelm-Instituten. A–Z, Berlin 1999.

der betroffenen Frauen, mehr oder weniger rasch zum Abbruch der wissenschaftlichen Karriere führte. Die Mehrzahl der Frauen, die in den Kaiser-Wilhelm-Instituten geforscht hatten und aus politischen bzw. rassistischen Gründen ausscheiden mußten, war und blieb unverheiratet, zu den später Prominenten unter ihnen gehörten – neben Lise Meitner – Charlotte Auerbach, Mathilde Hertz, Hilde Levi, Marthe und Marguerite Vogt. Nur acht waren verheiratet oder heirateten in der Emigration, einige wenige hatten auch Kinder: Cécile Vogt (3 Töchter), Marguerite Wolff (2 Söhne), Lydia Pasternak-Slater (2 Töchter und 2 Söhne), auch Irene Neuberg, verheiratete Rabinowitsch/Roberts (1 Tochter). In drei Fällen (Marguerite und Martin Wolff, Cécile und Oskar Vogt, später auch Gertrude und Werner Henle) handelte es sich um Forscher-Ehepaare, die wissenschaftlich ungewöhnlich eng und erfolgreich zusammenarbeiteten. Bei Irene und Bruno Rabinowitsch (Roberts), die ebenfalls beide wissenschaftlich tätig waren, wurde die Ehe in den vierziger oder fünfziger Jahren geschieden.

Sozialer und kultureller Hintergrund

Fragt man nach der sozialen Herkunft, so zeigt sich, daß fast alle aus der Kaiser-Wilhelm-Gesellschaft vertriebenen Forscherinnen und Forscher aus bürgerlichen Verhältnissen stammten. Niemand war in einer Arbeiterfamilie aufgewachsen, nur drei kamen, so weit erkennbar, aus kleinbürgerlichen oder bäuerlichen Familien, 69 dagegen aus unterschiedlichen Milieus des Bildungs- und Besitzbürgertums, 22 aus großbürgerlichen Familien (wobei dieser Gruppe auch ein Gutsbesitzer und ein Königlicher Kammerherr zugerechnet sind). In zehn Fällen fehlen entsprechende Angaben (und auch in manchen anderen Fällen sind die hier vorgenommenen Zuordnungen nicht immer völlig eindeutig). In mindestens 36 Fällen hatten die Väter, in einigen wenigen auch die Mütter studiert, und in einem Drittel der Familien gab es sogar eine ausgeprägte wissenschaftliche Tradition. Auch dort, wo die Väter kaufmännische Berufe ausübten, handelte es sich häufig um ein bildungsbürgerliches Elternhaus. So bemühte man sich nachdrücklich um eine möglichst gute Schulbildung der Kinder, bei den Mädchen gelegentlich auch im Privatunterricht, und immer wieder stößt man auf Berichte über eine frühe Hinführung zur Musik, zur Literatur und zu anderen schönen Künsten.

Daß Ernst Rabel in seinen jungen Wiener Jahren von Anton Bruckner am Klavier unterrichtet wurde oder Michael Polanyi in seinem besonders musisch geprägten Budapester Elternhaus viersprachig (Ungarisch, Deutsch, Französisch, Englisch) aufwuchs, waren gewiß Ausnahmen.

Weitgehend üblich aber war es in dieser Gruppe von Wissenschaftlerinnen und Wissenschaftlern, daß man auch in den reiferen Jahren neben der beruflichen Arbeit noch andere wissenschaftliche und künstlerische Interessen pflegte. Gerade unter den besonders angesehenen Forscherinnen und Forschern gab es nicht wenige, die auch in fortgeschrittenem Alter noch ausgezeichnet Klavier spielten und regelmäßig mit Freunden und Kollegen musizierten. In manchen Fällen handelte es sich sogar um ausgesprochene Doppelbegabungen: Herbert Freundlich komponierte als junger Mann Kammermusik und ein Oratorium, Mathilde Hertz war eine anerkannte Bildhauerin, ehe sie zur Biologin wurde, der Psychiater Karl Stern erhielt Preise für seine literarischen Werke und war Mitglied des PEN-Clubs, die Genetikerin Charlotte Auerbach veröffentlichte unter Pseudonym einen erfolgreichen Band mit Erzählungen, Lydia Pasternak-Slater trat als Lyrikerin hervor und übertrug Werke ihres Bruders Boris Pasternak ins Englische, Marguerite Wolff übersetzte nicht nur wissenschaftliche, sondern auch literarische Werke, der Physiologe Otto Meyerhof war zugleich Philosoph und Goetheforscher, aus dem physikalischen Chemiker Michael Polanyi wurde in den 1940er Jahren einer der international einflußreichsten Wissenschafts- und Gesellschaftstheoretiker.

Religionszugehörigkeit

Die Religionszugehörigkeit spielte in der Kaiser-Wilhelm-Gesellschaft von ihrer Gründung im Jahre 1911 bis zum Ende der Weimarer Republik keine Rolle, weder bei der Besetzung von Stellen noch in der täglichen Arbeit. Ob jemand evangelisch, katholisch oder jüdisch war, galt als reine Privatangelegenheit. Es gab deshalb auch keine Statistik, die über die Religionszugehörigkeit der in der Kaiser-Wilhelm-Gesellschaft Beschäftigten Auskunft gegeben hätte, obwohl die Generalverwaltung wegen der jeweils abzuführenden Kirchensteuer über die entsprechenden Daten verfügte. Das änderte sich auch mit der antisemitischen Gesetzgebung seit 1933 nicht, weil es dabei nicht um Religion, sondern um »Rasse« ging. Der Religion kam allerdings insofern eine neue, entscheidende Bedeutung zu, als die Zugehörigkeit zur jüdischen Religionsgemeinschaft nicht nur der unmittelbar Betroffenen, sondern auch ihrer Eltern und Großeltern zum ausschlaggebenden Kriterium für die Zuordnung zu der nationalsozialistisch definierten »jüdischen Rasse« wurde.

Den überlieferten Dokumenten ist häufig nicht zu entnehmen, welcher Religion die betreffende Person angehörte. Unter den 91 Forscherinnen und Forschern, die als »Nichtarier« verfolgt und vertrieben wurden, läßt sich nur von 22 ganz uneingeschränkt feststellen, daß sie der jüdischen Religionsgemeinschaft angehörten, während bei fast doppelt so vielen Personen, nämlich 42, nicht eindeutig zu entscheiden ist, ob es sich um Juden oder um Christen »jüdischer Herkunft« handelte, d. h. um Menschen, die ganz oder teilweise aus jüdischen oder früher jüdischen Familien stammten, oder – in einigen wenigen Fällen – um Menschen, die keiner religiösen Gruppierung angehörten, also »konfessionslos« waren. Allerdings spricht vieles dafür, daß die meisten dieser 42 »Zweifelsfälle« ebenfalls der jüdischen Religionsgemeinschaft zuzurechnen sind. In 27 Fällen ist es dagegen eindeutig so, daß die Betreffenden in religiöser Hinsicht nicht mehr zu den Juden gehörten. Von ihnen waren elf evangelisch, vier katholisch, drei (darunter Otto Meyerhof) »konfessionslos«, eine (Lydia Pasternak) russisch-orthodox. In acht Fällen ist der christliche Status unstrittig, die Konfessionszugehörigkeit aber unklar. Zu den Prominenten der christlichen »Nichtarier« gehörten unter anderem Fritz Haber (ev.), Mathilde Hertz (ev.), Reginald Oliver Herzog (ev.), Lise Meitner (ev.), Michael Polanyi (kath.) und Ernst Rabel (kath.). Einige hatten sich als Studenten oder junge Akademiker taufen lassen, andere waren von Anfang an in christlichen Elternhäusern aufgewachsen. Viele waren sich offensichtlich der jüdischen Tradition in ihrer Familie bewußt, sahen auch trotz ihres Übertritts zum Christentum keinen Grund, sich von dieser Familiengeschichte zu distanzieren. In anderen Fällen, in denen es nur um einen (Werner Henle, Hans Löwenbach) oder zwei (Hans Jakob von Baeyer, Joseph Weiss) jüdische Großelternteile ging, war das Jüdische dagegen eine ferne und fremde Welt. Daß ein Institutsdirektor wie Carl Neuberg während der Weimarer Republik Vorstandsarbeit in dem politisch wichtigsten jüdischen Interessenverband, dem bürgerlich-liberalen »Central-Verein deutscher Staatsbürger jüdischen Glaubens«, leistete, blieb in der Kaiser-Wilhelm-Gesellschaft eine ebenso große Ausnahme wie das zionistische Engagement einzelner junger Wissenschaftler.

Politische Einstellungen

Für die politische Einstellung und das politische Verhalten der vertriebenen Wissenschaftlerinnen und Wissenschaftler gibt es keine quantitativ auswertbaren Daten. Die Kaiser-Wilhelm-Gesellschaft pflegte ein »unpolitisches« Selbstverständnis, das konservativ und national grundiert war. Als Institution fühlte sie sich dem Kaiserreich und seinen herrschenden Schichten verpflichtet. Nach dem Ersten Weltkrieg litt sie unter der militärischen Niederlage, den wirtschaftlichen und sozialen Kriegsfolgen und den mit den Friedensbedingungen verbundenen nationalen Demütigungen. Hinsichtlich der liberal-demokratischen Verfassung stellte sie sich »auf den Boden der Tatsachen«, ohne jedoch zu den Stützen der Weimarer Republik zu gehören. Nationalistische und militaristische Forderungen und Parolen fanden in den Instituten und den Leitungsorganen der Gesellschaft ein offenes Ohr. Das Bündnis der Nationalsozialisten mit der bürgerlichen Rechten und einem Großteil der traditionellen Eliten wurde von der großen Mehrheit der Mitglieder und Mitarbeiter der Kaiser-Wilhelm-Gesellschaft nicht als Bedrohung, sondern als Chance empfunden.

Sieht man genauer hin, ist das Bild allerdings weniger einheitlich, als es auf den ersten Blick erscheint. Bei den vertriebenen Wissenschaftlern dürfte das Spektrum der politischen Überzeugungen im Vergleich zur Mehrheitsmeinung ohnehin zur politischen Mitte und in Einzelfällen auch weiter nach links verschoben sein. Albert Einsteins politische Interventionen in der Öffentlichkeit waren gewiß eine Ausnahme, aber selbst ein so ausgeprägt national denkender Mann wie Fritz Haber stand der bürgerlich-liberalen Deutschen Demokratischen Partei so nahe, daß sie ihm in der Spätzeit der Weimarer Republik sogar – vergeblich – eine Kandidatur für ein Reichstagsmandat anbot. Felix Plaut trat noch 1932 in die lange Jahre von Gustav Stresemann geführte Deutsche Volkspartei ein. Hermann Muckermann war im Lager des politischen Katholizismus aktiv, Max Rheinstein war Mitglied der SPD, Edgar Lederer bekannte sich als Sozialist. Oskar und Cécile Vogt behaupteten gegenüber nationalistischen und militaristischen Tendenzen eine unabhängige bürgerlich-liberale Position und hatten selbst gegenüber der bolschewistischen Sowjetunion keine Berührungsängste. Einige waren sogar an den revolutionären Kämpfen zwischen 1917 und 1920 unmittelbar beteiligt: Sergej Tschachotin in Rußland, Tibor Péterfi und Michael Polanyi in Ungarn und Max Rheinstein in Deutschland (Münchener »Räterepublik«). Manche, von Lise Meitner über Michael Polanyi bis zu Max Delbrück und Hans Gaffron, beobachteten und diskutierten die politischen Verhältnisse und Entwicklungen aufmerksam im Freundes- und Kollegenkreis. Auch in späteren Jahren nahmen einige der Wissenschaftler, wie Curt Stern und Marguerite Vogt in den USA, Charlotte Auerbach in Großbritannien und Edgar Lederer in Frankreich, lebhaften Anteil an den politischen Auseinandersetzungen ihrer Zeit, bis hin zu öffentlichen Statements und der Teilnahme an Demonstrationen.

Status in der Kaiser-Wilhelm-Gesellschaft

Aus politischen und rassistischen Gründen verlor die Kaiser-Wilhelm-Gesellschaft seit dem Frühjahr 1933 nicht weniger als 21 ihrer Wissenschaftlichen Mitglieder. Das waren fast ein Drittel aller 65 Wissenschaftlichen Mitglieder, die 1933 aktiv waren, und es waren zehn von 35 Institutsdirektoren und Leitern von Forschungsstellen. Die Institutsdirektoren waren Max Bergmann (Lederforschung), Albert Einstein (Physik), Richard Goldschmidt (Biologie), Fritz Haber (physikalische Chemie und Elektrochemie), Reginald Oliver Herzog (Faserstoffchemie), Otto Meyerhof (medizinische Forschung: Physiologie), Carl Neuberg (Biochemie), Ernst Rabel (ausländisches und internationales Privatrecht), Hans Sachs (medizinische Forschung: Serologie) und Oskar Vogt (Hirnforschung). Dazu kamen sieben Abteilungsleiter in den Instituten für physikalische Chemie und Elektrochemie (Herbert Freundlich, Michael Polanyi), für Hirnforschung (Max Bielschowsky, Cécile Vogt), für Chemie (Lise Meitner), für Psychiatrie (Felix Plaut) und für ausländisches öffentliches Recht und Völkerrecht (Berthold Schenk Graf von Stauffenberg), zwei Wissenschaftliche Berater im Völkerrechts-Institut (Erich Kaufmann) und im Privatrechtsinstitut (Martin Wolff) sowie zwei Wissenschaftliche Mitglieder mit Sonderaufgaben (Fritz Epstein, Karl Weissenberg).

Bei den Abteilungsleitern, von denen neben den genannten Wissenschaftlichen Mitgliedern mindestens fünf weitere vertrieben wurden, ist der Anteil der Vertriebenen nicht eindeutig zu bestimmen, weil die Bildung von Abteilungen und damit auch die Einsetzung von Abteilungsleitern in den Instituten sehr unterschiedlich gehandhabt wurden. In einigen Instituten waren die Abteilungen große und weitgehend selbständig arbeitende Einheiten, während es sich in anderen Instituten, beispielsweise im KWI für Züchtungsforschung, um eher kleine Forschungsgebiete handelte. In den KWI für physikalische Chemie und Elektrochemie, für Biologie und für Chemie oder in der Deutschen Forschungsanstalt für Psychiatrie unterschied sich die Leitung einer Abteilung kaum von einer Direktorenstelle in einem kleineren Institut, und im KWI für medizinische Forschung gab es statt der Abteilungen eigene (Teil-)Institute, die von Direktoren geleitet wurden, zu denen mit Meyerhof und Richard Kuhn auch zwei Nobelpreisträger gehörten.

Die beiden rechtswissenschaftlichen Institute verloren vier Referenten (Felix Eckstein, Max Rheinstein, Wilhelm Wengler und Marguerite Wolff), die Positionen einnahmen, die zwischen einer Abteilungsleitung und einer Wissenschaftlichen Mitarbeiterstelle anzusetzen sind. Darüber hinaus büßten wenigstens 58 Wissenschaftliche Assistenten (auch Oberassistenten) und Wissenschaftliche Mitarbeiter ihre Stellen in der Kaiser-Wilhelm-Gesellschaft ein. Diese Gruppen lassen sich nicht trennscharf unterscheiden, weil es immer wieder vorkam, daß dieselben Wissenschaftlerinnen und Wissenschaftler sowohl als Assistenten als auch als Wissenschaftliche Mitarbeiter bezeichnet wurden. Andere wurden nicht aus dem regulären Etat des Instituts oder gar nicht bezahlt, nahmen aber dessenungeachtet Assistenten- bzw. Mitarbeiteraufgaben wahr. Außerdem mußten auf nationalsozialistischen Druck mindestens acht Gastforscher, die längerfristig in den Instituten tätig waren, und eine Reihe von Doktorandinnen und Doktoranden ihre Arbeitsstätten verlassen.

Verteilung auf die Institute

Wie schon im Frühjahr 1933 erkennbar wurde, wirkte sich der Vertreibungsvorgang auf die wissenschaftlichen Einrichtungen der Kaiser-Wilhelm-Gesellschaft sehr unterschiedlich aus. In etwa der Hälfte aller Institute gab es keine Wissenschaftlerinnen und Wissenschaftler, die von den Bestimmungen des »Berufsbeamtengesetzes« oder später der »Nürnberger Gesetze« unmittelbar bedroht waren. Direkt betroffen waren 18 Kaiser-Wilhelm-Institute und am Rande auch das Deutsch-Italienische Institut für Meeresbiologie in Rovigno. Dabei handelte es sich vor allem um die Berliner Institute, die KWI für Anthropologie, menschliche Erblehre und Eugenik, für Biochemie, für Biologie, für Chemie, für physikalische Chemie und Elektrochemie, für Faserstoffchemie, für Hirnforschung, für Physik, für ausländisches und internationales Privatrecht, für ausländisches öffentliches Recht und Völkerrecht, für Silikatforschung und für Zellphysiologie, aber auch um die Standorte in Breslau (KWI für Lederforschung), Dortmund (KWI für Arbeitsphysiologie), Göttingen (KWI für Strömungsforschung), Heidelberg (KWI für medizinische Forschung), Müncheberg (KWI für Züchtungsforschung) und München (Deutsche Forschungsanstalt für Psychiatrie).

Die mit Abstand größten Verluste, mit mindestens 24 vertriebenen Wissenschaftlerinnen und Wissenschaftlern, wies das bis 1933 von Fritz Haber geleitete KWI für physikalische Chemie und Elektrochemie auf, das 1933/34 in seiner bisherigen Form praktisch zu existieren aufhörte. Mit insgesamt 19 Verlusten kam ihm das Heidelberger KWI für medizinische Forschung am nächsten. Hier waren die von Otto Meyerhof und Richard Kuhn geleiteten Teilinstitute besonders stark betroffen. An dritter Stelle folgte das KWI für Biologie, das zwölf Wissenschaftlerinnen und Wissenschaftler verlor. Danach kamen die Institute für Biochemie und für Hirnforschung mit jeweils sieben und das Institut für Faserstoffchemie, das im Frühjahr 1934 ganz geschlossen wurde, mit sechs vertriebenen Forscherinnen und Forschern. Die Deutsche Forschungsanstalt für Psychiatrie, das Privatrechtsinstitut und das Völkerrechtsinstitut büßten je vier Wissenschaftlerinnen und Wissenschaftler ein, die Institute für Chemie, für Lederforschung und für Physik je drei, das Institut für Anthropologie, menschliche Erblehre und Eugenik zwei. Bei den übrigen sechs Instituten handelte es sich um jeweils einen Wissenschaftler bzw. eine Wissenschaftlerin.

Habilitationen und Promotionen

Von den 104 im Gedenkbuch berücksichtigten Personen waren bis zum Zeitpunkt des erzwungenen Abschieds aus der Kaiser-Wilhelm-Gesellschaft 34 habilitiert. Dazu gehörten alle Wissenschaftlichen Mitglieder mit Ausnahme von Cécile und Oskar Vogt, Max Bielschowsky, Friedrich Epstein und Berthold Schenk Graf von Stauffenberg, die nie eine universitäre Laufbahn angestrebt hatten. Von den übrigen Wissenschaftlern der Kaiser-Wilhelm-Gesellschaft hatten 18 ein Habilitationsverfahren an einer Universität oder Technischen Hochschule erfolgreich hinter sich gebracht. Der Anteil der Frauen war so gering wie zu erwarten: nur zwei der 34 waren Frauen, nämlich Lise Meitner und Mathilde Hertz.

Fächert man die Habilitationen nach Zeit, Ort und Fachrichtungen auf, so ergibt sich eine relativ gleichmäßige Verteilung hinsichtlich der Zeit. Vor 1914 waren 13 Habilitationen abgeschlossen, das waren praktisch alle Direktoren (ohne Vogt und den wesentlich jüngeren Max Bergmann), einige der älteren Abteilungsleiter (Herbert Freundlich, Felix Plaut) und die Wissenschaftlichen Berater Erich Kaufmann und Martin Wolff. Fritz Haber als der Älteste hatte sich schon 1896 habilitiert, die anderen durchweg nach der Jahrhundertwende. In die Zeit zwischen 1915 und 1929 fallen elf Habilitationen. Hierbei handelte es sich, wie die Namen von Georg Ettisch, Victor Jollos, Hartmut Kallmann, Alfred Klopstock, Tibor Péterfi, Curt Stern und Karl Weissenberg zeigen, vor allem um wissenschaftliche Mitarbeiter unterhalb der Abteilungsleiterebene und um Gastwissenschaftler, die mit ihren Forschungen in hohem Maße zum nationalen und internationalen Ansehen der Kaiser-Wilhelm-Gesellschaft beigetragen hatten. Die zehn, die sich ab 1930 habilitierten, waren hochqualifizierte jüngere Forscher, die am Anfang einer Karriere standen, die schon wenig später ein abruptes Ende fand, zumindest soweit es die Kaiser-Wilhelm-Gesellschaft und das deutsche Universitätswesen betraf. Die Reihe erstreckte sich von Hans Beutler und Mathilde Hertz im Jahre 1930 über Karl Söllner, dessen Verfahren im Mai 1933 abgeschlossen wurde, bis zu Max Delbrück, dessen Habilitation erst im zweiten Anlauf genehmigt wurde (1936) und dem aus politischen Gründen der Status eines Privatdozenten versagt blieb.

Daß vor allem in der zweiten und dritten Phase, seit dem Auf- und Ausbau der Kaiser-Wilhelm-Gesellschaft, ein großer Teil der Habilitationsverfahren in Berlin stattfand, ist nicht überraschend. Insgesamt wurden 14 Habilitationen an der Berliner Universität, zwei weitere an der Technischen Hochschule Berlin durchgeführt. Die übrigen deutschen Universitäten und Technischen Hochschulen spielten eine deutlich geringere Rolle: Vier Wissenschaftler habilitierten sich an der TH Karlsruhe (darunter Fritz Haber und Reginald Oliver Herzog), je drei an den Universitäten München und Heidelberg, je zwei in Kiel und Leipzig, einer in Frankfurt am Main. Außerdem gab es je eine Habilitation an den Universitäten Bern, Budapest und Zagreb. Bei den Fächergruppen lag die Chemie, einschließlich der physikalischen Chemie und der technischen Chemie, mit zwölf Habilitationen eindeutig an der Spitze, relativ dicht gefolgt von der Medizin (Physiologie, Psychiatrie, Anatomie und Pathologie, Immunologie und Serologie) mit zehn Verfahren. Den dritten Rang teilen sich die Biologie, die Physik und die Rechtswissenschaften mit je vier Habilitationen.

Aufschlußreich ist auch ein Blick auf die Promotionen. Von den 104 Wissenschaftlerinnen und Wissenschaftlern waren zum Zeitpunkt ihrer Vertreibung 99 promoviert, wobei Michael Polanyi, Marthe Vogt und Wilhelm Wengler in jeweils zwei Fächern promoviert hatten. In einigen Fällen war eine Promotion nicht beabsichtigt (Marguerite Wolff) oder zum Zeitpunkt der Emigration noch nicht abgeschlossen (Charlotte Auerbach, Dietrich Bodenstein), und in zwei Fällen ist es unklar, ob bzw. wann und wo eine Promotion stattgefunden hat (Jacob Bikermann, János Kudar). Auf die Chemie entfielen 36, auf die Medizin 26 der insgesamt 102 Promotionsverfahren. Gemeinsam kamen die beiden Fächergruppen damit auf einen Anteil von etwas über 60%. Erst mit deutlichem Abstand folgten Physik (15), Biologie (13) und Rechtswissenschaften (7) sowie einige wenige andere Fächer. Nur 26 Promotionsverfahren waren schon vor 1914 abgeschlossen. Zwischen 1914 und 1929 waren es 43, ab 1930 33 (die meisten bis 1933/34, in den Fällen von Lore Hirsch und Marguerite Vogt sogar erst 1937). Mehr als vier Fünftel dieser Promotionsverfahren, nämlich 83, wurden an deutschen Universitäten durchgeführt, davon 36 in Berlin, zehn in München, neun in Heidelberg, sechs in Frankfurt am Main, drei in Leipzig, je zwei in Freiburg, Göttingen, Halle, Hamburg und Jena, je eines in Erlangen, Greifswald, Königsberg, Straßburg und Tübingen sowie an den Technischen Hochschulen Aachen, Berlin, Dresden und Karlsruhe. Die wichtigsten außerdeutschen Promotionsorte waren Wien (Universität 6, Technische Hochschule 2), Zürich (ETH 3, Universität 1) und Budapest (2). Dazu kamen neben Paris und Basel eine polnische, eine weitere ungarische und eine amerikanische Universität mit jeweils einem Promotionsverfahren.

Die Vertreibung aus der Kaiser-Wilhelm-Gesellschaft

Man hat sich daran gewöhnt, zwischen politischen und rassistischen Ursachen der Verfolgung und Vertreibung im nationalsozialistischen Deutschland zu unterscheiden. Das ist richtig, weil es Menschen gab, die als politische Gegner verfolgt wurden, und andere, die der Verfolgung, ganz unabhängig von ihrem politischen Denken und Verhalten, wegen ihrer Zugehörigkeit zu einer von den nationalsozialistischen Machthabern definierten »Rasse« ausgesetzt waren. Es ist allerdings insofern problematisch, als dadurch verschleiert wird, daß auch die rassistischen Diskriminierungen und Verfolgungen eindeutig politischer Natur waren. Denn es war ein genuin politischer Akt, Juden als »Nichtarier« von anderen Bürgern und Bewohnern des Deutschen Reiches grundsätzlich zu unterscheiden, sie unter Sonderrecht zu stellen und aus der deutschen Gesellschaft auszugrenzen. Und es setzte den Besitz und den rücksichtslosen Einsatz politischer Macht voraus, die rassistischen Vorstellungen auf der Ebene der Gesetzgebung, des Verwaltungshandelns und des alltäglichen Verhaltens durchzusetzen.

Der Anteil der aus ausschließlich politischen Gründen aus der Kaiser-Wilhelm-Gesellschaft vertriebenen Forscherinnen und Forscher ist so klein, daß die zwölf in diese Gruppe gehörenden Personen bereits einzeln vorgestellt werden konnten. Drei von ihnen mußten wegen ihres antifaschistischen Kampfes (Sergej Tschachotin) bzw. wegen der Zugehörigkeit zum politischen Katholizismus (Hermann Muckermann, Ida Frischeisen-Köhler) schon in den ersten Monaten der NS-Herrschaft ausscheiden. Als aus politischen Gründen untragbar galten von Anfang an auch Oskar und Cécile Vogt, doch versuchte man in ihrem Fall die vollständige Trennung zunächst zu vermeiden, so daß die endgültige Verdrängung aus der Kaiser-Wilhelm-Gesellschaft, von der dann auch ihre Tochter Marguerite betroffen war, erst 1937 erfolgte. Ihre ältere Tochter Marthe hatte inzwischen ihre eigenen Konsequenzen aus den politischen Verhältnissen im nationalsozialistischen Deutschland gezogen und war nach Großbritannien emigriert. Ähnlich gelagert waren die Fälle von Max Delbrück, Hans Gaffron und wohl auch Woldemar Weyl, die das NS-System ablehnten und deshalb in die USA emigrierten. Berthold Schenk Graf von

Stauffenberg wurde 1944 wegen seiner Beteiligung an dem gescheiterten Umsturzversuch des 20. Juli zum Tode verurteilt und hingerichtet, Wilhelm Wengler wegen regimekritischer Äußerungen von der Gestapo im gleichen Jahr verhaftet und von der Kaiser-Wilhelm-Gesellschaft fristlos entlassen. Alle anderen Forscherinnen und Forscher mußten die Kaiser-Wilhelm-Gesellschaft verlassen, weil sie Juden waren oder plötzlich als »Nichtarier« galten. Zu dieser Gruppe ist auch der nichtjüdische Max Ufer zu zählen, der wegen seiner jüdischen Frau aus dem KWI für Züchtungsforschung verdrängt wurde.

Von den 92 rassistisch Verfolgten wurden 49 förmlich entlassen. In weiteren 13 Fällen, vor allem bei Doktoranden und Stipendiaten, kam es nicht zu einer Entlassung, doch erneuerte man ihre 1933 oder Anfang 1934 auslaufenden Verträge nicht mehr. Mindestens 22 »Nichtarier« kamen der ihnen drohenden Entlassung dadurch zuvor, daß sie wegen der als aussichtslos erkannten Lage von sich aus kündigten, von Auslandsaufenthalten nicht mehr zurückkehrten oder ohne vorherige Ankündigung eine Tätigkeit im Ausland aufnahmen. Für die Nichtrückkehr in das nationalsozialistische Deutschland war Albert Einstein das prominenteste Beispiel, aber es gab auch jüngere Forscher wie Max Bergmann, Kurt Jacobsohn, Max Rheinstein oder Curt Stern, die sich ähnlich verhielten, ohne damit großes Aufsehen zu erregen. Acht Forscherinnen und Forscher kündigten ihre Verträge mit der Kaiser-Wilhelm-Gesellschaft, obwohl sie unter den Bedingungen des »Berufsbeamtengesetzes« vom 7. April 1933 als »geschützt« galten und ohne weiteres hätten weiterarbeiten können. Dabei handelte es sich teilweise – so bei Fritz Haber, Herbert Freundlich, Michael Polanyi und Fritz Epstein – um ausgesprochene Protestkündigungen, demonstrative Akte des Widerspruchs gegen die den Instituten von den Nationalsozialisten aufgezwungenen personellen Veränderungen, während man in anderen Fällen, wie bei Mathilde Hertz, wohl eher von einem Akt der politischen Resignation sprechen muß. Wenn man allerdings in diesen Fällen wie auch in jenen, bei denen die Forscher mit der Kündigung lediglich ihrer Entlassung zuvorkamen, von einem »freiwilligen« Ausscheiden sprach, wie es die Generalverwaltung der Kaiser-Wilhelm-Gesellschaft in ihren Statistiken und Berichten tat, bedeutete das eine geradezu zynische Verfälschung der tatsächlichen Verhältnisse und der aus ihnen resultierenden Zwänge.

»Geschützt« waren von 1933 bis 1935 in der Kaiser-Wilhelm-Gesellschaft vier Gruppen von »Nichtariern«. Das »Gesetz zur Wiederherstellung des Berufsbeamtentums«, das die Grundlage der Entlassungen bildete, enthielt Ausnahmeregelungen, die nicht befristet waren, für »Altbeamte«, d. h. Personen, die schon vor Beginn des Ersten Weltkrieges in den

öffentlichen Dienst getreten waren, und für »Frontkämpfer« in diesem
Kriege. Eine dritte Gruppe bildeten Mitarbeiter mit einer anderer Staatsbürgerschaft, und eine vierte die Angehörigen der »Industrie-Institute«,
d. h. der Kaiser-Wilhelm-Institute, die nicht bzw. nicht überwiegend aus
öffentlichen Mitteln finanziert wurden.[147] 29 der »nichtarischen« Wissenschaftler in der Kaiser-Wilhelm-Gesellschaft waren Ausländer: zwölf
Österreicher, sieben Russen oder Polen, vier Ungarn, je zwei Bürger der
Schweiz und der Tschechoslowakischen Republik, je einer aus Großbritannien und Guatemala. Dazu kamen mindestens drei »Staatenlose«. Die
»Altbeamten«-Regelung betraf unter den Wissenschaftlerinnen und Wissenschaftlern der Kaiser-Wilhelm-Gesellschaft wenigstens zwölf Personen, möglicherweise auch mehr. Dabei handelte es sich vor allem um
die Institutsdirektoren sowie einzelne Abteilungsleiter und Wissenschaftliche Berater. Durch »Frontdienst« geschützt waren 13, wobei mindestens
drei weitere während des Krieges zwar Soldat waren, aber nicht an der
Front eingesetzt wurden. Die »Frontdienst«-Regelung kam von vornherein nicht in Frage für die 18 Frauen und auch nicht für die 39 Männer, die
1914 und auch 1918 noch nicht alt genug waren, um Militärdienst leisten
zu können. Aus anderen Gründen (fremde Staatsangehörigkeit, relativ
hohes Alter, Gesundheitszustand) gehörten 17 weitere Wissenschaftler
nicht zu den Soldaten des Ersten Weltkrieges, und in einigen Fällen fehlen
entsprechende Informationen.

Allerdings ist unübersehbar, daß die »Schutz«-Bestimmungen keineswegs unanfechtbar waren. Da, wo das politische Interesse es zu gebieten
schien, konnte man sich über sie auch hinwegsetzen. Insbesondere im
KWI für physikalische Chemie und Elektrochemie wurden die »nichtarischen« Wissenschaftler in großer Zahl entlassen, obwohl nicht wenige
von ihnen »Frontkämpfer« oder Ausländer waren. Daß Lise Meitner
wegen ihrer österreichischen Staatsbürgerschaft bis 1938 unangefochten
als Leiterin der Physikalischen Abteilung im KWI für Chemie tätig sein
konnte, war die Ausnahme, nicht die Regel. Die Vergünstigungen für
»Frontsoldaten« und »Altbeamte« wurden ohnehin im Herbst 1935 mit
der Einführung des »Reichsbürgergesetzes«, das Juden ausnahmslos vom
Staatsdienst ausschloß, außer Kraft gesetzt. Auch die Tatsache, daß die
»Industrie-Institute« als Einrichtungen außerhalb des öffentlichen Dienstes definiert worden waren, bedeutete keinen absoluten Schutz für
»Nichtarier«. Sie waren von Anfang an starkem politischen Druck ausge-
setzt und wurden im Laufe einiger Jahre ebenfalls vollständig aus ihren
Positionen verdrängt.

147 Zu den Ausnahmeregelungen siehe oben, S. 51-53 und 63.

Von allen aus der Kaiser-Wilhelm-Gesellschaft vertriebenen Forscherinnen und Forschern schieden 65, d. h. knapp zwei Drittel, schon 1933 aus, wobei Karl Neubürger, Felix Plaut und Hans Sachs, die bereits im Frühjahr 1933 beurlaubt worden waren, aber nach Protesten und wegen der Ausnahmeregelungen des »Berufsbeamtengesetzes« wieder eingestellt wurden, nicht mitgerechnet sind, wohl aber Karl Stern und Estera Tenenbaum, die 1933 ihre Stellen verloren, mit Hilfe der Rockefeller Foundation aber noch zwei Jahre lang als Stipendiaten in ihren Instituten gehalten werden konnten. Bis Ende 1935 mußten weitere 20 ihre Institute verlassen; hier sind auch Carl Neuberg und Oskar Vogt gezählt, die noch bis 1936 bzw. Anfang 1937 die Leitung ihrer Institute kommissarisch ausübten. Ab 1936 folgten die restlichen 17, die meisten 1936/37, Lise Meitner und Otto Meyerhof erst im Juli bzw. August 1938. Die letzten zwei Fälle eines durch die politischen Verhältnisse erzwungenen Ausscheidens aus der Kaiser-Wilhelm-Gesellschaft fielen dann, wie mehrfach erwähnt, in das Jahr 1944.

Emigration und Emigrationsziele

Von den rassistisch Verfolgten entschieden sich notgedrungen fast alle für die Emigration. Innerhalb Deutschlands blieben, von kürzeren oder längeren Übergangszeiten abgesehen, nur sehr wenige, bei denen zumeist familiäre Überlegungen ausschlaggebend waren. Einige fanden eine Beschäftigung in der Privatwirtschaft – Hans Jakob von Baeyer bei Telefunken, Hartmut Kallmann im Forschungslabor der AEG, Gertrud Stein bei den IG Farben. Daß sie in Deutschland bis zum Ende der NS-Herrschaft überleben konnten, verdankten sie der Tatsache, daß sie als »Mischling« eingestuft wurden oder ihre Ehe als »Mischehe« galt. Wo diese Voraussetzungen fehlten, wie bei Marie Wreschner, die ihrer Mutter wegen in Berlin blieb, stand am Ende die Deportation. Da von denen, die nicht aus rassistischen Gründen verfolgt wurden, sieben in Deutschland blieben, fünf dagegen die Emigration wählten, betrug die Gesamtzahl der während der NS-Zeit emigrierten Forscherinnen und Forscher 93.

Eine Flucht im engeren Sinne, d. h. eine plötzliche Ausreise, die wegen einer akuten persönlichen Gefährdung nötig wird, gab es nur in wenigen Fällen, etwa bei Edgar Lederer, der sich Anfang 1933 in Heidelberg als Antifaschist und Jude bedroht fühlte und deshalb schon Ende März 1933 mit seiner Frau nach Frankreich flüchtete, oder bei Sergej Tschachotin, der wegen seiner in der Schlußphase der Weimarer Republik gegen die NSDAP gerichteten politischen Aktivitäten bekannt war und gegen die bereits erfolgten Übergriffe von Polizei, SA und SS weder von seinem Institutsdirektor noch vom Präsidenten der Kaiser-Wilhelm-Gesellschaft oder von der Generalverwaltung hinreichend in Schutz genommen wurde. Von einer Flucht muß man auch bei Lise Meitner sprechen, als ihr österreichischer Paß seine Gültigkeit verloren hatte und ein allgemeines Ausreiseverbot für Wissenschaftler angekündigt wurde. Unter diesen Umständen sah sie sich im Juli 1938 gezwungen, Deutschland illegal und mit nur minimalem Reisegepäck zu verlassen. Die Kaiser-Wilhelm-Gesellschaft versuchte dieser Flucht allerdings dadurch ihren demonstrativen Charakter zu nehmen, daß sie darauf nicht mit der Entlassung Meitners reagierte, sondern sie als Wissenschaftliches Mitglied und langjährige Abteilungsleiterin nachträglich emeritierte. Etwas anders war die Situation bei Carl Neuberg, der sich nach seiner Entlassung als Direktor des KWI für Biochemie zunächst gegen die Emigration und für den Aufbau einer privaten »Biologisch-Chemischen Forschungsanstalt« in Berlin entschieden hatte, Mitte August 1939 aber, auf dringendes Anraten von Freunden in Wehrmachtsführungsstellen, überstürzt und praktisch mittellos nach Palästina auswanderte. Erwähnenswert ist in diesem Zusammenhang, daß mindestens vier der Emigranten aus persönlichen Gründen für kürzere oder längere Zeit nach Deutschland zurückkehrten. Hans Eisner reiste im Januar 1935 aus Barcelona nach Berlin, um an der Gedenkfeier für Fritz Haber teilzunehmen. Kurt Guggenheimer (1935) und Max Bielschowsky (1936) kehrten wegen einer schweren Erkrankung aus Frankreich bzw. den Niederlanden in ihre Heimatorte zurück; beide emigrierten 1939 erneut. Käte Pariser kam im Herbst 1937, offenbar in Familien- und Erbschaftsangelegenheiten, aus Tel Aviv nach Berlin.

Fragt man nach den Emigrationszielen, so ist zwischen den Ländern zu unterscheiden, die als erster Zufluchtsort oder weitere Zwischenstation dienten, und den Ländern, in denen die aus Deutschland Vertriebenen sich langfristig niederließen und in der Regel auch eine neue Heimat fanden. 51 Forscherinnen und Forscher erreichten das Land, in dem sie künftig lebten und in den meisten Fällen später starben, ohne Zwischenstation. Die mit großem Abstand bevorzugten Länder waren die USA mit 18 Direkt-Einwanderern und Großbritannien mit 17. Es folgten Palästina (4), Belgien (3), Frankreich (2) und Dänemark, Japan, die Niederlande, Portugal, Rumänien, Schweden und die Türkei (je 1). Bei den Zwischenstationen – einige Emigranten wechselten bis zu viermal das Land, bevor sie einen Ort fanden, an dem sie längerfristig arbeiten und leben konnten – lagen Großbritannien mit zehn und Frankreich mit acht Zufluchtsuchenden an der Spitze, gefolgt von der Schweiz (6), den Niederlanden (5), Palästina, Schweden und der Sowjetunion (je 4), Dänemark, Spanien und der Türkei (je 3), Belgien (2), Italien, Norwegen, Polen und Portugal (je 1). Die USA – ebenso, wenn auch in einem sehr viel geringeren Umfang, Kanada – waren in keinem einzigen Fall nur eine Zwischenstation. Wer die Chance hatte, dort einzureisen, blieb langfristig und fast immer auf Dauer. Umgekehrt war es bei der Sowjetunion: Von den vier Wissenschaftlern, die dort vorübergehend tätig waren, blieb keiner im Lande. Auch die Zusammenstellung der Endstationen der einzelnen Emigrationsgeschichten – mit oder ohne Zwischenstation(en) – zeigt die USA mit 36 eingewanderten Forscherinnen und Forschern weit vorn. Das zweitwichtigste Einwanderungsland war mit 24 Personen Großbritannien, das mit großem Abstand vor allen anderen europäischen Ländern lag, nämlich vor Frankreich (4), Belgien und Schweden (je 3), Dänemark, den Niederlanden und Portugal (je 2), Irland, Rumänien und der Tschechoslowakei (je 1). Außerhalb Europas kamen noch Kanada (2), Australien und Japan (je 1) dazu – niemand ging nach Mittel- oder Südamerika.

Ein Sonderfall war Palästina. Für das britische Mandatsgebiet, aus dem 1948 der Staat Israel hervorging, entschieden sich langfristig sieben der vertriebenen Wissenschaftler, von denen die meisten sich maßgeblich am Aufbau der führenden Wissenschaftseinrichtungen im Lande beteiligten. Ladislaus Farkas, der 1936 eine Professur an der Hebräischen Universität Jerusalem übernahm, gilt als Begründer der Physikalischen Chemie in Israel und war ein einflußreicher Förderer der chemischen Industrie und der landwirtschaftlichen Entwicklung. Der Biochemiker Ernst (Eytan) Simon hatte seit 1935 wesentlichen Anteil am Aufbau des Daniel Sieff Institute of Science, des späteren Weizmann Institute, in Rehovot. Alfred Klopstock, Serologe und Mikrobiologe, wirkte am Aufbau der Medizinischen Fakultät der Universität Tel Aviv mit und leitete die Universität 1959 bis 1964 als Rektor. Irvin Fisher übernahm Mitte der dreißiger Jahre die Leitung des chemischen Laboratoriums des Städtischen Krankenhauses in Tel Aviv und lehrte später an der Medizinischen Fakultät der Hebräischen Universität. Hans (Hanan) Bytinski-Salz, der 1939 einwanderte, wurde nach zahlreichen Übergangsbeschäftigungen bei der Gründung der Universität Tel Aviv zum Professor für Zoologie berufen (1954). Estera (Esther) Tenenbaum gehörte von 1935 an fast drei Jahrzehnte lang der Medizinischen Fakultät der Hebräischen Universität an, wo sie sich wissenschaftlich vor allem der Zellforschung und der Virologie widmete. Lediglich von der Biochemikerin Margot Borodeanski, geb. Engel, ist nicht bekannt, ob oder in welcher Weise sie nach ihrer Einwanderung im Jahre 1939 weiter wissenschaftlich arbeitete.

Einen Sonderfall anderer Art stellte die Türkei dar, die sich im Zuge der Modernisierung des Landes aktiv um die Einwanderung von Wissenschaftlern und anderen Fachleuten bemühte, die von den Nationalsozialisten vertrieben wurden. Im Hinblick auf die Forscher der Kaiser-Wilhelm-Gesellschaft waren diese Bestrebungen allerdings nur sehr begrenzt erfolgreich. Nur zwei von ihnen übernahmen hochrangige Stellen, die auf Dauer angelegt waren. Reginald Oliver Herzog, der frühere Direktor des KWI für Faserstoffchemie, erhielt Anfang 1934 den Lehrstuhl für Technische Chemie an der Universität von Istanbul. Es blieb ihm in dieser Position aber nur wenig Zeit, die Reform des türkischen Hochschulwesens mitzugestalten, weil er schon 1935 bei einem Aufenthalt in der Schweiz seinem Leben ein Ende setzte. Zeitlich eng begrenzt blieb auch das Wirken von Tibor Péterfi, der 1939 von Kopenhagen aus auf eine Professur im Institut für Histologie und Embryologie an der Universität von Istanbul berufen wurde. 1944 zum Direktor des Instituts ernannt, kehrte er, schwer erkrankt, schon 1946 in seine ungarische Heimat zurück.

Vier Emigrationen fanden erst nach 1945 statt, doch ist der Zusammenhang mit der NS-Geschichte unübersehbar. Hans Jakob von Baeyer, dessen Frau und Kinder in den letzten Monaten der NS-Herrschaft nach Liechtenstein und in die Schweiz in Sicherheit gebracht worden waren, ging schon im Mai 1945 ebenfalls in die Schweiz, ehe er, der mit seiner Familie nicht mehr nach Deutschland zurückkehren wollte, 1951 nach Kanada auswanderte. Hartmut Kallmann war in der frühen Nachkriegszeit an dem Versuch eines partiellen Wiederaufbaus der Kaiser-Wilhelm-Institute in Berlin-Dahlem beteiligt und wurde 1946 auf eine ordentliche Professur für Theoretische Physik an der wiedereröffneten und zugleich neugegründeten Technischen Universität Berlin berufen, wechselte aber schon 1948 auf eine Professur an der New York University, weil er das Leben in Deutschland wegen seiner Erfahrungen in der NS-Zeit und der fehlenden oder allenfalls oberflächlich-halbherzigen Auseinandersetzung mit den nationalsozialistischen Verbrechen zunehmend unerträglich fand. Marguerite Vogt, die 1950 in die USA emigrierte, nannte als Grund für diese Entscheidung ebenfalls ihre traumatischen Erfahrungen im »Dritten Reich«, aber auch in den ersten Nachkriegsjahren. Schließlich Max Ufer: Er war 1948 nach Afghanistan gegangen, um dort als Regierungsbeauftragter für Pflanzenbau und Pflanzenzüchtung zu wirken, hatte jedoch aus familiären Gründen 1951 nach Deutschland zurückkehren müssen, wo er von der Generalverwaltung der Max-Planck-Gesellschaft das Angebot einer Wiederaufnahme in das Institut für Züchtungsforschung erhielt. Bei den Gesprächen vor Ort stellte sich jedoch heraus, daß seine jüdische Frau bei einem Teil der Kollegen und ihren Familien noch immer nicht willkommen sein würde. Er entschloß sich daraufhin 1952 zur erneuten Emigration, dieses Mal nach Brasilien, wo er in der Privatwirtschaft und für die Welternährungsorganisation der UNO tätig war.

Krisen und Karrieren

Die Entlassung oder Vertreibung aus der Kaiser-Wilhelm-Gesellschaft bedeutete für nahezu alle davon Betroffenen eine nur schwer zu bewältigende Krisensituation. Es ging dabei nicht nur um den Verlust eines Arbeitsplatzes, um den man bis dahin vielfach beneidet worden war, sondern auch um den vollständigen Ausschluß aus der Wissenschaft, so weit diese in deutschen Universitäten, Technischen Hochschulen oder anderen staatlich finanzierten Einrichtungen institutionalisiert war. Wer in Deutschland blieb, konnte in den ersten Jahren in der Privatwirtschaft ein Auskommen finden, aber von Anfang an war ungewiß, ob die für den öffentlichen Dienst geltenden Bestimmungen künftig nicht auch für die privaten Unternehmen verbindlich sein würden. Und selbst wenn man in diesem Rahmen weiter forschen konnte, durfte man mit den erzielten Ergebnissen öffentlich kaum noch in Erscheinung treten. Ein in seinem Wirken ganz auf die Öffentlichkeit ausgerichteter Mann wie der Eugeniker Hermann Muckermann, der seine Forschungen mit Unterstützung der katholischen Kirche fortsetzen konnte, erhielt beispielsweise 1937 ein generelles Vortrags- und Veröffentlichungsverbot. Daß Oskar und Cécile Vogt zumindest einen Teil ihrer Forschungen in einem eigenen, kleineren Institut weiterführen konnten, war eine Ausnahme und nicht zuletzt der nachhaltigen Unterstützung durch die Unternehmerfamilie Krupp zu verdanken.

Fast jeder, der aus der Kaiser-Wilhelm-Gesellschaft ausscheiden mußte, verlor damit auch das vertraute soziale und kulturelle Umfeld. Plötzlich war vieles, wenn nicht alles, von dem, was bis dahin als selbstverständlich gegolten hatte, in Frage gestellt. Auch wenn manche Kollegen sich darum bemühten, die persönlichen Beziehungen aufrechtzuerhalten, änderten sich die Lebensverhältnisse der Vertriebenen – und auch schon der von der Vertreibung Bedrohten – in nahezu jeder Hinsicht. Juden und »Nichtarier« wurden von einem Tag auf den anderen in ihrem Vaterland und ihrer Stadt, ihrem Institut und ihrer Nachbarschaft zu »Fremden« erklärt. So entstanden unsichtbare Mauern, die das bis dahin Zusammengehörende trennten. Wie immer die einzelnen gelebt haben mochten, sie wurden nun als »anders« wahrgenommen, gehörten »nicht mehr dazu«. Die Vertreibung aus der Kaiser-Wilhelm-Gesellschaft war deshalb nicht nur eine wissenschaftliche, sondern auch eine tief einschneidende lebensgeschichtliche Zäsur.

Wer emigrieren wollte, brauchte Kontakte, Empfehlungen, Anlaufstellen. Für einige waren die Emigrationsentscheidungen aufgrund früherer Auslandsaufenthalte oder aktueller Arbeitsbeziehungen relativ einfach, obwohl selbst dann oft unklar blieb, ob die spontane Hilfsbereitschaft der ausländischen Kontaktpersonen zu einer dauerhaften oder zumindest längerfristigen wissenschaftlichen Anstellung führen würde. Die Institutsdirektoren oder Abteilungsleiter der Kaiser-Wilhelm-Gesellschaft, die über sehr gute internationale Beziehungen verfügten, zögerten in der Regel nicht, Empfehlungsschreiben für die jüngeren Wissenschaftler zu verschicken, und sogar Einstein korrespondierte von Princeton aus mit britischen Einrichtungen, um Wissenschaftler, die er aus seiner Zeit in der Kaiser-Wilhelm-Gesellschaft kannte, zu unterstützen. Unbezahlte Laborplätze und befristete Stipendien waren leichter zu bekommen als feste Stellen, und viele waren gezwungen, sich auf solche Übergangslösungen einzulassen. Allerdings mußten allzu viele nicht nur für sich selber, sondern auch für ihre Familien sorgen. Zwar sind die Angaben über die Familienverhältnisse der Emigranten aus der Kaiser-Wilhelm-Gesellschaft lückenhaft, doch weiß man von fast der Hälfte, daß sie verheiratet waren, und von etwa einem Viertel, daß sie Kinder hatten. Bei einigen, beispielsweise Mathilde Hertz, ist außerdem bekannt, daß sie sich in der Emigration um ihre Eltern, meist die Mutter, oder einzelne Geschwister kümmern mußten.

Selbst wenn man eine den wissenschaftlichen Qualifikationen entsprechende Beschäftigung fand, dauerte es häufig lange, ehe man sich halbwegs etabliert, auch sprachlich und kulturell den neuen Verhältnissen angepaßt hatte. Sogar diejenigen, die schon bald über ein gutes und sicheres Einkommen verfügten und wissenschaftlich wieder erfolgreich waren, brauchten oft viele Jahre, bis sie sich im neuen Land wirklich zu Hause fühlten, bis aus den Exilanten Engländer, Amerikaner, Franzosen oder Belgier geworden waren. Der Wechsel der Nationalität erfolgte nur in wenigen Fällen so rasch wie bei Kurt Jacobsohn, der bereits 1935 portugiesischer Staatsbürger wurde. Bei denen, die schon nach wenigen Jahren starben, wie Fritz Haber und Reginald Oliver Herzog, Felix Plaut und Max Bielschowsky, war die Frage bis zu ihrem Tod noch nicht akut. In den meisten Fällen fand die Einbürgerung erst während des Krieges oder sogar noch später statt. 1940 wurden die vertriebenen Wissenschaftler in Großbritannien mit wenigen Ausnahmen noch als »feindliche Ausländer« (»enemy aliens«) eingestuft und zeitweise interniert. Lise Meitner, 1949 in Schweden eingebürgert, legte großen Wert darauf, ihre österreichische Staatsbürgerschaft nicht zu verlieren. Eine seltene Ausnahme blieb Mathilde Hertz, die seit 1935 in Cambridge lebte, aber bis zu ihrem Tod im Jahre 1975 an ihrer deutschen Staatsbürgerschaft festhielt.

Hilfe fanden die Forscherinnen und Forscher der Kaiser-Wilhelm-Gesellschaft ebenso wie andere von den Nationalsozialisten aus Deutschland vertriebene Wissenschaftler bei zahlreichen ausländischen Kollegen und neugeschaffenen Organisationen. Schon Ende Mai 1933 entstand in Großbritannien ein »Academic Assistance Council«, der sich die Unterstützung von Wissenschaftlern zur Aufgabe machte, »who on grounds of religion, political opinion, or race are unable to carry on their work in their own country«, wie es in dem Gründungsdokument hieß.[148] Obwohl man auch Russen, Armenier und Italiener in das Programm einbezog, war diese Gründung unübersehbar eine von der London School of Economics, der Cambridge University und der Royal Society in London ausgehende spontane Reaktion auf die nationalsozialistische »Machtergreifung« und deren Auswirkungen auf die deutsche Wissenschaft. Von Universitäten und Colleges, aber auch einer großen Zahl von einzelnen Wissenschaftlern finanziert, bemühte sich die Organisation einerseits darum, den in Not geratenen Kollegen für eine Übergangszeit finanziell behilflich zu sein, andererseits aber auch darum, wissenschaftliche Arbeitsmöglichkeiten zu vermitteln, wobei man sich nicht auf Großbritannien beschränkte. Der Academic Assistance Council, der im Frühjahr 1936 in »Society for the Protection of Science and Learning« umbenannt und seit Anfang 1940 auch von der britischen Regierung unterstützt wurde, war für sehr viele der emigrierten Wissenschaftler von großer, in nicht wenigen Fällen sogar entscheidender Bedeutung. In den Akten der Gesellschaft finden sich über 50 Namen von Forscherinnen und Forschern, die nach ihrer Vertreibung aus den Kaiser-Wilhelm-Instituten von ihr beraten und gefördert wurden.

Auch in New York wurde schon im Mai 1933 von Felix M. Warburg, Alfred E. Cohn und anderen ein »Emergency Committee in Aid of Displaced German Scholars« gegründet, dem Ende 1933 eine Organisation gleichen Namens für »Displaced German Physicians« an die Seite trat. Die New Yorker Initiative, die finanziell vor allem von jüdischen Stiftungen getragen wurde, dehnte ihre Tätigkeit im Laufe der Jahre ebenfalls über den Kreis der aus Deutschland vertriebenen Wissenschaftler hinaus aus (ab 1938 hieß es: »in Aid of Displaced Foreign Scholars«). Im Ver-

148 Zitiert nach Gerhard Hirschfeld, »The defence of learning and science …«. Der Academic Assistance Council in Großbritannien und die wissenschaftliche Emigration aus Nazi-Deutschland, in: Exilforschung 6, 1988, S. 28-43, hier S. 32. Vgl. zum Folgenden auch Lord William Beveridge, A Defence of Free Learning, London 1959, und Stephen Duggan/Betty Drury, The Rescue of Science and Learning, New York 1948, sowie Kurt Düwell, Die deutsch-amerikanischen Wissenschaftsbeziehungen im Spiegel der Kaiser-Wilhelm- und der Max-Planck-Gesellschaft, in: Vierhaus/vom Brocke (Hg.), Forschung, S. 747-777, bes. S. 757-772.

gleich zu dem britischen Parallelunternehmen war die Zahl der betreuten »Fälle« jedoch deutlich geringer. Wichtiger waren für die Emigranten aus der Kaiser-Wilhelm-Gesellschaft die Mittel, die die Rockefeller Foundation in den USA, aber auch in europäischen Ländern zur Verfügung stellte, um verfolgte Wissenschaftler zu unterstützen. Da die Stiftung nach ihren Statuten keine sozialen Aufgaben übernehmen durfte, versuchte man in der Weise zu helfen, daß den Universitäten, die mit vertriebenen Wissenschaftlern neue Forschungsschwerpunkte aufbauen wollten, in den ersten Jahren Mittel zugewiesen wurden, mit denen sie einen Teil der zusätzlichen Personal- und Sachkosten abdecken konnten. Auch in Frankreich gab es, in kleinerem Maßstab, entsprechende Hilfsorganisationen, und eine »Notgemeinschaft deutscher Wissenschaftler im Ausland«, die ihren Sitz zuerst in Zürich, später in London hatte, bemühte sich ebenfalls um die Vermittlung vertriebener Wissenschaftler, nicht zuletzt in die Türkei. Für die vertriebenen Wissenschaftlerinnen bedeutete in einigen Fällen auch die »International Federation of University Women« eine große Hilfe. Insgesamt dokumentieren alle diese Aktivitäten eine noch immer bewundernswerte internationale Solidarität mit den vom Nationalsozialismus verfolgten Wissenschaftlerinnen und Wissenschaftlern.

Trotz aller Hilfsbereitschaft fanden manche kaum begonnenen wissenschaftlichen Karrieren, vor allem bei Frauen, in den jeweiligen Zufluchtsländern ein rasches Ende. Auch muß man in fast allen Fällen, in denen für die Zeit nach der Vertreibung aus der Kaiser-Wilhelm-Gesellschaft keine oder nur sehr vereinzelte Informationen vorliegen, annehmen, daß die unter den grundlegend veränderten Bedingungen erzielten beruflichen Erfolge eher bescheiden waren und vermutlich ohne Bezug auf die bisherigen Forschungsarbeiten erbracht wurden. Andere Probleme entstanden in der Emigration für einige der prominentesten Angehörigen der Kaiser-Wilhelm-Gesellschaft. Fritz Haber, der schon im Januar 1934 starb, wurde von der Cambridge University zwar in allen Ehren aufgenommen, besaß aber keine Forschungsmöglichkeiten mehr, die seiner Stellung in Berlin auch nur von weitem entsprochen hätten. Ähnlich ging es einige Jahre später Lise Meitner, die mit dem Stockholmer Nobelinstitut für Physik eine sehr gute Adresse hatte, aber lange Jahre weder über Mitarbeiter noch über eigene Forschungsmittel verfügen konnte. Reginald Oliver Herzog, der immerhin ordentlicher Professor in Istanbul geworden war, nahm sich 1935 das Leben, und fünf Jahre später setzte auch Felix Plaut, der in England wissenschaftlich nicht mehr hatte reüssieren können und sich von der Internierung bedroht sah, seinem Leben ein Ende.

Carl Neuberg, der Anfang 1941 im Alter von 62 Jahren in den USA eintraf – zehn Jahre zu spät, wie er selber feststellte –, wurde zwar als einer der Begründer der Biochemie bewundert, erhielt aber keine feste, seinen Lebensabend sichernde Stelle mehr. Die großen Juristen Ernst Rabel und Martin Wolff, die 1939 und 1938 im Alter von 65 bzw. 66 Jahren emigrierten, konnten zwar in Ann Arbor, Michigan, und Oxford ihre Forschungen in einem bescheidenen Rahmen fortsetzen, waren aber auf Stipendien und andere nichtständige Einkünfte angewiesen. Der Neuropathologe Max Bielschowsky, der im August 1939, gesundheitlich schwer angeschlagen, in Großbritannien Zuflucht suchte, fand im fortgeschrittenen Alter von 70 Jahren keine angemessene Beschäftigung mehr. Er starb im August 1940. Vielleicht am schlimmsten traf es den hochangesehenen Zoologen Victor Jollos, der im Herbst 1933 in Madison, Wisconsin, eine Gastprofessur antrat und von 1935 an mit seiner Familie von Stipendien und von direkten Zuwendungen seiner amerikanischen Kollegen leben mußte. Als er im Sommer 1941 plötzlich starb, vermuteten einige seiner früheren Kollegen zuerst, daß er sich wegen seiner extremen Notlage das Leben genommen habe. Erich Kaufmann, der international hoch geschätzte Fachmann für öffentliches Recht und Völkerrecht, der 1939 nach Den Haag emigriert war, mußte schon bald darauf »untertauchen«, um die Zeit der deutschen Besatzung in den Niederlanden zu überleben. Er konnte seine wissenschaftlichen Arbeiten erst wieder aufnehmen, als er 1946 nach Deutschland zurückkehrte.

Insgesamt machten diejenigen, die ihre wissenschaftliche Arbeit gar nicht oder nur unter erheblichen Einschränkungen fortführen konnten, mehr als ein Viertel der aus der Kaiser-Wilhelm-Gesellschaft in die Emigration getriebenen Forscherinnen und Forscher aus. Andere versuchten, als Angestellte oder auf selbständiger Basis, in der Privatwirtschaft Fuß zu fassen, teils für eine Übergangszeit, bis sich eine Chance in der Universität oder in einer größeren Forschungseinrichtung bot, teils auch auf die Dauer, und manchmal, in Fällen, wo eine akademische und eine privatwirtschaftliche Tätigkeit gleichzeitig ausgeübt wurden, war der weitere berufliche Werdegang zweigleisig angelegt. Etwa ein Dutzend der emigrierten Wissenschaftler machte in großen Unternehmen Karriere, als Leiter der Forschungs- und Entwicklungsabteilungen, aber auch in den Vorständen entsprechender Gesellschaften. Der erfolgreichste Unternehmer war vermutlich der Mediziner und Ernährungswissenschaftler Walter Kempner, der als Full Professor der Duke University in Durham, North Carolina, ein auch finanziell ungewöhnlich erfolgreiches Diät-Zentrum (»Rice Diet Center«) gegründet hatte. 1934 weitgehend mittellos in die USA eingereist, hinterließ er bei seinem Tod im Jahre 1997 ein Vermögen von 8,5 Millionen Dollar.

In Universitäten und außeruniversitären Forschungszentren der jeweiligen Aufnahmeländer waren, oft nach Überwindung großer Probleme am Anfang, mehr als fünfzig Frauen und Männer erfolgreich. Zu ihnen gehörten neben Einstein, der seit 1933 Mitglied des Institute for Advanced Study in Princeton war, vor allem diejenigen, die schon vor der Trennung von der Kaiser-Wilhelm-Gesellschaft einen großen Namen in der Wissenschaft hatten, wie Max Bergmann, Herbert Freundlich, Richard Goldschmidt, Otto Meyerhof, Tibor Péterfi, Michael Polanyi, Hans Sachs und Karl Weissenberg. Dazu kamen die herausragenden Vertreter einer jüngeren Generation wie Charlotte Auerbach, Hermann (Hugh) Blaschko, Fabius Gross, Hermann Lehmann, Marthe Vogt, und Joseph Joshua Weiss in Großbritannien, Max Delbrück, Hans Gaffron, Wilfried Heller, Gertrude und Werner Henle, Max Rheinstein, Karl Söllner, Curt Stern, Woldemar Weyl und Ernst Witebsky in den USA, Hans (Hanan) Bytinski-Salz, Ladislaus Farkas, Alfred Klopstock und Ernst (Eytan) Simon in Israel, Fritz Buchthal und Hilde Levi in Dänemark, Edgar Lederer in Frankreich, Paul Goldfinger in Belgien, Kurt Jacobsohn in Portugal und viele andere mehr.

Ehrungen

Vor allem die älteren unter den vertriebenen Wissenschaftlern waren schon in den Jahren vor ihrer Emigration vielfältig geehrt worden. Einstein, Haber und Meyerhof hatten den Nobelpreis erhalten. Die Institutsdirektoren und auch die meisten Abteilungsleiter waren Mitglieder zahlreicher deutscher und ausländischer Akademien der Wissenschaften und anderer gelehrter Gesellschaften, Vorstandsmitglieder und Vorsitzende nationaler und internationaler Fachvereinigungen. Max Bergmann, der Direktor des KWI für Lederforschung, war beispielsweise von 1927 bis 1931 Präsident der International Society of Leather Research. Sie hatten bedeutende Wissenschaftspreise erhalten und waren von angesehenen Universitäten mit der Ehrendoktorwürde ausgezeichnet worden. Bei vielen von ihnen setzten sich die Ehrungen auch nach ihrem Ausscheiden aus der Kaiser-Wilhelm-Gesellschaft und dem erzwungenen Wechsel in andere Länder fort. Für die Erfolgreichen unter den Jüngeren begannen die Ehrungen dagegen erst in den Jahren der Emigration und aufgrund der an ihren neuen Wirkungsstätten erbrachten wissenschaftlichen Leistungen.

Es ist nicht möglich, die überaus zahlreichen Ehrungen, die den aus der Kaiser-Wilhelm-Gesellschaft Vertriebenen zuteil wurden, zu quantifizieren oder gar einzeln aufzuzählen. Acht von ihnen (Charlotte Auerbach, Hermann Blaschko, Max Delbrück, Herbert Freundlich, Hermann Lehmann, Otto Meyerhof, Michael Polanyi und Marthe Vogt) wurden beispielsweise in die Royal Society in London aufgenommen. Von ihnen gehörten nur Meyerhof und Freundlich der älteren, wissenschaftlich längst etablierten Generation an, während Vogt (1952) und Auerbach (1957) unter den ersten Frauen waren, denen die Mitgliedschaft in dieser traditionsreichen wissenschaftlichen Gesellschaft zugestanden wurde. Von denen, die die Möglichkeit erhielten, ihre Forschungsarbeit in den USA fortzusetzen, fand eine ständig wachsende Zahl Aufnahme in die großen nationalen Akademien, die American Academy of Arts and Sciences und die National Academy of Sciences, und nicht wenige waren auch Mitglied der American Association for the Advancement of Science.

Um einen Eindruck von der teilweise überwältigend großen Zahl von Ehrungen zu geben, müssen einige wenige Beispiele genügen. Daß Albert Einstein von mehr als zwei Dutzend Universitäten mit einer Ehrendoktorwürde ausgezeichnet wurde, mag wenig überraschend sein, eher schon, daß Carl Neuberg Mitglied oder Ehrenmitglied in einer fast genauso großen Zahl wissenschaftlicher Akademien und Gesellschaften war, unter anderem in Barcelona, Berlin, Budapest, Göttingen, Halle, Helsinki, Kopenhagen, Leningrad, Lissabon, Lund, New York, Prag, Rom, Uppsala und Wien. Hermann Lehmann, der zum Zeitpunkt seiner Emigration nach Großbritannien erst 25 Jahre alt war, wurde in späteren Jahren nicht nur ebenfalls Mitglied zahlreicher Akademien, sondern auch Präsident der British Association for the Advancement of Science und – als Mediziner – der Cambridge Society of Philosophy sowie Ehrenmitglied von Hämatologischen Gesellschaften in nicht weniger als zehn europäischen und außereuropäischen Ländern. Curt Stern, einen der herausragenden Genetiker seiner Zeit, dem auch viele andere Ehrungen zuteil wurden, wählten gleich drei große wissenschaftliche Gesellschaften zu ihrem Präsidenten: die Genetics Society of America (1950), die American Society for Human Genetics (1957) und die American Society of Zoology (1962).

Es gab viele bedeutende Wissenschaftspreise, die an Forscherinnen und Forscher verliehen wurden, die von den Nationalsozialisten aus der Kaiser-Wilhelm-Gesellschaft vertrieben worden waren. Für die allermeisten bedeutete das gerade unter den Bedingungen der Emigration eine höchst willkommene Anerkennung ihrer wissenschaftlichen Arbeit. Dabei sollte allerdings nicht übersehen werden, daß viele der Jüngeren zum Zeitpunkt der großen Ehrungen schon längst nicht mehr Emigranten oder Exilanten waren, die auf die Möglichkeit einer Rückkehr in die alte Heimat warteten, sondern selbstbewußte Bürger der Staaten, die es ihnen möglich gemacht hatten, in Zeiten großer existentieller Not weiterzuleben und weiterzuarbeiten. Als Max Delbrück, der in seinen jungen Jahren in der Physikalischen Abteilung des KWI für Chemie Assistent von

Lise Meitner gewesen war, 1969 mit dem Nobelpreis ausgezeichnet wurde, galt diese Ehrung selbstverständlich nicht einem deutschen Emigranten, sondern einem US-Bürger, der seine Forschungsarbeit seit über zwanzig Jahren als Professor am California Institute of Technology leistete.

Man kann auf andere aus dem Rahmen fallende Ehrungen verweisen, etwa die Wahl Lise Meitners zum »Woman of the Year« (1946) durch den Women's National Press Club der Vereinigten Staaten von Amerika, den »Newman Award«, der Karl Stern 1961 in Kanada für seine schriftstellerischen Arbeiten verliehen wurde, die Aufnahme von Hans Jakob von Baeyer in die kanadische »Hall of Fame« der Telekommunikation (1998) oder den »Lifetime Achievement Award«, der dem 94jährigen Fritz Buchthal 2002 von der World Federation of Neurology verliehen wurde. Besondere Aufmerksamkeit verdienen darüber hinaus die wissenschaftlichen Preise, die nach emigrierten Wissenschaftlern benannt bzw. zu deren Ehren gestiftet worden sind. Das sind, neben der in den USA gestifteten »Carl Neuberg Medal« für Biochemie, der »Weissenberg Award« der European Rheology Society, der »Woldemar Weyl International Glas Science Award« des International Congress of Glass oder die »J. J. Weiss Medal« der British Association of Radiation Research. Nach Alfred Klopstock und Max Reinstein wurden an ihren langjährigen Wirkungsstätten in Tel Aviv und Chicago Professuren benannt, das Unternehmen Hoffmann-La Roche stiftete 1983 die Position eines »Max Hoffer Lecturer«, das Salk Institute for Biological Studies richtete 2001 eine »Marguerite Vogt Endowed Lecture« ein. 1994 erhielt ein neu entdecktes Element zu Lise Meitners Ehren den Namen »Meitnerium«. Marguerite Vogt wurde übrigens, im Alter von 88 Jahren, auch deshalb geehrt, weil sie ihr Leben lang zu den »Stillen« unter den großen Naturwissenschaftlern gehört hatte, die nicht an die Öffentlichkeit drängten und selbst wissenschaftliche Auszeichnungen als eher störend bei der Arbeit empfanden. Es genügte ihr, daß sie wesentlich an den Forschungen beteiligt war, für die Renato Dulbecco den Nobelpreis erhielt, und daß von den Studenten und jüngeren Kollegen, die sie ausgebildet und mit denen sie gearbeitet hatte, später weitere vier mit dem Nobelpreis ausgezeichnet wurden.

Das Verhältnis zu Deutschland seit 1945

Von den 104 Personen, die aus der Kaiser-Wilhelm-Gesellschaft vertrieben wurden, erlebten 89 das Ende des Krieges und damit auch das Ende des NS-Terrors. Lediglich sieben überlebten innerhalb Deutschlands, alle anderen in den Ländern, die ihnen in den Jahren der Not Zuflucht gewährt hatten. Nur für etwa die Hälfte derjenigen, die in der Nachkriegs-

zeit noch am Leben waren, liegen Informationen vor, die zumindest teilweise Auskunft über ihr Verhältnis zu Deutschland und den Deutschen
in den Jahren nach der NS-Herrschaft geben. Für die übrigen wird man
davon ausgehen müssen, daß persönliche Beziehungen nach Deutschland
nicht mehr bestanden und vermutlich auch nicht wieder gesucht wurden. Die Frage einer Rückkehr nach Deutschland stellte sich, so weit erkennbar, in der unmittelbaren Nachkriegszeit nur für ganz wenige. Das
in weiten Teilen zerstörte, moralisch verwüstete, in Besatzungszonen auf-
geteilte, von Flüchtlingen und Vertriebenen aus den preußischen Ost-
provinzen und deutschen Siedlungsgebieten in anderen Teilen Ostmittel-
europas überschwemmte, in jeder Hinsicht am Boden liegende Land mit
einer politisch, wirtschaftlich und auch kulturell höchst ungewissen Zukunft übte keine Anziehungskraft auf die Menschen aus, die es gegen
ihren Willen verlassen mußten und sich inzwischen, oft unter schwierigsten Bedingungen, in anderen Ländern eine neue Existenz aufgebaut hatten. Für die rassistisch Verfolgten noch wichtiger war, daß seit dem Kriegsende das ganze Ausmaß der NS-Verbrechen an den europäischen Juden
sichtbar wurde. Für viele von ihnen wurde es schon bald zur Gewißheit,
daß auch nahe Angehörige – Eltern, Geschwister, Großeltern, Onkel, Tan-
ten, Nichten und Neffen – ermordet worden waren. Einige, wie Farkas,
Goldschmidt oder Laser, äußerten sich darüber in der Korrespondenz
mit früheren Kollegen oder deutschen Behörden. Andere verzichteten
darauf, ihre Leidenserfahrungen direkt anzusprechen, doch konnten diese
für ihre Einstellung gegenüber Deutschland und den Deutschen nicht
ohne tiefgreifende Auswirkungen bleiben. Für allzu viele mochte, vor allem
in der frühen Nachkriegszeit, das gelten, was von Martin Wolff, der bis zu
seinem Tod im Jahre 1953 deutschen Boden nicht mehr betreten hat,
überliefert worden ist:»Er mochte denen nicht begegnen, die nahe Angehörige von ihm in die Gaskammern geschickt hatten.«[149]
    Es war Albert Einstein, der den naheliegenden persönlichen Konse-
quenzen in der entschiedensten und eindrucksvollsten Weise Ausdruck
verlieh. Als er nach der Gründung der Max-Planck-Gesellschaft gebeten
wurde, ihr als Auswärtiges Wissenschaftliches Mitglied anzugehören,
schrieb er an Otto Hahn, den Präsidenten der Gesellschaft, in einem inzwischen berühmt gewordenen Brief:»Ich empfinde es als schmerzlich,
daß ich gerade Ihnen, d. h. einem der Wenigen, die aufrecht geblieben sind
und ihr Bestes taten während dieser bösen Jahre, eine Absage schicken

---

149 Ludwig Raiser, Martin Wolff, 26.9.1879 – 20.7.1953, in: Archiv für die civilistische Praxis. Neue Folge 52, Nr. 6, 1972, S. 489-497, hier S. 490.

muß. Aber es geht nicht anders. Die Verbrechen der Deutschen sind wirklich das Abscheulichste, was die Geschichte der sogenannten zivilisierten Nationen aufzuweisen hat. Die Haltung der deutschen Intellektuellen – als Klasse betrachtet – war nicht besser als die des Pöbels. Nicht einmal Reue und ein ehrlicher Wille zeigt sich, das Wenige wieder gut zu machen, was nach dem riesenhaften Morden noch gut zu machen wäre. Unter diesen Umständen fühle ich eine unwiderstehliche Aversion dagegen, an irgendeiner Sache beteiligt zu sein, die ein Stück des deutschen öffentlichen Lebens verkörpert, einfach aus Reinlichkeitsbedürfnis.«[150]

Es gab viele, die es mit Einstein und Wolff hielten und deutschen Boden nicht wieder betraten. Von den übrigen kamen einzelne schon früh in offizieller Mission, wie Max Rheinstein, der 1945/46 der Rechtsabteilung der amerikanischen Militärregierung angehörte, oder Hans Löwenbach, der 1947 im Auftrag des United States Department of Commerce die Entwicklung der deutschen medizinischen Forschung während des Krieges zu evaluieren hatte. Auch Max Delbrück besuchte bereits 1947 das zerstörte Berlin, und Lise Meitner unternahm im April 1948 eine erste Reise, um in Göttingen an der Trauerfeier für den von ihr hoch verehrten Max Planck teilzunehmen. Die meisten zögerten jedoch, und diejenigen, die schließlich doch gewillt waren, die Orte und die Menschen in ihrer alten Heimat wiederzusehen, brauchten Zeit und mußten viele Bedenken überwinden. »Gerade weil ich einmal Deutschland so sehr geliebt habe und jetzt noch seine Landschaft, seine Dichtung und Musik so sehr liebe«, schrieb Charlotte Auerbach 1952, »habe ich oft das Gefühl, ein Besuch dort kann nur traurig und aufregend für mich sein.«[151]

Eine Rückkehr in die Kaiser-Wilhelm-/Max-Planck-Gesellschaft gab es nur in sehr wenigen Fällen. Das betraf zunächst diejenigen, die in Deutschland überlebt hatten, namentlich Hartmut Kallmann, der zu denen gehörte, die sich um die Wiederaufnahme der Arbeiten in den Berliner Instituten bemühten, und Hermann Muckermann, der an Stelle des ausgelagerten, politisch gründlich diskreditierten KWI für Anthropologie, menschliche Erblehre und Eugenik ein »Kaiser-Wilhelm-Institut für angewandte Anthropologie« gründete, das seit 1948 zu der infolge der Teilung Berlins geschaffenen »Forschungsgruppe Dahlem« gehörte. In diesem Institut fand auch Ida Frischeisen-Köhler eine erneute Beschäftigung. Cécile und Oskar Vogt sowie ihre Tochter Marguerite blieben dagegen in ihrem Privatinstitut in Neustadt im Schwarzwald, und Wilhelm

---

150 Einstein an Hahn, 28.1.1949, MPG-Archiv, Abt. III, Rep. 14A, Nr. 814.
151 Charlotte Auerbach an Friedrich Oehlkers, 1.8.1952, Kopie im Nachlaß Georg Melchers, MPG-Archiv, Abt. III, Rep. 75, Nr. 4.

Wengler, der 1944 aus politischen Gründen fristlos entlassen worden war, erhielt von der Generalverwaltung kein neues Beschäftigungsangebot. Von den Emigranten traten nur die Juristen Ernst Rabel und Erich Kaufmann noch einmal in eine unmittelbare Verbindung zu den entsprechenden Kaiser-Wilhelm- bzw. Max-Planck-Instituten. Max Ufer, der in den ersten Nachkriegsjahren noch nicht an eine Wiederanstellung in der Kaiser-Wilhelm-Gesellschaft bzw. ihrer Nachfolgeorganisation gedacht hatte, erhielt, nachdem er seine Tätigkeit in Afghanistan wegen gesundheitlicher Probleme seiner Frau abbrechen mußte, nach längeren Verhandlungen ein Angebot der Generalverwaltung, mußte dieses aber, wie bereits dargestellt, wegen antisemitischer Vorurteile, die gegen seine jüdische Frau gerichtet waren, ablehnen und danach noch einmal in einen anderen Kontinent wechseln.

Ernst Rabel, der 1939 im Alter von 65 Jahren emigrieren mußte, war in den USA trotz aller Anerkennung, die er als überragender Gelehrter fand, ein Fremder geblieben. Das Angebot seines Nachfolgers Hans Dölle, erneut die Leitung des Instituts für ausländisches und internationales Privatrecht zu übernehmen, lehnte er 1946 dennoch ab. Einige Jahre später kehrte er jedoch nach Deutschland zurück, wurde zum Wissenschaftlichen Mitglied des Instituts ernannt und für das Jahr 1950/51 sogar zum Vorsitzenden der Geisteswissenschaftlichen Sektion der Max-Planck-Gesellschaft gewählt. Seine vollen Pensionsbezüge erhielt er allerdings erst seit 1953 im Rahmen der staatlichen »Wiedergutmachung« für die Opfer des NS-Systems. Während Rabel schon 1955 starb, gelang Erich Kaufmann, der bis 1972 lebte, im westlichen Nachkriegsdeutschland eine zweite, ungewöhnlich glanzvolle Karriere. Aus den Niederlanden zurückgekehrt, übernahm er 1946 eine ordentliche Professur in der Juristischen Fakultät der Universität München. 1950 aus Altersgründen – er wurde 70 Jahre alt – emeritiert, kehrte er, in Anknüpfung an seine Tätigkeit während der Weimarer Republik, in die Politik zurück und übernahm von 1950 bis 1958 als Rechtsberater des Bundeskanzlers und des Auswärtigen Amtes wichtige Aufgaben in prägenden Jahren der frühen Bundesrepublik. Von 1950 bis zu seinem Tod gehörte er auch dem Max-Planck-Institut für ausländisches öffentliches Recht und Völkerrecht als Wissenschaftliches Mitglied und Mitherausgeber der Institutszeitschrift an. Für sein juristisches und politisches Wirken fand er höchste Anerkennung als Gründungsmitglied (1952) und Kanzler (1959-64) des Ordens »Pour le mérite für Wissenschaften und Künste«, Ehrenpräsident der Vereinigung der Deutschen Staatsrechtslehrer, Empfänger der »Harnack-Medaille« der Max-Planck-Gesellschaft (1960), einer Auszeichnung, die nach den Statuten nur »in seltenen Fällen und für besondere Verdienste um die

Gesellschaft« verliehen wird,[152] und Träger des Großen Bundesverdienstkreuzes mit Stern (1955) und Schulterband (1960).

Zu den Forschern, die während der NS-Zeit ihren Status als Wissenschaftliche Mitglieder der Kaiser-Wilhelm-Gesellschaft verloren hatten
und bei der Neugründung der Max-Planck-Gesellschaft 1948 zu Auswärtigen Wissenschaftlichen Mitgliedern gewählt wurden, gehörten neben
Albert Einstein auch Richard Goldschmidt, Lise Meitner, Otto Meyerhof, Carl Neuberg, Michael Polanyi und Ernst Rabel, die – anders als
Einstein – diese Ehrung in Erinnerung an die überaus intensive und erfolgreiche wissenschaftliche Arbeit in der Zeit vor ihrer Vertreibung und
die freundschaftlichen Verbindungen mit den damaligen Kollegen ohne
langes Zögern annahmen. Aus anderen Gründen – er war 1947 als Abteilungsleiter des neuen Instituts für Meeresbiologie diskutiert worden –
wurde 1948 Fabius Gross zum Auswärtigen Wissenschaftlichen Mitglied
des meeresbiologischen Instituts ernannt. Rabel war, wie erwähnt, seit 1950
Wissenschaftliches Mitglied seines früheren Instituts, und auch Hermann Muckermann wurde 1954 zum Wissenschaftlichen Mitglied der
Max-Planck-Gesellschaft ernannt. Cécile und Oskar Vogt, die bis 1948
als Auswärtige Wissenschaftliche Mitglieder der Kaiser-Wilhelm-Gesellschaft geführt wurden, verloren dagegen diesen Status in der Max-
Planck-Gesellschaft.

Neben der eher symbolischen Bindung an die Max-Planck-Gesellschaft
durch die Wahl zum Auswärtigen Wissenschaftlichen Mitglied gab es nur
ganz vereinzelte Versuche, prominente Forscher zurückzugewinnen. Lise
Meitner erhielt im Herbst 1947 von Fritz Straßmann, der bis 1938 eng mit
ihr und Otto Hahn zusammengearbeitet hatte, das Angebot, eine Direktorenstelle und die Leitung der physikalischen Abteilung in dem nach
Mainz verlegten Kaiser-Wilhelm-Institut für Chemie zu übernehmen,
und auch Carl Neuberg wurde von seinem Nachfolger Adolf Butenandt
angeboten, in das inzwischen in Tübingen befindliche Institut für Biochemie zurückzukehren. Beide konnten sich, ebenso wie Rabel 1946,
nicht dazu entschließen. Lise Meitner begründete die Ablehnung in einem
privaten Brief damit, daß sie in einem Deutschland, das sich nicht ernsthaft mit seiner NS-Vergangenheit auseinandersetze, nicht leben könne:
»Ich glaube, ich würde in dieser Atmosphäre nicht atmen können.«[153] An-

---

152 Eckart Henning/Marion Kazemi, Die Harnack-Medaille der Kaiser-Wilhelm-/
     Max-Planck-Gesellschaft, 1924-2004, Berlin 2005, S. 46 (»Statut zur Verleihung
     der Harnack-Medaille«).
153 Meitner an Eva von Bahr-Bergius, 10.1.1948, zitiert nach Sime, Lise Meitner,
     S. 457.

sätze zu einer systematisch angelegten Politik der Rückberufung der vertriebenen Wissenschaftler gab es weder in der Kaiser-Wilhelm-Gesellschaft bis 1948 noch in der Max-Planck-Gesellschaft in den darauffolgenden Jahren. Man interessierte sich kaum für die »großen Namen« und schon gar nicht für die jüngeren, noch am Beginn ihrer Karriere stehenden Forscher. Als Leo Salzmann, der in den USA als »Senior Research Chemist« in einem großen Unternehmen arbeitete, 1957 im Rahmen der »Wiedergutmachungs«-Verfahren einen Antrag auf Wiedereinstellung im MPI für Eiweiß- und Lederforschung stellte, wurde dieser sowohl vom Direktor des Instituts als auch von der Generalverwaltung der Max-Planck-Gesellschaft abgelehnt. Daß der Chemiker Joseph Weiss 1970, nach seiner Emeritierung an der University of Newcastle-upon-Tyne, für drei Jahre als Gastprofessor und Leiter einer Arbeitsgruppe in der Abteilung Strahlenchemie des MPI für Kohlenforschung eingeladen wurde, war und blieb ein Einzelfall.

Es war auch eine große Ausnahme, daß sich 1947 einige der führenden Biologen, wenn auch vergeblich, darum bemühten, den damals 41jährigen Fabius Gross, der an der University of Edinburgh lehrte und forschte, an das entstehende KWI/MPI für Meeresbiologie in Wilhelmshaven zu berufen. Max Hartmann betonte in seinem Gutachten ausdrücklich: »Mit seiner Rückberufung an ein Kaiser-Wilhelm-Institut würde zudem ein Unrecht wieder gut gemacht, das ihm als Jude durch die notwendige Emigration im Jahre 1934 zugefügt wurde.«[154] Ähnlich argumentierte Butenandt, als er Anfang April 1947 Otto Hahn vorschlug, die Neubesetzung der Direktorenstelle im Physik-Institut zu nutzen, um den von der Universität Göttingen vertriebenen James Franck, der früher Wissenschaftliches Mitglied der Kaiser-Wilhelm-Gesellschaft gewesen war, »nach Deutschland zurückzuberufen«, zumal man damit »eine wunderbare Möglichkeit hätte, an Franck ein uns alle sehr belastendes Unrecht wieder gut zu machen«. Hahn, der mit Franck befreundet war, entgegnete darauf jedoch, daß man sich die Mühe sparen könne, weil Franck aus persönlichen Gründen ganz sicher in den USA bleiben werde.[155] Ganz anders, aber eindeutig aus einer Minderheitsposition innerhalb der Max-Planck-Gesellschaft heraus argumentierte 1953 der Meeresbiologe Joachim Hämmerling, als er seinem Kollegen Georg Melchers schrieb, er

154 Hartmann, Gutachten für den Präsidenten der Kaiser-Wilhelm-Gesellschaft, 12.11.1947, MPG-Archiv, Abt. III, Rep. 47, Nr. 528. Das Gutachten wurde von Alfred Kühn und Hans Bauer nachdrücklich unterstützt.
155 Butenandt an Hahn, 1.4.1947, und Hahn an Butenandt, 23.4.1947, beide Zitate nach Schüring, Vorgänger, S. 360 f.

halte es »für unsere Pflicht, den Emigranten unseren Willen zu bekunden, sie wieder bei uns zu sehen. Ob sie kommen wollen oder nicht, sollte keine Rolle spielen«.[156]

Auch wenn man sich nicht besonders darum bemühte, die vertriebenen Kollegen zurückzugewinnen, fehlte es nicht an Ehrungen durch deutsche wissenschaftliche Institutionen. Sie begannen in einzelnen Fällen schon in den späten vierziger Jahren und erreichten ihren Höhepunkt in den sechziger und frühen siebziger Jahren. Zwischen 1949 und 1972 wurden mindestens 18 Ehrendoktorwürden an zwölf Wissenschaftler verliehen, die aus der Kaiser-Wilhelm-Gesellschaft vertrieben worden waren. Cécile Vogt wurde dreimal geehrt, Fritz Buchthal, Erich Kaufmann, Oskar Vogt und Joseph Weiss je zweimal, außerdem Hermann (Hugh) Blaschko, Max Delbrück, Richard Goldschmidt, Hermann Lehmann, Carl Neuberg, Curt Stern, Joseph Weiss und Ernst Witebsky. Die Universitäten, die diese Ehrenpromotionen vornahmen, waren Freiburg (4), die Freie Universität Berlin und die Humboldt-Universität zu Berlin (je 3), Jena und München (je 2), die Technische Universität Berlin, Frankfurt am Main, Heidelberg, Kiel und Münster (je 1). Mindestens sechs der vertriebenen Gelehrten wurden zwischen 1949 und 1966 zu Honorarprofessoren ernannt: Blaschko und Meyerhof in Heidelberg, Rabel an der Freien Universität Berlin und in Tübingen, Kaufmann in Bonn, Muckermann (ordentlicher Professor an der TU Berlin) an der FU Berlin, Max Rheinstein in Freiburg. Als Gastprofessoren waren Delbrück in Konstanz, Rheinstein in Frankfurt am Main und München tätig. Delbrück, der auch an der Gründung der Universität Konstanz beteiligt war, übernahm außerdem von 1961 bis 1963 die Aufgaben des Gründungsdirektors des Kölner Instituts für Genetik.

Andere akademische Ehrungen lassen sich kaum quantifizieren. Dazu gehören Mitgliedschaften in der Deutschen Akademie der Naturforscher Leopoldina und anderen wissenschaftlichen Gesellschaften, aber auch die von diesen Einrichtungen verliehenen Preise wie die Max-Planck-Medaille der Deutschen Physikalischen Gesellschaft (Lise Meitner, die auch die erste Empfängerin des Otto-Hahn-Preises der Max-Planck-Gesellschaft war), die Goldmedaillen der Deutschen Chemischen Gesellschaft und der Robert-Koch-Stiftung (Edgar Lederer), die Goldene Kraepelin-Medaille der Deutschen Forschungsanstalt für Psychiatrie (Karl Neubürger), die Gregor-Mendel-Medaille der Leopoldina (Max Delbrück und Curt Stern), die Schmiedeberg-Plakette der Pharmakologischen Gesellschaft (Hermann Blaschko, Marthe Vogt) oder der Gregor-

---

156 Hämmerling an Melchers, 23.10.1953, zitiert ebd., S. 363.

Mendel-Preis der Deutschen Genetischen Gesellschaft (Charlotte Auerbach). Lise Meitner wurde 1957, neben Erich Kaufmann, in den Orden »Pour le mérite für Wissenschaften und Künste« aufgenommen. Die deutschen Chemiker gründeten eine Max-Bergmann-Gesellschaft, von der jährlich eine Max-Bergmann-Medaille für herausragende Forschungsleistungen vergeben wird. Die 1927 von Ernst Rabel begründete und bis 1936 von ihm herausgegebene *Zeitschrift für ausländisches und internationales Privatrecht* wurde 1961 in »Rabels Zeitschrift für ausländisches und internationales Privatrecht« umbenannt. Marthe Vogt erhielt den Status einer Ehrenbürgerin der Heinrich-Heine-Universität in Düsseldorf.

Weitere große Ehrungen erfolgten durch die Benennung von Forschungseinrichtungen nach vertriebenen Wissenschaftlern. Die Max-Planck-Gesellschaft beschloß 1952 die Umbenennung des früheren KWI für physikalische Chemie und Elektrochemie in »Fritz-Haber-Institut der Max-Planck-Gesellschaft«. Das Institut für Kernforschung in Berlin, das zu den deutschen Großforschungseinrichtungen gehört, erhielt bei seiner Eröffnung 1959 den Namen »Hahn-Meitner-Institut für Kernforschung«. Die Universität Heidelberg nannte ihre Einrichtung für »Ambulante Medizin und Klinische Forschung« im Universitätsklinikum »Otto-Meyerhof-Zentrum«, während in Berlin-Buch das »Max-Delbrück-Zentrum für molekulare Medizin« und in Köln das »Max-Delbrück-Laboratorium in der Max-Planck-Gesellschaft« geschaffen wurden. Schließlich blieben auch staatliche Ehrungen nicht aus. Am höchsten dekoriert wurde, wie bereits erwähnt, Erich Kaufmann, dem 1960 das Schulterband zum »Großen Bundesverdienstkreuz mit Stern« verliehen wurde. Weitere Träger des Großen Bundesverdienstkreuzes waren Martin Wolff (1952), Hermann Muckermann (1952), Max Rheinstein (1953), Otto Meyerhof (1954), Carl Neuberg (1954) und Ernst Rabel (mit Stern, 1954). Cécile und Oskar Vogt wurden 1959 mit dem Nationalpreis Erster Klasse der DDR ausgezeichnet.

Nicht alle, die das Ende der NS-Herrschaft um einige Jahre, in nicht ganz wenigen Fällen sogar um mehrere Jahrzehnte überlebten, erhielten ehrenvolle Einladungen oder wurden mit Wissenschaftspreisen bedacht. Der Kreis der in dieser Weise Ausgezeichneten umfaßte, so weit bekannt, 26 Personen, zu denen mit Bergmann und Haber noch zwei besonders namhafte Wissenschaftler zu rechnen sind, die nach ihrem Tod geehrt wurden. Bei den übrigen beschränkten sich die Kontakte mit Deutschland auf private Korrespondenzen und Besuche oder auf das Ringen um Pensionsansprüche und »Wiedergutmachungs«-Regelungen. Wer im Ausland keine oder zumindest keine hinreichende Altersversorgung hatte und deshalb auf entsprechende Regelungen mit seinem früheren Arbeitgeber angewiesen war, fand allerdings in der Kaiser-Wilhelm-Gesellschaft und später der Max-Planck-Gesellschaft lange Zeit nur geringes Entgegenkommen. Man bestritt, wenn möglich, die Ansprüche, zögerte die Entscheidungen hinaus und ließ sich allenfalls auf vorläufige, im Umfang begrenzte »freiwillige« Zahlungen ein. Was in diesen Verfahren versäumt wurde, sprach 1957 der Rechtsanwalt, der Hans Laser gegenüber der Max-Planck-Gesellschaft vertrat, in aller Deutlichkeit aus. »Herr Dr. Laser«, schrieb er nach langen und zähen Verhandlungen, »hat nicht an Ihre Mildtätigkeit appelliert. Was er verlangt, ist Wiedergutmachung nationalsozialistischen Unrechts. Eine solche liegt nicht nur in seinem Interesse, sondern noch mehr in dem der deutschen Wissenschaft, die sich unter dem Nazi-Regime beschmutzt hat und deshalb nicht nur aus gesetzlichen, sondern auch aus moralischen Gründen bestrebt sein sollte, ihren einst guten Ruf in der Welt, so weit das möglich ist, wiederherzustellen.«[157]

Je mehr sich die Bundesrepublik Deutschland – in die DDR zog es von den emigrierten Wissenschaftlern kaum jemanden – als eine liberal-demokratische Gesellschaft stabilisierte, desto größer wurde die Zahl derjenigen, die bereit waren, wieder nach Deutschland zu reisen, auch neue Kontakte zu knüpfen. So plante Ernst (Eytan) Simon vom Chaim Weizmann Institute in Israel 1973, kurz vor seinem Tod, eine Reise, die ihn zum ersten Mal wieder nach Berlin geführt hätte. Hans Gaffron starb dagegen 1979 in Massachusetts kurz nach der Rückkehr von einer seiner durchaus nicht seltenen Berlin-Reisen, bei der er unter anderem eine Ausstellung von Jeanne Mammen besucht hatte, einer Berliner Künstlerin, mit der er seit seiner Jugendzeit befreundet war. Max Delbrück, der schon in der unmittelbaren Nachkriegszeit die Verbindung zu Freunden und Kollegen wie Karl Friedrich Bonhoeffer, Georg Melchers und Otto Warburg wieder aufgenommen hatte, nahm seit den fünfziger Jahren besonders lebhaften Anteil an den wissenschaftlichen Entwicklungen in der Bundesrepublik. Er setzte sich um 1955 für die Errichtung eines Lehrstuhls für Mikrobiologie an der Universität Köln ein, war beratend an der Gründung der Universität Konstanz beteiligt, amtierte als Gründungsdirektor des Kölner Instituts für Genetik und übernahm Mitte der sechziger Jahre eine ständige Gastprofessur in Konstanz. Max Rheinstein, der in vielen Ländern der Welt als Gastprofessor und Regierungsberater gefragt war, pflegte schon seit dem Beginn der fünfziger Jahre die Beziehungen zu deutschen Kollegen. Er lehrte bereits 1951 und 1954 als Gastprofessor in Frankfurt am Main, 1968 auch in München und verbrachte

---

157 Rechtsanwalt Julius Auerbach an die Generalverwaltung der Max-Planck-Gesellschaft, 26.2.1957, zitiert nach Schüring, Minervas verstoßene Kinder, S. 171.

seinen Sommerurlaub mit Vorliebe in den deutschen und österreichischen Alpen. Eine zweibändige Festschrift, die ihm 1969 zu seinem 70. Geburtstag überreicht wurde, erschien in Tübingen.

Auch Lise Meitner, die 1969 mit fast 90 Jahren in Oxford starb, wurde, wie dargestellt, in der Bundesrepublik hoch geehrt und nicht zuletzt von der Max-Planck-Gesellschaft auf vielfältige Weise umworben. Gerade in ihrem Fall aber zeigt sich in aller Deutlichkeit, wie wenig selbstverständlich die Wiederbelebung alter Verbindungen und die Aufnahme neuer Beziehungen zu deutschen Kollegen und Institutionen waren. Sie, die schon immer sehr viel aufmerksamer politisch beobachtete und reflektierte als die meisten ihrer Kollegen, schrieb im Juni 1945 aus Stockholm einen inzwischen viel zitierten Brief an Otto Hahn, der diesen, da er zu der Zeit in Farm Hall bei Cambridge interniert war, allerdings nie erreichte. Darin heißt es:»Ich habe Dir in diesen Monaten in Gedanken sehr viele Briefe geschrieben, weil mir klar war, daß selbst Menschen wie Du und Laue die wirkliche Lage nicht begriffen hatten […]. Ihr habt auch alle für Nazi-Deutschland gearbeitet. Und habt auch nie nur einen passiven Widerstand zu machen versucht. Gewiß, um Euer Gewissen loszukaufen, habt Ihr hier und da einem bedrängten Menschen geholfen [das hatten Hahn und Max von Laue, die beide den Nationalsozialismus und den Antisemitismus entschieden ablehnten, in der Tat in nicht wenigen Fällen getan], aber Millionen unschuldiger Menschen hinmorden lassen, und keinerlei Protest wurde laut.« Es hänge, so formulierte sie geradezu beschwörend, »so viel für Euch und Deutschland davon ab, daß Ihr einseht, was Ihr habt geschehen lassen«. Am besten wäre es, schrieb sie weiter, »eine offene Erklärung abzugeben, daß Ihr Euch bewußt seid, durch Euere Passivität eine Mitverantwortung für das Geschehene auf Euch genommen zu haben, und daß Ihr das Bedürfnis habt, so weit das Geschehene heute überhaupt gut gemacht werden kann, dabei mitzuwirken«.[158]

Das waren erstaunlich klare und offene Worte, die in »unerschütterlicher Freundschaft« an diejenigen gerichtet waren, denen hinsichtlich ihres Verhaltens im nationalsozialistischen Deutschland unter allen ihren früheren Kollegen in der Kaiser-Wilhelm-Gesellschaft am wenigsten vorzuwerfen war. Meitner war dabei durchaus nicht ohne Selbstkritik, weil sie, wie sie später an Hahn schrieb, inzwischen eingesehen hatte, daß auch sie selber »ein großes moralisches Unrecht« dadurch beging, daß sie Deutschland erst im letzten Augenblick und nicht schon 1933 verließ: »denn letzten Endes habe ich durch mein Bleiben doch den Hitlerismus

---

158 Meitner an Hahn, 27.6.1945, MPG-Archiv, Abt. III, Rep. 14A, Nr. 4898; vgl. Sime, Lise Meitner, S. 261.

unterstützt«.[159] Sie litt an den Verbrechen, die von Deutschen in der NS-Zeit verübt wurden, aber sie litt auch an der Uneinsichtigkeit derjenigen, die das System direkt oder indirekt unterstützt hatten, obwohl sie nicht alle Nationalsozialisten waren. Das galt für fast alle ihre Kollegen in der Kaiser-Wilhelm-Gesellschaft, die in Deutschland geblieben waren und ihre wissenschaftlichen Arbeiten auch unter den Bedingungen von Terror, Krieg und Mordgeschehen fortgesetzt hatten. Viele hatten sich mit dem nationalen Programm der Nationalsozialisten identifiziert, und nur wenige hatten die NS-Herrschaft grundsätzlich und aus tiefer Überzeugung abgelehnt.[160] Sie alle aber hatten geglaubt, ihre »Pflicht« auch in einem Unrechts- und Terrorsystem erfüllen und vor allem im Krieg mit ganzer Kraft dem Vaterland dienen zu müssen. Vor diesem Hintergrund fiel es selbst denen, die sich im Nachkriegsdeutschland nicht nur am »Wiederaufbau«, sondern auch an der Gestaltung einer neuen demokratischen Ordnung beteiligten, sehr schwer, die Dimensionen der nationalsozialistischen Verbrechen zu begreifen.

Das aber war bei denen, die das Land verlassen mußten, grundsätzlich anders, und deshalb war es für fast alle schwer und für viele unmöglich, im Umgang mit Kollegen und wissenschaftlichen Einrichtungen einfach dort wieder anzufangen, wo die gemeinsame Arbeit zwangsweise beendet worden war. Deutschland war nach den zwölf Jahren nationalsozialistischer Herrschaft nicht mehr dasselbe Land wie vor Beginn der »Machtergreifung« im Jahre 1933. Es war deshalb ein unverdientes Geschenk für die deutsche Wissenschaft im allgemeinen und die Kaiser-Wilhelm-/Max-Planck-Gesellschaft im besonderen, daß einige der vertriebenen Kolleginnen und Kollegen schon bald nach 1945 wieder zur Zusammenarbeit bereit waren und andere ihnen im Laufe der fünfziger und sechziger Jahre folgten. Selbstverständlich war das, wie der Blick auf Lise Meitners Korrespondenz zeigt, keineswegs. Daß im Laufe der Jahre die Grundlagen für eine Verständigung fester und belastbarer wurden, daß die gemeinsamen wissenschaftlichen Interessen wieder in den Vordergrund treten konnten, sich auch persönliche Beziehungen wieder oder neu entwickelten – das sind Entwicklungen, die einen wesentlichen Teil der Erfolgsgeschichte der alten Bundesrepublik ausmachen, auch wenn auf dem Wege dahin vieles versäumt worden ist.

---

159 Meitner an Hahn, 6.6.1948, MPG-Archiv, Abt. III, Rep. 14A, Nr. 4901.
160 In einem Brief Lise Meitners an James Franck vom 16.1.1947, in dem sie darüber klagte, daß Otto Hahn »die Vergangenheit mit aller Macht« verdränge, betonte sie gleichzeitig, daß er »die Nazi[s] wirklich immer gehaßt und verachtet hat«; zitiert nach Sime, Lise Meitner, S. 445.

5. Entstehung und Anlage des Gedenkbuches

Beim Wiederaufbau der Kaiser-Wilhelm-Gesellschaft seit 1945 und ihrer Transformation in die »Max-Planck-Gesellschaft zur Förderung der Wissenschaften e.V.« – von einer vorläufigen Einrichtung in der Britischen Besatzungszone (11. September 1946) über den eigentlichen Gründungsakt vom 26. Februar 1948 für die britische und amerikanische Zone bis zur Einbeziehung der französischen Zone am 8. Juli 1949 und der endgültigen Etablierung der Max-Planck-Gesellschaft in der Bundesrepublik Deutschland – handelte es sich um einen von Krisen begleiteten, insgesamt jedoch höchst erfolgreichen Vorgang. Die kritische Aufarbeitung der nationalsozialistischen Vergangenheit spielte dabei allerdings von Anfang an nur eine sehr geringe Rolle.[161] Selbstverständlich distanzierte man sich unzweideutig von der Ideologie und Terrorherrschaft des NS-Systems, und um das für den Neuanfang nötige Vertrauen warb man, auch im Ausland, vor allem mit der persönlichen Integrität herausragender Forscherpersönlichkeiten wie Max Planck, Otto Hahn und Max von Laue. Einer konkreten Auseinandersetzung mit der eigenen Geschichte während der NS-Zeit versuchte man dagegen so weit wie möglich aus dem Wege zu gehen. Man verständigte sich schon bald darauf, daß die Kaiser-Wilhelm-Gesellschaft die Autonomie der Wissenschaft gegen alle Zumutungen des Systems bewahrt habe und sich nicht für die Zwecke des Nationalsozialismus habe vereinnahmen lassen. Auch im »Dritten Reich« habe man sich der Grundlagenforschung gewidmet und sich stets an rein wissenschaftlichen Zielsetzungen, nicht an politischen Vorgaben orientiert. Es entsprach dieser Art von apologetischer Stilisierung der Vergangenheit, daß man die Reihen schloß und sich – wenn ihr wissenschaftlicher

---

161 Vgl. Schüring, Minervas verstoßene Kinder, S. 230-361 (»Mentalitäten und Interessen. Das Selbstverständnis der Max-Planck-Gesellschaft und der Umgang mit den Folgen des Nationalsozialismus in der Nachkriegszeit«); Reinhard Rürup, Kontinuität und Neuanfang. Die Kaiser-Wilhelm-Gesellschaft im Nationalsozialismus und die Vergangenheitspolitik der Max-Planck-Gesellschaft, in: Jürgen Matthäus/Klaus-Michael Mallmann (Hg.), Deutsche, Juden, Völkermord. Der Holocaust als Geschichte und Gegenwart [Festschrift für Konrad Kwiet], Darmstadt 2006, S. 257-274; Carola Sachse, Wissenschaftseliten und NS-Verbrechen. Zur Vergangenheitspolitik der Kaiser-Wilhelm-/Max-Planck-Gesellschaft, in: Sigrid Oehler-Klein/Volker Roelcke (Hg.), Vergangenheitspolitik in der universitären Medizin nach 1945. Institutionelle und individuelle Strategien im Umgang mit dem Nationalsozialismus, Stuttgart 2007, S. 43-64; Gerald D. Feldman, Historische Vergangenheitsbearbeitung. Wirtschaft und Wissenschaft im Vergleich, Berlin 2003.

Rang unstrittig war – schützend selbst vor solche Kollegen stellte, von denen bekannt war, daß sie sich über das übliche Maß der Anpassung hinaus auf den Nationalsozialismus eingelassen hatten und mit besonderem Eifer für die Vorbereitung und Führung des Krieges tätig gewesen waren.[162]

Mit einer solchen Grundeinstellung, die nicht nur vom Präsidenten und der Generalverwaltung, sondern auch von den meisten Institutsdirektoren und Senatsmitgliedern geteilt wurde, konnte eine selbstkritische Bestandsaufnahme nicht als besonders dringlich erscheinen. Unter den gegebenen Verhältnissen müsse man, so lautete eine weit verbreitete Überzeugung, entschlossen nach vorn und nicht zurück blicken. Schuldgefühle hinsichtlich der wissenschaftlichen Tätigkeit in der NS-Zeit waren bei vielen gar nicht erst vorhanden und wurden von anderen erfolgreich unterdrückt. Auch in der Kaiser-Wilhelm-/Max-Planck-Gesellschaft verstanden sich die meisten als Opfer des Nationalsozialismus und des Krieges. Man beklagte die »Not des Vaterlandes« und mobilisierte alle Kräfte für die Überwindung der »deutschen Katastrophe«, die in der militärischen Niederlage und dem politisch-gesellschaftlichen »Zusammenbruch« gesehen und auf 1945, nicht 1933 datiert wurde.

So verzichtete man auch darauf, die Vertreibungsvorgänge seit dem Beginn der NS-Herrschaft genauer zu untersuchen und den persönlichen und beruflichen Schicksalen derjenigen nachzugehen, die dazu gezwungen worden waren, die Kaiser-Wilhelm-Gesellschaft und ihre Institute zu verlassen. Von wenigen Ausnahmen abgesehen, suchte man nicht den Kontakt mit den früheren Kolleginnen und Kollegen, in einigen Fällen aus schlechtem Gewissen, in anderen, vermutlich den weitaus meisten, weil man zu sehr mit den eigenen Problemen in der Gegenwart beschäftigt war. Der Gedanke, daß die Kaiser-Wilhelm-/Max-Planck-Gesellschaft an diesen Kolleginnen und Kollegen etwas »wiedergutzumachen« habe, war für die allermeisten offensichtlich nicht sehr naheliegend.[163] Innerhalb

---

162 Carola Sachse, »Persilscheinkultur«. Zum Umgang mit der NS-Vergangenheit in der Kaiser-Wilhelm-/Max-Planck-Gesellschaft, in: Bernd Weisbrod (Hg.), Akademische Vergangenheitspolitik. Beiträge zur Wissenschaftskultur der Nachkriegszeit, Göttingen 2002, S. 217-246.

163 Zur »Wiedergutmachungs«-Problematik in der Max-Planck-Gesellschaft siehe das Kapitel »Die Wiedergutmachung bzw. Entschädigung« in: Schüring, Minervas verstoßene Kinder, S. 137-229; ders., Ein Dilemma der Kontinuität. Das Selbstverständnis der Max-Planck-Gesellschaft und der Umgang mit den Emigranten in den 50er Jahren, in: Rüdiger vom Bruch/Brigitte Kaderas (Hg.), Wissenschaften und Wissenschaftspolitik. Bestandsaufnahmen zu Formationen, Brüchen und Kontinuitäten im Deutschland des 20. Jahrhunderts, Stuttgart 2002, S. 453-463.

der Max-Planck-Gesellschaft blieb es bis heute auch so gut wie unbekannt, daß Fritz Epstein, der Wissenschaftliches Mitglied des KWI für physikalische Chemie und Elektrochemie und einer der engsten Mitarbeiter und Freunde Fritz Habers war, und Fritz Duschinsky, der als junger Wissenschaftler dem KWI für Physik angehörte hatte, 1942 bzw. 1943 in Auschwitz ermordet wurden. Beide waren nach Frankreich emigriert, hielten sich dort in der Zeit der deutschen Besatzung versteckt und wurden aufgrund von Denunziationen deportiert. Zu den Opfern der nationalsozialistischen Mordpolitik ist auch Marie Wreschner zu zählen, die dreizehn Jahre lang als Wissenschaftlerin in der von Herbert Freundlich geleiteten Abteilung des KWI für physikalische Chemie und Elektrochemie gearbeitet hatte und sich im Spätjahr 1941 in Berlin das Leben nahm, um den beginnenden Deportationen zu entgehen. Ebensowenig bekannt ist, daß frühere Kollegen wie Kurt Guggenheimer und Wladimir Lasareff, die ebenfalls bis 1933 dem KWI für physikalische Chemie und Elektrochemie angehört hatten, in Konzentrationslager verschleppt wurden oder daß William Herz, der im KWI für Faserstoffchemie tätig gewesen war, 1937 wegen »Vorbereitung zum Hochverrat« verurteilt und Wilhelm Wengler vom KWI für ausländisches öffentliches Recht und Völkerrecht 1944 wegen politisch mißliebiger Äußerungen von der Gestapo inhaftiert wurde. Sogar die Tatsache, daß mit Berthold Schenk Graf von Stauffenberg ein Wissenschaftliches Mitglied des Völkerrechtsinstituts an dem Umsturzversuch vom 20. Juli 1944 unmittelbar beteiligt war, schon drei Wochen später vom »Volksgerichtshof« verurteilt und in Berlin-Plötzensee hingerichtet wurde, gehört in der Max-Planck-Gesellschaft keineswegs zum Allgemeinwissen.

Daß die Max-Planck-Gesellschaft mit der Verweigerung einer gründlichen Aufarbeitung ihrer NS-Vergangenheit jahrzehntelang keine größeren Probleme hatte, ist nicht überraschend, wenn man einen Blick auf die allgemeinen Entwicklungen in der Bundesrepublik wirft. Zwar kam es in den sechziger Jahren in den Universitäten zu ersten Auseinandersetzungen um die NS-Geschichte einzelner Professoren und Fachrichtungen, doch wurden weitergehende Nachforschungen selbst in den wissenschaftlichen Einrichtungen noch für lange Zeit blockiert. Industrieunternehmen, Banken und Versicherungen, aber auch viele öffentlich-rechtliche Körperschaften, Verbände und Vereine glaubten bis in die achtziger und neunziger Jahre hinein, sich ihrer Geschichte in der Zeit des Nationalsozialismus nicht stellen zu müssen. Es bedurfte offensichtlich der in den achtziger Jahren in der Bundesrepublik einsetzenden generellen Veränderungen im Umgang mit der nationalsozialistischen Vergangenheit – die ihren ersten Höhepunkt in der Rede des Bundespräsidenten Richard von

Weizsäcker am 8. Mai 1985 fanden –, ehe sich auch die Max-Planck-Gesellschaft dazu durchrang, der eigenen Geschichte zwischen 1933 und 1945 endlich ihre Aufmerksamkeit zu widmen.

Als 1986 der 75. Jahrestag der Gründung der Kaiser-Wilhelm-Gesellschaft gefeiert wurde, trat Heinz Staab als Präsident der Max-Planck-Gesellschaft in seiner Festrede erstmals der noch immer weit verbreiteten Ansicht entgegen, daß die Kaiser-Wilhelm-Gesellschaft die NS-Zeit »verhältnismäßig unberührt überstanden« habe. Er nannte es »eine Belastung für uns alle«, daß KWG-Wissenschaftler in jenen Jahren »grundlegende ethische Regeln verletzt haben«, und forderte unter Berufung auf die Weizsäcker-Rede auch für die eigene Wissenschaftsorganisation einen offenen Umgang mit der NS-Vergangenheit – »ohne Beschönigung und Einseitigkeit«.[164] Die Festschrift zum 75. Jahrestag, die 1990 als Buch erschien, enthielt einen ersten Überblick über die Geschichte der Gesellschaft im »Dritten Reich«.[165] Und im gleichen Jahr bekannte sich die Max-Planck-Gesellschaft mit der Errichtung eines Gedenksteins auf dem Münchener Waldfriedhof (»Zur Erinnerung an die Opfer des Nationalsozialismus und ihren Mißbrauch durch die Medizin. Allen Forschern als Mahnung zu verantwortlicher Selbstbegrenzung.«) und der symbolischen Bestattung der bis zu diesem Zeitpunkt in einzelnen Max-Planck-Instituten noch immer vorhandenen Hirnpräparate von Opfern der NS-Verbrechen zu ihrer Verantwortung für die »Irrwege und Abgründe von Wissenschaft« auch in den eigenen Reihen.[166]

Als die öffentlichen Diskussionen über die Geschichte der Kaiser-Wilhelm-Gesellschaft in der NS-Zeit auch in den folgenden Jahren nicht ver-

---

164 Heinz A. Staab, Kontinuität und Wandel einer Wissenschaftsorganisation: 75 Jahre Kaiser-Wilhelm-/Max-Planck-Gesellschaft, in: MPG-Spiegel 4, 1986, S. 37-52, hier vor allem S. 45-48.

165 Albrecht/Hermann, Kaiser-Wilhelm-Gesellschaft. Es fällt allerdings auf, daß in dem von Rudolf Vierhaus und Bernhard vom Brocke zum Jubiläum herausgegebenen Sammelband »Forschung im Spannungsfeld von Politik und Gesellschaft« den 22 Jahren der Kaiser-Wilhelm-Gesellschaft im Kaiserreich und in der Weimarer Republik 337 Seiten, den 12 Jahren des »Dritten Reiches« mit dem Beitrag von Helmuth Albrecht und Armin Hermann dagegen nur 50 Seiten gewidmet sind.

166 Georg W. Kreutzberg, Irrwege und Abgründe von Wissenschaft, in: Münchener Medizinische Wochenschrift 132, Nr. 26, 1990, S. 16-19; ders., Betroffen von der Erbarmungslosigkeit. Ansprache des Direktors des Theoretischen Instituts des MPI für Psychiatrie, in: MPG-Spiegel 4, 1990, S. 33-35; ders., Verwicklung, Aufdeckung und Bestattung: Über den Umgang mit einem Erbe, in: Franz-Werner Kersting u. a. (Hg.), Nach Hadamar. Zum Verhältnis von Psychiatrie und Gesellschaft im 20. Jahrhundert, Paderborn 1993, S. 300-308.

stummten, ergriff MPG-Präsident Hubert Markl 1997 die Initiative zu einer möglichst umfassenden, alle verfügbaren Quellen auswertenden Untersuchung dieser Geschichte. Mit Unterstützung des Senats der Max-Planck-Gesellschaft berief er eine »Präsidentenkommission«, der neben einem der Vizepräsidenten der Gesellschaft und vier Direktoren von Max-Planck-Instituten zwei deutsche und zwei ausländische Historiker angehörten, die nicht Mitglieder der Max-Planck-Gesellschaft waren.[167] Diese Kommission erhielt den Auftrag, die Geschichte der Kaiser-Wilhelm-Gesellschaft im Nationalsozialismus zu erforschen. Die dafür erforderlichen Mittel stellte die Max-Planck-Gesellschaft zur Verfügung, doch war die Kommission nicht weisungsgebunden, sondern in ihrer wissenschaftlichen Arbeit unabhängig. Das galt insbesondere für die Konzeption des Forschungsprogramms, die Errichtung einer Forschungsstelle, die Einstellung von Mitarbeitern, die Einladung von Gastwissenschaftlern und die Veröffentlichung der Forschungsergebnisse. Das zunächst für fünf Jahre geplante, dann auf sechs Jahre verlängerte Forschungsprogramm begann mit einer internationalen wissenschaftlichen Konferenz im März 1999 und fand seinen offiziellen Abschluß mit einer Konferenz im März 2005, auf der die Ergebnisse der Arbeit öffentlich präsentiert und zur Diskussion gestellt wurden.[168]

167 Zu Vorsitzenden der Kommission wurden die Historiker Reinhard Rürup (TU Berlin) und Wolfgang Schieder (Universität Köln) ernannt. Als Mitglieder berufen wurden die Vizepräsidenten Franz Emanuel Weinert (München), später Jochen A. Frowein (Heidelberg) und Rüdiger Wolfrum (Heidelberg), die Max-Planck-Direktoren Hartmut Lehmann (MPI für Geschichte, Göttingen), Jürgen Renn (MPI für Wissenschaftsgeschichte, Berlin), Hans-Jörg Rheinberger (MPI für Wissenschaftsgeschichte, Berlin) und Michael Stolleis (MPI für europäische Rechtsgeschichte, Frankfurt/Main), die Historiker Fritz Stern (Columbia University, New York) und Paul Weindling (Oxford Brookes University) sowie zu einem späteren Zeitpunkt Doris Kaufmann (Universität Bremen), die erste Projektleiterin des Forschungsprogramms. Öffentlich begründet wurde die Einsetzung der Kommission von Markl Anfang 1998 im Rahmen der 50-Jahr-Feier der Max-Planck-Gesellschaft: Blick zurück, Blick voraus. Ansprache des Präsidenten Prof. Dr. Hubert Markl auf der Festveranstaltung zum 50jährigen Gründungsjubiläum der Max-Planck-Gesellschaft, in: MPG-Spiegel 2, 1998, S. 5-19, hier S. 6-9.

168 In der von Reinhard Rürup und Wolfgang Schieder herausgegebenen Reihe »Geschichte der Kaiser-Wilhelm-Gesellschaft im Nationalsozialismus« (Wallstein Verlag) sind bis zum Sommer 2007 vierzehn Bände veröffentlicht worden; weitere drei Bände werden im Herbst/Winter 2007/08 erscheinen. Die von Carola Sachse begründete, später von Susanne Heim und zuletzt von Rüdiger Hachtmann im Selbstverlag des Forschungsprogramms herausgegebene Reihe »Ergebnisse. Vorabdrucke aus dem Forschungsprogramm ›Geschichte der Kai-

Erst zu einem relativ späten Zeitpunkt, als die meisten anderen Forschungsvorhaben schon weit fortgeschritten waren, entschied die Kommission, einer Anregung des Präsidenten der Max-Planck-Gesellschaft folgend, den Schicksalen der Wissenschaftlerinnen und Wissenschaftler, die aus der Kaiser-Wilhelm-Gesellschaft vertrieben wurden, ein eigenes Vorhaben zu widmen. Daraus ist das nunmehr vorliegende Gedenkbuch entstanden. Seine Aufgabe ist, die Erinnerung an das während der NS-Zeit in der Kaiser-Wilhelm-Gesellschaft geschehene Unrecht wachzuhalten, vor allem aber den Blick auf das Leben und Leiden der Menschen zu richten, an denen das Unrecht verübt wurde. In nicht ganz wenigen Fällen handelt es sich dabei um die Träger berühmter Namen, die jedem gegenwärtig sind, der mit der Wissenschaftsgeschichte des 20. Jahrhunderts auch nur oberflächlich vertraut ist. Die besondere Verpflichtung des Erinnerns und Gedenkens besteht aber gerade hinsichtlich der sehr viel größeren Zahl von Forscherinnen und Forschern, deren Namen in Vergessenheit geraten oder nur noch einem engen Kreis von Fachgenossen bekannt sind.

Im Zentrum des Gedenkbuches stehen deshalb die 104 biographischen Skizzen. In ihnen geht es nicht in erster Linie um die Daten, die man üblicherweise in einem biographischen Nachschlagewerk sucht. Auch gilt die Aufmerksamkeit nicht allein den herausragenden wissenschaftlichen Erfolgen oder den schulbildenden Forschungsleistungen. Das alles gehört natürlich zu einer biographischen Würdigung, selbst wenn für die einzelne Biographie nur ein sehr begrenzter Raum zur Verfügung steht. Das besondere Interesse gilt jedoch – neben dem sozialen, religiösen und kulturellen Hintergrund der Forscherpersönlichkeiten und ihrer wissenschaftlichen Entwicklung bis 1933 – vor allem den je spezifischen Umständen der Vertreibung aus der Kaiser-Wilhelm-Gesellschaft und den prägenden Emigrationserfahrungen sowie dem Verhältnis zur Kaiser-Wilhelm- bzw. Max-Planck-Gesellschaft nach 1945 und der geradezu überwältigenden Fülle von Ehrungen und Auszeichnungen, die vielen dieser Forscher in Anerkennung ihres wissenschaftlichen Lebenswerks zuteil wurden.

Die Darstellung der Biographien folgt einem einheitlichen Grundmuster, doch verbot sich ein streng schematischer Aufbau der Artikel

ser-Wilhelm-Gesellschaft im Nationalsozialismus«« ist 2006 mit 28 Heften zum Abschluß gebracht worden. Außerhalb dieser Reihen erschien u. a.: Politics and Science in Wartime. Comparative International Perspectives on the Kaiser-Wilhelm-Institutes, hg. v. Carola Sachse und Mark Walker (= Osiris. 2nd Series, Bd. 20), Chicago 2005.

schon deshalb, weil die Lebensläufe allzu viele und oft grundlegende Unterschiede aufweisen. Bei den älteren, national und international anerkannten Forschern gehört der größte Teil ihrer wissenschaftlichen Biographie der Zeit vor 1933 an, während viele der Jüngeren zu diesem Zeitpunkt erst am Anfang ihrer wissenschaftlichen Karriere standen, so daß die Zeit vor der nationalsozialistischen »Machtergreifung« lediglich den Ausgangspunkt für die Entwicklungen bietet, die sich danach über viele Jahre und Jahrzehnte erstrecken.

Die in den Kurzbiographien gebündelten Informationen beruhen auf den Angaben, die einer großen Zahl älterer und neuerer biographischer Nachschlagewerke entnommen werden konnten, ergänzt um die Ergebnisse von Recherchen im Internet und in den unmittelbar einschlägigen Archiven. Als besonders ergiebig erwiesen sich in vielen Fällen außerdem die Nachrufe, die in Fachzeitschriften und der allgemeinen Presse erschienen oder von den nationalen Akademien und anderen gelehrten Gesellschaften veröffentlicht wurden. Während man in einigen wenigen Fällen auf eine inzwischen umfangreiche biographische Literatur zurückgreifen kann, so daß das Darstellungsproblem vor allem in der Zusammenfassung des bereits Bekannten besteht, sind in anderen Fällen nur so wenige Daten verfügbar, daß große Teile der Biographie notgedrungen im Dunkeln bleiben. Aufs ganze gesehen kann die Materiallage nur als sehr ungleichmäßig bezeichnet werden, was sich zwangsläufig auch in der Darstellung bemerkbar macht.

Dem Charakter eines Gedenkbuches entsprechend, ist bei den biographischen Skizzen auf Anmerkungen verzichtet worden. Bei wörtlichen Zitaten aus unveröffentlichten Quellen sollte jedoch aus dem jeweiligen Kontext erkennbar sein, ob es sich beispielsweise um Material aus dem Archiv zur Geschichte der Max-Planck-Gesellschaft, aus Akademie- und Universitätsarchiven oder aus den Archiven der internationalen Hilfsorganisationen handelt. Bei Zitaten aus gedruckten Quellen werden die Zeitschriften, Zeitungen oder Bücher, das Jahr der Veröffentlichung und – soweit bekannt – auch die Autoren genannt, so daß eine Identifizierung unter Benutzung der dem Band beigegebenen Verzeichnisse der biographischen Nachschlagewerke und der biographischen Literatur ohne Schwierigkeiten möglich sein sollte. Diese Verzeichnisse ermöglichen auch, nicht zuletzt in Verbindung mit den Registern, den Zugriff auf die jeweils einschlägige Literatur.

Während dem biographischen Hauptteil des Gedenkbuches ein einleitender erster Teil vorangestellt ist, in dem die historischen Vorgänge dargestellt und die Zusammenhänge erläutert werden, die im Rahmen der biographischen Artikel nur benannt, aber nicht ausgeführt werden kön-

nen, bietet die Fotodokumentation des dritten Teils eine eigenständige
Ergänzung. Allerdings ist auch das personenbezogene Bildmaterial nur
sehr lückenhaft überliefert, und Vollständigkeit ist in dieser Hinsicht offensichtlich nicht mehr zu erreichen. Immerhin ist es gelungen, für Drei-
viertel der vertriebenen Wissenschaftlerinnen und Wissenschaftler, nämlich 78 von 104, fotografisches Material zu sichern, wenn auch in einigen
Fällen nur im Rahmen von Gruppenfotos der jeweiligen Institutsangehörigen. Dazu kommen etwa zwei Dutzend Fotos der Institute, in denen
die meisten der Vertriebenen tätig waren. Hier werden neben den Ge-
bäuden auch einige Gruppenbilder gezeigt, wobei dem von Fritz Haber
geleiteten KWI für physikalische Chemie und Elektrochemie, das die
weitaus stärksten Personalverluste erlitt, eine gewisse Sonderstellung eingeräumt wird.

Einer Erläuterung bedarf die Nennung zweier Namen auf dem Titel-
blatt – eines Verfassers und eines »Mitwirkenden« –, weil sich darin die
Entstehungsgeschichte des Gedenkbuches spiegelt. Der Auftrag ging zunächst, im Rahmen eines Werkvertrages, an Michael Schüring, der bei
den Vorarbeiten für seine Dissertation über die Vergangenheitspolitik der
Max-Planck-Gesellschaft (»Minervas verstoßene Kinder«) bereits einen
Teil des einschlägigen biographischen Materials bearbeitet hatte. Bis Ende
2004 erstellte er einen ersten Entwurf der biographischen Artikel mit
einem kurzen Einleitungstext. Als er sich danach anderen Arbeiten zu-
wenden mußte, wurde das Projekt von Reinhard Rürup übernommen,
der die nunmehr vorliegende Fassung erarbeitete. Im Laufe dieses Prozes-
ses ist die Zahl der in dem Gedenkbuch berücksichtigten Personen erheblich erhöht worden, sind auch die biographischen Recherchen weiter
ausgedehnt und intensiviert worden, nicht zuletzt durch die systematische
Auswertung der bei den Promotionsverfahren vorgelegten Lebensläufe
und die Heranziehung der wissenschaftlichen und publizistischen Nachrufe. Auf der Grundlage des neu erarbeiteten Materials sind sämtliche
biographischen Artikel, unter Einbeziehung der ersten Entwürfe, neu
formuliert und in der Regel beträchtlich erweitert worden. Völlig neu
entwickelt wurde die Fotodokumentation, während aus der anfangs eher
essayistisch gedachten, auf wenige Seiten beschränkten Einleitung ein
umfangreicher eigener Teil des Gedenkbuches geworden ist. So liegt die
Verantwortung sowohl für die Konzeption des Buches als auch für die
einzelnen Formulierungen allein bei Reinhard Rürup, während es das
bleibende Verdienst von Michael Schüring ist, in einer ersten Stufe des
Projekts wichtige Grundlagen geschaffen zu haben, auf die bei der weiteren Bearbeitung des Vorhabens aufgebaut werden konnte.

Es ist die Hoffnung des Verfassers, daß die biographischen Artikel

nicht nur zum Nachschlagen benutzt, sondern auch und vor allem fort-
laufend gelesen, als ein zusammenhängender Text wahrgenommen werden. Alle Lebenswege, die hier vorgestellt werden, dokumentieren auf er-
schreckende Weise den prinzipiellen Unrechts- und Terrorcharakter, der
das »Dritte Reich« von den ersten Schritten der nationalsozialistischen
»Machtergreifung« an charakterisierte. Sie sind geprägt durch die Unterbrechung, wenn nicht gar den Abbruch der wissenschaftlichen Arbeit
aufgrund politischer Interventionen, durch die Verfolgungserfahrung in
einer rassistisch ausgerichteten Diktatur, durch das plötzliche Verschwin-
den bis dahin als selbstverständlich empfundener bürgerlicher Sicherhei-
ten, durch den Verlust von Heimat und die Orientierungsprobleme in
fremden Ländern, Sprachen und Kulturen.

Die biographischen Artikel zeigen aber auch, in wie unterschiedlicher
Weise die Betroffenen sich mit dem ihnen aufgezwungenen Schicksal
auseinandergesetzt haben. Einige sind an ihm zerbrochen, andere haben
viele Jahre unter ihm gelitten, ohne sich unterkriegen zu lassen, und wieder andere haben die von ihnen nicht gewollten Veränderungen als eine
Chance begriffen und diese in einem zunächst ganz unvertrauten wissenschaftlichen und gesellschaftlichen Umfeld auf bewundernswerte Weise
genutzt. Wer die in diesem Buch vorgestellten Persönlichkeiten und deren Lebenswege auf sich wirken läßt, dem werden sich immer wieder
auch Fragen nach dem eigenen Denken und Handeln, den eigenen Erfahrungen, Hoffnungen und Befürchtungen in einer ganz anders gearteten Welt aufdrängen. Die Begegnung mit der Geschichte zwingt auch in
diesem Fall zur Reflexion über die Verantwortung für die eigene Gegenwart und Zukunft.

Teil II
Biographische Skizzen

Max Adler

Kaiser-Wilhelm-Institut für Strömungsforschung, Göttingen

Geboren am 24. Juli 1907 in Haßfurth.

Max Adler studierte Maschineningenieurwesen an den Technischen Hochschulen in München und Berlin. Bis Ende März 1933 war er in Göttingen im Institut für angewandte Mechanik der Universität und als Mitarbeiter von Ludwig Prandtl gleichzeitig auch im Kaiser-Wilhelm-Institut für Strömungsforschung tätig. Er promovierte 1933 an der Technischen Hochschule München bei Dieter Thoma zum Dr.-Ing. mit einer seit 1931 im Institut für Strömungsforschung entstandenen Dissertation über »Strömung in gekrümmten Röhren«.

Im Februar 1934 teilte er dem britischen Academic Assistance Council mit, daß er seine »Absicht, nach diesem Examen wieder nach Göttingen zurückzukehren und dort eine bezahlte Assistentenstelle anzunehmen oder ein Stipendium von der Notgemeinschaft der deutschen Wissenschaft zu erlangen«, aufgrund der inzwischen veränderten politischen Situation nicht mehr realisieren konnte, »da ich Jude bin und die Institute der Kaiser-Wilhelm-Gesellschaft den Arierparagraphen eingeführt hatten«.

Adler emigrierte nach Großbritannien, wo er in einem Forschungslabor der Firma General Electric in North Wembley, Middlesex arbeitete. Über seinen weiteren Lebensweg ist nichts bekannt.

Charlotte Auerbach

Kaiser-Wilhelm-Institut für Biologie, Berlin-Dahlem

Geboren am 14. Mai 1899 in Krefeld, gestorben am 17. März 1994 in Edinburgh.

Charlotte Auerbach entstammte einer durch Wissenschaft und Kunst geprägten Familie. Ihr Vater Friedrich Auerbach, verheiratet mit Selma Sachs, war ein promovierter Chemiker und später Oberregierungsrat im Reichsgesundheitsamt. Sie wuchs in Berlin-Charlottenburg auf, machte das Abitur an der Auguste-Viktoria-Schule (Realgymnasium) und studierte ab 1919 an den Universitäten Berlin, Würzburg und Freiburg. 1924 legte sie das Staatsexamen in den Fächern Biologie, Chemie und Physik ab. Danach unterrichtete sie an Höheren Schulen in Heidelberg, Frankfurt am Main und zuletzt Berlin, wo ihr im April 1933 aufgrund des »Berufsbeamtengesetzes« gekündigt wurde. 1928-29 und 1931-33 war sie außerdem als Stipendiatin in der Abteilung von Otto Mangold im Kaiser-Wilhelm-Institut für Biologie tätig. Da sie als Jüdin in Deutschland für sich keine berufliche Zukunft mehr sah, emigrierte sie im Oktober 1933 nach Großbritannien (ihre Mutter folgte im August 1939 nach, ihr Vater war schon 1925 gestorben).

Der mit ihren Eltern befreundete Herbert Freundlich, der im Frühjahr 1933 wegen der politischen Entwicklungen in Deutschland seine Stelle als Abteilungsleiter im Kaiser-Wilhelm-Institut für physikalische Chemie und Elektrochemie gekündigt hatte und inzwischen im University College London tätig war, öffnete ihr den Weg nach Edinburgh, wo sie mit der Unterstützung von Francis A. E. Crew im Institute for Animal Genetics der Universität ihre Forschungen fortsetzen konnte. Sie promovierte 1935 und übernahm danach weitere Forschungsaufgaben im Institut. Ihre wissenschaftliche Entwicklung wurde entscheidend durch die Begegnung (1937/38) mit dem späteren Nobelpreisträger Hermann Joseph Muller und die gemeinsame Arbeit geprägt. Da sie 1939 die britische Staatsbürgerschaft erhielt, konnte sie auch während des Krieges wissenschaftlich weiterarbeiten. 1947 wurde sie von der Edinburgh University zum Lecturer, 1957 zum Reader, 1967 zur Professorin (Personal Chair) ernannt. Über ihre Lehrtätigkeit schrieb Brian J. Kilbey in dem Nachruf der Royal Society Edinburgh, der sie seit 1949 angehörte: »She had a passion for communicating science. Her lectures were models of clarity, usually delivered without notes.«

Charlotte Auerbach, die vielseitig gebildet, auch literarisch und musikalisch begabt war (1947 veröffentlichte sie bei Hutchinson unter dem Pseudonym »Charlotte Austen« den Erzählband »Adventures with Rosalind«), entwickelte sich in Edinburgh zu einer bedeutenden Genetikerin. 1941 entdeckte sie (mit John M. Robson) die mutagene Wirkung von Senfgas. Die von ihr betriebene Mutationsforschung umfaßte Experimente mit verschiedenen Chemikalien, ultraviolettem Licht und Röntgenstrahlen; zu ihren Versuchsobjekten gehörten unter anderem Fliegen, Mäuse und Pilze. 1959-69 leitete sie die Abteilung für Mutationsforschung im britischen Medical Research Council. Im Rückblick auf ihre in Großbritannien erzielten wissenschaftlichen Erfolge bemerkte sie in späteren Jahren gegenüber ihren Kollegen in Edinburgh ironisch-sarkastisch, daß es in gewisser Weise Hitler gewesen sei, der sie zur Wissenschaftlerin gemacht habe (»thanks to Hitler I became a scientist«). Als Wissenschaftlerin fühlte sie sich auch zu politisch-gesellschaftlichem Engagement verpflichtet. »On occasions«, schrieb Kilbey in seiner Würdigung ihres Lebenswerks, »she felt the need to speak out unequivocally on genetically related political issues which she felt were either misunderstood or being misrepresented. In South Africa, for example, she spoke out against Apartheid with unquestionable authority as she did on certain theories of the genetic determination of intelligence and she was a constant and outspoken critic of the continued testing of nuclear weapons.«

In den ersten Jahren nach 1945 zögerte Charlotte Auerbach, Kontakt mit deutschen Kollegen aufzunehmen oder Deutschland zu besuchen. »Gerade weil ich Deutschland so sehr geliebt habe und jetzt noch seine Landschaft, seine Dichtung und Musik so sehr liebe«, schrieb sie 1952 in einem Brief an Friedrich Oehlkers, »habe ich oft das Gefühl, ein Besuch dort kann nur traurig und aufregend für mich sein.« Es war vor allem den Bemühungen von Oehlkers und Georg Melchers zu verdanken, daß sie ihre Bedenken schließlich überwandt, mehrere Besuche in Deutschland machte und sogar Redaktionsmitglied der *Zeitschrift für induktive Abstammungs- und Vererbungslehre* wurde.

1956 veröffentlichte sie »Genetics in the Atomic Age«, 1962 »Mutation« und »The Science of Genetics«, 1965 »Heredity. An Introduction for O-level Students« und 1976 »Mutation Research. Problems, Results, and Perspectives«. Darüber hinaus publizierte sie etwa 90 Artikel in Fachzeitschriften wie den *Proceedings of the Royal Society Edinburgh*, *Nature*, *Genetics*, *Science* und *Mutation Research.*

Charlotte Auerbach war Mitglied zahlreicher wissenschaftlicher Gesellschaften und Akademien und empfing viele Ehrungen und Preise, u. a. 1977 die »Darwin Medal« der Royal Society London, deren Mitglied sie seit 1957 war. Sie erhielt die Ehrendoktorwürde der Universitäten in Leiden (1975), Cambridge (1977), Dublin (Trinity College, 1977) und Bloomington, Indiana (1984). In der Bundesrepublik Deutschland wurde ihr 1984 der Gregor-Mendel-Preis der Deutschen Genetischen Gesellschaft verliehen. Zu ihrer Emeritierung widmete ihr die Zeitschrift *Mutation Research* 1969 eine Festschrift. Die *Times* ehrte sie am 21. März 1994 mit einem Nachruf.

Hans Jakob von Baeyer

Kaiser-Wilhelm-Institut für medizinische Forschung, Heidelberg

Geboren am 16. August 1912 in München, gestorben am 16. September 1998 in Low, Quebec. Hans Jakob von Baeyer entstammte einer Familie von Medizinern und Naturwissenschaftlern. Sein Großvater war der Chemiker Adolf Baeyer, der 1885 in den Adelsstand erhoben und 1905 mit dem Nobelpreis ausgezeichnet wurde. Sein Vater, der Mediziner Hans Ritter von Baeyer (verheiratet mit Hildegard Merkel), war ordentlicher Professor der Universität Heidelberg und Direktor der Orthopädischen Klinik, bevor er 1933 aufgrund der Bestimmungen des »Berufsbeamtengesetzes« als »Nichtarier« entlassen wurde (die Familie war evangelisch-lutherischer Konfession, doch stammte seine Mutter aus einer jüdischen Familie). Hans Jakob von Baeyer wuchs in Heidelberg in einem bürgerlich-akademischen Milieu auf. 1930-34 studierte er in Heidelberg, Wien, Göttingen und wieder Heidelberg Physik, Mathematik und Chemie. Ab 1932 war er Doktorand bei dem späteren Nobelpreisträger Walther Bothe, der ihn zunächst im Physikalischen Institut der Universität Heidelberg und später im Kaiser-Wilhelm-Institut für medizinische Forschung betreute. Bothe hatte, nach heftigen politischen Auseinandersetzungen in der Universität, 1934 die Leitung des Instituts für Physik im KWI für medizinische Forschung übernommen. Anfang April 1935 schloß von Baeyer sein Promotionsverfahren ab. Die von ihm vorgelegte Dissertation trug den Titel »Anwendung der Koinzidenzmethode auf die Untersuchung von Kernprozessen«.

Bothe eröffnete ihm die Möglichkeit weiterer wissenschaftlicher Arbeit im KWI für medizinische Forschung. Es gelang von Baeyer, im Institut eine Koinzidenz-Apparatur zu entwickeln, die als die leistungsfähigste Technik zur Messung von Kernreaktionen galt. Trotz seiner erfolgreichen Arbeit verließ er im Spätjahr 1935 das Institut, weil er unter den Bedingungen nationalsozialistischer Herrschaft hier für sich keine längerfristigen Entwicklungsmöglichkeiten mehr sah. Als Angehöriger einer in Heidelberg als »nichtarisch« abgestempelten Familie und Ehemann einer »Halbjüdin« (1933 hatte er Renate Freudenberg geheiratet) fühlte er sich doppelt gefährdet. Er entschied sich deshalb, nachdem er Heinz Maier-Leibnitz als seinen Nachfolger im Institut in die Arbeit mit dem Koinzidenz-Apparat eingeführt hatte, für die relative Anonymität der großen Stadt und die Privatwirtschaft. Von November 1935 bis zum Kriegsende arbeitete er bei Telefunken in Berlin, wo er unter anderem Funkgeräte für die Wehrmacht entwickelte. Wegen seiner als kriegswichtig geltenden Tätigkeit wurde er nicht zur Wehrmacht eingezogen. Auch politisch blieb er unbehelligt, obwohl er der Familienüberlieferung zufolge Kontakte zu Widerstandskreisen hatte.

Im Mai 1945 folgte Hans Jakob von Baeyer seiner Familie in die Schweiz. Bereits im Herbst 1944 waren seine Frau und ihr jüngstes Kind nach Liechtenstein geflohen, später, mit Hilfe der Schweizer Botschaft in Berlin, auch die beiden älteren Kinder nach Basel, wo sein Schwiegervater, der von den Nationalsozialisten aus Deutschland vertriebene Ernst Freudenberg, seit 1938 Direktor der Kinderklinik war. In Basel arbeitete Hans Jakob von Baeyer einige Jahre lang bei Brown, Boveri & Cie., ehe er im Oktober 1951 mit der ganzen Familie nach Kanada auswanderte. Zuerst in Montreal, später in Ottawa und Low, Quebec, war er als Elektroniker, Telekommunikations- und Systemtechniker in der Privatindustrie erfolgreich. Außerdem übernahm er Beratungsaufgaben für die kanadische Regierung, vor allem in Fragen der Kommunikationstechnologie.

Da seine akademische Karriere trotz eines vielversprechenden Starts durch die politischen Verhältnisse schon früh gestoppt wurde, blieb die Zahl seiner wissenschaftlichen Veröffentlichungen gering. Dagegen erhielt er vor allem in den fünfziger und sechziger Jahren zahlreiche Patente für seine Erfindungen und Entwicklungen auf dem Gebiet der Kommunikationstechnologie. 1971/72 war er Vorsitzender einer kanadischen Regierungskommission für Computer- und Kommunikationstechnologie. 1972 erschien der von ihm herausgegebene Band »Branching Out. Report of the Canadian Computer/Communications Task Force«.

Die Erinnerung an Walther Bothe und das Heidelberger Institut war bei Hans Jakob von Baeyer auch im hohen Alter noch ebenso lebhaft wie positiv. Anläßlich der Vorbereitungen zur Feier von Walther Bothes hundertstem Geburtstag schrieb er den Veranstaltern 1991: »Meine eigene Physikkarriere war ja aus politischen Gründen sehr kurz, aber mein Kontakt mit Bothe war intensiv und unvergeßlich. Sollte eine Möglichkeit bestehen, meiner Verehrung, z. B. anläßlich des Kolloquiums am 2. Mai, Ausdruck zu geben, so wäre ich Ihnen für einen kurzen Hinweis dankbar. Selbst nach Heidelberg zu kommen, ist mir im Moment kaum möglich, aber vielleicht können Sie ja meinen Namen in einer Liste von Schülern und Freunden zufügen.« Nach seinem Tod wurde von Baeyer durch die Aufnahme in die kanadische »Hall of Fame« der Telekommunikation geehrt.

Walter Beck

Kaiser-Wilhelm-Institut für physikalische Chemie und Elektrochemie,
Berlin-Dahlem

Geboren am 7. Dezember 1901 in Berlin.
Walter Beck, Sohn des Kaufmanns Georg Beck und seiner Frau Else, geb. Silberberg, wuchs in Berlin auf. Im Frühjahr 1922 machte er das Abitur an der Oberrealschule in Berlin-Lichterfelde. Danach studierte er an der Universität Berlin Chemie und Physik. Er promovierte 1925 bei Herbert Freundlich mit der im KWI für physikalische Chemie und Elektrochemie erarbeiteten Dissertation »Die Sensibilisierung durch Albumin und Pseudoglobulin aus normalem und pathologisch verändertem Blutserum«. Seit 1925 war er wissenschaftlicher Mitarbeiter im KWI für physikalische Chemie und Elektrochemie in der von Freundlich geleiteten Abteilung. 1932 wurde er Privatdozent für Physikalische Chemie an der Technischen Hochschule Berlin.

Daß er das Institut 1933 aus politischen und/oder rassistischen Gründen verlassen mußte, ist den Unterlagen des Academic Assistance Council zu entnehmen. In der nicht datierten Kopie eines Schreibens von Beck, das vermutlich aus dem Jahre 1933 stammt, ist über seine bisherige Tätigkeit zu lesen: »As scientific collaborator at the Kaiser Wilhelm Institute fuer physikalische Chemie, Berlin-Dahlem, I started in the Department of Prof. H. Freundlich with electro-chemical investigations in colloid solutions. Later I applied myself, supported by a number of colleagues, to a different problem of electro-chemistry, viz. the corrosion of metals. In addition certain groups of metal protections, especially by varnishes and bitumens, were more closely investigated. At this opportunity we carried out physical studies of oil and nitro varnishes, which are especially related to the viscosity characteristics.«

In dem Empfehlungsschreiben, das Herbert Freundlich am 26. Juni 1933 an die britische Hilfsorganisation richtete, heißt es: »Dr. Beck is a man of great energy and industriousness. In his field of work he has acquired very thorough special knowledge, which is supported by a good theoretical training in the colloidal chemistry.« Becks Bemühungen um eine Anstellung in Großbritannien blieben jedoch ohne Erfolg. Als sich die Society for the Protection of Science and Learning nach Kriegsende um Informationen über das Schicksal Becks bemühte, stieß sie lediglich auf vage Auskünfte früherer Kollegen, nach denen Walter Beck sich in den dreißiger Jahren in Polen (Warschau) aufhielt und während des Krieges in den Niederlanden war, wo er sich bis zum Kriegsende verstecken konnte. Über seinen weiteren Lebensweg ist nichts bekannt.

Walter Beck veröffentlichte 1929 (mit Otto Kröhnke und Emil Maass) ein Buch »Die Korrosion unter Berücksichtigung des Materialschutzes, Bd. 1: Allgemeiner und theoretischer Teil«. Er publizierte bis 1931 u. a. in den Zeitschriften *Korrosion und Metallschutz, Zeitschrift für angewandte Chemie, Zeitschrift für Elektrochemie, Biochemische Zeitschrift* und *Gas Journal* (London).

Max Bergmann

Kaiser-Wilhelm-Institut für Lederforschung, Dresden

Geboren am 12. Februar 1886 in Fürth, gestorben am 7. November 1944 in New York.

Max Bergmann, der als siebtes Kind des Großhandelskaufmanns Salomon Bergmann und seiner Frau Rosalie in Fürth aufwuchs, machte das Abitur an einem humanistischen Gymnasium. Anschließend studierte er von 1906 bis 1911 an der Münchener Technischen Hochschule und an den Universitäten München und Berlin Botanik und Chemie. 1911 promovierte er bei Emil Fischer mit einer von Ignaz Bloch betreuten Untersuchung »Über Acylpolysulfide«. 1911-19 arbeitete er im I. Chemischen Institut der Berliner Universität als Privatassistent von Emil Fischer. Er habilitierte sich 1920 für das Fachgebiet Chemie, und noch im selben Jahr wurden ihm die Leitung der organisch-chemischen Abteilung und die Stelle des stellvertretenden Direktors im Kaiser-Wilhelm-Institut für Faserstoffchemie in Berlin übertragen. Im März 1922 wurde er (rückwirkend ab 1.12.1921) zum Direktor des neu gegründeten Kaiser-Wilhelm-Instituts für Lederforschung in Dresden ernannt. Gleichzeitig erhielt er eine Honorarprofessur an der dortigen Technischen Hochschule.

Im Rückblick ist es besonders bemerkenswert, daß mehrere der im Rahmen des Berufungsverfahrens für die Leitung des neuen Instituts befragten Fachkollegen Bergmann als einen der besten Fischer-Schüler zwar für wissenschaftlich hervorragend geeignet hielten, zugleich aber darauf hinwiesen, daß er es als Jude angesichts des starken Antisemitismus an der Technischen Hochschule Dresden schwer haben werde. Fritz Haber hatte vor diesem Hintergrund Bedenken, Bergmann mit der Berufung von vornherein in »eine schiefe Stellung« zu bringen. Richard Willstätter erklärte:»er ist Jude oder ist es seiner Herkunft nach. Das wäre für die

Technische Hochschule Dresden ein harter Bissen.« Auch Carl Dietrich Harries, leitender Chemiker bei Siemens & Halske in Berlin, schrieb: »Dr. Bergmann ist einer der tüchtigsten jungen Schüler Emil Fischers; leider ist er Jude oder wenigstens jüdischer Abstammung, welcher Umstand ihn in den Augen vieler für Dresden unmöglich macht.«

Bergmann gelang es, das Institut sehr rasch und mit großem Erfolg aufzubauen. Er schuf in Dresden einen der international führenden Standorte für Proteinforschung. Er selber leistete unter anderem grundlegende Beiträge zur Kohlenhydrat-, Fett- und Aminosäurenchemie und erhielt 1924-33 hierfür 18 Patente. 1933 wurde er aus antisemitischen Gründen aus dem Amt gedrängt. Gegen den Wunsch der Kaiser-Wilhelm-Gesellschaft versetzte die für seine Anstellung zuständige sächsische Regierung ihn in den Ruhestand, obwohl das KWI für Lederforschung zu einem großen Teil von der Industrie finanziert wurde und private Geldgeber sogar bereit waren, die Zahlung seines Direktorengehalts zusätzlich zu übernehmen. Bergmann, der im Spätjahr 1933, der Einladung zu einer Vortragsreise folgend, in die USA reiste, verlängerte seinen dortigen Aufenthalt und nahm Forschungsarbeiten im Rockefeller Institute in New York auf. Im März 1934 teilte er dem Präsidenten der Kaiser-Wilhelm-Gesellschaft mit, daß er nicht mehr nach Dresden zurückkehren werde. Schon zu einem früheren Zeitpunkt hatte er Wolfgang Graßmann als seinen Nachfolger vorgeschlagen. Bergmann war seit 1912 mit der Ärztin und Pädagogin Emmy Grunwald verheiratet. Aus dieser Ehe, die 1934 geschieden wurde, stammten zwei Kinder (Peter Gabriel und Esther Maria). In zweiter Ehe war er mit Martha Suter verheiratet, die ihn in die Emigration begleitete.

Max Bergmann war zunächst im Carnegie Institute of Technology in Pittsburgh tätig (bis 1935). Von 1936 bis zu seinem Tod im Jahr 1944 war er Direktor des chemischen Laboratoriums des Rockefeller Institute for Medical Research in New York. Hier wurde er schon bald zum führenden Experten auf dem Gebiet der Peptidsynthese und bei der Entwicklung neuer Methoden für die quantitative Analyse der Aminosäurenzusammensetzung von Proteinen. In den zehn Jahren, die ihm in den USA verblieben, konnte er sich wissenschaftlich erneut voll entfalten. Er fand begabte Mitarbeiter und Schüler, knüpfte viele freundschaftliche Kontakte und genoß ein hohes Ansehen unter den Fachkollegen.

In einem Nachruf der Zeitschrift *Science* wurden 1945 nicht nur seine wissenschaftlichen Leistungen, sondern auch die besonders liebenswerten Züge seiner Persönlichkeit hervorgehoben: »Max Bergmann possessed in a high degree the capacity for forming and maintaining affectionate friendships. He was incapable of malice, and never displayed rancor towards those who had wrecked his career in his native land. He was gifted with an indistinguishable fund of quiet humor, he was invariably generous towards younger men and towards the scientific work of his colleagues, and his innate modesty was never clouded by his objective though unexpressed recognition of the value of his own achievements.«

Bergmann war unter anderem Herausgeber des mehrbändigen »Handbuchs der Gerbereichemie und Lederfabrikation« (1931 ff.) und Autor von etwa 350 wissenschaftlichen Artikeln. Er war Mitglied angesehener wissenschaftlicher Vereinigungen, u. a. der Deutschen Akademie der Naturforscher Leopoldina (seit 1932). 1927-31 war er Präsident der International Society of Leather Chemists. Von der American Leather Chemists Association wurde er zum Ehrenmitglied ernannt. Von den deutschen Chemikern wurde er in späteren Jahren durch die Gründung einer Max-Bergmann-Gesellschaft geehrt, die jährlich eine Medaille an herausragende Persönlichkeiten der internationalen Forschung vergibt.

Hans Beutler

Kaiser-Wilhelm-Institut für physikalische Chemie und Elektrochemie, Berlin-Dahlem

Geboren am 13. April 1896 in Reichenbach im Vogtland, gestorben am 14. Dezember 1942 in Chicago.

Hans Beutler, Sohn des Tuchfabrikanten Isidor Beutler, studierte 1914-15 Physik an der Berliner Universität, war von Oktober 1915 bis Dezember 1918 Soldat und nahm anschließend sein Studium in Berlin wieder auf. Später wechselte er nach Greifswald, wo er 1922 bei Adolf Sieverts über das Thema »Palladiummohr als Absorbens für Wasserstoff und als Hydrierungskatalysator« promovierte. Nach einer einjährigen Tätigkeit bei Kasimir Fajans im staatlichen Chemischen Laboratorium in München war er in Berlin Assistent bei Michael Polanyi (1923 im Kaiser-Wilhelm-Institut für Faserstoffchemie, danach im KWI für physikalische Chemie und Elektrochemie). Seit 1927 war er im KWI für physikalische Chemie und Elektrochemie mit »selbständigen wissenschaftlichen Arbeiten« betraut. Im Sommersemester 1930 wurde er an der Berliner Universität zum Privatdozenten im Fach Chemie ernannt. Die von Fritz Haber und Max Bodenstein begutachtete Habilitationsschrift trug den Titel: »Über die Resonanz bei Stößen zweiter Art in Abhängigkeit von Gasdruck und den Termsystemen der Komponenten«.

Obwohl »mosaischer Religion«, wie er in seinem Lebenslauf für das Habilitationsverfahren schrieb, war Beutler 1933 dank seines Kriegseinsatzes vor den unmittelbaren Auswirkungen des »Berufsbeamtengesetzes« geschützt. Er mußte aber das Institut wegen der politisch motivierten Umstrukturierung, die nach dem Ausscheiden Habers, Freundlichs und Polanyis erfolgte, verlassen. 1934-35 konnte er im Rahmen eines Stipendiums noch in dem von Max Bodenstein geleiteten Physikalisch-Chemischen Institut der Berliner Universität tätig sein. Im Herbst 1935 wurde jedoch die Verlängerung des Stipendiums, das für die Förderung des wissenschaftlichen Nachwuchses bestimmt war, von der Universität mit der Begründung abgelehnt, daß »Beutler als Nichtarier niemals eine Professur erhalten wird«. Gleichzeitig wurde er aufgrund der Bestimmungen der »Nürnberger Gesetze« (»Reichsbürgergesetz«) als Privatdozent »beurlaubt«, ehe ihm im Februar 1936 die Lehrbefugnis endgültig entzogen wurde.

Beutler hatte 1933 die Spektren zwischen Röntgen- und UV-Strahlen entdeckt. In einem von Friedrich Paschen, dem Präsidenten der Physikalisch-Technischen Reichsanstalt, verfaßten Empfehlungsschreiben vom 24. November 1934 heißt es: Beutler »hat eine spektroskopisch sehr wichtige Entdeckung gemacht. […] Es ist im Interesse der Wissenschaft dringend erwünscht, daß ihm diese Forschung möglich wird: in erster Linie im Interesse der experimentellen und theoretischen Spektroskopie, sodann auch wegen der Anwendungen in der Astrophysik.« 1936 emigrierte Beutler in die USA. Dort war er 1936-37 Lecturer an der University of Michigan in Ann Arbor, danach, von 1937 bis zu seinem frühen Tod im Jahr 1942, Research Associate im Ryerson Physical Laboratory an der University of Chicago.

Beutler publizierte unter anderem in folgenden Fachblättern: *Die Naturwissenschaften, Zeitschrift für Physik, Zeitschrift für physikalische Chemie, Zeitschrift für Astrophysik, Bulletin of the American Physical Society* und *Physical Review*.

Max Bielschowsky

Kaiser-Wilhelm-Institut für Hirnforschung, Berlin-Buch

Geboren am 19. Februar 1869 in Breslau, gestorben am 15. August 1940 in London.

Max Bielschowsky, ein vielseitig begabter junger Mann, der im Milieu des jüdischen Bildungsbürgertums aufwuchs – sein Vetter Albert Biel-

schowsky wurde zum bekannten Goetheforscher und -biographen, sein
Vetter Alfred Bielschowsky zu einem angesehenen Ophthalmologen –,
studierte Medizin in Breslau, Berlin und München. Er promovierte 1893
an der Universität München bei Joseph Bauer mit der Dissertation »Über
einen Fall von Perityphlitis suppurativa mit Ausgang in Septico-Pyämie«.
Für seine weitere wissenschaftliche Entwicklung entscheidend waren die
daran anschließenden Jahre im Pathologischen Senckenberg-Institut in
Frankfurt am Main bei Ludwig Edinger und Carl Weigert. 1896 ging
er als Assistent an das Laboratorium des Berliner Neurologen Emanuel
Mendel, wo er 1902 die Silberimpregnation der Achsenzylinder und
Neurofibrillen erfand, ein Verfahren, das ihn international bekannt
machte. 1904 wechselte er in das von Oskar Vogt geleitete Neurobiologische Laboratorium der Berliner Universität. Ab 1919 war er in dem neu
gegründeten, ebenfalls von Oskar Vogt (und seiner Frau Cécile Vogt)
geleiteten Kaiser-Wilhelm-Institut für Hirnforschung für die histologische Abteilung zuständig und wurde 1925 auch zum Wissenschaftlichen
Mitglied des Instituts ernannt.

1933 mußte Bielschowsky aufgrund der antisemitischen Bestimmungen
des »Berufsbeamtengesetzes« das KWI für Hirnforschung (das 1931 in einen
großen Neubau in Berlin-Buch umgezogen war) verlassen. Er emigrierte
in die Niederlande, wo er zuerst im Laboratorium des Universitätskran-
kenhauses »Wilhelmina Gasthuis« in Amsterdam, später mit Unterstützung der Rockefeller Foundation im Laboratorium der Psychiatrischen
Klinik der Universität Utrecht tätig war. 1935 verbrachte er einige Zeit im
Cajal-Institut in Madrid. Im darauf folgenden Jahr erlitt er einen Schlaganfall und kehrte, da er arbeitsunfähig und weitgehend mittellos war,
vorübergehend nach Berlin zurück, ehe er schließlich im August 1939, von
seiner Frau Elsa, geb. Schlesinger, begleitet, nach Großbritannien floh,
wohin sein Sohn Paul Alexander schon früher emigriert war (die beiden
anderen Söhne waren inzwischen in Spanien und Südafrika). Er konnte
zunächst noch im Laboratorium von Professor Green in Sheffield arbeiten, bevor er im Sommer 1940 nach einem erneuten Schlaganfall starb.

Auf den Gebieten der Hirnanatomie und Neuropathologie war Max
Bielschowsky ein ebenso produktiver wie wirkungsmächtiger Wissenschaftler, der »aus der Geschichte der modernen Neuropathologie neben
Weigert, Nissl, Alzheimer, Spielmeyer nicht fortzudenken ist«, wie es
1959 in einem Gedenkartikel in der *Deutschen medizinischen Wochenschrift* hieß. In seinem Nachruf in den *Transactions of the American Neurological Association* schrieb Friedrich H. Lewy 1941: »As a matter of fact,
there is hardly a chapter of neuropathology to which Bielschowsky had
not contributed; but he is at his best when he gives – as in various hand-

books – a well rounded picture of the general histology of the normal and pathological nervous system. This task gave him the opportunity to draw from the vast stock of his accumulated knowledge not only in his special field but in basic science in general.«

Bielschowsky publizierte über 180 wissenschaftliche Arbeiten, sehr viele davon im *Journal für Psychiatrie und Neurologie*. Zu seinen wichtigsten Veröffentlichungen gehören: »Myelitis und Sehnervenentzündung« (1901) und »Allgemeine Histologie und Histopathologie des Nervensystems« (im »Handbuch der Neurologie«, Bd. 5, 1910).

Anläßlich seines 60. Geburtstages wurden Bielschowsky im *Journal für Psychiatrie und Neurologie* (Jg. 38, 1929) zahlreiche Beiträge gewidmet, u. a. von Walther Spielmeyer und Oskar Vogt. 1932 ernannte ihn die American Neurological Society zu ihrem Ehrenmitglied.

Jacob Joseph Bikermann (Bikerman)

Kaiser-Wilhelm-Institut für physikalische Chemie und Elektrochemie, Berlin-Dahlem

Geboren am 8. November 1898 in Odessa, gestorben am 11. Juni 1978 in Cleveland, Ohio.

Jacob Joseph Bikermann, Sohn des Journalisten und Schriftstellers Joseph Bikermann und seiner Frau Sarah, geb. Margulis, studierte 1916-21 Chemie an der Universität von Petersburg. 1921 wurden ihm in der Chemie-Abteilung der Petersburger Universität Assistentenfunktionen in der Lehre übertragen. Noch im gleichen Jahr emigrierte er mit seinen Eltern nach Deutschland. Ob, wo und wann er promoviert hat, ist nicht bekannt (in Rußland war die Promotion nach der Oktoberrevolution eine Zeitlang abgeschafft). Seit 1924 war er als Assistent im Kaiser-Wilhelm-Institut für physikalische Chemie und Elektrochemie in der Abteilung von Herbert F. Freundlich tätig, mit dem er unter anderem bei der Herausgabe der vollständig überarbeiteten, stark erweiterten vierten Auflage des Standardwerks »Kapillarchemie« (über 1.500 Seiten in zwei Bänden) eng zusammenarbeitete.

Da Bikermann jüdisch (und »staatenlos«) war, bedeutete die national-sozialistische »Machtergreifung« einen scharfen Bruch in seiner weiteren wissenschaftlichen Entwicklung. Er wurde aus dem Institut verdrängt und entschloß sich, nach einer kurzen Übergangszeit in Berlin, mit seiner Familie – 1933 heiratete er die aus St. Petersburg stammende, seit 1920 in Deutschland lebende jüdische Chemikerin Valentine Leiwand, mit der er zwei Kinder (Michael, geb. 1934, und Dina-Sara, geb. 1935) hatte – nach Großbritannien zu emigrieren. 1935-37 erhielt er eine Fellowship an der Manchester University, 1937-39 an der Cambridge University. In den folgenden Jahren war er in der Privatwirtschaft tätig: 1939-41 als Forschungsdirektor von Glass Fibers Ltd. in Glasgow, 1941-44 in einer entsprechenden Position bei Metal Box Co. in London, 1944-45 als Leiter des Labors der Printing and Allied Trades Research Association, ebenfalls in London.

Im März 1945 ging Bikermann in die USA, wo er zunächst (bis 1951) für die Firma Merck & Co., danach (bis 1956) für die Yardney Electrical Company Inc. in New York arbeitete. 1956-64 war er Supervisor des Adhesives Laboratory im Massachusetts Institute of Technology. 1964-70 arbeitete er schließlich als Senior Research Associate für die Firma Horizons Inc. in Cleveland, Ohio. Auch im Ruhestand übernahm er noch Beratungsaufgaben. An der Case Western Reserve University in Cleveland, Ohio wirkte er von 1974 bis zu seinem Tod als Adjunct Professor. Seine Frau Valentine Bikerman, die als Chemikerin in einem Privatunternehmen in New York City, im Massachusetts General Hospital und in der Cleveland Clinic Foundation gearbeitet hatte, überlebte ihn viele Jahre. Sie starb im Januar 2005 im Alter von 96 Jahren.

Bikerman beschäftigte sich mit der Chemie und Physik von Oberflächen und Kolloiden und der Elektrochemie von Lösungen und Mischungen, von Reibung und Adhäsion. Er war Mitglied der Faraday Society und der British Society of Rheology.

Er verfaßte zahlreiche Artikel für wissenschaftliche Zeitschriften, war Autor von »Surface Chemistry for Industrial Research« (1957), »The Science of Adhesive Joints« (1961), »Contributions to the Thermodynamics of Surfaces« (1961) und »Physical Surfaces« (1970), Co-Autor von »Kapillarchemie« (1930) und »Foams. Theory and Industrial Applications« (1953) sowie Mitherausgeber der 4. Auflage von »Beilsteins Handbuch der Organischen Chemie« (1928-35). Gemeinsam mit seinem Bruder Elias Joseph Bikerman, einem Professor für Alte Geschichte, veröffentlichte er die Autobiographie »The Two Bikermans« (1975).

Vera Birstein

Kaiser-Wilhelm-Institut für Faserstoffchemie, Berlin-Dahlem

Geboren am 14. Oktober 1898 in Brest.
Vera Birstein, Tochter von Meyer Birstein und seiner Frau Sophie, geb. Horowitz, besuchte ein Petersburger Gymnasium und studierte ab 1917 Chemie, Physik und Mathematik an der Universität in Petersburg. Nach dem Examen wechselte sie 1923 an die Berliner Universität, wo sie 1926 mit der von Herbert Freundlich betreuten Dissertation »Untersuchungen über Koagulation und Adsorption in Solen« promovierte.

Seit 1923 arbeitete sie im Kaiser-Wilhelm-Institut für physikalische Chemie und Elektrochemie, zunächst als Doktorandin, später als »sonstige Mitarbeiterin« in der Abteilung von Herbert Freundlich. 1932/33 war sie als Gastforscherin in dem von Reginald Oliver Herzog geleiteten Kaiser-Wilhelm-Institut für Faserstoffchemie tätig. In einem gegen die Kaiser-Wilhelm-Gesellschaft insgesamt (»Eine Brutstätte jüdischer Ausbeuter, Bedrücker und Marxisten!«) und das KWI für Faserstoffchemie im besonderen gerichteten Verleumdungsschreiben vom 21.5.1933 wurde »Frl. Dr. Birstein« als »Polin« bezeichnet und als eine unerwünschte Ausländerin im Institut angeprangert. In der detaillierten Stellungnahme, die Präsident Planck an den Reichsminister des Innern zu richten sich gezwungen sah, hieß es am 16. Juni 1933 lakonisch, daß Vera Birstein als Gast im Institut tätig gewesen sei, aber dort nicht mehr arbeite. Über ihren weiteren Lebensweg ist nichts bekannt.

Sie veröffentlichte ihre Forschungsergebnisse u. a. in dem von Ernst A. Hauser herausgegebenen Band »Zur Kenntnis der Struktur gedehnter Kautschukproben« (1926, mit Herbert Freundlich) und in der *Zeitschrift für physikalische Chemie* (1929, mit Hans Zocher).

Hermann (Hugh) Blaschko

Kaiser-Wilhelm-Institut für medizinische Forschung, Heidelberg

Geboren am 4. Januar 1900 in Berlin, gestorben am 18. April 1993 in Oxford.
Hermann Blaschko – oder Hugh Blaschko, wie er sich später in Großbritannien meist nennen ließ – stammte aus einer weitverzweigten Familie, die seit mehreren Generationen dem deutsch-jüdischen Bürgertum angehörte. Sein Vater Alfred Blaschko, verheiratet mit Johanna Litthauer

aus Posen, ein international bekannter Dermatologe, Professor an der
Berliner Universität, war einer der wichtigsten deutschen Sozialhygieniker
der Weimarer Zeit. Hermann Blaschko blieb zunächst in der Familien-
tradition und studierte Medizin in Berlin und Freiburg. 1924 promovierte
er in Freiburg bei Johannes von Kries mit der Dissertation »Über den
Einfluß chemischer Bedingungen auf die Tätigkeit der Bewegungsnerven«
zum Dr. med. Nach einer kurzen Assistenzzeit in der Göttinger Universitätsklinik für Innere Medizin wurde er 1925 Forschungsassistent von
Otto Meyerhof in der Abteilung für Allgemeine Physiologie des Kaiser-
Wilhelm-Instituts für Biologie in Berlin. 1928 wechselte er als Wissenschaftlicher Assistent an das Physiologische Institut der Universität Jena,
ehe er im folgenden Jahr zu Meyerhof, nun in dem neuen Kaiser-Wilhelm-Institut für medizinische Forschung in Heidelberg, zurückkehrte.
Seine Tätigkeit bei Meyerhof wurde zweimal (1926-27 und 1932-33) durch
eine langwierige Erkrankung (Lungentuberkulose) und einmal durch
einen einjährigen, für ihn außerordentlich wichtigen und folgenreichen
Gastaufenthalt bei Archibald V. Hill im University College, London
(1929-30) unterbrochen.

Schon im Mai 1933 folgte Blaschko, dessen wissenschaftliche Karriere
in Deutschland unter den inzwischen gegebenen politischen Bedingungen
praktisch beendet war, einer erneuten Einladung von Hill nach London –
dieses Mal war es eine Entscheidung auf Lebenszeit. Er konnte im ersten
Jahr bei Londoner Verwandten wohnen und vorläufig in Hills Laboratorium im Department of Pathology der Medical School des University
College arbeiten. Ab 1934 war er dann mit Unterstützung des Academic
Assistance Council im Physiological Laboratory der Cambridge University tätig. Er blieb, in ungesicherter Stellung, zehn Jahre lang in Cambridge, bis er 1944 ein Angebot des Department of Pharmacology der
Oxford University annahm. 1946 wurde er zum Senior Research Officer
des Departments ernannt. 1965, zwei Jahre vor seinem Ruhestand, machte
man ihn zum Reader in Biochemical Pharmacology. Er arbeitete in Oxford unter guten wissenschaftlichen Bedingungen, mit einer wachsenden
Zahl von Mitarbeitern und hoch qualifizierten Schülern. Seit 1944 verheiratet, führte er mit seiner Frau Mary Douglas Black, einer aus Edinburgh stammenden Lehrerin, ein offenes Haus, in dem bis in sein hohes
Alter viele Freunde, Kollegen und Schüler verkehrten.

Rückblickend betrachtete Hermann Blaschko die Zeit mit Meyerhof in
der Kaiser-Wilhelm-Gesellschaft als seine »Lehrjahre«, denen in England,
nach einer längeren, schwierigen Übergangsphase, die Jahre und Jahrzehnte der großen wissenschaftlichen Produktivität und Anerkennung
folgten. Mitte der sechziger Jahre sprach man auch in der Max-Planck-

Gesellschaft von »dem außerordentlichen, weltweiten Ansehen« des biochemisch arbeitenden Pharmakologen Blaschko. In den Eingangsbemerkungen des 1996 erschienenen ausführlichen Nachrufs (»Biographical Memoirs«) der Fellows of the Royal Society, wurden seine wissenschaftlichen Verdienste kurz zusammengefaßt: »Professor Hugh Blaschko was a biochemical pharmacologist of great distinction. His elucidation of the biosynthesis and metabolism of the catecholamines will remain a classic in the application of biochemical methods for solving pharmacological problems; and this and other discoveries made by Blaschko contributed crucially to the development of the first effective drugs for controlling high blood pressure.« Am Ende der Darstellung seiner wissenschaftlichen Arbeiten und ihrer wichtigsten Ergebnisse hieß es dann: »Hugh Blaschko will be remembered as one of the scientists whose work improved the outlook in diseases as diverse as hypertension, depression, schizophrenia and Parkinson's disease. This is an extraordinary achievement.« Die Londoner *Times* schrieb am 28. Apil 1983: »In the world of medicine few have made more pioneering contributions than Hugh Blaschko.«

Die Liste seiner zwischen 1924 und 1988 erschienenen Veröffentlichungen umfaßt 238 Titel, von denen 190 auf die aktive Zeit in Oxford 1944-67 entfallen. Er war u. a. Mitherausgeber und -autor von »5-Hydroxytryptamine and Related Indolealkylamines« (Handbuch der experimentellen Pharmakologie. Ergänzungswerk, Bd. 19, 1966), »Catecholamines« (Handbuch der experimentellen Pharmakologie, Bd. 1, 1972) und »Adrenal Gland« (Handbook of Physiology, Sektion 7, Bd. 6, 1975) sowie Herausgeber des Bandes »Physiological and Pharmacological Biochemistry« (1975). 80jährig veröffentlichte er auch einen autobiographischen Essay: »My Path to Pharmacology« (Annual Review of Pharmacology and Toxicology 20, 1980). Posthum erschien, herausgegeben von Mary Blaschko, der Band »Memoirs of My Early Life« (1997).

Hermann Blaschko war Mitglied zahlreicher wissenschaftlicher Gesellschaften, u. a. der Royal Society London (1962). Seit den sechziger Jahren erhielt er eine Reihe von Wissenschaftspreisen und anderen Auszeichnungen (»Thudichum Medal« der Biochemical Society, Schmiedeberg-Plakette der Pharmakologischen Gesellschaft, »Wellcome Gold Medal in Pharmacology«). Die Freie Universität Berlin (1966) und die Universität Bern (1985) verliehen ihm einen Ehrendoktor, die Universität Heidelberg machte ihn 1966 zum Honorarprofessor.

Dietrich Bodenstein

Kaiser-Wilhelm-Institut für Biologie, Berlin-Dahlem

Geboren am 1. Februar 1908 in Corwingen (Ostpreußen), gestorben am 5. Januar 1984 in Charlottesville, Virginia. Dietrich Bodenstein, der als Sohn von Hans Bodenstein und dessen Frau Charlotte, geb. Lilienthal, einer ostpreußischen Gutsbesitzerfamilie entstammte, begann sein Studium der Zoologie 1926 an der Universität Königsberg. Er setzte es ab 1928 in Berlin fort, wo er gleichzeitig als Laborant im Kaiser-Wilhelm-Institut für Biologie arbeitete. Durch den Leiter der Abteilung für Entwicklungsmechanik, Otto Mangold, wurde er zu eigenen Forschungen in diesem Bereich angeregt. Es hing offenbar mit einer inzwischen eingetretenen wirtschaftlichen Notlage seiner Familie zusammen, daß Bodensteins wissenschaftlich durchaus erfolgreiche Arbeiten bis 1933 nicht zur Promotion führten. Mit der nationalsozialistischen »Machtergreifung« geriet er unter politischen bzw. rassistischen Druck. Im Sommer 1933 stand auf der in der Generalverwaltung der Kaiser-Wilhelm-Gesellschaft erstellten Liste der »aufgrund des Gesetzes vom 7. April 1933 zu entlassenden Angestellten« auch sein Name.

1933-34 konnte er in Italien in dem zur Kaiser-Wilhelm-Gesellschaft gehörenden Deutsch-Italienischen Institut für Meeresbiologie in Rovigno arbeiten, ehe er sich zur Emigration in die USA entschloß. Dort erhielt er die Möglichkeit, 1934-41 im Department of Biology der Stanford University seine Forschungen über die Hormone von Insekten fortzusetzen und außerdem, zusammen mit Victor Twitty, Experimente über die Bedeutung von ektodermalen Strukturen in der Entwicklung von Amphibien durchzuführen. Die Anerkennung der von ihm in diesen Jahren geleisteten Arbeit kam nicht zuletzt darin zum Ausdruck, daß ihm 1941 eine der begehrten Guggenheim Fellowships verliehen wurde. Diese ermöglichte es ihm, in den folgenden zwei Jahren seine Forschungen im Department of Zoology der Columbia University in New York weiterzuführen.

Nach einer kurzen Zwischenstation an der Connecticut Agricultural Experimental Station in New Haven bot sich Bodenstein die Möglichkeit, längerfristig als Entomologe in der medizinischen Abteilung des Army Chemical Center in Edgewood, Maryland zu forschen (1945-57). 1960 wurde er schließlich, nachdem er zwischendurch noch als Embryologe im National Heart Institute in Baltimore tätig gewesen war (1958-60), zum »Lewis and Clark Professor of Biology« an der University of Virginia in Charlottesville berufen. Von 1960 bis 1973 war er zudem Chairman des Department of Biology, das unter seiner Leitung ständig expandierte, so daß sich die Zahl seiner Mitglieder verdreifachte. 1978 wurde er emeritiert.

Aufgrund einer Initiative von Otto Koehler, dem er schon als Student in Königsberg positiv aufgefallen war, wurde Bodenstein 1953 von der Universität Freiburg zum Dr. phil. promoviert, wobei er statt der üblichen Dissertation einen Band mit nicht weniger als 59 eigenen Veröffentlichungen einreichte. Damit wurde das nachgeholt, was unter anderen politischen Umständen zwei Jahrzehnte früher hätte geschehen sollen. Als einen Höhepunkt seiner Karriere empfand Bodenstein die Verleihung des Forschungspreises der Alexander von Humboldt-Stiftung im Jahre 1973, die nicht nur eine Auszeichnung im Hinblick auf die bis dahin geleistete Arbeit bedeutete, sondern ihm auch neue Forschungsmöglichkeiten eröffnete. Ihm persönlich war es offenbar auch wichtig, daß er in dem Land, aus dem er vertrieben worden war, als Forscher eine besondere Anerkennung fand.

Dietrich Bodensteins Forschungen galten vor allem der Entwicklungsphysiologie, Genetik und Endokrinologie der Insekten sowie der Morphologie und Entwicklungsphysiologie der Amphibien. »Dietrich's scientific reputation«, schrieb James Murray 1994 in einem Nachruf in den *Biographical Memoirs* der National Academy of Sciences, »will ultimately rest on the elegance and incisiveness of his investigations into the control of insect development.« Bodenstein war Mitglied angesehener wissenschaftlicher Gesellschaften, u. a. der American Academy of Arts and Sciences und der National Academy of Sciences.

Die Zahl von Bodensteins wissenschaftlichen Veröffentlichungen ist beachtlich. Schon als junger Student begann er zu publizieren. Während seiner Tätigkeit im KWI für Biologie veröffentlichte er u. a. »Experimentelle Untersuchungen über die Regeneration der Borsten bei Vanessa urticae L. (Lep.)« (Zeitschrift für wissenschaftliche Insektenbiologie 25, 1930). In den späteren Jahren war er u. a. Co-Autor von »A Cytochemical Investigation of Striated Muscle Differentiation in Regenerating Limbs of the Roach, Periplanata Americana« (Embryologia 6, 1961, mit Ronald R. Cowden), Herausgeber von »Milestones in Developmental Physiology of Insects« (1971) und Mitherausgeber von »Aspects of Insect Endocrinology« (1960).

Fritz Buchthal

Kaiser-Wilhelm-Institut für Biologie, Berlin-Dahlem

Geboren am 19. August 1907 in Witten/Ruhr, gestorben am 25. Dezember 2003 in Santa Barbara, California. Fritz Buchthal, der als Sohn des Lebensmittelgroßhändlers Sally Buchthal und seiner Frau Hedwig, geb. Weyl, in Witten an der Ruhr aufwuchs, machte im Frühjahr 1925 das Abitur am Städtischen Realgymnasium. Er begann im Sommer des gleichen Jahres in Freiburg ein Medizinstudium. Nach zwei Semestern ging er nach Kalifornien, wo er seinen Lebensunterhalt als Kellner und Deutschlehrer für Undergraduate-Studenten verdiente und sein Studium an der Stanford University fortsetzte. Wichtige Anregungen für seine künftige Beschäftigung mit der Muskelphysiologie verdankte er den Vorlesungen des Nobelpreisträgers John J. R. Macleod. Im Herbst 1928 kehrte er nach Deutschland zurück. In Berlin legte er 1932 das medizinische Staatsexamen ab und promovierte im gleichen Jahr bei Erich Schütz mit der Dissertation »Über das Refraktärstadium des Vorhofs«. Seit 1931 war er Wissenschaftlicher Assistent in dem von Wilhelm Trendelenburg geleiteten Physiologischen Institut der Berliner Universität. Seit August 1932 war er außerdem im Kaiser-Wilhelm-Institut für Biologie tätig, wo er vor allem mit dem von Tibor Péterfi entwickelten Mikromanipulator arbeitete.

In der Universität wurde Buchthal schon am 1. April 1933 im Rahmen der antisemitischen »Boykott-Aktion« am Betreten des Instituts gehindert. Auch seine Tätigkeit im KWI für Biologie mußte er Mitte Juli 1933 aus den gleichen rassistischen Gründen beenden. Mit der Musikerin und Malerin Ellen Sachs, die er 1932 geheiratet hatte, emigrierte er nach Dänemark, wo Johannes Lindhard ihm mit Hilfe eines Stipendiums ermöglichte, im Institut für Arbeitsphysiologie der Universität Kopenhagen zu arbeiten. Fast zehn Jahre lang war Buchthal, aus Sondermitteln finanziert, an der Universität tätig, ehe er im Oktober 1943 angesichts der drohenden Deportation in einem kleinen Fischerboot – mit dem Nobelpreisträger Niels Bohr und dessen Bruder Harald als Reisegefährten – wie fast die gesamte jüdische Bevölkerung Dänemarks nach Schweden fliehen mußte. Er fand im Physiologischen Institut der Universität Lund eine Stelle als Wissenschaftlicher Mitarbeiter und schloß sich dort unter anderem einer Ärztegruppe an, die Überlebende der deutschen Konzentrationslager betreute.

Im Mai 1945 kehrte Buchthal, der 1939 dänischer Staatsbürger geworden war, nach Dänemark zurück. Er wurde 1946 Direktor des Neurophysiologischen Instituts der Universität Kopenhagen, für das 1952 mit Hilfe großer Stiftungen, nicht zuletzt der Rockefeller Foundation, ein Neubau eröffnet werden konnte. 1955 wurde er zum ordentlichen Professor für Physiologie ernannt, 1962 zum Dekan der Medizinischen Fakultät gewählt. In den sechziger Jahren luden ihn die University of California (1962), die Academia Sinica in Peking (1964) und die New York University (1965) als Gastprofessor ein. 1977 trat er offiziell in den Ruhestand, begann aber gleichzeitig neue, weitausgreifende Forschungsvorhaben, die vom Dänischen Medizinischen Forschungsrat unterstützt wurden. 1982 war er eingeladen, für zwei Jahre das Electromyography Laboratory des National Institute of Neurological and Communicative Disorders in Bethesda, Maryland zu leiten, womit eine neue Phase intensiver Forschungsarbeit verbunden war. Im Anschluß daran ließ er sich 1984 mit seiner zweiten Frau, der amerikanischen Neurophysiologin und Epilepsie-Forscherin Margaret Lennox-Buchthal, die seit ihrer Heirat im Jahre 1958 in dem Kopenhagener Institut seine Kollegin war, in Santa Barbara an der kalifornischen Küste nieder.

Steven H. Horwitz und Christian Krarup würdigten im Juli 2004 Buchthal in der Zeitschrift *Muscle and Nerve* als »one of the founders of clinical neurophysiology«: »He devoted his long and distinguished career to the development of basic and clinical neurophysiology, and influenced the scientific and clinical careers of countless physicians and students of neuroscience. Dr. Buchthal's contributions spanned the technical, basic science, and clinical aspects of these fields.« Gerühmt wurden auch seine besonderen Fähigkeiten als akademischer Lehrer: »he was an exceptional teacher always stimulating people to give more than they thought they had«. Buchthal war Autor von »The Rheology of the Cross Striated Muscle Fibre, with Particular Reference to Isotonic Conditions« (1951) und »An Introduction to Electromyography« (1957), Co-Autor von »Evoked Action Potentials and Conduction Velocity in Human Sensory Nerves« (1966, mit Annelise Rosenfalck) und veröffentlichte eine große Zahl von Artikeln zur Muskel- und Nervenphysiologie.

Fritz Buchthal war Mitglied, auch Ehrenmitglied, zahlreicher wissenschaftlicher Gesellschaften, u. a. der Königlich Dänischen Gesellschaft der Wissenschaften (seit 1946). Er erhielt die Ehrendoktorwürde der Universitäten Münster (1961), Freiburg (1964), Lund (1983) und Wisconsin (1983) sowie viele andere wissenschaftliche Auszeichnungen. Auch wurde er zum Ritter 1. Klasse des Danebrogordens ernannt. Im Juli 2002 wurde ihm schließlich der »Lifetime Achievement Award« der World Federation of Neurology verliehen.

Hans (Hanan) Bytinski-Salz

Deutsch-Italienisches Institut für Meeresbiologie
in der Kaiser-Wilhelm-Gesellschaft, Rovigno

Geboren am 24. Juni 1903 in Karlsruhe, gestorben am 25. Oktober 1986 in Tel Aviv.

Hans Bytinski-Salz, Sohn eines badischen Rechtsanwalts, studierte Zoologie an den Universitäten Freiburg und Berlin und promovierte 1928 bei Otto Mangold in Berlin mit »Untersuchungen über das Verhalten des praesumptiven Gastrulaectoderms der Amphibien bei heteroplastischer und xenoplastischer Transplantation ins Gastrocoel«. 1929-31 arbeitete er als Stipendiat bei dem Entwicklungsphysiologen Ross G. Harrison an der Yale University in New Haven. 1931-34 war er Assistent am Deutsch-Italienischen Institut für Meeresbiologie in Rovigno. Im September 1933 schrieb er dem britischen Academic Assistance Council, die Kaiser-Wilhelm-Gesellschaft habe ihm mitgeteilt, »daß sie sich, der veränderten Verhältnisse in Deutschland wegen, außer Stande sehe, meinen am 1. Oktober 1934 auslaufenden Anstellungsvertrag am hiesigen Institut zu erneuern«.

Dank der Vermittlungsbemühungen des Academic Assistance Council wurde Bytinski-Salz vorübergehend, von Januar bis Juli 1935, am John Innes Horticultural Laboratory in Merton Park, Surrey, England beschäftigt. Er kehrte im Sommer 1935 nach Italien zurück, wo er, ebenfalls mit Unterstützung des Academic Assistance Council, eine Stelle an der Universität Padua fand, die er allerdings schon im Oktober 1937 wieder verlor, als sein unmittelbarer Vorgesetzter einen Ruf an die Universität Barcelona annahm. Obwohl er sich als Student in Berlin der zionistischen Jugendorganisation »Blau-Weiß« angeschlossen hatte, gehörte Palästina zunächst offensichtlich nicht zu den von ihm bevorzugten Ländern. Erst nach weiteren vergeblichen Versuchen, eine längerfristige Anstellung in Großbritannien oder den Vereinigten Staaten zu erhalten, bemühte sich Bytinski-Salz 1939 für sich, seine Frau und seine Tochter erfolgreich um ein Einreisevisum nach Palästina.

Er mußte sich dort viele Jahre lang mit schlechtbezahlten Tätigkeiten an der Hebräischen Universität in Jerusalem, seit 1944 am Kibbuz-Lehrerseminar in Tel Aviv und an der Agricultural Experimental Station in Rehovot durchschlagen. Nach der Gründung des Staates Israel verbesserte sich seine Situation: Er wurde zum Leitenden Entomologen und später zum Chef des Department of Plant Protection im Landwirtschaftsministerium ernannt. Seit 1954 konnte er schließlich an der neu gegründeten

Universität in Tel Aviv, die ihn zum ersten Full Professor im Department
of Zoology ernannte, lehren und forschen. Schon bald trat er als ein
besonders vielseitiger und erfolgreicher akademischer Lehrer in Erscheinung, der Entomologie, Embryologie, Histologie, Evolution und Paläontologie unterrichtete. Aufgrund seiner umfassenden Kenntnisse galt
er bei Kollegen und Schülern als »wandelndes Lexikon«. 1973 wurde er
emeritiert. Seine umfassende Insektensammlung schenkte er in späteren
Jahren, ebenso wie seine Bibliothek, dem Zoologie-Department seiner
Universität.

Bytinski-Salz, der in Palästina/Israel seinen Vornamen Hans in Hanan
änderte, war ein überaus produktiver Forscher, der im Laufe der Jahre auf
unterschiedlichen Gebieten arbeitete. Er begann mit der experimentellen
Embryologie bei Amphibien und wandte sich Anfang der dreißiger Jahre
der Entomologie zu. Er erforschte vor allem den Einfluß der Hormone
auf die Entwicklung der Organe bei Insekten. Das Studium der Insekten
führte ihn zur Botanik, und in Palästina/Israel beschäftigte er sich auch
mit Fragen der Zoogeographie und des Pflanzenschutzes. In erster Linie
aber galt er als führender Insektenforscher Israels.

Er war Mitgründer und Herausgeber des *Israel Journal of Zoology* und
des *Israel Journal of Entomology*, das er auch finanziell unterstützte. 1986
schrieb Jehoshua Kugler in einem Nachruf im *Israel Journal of Entomology*, daß sein Tod einen großen Verlust für die »scientific community« in
Israel und in der ganzen Welt bedeute: »he will be remembered as one of
the founders of Zoology and Entomology in Israel«. Ein vollständiges
Verzeichnis seiner wissenschaftlichen Veröffentlichungen bis 1969 findet
sich im *Israel Journal of Entomology* (Bd. 4.2, 1969). Bytinski-Salz war
Mitglied der Israel National Academy of Sciences and Humanities und
betätigte sich u. a. im Fauna Palaestina Committee.

Max Delbrück

Kaiser-Wilhelm-Institut für Chemie, Berlin-Dahlem

Geboren am 4. September 1906 in Berlin, gestorben am 9. März 1981 in
Pasadena, California.

Max Delbrück entstammte einer Familie, die sich in der Wissenschaft
wie auch in der Politik einen Namen gemacht hatte. Rudolf Delbrück
übernahm 1871 die Leitung der Reichskanzlei, Heinrich Delbrück war
Präsident des Reichsgerichtshofs. Max Delbrücks Vater Hans, verheiratet

mit Carolina Thiersch, war Professor für Geschichte an der Berliner Universität, langjähriger Herausgeber der einflußreichen »Preußischen Jahrbücher«, Autor einer viel bewunderten vierbändigen »Geschichte der Kriegskunst« sowie einer fünfbändigen »Weltgeschichte« und gehörte zeitweise auch dem Preußischen Abgeordnetenhaus und dem Deutschen Reichstag an. In der Familie der Mutter gab es eine Reihe bedeutender Mediziner, und der Chemiker Justus Liebig zählte zu den unmittelbaren Vorfahren. So wuchs Max Delbrück, der als jüngstes von sieben Kindern geboren wurde, in einem ausgesprochen großbürgerlichen Gelehrtenmilieu auf, zu dem auch die befreundeten Familien Adolf von Harnacks und Karl Bonhoeffers gehörten, die, ebenso wie Max Planck, in der unmittelbaren Nachbarschaft der Delbrücks wohnten.

Nach dem Abitur am Berliner Grunewald-Gymnasium studierte Max Delbrück, dessen Interesse an der Astronomie schon in jungen Jahren erwacht war und von Karl Friedrich Bonhoeffer freundschaftlich gefördert wurde, 1924-29 Astronomie, Mathematik und Physik an den Universitäten Tübingen, Berlin, Bonn und Göttingen. Nachdem er sich in Göttingen schließlich gegen die Astronomie und für die Theoretische Physik entschieden hatte, wurde Max Born auf ihn aufmerksam. Er machte ihn zu seinem Vorlesungsassistenten und ebnete ihm, noch vor der Promotion, den Weg zu einem längeren Studienaufenthalt in Bristol (1929-31). 1930 promovierte Delbrück in Göttingen mit der Dissertation »Quantitatives zur Theorie der homöopolaren Bindung«. Bald darauf erhielt er mit der Unterstützung von Born und K. F. Bonhoeffer ein Stipendium der Rockefeller Foundation, das es ihm ermöglichte, für ein halbes Jahr zu Niels Bohr nach Kopenhagen und für ein weiteres halbes Jahr zu Wolfgang Pauli nach Zürich zu gehen.

Im Anschluß daran bekam er eine Assistentenstelle in Theoretischer Physik bei Lise Meitner im Berliner Kaiser-Wilhelm-Institut für Chemie. Die Zusammenarbeit mit Meitner, an deren Werk »Der Aufbau der Atomkerne. Natürliche und künstliche Kernumwandlungen« (1935) Delbrück als Co-Autor beteiligt war, dauerte von 1932 bis 1937. In seinen wissenschaftlichen Interessen und Aktivitäten griff er aber schon bald über die Institutsarbeiten in der Theoretischen Physik hinaus. Einer Anregung Bohrs folgend, begann er die neuen Erkenntnisse der Physik über die Atome und das Licht zu nutzen, um Einsichten in die Grundlagen des Lebens zu gewinnen. Er wandte sich der Biologie zu, wobei der enge Arbeitskontakt mit dem Genetiker Nikolaj Timoféeff-Ressovsky im KWI für Hirnforschung für ihn besonders wichtig wurde. Beide sammelten eine kleine Gruppe von Physikern, physikalischen Chemikern und Biochemikern um sich, die sich regelmäßig in Delbrücks Haus traf. Aus dieser Gruppe ging die grundlegende Abhandlung »Über die Natur der Genmutation und der Genstruktur« hervor, die Delbrück 1935 mit Timoféeff-Ressovsky und Karl G. Zimmer veröffentlichte. Im nationalsozialistischen Deutschland war Delbrück nicht unmittelbar gefährdet. Der Weltanschauung und Politik des Nationalsozialismus stand er jedoch nicht nur distanziert, sondern aufgrund seiner liberalen und demokratischen Grundhaltung deutlich ablehnend gegenüber. In seinem Haus fanden gelegentlich Treffen oppositioneller Gruppen statt; mit Arvid Harnack, der 1943 als einer der führenden Köpfe der Widerstandsgruppe »Rote Kapelle« hingerichtet wurde, war er befreundet, mit den 1945 wegen ihrer Widerstandtätigkeit hingerichteten Brüdern Dietrich und Klaus Bonhoeffer verschwägert. Er selber war nicht im Widerstand tätig, war aber auch nicht bereit, sich von den Nationalsozialisten vereinnahmen zu lassen. Dadurch scheiterte er 1934 mit dem Versuch, sich an der Berliner Universität in Theoretischer Physik zu habilitieren (Titel des Habilitationsschrift: »Beiträge zu Diracs Theorie des positiven Elektrons«), und als er 1936 einen zweiten Versuch unternahm, wurde ihm zwar der neu eingeführte »Dr. phil. habil.« zuerkannt, der Antrag auf Zulassung als Privatdozent jedoch abgelehnt.

In dieser Situation bot ihm die Rockefeller Foundation die Möglichkeit, mit einem Jahresstipendium zu Forschungszwecken ins Ausland zu gehen. Er entschied sich für die USA, wo er Forschungseinrichtungen an der Ostküste besuchen und danach bei Thomas H. Morgan, einem der weltweit führenden Genetiker, im California Institute of Technology in Pasadena arbeiten wollte. Im September 1937 traf er in New York ein, Mitte Oktober begann er seine Tätigkeit in Pasadena. Vor allem im Hinblick auf die intensive und als besonders aussichtsreich eingeschätzte Zusammenarbeit mit dem Biochemiker Emory E. Ellis wurde ihm eine Verlängerung des Stipendiums für ein weiteres Jahr gewährt. Die von Lise Meitner ausgesprochene Garantie für eine Rückkehr an das KWI für Chemie war inzwischen weitgehend wertlos geworden, und spätestens im Herbst 1939 war Delbrück fest entschlossen, nicht mehr in das nationalsozialistische Deutschland zurückzukehren. Damit wurde aus dem für Forschungszwecke beurlaubten Wissenschaftler der Kaiser-Wilhelm-Gesellschaft ein Emigrant, der 1940 eine längerfristige Aufenthaltserlaubnis und 1945 die amerikanische Staatsbürgerschaft erhielt.

Da im California Institute of Technology keine für Delbrück geeignete Position frei war, wechselte er im Januar 1940, mit erneuter Unterstützung der Rockefeller Foundation, an die Vanderbilt University in Nashville, Tennessee. Dort war er im Department of Physics Instructor, Assistant Professor (1945), Associate Professor (1946) und Full Professor

(1947) für Theoretische Physik. In den raschen Karriereschritten seit 1945 spiegelt sich das ungewöhnlich große wissenschaftliche Ansehen, das er inzwischen errungen hatte. Obwohl er auch Angebote von anderen amerikanischen und europäischen Universitäten hatte, entschied er sich, 1947 nach Pasadena zurückzukehren und im California Institute of Technology eine Professur für Biologie zu übernehmen. In dieser Position blieb er, seit den sechziger Jahren mit nationalen und internationalen Ehrungen überhäuft, bis zu seiner offiziellen Emeritierung im Jahre 1974, die von der Universitätsleitung insofern außer Kraft gesetzt wurde, als man ihn zum »Board of Trustees Professor« auf Lebenszeit ernannte. Delbrück, der 1941 in Nashville die Journalistin und technische Assistentin an der School of Medicine der Vanderbilt University Mary Bruce geheiratet hatte, liebte bis ins hohe Alter die Geselligkeit. Mit seiner Frau – und den vier Kindern – schuf er in seinem Haus in Pasadena einen hochgeschätzten Ort der Kultur und Gastlichkeit – »a charmingly Americanised version of the European-style intellectual salon«, wie einer der häufigen Gäste bewundernd notierte (Salomon W. Golomb).

Max Delbrück war einer der Begründer der Molekularbiologie. 1937, während seines ersten Aufenthalts in Pasadena, entdeckte er, daß Bakteriophagen besonders geeignete Modelle zum Studium der Genstruktur sind. Gemeinsam mit E. E. Ellis arbeitete er in den späten dreißiger Jahren Schlüsselexperimente der Phagenforschung aus. Diese Arbeiten setzte er während seiner Zeit in Nashville vor allem in den Sommermonaten in Cold Spring Harbor auf Long Island fort, wo er mit Salvador E. Luria von der Columbia University in New York und Alfred D. Hershey von der Washington University in St. Louis die »Phagen-Gruppe« gründete, für die Cold Spring Harbor und nach Delbrücks Rückkehr nach Kalifornien auch Pasadena die unbestrittenen Zentren waren. Delbrück galt als der eigentliche Kopf und Motor dieser Gruppe, die den Siegeszug der Molekularbiologie entscheidend beförderte. 1969 erhielt Delbrück gemeinsam mit Luria und Hershey den Nobelpreis für Medizin und Physiologie. In der Laudatio hieß es: »The honor in the first place goes to Delbrück who transformed bacteriophage research from vague empiricism to an exact science. He analysed and defined the conditions for precise measurement of the biological effects.« Zu diesem Zeitpunkt hatte Delbrück sich schon seit etwa anderthalb Jahrzehnten mit ebenso großem Erfolg einem neuen Forschungsgebiet zugewandt. Er untersuchte die Reizaufnahme und deren Umwandlung in physiologische Aktivitäten von Phycomyces und trug damit entscheidend zur Entwicklung der molekularen Neurobiologie bei. Die Bibliographie seiner Veröffentlichungen von 1928 bis 1981 weist insgesamt 115 Titel auf.

Von den Zeitgenossen ist immer wieder Delbrücks »charismatic personality« (Lily E. Kay, 1985) bewundernd geschildert worden. Er war »a major intellectual force, and a man who exercised a unique form of moral leadership over those with whom he came into contact«, schrieb 1982 ein mit ihm befreundeter Kollege, der zugleich Delbrücks Rolle »as final arbiter, authority, and judge of research developments and speculations during the seminal era of the formulation of the molecular genetics (›What will Delbrück say?‹)« rühmte (S. W. Golomb). »Er war«, urteilte Peter Fischer 1985, »der Intellektuelle der Molekularbiologie.« Neben dem Nobelpreis empfing Delbrück andere wichtige Auszeichnungen und Preise, darunter die Gregor-Mendel-Medaille der Deutschen Akademie der Naturforscher Leopoldina (1967). Er war Mitglied nicht nur der großen amerikanischen Akademien, sondern auch der Königlich Dänischen Akademie der Wissenschaften und Künste, der Leopoldina, der Royal Society London und der Académie des sciences in Paris. Die Ehrendoktorwürde wurde ihm u. a. von der Universität Kopenhagen, der University of Chicago, der Universität Heidelberg und der University of Southern California in Los Angeles verliehen.

Delbrück hatte nach 1945 intensiven persönlichen Kontakt zu führenden deutschen Wissenschaftlern, darunter K. F. Bonhoeffer, Georg Melchers und Otto Warburg, lehnte aber Angebote einer ständigen Rückkehr nach Deutschland ab. Schon 1947 besuchte er das zerstörte Berlin, Mitte der fünfziger Jahre setzte er sich für die Einrichtung einer Professur für Mikrobiologie an der Universität Köln ein, 1961-63 amtierte er als Gründungsdirektor des Kölner Instituts für Genetik. Er war auch beratend an der Gründung der Universität Konstanz beteiligt und übernahm dort 1966 eine ständige Gastprofessur (die er allerdings nur bis 1969 ausübte). Nach ihm benannt sind das »Max-Delbrück-Zentrum für molekulare Medizin« in Berlin und das »Max-Delbrück-Laboratorium in der Max-Planck-Gesellschaft« in Köln.

Adam Deutsch

Kaiser-Wilhelm-Institut für medizinische Forschung, Heidelberg

Geboren am 18. November 1907 in Pécs, gestorben am 30. Mai 1976, vermutlich in Lund.

Adam Deutsch, Sohn von Sigmund Deutsch und seiner Ehefrau Sabine, geb. Krausz, wuchs in einer ungarisch-jüdischen Akademikerfamilie auf. Er besuchte das Realgymnasium in Pécs und studierte ab Herbst 1925

Chemie an der Eidgenössischen Technischen Hochschule in Zürich, wo er im Mai 1929 das Diplom eines Ingenieur-Chemikers erwarb. Danach verbrachte er einen längeren Forschungsaufenthalt bei Ernest François Fourneau im Laboratoire de chimie thérapeutique des Institut Pasteur in Paris (Oktober 1929 – Juli 1930), ehe er im September 1930 in dem von Richard Kuhn geleiteten (Teil-)Institut für Chemie des Kaiser-Wilhelm-Instituts für medizinische Forschung in Heidelberg tätig wurde. Er promovierte im Mai 1932 an der ETH Zürich bei Leopold Ruzicka mit der im KWI für medizinische Forschung erarbeiteten Dissertation »1. Über die Umwandlung von zweifach ungesättigten Säuren in cyclische Kohlenwasserstoffe, 2. Zur Kenntnis der Amalgam-Reduktion von mehrfach ungesättigten Carbonsäuren«.

Im Dezember 1933 mußte er das Institut aufgrund des rassistischen Drucks im »Dritten Reich« verlassen. Von Richard Kuhn war er schon im Sommer 1933 in einem Empfehlungsschreiben als ein begabter, geschickter und zuverlässiger Mitarbeiter, der »vielseitig interessiert« sei und »eine sehr angenehme Art« habe, sehr positiv beurteilt worden. Anfang 1935 schrieb Kuhn an einen Fachkollegen in Edinburgh, daß er von den entlassenen Mitarbeitern, die noch am Anfang ihrer wissenschaftlichen Entwicklung stünden, Adam Deutsch »am meisten empfehlen« könne (»der sich in letzter Zeit bei mir persönlich, theoretisch und experimentell zurechtgefunden hat und den ich als Mitarbeiter besonders zu schätzen gelernt habe«). Inzwischen war Deutsch als Assistant Lecturer in dem Department of Physiology der University of Edinburgh beschäftigt (Januar 1934 – Juli 1938). Er versuchte, Forschungsvorhaben im Bereich der natürlichen Farbstoffe aufzubauen, hatte aber in Großbritannien ständig mit praktisch unlösbaren Finanzierungsproblemen zu kämpfen.

So ging er nach Schweden, wo er 1938-45 als Leitender Chemiker eines pharmazeutischen Unternehmens in Helsingborg arbeitete. Im Herbst 1945 gelang es ihm, eine Anstellung im Neurophysiologischen Institut der Universität Kopenhagen zu erhalten. Schon ein knappes Jahr später kehrte er jedoch nach Schweden zurück. Ab August 1946 war er im Chemischen Institut der Universität Lund tätig, seit dem Frühjahr 1948 auch als Dozent in Biochemie. Über seine späteren Jahre fehlen genauere Nachrichten. 1962 war er für sechs Monate Gastwissenschaftler im New Yorker Institute for Muscle Disease. Er war zwei Mal verheiratet: seit 1944 mit Inga Karlson, die 1961 starb; seit 1967 mit Gunvor Wohlfart. Aus der ersten Ehe hatte er eine Tochter (Karin Susanne, geb. 1945).

Nach dem Verlust seiner Arbeitsmöglichkeiten im KWI für medizinische Forschung befaßte Adam Deutsch sich hauptsächlich mit der Analyse und Darstellung von Nukleinsäuren. Eine Bibliographie, die 1968 von der Universität Lund publiziert wurde, enthält ca. 50 Titel. Daß dieses Verzeichnis unübersehbar nach den bis 1934/35 erschienenen Arbeiten eine Publikationslücke aufweist, ist wohl nur aus dem besonderen Emigrationsschicksal Adam Deutschs zu erklären. Erst nach Kriegsende konnte er wieder an seine frühen wissenschaftlichen Veröffentlichungen (darunter mehrere, die er gemeinsam mit Richard Kuhn verfaßte) anknüpfen. Er veröffentlichte u. a. in *Nature*, den *Acta Chemica Scandinavia*, *Acta Physiologica Scandinavia* und in der Zeitschrift *Analytical Chemistry.*

Fritz (Friedrich) Duschinsky

Kaiser-Wilhelm-Institut für Physik, Berlin

Geboren am 26. Februar 1907 in Gablonz (Böhmen), gestorben am 1. Dezember 1942 in Auschwitz.

Fritz Duschinsky, Sohn des Kaufmanns Alexander Duschinsky, studierte 1926-32 Physik an der Deutschen Universität in Prag, an der Pariser Sorbonne und an der Berliner Universität. In Berlin promovierte er 1932 bei Peter Pringsheim mit der Dissertation »Der Einfluß von Zusammenstößen auf die Abklingzeit der Na-Resonanzstrahlung« und war anschließend Stipendiat des Kaiser-Wilhelm-Instituts für Physik, das zu dieser Zeit noch immer nicht über ein eigenes Gebäude verfügte. Bis Anfang April 1933 arbeitete er mit Karl Weissenberg zusammen, der das KWI für Physik kommissarisch leitete. Aus rassistischen Gründen mußte er seine Tätigkeit im Institut beenden.

Duschinsky, dessen Forschungsschwerpunkte auf den Gebieten der Fluoreszenz, Molekülspektren, Hochfrequenztechnik und Optik lagen, emigrierte 1934 nach Brüssel. Über sein weiteres Schicksal ist nur noch wenig bekannt. 1937 hielt er sich in Leningrad auf, danach lebte er, der tschechoslowakischer Staatsbürger war, in seiner Heimatstadt Gablonz (die inzwischen Jablonec hieß). Sein Bruder teilte der Society for the Protection of Science and Learning im Januar 1948 mit, daß Fritz Duschinsky während des Krieges lange Zeit in Paris versteckt überleben konnte, ehe er aufgrund einer Denunziation verhaftet und deportiert wurde. Er starb in Auschwitz.

Felix Eckstein

Kaiser-Wilhelm-Institut
für ausländisches und internationales Privatrecht,
Berlin-Mitte

Geboren am 10. Januar 1904 in Ratibor (Oberschlesien). Felix Eckstein, Sohn des Apothekers Wilhelm Eckstein und seiner Ehefrau Doris, geb. Kempner, wuchs in Berlin-Charlottenburg auf, wo er 1922 am Kaiserin-Augusta-Gymnasium das Abitur machte. Er studierte seit 1922 Rechts- und Staatswissenschaften an der Universität Berlin und legte 1925 das erste, 1929 das zweite juristische Staatsexamen ab. Seit September 1926 war er, zunächst als Assistent, später als Referent, in dem von Ernst Rabel geleiteten Kaiser-Wilhelm-Institut für ausländisches und internationales Privatrecht tätig. Im Sommer 1932 promovierte er bei Rabel und Martin Wolff mit der Dissertation »Geldschuld und Geldwert im materiellen und internationalen Privatrecht«.

1933 wurde Eckstein ein Opfer der antijüdischen Bestimmungen des »Berufsbeamtengesetzes«. In einem Schreiben des Präsidenten der Kaiser-Wilhelm-Gesellschaft an den Reichsinnenminister vom 19. Juni 1933, in dem über die »Ausführung« des Gesetzes in der KWG berichtet wird, findet sich in der Rubrik »Auszusprechende Kündigungen« unter anderem der Eintrag: »Dr. Felix Eckstein, Referent«. Die Kündigung dürfte zum Herbst 1933 erfolgt sein. Ernst Rabel, der im Falle Max Rheinsteins, eines anderen von der Entlassung bedrohten Referenten seines Instituts, unter Hinweis auf die nationalen Verdienste dieses Mitarbeiters (als Freikorpskämpfer gegen den »Bolschewismus«) erfolgreich protestiert hatte, fehlten im Falle Ecksteins, den er ebenfalls halten wollte, offensichtlich die durchschlagenden Argumente.

Bemerkenswert ist, daß im Institut die wissenschaftliche Zusammenarbeit mit Eckstein trotz seiner Entlassung in den nächsten Jahren fortgesetzt wurde. 1935 erschien in der Schriftenreihe des KWI Ecksteins Monographie »Das englische Konkursrecht«, und auch in der vom Institut herausgegebenen *Zeitschrift für ausländisches und internationales Privatrecht* wurden noch einige Beiträge von ihm veröffentlicht: »Die Frage des anzuwendenden Kollisionsrechts« (1934) und »Das englische Konkursrecht« (1936). An dem im Institut bearbeiteten vielbändigen Werk »Rechtsvergleichendes Handwörterbuch für das Zivil- und Handelsrecht« blieb er sogar bis in den Krieg hinein beteiligt: 1936 als Verfasser des Beitrags »Mündelsicherheit« (Bd. 5) und 1940 als Mitverfasser des Beitrags »Schuldverhältnis« (Bd. 6).

Felix Eckstein, der seit der Entlassung aus dem Kaiser-Wilhelm-Institut vermutlich in der Privatwirtschaft tätig war, emigrierte 1939 nach Großbritannien. Bei der Beschlagnahme des Restvermögens (»Auswanderer-Konto«) »des Gerichtsassessors Felix Eckstein« im November 1941 wurde für ihn eine Adresse in London genannt. Über sein weiteres Schicksal ist leider nichts Genaueres mehr bekannt. Einer Akte der Oberfinanzdirektion Berlin-Brandenburg, in der es um das Erbe der im September 1939 in Berlin-Charlottenburg verstorbenen Witwe Doris Eckstein, geb. Kempner, geht, ist zu entnehmen, daß der auf dem Erbschein genannte »Rechnungsprüfer Dr. Felix Eckstein« im Sommer 1947 in Toronto (Kanada) lebte.

Albert Einstein

Kaiser-Wilhelm-Institut für Physik, Berlin

Geboren am 14. März 1879 in Ulm, gestorben am 18. April 1955 in Princeton.

Albert Einstein, Sohn des Kaufmanns Hermann Einstein und seiner Ehefrau Pauline, geb. Koch, wuchs in München auf, wo sein Vater und dessen jüngerer Bruder, der Ingenieur Jakob Einstein, ein Jahr nach seiner Geburt ein elektrotechnisches Unternehmen (Einstein & Cie.) gegründet hatten, das über eigene Patente verfügte und sich unter anderem mit der Einführung elektrischer Straßenbeleuchtungen einen Namen machte. Obwohl das Unternehmen lange Zeit sehr erfolgreich war, geriet es nach fast anderthalb Jahrzehnten in wirtschaftliche Schwierigkeiten. Die Brüder Einstein mußten die Firma liquidieren und zogen mit ihren Familien nach Mailand, um ihr Unternehmen, mit dem sie später nach Pavia übersiedelten, in Italien neu aufzubauen. Albert Einstein, der ab 1888 das Luitpold-Gymnasium besuchte, war zunächst in München geblieben, um dort das Abitur zu machen, brach dann aber die Schule ab und folgte der Familie nach Mailand. Da ihm das Abgangszeugnis für das Fach Mathematik ausdrücklich die Hochschulreife bescheinigte, versuchte er im Herbst 1895 am Züricher Polytechnikum, der späteren Eidgenössischen Technischen Hochschule, ein Studium ohne Abitur zu beginnen, bestand jedoch die Zulassungsprüfung nicht. So entschloß er sich, mit Unterstützung seiner Familie, seine Schulausbildung in der Schweiz zu einem ordentlichen Abschluß zu bringen. In der bei Zürich gelegenen Kleinstadt Aarau besuchte er eine von ihm als sehr liberal empfundene Kantonsschule, an der er 1896 die Reifeprüfung ablegte.

Seit dem Herbst 1896 studierte Einstein am Züricher Polytechnikum Physik und Mathematik. Nach dem Abschlußexamen im Frühjahr 1901 war er, nachdem er bei der Vergabe von Assistentenstellen nicht berücksichtigt worden war und auch zwei Promotionsanläufe scheiterten, unter anderem als Aushilfs- und Privatlehrer tätig, ehe er im Juni 1902 seine erste feste Anstellung im Berner Patentamt (»Eidgenössisches Amt für geistiges Eigentum«) erhielt. Im Februar 1901 hatte er das Schweizer Bürgerrecht erworben. Schon während des Studiums widmete er sich in beträchtlichem Umfang eigenen wissenschaftlichen Projekten, und in den folgenden Jahren setzte er neben dem jeweiligen Broterwerb seine wissenschaftliche Arbeit mit immer größerer Intensität fort. Im Sommer 1905 promovierte er bei Alfred Kleiner an der Universität Zürich mit der Dissertation »Eine neue Bestimmung der Moleküldimensionen«.

Mit der Promotion schuf Einstein die formalen Voraussetzungen für eine wissenschaftliche Karriere. Viel wichtiger war jedoch, daß es ihm im gleichen Jahr gelang, in den *Annalen der Physik* vier Artikel zu veröffentlichen, die ein neues physikalisches Weltbild begründeten. Das Jahr 1905 wurde damit zu Einsteins »Wunderjahr«, das ihn plötzlich und ohne erkennbare Vorankündigungen an die Spitze der zeitgenössischen Wissenschaft katapultierte. Die Artikel hatten die Titel: 1. »Über einen die Erzeugung und Umwandlung des Lichtes betreffenden heuristischen Gesichtspunkt«, 2. »Über die von der molekularkinetischen Theorie der Wärme geforderte Bewegung von in ruhenden Flüssigkeiten suspendierten Teilchen«, 3. »Zur Elektrodynamik bewegter Körper« und, als Nachtrag dazu, 4. »Ist die Trägheit eines Körpers von seinem Energieinhalt abhängig?«. In der ersten Arbeit leistete Einstein die Begründung einer Quantentheorie der Strahlung, wofür er 1922 den Physik-Nobelpreis (für das Jahr 1921) erhielt. Die zweite Arbeit war ein entscheidender Beitrag zur Darlegung der Existenz von Atomen. Die dritte Arbeit definierte aufgrund der Konstanz der Lichtgeschwindigkeit und anhand des Relativitätsprinzips die Begriffe Raum und Zeit neu (»spezielle Relativitätstheorie«). Die vierte Arbeit zeigte schließlich die Äquivalenz von Masse und Energie mit der bekannten Formel »$E = mc^2$«.

Es dauerte allerdings noch einige Zeit, bis die von Einstein erbrachten Leistungen in vollem Umfang anerkannt wurden. Max Planck in Berlin gehörte zu den ersten, die die Bedeutung der Relativitätstheorie erkannten. Bis 1909 mußte Einstein jedoch weiter seine Tätigkeit im Berner Patentamt ausüben, wo man ihn 1906 vom »Experten III. Klasse« zum »Experten II. Klasse« beförderte. Ein im Sommer 1907 gestellter Antrag auf Habilitation an der Universität Bern wurde zurückgewiesen, weil er keine spezielle Habilitationsschrift eingereicht hatte. Erst nach der Vorlage eines entsprechenden Manuskripts wurde er im Februar 1908 zum Privatdozenten an der Berner Universität ernannt. Danach ging plötzlich alles ganz schnell. Die Universität Zürich berief ihn im Mai 1909 auf eine außerordentliche Professur für Theoretische Physik. Im Juli des gleichen Jahres ernannte ihn die Universität Genf zu ihrem Ehrendoktor, und im September war er »Ehrengast« der Jahresversammlung der Gesellschaft Deutscher Naturforscher und Ärzte in Salzburg. Im Frühjahr 1911 trat er eine ordentliche Professur an der Deutschen Universität in Prag an, im Herbst des Jahres nahm er im Kreise der führenden europäischen Physiker – Marie Curie, Hendrik Lorentz, Max Planck, Henri Poincaré, Ernest Rutherford usw. – an der ersten Solvay-Konferenz in Brüssel teil. Im Januar 1912 wurde er ordentlicher Professor für Theoretische Physik an der ETH Zürich. Ein Jahr später begannen bereits die Verhandlungen über einen Wechsel nach Berlin.

Im Juli 1913 reisten Max Planck und Walther Nernst nach Zürich, um Einstein ein ebenso ungewöhnliches wie attraktives Angebot zu unterbreiten. Es bestand aus drei Teilen: Als Mitglied der Preußischen Akademie der Wissenschaften würde er für seine Forschungsarbeit ein großzügig bemessenes Gehalt bekommen, das zur Hälfte aus dem Etat der Akademie, zur anderen Hälfte aus privaten Mitteln finanziert werden sollte; die Berliner Universität würde ihn zum ordentlichen Professor ohne Lehrverpflichtungen ernennen; er würde Mitglied der Kaiser-Wilhelm-Gesellschaft und Direktor eines zu gründenden Kaiser-Wilhelm-Instituts für Physik. Von kaum zu überschätzender Bedeutung sei außerdem, gab Nernst zu bedenken, daß Einstein an jenem Ort leben würde, »an dem acht von den zwölf Leuten arbeiten, die Ihre Relativitätstheorie verstanden haben«. Einstein nahm an und übersiedelte Anfang April 1914 nach Berlin. Beim Abschied aus Zürich schrieb er einem Studienfreund: »Die Herren Berliner spekulieren mit mir wie mit einem prämiierten Leghuhn; aber ich weiß nicht, ob ich noch Eier legen kann.«

Die Ernennung zum Direktor des KWI für Physik erfolgte zum 1. Oktober 1914. Die Errichtung des Institutsgebäudes verzögerte sich allerdings um mehr als zwei Jahrzehnte, so daß Einstein die Eröffnung gar nicht mehr miterlebte. Seine Forschungen betrieb er in seinen privaten Räumen, die Arbeiten für das Institut, das im wesentlichen Forschungsmittel vergab, wurden seit 1922 von Max von Laue, später auch von Karl Weissenberg, wahrgenommen. In den ersten Berliner Jahren baute Einstein seine Relativitätstheorie weiter aus. 1916 veröffentlichte er die bahnbrechende, seine bisherigen Forschungen weitgehend abschließende Arbeit »Die Grundlagen der allgemeinen Relativitätstheorie«. Er erklärte den Einfluß der Gravitation auf die Zeitmessung, die Perihelbewegung des

Merkur, die Gravitations-Rotverschiebung und die Ablenkung des Lichtes durch das Gravitationsfeld der Sonne. Der letzte Punkt wurde 1919 durch eine von der Londoner Royal Society durchgeführte Expedition zu einer Sonnenfinsternis empirisch bestätigt. Mit dieser Bestätigung begann Einsteins Weltruhm. Er wurde zu einer der großen Symbolfiguren des 20. Jahrhunderts, als Genie bewundert, als Persönlichkeit verehrt. Mit seiner unkonventionellen äußeren Erscheinung und seinen häufig pointiert formulierten öffentlichen Äußerungen war er vom Beginn der zwanziger Jahre an bis zu seinem Tod der erste Medienstar unter den Wissenschaftlern, dessen Auftreten und Meinungen weltweite Aufmerksamkeit fanden. Dabei kamen ihm sein stets waches Interesse an öffentlichen Angelegenheiten, seine große Liebe zur Musik und seine unerschöpflichen Formulierungskünste (er äußerte sich mit Vorliebe in schnell hingeworfenen Versen) besonders zugute.

Der Ruhm hatte freilich auch eine Kehrseite. Für die radikale Rechte in Deutschland, die »völkisch« gesinnten Nationalisten, die Militaristen und Antisemiten, war Einstein, der sich öffentlich als Jude, als Pazifist und als Demokrat mit sozialistischen Tendenzen bekannte, einer der meistgehaßten Repräsentanten der Weimarer Republik. Schon zu Beginn der zwanziger Jahre war er unmittelbar gefährdet, und in den späten Jahren der Republik gehörte er zu denjenigen, die immer wieder eindringlich vor dem Aufstieg und einer möglichen Herrschaft des Nationalsozialismus warnten. Der jüdischen Religionsgemeinschaft stand er distanziert gegenüber, trat aber für die Unaufgebbarkeit jüdischer Identität in der modernen Gesellschaft ein. Im April 1920 schrieb er dem »Central-Verein deutscher Staatsbürger jüdischen Glaubens«, der das liberale Judentum repräsentierte: »Ich bin Jude und freue mich, dem jüdischen Volke anzugehören, wenn ich dasselbe auch nicht irgendwie für auserwählt halte.« Er unterstützte die zionistische Bewegung und setzte sich insbesondere für den Aufbau wissenschaftlicher Institutionen in Palästina/Israel ein, von der Gründung der Hebräischen Universität in Jerusalem bis zum Auf- und Ausbau des Chaim-Weizmann-Instituts in Rehovot als eines nationalen Zentrums der Naturwissenschaften.

Als Hitler zum Reichskanzler ernannt wurde, befand sich Einstein, der seit den frühen zwanziger Jahren viele Einladungen in andere Länder angenommen hatte, im California Institute of Technology in Pasadena. Am 10. März 1933, unmittelbar vor der geplanten Rückkehr nach Berlin, teilte er der Presse mit, daß er nicht mehr nach Deutschland zurückkehren werde. In einer öffentlichen Erklärung schrieb er unter anderem: »Solange mir eine Möglichkeit offensteht, werde ich mich nur in einem Lande aufhalten, in dem politische Freiheit, Toleranz und Gleichheit aller Bürger vor dem Gesetz herrschen. [...] Diese Bedingungen sind gegenwärtig in Deutschland nicht erfüllt.« Die Rückreise endete in Belgien, von wo aus Einstein der Preußischen Akademie der Wissenschaften am 28. März schriftlich mitteilte, daß er wegen der »in Deutschland gegenwärtig herrschenden Zustände« auf seine Stellung in der Akademie verzichte. Er verzichtete auch auf die deutsche Staatsbürgerschaft und bat Anfang Juni Max von Laue, bei den deutschen Körperschaften und wissenschaftlichen Gesellschaften zu veranlassen, daß sein Name aus den jeweiligen Mitgliederlisten gestrichen werde. Auf diese Weise endete auch Einsteins Zugehörigkeit zur Kaiser-Wilhelm-Gesellschaft. Im Oktober 1933 verließ er Europa, dieses Mal endgültig. Im Sommer 1932 hatte er noch bekanntgegeben, daß er künftig jeweils ein halbes Jahr in dem neu gegründeten Institute for Advanced Study in Princeton und das andere halbe Jahr in Berlin sein werde, wobei er zu diesem Zeitpunkt ausdrücklich betonte, daß Berlin sein »ständiger Wohnsitz« bleibe. Nun nahm er das Angebot an, ganz nach Princeton überzusiedeln.

Wissenschaftlich konzentrierte Einstein sich von der Mitte der zwanziger Jahre an bis zu seinem Lebensende vor allem darauf, eine »einheitliche Feldtheorie« zu entwickeln. Er unternahm immer neue Anläufe zu einer »Weltformel«, ohne jedoch zu einem endgültigen, in der Fachwelt akzeptierten Ergebnis zu kommen. Seinen wissenschaftlichen Ruf und sein öffentliches Ansehen minderte das nicht. Er blieb eine Institution, deren Meinungen und deren Rat auf vielen Ebenen gefragt war. Politisch besonders wichtig war für ihn der Kampf gegen Antisemitismus, Rassismus und die nationalsozialistische Bedrohung. Als er zu der Überzeugung gelangt war, daß das nationalsozialistische Deutschland in der Lage sein werde, eine Atombombe zu bauen, schickte er im Herbst 1939 einen Brief an den US-Präsidenten Franklin D. Roosevelt, um ihn auf die damit verbundenen Gefahren hinzuweisen, und im März 1940 betonte er noch einmal die besondere Dringlichkeit, in den USA entsprechende Forschungen voranzutreiben. Er selber war an dem »Manhattan Project«, das zur amerikanischen Atombombe führte, allerdings schon deshalb nicht beteiligt, weil ihn das FBI wegen seiner angeblich kommunistischen Tendenzen als ein Sicherheitsrisiko einstufte. Seit Oktober 1940 amerikanischer Staatsbürger, äußerte er sich zunehmend auch zu Fragen der US-Innenpolitik. Nachdrücklich protestierte er, der selber überwacht wurde, gegen die politischen Einschüchterungen und Verfolgungen, die mit dem Namen des Senators Joseph McCarthy verbunden sind. In der Nachkriegszeit setzte er sich entschieden für die nukleare Abrüstung ein. Unmittelbar vor seinem Tod unterzeichnete er noch das »Einstein-Russel-Manifest«, das zum Fanal des weltweiten Protestes von Physikern gegen die atomare Bewaffnung wurde.

Albert Einstein war zwei Mal verheiratet. Mit Mileva Marić, einer Serbin, die er beim gemeinsamen Physikstudium am Polytechnikum kennenlernte und 1903 in Zürich heiratete, hatte er aus vorehelicher Beziehung eine Tochter (das »Lieserl«), die Anfang 1902 in Serbien geboren wurde und dort verschollen ist (vermutlich wurde sie zur Adoption freigegeben). Aus der Ehe, die nach mehrjähriger Trennung 1919 geschieden wurde, gingen zwei Söhne (Hans Albert, geb. 1904, und Eduard, geb. 1910) hervor. In Berlin lebte Einstein seit 1914 mit seiner Cousine und Jugendfreundin Elsa Löwenthal, geb. Einstein, zusammen, die er wenige Monate nach der Scheidung von seiner ersten Frau heiratete. Sie folgte ihm in die Emigration, starb aber schon im Dezember 1936 in Princeton. Den Haushalt übernahmen danach Margot Marianoff, Elsas Tochter aus erster Ehe, und Maria (Maja) Einstein, Albert Einsteins einzige Schwester. Eine wichtige Rolle im Hause Einstein spielte auch seine langjährige Sekretärin (und spätere Nachlaßverwalterin) Helen Dukas.

In sein Geburtsland Deutschland, in dem er lange gelebt und fast zwanzig Jahre gearbeitet hat, ist Einstein auch nach dem Ende der NS-Herrschaft nie mehr zurückgekehrt. Er lehnte alle offiziellen Kontakte konsequent ab. Als ihn die neugegründete Max-Planck-Gesellschaft 1948 bat, seiner Ernennung zum Auswärtigen Wissenschaftlichen Mitglied zuzustimmen, antwortete er dem Präsidenten Otto Hahn am 28. Januar 1949: »Ich empfinde es als schmerzlich, daß ich gerade Ihnen, d. h. einem der Wenigen, die aufrecht geblieben sind und ihr Bestes taten während dieser bösen Jahre, eine Absage schicken muß. Aber es geht nicht anders. Die Verbrechen der Deutschen sind wirklich das Abscheulichste, was die Geschichte der sogenannten zivilisierten Nationen aufzuweisen hat. Die Haltung der deutschen Intellektuellen – als Klasse betrachtet – war nicht besser als die des Pöbels. Nicht einmal Reue und ein ehrlicher Wille zeigt sich, das Wenige wieder gut zu machen, was nach dem riesenhaften Morden noch gut zu machen wäre. Unter diesen Umständen fühle ich eine unwiderstehliche Aversion dagegen, an irgend einer Sache beteiligt zu sein, die ein Stück des deutschen öffentlichen Lebens verkörpert, einfach aus Reinlichkeitsbedürfnis.«

Neben seinen knapp 300 wissenschaftlichen Arbeiten veröffentlichte Einstein auch Schriften, die sich an ein größeres Publikum wandten, und Autobiographisches: »Über Zionismus« (1930), »Warum Krieg?« (1934, mit Sigmund Freud), »Mein Weltbild« (1934), »The Evolution of Physics« (1938, mit Leopold Infeld), »Out of My Later Years« (1950) und »The Meaning of Relativity« (1956). Er empfing außer dem Nobelpreis zahllose Auszeichnungen und Ehrungen und war Mitglied bzw. Ehrenmitglied vieler Akademien und wissenschaftlichen Gesellschaften. Von mehr als

zwei Dutzend Universitäten wurde er mit einer Ehrendoktorwürde ausgezeichnet, darunter Princeton (1921), die ETH Zürich (1930), Oxford
(1931) und Harvard (1935). Seine außerordentlichen wissenschaftlichen
Leistungen wurden in dem Nachruf der *New York Times* mit den knap-
pen Worten des Physikers und Nobelpreisträgers Arthur H. Compton
ins Gedächtnis gerufen: »Einstein is great because he has shown us our
world in truer perspective and has helped us to understand a little more
clearly how we are related to the universe around us. He has made it
possible for man to see himself in his truer proportions. His concept of
light quanta has helped us to understand the atoms that make up the
world of which we are part. In his special theory of relativity he taught us
that we must think in terms of objects that we see, not in terms of some
imagined framework of space. By his general theory of relativity he uni-
fied our laws of motion and our law of gravitation, and opened the way
for us to see with new clarity our universe, finite now in extent, but far
vaster than had been dreamed before his thoughts stimulated the imagi-
nation of the scientific world.«

Robert Karl Eisenschitz

Kaiser-Wilhelm-Institut für Chemie, Berlin-Dahlem

Geboren am 14. Januar 1898 in Wien, gestorben am 15. Juli 1968 in London.
Robert Karl Eisenschitz, Sohn des Wiener Rechtsanwalts Emil Eisenschitz und seiner Ehefrau Felicie Auguste, geb. Spitzer, war 1916-18 Soldat
der Österreichisch-Ungarischen Armee; für seinen Einsatz an der Front
wurde er mit einer Tapferkeitsmedaille ausgezeichnet. 1918-24 studierte er
Chemie an den Universitäten Wien und München sowie an der Technischen Hochschule Karlsruhe. Er promovierte 1924 in München mit der
von Alfred Reis betreuten Dissertation »Über die materiellen Träger der
Spektren-gefärbten Flammen«. Beruflich war er zunächst als Chemiker
bei der AEG in Berlin tätig (1924-27), ehe er 1927 als Assistent in die von
Lise Meitner geleitete Abteilung für Theoretische Physik in das Kaiser-
Wilhelm-Institut für Chemie eintrat. Obwohl er durch seinen Frontdienst
vor den unmittelbaren Auswirkungen der antisemitischen Gesetzgebung
geschützt war, entschied er sich im Oktober 1933, nach Großbritannien
zu emigrieren.
    Dort war er mit Unterstützung des Academic Assistance Council von
1933 bis 1945 Forschungsassistent am Davy Faraday Laboratory der Royal

Institution in London. 1946-49 hatte er eine Position als Lecturer am University College, London. 1948 heiratete er die aus Berlin stammende Lehrerin Eva Regina Laufer, mit der er zwei Kinder hatte (Aram, geb. 1948, und Tamara, geb. 1949). 1949 wurde er zum Mitglied des Department of Physics des Queen Mary College der London University ernannt. Er begann als Reader und war ab 1957 Professor. 1965 erfolgte seine Emeritierung.

Eisenschitz forschte vor allem auf dem Gebiet der Thermodynamik irreversibler Prozesse und der statistischen Mechanik, insbesondere der Physik von Flüssigstoffen und interatomaren Kräften. Er veröffentlichte die Bände »Statistical Theory of Irreversible Processes« (1958) und »Matrix Algebra for Physicists« (1966) sowie etwa 50 Artikel in wissenschaftlichen Zeitschriften, hauptsächlich in der *Zeitschrift für Physik*, den *Proceedings of the Royal Society*, im *Science Progress*, im *Philosophical Magazine* und in *Nature*.

Hans Edward Eisner

Kaiser-Wilhelm-Institut für physikalische Chemie und Elektrochemie, Berlin-Dahlem

Geboren am 29. September 1892 in Hindenburg (Oberschlesien), gestorben nach 1983 in Ithaca, New York.

Hans Eisner, Sohn von Max Eisner und seiner Ehefrau Clara, geb. Benjamin, wuchs in einer jüdischen Kaufmannsfamilie auf. Nach dem Abitur war er zunächst in einer Apotheke tätig (Lehre und Tätigkeit als Apothekengehilfe 1911-15). Er studierte, unterbrochen vom Kriegsdienst 1916-18, in München und Berlin Pharmazie und Chemie, legte 1919 das Staatsexamen in Pharmazie ab und promovierte 1924 an der Berliner Universität bei Fritz Haber mit der Dissertation »Quantitative Bestimmungen kleinster Goldgehalte in Salzlösungen«. 1921-33 war er, zuerst als Assistent, später als stellvertretender Abteilungsleiter, im Kaiser-Wilhelm-Institut für physikalische Chemie und Elektrochemie beschäftigt und in den zwanziger Jahren als Leiter der »Arbeitsgruppe M« führend an Habers Großprojekt zur Gewinnung von Gold aus Meerwasser beteiligt.

Eisner, der seit 1925 mit der bildenden Künstlerin Margarete Heil verheiratet war und zwei Kinder hatte, war schon in den ersten Tagen und Wochen der nationalsozialistischen Herrschaft davon überzeugt, daß er unter diesen Umständen Deutschland so rasch wie möglich verlassen müsse. Bereits Mitte April 1933 emigrierte er mit seiner Familie nach Spanien. Als er in späteren Jahren in einem Fragebogen die Gründe für seine Emigration nennen sollte (»what prompted your departure at that specific time?«), antwortete er lakonisch: »Hitler!« Nach einem schwierigen ersten Jahr, in dem seine Frau mit Reklamezeichnungen und Schaufensterdekorationen das nötige Geld zu verdienen suchte, fand er eine Beschäftigung als technischer Direktor in der Industrie: 1934-47 arbeitete er bei dem international tätigen Unternehmen Laboratorios Andromaco, zuerst in Barcelona und ab 1937, wegen des spanischen Bürgerkrieges, in Argentinien und in Uruguay. Im Januar 1935 war er aus Barcelona noch einmal nach Berlin gereist, um an der von der Kaiser-Wilhelm-Gesellschaft veranstalteten Gedenkfeier für Fritz Haber teilzunehmen.

1947 entschied sich Eisner, der unter dem Franco-Regime offenbar nicht nach Spanien zurückkehren wollte, für die Einwanderung in die USA, nicht zuletzt wegen der besseren Ausbildungsmöglichkeiten für seine Kinder. Er arbeitete dort mit großem Erfolg in der pharmazeutischen Industrie und wurde 1948 Präsident der Metropolitan Consulting Chemists Corporation in Scarsdale, New York, ab 1950 zudem Präsident von Norvel Laboratories in Tuckahoe, ebenfalls New York. Erst 1956, kurz vor seinem 1959 erfolgenden Eintritt in den Ruhestand, gelang es ihm wieder, seinen akademischen Forschungsinteressen nachzugehen. Er wurde Research Associate im Department of Biological Sciences der Cornell University in Ithaca, New York und arbeitete dort bis ins hohe Alter auch mit seinem in Harvard ausgebildeten und an der Cornell University lehrenden Sohn Thomas zusammen, einem international renommierten Insektenforscher, der 1993 zum Direktor des Cornell Institute for Research in Chemical Ecology berufen wurde.

Hans Eisner war unter anderem Mitglied der American Chemical Association und der American Association for the Advancement of Science. Er publizierte in seinen späteren Jahren, teilweise gemeinsam mit seinem Sohn, vor allem in den Zeitschriften *Science* und *Journal of Investigative Dermatology*.

Margot Engel (Borodeanski)

Kaiser-Wilhelm-Institut für Biochemie, Berlin-Dahlem

Geboren am 15. August 1902 in Berlin.

Margot Engel, Tochter des Sanitätsrats C. S. Engel und seiner Frau Alice, geb. Schüler, besuchte eine Berliner Oberrealschule und studierte 1922-27 Chemie, Physik, Biologie, Technologie und Philosophie an der Berliner Universität. Im Juni 1925 machte sie ihr Abschlußexamen in Chemie, 1928 promovierte sie bei Wilhelm Schlenk und Max Bodenstein mit der von Hans Pringsheim betreuten Dissertation »Über Methylolichenin«. Von 1928 bis 1933 war sie als »sonstige Mitarbeiterin« im Kaiser-Wilhelm-Institut für Biochemie tätig. Sie mußte offensichtlich aufgrund der antisemitischen NS-Gesetzgebung aus dem Institut ausscheiden. Von 1934 an leitete sie mehrere Jahre lang eine private Chemie-Schule in Berlin. Sie heiratete (neuer Name: Borodeanski) und emigrierte vor 1939 nach Palästina, wo sie vermutlich in Jerusalem lebte. Ihr weiteres Schicksal ist nicht bekannt.

Sie veröffentlichte u. a. im *Zentralblatt für Bakteriologie, Parasitenkunde und Infektionskrankheiten* (1929) und gehörte 1932 zu den ständigen Referenten für das *Chemische Zentralblatt*.

Friedrich (Fritz) Epstein

Kaiser-Wilhelm-Institut für physikalische Chemie und Elektrochemie, Berlin-Dahlem

Geboren am 27. Januar 1882 in Breslau, gestorben am 22. Dezember 1943 in Auschwitz.

Friedrich Epstein, der den Beruf seines Vaters (Joseph Epstein, verheiratet mit Marie Friedenthal) als »Fabrikbesitzer« angab, besuchte das Johannes-Gymnasium in Breslau und später das Wilhelms-Gymnasium in Berlin, wo er 1899 die Abiturprüfung ablegte. Er studierte Chemie an den Universitäten München, Lausanne, Berlin und Heidelberg und wurde im Oktober 1905 mit der unter der Leitung von Georg Bredig angefertigten Dissertation »Die Geschwindigkeit der chemischen Selbsterhitzung. Adiabatische Reaktionskinetik« in Heidelberg zum Dr. phil. nat. promoviert. Danach leistete er als »Einjährig-Freiwilliger« seinen Militärdienst im 1. Garde-Dragoner-Regiment, ehe er 1907 eine Assistentenstelle bei Fritz Haber an der Technischen Hochschule Karlsruhe erhielt. Als Haber

1911 in Berlin die Leitung des Kaiser-Wilhelm-Instituts für physikalische Chemie und Elektrochemie übernahm, folgte ihm Epstein, um Haber – »ohne festes Verhältnis zum Institut« – bei der Einrichtung desselben zu unterstützen und sich darüber hinaus am Beginn der wissenschaftlichen Arbeiten zu beteiligen.

1914 wechselte Epstein zu Reginald Oliver Herzog an die Deutsche Technische Hochschule in Prag. Das war jedoch nur eine sehr kurze Station, da er mit Beginn des Krieges als Soldat an die Front ging. Nach der Marneschlacht wurde er im September 1914 schwer verwundet in die Heimat entlassen. Anfang 1915 trat er, wie Haber später schrieb, »zu meiner Unterstützung in das Kriegsministerium« ein. Bei der Organisation der Gaskampf- und Gasschutzforschungen war er drei Jahre lang Habers »rechte Hand«, wobei er vor allem zwischen den Anforderungen des Militärs und den Forschern im KWI für physikalische Chemie und Elektrochemie zu vermitteln hatte. Als Haber im November 1918 die Leitung der Gruppe Chemie im neu geschaffenen Reichsamt für wirtschaftliche Demobilmachung übertragen wurde, folgte Epstein ihm auch in dieses Amt als offensichtlich unverzichtbarer leitender Mitarbeiter.

Inzwischen war Epstein auf Habers Vorschlag hin »in Anerkennung seiner wissenschaftlichen Leistungen« im Dezember 1918 vom preußischen Minister für Wissenschaft, Kunst und Volksbildung zum Professor ernannt worden. Schon ein halbes Jahr zuvor waren er und sein ebenfalls im Kriegsministerium tätiger Kollege Fritz Kerschbaum aufgrund ihrer »Verdienste im Kriege und im Frieden« als »Mitglieder ehrenhalber« in das KWI für physikalische Chemie und Elektrochemie berufen worden. Haber, der auch in diesem Falle die Initiative ergriffen hatte, rühmte vor allem das »wissenschaftliche Urteil« und das »verwaltungsmäßige Können« Epsteins, die ihm eine dauerhafte Bindung an das Institut als höchst wünschenswert erscheinen ließen. In den zwanziger und frühen dreißiger Jahren war Epstein, der eine Abteilung des KWI leitete und zugleich Aufgaben der Institutsleitung übernahm, einer der wichtigsten Mitarbeiter Habers, zu dem er auch persönlich in sehr enger Beziehung stand. Er beteiligte sich unter anderem an dem von Haber mit beträchtlichem Aufwand gestarteten, aber letztlich scheiternden Meerwassergold-Projekt. In den zwanziger Jahren nahm Epstein auch Verwaltungsaufgaben für das KWI für Faserstoffchemie wahr.

1933 fiel Fritz Epstein, der der evangelischen Kirche angehörte, aufgrund seiner Herkunft unter die antijüdischen Bestimmungen des »Berufsbeamtengesetzes«, vor deren unmittelbaren Auswirkungen er allerdings durch seinen im ersten Kriegsjahr 1914 geleisteten Frontdienst geschützt war. Dennoch war es schon bald klar, daß er in Deutschland keine Zukunft mehr haben würde. Zwar wurde er noch am 6. Oktober 1933 von Max Planck als dem Präsidenten der Kaiser-Wilhelm-Gesellschaft ausdrücklich gebeten, die ihm von Haber übertragene Vollmacht über die Konten des Instituts bis zum Dienstantritt des neuen, kommissarischen Institutsdirektors zu behalten, doch stand in dem gleichen Schreiben: »Ich habe ferner davon Kenntnis genommen, daß Sie beabsichtigen, aus dem Institut auszuscheiden, und bedaure diesen Entschluß sehr.« Als die KWG am 6. November dem Reichsminister des Inneren weisungsgemäß über die politischen Bindungen der Angestellten der Gesellschaft berichtete, teilte sie nicht nur mit, daß Epstein »nicht Mitglied einer politischen Partei oder einer der verbotenen Organisationen« war, sondern auch, daß er inzwischen »freiwillig aus dem Institut ausgeschieden« sei.

Über die Zeit danach ist leider nur noch wenig bekannt. Epstein emigrierte nach Frankreich. Es ist unklar, ob er dort wissenschaftlich arbeiten oder eine andere Art der Berufstätigkeit ausüben konnte. 1941/42 lebte er gemeinsam mit Else Weil, Kurt Tucholskys erster Ehefrau, in dem südfranzösischen Dorf Saint-Cyr-sur-Mer in einem Haus, das ihm seine Nichte Annemarie Meier-Graefe bei ihrer Flucht in die USA überlassen hatte. Im September 1942 wurden Epstein und Else Weil den deutschen Besatzern ausgeliefert, die sie nach Auschwitz deportierten. Einer 1948 von der Stadt Salernes ausgestellten Todesurkunde ist zu entnehmen, daß Friedrich Epsteins Leben am 22. Dezember 1943 in Auschwitz endete.

Georg Ettisch

Kaiser-Wilhelm-Institut für physikalische Chemie und Elektrochemie, Berlin-Dahlem

Geboren am 8. Januar 1890 in Posen.

Georg Ettisch, in Posen als Sohn des Kaufmanns Louis Ettisch geboren, wuchs in Berlin und Leipzig auf. Er begann sein Medizinstudium 1910 in Leipzig und wechselte dann nach Berlin. Am Ersten Weltkrieg nahm er von Anfang bis Ende als Frontsoldat teil. In seinem ersten Heimaturlaub 1916 legte er das medizinische Staatsexamen ab. 1919 promovierte er an der Universität Halle mit der Dissertation »Zur Plastik der Blasenscheidenfisteln«. Im Mai des gleichen Jahres erhielt er im Anatomischen Institut der Universität Halle bei Wilhelm Roux eine Oberassistentenstelle. Da sich seine wissenschaftlichen Interessen zur physikalisch-chemischen Biologie, insbesondere zur Physiologie, hin entwickelten, bewarb er sich um eine Stelle im Kaiser-Wilhelm-Institut für physikalische Chemie und

Elektrochemie in Berlin und war dort seit 1921 als Wissenschaftlicher
Mitarbeiter, seit 1928 als Assistent in der Abteilung von Herbert Freundlich tätig. 1929 habilitierte er sich mit einer Arbeit über den Feinbau der
quergestreiften Skelettmuskulatur in der Medizinischen Fakultät der
Universität Berlin für das Fach Physiologie.

Ettisch, der nach eigener Angabe »israelitischen Bekenntnisses und
preußischer Staatsangehörigkeit« war, schien von den politischen Veränderungen des Jahres 1933 nicht unmittelbar betroffen. Auf dem von
ihm ausgefüllten Fragebogen über seine Abstammung lautete das Votum
des Referenten: »100% nichtarisch«, jedoch mit dem Zusatz »geschützt«
(wegen seines »Frontdienstes«). Als »Ergebnis der Beratungen« wurde in
der Akte festgestellt: »Bleibt im Amt.« Dazu die »Entscheidung des Mini-
sters«: »Einverstanden.« Im Juni 1934 wurde Ettisch jedoch im Zuge der
Umstrukturierung des Instituts gekündigt. Da die Versuche, eine Stelle
an der Berliner Universität zu finden, fehlschlugen, entschied Ettisch
sich für die Emigration. 1935 erhielt er eine Einladung der Universität
Lissabon, die Leitung des dortigen Onkologischen Instituts zu übernehmen und eine Forschungsabteilung für physikalisch-chemische Biologie
und Pathologie zu errichten. Ettisch nahm das Angebot an und begann
1936 seine Tätigkeit in Lissabon.

Über seinen weiteren Lebensweg und seine wissenschaftliche Arbeiten
ist nichts mehr bekannt. Allerdings gibt es für die Jahre 1936-38 noch
einige wenige Veröffentlichungen in einer portugiesischen und zwei französischen Fachzeitschriften. Während seiner Zeit im KWI für physikalische Chemie und Elektrochemie veröffentlichte Ettisch ca. 60 Arbeiten
in Fachzeitschriften und beteiligte sich auch an der Abfassung von Handbüchern. Auf einer Karteikarte der Society for the Protection of Science
and Learning, die stichwortartige Angaben zu seiner Biographie enthält,
findet sich der aus Mangel an weiteren Informationen nicht eindeutig
interpretierbare handschriftliche Eintrag: »USA. Kansas City«. In den biographischen Kurzinformationen der Bände »American Men & Women
of Science« taucht sein Namen nicht auf.

Ladislaus (László) Wilhelm Farkas

Kaiser-Wilhelm-Institut für physikalische Chemie und Elektrochemie, Berlin-Dahlem

Geboren am 10. Mai 1904 in Dunaszerdahely, Ungarn, gestorben am 31. Dezember 1948 in der Nähe von Rom (Flugzeugabsturz).

Ladislaus Farkas, der älteste von drei Söhnen des Apothekers Stefan Farkas und seiner Frau Anna, besuchte das Gymnasium im ungarischen Großwardein, wo er 1924 die Reifeprüfung ablegte. Er studierte 1922-27 Chemie an den Technischen Hochschulen Wien und Berlin. 1928 promovierte er bei Karl Friedrich Bonhoeffer mit der Dissertation »Der Reaktionsmechanismus des photochemischen Jodwasserstoffzerfalls«. Im gleichen Jahr erhielt er eine Stelle als persönlicher Assistent von Fritz Haber im Kaiser-Wilhelm-Institut für physikalische Chemie und Elektrochemie. Sein Vertrag mit dem Institut wurde im April 1933 aufgrund des »Arierparagraphen« des »Berufsbeamtengesetzes« gekündigt.

Im Oktober 1933 emigrierte Farkas nach Großbritannien, wo er als Research Fellow im Department of Colloid Science der Cambridge University arbeiten konnte. Schon im September 1933 war er von Fritz Haber als Direktor einer neu zu schaffenden Abteilung für physikalische Chemie im Daniel Sieff Research Institute in Rehovot (Palästina) empfohlen worden. 1934 kam es in Paris zu einem Treffen zwischen dem Gründungsdirektor des Sieff-Instituts Chaim Weizmann und Farkas. Bald darauf entschied sich Farkas, der bis dahin der zionistischen Bewegung fernstand, sich am wissenschaftlichen Aufbau in Palästina zu beteiligen. Er ging allerdings nicht nach Rehovot, sondern übernahm 1936 eine Professur für Physikalische Chemie an der Hebräischen Universität Jerusalem und die Leitung des unter seiner Ägide gegründeten Physikalisch-Chemischen Instituts der Universität. Das Daniel-Sieff-Institut (aus dem 1949 das Weizmann Institute of Science hervorging) ernannte ihn zum Mitglied. 1939 übertrug man Farkas den Vorsitz des Central Committee for the Development of Chemical Industry in Palestine. Ab August 1942 amtierte er auch als Sekretär des Scientific Advisory Committee of the Palestine War Supply Board. 1940 heiratete er die Mikrobiologin Hannah Aharoni (Aharonowitz), die später Professorin an der Universität von Toronto wurde.

Ladislaus Farkas arbeitete in Palästina, wie vorher schon in Berlin und Großbritannien, eng mit seinem jüngeren Bruder Adalbert (Alvert) Farkas (geb. 1906) zusammen, der 1933 zunächst nach England emigriert war und in Jerusalem eine Stelle als Senior Assistant erhielt. Adalbert hatte in Berlin ebenfalls bei Bonhoeffer promoviert und war diesem, nach einer zweijährigen Tätigkeit im KWI für physikalische Chemie und Elektrochemie in Berlin, 1930 als Assistent an die Universität Frankfurt am Main gefolgt. Er war ein bedeutender Chemiker, der – mit einer Amerikanerin verheiratet – 1942 in die USA auswanderte. Dort war er in der Industrie tätig, trat aber auch weiterhin als Wissenschaftler hervor und erhielt u. a. 1979 den »Eugene J. Houdry Award in Applied Catalysis«.

Über das Schicksal seiner ungarischen Angehörigen berichtete Ladislaus Farkas im Juli 1946 Karl Friedrich Bonhoeffer, dem er sich weiterhin sehr verbunden fühlte: »Im August 1945 war ich in England, und dort habe ich schon mit Freude gehört, daß Sie gesund sind. Aber man wußte auch über das Schicksal Ihrer Brüder [...]. Uns hat der Krieg auch sehr schwer getroffen: Meine Eltern wurden in Auschwitz ermordet. Von meiner ganzen Familie in Ungarn ist durch einen Zufall nur mein jüngster Bruder und seine Frau am Leben geblieben, aber [sie] sind ohne Mittel, und ihr reizendes 5jähriges Mädchen wurde auch in der Gaskammer getötet. Ich versuche sie jetzt herzubekommen, da sie hier vielleicht ein neues Leben anfangen können.«

Ladislaus Farkas gilt als Begründer der physikalischen Chemie in Palästina/Israel und wirkte dort schulbildend. Er war wissenschaftlich vor allem auf den Gebieten der Photochemie und der Gasreaktionen tätig und forschte zu Verbrennungsvorgängen und Wasserstoffisotopen. Er führte Experimente zur Ortho-Para-Umwandlung durch und analysierte die katalytische Aktivierung von Wasserstoff. Darüber hinaus beschäftigte er sich mit der Gewinnung und Nutzung von Mineralien aus dem Toten Meer. Er engagierte sich stark für die auf Wissenschaft gestützte industrielle Entwicklung des Landes, aber auch die Verbesserung der landwirtschaftlichen Produktion und ihre Vermarktung waren ihm ein besonderes Anliegen. Er starb im Alter von 44 Jahren auf einer Dienstreise, die ihn in die USA führen sollte.

Ladislaus Farkas war Autor von »Über Para- und Orthowasserstoff« (1933) und von zahlreichen Artikeln in wissenschaftlichen Zeitschriften, darunter *Zeitschrift für physikalische Chemie, Zeitschrift für Elektrochemie, Zeitschrift für Physik, Proceedings of the Royal Society London, Transactions of the Faraday Society, Journal of the American Chemical Society* und *Nature*. Nach seinem Tod erschien in Jerusalem ein umfangreiches, von Adalbert Farkas und Eugene P. Wigner herausgegebenes Gedenkbuch: »L. Farkas. Memorial Volume« (1952), in dem auch 91 seiner Veröffentlichungen bibliographiert sind. Von 1949 bis 1967 wurde in Jerusalem jährlich ein Ladislaus Farkas Memorial Symposium veranstaltet. Zu seinem 50. Todestag gab es 1998 eine Gedenkausstellung in Jerusalem (»Professor L. Farkas 1904-48: The Story of a Scientific Pioneer«).

Irvin Fisher

Kaiser-Wilhelm-Institut für Arbeitsphysiologie, Dortmund

Geboren am 18. Oktober 1900 in Guatemala-Stadt, gestorben am 2. Dezember 1989 in Tel Aviv. Irvin Fisher, Sohn des Kaufmanns Siegfried Fisher und seiner Frau Dora, wuchs ab 1908 in Berlin auf. Im Herbst 1918 machte er das Abitur am Schiller-Realgymnasium in Berlin-Charlottenburg. Er studierte danach Medizin an der Berliner Universität. Im Frühjahr 1924 legte er das medizinische Staatsexamen ab. 1925 promovierte er mit der bei Paul Rosenstein im Jüdischen Krankenhaus Berlin erarbeiteten Dissertation »Der Vorteil der Insulinbehandlung bei den chirurgischen Komplikationen des Diabetes mellitus gegenüber früheren Methoden«. Er war danach drei Jahre lang bei Alfred Goldscheider an der Universitätsklinik tätig, ehe er im März 1928 als Assistent im Dortmunder Kaiser-Wilhelm-Institut für Arbeitsphysiologie angestellt wurde.

Im Frühjahr 1933 ließ Fisher, der sich in seinem für die Promotion geschriebenen Lebenslauf zum Zionismus bekannt hatte (»Ich bin Bürger der Republik Guatemala und jüdischer Nationalität.«), sich für fünf Wochen beurlauben, um die Möglichkeit einer künftigen Tätigkeit in Palästina zu erkunden. Während dieses Urlaubs erhielt er von seinem unmittelbaren Vorgesetzten im Institut, Gunther Lehmann, die Mitteilung, »daß es nunmehr sicher sei, daß das sogenannte Beamtengesetz auch in der Kaiser-Wilhelm-Gesellschaft durchgeführt wird«, und daß »vorläufig entsprechend dieser Verfügung Beurlaubungen vorzunehmen seien«. Wenig später erfuhr er, daß in seinem Falle noch keine Regelung getroffen sei, aber »im Endeffekt ja doch sehr wahrscheinlich bei der Kaiser-Wilhelm-Gesellschaft dieselbe Regelung getroffen wird, die bei den Universitäten usw. durchgeführt ist«. Tatsächlich stand sein Name in dem von der Generalverwaltung erstellten »Verzeichnis der aufgrund des Gesetzes vom 7. April 1933 zu entlassenden Angestellten«. Fisher wurde ohne Bezüge beurlaubt und am 31. August 1933 entlassen.

1934 arbeitete er zunächst als Stipendiat im Laboratorium für pathologische Physiologie der Hadassah-Universitätsklinik in Jerusalem. Im darauf folgenden Jahr erhielt er eine Daueranstellung als Leiter des neuen chemischen Laboratoriums des großen städtischen Krankenhauses in Tel Aviv. Er arbeitete vor allem über klima- und wetterphysiologische Fragen. Da für experimentelle Forschungen auf seinem Fachgebiet in Palästina/Israel die Voraussetzungen fehlten, widmete er sich mit besonderer Intensität der Aus- und Weiterbildung der Mediziner. Nach 1948 erhielt er mehrfach Angebote, in der Medizinischen Fakultät der Hebräischen Universität in Jerusalem Vorlesungen über Physiologie zu halten. Wegen seiner starken beruflichen Inanspruchnahme in Tel Aviv konnte er von dieser Möglichkeit allerdings erst seit Mitte der fünfziger Jahre regelmäßig Gebrauch machen. Über seine späteren Jahre in Israel ist nichts Näheres bekannt.

Georg von Frank

Kaiser-Wilhelm-Institut für Faserstoffchemie, Berlin-Dahlem

Geboren am 26. April 1899 in St. Petersburg.

Georg von Frank war der Sohn des russischen »Wirklichen Staatsrates« Gustav von Frank, der 1890 von Wien nach St. Petersburg gekommen war und dort eine leitende Stelle in der Staatsdruckerei innehatte. Die Familie siedelte 1908 nach Deutschland über, und Frank erhielt seine Schulausbildung in München und in Leipzig, wo er 1917 das Abitur machte. Er studierte Chemie in München und Leipzig und promovierte im November 1923 in der Philosophischen Fakultät der Universität Leipzig mit der Dissertation »Physikochemische Untersuchungen über die Natur der Carbonsäuren und Sulfonsäuren sowie ihrer Derivate«. 1924 trat er in das Kaiser-Wilhelm-Institut für Faserstoffchemie ein, in dem er bis 1933 tätig war. Er arbeitete über Kunstseide und die Technologie von Cellulosederivaten und Textilfasern.

Da es ihm wegen seiner jüdischen Herkunft im nationalsozialistischen Deutschland nicht mehr möglich war, seine wissenschaftlichen Arbeiten fortzusetzen, entschloß er sich zur Emigration. Er ging zunächst nach Brüssel, später nach Frankreich. Über seinen weiteren Lebensweg ist nur bekannt, daß er 1947 in Frankreich lebte und 1953 in Brüssel wohnhaft war. In beiden Ländern wird er vermutlich in der Industrie tätig gewesen sein.

Herbert Max Finlay Freundlich

Kaiser-Wilhelm-Institut für physikalische Chemie und Elektrochemie, Berlin-Dahlem

Geboren am 28. Januar 1880 in Charlottenburg, gestorben am 30. März 1941 in Minneapolis, Minnesota.

Herbert Freundlich, der älteste von fünf Brüdern, die alle akademische Berufe ergriffen – sein Bruder Erwin Finlay Freundlich, der Direktor des Einstein-Turms in Potsdam wurde, war einer der international führenden Astrophysiker –, wuchs in Biebrich am Rhein auf, wo sein Vater (Philipp Freundlich, verheiratet mit Ellen Elizabeth Finlayson aus Schottland) Direktor eines Gießereibetriebes war. Er machte das Abitur auf dem Humanistischen Gymnasium in Wiesbaden und studierte seit 1898 Chemie an den Universitäten München und Leipzig. 1903 promovierte er in Leipzig bei Wilhelm Ostwald mit der Dissertation »Über das Ausfällen kolloidaler Lösungen durch Elektrolyte«. Danach war er acht Jahre lang als Wissenschaftler Assistent, seit 1906 auch als Privatdozent, in Ostwalds Institut für physikalische Chemie tätig. 1911 wurde er zum außerordentlichen Professor für Physikalische Chemie an der Technischen Hochschule in Braunschweig berufen. Seine Lehr- und Forschungtätigkeit in Braunschweig endete allerdings de facto schon im Februar 1916, da er von der Technischen Hochschule beurlaubt wurde, um als einer der Pioniere der Absorptionsforschung in dem von Fritz Haber geleiteten Kaiser-Wilhelm-Institut für physikalische Chemie und Elektrochemie in Berlin kriegswichtige Arbeiten im Bereich der Gasmaskenforschung zu leisten.

Als diese Forschungen im November 1918 eingestellt wurden, erhielt er von Haber das Angebot, künftig als Leiter einer neu geschaffenen Abteilung für angewandte physikalische Chemie und stellvertretender Direktor im KWI für physikalische Chemie und Elektrochemie zu arbeiten. Obwohl er schon in Leipzig und Braunschweig wissenschaftlich ungewöhnlich produktiv war, begannen damit seine »golden years« (1919-33) als Forscher und Lehrer (1923 erhielt er eine Honorarprofessur an der Berliner Universität, 1925 auch an der Technischen Hochschule Berlin). Er entwickelte seine Abteilung, wie sein früherer Mitarbeiter Wilfried Heller 1982 in einer zusammenfassenden Würdigung schrieb, zu »what many considered to be the world's leading research institution in the field of colloid and surface science«.

Während seiner Zugehörigkeit zur Kaiser-Wilhelm-Gesellschaft versammelte Freundlich einen großen internationalen Kreis von Schülern und Mitarbeitern um sich, die er wissenschaftlich entscheidend förderte und mit denen er in der Regel auch nach der Zeit der unmittelbaren Zusammenarbeit in persönlichem und fachlichem Kontakt blieb. Über seine wissenschaftliche Tätigkeit hinaus war er sehr vielseitig begabt und interessiert, unter anderem an englischer und deutscher Literatur und an Fragen der Psychologie. Noch in den späteren Jahren der Emigration galt er als ein ausgezeichneter Pianist, und in jungen Jahren hatte er sogar Ambitionen als Komponist (neben Kammermusik-Stücken komponierte er auch ein Oratorium).

Die Arbeit im Kaiser-Wilhelm-Institut endete abrupt mit der national-sozialistischen »Machtergreifung« in Deutschland. Als Fritz Haber im April 1933, kurz nach der Verkündung des »Berufsbeamtengesetzes«, das Juden als »Nichtarier« grundsätzlich aus dem öffentlichen Dienst ausschloß, erklärte, daß er unter diesen Umständen nicht länger als Institutsdirektor amtieren könne, baten auch die Abteilungsleiter Herbert Freundlich und Michael Polanyi den Präsidenten der Kaiser-Wilhelm-Gesellschaft um ihre Versetzung in den Ruhestand. Da Freundlich schon vor dem Ersten Weltkrieg Beamter war, hätte er auch als »Nichtarier« zunächst noch im Amt bleiben können. Er war aber nicht gewillt, unter den grundlegend veränderten politischen Verhältnissen so weiterzumachen, als ob nichts geschehen wäre. Damit blieb für ihn und seine Familie – seine erste Frau (Maria Mann), mit der er vier Kinder hatte, war 1917 gestorben, 1923 war er mit Maria Helene Gellert eine neue Ehe eingegangen – nur die Emigration.

Noch im Jahre 1933 nahm er eine Einladung nach London an, wo er einen Fünfjahresvertrag als »Honorary Research Associate« im University College erhielt. Über seine Arbeiten in dieser Zeit urteilte Frederick G. Donnan, der als damals führender britischer Kolloidchemiker die Chemische Abteilung leitete, 1942 in den *Obituary Notices of Fellows of the Royal Society*: »his activities were of the greatest value for the progress of Colloid Science in Great Britain«. Da es im University College trotz aller wissenschaftlichen Erfolge keine konkreten Aussichten auf eine Dauerstellung nach Ablauf seines Vertrages gab, entschied sich Freundlich, einer Einladung in die USA zu folgen. Im April 1938 begann er in Minneapolis eine neue, unbefristete Tätigkeit als »Distinguished Service Professor of Colloid Chemistry« an der Graduate School der University of Minnesota. Er hatte die Universität und die Stadt schon Mitte der zwanziger Jahre als Gastreferent des amerikanischen »National Colloid Symposium« kennengelernt und hatte seine Kontakte 1937 erneuern können, als er als Hauptredner dieses Kongresses, der wiederum in Minneapolis stattfand, aus London eingeladen war. An der University of Minnesota konnte er seine wissenschaftliche Arbeit unter sehr guten Bedingungen – ein wohl-ausgestattetes Labor und erstklassige Kollegen – fortsetzen. Doch waren ihm nur noch wenige Jahre beschieden, ehe er im Frühjahr 1941 an einem Herzinfarkt starb.

Herbert Freundlich forschte vor allem im Bereich der Kolloidchemie, der Kapillarchemie und der Physiologie. Er führte grundlegende Experimente zur Absorption und Elektrokinetik sowie auf den Gebieten der Rheologie und Thixotropie durch. Die Bibliographie seiner Veröffentlichungen enthält ca. 250 Titel, darunter das Standardwerk »Kapillarchemie«, das in vier überarbeiteten und erweiterten Auflagen erschienen ist (1909-32), die »Grundzüge der Kolloidlehre« (1924), das Lehrbuch »Thixotropie« (1935) und »The Chemistry of Rubber« (1935).

F. G. Donnan schrieb 1942 in seinem Nachruf: »The death of Professor H. Freundlich […] deprived the world of science of its most distinguished investigator and expounder of colloid and interfacial phenomena.« Und fast vierzig Jahre später urteilte Edward J. Meehan im *Chemistry Communicator* der University of Minnesota (Juni 1980): »Freundlich was the greatest colloid chemist of his time and possibly of all times.« Freundlich war Wissenschaftliches Mitglied der Kaiser-Wilhelm-Gesellschaft (seit 1919), Mitglied der Deutschen Akademie der Naturforscher Leopoldina (seit 1932), Ehrenmitglied der Chemical Society of England (seit 1938) und Fellow der Royal Society London (seit 1939). Von der Universität Utrecht wurde ihm 1936 die Ehrendoktorwürde verliehen. Anläßlich seines 100. Geburtstages fand in Cleveland, Ohio im Juni 1981 eine Gedenkveranstaltung (»Freundlich Centennial«) statt.

Erich Friedländer (Eric Charles Flint)

Kaiser-Wilhelm-Institut für physikalische Chemie und Elektrochemie, Berlin-Dahlem

Geboren am 13. Mai 1901 in Frankfurt am Main, gestorben am 4. November 1997 in Bern.

Erich Friedländer, Sohn des 1929 verstorbenen Sanitätsrats Julius Friedländer, besuchte das Goethe-Gymnasium in Frankfurt am Main. Nach dem Abitur studierte er ab Sommersemester 1920 Chemie und Nationalökonomie (Betriebswirtschaftslehre) an der Frankfurter Universität. Aus wirtschaftlichen Gründen (in seinem Lebenslauf verwies er auf die Inflationszeit) mußte er 1922 sein Studium abbrechen. Er ging als

Volontär zu einer Frankfurter Bank und arbeitete dort nach dem Volontariat eine Zeitlang als Angestellter, bis er in die Kalkulationsabteilung und Betriebsleitung einer Schuhfabrik wechselte. Erst 1927 konnte er seine Studien wieder aufnehmen. 1928 schloß er das Chemiestudium ab, und 1930 promovierte er in Frankfurt bei Alfred Magnus mit der von Erich Heymann betreuten Dissertation »Über den Dispersitätsgrad der Lösungen von Cadmium in Cadmiumchlorid (›Pyrosole‹)«.

Seit 1930 arbeitete Friedländer im Kaiser-Wilhelm-Institut für physikalische Chemie und Elektrochemie. 1933 war er von den antisemitischen Bestimmungen des »Berufsbeamtengesetzes« betroffen. Schon am 2. Mai informierte Fritz Haber als Institutsdirektor die Generalverwaltung der Kaiser-Wilhelm-Gesellschaft darüber, daß Erich Friedländer »bereits im Laufe des April aus dem Institut ausgeschieden« sei.

Friedländer versuchte seine wissenschaftliche Arbeit zunächst im Institut von Jean Perrin an der Pariser Sorbonne fortzusetzen, ging dann aber in die Schweiz, wo er in der pharmazeutischen Industrie tätig wurde. 1934-36 war er bei der Firma Aristopharm in Basel, 1936-40 bei Hoffmann-La Roche. 1940 emigrierte er in die USA, wo er ebenfalls in der Industrie arbeitete. Über seinen weiteren Lebensweg ist, ebenso wie über den Zeitpunkt der Namensänderung, nichts Näheres bekannt.

Ida Frischeisen-Köhler

Kaiser-Wilhelm-Institut für Anthropologie, menschliche Erblehre und Eugenik, Berlin-Dahlem

Geboren am 19. Februar 1887 in Berlin, gestorben am 17. Oktober 1956 in Berlin.

Ida Frischeisen-Köhler, Tochter des Berliner Stadtbaumeisters Morten Christian Mortensen, besuchte die Berliner Augusta-Schule und anschließend das Lehrerinnenseminar der gleichen Anstalt. 1907 machte sie das Lehrerinnen-Examen für mittlere und höhere Schulen, im Sommer 1908 auch die staatliche Turnlehrerinnen-Prüfung. Vom Frühjahr 1907 bis zum Herbst 1913 unterrichtete sie an einem privaten Berliner Lyzeum. 1914 heiratete sie den Privatdozenten und späteren Professor an der Universität Halle Max Frischeisen-Köhler. 1916-19 hörte sie in Halle Vorlesungen in Philosophie, Psychologie, Pädagogik und Kunstgeschichte. Nach dem frühen Tod ihres Mannes (1923) kehrte sie nach Berlin zurück, war zuerst als Privatsekretärin beschäftigt und begann 1927 an der Ber-

liner Universität mit dem Studium der Anthropologie, Zoologie, Ethno-
logie und Philosophie. Ab 1929 arbeitete sie als Doktorandin im Kaiser-
Wilhelm-Institut für Anthropologie, menschliche Erblehre und Eugenik.
Sie promovierte im Mai 1933 bei Eugen Fischer mit der Dissertation »Das
persönliche Tempo. Eine erbbiologische Untersuchung«.

Seit 1932 war sie im KWI für Anthropologie, menschliche Erblehre und
Eugenik wissenschaftliche Mitarbeiterin (Assistentin) des Abteilungsleiters
Hermann Muckermann, der politisch der katholischen Zentrumspartei
nahestand und deshalb im Zuge der nationalsozialistischen »Machtergreifung« zunächst »beurlaubt« und wenig später entlassen wurde. Auch seine
Mitarbeiterin Frischeisen-Köhler wurde als »politisch unzuverlässig« denunziert. In ihrem Falle entschied Eugen Fischer als Institutsdirektor im
Juni 1933, ihren Ende September auslaufenden Vertrag nicht zu verlängern. In der Folgezeit konnte sie ihre eigenen Forschungen nicht mehr
weiterführen. Während der gesamten NS-Zeit arbeitete sie aber weiterhin
eng mit Muckermann im Rahmen einer von ihm geleiteten kirchlichen
Familienforschungsstelle zusammen. Als Muckermann 1946 die Leitung
eines vorläufigen »Kaiser-Wilhelm-Instituts für angewandte Anthropologie« übertragen wurde, nahm sie in diesem Institut ebenfalls ihre Tätigkeit wieder auf. Hier wie auch in der von der Max-Planck-Gesellschaft
nicht übernommenen Nachfolgeeinrichtung »Institut für geistes- und
naturwissenschaftliche Anthropologie in Berlin-Dahlem« unterstützte sie
Muckermann vor allem bei seinen Leitungsaufgaben. 1952 erreichte sie
das Ruhestandsalter, scheint aber auch in den folgenden Jahren noch für
das Institut tätig gewesen zu sein.

Ida Frischeisen-Köhler arbeitete während ihrer Zeit im KWI für Anthropologie, menschliche Erbelehre und Eugenik hauptsächlich auf dem
Gebiet der erbpsychologischen Zwillingsforschung. Neben der Dissertation veröffentlichte sie Aufsätze in Fachzeitschriften, darunter *Zeitschrift
für angewandte Psychologie, Psychologische Forschung – Zeitschrift für Psychologie und ihre Grenzwissenschaften, Zeitschrift für menschliche Vererbungs-
und Konstitutionslehre* und *Der Züchter*.

Leopold Frommer

Kaiser-Wilhelm-Institut für physikalische Chemie und Elektrochemie,
Berlin-Dahlem

Geboren am 15. Januar 1894 in Leipzig, gestorben am 27. Januar 1943 in
Slough, Berkshire.

Leopold Frommer, der aus einem polnisch-jüdischen Elternhaus
stammte, wuchs in Deutschland auf und studierte seit 1913 an der Universität Jena und an der Technischen Hochschule Berlin Physik und
Maschinenbau. Er schloß das Studium Anfang 1922 als Dipl.-Ing. ab und
war danach (1922-25) bei dem Berliner Industrieunternehmen Ludwig
Loewe beschäftigt, wo er die Arbeiten zur Einführung des Aluminium-
spritzgußverfahrens leitete. 1926 promovierte er an der TH Berlin bei
Georg Schlesinger und Hermann Föttinger zum Dr.-Ing. mit der Dissertation »Die Untersuchung des Einströmungsvorganges beim Spritzguß
und die sich hieraus ergebenden Richtlinien für die Strahlführung in der
Gießform und die Gestaltung des Druckverlaufes in der Gießmaschine«.
In den folgenden Jahren war er im Kaiser-Wilhelm-Institut für physikalische Chemie und Elektrochemie tätig, 1928-33 als Assistent bei Michael
Polanyi. Als ein erfolgreicher, in der Praxis bewährter Ingenieur wandte
er sich nun mit großer Energie und ebenso großem Erfolg der physikalischen Chemie zu. »He embarked with burning zeal on re-educating
himself as a physical chemist«, schrieb Polanyi kurz nach Frommers Tod,
und er fügte hinzu: »His resolution to forego the fruits of his practical
career, which at that time were rapidly multiplying, for the sake of purely
scientific interests, stands out as an example of devotion to pure science.«

Frommer gehörte zu den Wissenschaftlern der Kaiser-Wilhelm-Gesellschaft, denen schon im April 1933 gekündigt wurde. Von der Entschlos-
senheit und Energie, mit der Frommer in den wenigen ihm im Institut
verbleibenden Monaten versuchte, seine laufenden Forschungen zu einem
Abschluß zu bringen, zeigte sich Polanyi noch zehn Jahre später be-
eindruckt: »Dr. Frommer's idealism and courage showed itself in the
most striking manner during the spring and summer of 1933, which were
to mark the enforced end of his career as a physical chemist. He was given
three months' notice of dismissal from his post by the Nazis in April 1933.
But throughout the following months, while the upheaval threatening to
engulf him and his family was in full swing, Frommer kept to his work.
He stuck to his experiments to the last as the soldier sticks to his guns.«

Da er sich mit seiner Spezialisierung auf dem Gebiet der Metallurgie
und Spritzgußtechnik auch außerhalb Deutschlands Chancen erhoffen

konnte, entschloß sich Frommer, mit seiner Familie zu emigrieren. Er fand dabei die Unterstützung des Academic Assistance Council, der im April 1934 dem britischen Außenministerium mitteilte: »The particular metal industries which he has largely helped to build up in Germany are very undeveloped in this country; in particular brass and aluminium die casting are almost unknown over here and for the development of these he has special knowledge and experience.« Frommer begann 1934 als Berater bei Rolls-Royce Ltd. und wechselte dann zu High Duty Alloys Ltd., wo er zunächst ebenfalls als Berater tätig war, 1936 aber eine feste Anstellung als Research Metallurgist erhielt. In dieser Position war er in den folgenden Jahren so erfolgreich, daß es nach seinem plötzlichen Tod (er starb an den Folgen einer Operation) in dem Nachruf des *Journal of the Institute of Metals* hieß: »Metallurgical science suffered a serious loss at the beginning of 1943 by the untimely death of Dr. Leopold Frommer.« Frommer war 1938 Mitglied des britischen Institute of Metals geworden.

Bekannt wurde Leopold Frommer vor allem durch das Standardwerk (man sprach von der »Druckguß-Fibel«) »Druckgieß-Technik. Handbuch für die Verarbeitung von Metall-Legierungen« (1933). Nach seinem Tod erschien seine Arbeit »Damping Capacity at Low Stresses in Light Alloys and Carbon Steel, with some examples of non-destructive testing« (1944). Während seiner Tätigkeit in Großbritannien veröffentlichte er seine Forschungsergebnisse hauptsächlich im *Journal of the Institute of Metals*.

Hans Gaffron

Kaiser-Wilhelm-Institut für Biochemie, Berlin-Dahlem

Geboren am 17. Mai 1902 in Lima, gestorben am 18. August 1979 in Falmouth, Massachusetts.

Hans Gaffron verbrachte die ersten zehn Jahre seines Lebens in Peru, im Milieu des deutsch-peruanischen Bürgertums der Hauptstadt Lima. Sein Vater Eduard Gaffron, verheiratet mit Hedwig von Gevekot, war ein wohlhabender Arzt, der sich auch einen Namen als Sammler präkolumbianischer Kunst gemacht hatte. Als er sich 1912 zur Ruhe setzte, kehrte die Familie nach Deutschland zurück und ließ sich im Berliner Vorort Schlachtensee nieder. Hans Gaffron machte 1920 sein Abitur am Reformrealgymnasium in Berlin-Zehlendorf und studierte anschließend Chemie an den Universitäten Heidelberg und Berlin. Nachdem er Anfang 1925 mit der von Wilhelm Traube betreuten Dissertation »Beiträge zur Kenntnis der Ester der Sulfamidsäuren« promoviert worden war, arbeitete er als Assistent in der Abteilung von Otto Warburg im Kaiser-Wilhelm-Institut für Biologie über Photochemie und Photophysiologie von Chlorophyll und anderen Porphyrinfarbstoffen. 1931/32 besuchte er das California Institute of Technology in Pasadena, wo er sich als Guest Instructor vor allem der Frage des Stoffwechsels bei den Athiorhodaceen (Purpurbakterien) widmete. Im Winter 1932/33 arbeitete er in der Zoologischen Station Neapel. 1933 trat er als Assistent in das Kaiser-Wilhelm-Institut für Biochemie ein. Er verlor diese Stelle im Sommer 1936, weil der Institutsdirektor Carl Neuberg aus politischen und rassistischen Gründen in den Ruhestand versetzt wurde und seine Mitarbeiter im Hinblick auf eine Neuausrichtung des Instituts entlassen wurden.

Gaffron konnte zwar in den nächsten anderthalb Jahren als Wissenschaftlicher Gast in der von Friedrich von Wettstein geleiteten Abteilung des Kaiser-Wilhelm-Instituts für Biologie arbeiten, doch waren die weiteren Aussichten für ihn sehr ungewiß, da er das NS-Regime aus politischen Gründen ablehnte (nach der Familienüberlieferung hatte er 1932 sogar die KPD gewählt). In seinem Freundeskreis, zu dem neben Max Delbrück auch Jürgen Kuczynski, der später bedeutende Sozialwissenschaftler, und die Künstlerin Jeanne Mammen gehörten, dominierten offenbar schon seit der Schüler- und Studentenzeit Meinungen, die politisch deutlich links von der Mitte angesiedelt waren. 1940 schrieb er in einer vom FBI geforderten Stellungnahme (»as to why and how I left Germany«) über seine letzte Station in der Kaiser-Wilhelm-Gesellschaft: »In the course of less than two years the Kaiser-Wilhelm-Institute became the only place where I could hope to proceed with scientific work without being molested by Nazi party regulations. Submission to such regulations was a conditio sine qua non for a university career. Though not interested in active politics I was against Nazism in any form from its earliest beginning because its doctrine opposes liberalism, democracy, and free scientific research.« Daß er 1935 oder 1936 aufgrund falscher Beschuldigungen kurzfristig von der Gestapo verhaftet wurde, blieb weitgehend folgenlos, doch reifte jetzt der Entschluß zur Emigration heran: »When it became clear that the Hitler government would remain and grow in ferocity – with war as the eventual unavoidable outcome – I arranged for my emigration from Germany.«

Hans Gaffron, der 1932 geheiratet hatte, emigrierte Ende 1937 mit seiner Frau Clara, geb. Ostendorf, in die USA. Clara Ostendorf (geb. 1901 in Düsseldorf, gest. 1990 in Falmouth, Mass.), deren Mutter und Geschwister in Peru lebten, war 1930-33 als Doktorandin ebenfalls im KWI für Biochemie tätig. Sie schloß ihre Dissertation nicht ab, arbeitete aber später zumindest zeitweise im Labor ihres Mannes mit. In Deutschland blieb Hans Gaffrons Schwester Mercedes Gaffron (geb. 1908 in Lima) zurück, die 1933/34 als Doktorandin im KWI für Biologie gearbeitet hatte und 1934 an der Berliner Universität mit einer von Mathilde Hertz betreuten Dissertation in Zoologie promoviert worden war. Sie wandte sich nach 1934 offenbar der Medizin zu (mit dem Dr. med. erwarb sie 1939 einen zweiten Doktortitel) und emigrierte nach Kriegsende nach Peru, dann in die USA. Hans Gaffron fand 1938/39 Aufnahme als Visiting Research Associate der Hopkins Marine Station in Pacific Grove, California, im Laboratorium von Cornelius B. van Niel, mit dem er in den vorangegangenen Jahren in einem lebhaften wissenschaftlichen Austausch über Fragen der bakteriellen Photosynthese gestanden hatte. Die ersten sechs Monate dieses Aufenthaltes finanzierte die Rockefeller Foundation mit einem Stipendium.

Im Herbst 1939 wurde Gaffron von dem 1933 aus Deutschland emigrierten Nobelpreisträger für Physik James Franck als Research Associate in das Department of Chemistry der University of Chicago eingeladen. Er blieb dieser Universität zwei Jahrzehnte lang verbunden: 1941-52 als Associate Professor in den Abteilungen für Chemie und Biochemie, 1952-60 als Full Professor im Department of Biochemistry. 1960 nahm er einen Ruf an die Florida State University in Tallahassee an, wo er bis zu seiner Emeritierung im Jahre 1973 im Institute of Molecular Biophysics des Department of Biological Sciences arbeitete. Er starb im Alter von 77 Jahren, kurz nach der Rückkehr von seinem letzten Berlin-Besuch im Juni 1979, bei dem er mit seiner Schwester Mercedes unter anderem eine Jeanne-Mammen-Ausstellung besucht hatte.

Hans Gaffron war ein herausragender Experte auf dem Gebiet der Photosynthese und der Biochemie des Pflanzenstoffwechsels. Während seiner Zeit in der Kaiser-Wilhelm-Gesellschaft veröffentlichte er vor allem über Themen der Photochemie und des bakteriellen Stoffwechsels (*Biochemische Zeitschrift, Naturwissenschaften, Berichte der Deutschen Chemischen Gesellschaft* und *Fortschritte der Zoologie*). In den USA arbeitete er unter anderem über den Stoffwechsel der Grünalge. Seine Veröffentlichungen erschienen in *Nature, Science*, dem *American Journal of Botany* und dem *Journal of General Physiology*. Er war Mitglied zahlreicher Fachvereinigungen und Fellow der American Association for the Advancement of Science. 1954 erhielt er eine Guggenheim Fellowship, 1965 wurde er mit dem »Award for Excellence in the Field of Photosynthesis« der American Society of Plant Physiologists ausgezeichnet.

Paul Goldfinger

*Kaiser-Wilhelm-Institut für physikalische Chemie und Elektrochemie,
Berlin-Dahlem*

Geboren am 10. Januar 1905 in Szászrégen, Ungarn, gestorben am 25. März
1970 in Brüssel.

Der aus Siebenbürgen stammende Paul Goldfinger, Sohn des promovierten Juristen Oskar Goldfinger und seiner Frau Regine, geb. Haimann,
verbrachte seine Schulzeit überwiegend in Budapest, aber drei Jahre lang
auch in Lausanne, so daß er mit drei Sprachen (Ungarisch, Deutsch und
Französisch) aufwuchs. Er studierte 1923-27 an der Eidgenössischen
Technischen Hochschule in Zürich Chemie und Elektrochemie. 1929
promovierte er dort bei Richard Kuhn mit der Dissertation »Versuch zur
Verallgemeinerung der Stereochemie« zum Dr.-Ing. Im Anschluß daran
war er 1929-33 als persönlicher Assistent von Fritz Haber im Kaiser-Wilhelm-Institut für physikalische Chemie und Elektrochemie beschäftigt.
Als er als ungarischer Jude 1933 entlassen wurde, erhielt er von Haber ein
Empfehlungsschreiben, in dem es hieß: »Wer ihm in dieser Welt Brot
und Arbeit als Chemiker gibt, sei es in einer wissenschaftlichen oder in
einer technischen Funktion, wird nach meiner festen Überzeugung die
Erwartungen, die er mit dieser Anstellung verbindet, in jeder Weise erfüllt sehen.«

Schon im Mai 1933 emigrierte Paul Goldfinger, der 1931 Käthe Deppner
geheiratet hatte, mit Frau und Tochter (Marianne) nach Belgien, wo er
bis 1935 als Assistent von Victor Henri an der Université de Liège tätig
war. 1936-40 arbeitete er als erfolgreicher Chemiker, der zahlreiche Patente zur Farbfotografie anmelden konnte, im Forschungslabor des Unternehmens Gasparcolor S. A. in Brüssel. 1940-46 war er, wie er sich 1968
in einem Schreiben an den Präsidenten der Max-Planck-Gesellschaft
ausdrückte, »vollkommen arbeitslos«, d. h., er mußte unter den Bedingungen der deutschen Besatzungsherrschaft untertauchen und war in der
belgischen Résistance aktiv (wofür er mehrere Auszeichnungen erhielt).
Erst 1946 konnte er wieder mit der wissenschaftlichen Arbeit beginnen,
zunächst als Chargé de recherches des Centre national de la recherche
scientifique an der Université de Nancy und wenig später bereits an der
Université libre de Bruxelles, die ihn als Lehrbeauftragten und Direktor
des Laboratoire de chimie physique anstellte, zum assoziierten Mitglied
des Collège scientifique du Centre de physique nucléaire berief und 1950
zum außerordentlichen Professor ernannte. 1952 wurde Goldfinger Direktor des Laboratoire de chimie physique moléculaire, 1953 ordentlicher

Professor und Inhaber des Lehrstuhls »Chapitres approfondis de chimie physique«. Er blieb in dieser Stellung bis zu seinem Tode im Jahr 1970. Paul Goldfinger gelangen zahlreiche Entdeckungen und Erfindungen auf dem Gebiet der Photochemie und der Stereochemie. Er veröffentlichte ca. 150 wissenschaftliche Arbeiten und zeichnete als Mitherausgeber und -redakteur u. a. für die Fachzeitschriften *Chemical Physics Letters, Current Contents, International Journal of Chemical Kinetic* und *High Temperature Science* verantwortlich. Er war Mitglied, teilweise auch Vorsitzender, zahlreicher wissenschaftlicher Gesellschaften. Als Gastprofessor wirkte er im Conseil national de recherche in Ottawa (1961), an der Universität Rom (1964) und an der University of Oregon (1968). 1963 wurde ihm von der Université de Nancy eine Ehrendoktorwürde verliehen. Vom belgischen Staat erhielt er mehrere hohe Auszeichnungen, zuletzt (1969) als »Grand Officier de l'Ordre de Léopold II«.

Im Juni 1970 erschien in der Zeitschrift *Industrie chimique belge* ein Artikel »In memoriam Paul Goldfinger«, in dem neben seinen wissenschaftlichen Leistungen auch seine Person gewürdigt wurde. So hieß es am Ende dieses Nachrufes: »A côté de ses remarquables qualités scientifiques le professeur Goldfinger possédait des qualités humaines incontestables. Son courage exceptionnel lui a permis de faire front à l'adversité à de nombreuses reprises au cours de sa vie. Chacune des attaques du sort était pour lui non pas une source d'abattement mais une source nouvelle d'énergie où il puisait la volonté de poursuivre qu'il s'était assignée. [...] Libre-exaministe convaincu, il pratiquait le libre examen non seulement sur le plan philosophique mais, avec rigueur, dans ses travaux scientifiques et dans la vie journalière. Adversaire de toute conception étroite de la vie, ennemi de tout racisme et de toute contrainte, il a lutté toute sa vie pour la liberté et la compréhension entre les hommes. Européen convaincu, il participait de toutes ses forces à la création de l'Europe scientifique.«

Richard Benedikt Goldschmidt

Kaiser-Wilhelm-Institut für Biologie, Berlin-Dahlem

Geboren am 12. April 1878 in Frankfurt am Main, gestorben am 24. April 1958 in Berkeley, California.

Richard Benedikt Goldschmidt, der als Sohn des Kaufmanns Salomon Goldschmidt und seiner Frau Emma, geb. Flürsheim, aus einer alteingesessenen, wohlhabenden, auch weit verzweigten jüdischen Frankfurter

Familie stammte, machte 1896 am Städtischen Gymnasium in Frankfurt sein Abitur. Früh war Goldschmidts Interesse für die Biologie erwacht. Bereits als Gymnasiast begeisterte er sich für Ernst Haeckels »Natürliche Schöpfungsgeschichte«, besuchte er regelmäßig Abendvorlesungen im Senckenberg-Museum. Dem Wunsch der Eltern entsprechend begann er 1896 in Heidelberg mit einem Medizinstudium, nach dem Physikum entschied er sich jedoch für die Zoologie. Ein Wechsel an die Universität München war nur vorübergehend, und 1902 promovierte Goldschmidt in Heidelberg bei Otto Bütschli mit der Dissertation »Untersuchungen über Eireifung, Befruchtung und Zellteilung bei Polystomum integerrimum«, einem in der Harnblase von Fröschen anzutreffenden Parasiten. 1903 wurde Goldschmidt »erster Assistent« bei Richard Hertwig im Zoologischen Institut der Universität München, der damals in Deutschland größten und vielseitigsten zoologischen Lehr- und Forschungsstätte. Schon ein Jahr später ernannte ihn nach Vorlage der Habilitationsschrift »Der Chromidialapparat lebhaft funktionierender Gewebszellen« die Universität München zum Privatdozenten für Zoologie und Vergleichende Anatomie. Er gewann rasch großes wissenschaftliches Ansehen, wurde 1906 zum Mitglied der Deutschen Akademie der Naturforscher Leopoldina gewählt und in München 1908 zum Kustos der Zoologischen Sammlung, 1909 zum außerordentlichen Professor ernannt. Berufungen an andere Universitäten scheiterten in dieser Zeit nach seiner eigenen späteren Aussage mehrfach an antisemitischen Vorurteilen unter den Kollegen.

1912 erreichte ihn die erste Anfrage, ob er bereit sei, als Leiter einer eigenen Abteilung in das neu zu gründende Kaiser-Wilhelm-Institut für Biologie in Berlin einzutreten. Wegen Komplikationen bei der Besetzung der Direktorenstelle schien sich diese Aussicht zunächst zu zerschlagen, doch fiel im Spätjahr 1913 die Entscheidung, das Institut mit Carl Correns als Direktor und vier zu Wissenschaftlichen Mitgliedern ernannten und auf Lebenszeit angestellten Abteilungsleitern (Richard Goldschmidt, Max Hartmann, Hans Spemann und Otto Warburg) zu eröffnen. Goldschmidt, der seit längerem einen Forschungsaufenthalt in Japan plante, wurde zugleich für eine wissenschaftliche »Weltreise« beurlaubt, für die ihm die Pariser Kahn-Stiftung die nötigen Mittel zur Verfügung stellte. Die Reise begann am 4. Januar 1914 und endete erst nach fünfeinhalb Jahren im Sommer 1919.

Auf der Reise von Japan an die Westküste der USA wurde Goldschmidt vom Beginn des Ersten Weltkrieges überrascht und dadurch an der Weiterfahrt nach Deutschland gehindert. Von New Yorker Verwandten finanziert, begann er im November 1914 eine Tätigkeit als Gastforscher an der Yale University in New Haven, wo ihm ein eigenes Laboratorium zur Verfügung gestellt wurde. Während der Sommermonate der kommenden Jahre war er auch an der Harvard University und an der bekannten Biologischen Station in Woods Hole, Massachusetts forschend tätig. Zum Jahresende 1915 gelang es seiner Frau Elsa (geb. Kühnlein) und den gemeinsamen Kindern Ruth (geb. 1906) und Hans (geb. 1907), auf einem neutralen Schiff in die USA zu kommen. Wiedervereint lebten die Goldschmidts in New Haven unter relativ guten Bedingungen, bis sie 1917 durch den Kriegseintritt Amerikas plötzlich zu »feindlichen Ausländern« wurden. Im Mai 1918 wurde Richard Goldschmidt festgenommen und in Gefängnissen, später Internierungslagern inhaftiert. Er kam im Dezember 1918 frei, erhielt aber erst im Sommer 1919 eine Ausreisegenehmigung für sich und seine Familie.

So begann Goldschmidts Arbeit im KWI für Biologie erst im Herbst 1919. Dort waren allerdings inzwischen von den Mitarbeitern, die er noch vor der Abreise ausgewählt hatte, seine von Japan aus nach Berlin geschickten, umfangreichen Materialien sorgfältig ausgewertet worden. Da Goldschmidt außerdem in den USA mehrere Buchmanuskripte vorbereitet hatte, folgten nun Jahre einer außerordentlichen wissenschaftlichen Produktivität. Von der Kaiser-Wilhelm-Gesellschaft wurde er im Oktober 1921 zum Zweiten Direktor des Instituts ernannt. 1924-26 war er beurlaubt, um eine Professur an der Universität Tokio wahrzunehmen. Von seinem ersten Forschungsaufenthalt in Japan 1914 bis in seine letzten Lebensjahre war ihm der Kontakt zu den japanischen Kollegen besonders wichtig, und sein Einfluß auf die Entwicklung der japanischen Genetik ist immer sehr hoch veranschlagt worden.

Goldschmidts Hauptarbeitsfelder lagen auf den Gebieten der Zytologie und Genetik. Er befaßte sich mit der Theorie der Genwirkung und untersuchte unter anderem das Phänomen der Geschlechtsbestimmung, zunächst vor allem bei dem Schwammspinner *Lymantria dispar*. Später experimentierte er vornehmlich mit der Taufliege *Drosophila melanogaster*. Seine wissenschaftlichen Arbeiten waren einerseits durch eine ungewöhnliche Fähigkeit zur Organisation großangelegter Versuche bestimmt, andererseits durch die Bereitschaft zur Formulierung weitausgreifender Theorien. Vor allem in der Theoriebildung sahen die Fachkollegen seine besondere Genialität. »Gewagte Hypothesen hat er nie gescheut« – äußerte 1948 Alfred Kühn anerkennend zu Goldschmidts 70. Geburtstag in der Zeitschrift *Experientia*, und noch in einem Nachruf, der 1960 im *Jahrbuch der Bayerischen Akademie der Wissenschaften* veröffentlicht wurde, hieß es: in der »Fähigkeit, die Forschung mit originellen Ideen zu befruchten, ist er wohl unerreichbar«. Goldschmidt selber, der durchaus bereit war, auch seine eigenen Theorieaussagen immer wieder in Frage zu stellen, stellte 1944 einem seiner Aufsätze als Motto den Satz voran: »A theory is a tool, not a creed«.

1933 war Goldschmidt als »Altbeamter«, der schon vor 1914 im öffentlichen Dienst tätig war, zunächst vor der den »Nichtariern« drohenden Entlassung geschützt. Seine vorgesehene Ernennung zum Ersten Direktor des Instituts für Biologie, als Nachfolger von Correns, erschien den in der Kaiser-Wilhelm-Gesellschaft Verantwortlichen jedoch schon nicht mehr opportun, und Goldschmidt war bald klar, daß er unter den Bedingungen der NS-Herrschaft auf die Dauer nicht in Deutschland leben und arbeiten konnte. Gleichwohl zögerte er, als Mittfünfziger sein Institut und sein Vaterland zu verlassen, wohlwissend, daß sich seine Arbeits- und Lebensmöglichkeiten in der Emigration in jedem Falle verschlechtern würden. Aufgrund der Bestimmungen des »Reichsbürgergesetzes« vom 15. September 1935 und der ersten Ausführungsverordnung vom 14. November desselben Jahres wurde er durch einen Erlaß des zuständigen Ministeriums vom 20. Dezember zum 31. Dezember 1935 seines Amtes enthoben und zwangspensioniert. Noch in seiner posthum veröffentlichten Autobiographie »Im Wandel das Bleibende« (1959, engl.: »In and Out of the Ivory Tower«) kommt die tiefe Kränkung zum Ausdruck, die die politisch-rassistisch motivierte Vertreibung für einen so national gesinnten Mann wie Goldschmidt bedeutete: »Jener österreichische Tapezierer, dessen Vorfahren schon jenseits der ersten Generation im Nebel der Illegitimität entschwanden, nahm mir die staatsbürgerlichen Rechte, mir, dessen Familie seit achthundert Jahren in derselben Stadt gelebt hat.«

Goldschmidt emigrierte mit seiner Frau in die USA, wo er zunächst verzweifelt nach einer Stelle suchte, ehe er im Sommer 1936 eine Professur für Genetik und Zytologie an der University of California in Berkeley erhielt, die er bis zum Erreichen der Altersgrenze im Jahre 1946 wahrnahm. Er fand in Berkeley eine neue Heimat, publizierte konsequent nur noch in englischer Sprache und erwarb im November 1942 die amerikanische Staatsbürgerschaft. Seine wissenschaftlichen Arbeiten setzte er auch nach der Emeritierung fort, arbeitete bis zu seinem Tod regelmäßig in seinem Universitätslaboratorium und entfaltete nicht zuletzt eine höchst umfangreiche Reisetätigkeit, die ihn zu Vorträgen und Konferenzen in rund zwei Dutzend Länder führte. Da er die Professur in Berkeley aus Altersgründen nur zehn Jahre lang wahrnehmen konnte, fehlte ihm nach der Emeritierung eine ausreichende Altersversorgung. Er wandte sich deshalb, seine Pensionsansprüche aus der Tätigkeit im KWI für Biologie geltend machend, an die Max-Planck-Gesellschaft, die ihm von 1950 an »vorschußweise« 50% der zu erwartenden Versorgungsbezüge zahlte, bis 1953 seine Altersversorgung im Rahmen der »Wiedergutmachungs«-Regelungen von der Bundesregierung übernommen wurde. Die Wahl zum Auswärtigen Wissenschaftlichen Mitglied der Max-Planck-Gesellschaft nahm Goldschmidt 1948 an, doch blieb sein Verhältnis zu Deutschland kritisch-distanziert. Er hatte, wie er in seinem »Wiedergutmachungs«-Antrag darlegte, durch den an den Juden verübten Völkermord seinen Bruder und acht Vettern, Cousinen und Nichten verloren. Seine beiden Kinder – in der NS-Terminologie »Mischlinge ersten Grades« – waren ihm glücklicherweise in die USA gefolgt und hatten den Holocaust überlebt.

Richard Goldschmidt war ein außerordentlich erfolgreicher, aber auch ungewöhnlich umstrittener Forscher. Hans Nachtsheim formulierte das im Juni 1948 in einem Artikel zu Goldschmidts 70. Geburtstag in der Zeitschrift *Forschungen und Fortschritte* so: »In seinen Facharbeiten ist Goldschmidt oft neue Wege gegangen und geht sie noch. Es tut seiner wissenschaftlichen Bedeutung keinen Abbruch, wenn ich sage, daß sein Ideenreichtum ihn bisweilen auch in die Irre geführt hat.« Emil Witschi urteilte 1959 in seinem Nachruf im *Biologischen Zentralblatt:* »Der Wert der wissenschaftlichen Arbeiten der letzten zwanzig Jahre mag von berufenen Kollegen verschieden eingeschätzt werden. Sein *Lymantria-*Werk, monumental in allen Ausmaßen, wird als klassisches Besitztum der biologischen Forschung dauernde Geltung behalten.« Indem Witschi Goldschmidt als »eine der markantesten Persönlichkeiten der Biologie unserer Zeit« bezeichnete, dürfte er einem Konsens unter den Fachkollegen Ausdruck verliehen haben. Curt Stern, Goldschmidts früherer Mitarbeiter in Berlin und sein Nachfolger auf der Professur in Berkeley, zeichnete in seinem Nachruf ein von Sympathie getragenes Bild dieser ebenso polemischen wie warmherzigen Persönlichkeit: »He knew his worth – how could he help it! He openly, and with relish, leveled his critiques against those whose views he opposed. Only a few years ago he chose the pungent title ›Pricking a bubble‹ for a polemic. But he could also write about his nonconformistic views under the modest title: ›Evolution, as viewed by one geneticist‹. He charmed his adversaries, when he met them in person, with his ability to divorce the intellectual points of divergence from the appreciation of his fellow scientists. He inspired awe by his achievements and by his often forbidding appearance. Yet his kindness and solicitude became apparent to those who approached him. His assistants he treated like fellow scientists.«

Goldschmidts Publikationsliste umfaßt etwa 300 Titel, darunter zahlreiche Standardwerke. Zu den wichtigsten Veröffentlichungen gehören: »Einführung in die Vererbungswissenschaft« (1911), »Die quantitativen Grundlagen von Vererbung und Artbildung« (1920), »Mechanismus und

Physiologie der Geschlechtsbestimmung« (1920), »Physiologische Theorie der Vererbung« (1927), »Gen und Außeneigenschaft« (1928), »Die sexuellen Zwischenstufen« (1931), »Physiological Genetics« (1938), »The Material Basis of Evolution« (1940) und »Theoretical Genetics« (1955). Dazu kommen zwei autobiographische Schriften: »Portraits from Memory. Recollections of a Zoologist« (1956) und »Im Wandel das Bleibende« (1959, engl.: »In and Out of the Ivory Tower«, 1960).

Goldschmidt wurde vielfältig geehrt. Er erhielt schon 1923 einen Ehrendoktor der Universität Kiel, 1934 der Universität Madrid, später (1953) auch der Freien Universität Berlin. Er war Mitglied oder Ehrenmitglied der Wissenschaftlichen Akademien in Bologna, Heidelberg, Kopenhagen, München, Philadelphia, Tokio, Uppsala und Washington, Ehrenmitglied u. a. der Société zoologique de France, der Genetics Society of England, der Mendel Society in Lund, der Botanical Society in Tokio und der Deutschen Zoologischen Gesellschaft. 1948 war er eingeladen, auf dem XIII. Internationalen Zoologenkongreß in Paris den Schlußvortrag zu halten, 1953 amtierte er in Bellagio als Präsident des IX. Internationalen Genetikerkongresses.

Fabius Gross

Kaiser-Wilhelm-Institut für Biologie, Berlin-Dahlem

Geboren am 5. August 1906 in Krosno, Galizien, gestorben am 18. Juni 1950 in Edinburgh.

Fabius Gross besuchte die Volksschule in seinem Geburtsort Krosno, danach die »Bundes-Realschule« in Wien, an der er im Juni 1923 das Reifezeugnis erhielt. Nach einem zweisemestrigen Studium in der Philosophischen Fakultät der Universität Wien legte er die Ergänzungsprüfungen in Latein und philosophischer Propädeutik ab und studierte an der gleichen Universität 1925-29 Zoologie, Botanik und Philosophie. 1929 promovierte er bei Otto Storch mit der Dissertation »Analyse der Schwimmbewegung einiger Cladoceren auf Grund von Mikro-Zeitlupenaufnahmen«. Im Kaiser-Wilhelm-Institut für Biologie war er seit April 1929 zuerst als Stipendiat der Notgemeinschaft der deutschen Wissenschaft, danach als Assistent in der Abteilung von Max Hartmann tätig. Aufgrund der Bestimmungen des »Berufsbeamtengesetzes« wurde er als Jude zum 30. September 1933 entlassen. In einem »Gutachten« vom 16. Juni 1933, das Fabius Gross bei den Bemühungen um die Fortsetzung seiner wissenschaftlichen

Arbeit helfen sollte, berichtete Hartmann, daß Gross bei seinen Forschungen zu niederen Seewassertieren im KWI für Biologie mit »Untersuchungen über die Variabilität und Cytologie von Artemia« (einer Krebsart) sowie »Untersuchungen über die haplo-genotypische Sexualität von Noctiluca, die er entdeckt hat« (Geißeltierchen, die das Meeresleuchten verursachen), sehr erfolgreiche Arbeit geleistet habe. Er fügte hinzu: »Ich verliere in Dr. Gross infolge der politischen Umstände einen meiner besten Mitarbeiter, was ich umso mehr bedauere, als ich ihn auch als einen vornehmen, gebildeten Menschen schätzen gelernt habe.«

Im Herbst 1933 emigrierte Gross, der 1932 geheiratet hatte, mit seiner Frau Grete und ihrem 1933 geborenen Sohn (der zweite Sohn wurde 1936 geboren) nach Großbritannien, wo er mit einem Stipendium des Academic Assistance Council zunächst am King's College London im Institut von Julian Huxley und ab September 1935 als Assistent von W. J. Allen im Marine Biological Laboratory in Plymouth tätig war. 1937 erhielt er eine Stelle als Lecturer in »Experimental Zoology« an der University of Edinburgh. Im August 1940 wurde er, wie viele andere deutsche Emigranten, als »enemy alien« interniert. Allerdings kam er, nach einer Intervention der Society for the Protection of Science and Learning, schon im Oktober 1940 wieder frei und konnte seine Arbeit an der Universität fortsetzen. Gross, der bis dahin nur geforscht und nicht unterrichtet hatte, wurde ein hoch geschätzter akademischer Lehrer. Er war, wie James Ritchie, der Leiter des Departments, nach Gross' Tod am 20. Juni 1950 in der Londoner *Times* schrieb, »a most stimulating teacher, careful in preparation, constantly devising and testing new class experiments and leading his students to rely upon their own observations rather than on the dogmas of text-books«. Seine Forschungen fanden große Aufmerksamkeit und Anerkennung. Er wurde unter anderem nach Schweden (Göteborg) und in die USA (Woods Hole Oceanographic Institution) eingeladen.

Im November 1947 schlug Max Hartmann, hierin unterstützt von Hans Bauer und Alfred Kühn, Gross für die Leitung der Fischereiabteilung in dem neu zu errichtenden Kaiser-Wilhelm-Institut für Meeresbiologie in Wilhelmshaven vor. Gross' wissenschaftliche Verdienste zusammenfassend, stellte Hartmann in einem Schreiben an den Präsidenten der Max-Planck-Gesellschaft fest: »Nach seinen vielseitigen allgemeinen biologischen Kenntnissen und Leistungen als Forscher sowie der großen praktischen Nutzanwendung derselben für die Fischerei scheint mir Dr. Gross als der weitaus geeignetste Zoologe für die Leitung der Fischereiabteilung des neuen Instituts in Wilhelmshaven.« Und ergänzend: »Mit seiner Rückberufung an ein Kaiser-Wilhelm-Institut würde zudem ein Unrecht wiedergutgemacht, das ihm als Jude durch die notwendige Emigration im Jahre 1934 zugefügt wurde.« Die Berufung kam nicht zustande, doch wurde Gross im Juli 1948 zum Auswärtigen Wissenschaftlichen Mitglied des Instituts und damit auch zum Mitglied der Max-Planck-Gesellschaft ernannt. Kurz vor seinem Tod – er starb im Alter von 43 Jahren an Leukämie – übernahm Gross, wie sein »alter Freund« Joachim Hämmerling, Direktor des Max-Planck-Instituts für Meeresbiologie in Wilhelmshaven im August 1950 an Otto Hahn schrieb, den Aufbau und die Leitung der »für ihn neugeschaffenen« Marine Biological Station der University of Wales an der walisischen Küste nahe Bangor.

Die Forschungen von Fabius Gross galten vor allem der Photosynthese und der Biologie von Plankton. Zusammen mit Friedrich Koczy veröffentlichte er 1946 »Photometric Measurements of the Growth of Phytoplankton Cultures«. 1947 erschien seine Arbeit »Investigations on Marine Plankton and Fish Culture«.

Kurt Martin Guggenheimer

Kaiser-Wilhelm-Institut für physikalische Chemie und Elektrochemie, Berlin-Dahlem

Geboren am 4. Februar 1902 in München, gestorben nach August 1975, vermutlich in Basel.

Kurt Guggenheimer, Sohn des Münchener Kaufmanns Sigmund Guggenheimer, studierte nach dem Besuch eines humanistischen Realgymnasiums 1921-27 Chemie in München (Examina 1925 und 1927) und 1927-33 Physik in Berlin. An der Berliner Universität promovierte er 1933 bei Fritz Haber mit der Dissertation »Über Absorptionsspektren im Gebiet von 1200-600 Å. Anregung innerer Elektronen-Schalen in Zink, Kalium und Caesium« (veröffentlicht 1934). 1927-33 war er Assistent im Kaiser-Wilhelm-Institut für physikalische Chemie und Elektrochemie. Dort arbeitete er vor allem mit Hartmut Kallmann und Hans Beutler zusammen.

Aufgrund der antijüdischen Bestimmungen des »Berufsbeamtengesetzes« mußte er am 30. September 1933 das Institut verlassen. Er ging zunächst nach München zurück, wo seine Mutter lebte. Ab November 1933 war er am Collège de France in Paris tätig. Aufgrund einer schweren Erkrankung mußte er jedoch im Februar 1935 nach München zurückkehren. 1938 wurde Guggenheimer im Anschluß an die antijüdischen Ausschreitungen am 9. und 10. November verhaftet und in das Konzentrationslager Dachau verschleppt. Im Januar 1939 wurde er mit der Auflage, Deutschland umgehend zu verlassen, aus dem KZ entlassen. Am 31. August 1939 emigrierte er nach Großbritannien. Mit Unterstützung der Society for the Protection of Science and Learning konnte er dort allmählich Fuß fassen. Seine Zeit als Stipendiat im King's College in Cambridge (1939-41) wurde allerdings dadurch unterbrochen, daß er vom Frühjahr 1940 bis Januar 1941 als »feindlicher Ausländer« zuerst auf der Isle of Man, später in Kanada interniert wurde. 1942-47 hatte er eine Temporary Lectureship für Physikalische Chemie an der University of Bristol inne. 1947 wechselte er mit einer Imperial Chemical Fellowship für Theoretische Physik in das Department of Natural Philosophy der University of Glasgow und wirkte dort von 1953 bis zu seiner Versetzung in den Ruhestand im September 1967 als Lecturer. Nach dem Ende seiner Universitätstätigkeit siedelte er, der 1947 britischer Staatsbürger geworden war, in die Schweiz über, wo er seinen Wohnsitz in Basel nahm. Über seine späteren Jahre liegen keine Informationen mehr vor.

Kurt Guggenheimer veröffentlichte 1933-34 in der *Zeitschrift für Physik* und im *Journal de Physique et le Radium*, später u. a. in den *Proceedings* der Royal Society, der Physical Society und der Faraday Society sowie in *Nature* und in *Nuovo Cimento*. 1945 erschien »A Magnetic Study of Phase-Change Processes Iron-Silicon, Part II« (Co-Autor: Hans Heitler).

Fritz Haber

Kaiser-Wilhelm-Institut für physikalische Chemie und Elektrochemie, Berlin-Dahlem

Geboren am 9. Dezember 1868 in Breslau, gestorben am 29. Januar 1934 in Basel.

Fritz Haber, dessen Mutter kurz nach seiner Geburt starb, entstammte einer angesehenen jüdischen Bürgerfamilie. Sein Vater Siegfried Haber, der in Breslau eine Farben- und Chemikalienhandlung gegründet hatte, war Vorstandsmitglied des »Kaufmännischen Vereins«, Vorsitzender der Breslauer Handelskammer und langjähriger liberaler Stadtverordneter sowie unbesoldetes Mitglied des Magistrats. Fritz Haber besuchte ein humanistisches Gymnasium, das er im Herbst 1886 mit dem Abitur verließ. Seit 1886 studierte er Chemie an der Berliner Friedrich-Wilhelms-Universität, in Heidelberg und an der Technischen Hochschule Berlin. Zwischendurch leistete er seinen Militärdienst als »Einjährig-Freiwilliger«

in einem Breslauer Feldartillerie-Regiment. An der Berliner Universität promovierte er 1891 bei August Wilhelm von Hofmann mit der an der Technischen Hochschule von Carl Liebermann betreuten Dissertation »Über einige Derivate des Piperonals«. Es folgten drei kurze Stationen in chemischen Unternehmen in Budapest, Szczakowa in Galizien und in Liebau (Niederschlesien). Das Wintersemester 1891/92 verbrachte er am Eidgenössischen Polytechnikum in Zürich, um bei Georg Lunge seine Kenntnisse in chemischer Technologie zu erweitern. Danach trat er in den väterlichen Betrieb ein, schied jedoch wegen Unstimmigkeiten mit dem Vater schon nach sechs Monaten wieder aus.

Er entschied sich nun, wenn auch noch immer zögernd, für eine wissenschaftliche Laufbahn. Im Herbst 1892 begann er als freier Mitarbeiter in dem von Ludwig Knorr geleiteten Chemischen Institut der Universität Jena. Die eigentliche Weichenstellung erfolgte 1894 mit dem Wechsel von Jena nach Karlsruhe, wo Haber die nächsten 17 Jahre verbrachte, die seinen Biographen als die glücklichste und wissenschaftlich fruchtbarste Zeit seines Lebens gelten. Er erhielt eine Assistentenstelle im Chemisch-Technischen Institut der Technischen Hochschule Karlsruhe. Von Carl Engler und Hans Bunte nachdrücklich gefördert, habilitierte er sich schon zwei Jahre später mit »Experimentaluntersuchungen über Zersetzung und Verbrennung von Kohlenwasserstoffen«. 1898 wurde er zum außerordentlichen Professor für Technische Chemie, 1906 zum ordentlichen Professor ernannt. Seit 1900 verfügte er über ein eigenes elektrochemisches Laboratorium. Aus einer ungewöhnlich vielseitigen Tätigkeit heraus gelang Haber in Karlsruhe der Aufstieg in eine Spitzenposition der nationalen und internationalen Forschung. Weltberühmt und besonders folgenreich wurde vor allem die 1908 von ihm entwickelte Synthese des Ammoniaks aus den gasförmigen Elementen Stickstoff und Wasserstoff, die von Carl Bosch in der Badischen Anilin- und Soda-Fabrik (BASF) als »Haber-Bosch-Verfahren« zur großindustriellen Produktionsreife gebracht wurde. Die Ammoniaksynthese leistete einen entscheidenden Beitrag zur Herstellung künstlichen Düngers und damit zur Sicherung der landwirtschaftlichen Produktion, bot aber auch eine neue Grundlage für die Fabrikation von Schießpulver und Explosivstoffen. 1901 heiratete Haber, der Ende 1892 in Jena zum Protestantismus übergetreten war, Clara Immerwahr, eine promovierte Chemikerin, die ebenso wie er selbst aus einer Breslauer jüdischen Familie stammte.

1911 wurde Haber nach Berlin berufen, um dort den Aufbau und die Leitung des von Leopold Koppel gestifteten ersten Kaiser-Wilhelm-Instituts (KWI für physikalische Chemie und Elektrochemie) zu übernehmen. Hier konnte er, der auch eine Professur an der Universität erhielt und zum Mitglied der Preußischen Akademie der Wissenschaften ernannt wurde, bis 1933 seine wissenschaftlichen und nicht zuletzt seine wissenschaftsorganisatorischen Begabungen voll entfalten. Es gelang ihm, sein Institut, das 1912 von Kaiser Wilhelm II. in Dahlem eröffnet wurde, zu einer der erfolgreichsten und international angesehensten Forschungseinrichtungen zu machen. Haber verstand es, zahlreiche herausragende Mitarbeiter, Schüler und Gastwissenschaftler, unter ihnen viele Ausländer, an das Institut zu binden. Nicht wenige zählen in der Wissenschaftsgeschichte zu den großen Namen, etwa Karl Friedrich Bonhoeffer, Ladislaus Farkas, James Franck, Herbert Freundlich, Rudolf Ladenburg und Michael Polanyi. Ende der zwanziger Jahre hatte das Institut rund 60 Mitarbeiter, bei den Wissenschaftlern stammte fast die Hälfte aus dem Ausland (aus mehr als zehn Ländern). Einen geradezu legendären Ruf genossen die von Fritz Haber souverän geleiteten »Haber-Colloquien«, die in der Regel vierzehntägig stattfanden, zunächst im Hörsaal des Instituts, später in den größeren Räumen des Harnack-Hauses.

Bis heute umstritten ist Habers Engagement im Ersten Weltkrieg. Er war im preußischen Kriegsministerium für die Vorbereitung und Durchführung des Einsatzes von Kampfgas an der Front zuständig, wobei sein Institut, das zur zentralen Einrichtung für die Erforschung und Entwicklung von chemischen Kampfstoffen und Kampfstoffschutzmitteln wurde und ausschließlich kriegswichtige Projekte bearbeitete, seit November 1916 sogar unter militärischer Führung stand. Oft behauptet, aber nicht zwingend nachgewiesen ist, daß seine Frau Clara sich 1915 aus Protest gegen Habers führende Rolle im Gaskrieg das Leben nahm. Haber heiratete 1917 erneut (Charlotte Nathan, von der er 1927 geschieden wurde). Er hatte einen Sohn (Hermann, der ihm besonders nahestand) aus der ersten, eine Tochter und einen Sohn aus der zweiten Ehe.

Haber, der 1919 mit dem Nobelpreis für Chemie für das Jahr 1918 ausgezeichnet wurde, war nicht nur ein bedeutender Wissenschaftler, sondern auch einer der begabtesten und erfolgreichsten Wissenschaftsorganisatoren seiner Zeit. Mit dem Waffenstillstand im November 1918 wechselte er zunächst in das Reichsamt für wirtschaftliche Demobilmachung, in dem er bis Ende Januar 1919, als er aus gesundheitlichen Gründen vorzeitig ausschied, für den gesamten Chemiebereich zuständig war. In den ersten Monaten des Jahres 1919 beteiligte er sich an der Gründung der Technischen Nothilfe (später: Technisches Hilfswerk). Er war ein besonders erfolgreicher Interessenvertreter der chemischen Forschung, aber auch der chemischen Großindustrie: 1920 gehörte er zu den Gründern und in der Folge zu den Leitern der Notgemeinschaft der deutschen Wissenschaft, der Vorgängerin der heutigen Deutschen Forschungsgemeinschaft; seit

1925 war er Mitglied des Aufsichtsrats der IG Farben. 1926 wirkte er maßgeblich an der Gründung eines Japan-Instituts zur Pflege der wissenschaftlichen und kulturellen Beziehungen zwischen Deutschland und Japan
mit. In seinem Institut versuchte er 1920-27 in einem großangelegten,
jedoch letztlich scheiternden Forschungsprojekt, den zu dieser Zeit viel
diskutierten Goldgehalt des Meerwassers näher zu bestimmen, um durch
die Erschließung dieser Vorkommen einen Beitrag zur Aufbringung der
Deutschland auferlegten Reparationsleistungen zu leisten.

Nach dem Erlaß des »Berufsbeamtengesetzes« Anfang April 1933 war
Haber als Beamter vor 1914 und Kriegsteilnehmer zwar nicht persönlich
von Entlassung bedroht, als Direktor eines Instituts mit einem verhältnismäßig hohen Personalanteil von jüdischen bzw. »nichtarischen« Kollegen
und Mitarbeitern sah er sich jedoch mit den antisemitischen Bestimmungen dieses Gesetzes unmittelbar konfrontiert. Schon am 1. April
schrieb er aufgrund der Zeitungsmeldung, daß der preußische Justizminister jüdischen Richtern das Betreten der Gerichtsgebäude ab sofort
verboten habe, dem befreundeten Nobelpreisträger Richard Willstätter
in München, diese Politik könne schon bald auch sie selber betreffen,
und: »es fragt sich, welches Verhalten wir dabei beobachten. [...] Was
Männer wie Du und ich ohne äußerlichen Zwang tun, wird sicherlich
eine weitreichende Bedeutung haben.« Haber, der zu diesem Zeitpunkt
noch fürchtete, daß man »der antideutschen Propaganda« Vorschub leisten werde, wenn »wir aus unseren Funktionen ausscheiden und dadurch
eine Bewegung in der Welt hervorrufen«, revidierte schon bald seine Auffassung – mit radikalen persönlichen Konsequenzen. Er fühlte sich verpflichtet, die wegen des Gesetzes unvermeidlichen Entlassungen bzw.
Kündigungen der Mitarbeiterinnen und Mitarbeiter des KWI für physikalische Chemie und Elektrochemie noch selber vorzunehmen, um die
Nachfolge der betroffenen Mitarbeiter im Interesse des Instituts regeln
und in einigen Härtefällen auch Ausnahmeregelungen beantragen zu
können. Danach aber zog er einen eindeutigen Trennungsstrich.

Nach einem Gespräch mit Max Planck, dem Präsidenten der Kaiser-
Wilhelm-Gesellschaft, der ihn vergebens umzustimmen versuchte, bat er
am 30. April 1933 den preußischen Minister für Wissenschaft, Kunst und
Volksbildung um seine Versetzung in den Ruhestand. »Meine Tradition
verlangt von mir in einem wissenschaftlichen Amte«, hieß es in diesem
Schreiben, »daß ich bei der Auswahl von Mitarbeitern nur die fachlichen
und charakterlichen Eigenschaften der Bewerber berücksichtige, ohne nach
ihrer rassenmäßigen Beschaffenheit zu fragen. Sie werden von einem
Manne, der im 65. Lebensjahre steht, keine Änderung der Denkweise
erwarten, die ihn in den vergangenen 39 Jahren seines Hochschullebens

geleitet hat, und Sie werden verstehen, daß ihm der Stolz, mit dem er seinem deutschen Heimatland sein Leben lang gedient hat, jetzt diese Bitte um Versetzung in den Ruhestand vorschreibt.« Schon drei Tage früher hatte Haber den Vorsitz im Verband Deutscher Chemischer Vereine niedergelegt, wenig später trat er auch aus dem Präsidium der Notgemeinschaft der deutschen Wissenschaft aus.

Haber war entschlossen zu emigrieren, doch führten Reisen in die Niederlande, nach Frankreich und Großbritannien, wie er Willstätter Ende Juli berichtete, zunächst nicht zu konkreten Einladungen oder anderen Angeboten. Im Herbst 1933 erhielt er eine Professur an der Cambridge University, die er gegenüber Willstätter als »eine reine Ehrensache« bezeichnete. Er litt schwer an den politischen Verhältnissen und den damit verbundenen tiefen Kränkungen: »Ich bin so bitter wie nie zuvor und steigere das Gefühl der Unzuträglichkeit in mir täglich«, gestand er Willstätter. Was die »Machtergreifung« der Nationalsozialisten und deren antisemitische Politik für einen so national gesinnten Mann wie Haber bedeuten mußten, brachte Albert Einstein Mitte Mai 1933 in einem Brief an ihn zum Ausdruck: »Es ist so ähnlich, als wenn man eine Theorie aufgeben muß, an der man sein ganzes Leben gearbeitet hat.« Habers Gesundheitszustand verschlechterte sich rasch, einen zum Jahresende geplanten zweimonatigen Aufenthalt in Palästina, bei dem er das Land kennenlernen und sich unter anderem mit Chaim Weizmann treffen wollte, mußte er absagen. Er reiste statt dessen von Cambridge aus zu einem Kuraufenthalt in die Schweiz, wo er im Januar 1934 in einem Baseler Hotel seinem Herzleiden erlag.

Die Kaiser-Wilhelm-Gesellschaft ehrte Fritz Haber im Januar 1935 gegen erheblichen politischen Druck seitens der nationalsozialistischen Machthaber, die darin eine »Herausforderung des nationalsozialistischen Staates« sahen, weil Haber mit dem Ausscheiden aus seinem Amt unmißverständlich »seine innere Einstellung gegen den heutigen Staat« zum Ausdruck gebracht habe, mit einer Gedenkfeier im Harnack-Haus in Berlin-Dahlem. Vorausgegangen war schon am 28. Juni 1934 eine Gedenkrede von Max Bodenstein in einer öffentlichen Sitzung der Preußischen Akademie der Wissenschaften, in der Haber als »einer der Unseren« gewürdigt wurde: »Die Akademie hat in ihm ein Mitglied verloren, dessen Lebensarbeit nicht nur für die deutsche Wissenschaft, sondern in gleichem Maße für die deutsche Wirtschaft und für die deutsche Wehrhaftigkeit im Weltkriege von ganz außerordentlicher Bedeutung geworden ist.« In einem Nachruf der Londoner *Times* schrieb Henry Edward Armstrong Anfang Februar 1934: »Professor Haber, whose death was recorded on Saturday, was a man of world-wide distinction, especially on account of the leading part he played, early in the War, in inspiring and developing a process, probably the most beneficent gift human society has received from experimental science – that of calling down from the heavens to make plant growth possible on an enhanced scale proportionate to the increasing demands of civilization, provided always civilization proves worthy of the gift, for it is one that society may also use to its undoing.«

Fritz Haber veröffentlichte über 200 Arbeiten in wissenschaftlichen Zeitschriften und mehrere Bücher: »Grundriß der technischen Elektrochemie auf theoretischer Grundlage« (1898), »Thermodynamik technischer Gasreaktionen. 7 Vorlesungen« (1905), »Die elektrolytischen Prozesse der organischen Chemie« (1910, mit Alexander Moser und W. Knapp), »Aus Luft durch Kohle zum Stickstoffdünger, zu Brot und reichlicher Nahrung« (1920, mit Nikodem Caro und Eberhard Ramm), »Fünf Vorträge aus den Jahren 1920 bis 1923: Über die Darstellung des Ammoniaks aus Stickstoff und Wasserstoff; Die Chemie im Kriege; Das Zeitalter der Chemie; Neue Arbeitsweisen; Zur Geschichte des Gaskrieges« (1924) und »Aus Leben und Beruf. Aufsätze, Reden, Vorträge« (1927).

Haber, der in zahlreichen wissenschaftlichen und wissenschaftsfördernden Einrichtungen und Vereinigungen leitend tätig war, wurde vielfältig geehrt. Neben dem Nobelpreis erhielt er Auszeichnungen großer wissenschaftlicher Gesellschaften im In- und Ausland, darunter die »Rumford Medal« der Royal Society London. Er war u. a. Mitglied der Wissenschaftlichen Akademien in Berlin, Göttingen, München, Petersburg und Stockholm und wurde mit einer Reihe von Ehrendoktortiteln ausgezeichnet. Die Max-Planck-Gesellschaft gab seinem früheren Institut auf Vorschlag Max von Laues den Namen »Fritz-Haber-Institut«, die Hebräische Universität Jerusalem errichtete ein »Fritz Haber Center for Molecular Dynamics Research«.

Wilfried Heller

Kaiser-Wilhelm-Institut für physikalische Chemie und Elektrochemie, Berlin-Dahlem

Geboren am 13. Dezember 1903 in Bad Dürkheim, gestorben am 6. Juni 1982 in Oakland, Michigan.

Wilfried Heller, Sohn des Kaufmanns Gustav Heller, studierte 1923-31 Chemie an der Universität Würzburg und Berlin. Er promovierte 1931 an der Berliner Universität bei Herbert Freundlich mit der Dissertation

»Über die magnetooptische Anisotropie einiger kolloider Lösungen«. Seit 1931 war er als Justus-Liebig-Stipendiat Assistent in der von Michael Polanyi geleiteten Abteilung des Kaiser-Wilhelm-Instituts für physikalische Chemie und Elektrochemie. 1933 verlor er diese Position infolge der rassistischen Angriffe auf das Institut und der mit dem Rücktritt Habers, Freundlichs und Polanyis einsetzenden Umstrukturierungen.

Im Herbst 1933 emigrierte Heller nach Frankreich, wo er bis 1938 Mitarbeiter an der Université Paris-Sud in der Abteilung von Aimé Cotton war. 1938 ging er in die USA. Dort arbeitete er in den Jahren 1938-42, zunächst als Lecturer, später als Research Fellow, an der University of Minnesota in Minneapolis. 1943-46 wirkte er als Lecturer im Fach Kolloidchemie an der University of Chicago und war zugleich Leiter der Kolloidabteilung eines Gummiforschungsinstituts der amerikanischen Regierung. Schließlich wechselte er an die Wayne State University in Detroit, wo er im Department of Physical Chemistry 1946 Assistant Professor, 1950 Associate Professor und 1953 Full Professor wurde. Daneben war er für zahlreiche Industrieunternehmen und Regierungsstellen, u. a. die Food and Drug Administration und die Atomic Energy Commission, beratend tätig. 1964 gab er den Anstoß zur Gründung der Great Lakes Conference (Regional Meetings der American Chemical Society). 1973 lehrte er als Gastprofessor an der Universität Kyoto. Seit 1943 war er mit Abbie H. Howe verheiratet. Er starb im Sommer 1982 bei einem Autounfall.

Wilfried Heller war ein angesehener Forscher auf dem Gebiet der Kolloid- und Polymerforschung und in der biophysikalischen Chemie. Er veröffentlichte mehr als 170 Beiträge in Fachzeitschriften, war 1944 Mitbegründer des *Journal of Colloid Science*, Autor von »Nouvelles recherches sur les propriétés magnéto-optiques des solutions colloidales« (1939) und Co-Autor u. a. von »Tables of Light Scattering Functions« for Spherical Particles« (1957), »Angular Scattering Functions for Spherical Particles« (1960), »Tables of Angular Scattering Functions for Heterodisperse Systems of Spheres« (1969), »Angular Scattering Functions for Spheroids« (1972) und »Depolarization and Related Ratios of Light Scattering Functions of Flow-Oriented Spheroids« (1974). Heller empfing Auszeichnungen durch die Wayne State University, die American Chemical Society und die National Science Foundation.

Gertrud(e) Henle, geb. Szpingier, und Werner Henle

Kaiser-Wilhelm-Institut für medizinische Forschung, Heidelberg

Gertrude Henle: Geboren am 3. April 1912 in Mannheim, gestorben am 1. September 2006 in Newtown Square, Pennsylvania.

Werner Henle: Geboren am 27. August 1910 in Dortmund, gestorben am 6. Juli 1987 in Philadelphia.

Werner Henle war der Sohn des Chirurgen Adolf Henle und Enkel des bedeutenden Anatomen und Histologen Jakob Henle. Er wuchs in Dortmund auf und begann 1929 ein Medizinstudium in München, das er nach einem Jahr in Heidelberg fortsetzte, wo er 1934 bei Ludolf von Krehl mit der von Ernst Witebsky betreuten Dissertation »Zur Frage der Ausscheidung von gruppen- und speichelspezifischen Substanzen« promovierte. Da er wegen seines Großvaters Jakob Henle, der aus einer jüdischen Familie stammte, aber schon als Kind protestantisch getauft wurde, nach den Bestimmungen des »Berufsbeamtengesetzes« als »Nichtarier« galt, konnte er als Mediziner weder an der Universität noch in öffentlichen Krankenhäusern tätig werden. In dieser Situation machte ihm v. Krehl als Direktor des Kaiser-Wilhelm-Instituts für medizinische Forschung in Heidelberg das Angebot, in seinem Institut wissenschaftlich weiterzuarbeiten. Darüber hinaus beantragte v. Krehl in einem vermutlich an das Reichsministerium für Wissenschaft, Erziehung und Volksbildung gerichteten Schreiben von Ende Januar 1935, Henle, der außer seinem berühmten Großvater keine »nichtarischen« Vorfahren habe, für »arisch« zu erklären, um ihm eine wissenschaftliche Laufbahn zu ermöglichen. Eine Antwort darauf ist nicht überliefert. Werner Henle war 1935 und 1936 im v. Krehlschen Institut Assistent, machte sich aber keine Illusionen darüber, daß er im nationalsozialistischen Deutschland auf eine seinen Wünschen und Interessen entsprechende Karriere nicht mehr hoffen konnte. Als ihm 1936 eine Stelle als Instructor im Department of Medical Microbiology der School of Medicine an der University of Pennsylvania in Philadelphia angeboten wurde, entschied er sich deshalb für die Emigration.

Gertrude Henle wuchs in Mannheim in einer evangelischen Beamtenfamilie auf. Ihr Vater, der aus Posen stammte, starb 1938, ihre Mutter (Leonore Szpingier, geb. Baumgart) wurde 1943 von den Nationalsozialisten ermordet. Seit 1931 studierte Gertrude Szpingier in Heidelberg Medizin. Im Herbst 1936 promovierte sie mit der Dissertation »Der Stoffwechsel der isolierten Fettgewebe« bei Ludolf von Krehl; die Promotionsurkunde der Heidelberger Universität wurde allerdings erst 1948 ausgestellt. Als Doktorandin war sie seit 1935 ebenfalls im KWI für medizinische Forschung tätig, wo sie Werner Henle kennenlernte, mit dem sie sich vor dessen Emigration in die USA verlobte. 1937 folgte sie ihrem Verlobten nach Philadelphia. Die Heirat fand am Tag nach ihrer Ankunft in den USA statt. Von da an gelang es beiden, nicht nur eine je individuelle wissenschaftliche Karriere zu machen, sondern mit ungewöhnlich großem Erfolg ein halbes Jahrhundert lang gemeinsam zu forschen.

Werner Henle war 1936-39 Instructor, 1939-47 Professor of Virology in Pediatrics und seit 1947 Professor of Virology im Department of Public Health and Preventive Medicine an der School of Medicine der University of Pennsylvania. Außerdem war er seit 1939 Leiter der Abteilung für virologische Forschung des Children's Hospital of Philadelphia, 1947-63 auch Direktor des Virus Diagnostic Laboratory im Reference Laboratory of the Department of Health des Staates Pennsylvania. 1982 wurde er emeritiert. Er starb im Sommer 1987 in Philadelphia.

Gertrude Henle erhielt an der Medical School der University of Pennsylvania 1937 ebenfalls eine Stelle als Instructor für Mikrobiologie und wurde 1941 zum Associate Professor of Virology, später zum Full Professor ernannt. Seit 1941 war sie zudem Mitglied der virologischen Forschungsabteilung des Children's Hospital of Philadelphia. Auch sie wurde 1982 emeritiert. Die gemeinsamen Forschungsarbeiten setzten die Eheleute jedoch bis kurz vor Werner Henles Tod im Juli 1987 fort. Gertrude Henle überlebte ihren Mann um fast zwanzig Jahre. Sie starb 94jährig im Herbst 2006 in Newtown Square.

Beide Henles, die 1942 amerikanische Staatsbürger wurden, nahmen, vor allem seit den 1960er Jahren, an zahlreichen nationalen und internationalen Konferenzen teil. Sie waren aktive Mitglieder der American Academy of Microbiology, der Tissue Culture Association und der Society of American Microbiologists. Neben ihrer wissenschaftlichen Arbeit in engerem Sinne übten sie wichtige Beratertätigkeiten aus. Zusammen wurden sie als Berater für das Virus Cancer Program des National Cancer Institute berufen. Werner Henle gehörte überdies dem Advisory Panel on Virus Diseases der World Health Organization an (1951-87) und war u. a. Berater des Surgeon General im United States Public Health Service (1952-55) und des Surgeon General der United States Armed Forces (1958-72) sowie Berater und Mitglied des National Cancer Advisory Board und des Medical and Scientific Advisory Board der Leukemia Society of America.

Berühmt wurde das Ehepaar Henle auf dem Gebiet der Virusforschung. Erste Aufsehen erregende Erfolge erzielten sie mit ihren Arbeiten an einem

Grippe-Impfstoff und der Entwicklung eines Tests zur Diagnose von Mumps. Zusammen mit Joseph Stokes konnten sie zeigen, daß Gammaglobulin als Hemmstoff für die Entstehung und Verbreitung von Hepatitis eingesetzt werden kann. Neben der Klärung der Stadien einer Virusinfektion war die Entdeckung der krebserregenden Wirkung des Epstein-Barr-Virus, die zu weiteren Untersuchungen auf dem Gebiet der carcinogenen Viren führte, die Forschungsleistung, mit der ihre Namen am stärksten verbunden sind. In den achtziger Jahren beschäftigten sich beide auch mit dem Human Immunodeficiency Virus (HIV) und der AIDS-Krankheit.

Zu Werner Henles wichtigsten Publikationen gehören »Protection Against Influenza Virus by Passive Means and by an Aerosol« (1941, Co-Autor) und »The Viruses of Human Epidemic Influenza and Related Problems« (1944), ein gemeinsam mit Gertrude Henle verfaßtes Standardwerk. Er war außerdem Autor bzw. Co-Autor (Mitautorin war in den meisten Fällen seine Frau) von über 250 Artikeln in Fachzeitschriften. Von Gertrude Henle erschien neben dem bereits erwähnten Buch der Band »Studies on the Complement-Fixing Antigens of Mumps Virus« (1948, Co-Autorin). Darüber hinaus publizierte sie, großteils mit Werner Henle, mehr als 200 Beiträge in wissenschaftlichen Fachzeitschriften. Gegen Ende seines Lebens verfaßte Werner Henle ein unveröffentlicht gebliebenes, in den »Werner and Gertrude Henle Papers« der United States National Library of Medicine überliefertes autobiographisches Manuskript (»Growing Up with Virology«), das dem gemeinsamen Forscherleben der Henles gewidmet ist und einen chronologisch angelegten Bericht über ihre wissenschaftliche Arbeit sowie eine annotierte Bibliographie ihrer Veröffentlichungen enthält.

Für ihre wissenschaftlichen Leistungen sind Werner und Gertrude Henle vielfach geehrt worden. Ihnen wurden unter anderem folgende Auszeichnungen und Preise gemeinsam verliehen: 1971 die Robert-Koch-Medaille und der »Smith, Kline and French Award for Excellence in Research«; 1975 der »Virus Cancer Program Award«, der »Founders in Cancer Immunology Award« und der »Robert de Villiers Award of the Leukemia Society of America«; 1979 der »Bristol-Myers Award for Distinguished Achievement in Cancer Research«; 1983 der »Children's Hospital of Philadelphia Gold Medal Award«. Werner Henle erhielt 1971 die Ehrendoktorwürde der Universität Basel, Gertrude Henle 1975 die Ehrendoktorwürde des Pennsylvania College of Medicine.

Mathilde Carmen Hertz

Kaiser-Wilhelm-Institut für Biologie, Berlin-Dahlem

Geboren am 14. Januar 1891 in Bonn, gestorben am 20. November 1975 in Cambridge.

Mathilde Hertz war die zweite Tochter des berühmten Physikers Heinrich Hertz, des Entdeckers der elektromagnetischen Wellen, der 1886 Elisabeth Doll, die Tochter eines Kollegen, geheiratet hatte. Da ihr Vater nur drei Jahre nach ihrer Geburt im Alter von nicht ganz 37 Jahren starb, wuchs sie in wirtschaftlich schwierigen Verhältnissen auf. Ihr Abitur machte sie im Frühjahr 1910 am Bonner Realgymnasium. Danach begann sie in ihrer Heimatstadt ein Philosophiestudium, entschied sich dann aber für eine künstlerische Ausbildung an den Kunstschulen in Karlsruhe (1910-12) und Weimar (1912-15). Anschließend arbeitete sie als Bildhauerin in Weimar, Berlin und München, bis sie im Herbst 1918 eine Stelle in der Bibliothek des Deutschen Museums in München übernahm, auf der sie bis 1923 ihren Lebensunterhalt verdiente. Vom Wintersemester 1921/22 an studierte sie, neben der Erwerbstätigkeit, an der Universität München Zoologie und Paläontologie. Im Februar 1925 promovierte sie bei Richard Hertwig mit der Dissertation »Beobachtungen an primitiven Säugetiergebissen«.

1925-29 ermöglichte es ihr ein Stipendium der Notgemeinschaft der deutschen Wissenschaft, wissenschaftlich weiterzuarbeiten, zuerst als Hilfskraft in der Zoologischen Sammlung in München, ab 1927 als Gastforscherin in der von Richard Goldschmidt geleiteten Abteilung des Kaiser-Wilhelm-Instituts für Biologie in Berlin. Im April 1929 erhielt sie im KWI eine Assistentenstelle. Sich auf wahrnehmungspsychologische Fragestellungen konzentrierend, entfaltete sie eine intensive Forschungstätigkeit zu den optischen Fähigkeiten und Leistungen der Tiere. In Anerkennung ihrer Arbeit stellte man ihr ein für ihre experimentellen Untersuchungen geeignetes eigenes Gebäude zur Verfügung, in dem sie selbständig und ohne sonstige Dienstverpflichtungen forschen konnte. Im November 1929 reichte sie an der Berliner Universität die Habilitationsschrift »Die Organisation des optischen Feldes bei der Biene« ein, die von den Gutachtern, dem Biologen Richard Hesse und dem Gestaltpsychologen Wolfgang Köhler, außerordentlich positiv bewertet wurde. Von der Philosophischen Fakultät wurde ihr im Mai 1930 die Venia legendi für Zoologie erteilt, und in den folgenden Semestern war Mathilde Hertz, die schon bald eine Anzahl besonders begabter Doktorandinnen und Doktoranden um sich sammeln konnte, neben ihrer Forschungsarbeit im KWI für Biologie

auch als Privatdozentin erfolgreich. 1931/32 nahm sie einen Forschungsaufenthalt im Laboratorio biológico-marino auf Mallorca wahr.
Am 2. September 1933 erhielt »Fräulein Dr. Mathilde Hertz« an ihre
Privatadresse in Berlin-Zehlendorf ein Schreiben des preußischen Mini-
sters für Wissenschaft, Kunst und Volksbildung, in dem es hieß: »Aufgrund von § 3 des Gesetzes zur Wiederherstellung des Berufsbeamtentums vom 7. April 1933 entziehe ich Ihnen hiermit die Lehrbefugnis an
der Universität Berlin.« Auch in der Kaiser-Wilhelm-Gesellschaft zählte
Mathilde Hertz zu den Mitarbeitern, die nach den Bestimmungen des
»Berufsbeamtengesetzes« zu entlassen waren. In ihrem Falle war Max
Planck als Präsident der KWG jedoch nicht bereit, den staatlichen Vorgaben einfach zu folgen. In einem Schreiben an den Reichsminister des
Innern vom 19. Juni 1933 sprach er von einem »Härtefall« und führte
dazu aus: »Die Genannte ist Enkelin [richtig: Tochter] des berühmten
Physikers, Entdeckers der drahtlosen Wellen Heinrich Hertz. Mit Rücksicht darauf und auf ihre besonderen wissenschaftlichen Leistungen auf
dem Gebiete der psychologischen Forschungen an Säugetieren möchte
ich die dringende Bitte aussprechen, von ihrer Kündigung absehen zu
dürfen, wobei ich noch darauf hinweisen darf, daß nur ein Großelternteil
als nicht arisch im Sinne des Gesetzes vom 7. April ds. Jrs. anzusehen ist.«
Nachdem das Ministerium am 15. Juli auf einer Kündigung des Arbeits-
verhältnisses von Mathilde Hertz bestanden hatte, beeilte sich Planck,
den Minister davon in Kenntnis zu setzen, »daß sich inzwischen ergeben
hat, daß die [...] Privatdozentin Mathilde Hertz als arisch bezeichnet
werden muß, da alle acht Urgroßeltern ev. getauft waren«, und man die
Frage ihrer Entlassung damit als erledigt betrachte. Das Ministerium
teilte diese Auffassung jedoch nicht. Mathilde Hertz sei, hieß es in einem
Schreiben vom 27. Oktober, »nach dem Gutachten des Sachverständigen
für Rasseforschung beim Reichsminister des Innern ›nichtarisch‹ im Sinne
des Gesetzes«. Der Präsident werde deshalb aufgefordert, den Vertrag mit
ihr »beschleunigt zu kündigen«. Tatsächlich sprach die Kaiser-Wilhelm-
Gesellschaft die Kündigung nun zum 31. Dezember 1933 aus, doch gab
Planck auch jetzt noch nicht auf. Am 21. November schrieb er dem Minister erneut und wies darauf hin, daß Mathilde Hertz »tierpsychologische
Arbeiten in einem eigens zu diesem Zweck eingerichteten kleinen Institutsgebäude ausführt, die von anderer Seite in Deutschland nicht gepflegt
werden«. Indem er von »dringenden Rücksichtnahmen der Verwaltung«
sprach, bezog sich Planck auf eine Verordnung zum »Berufsbeamtengesetz«, nach der der Reichsinnenminister »in Einzelfällen« Ausnahmen
zulassen konnte, »wenn dringende Bedürfnisse der Verwaltung es erfordern«. Überraschenderweise wurde daraufhin mit einem Schreiben vom

3. Januar 1934 »die Belassung der Assistentin Frl. M. Hertz im Dienste des Kaiser-Wilhelm-Instituts für Biologie« genehmigt, und zwar ohne jede Befristung.

Obwohl ihre Forschungsarbeit auf diese Weise zunächst gesichert war, litt Mathilde Hertz zunehmend unter den politischen Verhältnissen im nationalsozialistischen Deutschland. Der englische Nobelpreisträger Archibald V. Hill, der sich auf Informationen Max von Laues stützte, teilte dem Academic Assistance Council im Oktober 1935 mit: »the ever-increasing attacks on the Jews are apparently affecting her so much that she will not be able to bear the situation much longer«. Mitte November war sie bereits in London und Cambridge, um die Möglichkeit einer Fortsetzung ihrer wissenschaftlichen Arbeit in Großbritannien zu erkunden. Als ihr eine sechsmonatige Übergangsfinanzierung durch den Academic Assistance Council zugesagt wurde, entschied sie sich für die Emigration, in die ihr ein paar Monate später ihre Mutter und ihre Schwester, Johanna Sophia Hertz (1887-1967), eine promovierte Medizinerin, folgten. Im Januar 1936 begann Mathilde Hertz ihre Forschungen im Department of Zoology der Cambridge University, in dem sie auch in den folgenden Jahren, unterbrochen durch eine mehrmonatige Einladung an das Zoologische Institut der Universität Bern, wirkte. Finanziert wurde sie – wie auch ihre Mutter und die Schwester – aus einem »Hertz-Fonds«, den britische Unternehmen der Radioindustrie in Erinnerung an Heinrich Hertz auf Bitten führender Wissenschaftler geschaffen hatten. Trotz der vergleichsweise günstigen Bedingungen wurde die wissenschaftliche Produktivität von Mathilde Hertz schon in den ersten Jahren der Emigration deutlich geringer. Sie hatte schwere gesundheitliche und familiäre Probleme (mentale Erkrankung der Schwester, Tod der Mutter), litt unter ihrer Vertreibung aus Deutschland und seit 1939 besonders darunter, daß ihr Heimatland und ihr Zufluchtsland gegeneinander Krieg führten. Um 1939/40 stellte sie ihre Forschungsarbeiten ganz ein und nahm sie auch in späteren Jahren nicht wieder auf.

Mathilde Hertz lebte in den Nachkriegsjahren in sehr bescheidenen, von manchen Besuchern als »armselig« bezeichneten Verhältnissen. Mitte der fünfziger Jahre setzte sich Max von Laue erfolgreich dafür ein, daß sie eine bescheidene Rente und ab 1957, als im Rahmen eines »Wiedergutmachungs«-Verfahrens festgestellt wurde, daß sie unter anderen politischen Verhältnissen in Deutschland mindestens eine außerordentliche Professur erlangt hätte, ein entsprechendes Ruhegehalt erhielt. Sie kehrte, von kurzen Reisen abgesehen, nicht nach Deutschland zurück, sprach aber im Februar 1960 in einem Brief an von Laue davon, daß sie in England »auch so etwas wie eine Abnormität« sei, »dadurch daß ich meine deutsche Nationalität behalten und nie eine andere begehrt habe«. So starb sie mit 84 Jahren in Cambridge, wurde jedoch, ihrem Wunsche entsprechend, an der Seite ihres Vaters in der Familiengrabstätte auf dem Ohlsdorfer Friedhof in Hamburg beerdigt.

Zwischen 1929 und 1939 veröffentlichte Mathilde Hertz über dreißig Aufsätze, vor allem in der *Zeitschrift für vergleichende Physiologie*, dem *Biologischen Zentralblatt* und den *Naturwissenschaften*. Gegen Ende ihres Lebens arbeitete sie an der deutsch-englischen Edition von autobiographischen Texten ihres Vaters. Der Band »Heinrich Hertz. Erinnerungen, Briefe und Tagebücher« erschien zwei Jahre nach ihrem Tod.

William Herz

Kaiser-Wilhelm-Institut für Faserstoffchemie, Berlin-Dahlem

Geboren am 12. Januar 1908 in Charlottenburg, gestorben am 1. Mai 1940 in London.

William Herz, Sohn des Kaufmanns Emil Herz und seiner Frau Toni, geb. Elsbach, machte im Frühjahr 1926 am Reformgymnasium in Berlin-Friedenau sein Abitur. 1926-32 studierte er Chemie an der Universität Berlin. Seit Herbst 1931 arbeitete er im Kaiser-Wilhelm-Institut für Faserstoffchemie unter der Betreuung von Reginald O. Herzog an seiner Dissertation, die er im Wintersemester 1933/34 unter dem Titel »Über die Teilchengröße von homodisperser Acetylcellulose. Versuche zur Beurteilung der Methoden der Teilchengrößenbestimmung bei lyophilen Kolloiden« der Philosophischen Fakultät der Universität vorlegte.

Als Jude konnte Herz in der Kaiser-Wilhelm-Gesellschaft nach dem Erlaß des »Berufsbeamtengesetzes« nicht weiter beschäftigt werden, zumal Herzog schon 1933 aus seinem Amt als Direktor des KWI für Faserstoffchemie gedrängt und das Institut geschlossen wurde. Im Juli 1934, nach Abschluß des Promotionsverfahrens, begann Herz eine Tätigkeit als Volontärassistent des Laborleiters im »Chemischen Laboratorium Dr. Rom«, einem Berliner Privatunternehmen. Er versuchte mit Hilfe des britischen Academic Assistance Council eine wissenschaftliche Arbeitsmöglichkeit im Ausland zu finden, blieb dabei aber offenbar erfolglos.

William Herz, der während seines Studiums Mitglied der »Roten Studentengruppe« war, gehörte zu den aktiven Gegnern des Nationalsozialismus. Er schloß sich der linkssozialistischen Widerstandsgruppe »Neu Beginnen« an (Deckname »Schwarzbach«). Im Frühjahr 1936 wurde er von der Gestapo verhaftet und am 9. Januar 1937 vom 4. Strafsenat des Berliner Kammergerichts wegen »Vorbereitung zum Hochverrat« zu 2 Jahren und 6 Monaten Zuchthaus verurteilt. Zugleich entzog man ihm die bürgerlichen Ehrenrechte. Die Berliner Universität erkannte ihm aufgrund dieser Verurteilung am 4. März 1938 den Doktortitel ab. Seine Haftzeit dauerte vom 28. April 1936 bis zum 9. August 1939, den größten Teil der Zeit verbrachte er im Zuchthaus Brandenburg-Görden. Kurz nach der Entlassung aus der Haft und nur wenige Tage vor Beginn des Krieges – die polizeiliche Abmeldung erfolgte am 25. August 1939 – emigrierte er nach Großbritannien, wo er in London einen Onkel als Anlaufstelle hatte. Acht Monate später starb er im Londoner »German Hospital«. Er wurde auf dem Jüdischen Friedhof in East Ham beerdigt.

Am 23. April 1941, fast ein Jahr nach seinem Tod, beantragte die Staatspolizeileitstelle Berlin die »Ausbürgerung des Juden William Herz«. Zugleich erteilte sie dem Speditionsunternehmen Harry W. Hamacher den Auftrag, das dort lagernde Umzugsgut versteigern zu lassen. Die Versteigerung fand am 1. Juli 1941 in Berlin-Dahlem statt.

Reginald Oliver Herzog

Kaiser-Wilhelm-Institut für Faserstoffchemie, Berlin-Dahlem

Geboren am 20. Mai 1878 in Wien, gestorben am 4. Februar 1935 in Zürich.

Reginald Oliver Herzog war der Sohn des einflußreichen österreichischen Journalisten und Dramatikers Jakob Herzog. Er wuchs in Wien auf und studierte seit 1897 Chemie, Physik, Geologie, Mineralogie, Zoologie, Anatomie und Philosophie an der Wiener Universität. 1901 promovierte er bei Adolf Lieben mit der Dissertation »Über einige Condensationsproducte von Isobutyraldehyd mit o-Oxybenzaldehyd und o-Nitrobenzaldehyd«. Stationen seines wissenschaftlichen Werdegangs waren in den folgenden Jahren (1902-05) das Physiologische Laboratorium der Universität Heidelberg sowie die Universitäten Utrecht und Kiel. 1905 konnte er sich an der Technischen Universität Karlsruhe habilitieren und wirkte dort anschließend einige Jahre als Privatdozent. In dieser Zeit entwickelte sich eine enge fachliche und persönliche Beziehung zu Fritz Haber. 1908 wurde Herzog als außerordentlicher Professor für Chemie an die Technische Universität Berlin berufen, 1912 als ordentlicher Professor an die Deutsche Technische Hochschule in Prag. Während des Ersten Weltkrieges arbeitete er, der auf Veranlassung Habers nach Berlin versetzt wurde, im Kaiser-Wilhelm-Institut für physikalische Chemie und Elektrochemie an der Verbesserung der für die Herstellung und Verwendung von Gasmasken benötigten Textil- und Gummistoffe. Mit Kriegsende kehrte er nach Prag zurück.

1919 wurde Herzog zum Wissenschaftlichen Mitglied und Leiter der Textilabteilung des Kaiser-Wilhelm-Instituts für physikalische Chemie und Elektrochemie ernannt. Schon 1920 folgte die Berufung auf die Direktorenstelle des neu gegründeten Kaiser-Wilhelm-Instituts für Faserstoffchemie in Berlin. Es gelang ihm binnen weniger Jahre, das Institut zu einer wissenschaftlich höchst angesehenen, auch in technologischer Hinsicht sehr erfolgreichen Einrichtung zu machen. Das war seinen eigenen Forschungsleistungen zu verdanken, in kaum geringerem Maße aber auch der Tatsache, daß er eine beträchtliche Zahl hochbegabter jüngerer Wissenschaftler zumindest zeitweise an sein Institut zu binden verstand, etwa Max Bergmann, Hermann Mark, Michael Polanyi, Erich Schmidt und Karl Weissenberg. Herzogs Forschungen galten zunächst vor allem physiologisch-chemischen Fragestellungen, ehe er sich unter Einbeziehung physikalischer Methoden solchen Problemen zuwandte, an denen ein besonderes technisches und auch industrielles Interesse bestand. Von großer Bedeutung waren die an Faserstoffen unternommenen Forschungen über die Struktur von Substanzen mit hohem Molekulargewicht. Herzog entdeckte unter anderem die mikrokristalline Struktur der Zellulosefaser. Seine systematischen Untersuchungen über die Struktur von Wolle, Baumwolle, Flachs, Seide, Stärke und Gummi schufen wichtige Grundlagen für die Herstellung synthetischer Produkte. Wegen der engen Verbindung mit der Industrie war das von Herzog geleitete Institut jedoch besonders konjunkturabhängig, so daß es im Laufe der großen Wirtschaftskrise seit dem Herbst 1929, nicht zuletzt aufgrund nicht gezahlter Patentgebühren, zunehmend in finanzielle Schwierigkeiten geriet, die seine Arbeitsfähigkeit beeinträchtigten und einschränkten.

1933 schien Herzog, der Mitglied der evangelischen Kirche war, nach den Bestimmungen des »Berufsbeamtengesetzes« aber als »nichtarisch« galt, zunächst vor den antijüdischen Verfolgungsmaßnahmen geschützt, weil er schon vor dem Ersten Weltkrieg verbeamtet gewesen war. Die wirtschaftlich prekäre Lage seines Instituts machte ihn allerdings angreifbarer als die meisten seiner Kollegen. So führte eine gegen das KWI und seinen Direktor gerichtete, politisch motivierte Verleumdungskampagne schon nach wenigen Monaten dazu, daß Herzog aus dem Amt gedrängt und im Herbst 1933 vom zuständigen Minister zwangspensioniert wurde. Kurz darauf beschloß der Verwaltungsausschuß der Kaiser-Wilhelm-Gesellschaft die Schließung des Instituts und die Entlassung aller Mitarbeiter zum 31. Dezember 1933, weil, wie sich Max Planck am 15. Dezember ausdrückte, »nach der Entlassung des Direktors durch den Preußischen Herrn Minister für Wissenschaft, Kunst und Volksbildung auf Grund des Beamtengesetzes die Fortführung des bereits in den letzten Jahren stark eingeschränkten Betriebes nicht mehr verantwortet werden kann«. Den Schlußpunkt bei der Demontage eines Lebenswerks setzte im Februar 1934 Wilhelm Eitel, der mit der kommissarischen Leitung des Herzog-Instituts beauftragte Direktor des unmittelbar benachbarten Kaiser-Wilhelm-Instituts für Silikatforschung, als er von Herzog eine schriftliche Verzichtserklärung erwirkte, mit der dieser alle seine Rechte an den deutschen Patenten und Patentanmeldungen abtrat.

Unter diesen Umständen sah Herzog sich gezwungen, Deutschland zu verlassen. Er akzeptierte ein Angebot der sich erneuernden Universität von Istanbul und übernahm den Lehrstuhl für Technische Chemie. Über seine dortige Tätigkeit, der keine lange Dauer beschieden war, fehlen leider genauere Informationen. Herzog, der schon in früheren Jahren lieber forschend als lehrend tätig war, litt offensichtlich stark unter dem Emigrantendasein in einer ihm fremden Welt. »At the beginning he felt the change very strongly, but seemed after some time to get better accommodated to it«, schrieb Karl Ferdinand Herzfeld 1935 in einem Nachruf in *Science*. Als Herzog sich Anfang 1935 mit seiner Frau Maria, geb. Braitmaier, aus gesundheitlichen Gründen in der Schweiz aufhielt, beendete er in einem Anfall von Depression, im Alter von 56 Jahren, in Zürich sein Leben. Einige mögliche Gründe wurden von Herzfeld genannt: »His own health was bad. Since the war he had been suffering deeply under the general conditions of the world. His idealism and scientific attitude felt deeply hurt by the hate and unreason rampant everywhere.« Herbert Freundlich, der mit Herzog in Berlin eng zusammengearbeitet hatte, rühmte im April 1935 in seinem Nachruf in *Nature* dessen »inspiring personality«. In einer Mischung aus Bewunderung und Distanz schrieb er: »Herzog's intellect was keen, and his mind extremely versatile. It was striking how quickly he discerned the possible answers to a given question; owing perhaps to an artistic trend in his nature, he seemed to prefer a subtle and surprising explanation to simpler and more probable ones, and was sometimes right in doing so.«

Reginald Oliver Herzog war ein außerordentlich produktiver Wissenschaftler. Für seine frühen Jahre bis 1914 sind 52, für die Zeit seit 1921 91 Beiträge in Fachzeitschriften und Sammelwerken bibliographisch erfaßt worden. Als Monographien erschienen seine Habilitationsschrift »Chemisches Geschehen im Organismus« (1905) und der Band »Beiträge zur

Kenntnis der Wolle und ihrer Bearbeitung« (1925). Außerdem veröffentlichte Herzog als Herausgeber »Chemische Technologie der organischen
Verbindungen« (1912, 2., verbesserte Auflage 1927, Mitarbeiter: Paul Aske-
nasy) und das achtbändige Handbuch »Technologie der Textilfasern«
(1924-38). Aus den Arbeiten des von ihm geleiteten Kaiser-Wilhelm-Instituts gingen insgesamt etwa 200 Patente und Patentanmeldungen hervor.

Lore Hirsch

Kaiser-Wilhelm-Institut für medizinische Forschung, Heidelberg

Geboren am 8. Juli 1908 in Mannheim, gestorben am 15. Oktober 1998
in Dearborn, Michigan.

Lore Hirsch, Tochter des Mannheimer Kaufmanns Erwin Hirsch und
seiner Frau Marie, geb. Kiefe, besuchte das Mädchen-Realgymnasium in
ihrer Heimatstadt, an dem sie im Frühjahr 1927 das Abitur machte. Im
Anschluß daran belegte sie einen Kurs an einer privaten Handelsschule in
Mannheim und ergänzte diese Ausbildung durch den Besuch einer Handelsschule in der Schweiz. Nach dem Tod ihres Vaters im Jahr 1928 trat
sie in das väterliche Unternehmen, eine Rohtabakhandlung, ein und arbeitete in diesem Betrieb bis 1931. Im Wintersemester 1931/32 begann sie an der
Universität Heidelberg ein Medizinstudium, das sie im Sommersemester
1937 mit dem Staatsexamen abschloß.

Seit Anfang 1936 arbeitete sie als Doktorandin in dem von Otto Meyerhof geleiteten Institut für Physiologie im Kaiser-Wilhelm-Institut für
medizinische Forschung in Heidelberg. Als die Gestapo im Frühjahr 1936
kritisierte, daß bei Meyerhof erneut drei jüdische Mitarbeiter, darunter
Lore Hirsch, beschäftigt seien, erklärte der Generaldirektor der Kaiser-
Wilhelm-Gesellschaft Friedrich Glum, im Falle Hirsch könne das nicht
beanstandet werden, weil sie als Doktorandin in keinem formellen Beschäftigungsverhältnis stehe und die wissenschaftliche Förderung einer
Dissertation auch bei jüdischen Doktoranden erlaubt sei. Die von Lore
Hirsch im Juli 1937 in der Medizinischen Fakultät eingereichte Dissertation
trug den Titel »Über den Einfluß der Ascorbinsäure auf den Glykogen-
gehalt der Leber hyperthyreotisierter Meerschweinchen«. Die mündliche
Prüfung fand am 16. Juli statt.

Die Aushändigung des Doktordiploms wurde jedoch, wie der Dekan
im Oktober 1937 mitteilte, von zwei Bedingungen abhängig gemacht,

nämlich dem Nachweis, »daß Sie eine feste Anstellung oder die Aussicht auf eine solche im Ausland erlangt haben«, und einer »besonderen Erklärung, mit der Sie bedingungslos auf die Bestallung als Arzt oder Zahnarzt im Deutschen Reich verzichten«. Doch weil ihr Bruder Conrad Hirsch, der das väterliche Unternehmen weitergeführt hatte, zu diesem Zeitpunkt in einem Konzentrationslager inhaftiert war und erst nach zwei Jahren Haftzeit freigelassen wurde – er emigrierte 1939 nach Buenos Aires –, wartete Lore Hirsch, die inzwischen eine Stelle als Medizinalpraktikantin im Jüdischen Krankenhaus in Hamburg gefunden hatte, mit der Emigration. Nachdem sie Anfang Februar 1939 durch eine Bescheinigung des dortigen Auswanderungsamts nachweisen konnte, »daß meine Auswanderung bei den betr. deutschen Behörden angemeldet ist«, stand der Ausstellung der Promotionsurkunde grundsätzlich nichts mehr im Wege. Allerdings bedurfte die »Aushändigung des Doktordiploms an die Medizinalpraktikantin Lore Hirsch« der ausdrücklichen Genehmigung durch den Reichsminister für Wissenschaft, Erziehung und Volksbildung »im Einvernehmen mit dem Herrn Reichsminister des Innern«. Diese Entscheidung wurde am 31. März dem badischen Kultusminister und durch diesen am 28. April dem Rektor der Heidelberger Universität mitgeteilt, ehe die Urkunde am 8. Mai 1939 endlich ausgestellt wurde.

Lore Hirsch emigrierte am 1. August 1939 mit ihrer Mutter in die Schweiz und von dort aus im Mai 1940 in die USA. 1941-43 setzte sie die in Hamburg begonnene Tätigkeit als Medizinalpraktikantin in New York fort, bis sie eine Zulassung als Ärztin erhielt. 1943-48 schloß sich eine fachärztliche Ausbildung zur Nervenärztin an. Danach wirkte sie als Psychiaterin in Dearborn, Michigan, zunächst (1949-54) als Leiterin der Psychiatrischen Abteilung des Wayne County General Hospital, dann (1954-55) als Direktorin der Psychiatrischen Ambulanz des Northville Regional Psychiatric Hospital und von 1955 bis zu ihrem Tod als niedergelassene Ärztin mit eigener psychiatrischer Praxis. 1958 heiratete sie Eugene Hesz, von dem sie 1968 geschieden wurde. »She never stopped working«, hieß es nach ihrem Tod in den *Michigan Obituaries*: »She just lived for her patients and the community.« Noch als 90jährige versorgte sie ihre Patienten. Sie war Mitglied mehrerer Fachgesellschaften, publizierte in wissenschaftlichen Zeitschriften und veröffentlichte 1993 einen kleinen Band mit Erinnerungen (»Survived to Tell My Story«).

Max Hoffer

Kaiser-Wilhelm-Institut für medizinische Forschung, Heidelberg

Geboren am 4. Dezember 1906 in Gablonz (Böhmen), gestorben am 13. April 1983 in Nutley, New Jersey. Max Hoffer wuchs in Gablonz auf und besuchte dort die Volksschule und das Realgymnasium, danach die höhere Staatsgewerbeschule im böhmischen Reichenberg. 1925-29 widmete er sich dem Chemiestudium an der Eidgenössischen Technischen Hochschule in Zürich, das er im Mai 1929 als Diplom-Chemiker beendete. 1930 wurde er Assistent von Richard Kuhn im Kaiser-Wilhelm-Institut für medizinische Forschung in Heidelberg. Im April 1931 promovierte er an der ETH Zürich bei Leopold Ruzicka mit der im Heidelberger Institut unter der Leitung von Kuhn erarbeiteten Dissertation »Über aliphatische Polyenaldehyde und Polyensäuren. Über die sogenannte Citrylidenmalonsäure«.

Max Hoffer, der tschechoslowakischer Staatsbürger jüdischer Herkunft war, entschied sich 1933 unter dem Druck der politischen Verhältnisse für die Emigration und kündigte zum 1. September seine Assistentenposition im KWI für medizinische Forschung. Versuche, über den Academic Assistance Council eine Stelle im Universitätsbereich zu finden, schlugen offenbar fehl. Nach einer vorübergehenden Tätigkeit als Diplom-Chemiker in Zürich, trat er am 1. Oktober 1934 eine Forschungsstelle in dem pharmazeutischen Unternehmen Hoffmann-La Roche in Basel an. Er blieb bis 1941 in Basel und wechselte dann in eine neue Position bei dem gleichen Unternehmen in den USA (Nutley, New Jersey), wo er bis zum Eintritt in den Ruhestand im Dezember 1971 forschend tätig war.

In den frühen Jahren konzentrierte sich Max Hoffers Forschung vor allem auf die Vitaminsynthese und die Chemie der Kohlenhydrate, bevor er sich auf systemische antibakterielle Wirkstoffe, sogenannte Sulfonamide, spezialisierte. Hier leistete Hoffer in der angewandten Grundlagenforschung Pionierarbeit. Bekannt wurde er, zusammen mit Robert Schnitzer und Emanuel Grunberg, 1944 durch die Synthese von Gantrisin, ein von Hoffmann-La Roche auf den Markt gebrachtes Antibiotikum, das damals als Durchbruch bei der Bekämpfung von Infektionskrankheiten galt und noch heute in der Kinderheilkunde oder bei Harnwegsinfektionen verschrieben wird. In der Forschungsabteilung des internationalen Konzerns war Hoffer an der Entwicklung einer Vielzahl von Pharmazeutika beteiligt, darunter entzündungshemmende Substanzen, Tuberkuloseimpfstoffe, Präparate gegen Rheuma und Arthritis sowie Herz-Kreislauf-Mittel.

Über Max Hoffers Privatleben ist wenig bekannt. Er heiratete 1933 Elisabeth Singer, mit der er drei Kinder (Bernhard, Susanne und Marie) hatte, die 1934, 1937 und 1938 in Zürich bzw. Basel geboren wurden. In einer späteren zweiten Ehe war er mit Maxine Larson Hoffer verheiratet, einer Englischlehrerin, die 38 Jahre lang mit großem Erfolg an der Nutley High School unterrichtete und für ihre Tätigkeit vielfältig geehrt wurde (»Educator of the Year« 1972). Max Hoffers Sohn Bernhard (Bernard), der in Rochester, New York, Musik mit den Schwerpunkten Komposition und Dirigieren studierte, wurde ein bekannter und mit zahlreichen Preisen ausgezeichneter Film- und Fernsehkomponist, dessen Kompositionen auch von den führenden amerikanischen Orchestern wie den New Yorker Philharmonikern aufgeführt werden.

Hoffer veröffentlichte zahlreiche wissenschaftliche Artikel, u. a. im *Journal of the American Chemical Society* und im *Journal of Medicinal Chemistry*. Am Ende seiner Berufslaufbahn besaß er 35 Patente. Hoffer war Mitglied der American Chemical Society und Fellow der London Chemical Society. Schon 1955 wurde er mit einem kurzen biographischen Artikel in das Handbuch »American Men of Science« aufgenommen. Nach seinem Tod – Hoffer erlag mit 76 Jahren einem Herzinfarkt – stiftete Hoffmann-La Roche den Preis »Max Hoffer Lecturer«. Die *New York Times* widmete ihm am 16. April 1983 als »research chemist for Hoffmann-La Roche Inc.« und »a pioneer in research on sulfadrugs« einen Nachruf.

Kurt Paul Jacobsohn

Kaiser-Wilhelm-Institut für Biochemie, Berlin-Dahlem

Geboren am 31. Oktober 1904 in Berlin, gestorben am 22. September 1991 in Haifa.

Kurt Jacobsohn, Sohn des Kaufmanns Paul Jacobsohn und seiner Frau Gertrud Ernestine, geb. Dewitz, besuchte von 1911 bis 1923 das staatliche Luisengymnasium zu Berlin und studierte 1923-27 an der Berliner Universität Chemie. Seit 1926 war er Assistent im Kaiser-Wilhelm-Institut für Biochemie. 1929 promovierte er mit der von Carl Neuberg betreuten Dissertation »Bildung und Spaltung von Glukosiden als Methode zur chemischen und biochemischen Trennung razemischer Alkohole in ihre optisch aktiven Komponenten«. Als Neuberg 1929 von dem Direktor des Instituto de Investigação Científica Bento da Rocha Cabral in Lissabon, des 1922 gegründeten, ersten großen privatfinanzierten Forschungsinstituts in Portugal, gebeten wurde, einen seiner Schüler für die Leitung einer biochemischen Arbeitsgruppe und den Aufbau eines biochemischen Laboratoriums in diesem Institut zu empfehlen, entschied er sich für Jacobsohn, der einen Vierjahresvertrag erhielt und schon wenig später nach Lissabon aufbrach. Im KWI für Biochemie wurde Jacobsohn für die Wahrnehmung dieser Aufgaben beurlaubt. Vor der Abreise heiratete er seine Frau Liesel, mit der er in Portugal zwei Töchter (Renata und Eva) hatte.

Da man Jacobsohn 1933 nach Ablauf seines Vertrages im Instituto Rocha Cabral eine unbefristete Stellung als leitender Biochemiker anbot und eine Rückkehr nach Berlin für ihn als Jude unter den neuen politischen Verhältnissen wenig ratsam erschien, einigten sich Neuberg und Jacobsohn darauf, daß seine Beurlaubung zunächst um jeweils ein Jahr verlängert wurde. 1935 fiel die endgültige Entscheidung gegen eine Rückkehr nach Deutschland. Jacobsohn erhielt eine Stelle in der naturwissenschaftlichen Fakultät der Universität Lissabon. Er war verantwortlich für die Lehrveranstaltungen in physiologischer Chemie für die Medizin- und Pharmaziestudenten, später auch für die Kurse in Organischer Chemie und Biochemie für die Absolventen naturwissenschaftlicher Studiengänge.

Jacobsohn, der 1935 portugiesischer Staatsbürger wurde, genoß schon bald ein großes Ansehen unter den portugiesischen Naturwissenschaftlern, sammelte viele Schüler um sich und gilt auch heute noch als der eigentliche Begründer und einer der wichtigsten Repräsentanten der Biochemie in Portugal. 1955 erhielt er eine ordentliche Professur für Organische Chemie, 1965 schuf man für ihn einen neuen Lehrstuhl für Biochemie. 1965-71 war er Präsident der Sektion für Physik und Chemie, 1966-71 auch stellvertretender Rektor der Universität Lissabon. Seine herausragende Bedeutung innerhalb der naturwissenschaftlichen Forschung des Landes kam auch darin zum Ausdruck, daß Jacobsohn bei internationalen Kongressen mehrfach zum Leiter der portugiesischen Delegation bestimmt wurde. Er veröffentlichte mehrere Lehrbücher und über 250 Artikel in wissenschaftlichen Fachzeitschriften, darunter *Zeitschrift für Immunitätsforschung, Actualidades Biológicas, Enzymologia* und *Experimental Medicine and Surgery.*

Gegen Ende seiner wissenschaftlich überaus erfolgreichen Laufbahn wurden noch einmal die Schattenseiten der Emigration deutlich, als sich herausstellte, daß Jacobsohn nach seiner Emeritierung (im Oktober 1974) nur über eine geringe Pension verfügen konnte und daß es nach seinem Tod für seine Ehefrau keinerlei Altersversorgung geben würde. Seit Anfang der siebziger Jahre bemühte er sich deshalb um »Wiedergutma-

chungs«-Leistungen seitens der Bundesrepublik. Daß er damit schließlich erfolgreich war, verdankte er nicht zuletzt der nachdrücklichen
Unterstützung durch Adolf Butenandt, den Nachfolger Carl Neubergs
als Direktor des KWI für Biochemie, der inzwischen Präsident der Max-
Planck-Gesellschaft geworden war. Butenandt schrieb im Juni 1972: »Die
in den Jahren nach 1929 zunächst im Kaiser-Wilhelm-Institut für Biochemie und später in Lissabon entstandenen Arbeiten weisen Herrn Professor Jacobsohn als hervorragenden Forscher aus. Mit seinen Publikationen, die in verschiedenen Standardwerken Eingang gefunden haben,
hat er sich schon sehr früh einen Namen gemacht. Seinen erfolgreichen
biochemischen Arbeiten lagen Fragestellungen aus dem Bereich der sehr
komplexen Wirkungsmechanismen der Fermente zugrunde. Seine Mitarbeit bei internationalen Kongressen war schon damals sehr gesucht. Es
war der Wunsch von Professor Jacobsohn, sich wenige Jahre nach seiner
Promotion zu habilitieren. Ich möchte meiner Überzeugung Ausdruck
geben, daß Herr Professor Jacobsohn aufgrund seiner wissenschaftlichen
Leistungen unter normalen Umständen schon Mitte der dreißiger Jahre
dieses Ziel erreicht hätte.« Am Ende längerer Auseinandersetzungen, in
denen die Bundesregierung ihre Zuständigkeit bestritt, stand schließlich
die Entscheidung der Max-Planck-Gesellschaft, Jacobsohn, unter An-
rechnung der portugiesischen Altersversorgung, eine Pension zu gewäh-
ren, die einer deutschen Professorenstelle entsprach. Die letzte Zeit seines
Lebens (seit 1980) verbrachte Kurt Jacobsohn bei der Familie seiner Tochter Renata Michaelis in Israel.

Victor Jollos

Kaiser-Wilhelm-Institut für Biologie, Berlin-Dahlem

Geboren am 12. August 1887 in Odessa, gestorben am 5. Juli 1941 in Madison, Wisconsin.
Victor Jollos, dessen Eltern Gregor Jollos und Rosa, geb. Jurowski, sich
schon vor seiner Geburt in Deutschland niedergelassen hatten, erhielt
seine Schulausbildung in Heidelberg und Berlin. Er studierte Zoologie,
Botanik und Chemie an den Universitäten Berlin und München und
promovierte 1910 in München bei Richard Hertwig mit der Dissertation
»Dinoflagellatenstudien«. 1910-12 arbeitete er in Hertwigs Zoologischem
Institut an der Universität München, 1912-14 in der von Max Hartmann
geleiteten Abteilung für Protozoen des Robert-Koch-Instituts für Infek-

tionskrankheiten in Berlin. 1914 wurde er kommissarischer Leiter dieser
Abteilung. An der Berliner Universität absolvierte er ein ergänzendes Studium der Medizin, 1918 wurde er als Arzt approbiert.

1918-19 war Victor Jollos kurze Zeit in dem von August von Wassermann geleiteten Kaiser-Wilhelm-Institut für experimentelle Therapie (dem
späteren KWI für Biochemie) tätig, ehe er 1919 eine Assistentenstelle in
Max Hartmanns Abteilung im Kaiser-Wilhelm-Institut für Biologie erhielt. Anfang der zwanziger Jahre wurde er deutscher Staatsbürger. Im
Dezember 1921 habilitierte er sich für die Fächer Zoologie und Vergleichende Anatomie an der Berliner Universität. 1925 wurde er zum ordentlichen Professor der Zoologie und Direktor des Zoologischen Instituts an
der neu gegründeten Ägyptischen Universität in Kairo berufen. Er war
auch als Berater des ägyptischen Landwirtschaftsministers tätig. Darüber
hinaus wurde er zum Präsidenten der Royal Zoological Society of Egypt
gewählt. Dennoch kehrte er im Herbst 1929 nach Berlin zurück, wo er
1930 eine Stelle als außerordentlicher Professor an der Universität erhielt
und das KWI für Biologie ihm ein Laboratorium zur Weiterführung seiner Forschungen zur Verfügung stellte.

1933 wurde Jollos, der wegen seiner jüdischen Herkunft als »Nichtarier«
galt, aufgrund der Bestimmungen des »Berufsbeamtengesetzes« schon
Ende April von seiner Professur »beurlaubt«. Im Oktober 1933 verließ er
auch das KWI für Biologie und ging mit seiner Frau Ilse, geb. Rappaport
(Raven), und den beiden Töchtern (Eva und Inge) in die Emigration.
Von der University of Edinburgh wurde ihm eine Stelle angeboten, die er
aber zugunsten eines Angebots der University of Wisconsin in Madison
ausschlug. Bei dem Angebot aus Wisconsin handelte es sich jedoch nicht,
wie Jollos irrtümlich angenommen hatte, um eine feste Stelle, sondern um
eine auf zwei Jahre befristete Gastprofessur für Zoologie und Genetik,
die vom Emergency Committee in Aid of Displaced German Scholars
und von der Rockefeller Foundation finanziert wurde. Nach dem Auslaufen dieser Gastprofessur gelang es ihm nicht mehr, eine unbefristete
und voll bezahlte Lehr- oder Forschungsposition zu erhalten, so daß er
bis zu seinem plötzlichen Tod im Juli 1941 nur mühsam mit verschiedenen Stipendien weiter forschend tätig sein konnte und die Familie sich
mit unregelmäßigen Einkünften, der finanziellen Unterstützung von
Kollegen, Notverkäufen aus dem persönlichen Besitz und den Erträgen
aus Klavierstunden, die Ilse Jollos, eine ausgebildete Pianistin und Pädagogin, erteilte, über Wasser halten mußte.

Die Anpassung an die neuen Verhältnisse fiel Jollos offensichtlich
schwer. Noch im Februar 1940 schrieb er einem Freund:»It is very diffi-
cult to avoid mistakes in academic and social life, when you are suddenly

transferred into a new environment with traditions and customs which differ in many respects from those you were used to. Thus, I might have hurt [the] feelings of some people without suspecting it, and decidedly without the slightest intention to do so.« Seine wissenschaftliche »Amerikanisierung«, so fügte er hinzu, habe wahrscheinlich länger gedauert als bei einigen anderen europäischen Wissenschaftlern, sei inzwischen aber hinreichend fortgeschritten. Doch auch im alltäglichen Leben galten die Jollos ihren Nachbarn lange Zeit als allzu »deutsch«, und es gab sogar Konflikte mit lokalen jüdischen Hilfsorganisationen, weil sie zwar jüdische Vorfahren hatten, aber protestantisch und nicht jüdisch erzogen worden waren. Als Richard B. Goldschmidt, mit dem Jollos auch in den USA in Verbindung blieb, von dessen plötzlichem Tod erfuhr, fürchtete er zunächst, daß Jollos sich selber das Leben genommen habe, und ein amerikanischer Kollege, der sich stets für Jollos eingesetzt hatte, sprach die Vermutung aus, daß dieser wahrscheinlich »den Tod begrüßt« habe.

Victor Jollos forschte vor allem auf dem Gebiet der Genetik und wurde bekannt durch seine Arbeiten über Mutationen an Protozoen und Drosophila. Er publizierte zahlreiche Arbeiten zur Vererbungslehre von Mikroorganismen und zum Evolutionsproblem, u. a. in den *Naturwissenschaften*, der *Zeitschrift für induktive Abstammungs- und Vererbungslehre*, dem *Biologischen Zentralblatt*, der *Medizinisch-Klinischen Wochenschrift* und in *Genetics*. 1931 erschien sein Buch »Genetik und Evolutionsproblem«, 1939 veröffentlichte er in der Reihe »Handbuch der Vererbungswissenschaft« den Band »Grundbegriffe der Vererbungslehre«. Bei seinem Tod hinterließ er zwei unveröffentlichte Buchmanuskripte, eine Geschichte der Protozoologie und ein Werk mit dem Arbeitstitel »Probleme des Lebens«. In dem von Royal Alexander Brink 1941 verfaßten Nachruf in *Science* wurden Jollos' bleibende wissenschaftliche Verdienste im einzelnen gewürdigt. Zu seiner Forscherpersönlichkeit schrieb Brink: »Close associates of Victor Jollos recognized his fine scholarly character and the extraordinary extent of his scientific and general knowledge. He was inclined to work alone in his methodical, persevering way, seeking to apply every possible experimental test to the ideas which flowed freely from his fertile and severely logical mind.« Etwa ein Jahr vor seinem Tode hatte Richard B. Goldschmidt Jollos charakterisiert als »a man of rarest broadness of knowledge in Zoology as well as otherwise. I know of very few among the outstanding zoologists who could beat him.«

Hartmut Paul Kallmann

*Kaiser-Wilhelm-Institut für physikalische Chemie und Elektrochemie,
Berlin-Dahlem*

Geboren am 5. Februar 1896 in Berlin, gestorben am 11. Juni 1976 in
München. Hartmut Kallmann wuchs in Berlin auf und machte 1916 sein Abitur
an der Herder-Schule im Stadtbezirk Westend. In den Jahren 1916-20
studierte er zuerst Chemie, dann Physik an der Universität Berlin. 1920
promovierte er bei Max Planck mit der Dissertation »Die spezifische
Wärme des Wasserstoffs nach neueren Molekülmodellen«. Seit 1920 war
er in dem von Fritz Haber geleiteten Kaiser-Wilhelm-Institut für physikalische Chemie und Elektrochemie tätig. Er erhielt eine eigene Abteilung, in der er sich vor allem Forschungen zur Atomphysik widmete. Im
Dezember 1927 reichte er an der Berliner Universität eine Habilitationsschrift ein (»Über die Isolation von Molekülen durch langsame Elektronen, ausgeführt an Versuchen im Wasserstoff«), 1928 wurde er zum Privatdozenten ernannt. 1929 gelang ihm gemeinsam mit Fritz London die
quantenmechanische Beschreibung der Energieübertragung zwischen
atomaren Systemen. 1932 erhielt er von der Rockefeller Foundation die
Mittel für den Bau einer großen Hochspannungsanlage zur Durchführung seiner Versuche. Neben seiner wissenschaftlichen Arbeit war er als
leitender Assistent oder »Hauptassistent« viele Jahre lang so etwas wie die
rechte Hand Habers, der ihm »die innere Organisation und Verwaltung
des Hauses weitgehend übertragen« hatte und für den er, gemeinsam mit
Fritz Epstein, auch die Finanzen des Instituts verwaltete.

Kallmann, der der evangelischen Kirche angehörte, wurde wegen seiner
zum Teil jüdischen Herkunft 1933 ein Opfer der antijüdischen Bestimmungen des »Berufsbeamtengesetzes«. Er verlor seine Rechte als Privatdozent
an der Universität und wurde im Herbst 1933 auch als Mitarbeiter des
Kaiser-Wilhelm-Instituts entlassen. Fritz Haber, der Kallmann nicht nur
wissenschaftlich, sondern auch persönlich hoch schätzte, bemühte sich
nachdrücklich darum, für ihn eine geeignete Wissenschaftsposition im
Ausland zu finden, und bezeichnete ihn in einem Empfehlungsschreiben
als eine »wissenschaftliche Persönlichkeit, die an Urteil, an Wissen, an
Können und an schöpferischer Kraft zu der ersten Klasse seiner Fachgenossen in Deutschland« gehöre. Trotz einiger zunächst vielversprechenden Kontakte blieben die erhofften Stellenangebote aus. Hinzu kam, daß
Kallmann, der gerade erst die Versuche mit seinen neuen Apparaturen
begonnen hatte, großen Wert darauf legte, seine langfristig angelegten

Forschungen fortsetzen zu können. Er erhielt diese Möglichkeit schließlich in einem Forschungslaboratorium der AEG, in das er im Einvernehmen mit der Leitung der Kaiser-Wilhelm-Gesellschaft seine Anlage überführte. Die Forschungen, die er auf diese Weise durchführen konnte, erwiesen sich als sehr erfolgreich, wobei das von ihm entwickelte Verfahren der »Neutronen-Radiographie« hervorzuheben ist. Allerdings konnte Kallmann als »Nichtarier« seine Ergebnisse nur noch in einem sehr begrenzten Umfang veröffentlichen. Die meisten seiner 60 wissenschaftlichen Arbeiten, die Kallmann bis 1945 publizierte, stammen deshalb aus der Zeit im KWI für physikalische Chemie und Elektrochemie. Immerhin konnte er bei Kriegsende auf 76 Patente bzw. Patentanmeldungen zurückblicken. 1939 erhielt Kallmann ein vollständiges Publikationsverbot, und zur gleichen Zeit mußte er auch seine Forschungen einstellen. Die Absicht, nun doch noch zu emigrieren, scheiterte unter anderem daran, daß ihm der Paß entzogen wurde.

Kallmann, der von Haus aus finanziell so gut gestellt war, daß er es, wie er später im Rahmen seines »Wiedergutmachungs«-Verfahrens versicherte, während seiner Assistentenzeit im KWI für physikalische Chemie und Elektrochemie »nicht nötig hatte, Herrn Geheimrat Haber um eine bessere Bezahlung zu bitten«, vielmehr zeitweise sogar ganz auf sein Gehalt verzichtete und gelegentlich auch Institutsausgaben »aus eigener Tasche bezahlte«, büßte in der NS-Zeit sein Vermögen ein. Der Lebensunterhalt seiner Familie – er war seit 1925 mit Erika Kallmann, geb. Müller, verheiratet und hatte drei Kinder (Gisela, Klaus und Christa) – wurde weitgehend durch einen Patentvertrag gesichert, den die IG Farben mit ihm geschlossen hatte. Daß er als Jude im »Dritten Reich« überhaupt überleben konnte, verdankte er der Tatsache, daß er mit einer nichtjüdischen Frau verheiratet war und die Verbindung wegen der Nichtzugehörigkeit zur jüdischen Religionsgemeinschaft und der entsprechenden Erziehung der Kinder als »privilegierte Mischehe« anerkannt war. Verfolgte jüdischer Herkunft, die in solchen »Mischehen« lebten, waren zwar mit ihren Familienmitgliedern vielen Diskriminierungen und Schikanen ausgesetzt, wurden aber in der Regel nicht deportiert und blieben insofern von der mörderischen Konsequenz der antisemitischen Politik verschont. Kallmann verdankte, so äußerte er nach dem Ende des »Dritten Reiches« in einem Brief, sein Überleben »der Umsicht und Tapferkeit meiner Frau«.

Nach Kriegsende kehrte Kallmann in das Institut in Dahlem zurück und baute in dem weitgehend ausgeplünderten Gebäude eine neue physikalische Abteilung auf. Im September 1945 übernahm er als eines der sieben Mitglieder des neuberufenen Wissenschaftlichen Beirats für die in

Berlin verbliebenen Kaiser-Wilhelm-Institute, dem unter anderem Otto Warburg und Nikolaj Timoféeff-Ressovsky angehörten, auch eine über das Institut hinausgehende Verantwortung. 1946 wurde er außerdem auf eine ordentliche Professur für Theoretische Physik an der wiedereröffneten bzw. neu gegründeten Technischen Universität Berlin berufen. Einer Fortsetzung seiner 1933 abrupt unterbrochenen wissenschaftlichen Karriere im Nachkriegsdeutschland schien damit nichts mehr im Wege zu stehen. Dennoch entschied er sich schon nach wenigen Jahren zur Emigration, weil es für ihn, wie er Mitte der fünfziger Jahre an den Bundespräsidenten Theodor Heuß schrieb, »schwer war, in Deutschland zu leben, nach dem was ich alles erlebt und gesehen habe«.

Eine vermutlich präzise Beschreibung der Gründe, die Kallmann zu diesem Schritt veranlaßten, verdanken wir Michael Polanyi, der sich im September 1947 bei der britischen Society for the Protection of Science and Learning für ihn verwandte. In dem Schreiben, in dem Kallmann als »a very good physicist who is now director of the Kaiser-Wilhelm-Institute for Physical Chemistry« vorgestellt wurde, heißt es: »Kallmann is determined to leave Germany where he feels terribly unhappy both on account of the past persecutions and of the still existing traces of Nazi mentality in the German milieu.« Kallmann selber legte auch später Wert darauf, daß er nicht einem verlockenden Ruf auf eine gutdotierte Stelle in den USA folgte, sondern das Land und damit auch seine Positionen an der Technischen Universität und in seinem alten Institut verließ, »ohne irgend etwas Festes in Aussicht zu haben«. Von der New York University wurde er 1948 zum Professor of Physics ernannt, und zwei Jahrzehnte lehrte und forschte er in dieser Position. Nach der Emeritierung im Jahre 1968 kehrte er nach Deutschland zurück, wo er noch ein Jahr lang als Gastprofessor an der Technischen Universität München wirkte.

Hartmut Kallmann veröffentlichte über 200 wissenschaftliche Aufsätze und mehrere Bücher: »Einführung in die Kernphysik« (1939), »Symposium on Electrical Conductivity in Organic Solids« (1961, Herausgeber), »Physical Sciences« (1962, Mitherausgeber), »Luminescence of Organic and Inorganic Materials« (1962, Mitherausgeber) und »Internationales Lumineszenz-Symposium über die Physik und Chemie der Szintillatoren« (1965, Mitherausgeber).

Erich Kaufmann

Kaiser-Wilhelm-Institut für ausländisches öffentliches Recht und Völkerrecht, Berlin-Mitte

Geboren am 21. September 1880 in Demmin (Pommern), gestorben am 5. November 1972 in Karlsruhe. Erich Kaufmann, Sohn des Rechtsanwalts und späteren Justizrats Felix Kaufmann und seiner Frau Julie, geb. Heimann, wuchs in Berlin auf und machte sein Abitur am Französischen Gymnasium. Er studierte zunächst Literaturgeschichte und Philosophie, dann Rechtswissenschaft in Berlin, Freiburg, Halle, Erlangen und Heidelberg und promovierte 1906 in Halle bei Edgar Loening mit der Dissertation »Studien zur Staatslehre des monarchischen Prinzips«. Er habilitierte sich 1908 in Kiel mit der Untersuchung »Auswärtige Gewalt und Kolonialgewalt in den Vereinigten Staaten von Amerika. Eine rechtsvergleichende Studie über die Grundlagen des deutschen und des amerikanischen Verfassungsrechts«, war dort Privatdozent und ab 1912 außerordentlicher Professor. 1913 wurde er auf eine ordentliche Professur nach Königsberg berufen. Seit Beginn des Ersten Weltkrieges leistete Kaufmann Kriegsdienst als bayerischer Artillerieoffizier. Im Juni 1916 wurde er zum Hauptmann der Reserve befördert und wenig später mit dem Eisernen Kreuz I. Klasse ausgezeichnet. In der Folgezeit erlitt er eine so schwere Verwundung, daß er im September 1917 aus dem Militärdienst ausscheiden mußte. Noch im gleichen Jahr wurde er zum ordentlichen Professor an der Berliner Universität ernannt, doch entschied er sich schon 1920, auf eine Professur an der Universität Bonn zu wechseln.

Seit den Anfängen der Weimarer Republik war Kaufmann in einem rasch zunehmenden Umfang für die Reichsregierung tätig. Er wirkte als Gutachter und Rechtsbeistand bei internationalen Verhandlungen und Abkommen sowie als Vertreter in Schiedsgerichten und vor dem Internationalen Gerichtshof in Den Haag. Von der Universität Bonn wurde er für diese Tätigkeit weitgehend freigestellt. 1927 fiel schließlich die Entscheidung, ihn für eine hauptamtliche Tätigkeit als Rechtsberater des Auswärtigen Amtes in Bonn langfristig zu beurlauben. Gleichzeitig erhielt Kaufmann die Ernennung zum Honorarprofessor an der Universität Berlin. 1927 wurde er auch als Wissenschaftlicher Berater des Kaiser-Wilhelm-Instituts für ausländisches öffentliches Recht und Völkerrecht berufen und zugleich zum Wissenschaftlichen Mitglied des Instituts ernannt. In den folgenden Jahren beteiligte er sich mit beträchtlichem Engagement an der Arbeit des Instituts, unter anderem als Mitherausgeber der Institutszeitschrift.

Kaufmann, der der evangelischen Kirche angehörte, aber jüdische Vorfahren hatte, fiel 1933 als Kriegsteilnehmer und Vorkriegsbeamter zwar unter die Ausnahmeregelungen des »Berufsbeamtengesetzes«, doch galt er wegen seiner prominenten Tätigkeit im Dienste der Weimarer Republik als politisch unerwünscht und seine Mitarbeit als Rechtsberater des Auswärtigen Amtes als nicht mehr opportun. Da man fortan auf seine Expertise in Rechtsfragen verzichtete, ging Kaufmann auch seiner Berliner Honorarprofessur verlustig. 1934 wurde er von der Universität Bonn zwangspensioniert. Im gleichen Jahr verlor er seine Stellung und Funktionen im KWI für ausländisches öffentliches Recht und Völkerrecht. Allerdings konnte er sein Arbeitszimmer im Institut noch bis 1937 behalten. Er zog sich in sein Haus in Berlin-Nikolassee zurück und hielt dort seit 1934 mehrere Jahre lang ein privates Seminar ab, in dem er mit interessierten jüngeren Rechtswissenschaftlern Grundfragen von Recht und Staat erörterte. Über diese »Nikolasseer Seminare« urteilte Rudolf Smend 1950 in der zur Emeritierung von Erich Kaufmann herausgegebenen Festschrift, daß es sich um ein »Kapitel« handle, »das in keiner Geschichte des deutschen Widerstandes fehlen dürfte«. 1938 wurde Kaufmann auch diese private Lehrtätigkeit verboten. Nach den antijüdischen Ausschreitungen im November dieses Jahres entschied er sich zu emigrieren. Er ging 1939 mit seiner Frau Hedwig, geb. Pankok, über Amsterdam nach Den Haag, wo sie indes schon bald von den deutschen Machthabern eingeholt wurden. Holländische Kollegen und Freunde halfen ihnen »unterzutauchen«, und auf diese Weise konnten sie die deutsche Besatzungsherrschaft überleben. Hierbei mag auch eine Rolle gespielt haben, daß sich im Auswärtigen Amt in Berlin der Diplomat Hans Adolf von Moltke Mitte Januar 1942 für Kaufmann eingesetzt hatte, indem er in einem Memorandum dessen große Verdienste in der Wahrnehmung deutscher Interessen während der Weimarer Republik detailliert darstellte. Überraschenderweise erfolgte daraufhin tatsächlich eine Weisung des für die »Judenfrage« zuständigen Unterstaatssekretärs Martin Luther an den Vertreter des Auswärtigen Amts in den Niederlanden, »daß von einer Zwangsverschickung und Vermögenseinziehung des Juden Kaufmann einstweilen abgesehen werden möge«.

1946 kehrte Kaufmann, dessen jüngerer Bruder Franz Herbert Kaufmann, bis 1935 Oberregierungsrat beim Reichssparkommissar, im Februar 1944 im KZ Sachsenhausen von der Gestapo ermordet worden war, aus dem holländischen Exil nach Deutschland zurück. Er übernahm eine Professur für Internationales Recht und Verfassungsrecht sowie Rechtsphilosophie an der Universität München und wurde schon bald auch zum Dekan der Juristischen Fakultät gewählt. 1950 aus Altersgründen entpflichtet, kehrte er in die Politik zurück. In Anknüpfung an seine langjährige Tätigkeit in der Weimarer Republik wirkte er 1950-58 als Rechtsberater des Bundeskanzlers und des Auswärtigen Amtes unter gleichzeitiger Wahrnehmung einer Honorarprofessur an der Universität Bonn. Diese Beteiligung am Aufbau eines neuen demokratischen Gemeinwesens in Deutschland bezeichnete Kaufmann in späteren Jahren als die Krönung seines Lebens. Seit 1950 war er auch wieder Wissenschaftlicher Berater und Mitherausgeber der Zeitschrift des inzwischen in Heidelberg ansässigen Max-Planck-Instituts für ausländisches öffentliches Recht und Völkerrecht. Er hatte hier ein eigenes Arbeitszimmer und beteiligte sich regelmäßig an den Arbeitssitzungen des Instituts.

Erich Kaufmann, der »von Jugend an die Rechtswissenschaft nicht isoliert sah, sondern nur im Zusammenhang mit Philosophie und Geschichte verstehen konnte«, wie Hermann Mosler 1972 in seinem Nachruf in der *Zeitschrift für ausländisches öffentliches Recht und Völkerrecht* schrieb, veröffentlichte zahlreiche Bücher, Vorträge und Beiträge in Fachzeitschriften und Sammelwerken zu Fragen des Verfassungs-, Staats- und Völkerrechts sowie der Rechtsphilosophie. Zu nennen sind insbesondere: »Der Begriff des Organismus in der Staatslehre des 19. Jahrhunderts« (1908), »Das Wesen des Völkerrechts und die Clausula rebus sic stantibus« (1911), »Bismarcks Erbe in der Reichsverfassung« (1917), »Grundfragen der künftigen Reichsverfassung« (1919), »Kritik der neukantischen Rechtsphilosophie« (1921), »Studien zur Rechtslehre der Staatensukzession« (1923), »Zur Problematik des Volkswillens« (1931), »Probleme der internationalen Gerichtsbarkeit« (1932), »Règles générales du Droit de la Paix« (1936), »Deutschlands Rechtslage unter der Besatzung« (1948/49), »Grundtatsachen und Grundbegriffe der Demokratie« (1950), »Der polizeiliche Eingriff in Freiheiten und Rechte« (1951), »Die Grenzen der Verfassungsgerichtsbarkeit« (1952), »Autorität und Freiheit. Von der konstitutionellen Monarchie bis zur Bonner parlamentarischen Demokratie« (1960), »Gibt es zwei deutsche Staaten?« (1961) und »Zur Abgeltung der Reparationsschäden« (1964). 1960 erschienen, herausgegeben von Karl Josef Partsch u. a., seine »Gesammelten Schriften« in drei Bänden.

Das juristische und politische Engagement Kaufmanns in der Weimarer Republik und in der Bundesrepublik hat hohe Anerkennung gefunden. In seinen wissenschaftlichen Leistungen wird er zu den »Klassikern« der deutschen Rechtswissenschaft gezählt. 1950 wurde ihm die erwähnte Festschrift mit dem Titel »Um Recht und Gerechtigkeit. Festgabe für Erich Kaufmann« gewidmet. Er war Mitglied mehrerer wissenschaftlicher Akademien und des Institut de droit international, Ehrendoktor der Universitäten München (1950) und Kiel (1960) sowie Ehrenpräsident

der Vereinigung der Deutschen Staatsrechtslehrer. 1952 war er Gründungsmitglied und 1959-64 Kanzler des von dem Bundespräsidenten
Theodor Heuß wiederbelebten Ordens »Pour le mérite für Wissenschaften und Künste«. Als die Max-Planck-Gesellschaft ihm 1960 die Harnack-Medaille verlieh, die nach den Statuten nur »in seltenen Ausnahme-
fällen für besondere Verdienste um die Gesellschaft« vergeben wird, ehrte
sie damit auch den verfolgten und vertriebenen Wissenschaftler und den
Kanzler des Ordens »Pour le mérite«. Vom Bundespräsidenten wurde er
mit den Großen Bundesverdienstkreuzen mit Stern (1955) und Schulterband (1960) ausgezeichnet.

Walter Kempner

Kaiser-Wilhelm-Institut für Zellphysiologie, Berlin-Dahlem

Geboren am 25. Januar 1903 in Berlin, gestorben am 27. September 1997
in Durham, North Carolina.

Walter Kempner wuchs in einem ausgesprochen bildungsbürgerlichen
und wissenschaftlichen Milieu in Berlin auf. Sein Vater, Walter Kempner
sen. (1870-1920), erfand als Mitarbeiter Robert Kochs das erste wirksame
therapeutische Mittel gegen Fleischvergiftung. Seine aus Kowno (Rußland) gebürtige Mutter Lydia Rabinowitsch Kempner (1871-1935), eine
bekannte Bakteriologin und Tuberkuloseforscherin, war die erste Naturwissenschaftlerin, die in Preußen zur Professorin ernannt wurde. Anders
als sein Bruder Robert (1899-1993), der die juristische Laufbahn einge-
schlagen hatte, und seine Schwester Nadja (1900-1932), die sich für die
Philologie entschied, folgte Walter Kempner den elterlichen Fußstapfen
und studierte Medizin in Heidelberg, wo er 1926 bei Hans Sachs mit der
Dissertation »Zur Kenntnis des Phlorhizindiabetes« promovierte. 1926-
27 war er Assistent an der Heidelberger Universitätsklinik, 1927-28 arbeitete er als Assistent von Otto Warburg im Kaiser-Wilhelm-Institut für
Zellphysiologie in Berlin. 1928 wechselte er als Assistenzarzt zu Ferdinand
Sauerbruch an der Berliner Charité. Seine Interessen reichten allerdings
auch immer über die Medizin hinaus. So hatte er Kontakt zum »George-
Kreis« und betreute Stefan George von 1932 bis zu dessen Tod im Dezember 1933 als Arzt. Als er 1933 – wie auch sein älterer Bruder Robert
(M. W.) Kempner, Justitiar im preußischen Innenministerium und spä-
terer Anklagevertreter der USA in den Nürnberger Prozessen – aufgrund
der antijüdischen Bestimmungen des »Berufsbeamtengesetzes« entlassen

wurde, kehrte er, einem Angebot Otto Warburgs folgend, in das KWI für Zellphysiologie zurück. Unter den gegebenen politischen Verhältnissen dauerte seine Arbeit im Institut allerdings nur noch ein knappes Jahr. 1934 emigrierte Kempner in die USA, wo ihm eine Stelle als Associate Professor in der Medical School der Duke University in Durham, North Carolina angeboten wurde. Er blieb dieser Universität von 1934 bis zu seiner Emeritierung im Jahre 1972 verbunden. Sein ärztliches und wissenschaftliches Interesse galt vor allem der Beeinflussung und Heilung von Krankheiten durch konsequente Diäten. So entwickelte er eine Diät zur Behandlung von hypertensiven und arteriosklerotischen Gefäßerkrankungen sowie von Herz- und Nierenleiden. Er betrieb darüber hinaus Forschungen zur Zellatmung und Gärung, zum Diabetes mellitus und zur Fettleibigkeit. Populär wurde er durch die von ihm entwickelte Reis-Diät und das »Rice Diet Center«, das nicht zuletzt wegen seiner zahlreichen prominenten Patienten große öffentliche Aufmerksamkeit fand und Durham zur »Diet Capital of the World« machte, wie es 1997 nach seinem Tod in der lokalen Presse hieß. »He saved more people than any other doctor in North Carolina ever saved«, urteilte ein früherer Kollege der Duke University und fügte hinzu: »We should have gotten a Nobel Prize for him.«

Walter Kempner galt als starke Persönlichkeit und als ein ebenso exzentrischer wie visionärer Arzt, dessen Autorität und Ausstrahlung für viele Patienten offensichtlich kaum weniger wichtig waren als die von ihm verordnete Diät. Er war weder verheiratet, noch hatte er Kinder – der einzige Familienangehörige bei seinem Tod soll ein Neffe in Europa gewesen sein – und lebte in seinen späten Jahren sehr zurückgezogen und vor der Öffentlichkeit so stark abgeschirmt, daß er nicht einmal mehr Fotos von sich machen ließ und schließlich ausdrücklich darauf bestand, daß es nach seinem Tod keine öffentlichen Trauerfeiern geben dürfe. Er war, als er im Alter von 94 Jahren starb, ein vermögender Mann, der eine »Walter Kempner Foundation« gegründet hatte und Besitztümer im Wert von 8,5 Millionen US-Dollar hinterließ. In seinem Testament bestimmte er, daß er in der Schweiz, wo er in Locarno eine Grabstätte erworben hatte, in aller Stille beigesetzt werden sollte. Ein Verzeichnis seiner wissenschaftlichen Arbeiten ist 2002 in einer zweibändigen Werkausgabe von Barbara Newborg veröffentlicht worden.

Alfred Klopstock

Kaiser-Wilhelm-Institut für medizinische Forschung, Heidelberg

Geboren am 5. Februar 1896 in Berlin, gestorben am 4. April 1968 in Tel Aviv. Alfred Klopstock, Sohn des Arztes und Sanitätsrats Martin Klopstock und seiner Frau Regina, geb. Tietz, besuchte das Berliner Wilhelms-Gymnasium, an dem er im Frühjahr 1914 das Abitur machte. Er studierte seit dem Sommersemester 1914 in Gent und danach in Berlin Medizin. Von Mai 1915 bis März 1919 wurde sein Studium durch seinen Militärdienst (Fronteinsatz, Lazarettaufenthalt, Kriegsgefangenschaft) unterbrochen. Dennoch konnte er schon im Juni 1920 das medizinische Staatsexamen ablegen. 1921 promovierte er an der Universität Berlin bei Hans Sachs mit der im Pathologischen Institut des Auguste-Viktoria-Krankenhauses in Berlin-Schöneberg entstandenen Dissertation »Familiäres Auftreten von Cyklopie und Arrhinencephalie«. Danach wechselte er nach Heidelberg, wo er von 1922 bis 1933, zunächst als Assistent, ab 1926 als Privatdozent (Titel der Habilitationsschrift: »Untersuchungen über Anaphylaxie gegenüber Lipoiden«) und seit dem Sommer 1931 als außerordentlicher Professor für Immunologie und Serologie, an der Universität tätig war und außerdem Forschungsarbeiten im Heidelberger Institut für Krebsforschung durchführte, das 1930 zum serologischen (Teil-)Institut des Kaiser-Wilhelm-Instituts für medizinische Forschung wurde. Er erwarb sich in diesen Jahren ein großes Ansehen als Serologe und wurde mehrfach auch zur Beteiligung an wichtigen internationalen Vorhaben eingeladen (1923 als Berater einer Völkerbundskonferenz über die Serodiagnostik der Syphilis in Kopenhagen, 1928 als Leiter des Serologischen Laboratoriums einer deutsch-russischen Syphilis-Expedition in die Mongolei, 1933 als Teilnehmer am Convegno Volta in Rom).

Als Jude mußte Klopstock 1933 sowohl die Heidelberger Universität als auch das Serologische Institut des KWI für medizinische Forschung verlassen. Er entschied sich für die Emigration und die Einwanderung nach Palästina. In Tel Aviv gründete er zusammen mit seiner Ehefrau, der promovierten Medizinerin Elisabeth Klopstock, geb. Scheyer, mit der er schon 1929 gemeinsam publiziert hatte, ein privates bakteriologisches Laboratorium, das sich wirtschaftlich als so erfolgreich erwies, daß es ihm und seiner Frau auch weitere Forschungen, vor allem auf dem für das öffentliche Gesundheitswesen so bedeutsamen Gebiet der Epidemologie ermöglichte. 1955 wurde Klopstock an der neu gegründeten Universität Tel Aviv, an deren Planung er im Bereich der Medizin wesentlich beteiligt war, zum Professor und Direktor der Abteilung für Mikrobiologie ernannt. 1959-64 war er Rektor der Universität Tel Aviv. Darüber hinaus wirkte er in wichtigen Kommissionen und Verbänden mit (Israelisches Gesundheitsministerium, Israelisch-Amerikanische Liga). Auch war er Vorsitzender der Natural Science Society in Israel.

Alfred Klopstock, der nach dem Tod seiner ersten Frau (sie starb 1968) noch einmal heiratete (die Ärztin Ruth Block, die im Vorstand der Women's International Zionist Organization tätig war), galt als ein Mann von großer Bildung und Gelehrsamkeit, als ein glänzender Redner und besonders engagierter akademischer Lehrer, der vielen seiner Schüler auch persönlich nahestand. Er veröffentlichte über 60 Artikel in Fachzeitschriften und die Bücher:»Methoden der Hämolyseforschung« (1928, mit Hans Sachs) sowie»Die Methoden der Serodiagnostik der Syphilis« (1933). Die Universität Tel Aviv ehrte ihn dadurch, daß sie den Lehrstuhl, den er innehatte, nach seinem Tod nach ihm benannte.

Felix Klopstock

Kaiser-Wilhelm-Institut für Biochemie, Berlin-Dahlem

Geboren am 13. August 1881 in Berlin, gestorben 1950 in Großbritannien.

Felix Klopstock, Sohn des Berliner Kaufmanns Siegfried Klopstock, besuchte das Wilhelms-Gymnasium in Berlin, an dem er im Frühjahr 1900 das Abitur machte. Er studierte in Freiburg, Berlin und München Medizin und promovierte 1905 an der Universität München bei Otto von Bollinger mit der Dissertation»Über die Entstehung der Tuberkulose vom Darme aus«. Seit 1906 war er als praktischer Arzt tätig und Assistent in der Berliner Charité. Er war Soldat im Ersten Weltkrieg und wurde mit dem Eisernen Kreuz Erster und Zweiter Klasse ausgezeichnet. Seit 1922 arbeitete er im Kaiser-Wilhelm-Institut für experimentelle Therapie unter August von Wassermann. Diese Tätigkeit setzte er auch unter Carl Neuberg, nach der Umbenennung des Instituts in Kaiser-Wilhelm-Institut für Biochemie, fort.

Als Frontsoldat im Ersten Weltkrieg war er 1933 vor den unmittelbaren Auswirkungen des»Berufsbeamtengesetzes« geschützt. Er konnte seine wissenschaftliche Arbeit im KWI zunächst fortsetzen, nicht zuletzt auch deshalb, weil er vom Institut kein Gehalt bezog und daher nicht als»Beamter« oder Inhaber einer beamtenähnlichen Stellung entlassen werden mußte. 1936, als mit dem Wechsel in der Direktorenstelle von Neuberg zu Adolf Butenandt alle Mitarbeiterpositionen im Institut neu besetzt wurden, emigrierte er nach Großbritannien. Dort arbeitete er bis 1942 als Clinical Tuberculosis Officer und Assistant Medical Officer of Health. Seine Versuche, wieder in der Forschung tätig zu werden, scheiterten. Über seine letzten Lebensjahre ist nichts Näheres bekannt.

Klopstock veröffentlichte u. a. eine Arbeit über »Chemotherapie der Tuberkulose und Lepra« im »Handbuch der pathogenen Mikroorganismen« (1928).

János (Johan) Kudar

Kaiser-Wilhelm-Institut für Faserstoffchemie, Berlin-Dahlem

Geboren am 17. Juli 1902 in Ráckeve, Ungarn.

János Kudar studierte 1924-27 Physik an der Universität Szeged. 1928 war er Stipendiat an der Universität Hamburg, im Anschluß daran arbeitete er mit einem ungarischen Regierungsstipendium bei Erwin Schrödinger in Berlin und für einen kürzeren Zeitraum auch bei Niels Bohr in Kopenhagen. Seit 1931 war er Assistent von Reginald Oliver Herzog im Kaiser-Wilhelm-Institut für Faserstoffchemie in Berlin. 1933 wurde er als ungarischer Jude einer der Zielpunkte antisemitischer und ausländerfeindlicher Angriffe gegen das Institut. Er verlor seine Stelle mit der Entlassung von Herzog und der Schließung des Instituts zum Jahresende 1933.

Kudar ging in die Industrie und arbeitete bis 1938 als Berater für Unternehmen wie Telefunken, Klangfilm und Tobias. Bei Kriegsbeginn befand er sich in Schweden. Seit 1942 war er in Budapest in der Industrie tätig. Nach den Unterlagen der britischen Society for the Protection of Science and Learning arbeitete er 1944 für die schwedische Botschaft in Budapest, die sich um Hilfe für die verfolgten Juden bemühte. Er ging nach Kriegsende nach Großbritannien, wurde dort aber ausgewiesen und kehrte daraufhin 1946 nach Schweden zurück. Über seine späteren Lebensjahre ist nichts bekannt.

János Kudar war ein Experte auf dem Gebiet der Quantentheorie und hatte darüber hinaus über die Theorie von Viskosität und Diffusion gearbeitet. Er veröffentlichte u. a. in der *Zeitschrift für Physik* und in den *Proceedings of the Physical Society*.

Wladimir (Vladimir) Lasareff

Kaiser-Wilhelm-Institut für physikalische Chemie und Elektrochemie, Berlin-Dahlem

Geboren am 25. März 1904 in St. Petersburg.
Wladimir Lasareff, Sohn des Arztes Isaak Lasareff und seiner Frau Sophie, geb. Wolper, wuchs in Petersburg auf. Die Familie emigrierte 1918 nach Finnland, wo Wladimir Lasareff in Wiborg seine Schulausbildung abschloß. Seit 1922 lebte er in Berlin und studierte 1923-27 Physik, Mathematik, Philosophie und Chemie an der Berliner Universität. Seine Dissertation »Über die Stoßverbreiterung in den Rotationsschwingungsspektren von Gasen« schloß er 1927 im Physikalischen Institut der Berliner Universität ab, doch wurde das Promotionsverfahren aus familiären, gesundheitlichen, auch wirtschaftlichen Gründen für mehrere Jahre unterbrochen, so daß es erst 1930 zum Abschluß kam. 1930-33 war Lasareff als Assistent im Kaiser-Wilhelm-Institut für physikalische Chemie und Elektrochemie tätig. Seine Arbeitsschwerpunkte lagen auf den Gebieten der Spektralanalyse und der Vakuumtechnik.

Lasareff, der jüdischer Herkunft war und als »staatenlos« galt, wurde schon im April 1933 aufgrund der Bestimmungen des »Berufsbeamtengesetzes« gekündigt. Nach einer längeren Übergangszeit fand er 1935, ebenso wie seine KWI-Kollegen Boris Rosen und Paul Goldfinger, eine Anstellung an der Université de Liège. 1942 für fünf Monate in dem südlich von Antwerpen gelegenen Konzentrationslager Breendonck inhaftiert, schloß er sich nach seiner Freilassung im August 1942 einer belgischen Widerstandsgruppe an. Von Oktober 1944 bis zum Kriegsende beteiligte er sich in der US-Armee am Kampf gegen das nationalsozialistische Deutschland. 1945 kehrte er an die Université de Liège zurück. In den »Éditions Seine et Meuse« erschien 1945 unter dem Titel »La Vie remporta la Victoire« ein Bericht Lasareffs über seine Zeit in Breendonck.
Wladimir Lasareff veröffentlichte u. a. in den Zeitschriften *Nature*, *Physica* und *Journal of Physical Chemistry*, 1947 auch in der Zeitschrift *Bulletin des Sociétés chimiques belges*. Über seinen weiteren Lebensweg und die von ihm geleistete wissenschaftliche Arbeit liegen keine Informationen vor.

Hans Laser

Kaiser-Wilhelm-Institut für medizinische Forschung, Heidelberg

Geboren am 12. März 1899 in Königsberg, gestorben am 20. Januar 1980 in Cambridge.

Hans Laser, Sohn des Arztes und Sanitätsrats Hugo Laser und seiner Frau Fanny, geb. Rittenberg, besuchte das humanistische Gymnasium in Königsberg, das er 1917 mit dem Abitur verließ. Er begann ein Medizinstudium, wurde aber im September 1917 zum Militärdienst eingezogen. Im April 1919 als Sanitätsunteroffizier aus dem Heer entlassen, setzte er sein Studium an der Universität Königsberg fort, wo er 1922 das medizinische Staatsexamen ablegte und bei E. Meyer mit der Dissertation »Über symptomatische Psychosen« promovierte. 1923-26 betrieb Laser klinische Studien in Berlin, 1925 war er Mitarbeiter an der ersten Ausgabe des als Fachperiodikum bald Weltgeltung erreichenden *Archivs für experimentelle Zellforschung*. 1926-30 hatte er eine Stelle als Assistent im Kaiser-Wilhelm-Institut für Biologie. In der von dem dänischen Biologen Albert Fischer geleiteten Abteilung für Gewebezüchtung entwickelte er eine neue Technik für die Anlage und Pflege von Zellkulturen. 1930 wechselte er auf Einladung von Otto Meyerhof in das Heidelberger Kaiser-Wilhelm-Institut für medizinische Forschung. Im Juli des gleichen Jahres habilitierte er sich an der Universität Heidelberg mit »Strahlenbiologischen Untersuchungen an Gewebekulturen« für das für ihn neu geschaffene Fach Experimentelle Pathologie.

Im August 1933 wurde ihm von der Heidelberger Universität wegen seiner jüdischen Herkunft die Lehrbefugnis entzogen. In der Kaiser-Wilhelm-Gesellschaft galt er dagegen im Hinblick auf die durch das »Berufsbeamtengesetz« geforderten Entlassungen zunächst als einer der wenigen »zweifelhaften Fälle«, weil er für die Zeit des Ersten Weltkrieges zwar keinen unmittelbaren Fronteinsatz nachweisen konnte, aber bei Kriegsende in einem Seuchenlazarett tätig war, in dem er sich mit Fleckfieber infizierte. Der Präsident der Kaiser-Wilhelm-Gesellschaft vertrat die Auffassung, daß der Einsatz in einem Seuchenlazarett dem Frontdienst gleichzusetzen und Laser deshalb nicht zu entlassen sei. Im Reichsministerium des Innern wurde der Fall kontrovers diskutiert: Im August 1933 wurde ein Schreiben formuliert, daß gegen die Weiterbeschäftigung von Laser »keine Bedenken« bestünden. Dieser Entwurf fand jedoch keine Zustimmung, statt dessen forderte man die Kaiser-Wilhelm-Gesellschaft auf, Laser unverzüglich zu kündigen. Die Kündigung erfolgte daraufhin am 30. Oktober mit Wirkung zum 1. Januar 1934.

Laser emigrierte nach Großbritannien, wo er mit Unterstützung des
Academic Assistance Council und der Rockefeller Foundation 1934 eine
Forschungsstelle im Molteno Institute of Biology and Parasitology der
Cambridge University fand. Auf diese Weise konnte er seine Forschungsarbeiten fortsetzen, wenn auch, wie er 1955 in einem Brief an Richard
Kuhn erwähnte,»zu Anfang unter großen Entbehrungen«. 1937 erwarb
er in Cambridge den »Doctor of Philosophy«, 1953 wurde ihm von der
gleichen Universität in Anerkennung seiner wissenschaftlichen Verdienste der »Doctor of Science« verliehen. Seit 1946 gehörte er außerdem dem
britischen Medical Research Council an, von 1953 an als »permanent
member of its scientific staff«, mit einem Arbeitsplatz in Cambridge
statt in einem der Institute des MRC, ein Privileg, das, wie Laser gegenüber Kuhn betonte,»selten gegeben wird u. relativ schwer zu erreichen
ist«.

Laser betrieb vor allem Forschungen zum Stoffwechsel neoplastischer
Zellen *in vitro* und zur Radiobiologie von Zellen in Gewebekulturen.
Nach seiner Pensionierung widmete er sich vorwiegend der Malaria-For-
schung. Er veröffentlichte regelmäßig in angesehenen Fachzeitschriften
wie *Nature, Science, Radiation Research,* dem *Biochemical Journal* und den
Proceedings of the Royal Society. Als Hans Laser sich in den fünfziger Jahren wegen der im Nationalsozialismus erlittenen beruflichen Schäden
um eine materielle »Wiedergutmachung« bemühte, weil mit seinen Tätigkeiten in Großbritannien keine ausreichende Altersversorgung verbunden war, äußerte sich Richard Kuhn im Februar 1956 in einem Schreiben
an die Generalverwaltung der Max-Planck-Gesellschaft zusammenfassend über die Forschungsleistungen von Hans Laser:»Die Gewebezüch-
tungsmethoden, die damals noch sehr neu waren, haben sich im Laufe
der letzten zwei Jahrzehnte zu einem ungewöhnlich wichtigen Gebiet der
Medizin und experimentellen Pathologie entwickelt, so daß an sehr vielen Forschungsinstituten, auch an staatlichen, vor allem im Ausland, besondere Abteilungen dafür geschaffen worden sind. Die neuesten Ergebnisse und Erkenntnisse auf dem Gebiet der Krebsforschung hängen mit
dieser Arbeitsrichtung aufs engste zusammen. Es ist meine Ansicht, daß
Herr Dr. Hans Laser bei einer ungestörten Entwicklung der Verhältnisse
in Deutschland nicht nur aufgrund seiner ausgezeichneten physiologischen Kenntnisse, sondern darüber hinaus auch als Spezialist auf dem
Gebiet der Gewebezüchtung sehr große Aussichten gehabt hätte, eine
beamtete Stellung an einer Universität oder an einem staatlichen Forschungsinstitut oder aber eine gleichfalls pensionsberechtigte Stelle als
Abteilungsleiter an einem Institut der Kaiser-Wilhelm- bzw. der Max-
Planck-Gesellschaft zu bekommen.«

Nachdem die Max-Planck-Gesellschaft sich in der »Wiedergutma-chungs«-Angelegenheit Lasers zunächst lediglich bereit erklärt hatte, »auf freiwilliger Basis einen etwa bestehenden Notstand zu mildern«, stellte der von Laser beauftragte Rechtsanwalt am 26. Februar 1957 ganz grund-sätzlich fest: »Herr Dr. Laser hat nicht an Ihre Mildtätigkeit appelliert. Was er verlangt, ist Wiedergutmachung nationalsozialistischen Unrechts. Eine solche liegt nicht nur in seinem Interesse, sondern noch mehr in dem der deutschen Wissenschaft, die sich unter dem Nazi-Regime be-schmutzt hat und deshalb nicht nur aus gesetzlichen, sondern auch aus moralischen Gründen bestrebt sein sollte, ihren einst guten Ruf in der Welt, so weit das überhaupt möglich ist, wiederherzustellen.« Laser sel-ber, der im Laufe der Auseinandersetzung erwähnte, daß seine Mutter, sein Bruder und weitere Familienangehörige (»der Rest meiner Familie«) in den Konzentrations- und Vernichtungslagern starben, war von der Haltung der Max-Planck-Gesellschaft tief enttäuscht und beklagte ins-besondere »die Abwesenheit jeder menschlichen Äußerung, jeder Bereit-willigkeit zu helfen«. Das »Wiedergutmachungs«-Verfahren endete schließ-lich mit einem Vergleich.

Edgar Lederer

Kaiser-Wilhelm-Institut für medizinische Forschung, Heidelberg

Geboren am 5. Juni 1908 in Wien, gestorben am 20. Oktober 1988 in Sceaux (Hauts-de-Seine).

Edgar Lederer wuchs in einer jüdischen Juristenfamilie auf. Sein Vater Alfred Lederer war Rechtsanwalt, und auch seine Mutter Friederike Emi-lie Przibram hatte Rechtswissenschaften studiert und einen juristischen Doktortitel erworben. Nach dem Abitur an einem Wiener Gymnasium studierte Lederer 1926-30 in seiner Heimatstadt Chemie. Er promovierte 1930 an der Universität Wien mit der von Richard Kuhn betreuten, mehrteiligen Dissertation »1. Über Carboline: a) Synthese der Harmala-alkaloide Harmalin, Harmin und Harman, b) Synthese verschiedener Carboline, c) Zur Konstruktion eines neuen Harmala-alkaloides, 2. Syn-thesen des Pseudo-Baptigenins, 3. Zur Konstitution des Calycanthins«. Von September 1930-1933 war er in dem von Richard Kuhn geleiteten chemischen (Teil-)Institut des Kaiser-Wilhelm-Instituts für medizinische Forschung in Heidelberg tätig, zuerst als »Volontärassistent«, seit 1932 als wissenschaftlicher Mitarbeiter, der mit einem Stipendium der IG Farben finanziert wurde. Rückblickend schrieb er 1986: »My years with Kuhn were the happiest in my life.« Er verteidigte Kuhn deshalb in späteren Jahren auch gegen den Vorwurf, er habe sich allzu sehr auf das »Dritte Reich« eingelassen und sei für dessen Verbrechen mitverantwortlich, indem er feststellte: »I knew him quite well and am sure that he was not at all interested in politics and he was certainly not an antisemite.« Mit manchen der Kollegen und Freunde des Heidelberger Instituts blieb er später in Kontakt, darunter Hermann Blaschko, Adam Deutsch und Max Hoffer. 1932 heiratete er die aus einer protestantischen Familie stammende Französin Hélène Fréchet, Tochter des Sorbonne-Mathematikers Maurice René Fréchet und selber Mathematikerin, die für die Statistique générale de la France tätig war.

Schon im März 1933 wurde die Situation für Lederer bedrohlich, weil er, wie er später schrieb, »als Antifaschist und Jude bekannt war«. Er verließ bereits am 23. März fluchtartig das KWI für medizinische Forschung und die Stadt Heidelberg in Richtung Frankreich. Mit großer Erleichterung überquerte er mit seiner Frau den Rhein bei Kehl (»Ici commence le pays de la liberté.«). Er ließ sich in Paris nieder und arbeitete dort in verschiedenen Laboratorien, ohne jedoch eine bezahlte Stelle zu finden. So erhielt er für seine Arbeit zwar wissenschaftliche Anerkennung, für den Unterhalt seiner Familie (er hatte inzwischen zwei, später insgesamt sieben Kinder) war er aber auf die Unterstützung der Eltern seiner Frau angewiesen. Richard Kuhn, der am 7. Januar 1935 seinen Kollegen George Barger an der University of Edinburgh über sieben jüngere Wissenschaftler informierte, die mit ihm zusammengearbeitet hatten, inzwischen aber das Institut bzw. die Universität verlassen mußten, urteilte über Lederer, daß dieser »über einen gesunden präparativen Instinkt verfügt, den man fördern sollte. Seit er in Paris ist, hat er eine Reihe kleiner, sehr netter Arbeiten (mit recht bescheidenen Mitteln) fertiggestellt und eine hübsche Monographie über Carotinoide geschrieben.«

Dennoch zeichneten sich für Lederer in Frankreich zunächst keine langfristigen Beschäftigungsmöglichkeiten ab, so daß er sich entschloß, im November 1935 im Vitamin-Institut in Leningrad die Position des wissenschaftlichen Leiters des Laboratoriums zu übernehmen. Schon vor Ablauf seines Drei-Jahres-Vertrags, im Dezember 1937, mußte er, der inzwischen auch als Dozent an der Universität Leningrad unterrichtete, seine Stelle im Zusammenhang mit stalinistischen »Säuberungs«-Aktionen wieder aufgeben. Er kehrte nach Paris zurück und wurde nunmehr als Attaché de recherche in das Centre national de la recherche scientifique (CNRS) aufgenommen, das ihn 1941 zum Chargé de recherche ernannte. Anfang 1938 erhielt er eine Position als Assistent im zoologischen Laboratorium der École normale supérieure, bald darauf eine Mitarbeiterstelle im Institut de biologie physico-chimique. Wenige Monate später promovierte er ein zweites Mal (Docteur ès sciences) mit einer Untersuchung über Carotinfarbstoffe. Zu Beginn des Zweiten Weltkrieges tat Lederer, der im Dezember 1938 französischer Staatsbürger geworden war, Dienst in der französischen Armee, wurde jedoch im März 1940 nach der Geburt seines vierten Kindes ausgemustert. Von September 1940 an arbeitete er im biochemischen Laboratorium der Universität Lyon, allerdings unter sehr schwierigen wirtschaftlichen Bedingungen, weil er auf Veranlassung der deutschen Besatzungsbehörden inzwischen als Jude aus dem CNRS ausgeschlossen worden war. Das Gebäude des Laboratoriums wurde im Frühjahr 1944 durch amerikanische Luftangriffe zerstört, und in der Schlußphase der deutschen Herrschaft in Frankreich mußte Lederer, der mit falschen Papieren ausgestattet worden war, sich verstecken.

Nach Kriegsende setzte Lederer seine wissenschaftliche Arbeit zunächst in Lyon fort. Im März 1947 ging er zurück nach Paris in das Institut de biologie physico-chimique, in dem er die nächsten dreizehn Jahre tätig war (bis 1960), seit 1952 als Directeur de recherche des CNRS. Die Sorbonne machte ihn 1954 zum Maître de conférence und 1958 zum Professeur de biochimie. 1960 wurde er zum Direktor des neu geschaffenen Institut de chimie des substances naturelles des CNRS in Gif-sur-Yvette, einem kleinen Ort südlich von Paris, ernannt. Seit 1961 baute er außerdem für die Sorbonne ein neues Institut für Biochemie in Orsay auf, und 1963 verlegte er auch seine Lehrtätigkeit an diesen Ort. 1978 wurde Lederer emeritiert.

Lederer, der in seinen jungen Jahren stark durch sozialistische Theorien beeinflußt war, blieb auch als etablierter Wissenschaftler politisch aktiv. 1969 organisierte er eine internationale Konferenz gegen den Einsatz chemischer Waffen in Vietnam. Er beteiligte sich an Straßendemonstrationen gegen die Verletzung und Bedrohung von Menschenrechten, organisierte Boykott-Aktionen von Wissenschaftlern gegen die Diktaturen in Spanien und Griechenland und setzte sich nicht zuletzt nachdrücklich für die Förderung der Forschung in Entwicklungsländern ein.

Edgar Lederer war ein ungewöhnlich vielseitiger, produktiver und erfolgreicher Biochemiker. Seine Publikationsliste umfaßt rund 450 wissenschaftliche Arbeiten, die in den führenden Fachzeitschriften erschienen. Hinzu kamen mehrere Buchveröffentlichungen: »Les Caroténoïdes des plantes« (1934), »Les Caroténoïdes des animaux« (1935), »Progrès récents de la chromatographie« (1949), »Chromatography. A Review of Principles and Applications« (1953, Mitautor: Michael Lederer), »La Chromatographie en chimie organique et biologique« (2 Bde., 1959-60), »Cours de biochimie, lipides« (1970). Er war außerdem Herausgeber der Reihe »Chimie des substances naturelles«. In seinen letzten Lebensjahren veröffentlichte er auch zwei autobiographische Texte: »Fifty Years of Scientific Research (the Fool's Luck)« (1981) und »Adventures and Research« (1985).

Das wissenschaftliche Ansehen Edgar Lederers, der 1955 in einem Schreiben an das Bundesinnenministerium mit allzu großer Bescheidenheit darlegte, »daß es mir ohne den Nationalsozialismus sicher gelungen wäre, rasch eine planmäßige Assistentenstelle am Kaiser-Wilhelm-Institut oder an einer deutschen Universität zu erhalten und dann eine normale Karriere zu machen«, spiegelt sich in zahlreichen Ehrungen und Auszeichnungen. Er war Ehrendoktor der Universitäten Aberdeen und Liège, Mitglied der Académie des sciences und mehrerer ausländischer wissenschaftlicher Akademien und Gesellschaften, u. a. der Deutschen Akademie der Naturforscher Leopoldina, Empfänger der Goldmedaillen des CNRS, der Deutschen Chemischen Gesellschaft und der Robert-Koch-Stiftung, »Chevalier dans l'Ordre des Palmes académiques«, »Chevalier de la Légion d'honneur« und »Commandeur de l'Ordre national du Mérite«. Das *Journal of Chromatography* würdigte 1988 sein Lebenswerk mit einem »Honour volume on the occasion of the 80th birthday of Edgar Lederer«.

Hermann Lehmann

Kaiser-Wilhelm-Institut für medizinische Forschung, Heidelberg

Geboren am 8. Juli 1910 in Halle an der Saale, gestorben am 13. Juli 1985 in Cambridge.

Hermann Lehmann wurde in eine bürgerliche Familie hineingeboren, in der es Kaufleute, Ärzte und auch Musiker gab. Sein Vater Paul Lehmann war Eigentümer und Herausgeber von zwei Lokalzeitungen, er verlor allerdings sein Vermögen in der Inflationszeit der frühen zwanziger Jahre. Die Familie zog daraufhin von Halle nach Dresden um, wo Hermann Lehmann 1928 an dem traditionsreichen altsprachlichen Gymnasium zum Heiligen Kreuz das Abitur machte. Seine Mutter Bella Lehmann, geb. Apelt, die aus einer Künstlerfamilie stammte, hatte er schon im Alter von drei Jahren verloren. Im Sommersemester 1928 begann Hermann Lehmann in Freiburg ein Medizinstudium, das er in den nächsten Jahren in Frankfurt am Main, Berlin und Heidelberg fortsetzte. Er promovierte im Januar 1934 an der Universität Basel mit der Dissertation

»Salzsäureproduktion im Säuglingsmagen nach Histaminreiz«, die er bei Ernst Moro in der Heidelberger Universitätskinderklinik erarbeitet hatte. Wegen der antijüdischen Bestimmungen des »Berufsbeamtengesetzes« vom April 1933 konnte er in Deutschland weder an der Universität noch in staatlichen oder städtischen Krankenhäusern unterkommen. In dieser Situation bot ihm Otto Meyerhof an, im Kaiser-Wilhelm-Institut für medizinische Forschung wissenschaftlich zu arbeiten. Da Verwandte seines inzwischen ebenfalls verstorbenen Vaters ihn finanziell unterstützten, konnte Lehmann das Angebot annehmen. Doch bestand schon bald kein Zweifel mehr daran, daß er, obwohl er in der Zeit seiner Institutszugehörigkeit 1934-36 als Forscher erfolgreich war, im nationalsozialistischen Deutschland keine Karriere machen konnte. Meyerhof eröffnete ihm die Möglichkeit, kurzzeitig als Gast im biochemischen Laboratorium des Nobelpreisträgers Sir Frederick Gowland Hopkins in der Cambridge University zu forschen, wo man ihm versicherte, daß er jederzeit wieder willkommen sein würde. Im April 1936 entschied er sich, diese Möglichkeit wahrzunehmen und nach Großbritannien zu emigrieren.

Dem Rat englischer Freunde entsprechend, bewarb sich Lehmann, der vom Jewish Refugees Committee in London unterstützt wurde, um die Zulassung für einen Promotionsstudiengang an der Cambridge University. Er wurde in das angesehene Christ's College aufgenommen und war 1936-38 Research Student in der School of Biochemistry. 1938 bereits wurde ihm für seine Dissertation »Aspects of Carbohydrate Metabolism in the Absence of Molecular Oxygen« der Ph.D. der Cambridge University verliehen, und im selben Jahr erhielt er mit dem »Darwin Prize« des Christ's College seine erste wissenschaftliche Auszeichnung. Eine »Beit Memorial Fellowship« ermöglichte ihm in der Folgezeit die Fortsetzung seiner Forschungen in Cambridge. Obwohl man ihn zu Beginn des Zweiten Weltkrieges als »friendly alien« klassifizierte, wobei offenbar die Unterstützung durch sein College eine wichtige Rolle spielte, wurde er im Mai 1940, ebenso wie viele andere deutsche Emigranten, interniert, allerdings schon im Oktober wieder freigelassen. Um einen Beitrag zu den Kriegsanstrengungen Großbritanniens zu leisten, übernahm er nun eine Stelle im Emergency Medical Service des Runwell Hospital in Essex. 1943 trat er in das Royal Army Medical Corps ein, das ihn nach Indien schickte, wo er als Pathologe arbeitete, aber auch eigenständige Forschungen betreiben konnte. Als er Ende 1946 demobilisiert wurde, hatte er es zum Assistant Director of Pathology und zum Rang eines Acting Lieutenant Colonel gebracht. Er hatte inzwischen die britische Staatsbürgerschaft erhalten und war seit Ende 1940 mit der Musikerin Benigna Norman-Butler verheiratet. Im Laufe der Jahre wurden

ihnen vier Kinder geboren; ein Sohn erlitt als Jugendlicher einen töd-
lichen Unfall. 1947-49 forschte Lehmann als Colonial Medical Research Fellow im
Makerere College in Uganda über Unterernährung und Anämie. Nach
der Rückkehr nach Großbritannien war er bis 1951 als Consultant Pathologist im Pembury Hospital in Kent tätig, ehe er das Angebot, als Senior
Lecturer an das St. Bartholomew's Hospital in London zu wechseln, annahm. Am ältesten Lehrkrankenhaus der britischen Hauptstadt wirkte
Lehmann, der 1959 zum Reader befördert wurde, insgesamt zwölf Jahre
(bis 1963). Ein Stipendium der Rockefeller Foundation ermöglichte ihm
1954 eine längere Forschungsreise in den USA. 1963 berief ihn die Cambridge University als University Biochemist an das Addenbrooke's Hospital, und 1967 erhielt er einen Personal Chair als Professor of Clinical
Biochemistry. 1974 wurde er zum Chef des neu geschaffenen Department of Clinical Biochemistry ernannt. Neben seiner hauptberuflichen
Arbeit war Lehmann 1963-75 bei der World Health Organization als Honorary Director der Abnormal Haemoglobin Unit des Medical Research
Council sowie als Mitglied des Expert Advisory Panel on Human Genetics
tätig. Seine Emeritierung an der Universität erfolgte 1977, doch blieb er
dem Addenbrooke's Hospital als Honorary Consultant verbunden, und
auch seine Forschungen setzte er bis kurz vor seinem Tode fort.

Lehmann gelang 1955 die Entdeckung genetischer Variationen eines
Serumproteins (Pseudocholinesterase). Er forschte unter anderem zur
Hakenwurmanämie (in Uganda) und zum Kohlenhydratstoffwechsel
und beschrieb eine große Zahl abnormer Hämoglobine. Als Lehmann im
Alter von 75 Jahren starb, war er »known throughout the world as a most
distinguished chemical pathologist and as a leading figure in the bur-
geoning study of abnormal haemoglobins«, wie Sir John Dacie 1988 in
einem großen Gedenkartikel in den *Biographical Memoirs of Fellows of the
Royal Society* schrieb. »His growing reputation as a leading worker in the
rapidly expanding field of haemoglobin research resulted in a steady stream
of applicants from many parts of the world eager to work in his laboratory,
and many of his Fellows later became leading figures in haemoglobin
research in their own countries. Lehmann himself became increasingly in
demand as a lecturer overseas and as a leading speaker at symposia and
conferences.«

Lehmann galt als glänzender Redner, als ein ungewöhnlich engagierter
akademischer Lehrer und nicht zuletzt auch, gemeinsam mit seiner Frau,
als ein besonders liebenswürdiger Gastgeber. »Wherever their home hap-
pened to be«, formulierte bei einer Gedenkfeier im September 1985 der
damalige Master des Christ's College, Sir Hans Kornberg, »it was, for

over 40 years, a place of warmth, and music, and laughter, and boundless hospitality.«»Hermann«, faßte Kornberg zusammen,»will be remembered as much for his compassion towards people as for his unrivalled contributions to knowledge. Indeed, I do not believe that one *can* think of Hermann without at the same time recollecting that warmth, that impulsive generosity and that transparent goodness that pervaded all his actions.«

Die in den *Biographical Memoirs of the Fellows of the Royal Society* veröffentlichte »Selected Bibliography« von Hermann Lehmann weist von der Dissertation des Jahres 1935 bis zu den 1984 veröffentlichten letzten Konferenz- und Zeitschriftenbeiträgen 228 Titel auf. Er war u. a. Mitautor von »Man's Haemoglobins« (1966, überarbeitet 1974) und Mitherausgeber von »The Detection of Haemoglobinopathies« (1973).

Hermann Lehmann war Mitglied zahlreicher wissenschaftlicher Gesellschaften und Akademien, u. a. der Royal Society London und der Royal Society of Chemistry, des Royal College of Physicians und des Royal College of Pathologists, der Deutschen Akademie der Naturforscher Leopoldina und der Bayerischen Akademie der Wissenschaften, dazu Ehrenmitglied der Hämatologischen Gesellschaften in zehn europäischen und außereuropäischen Ländern. 1978 war er Präsident der British Association for the Advancement of Science, 1985 Präsident der Cambridge Philosophical Society. Er erhielt eine Reihe von wissenschaftlichen Preisen, u. a. den »Martin Luther King Prize for Research on Sickle-Cell Anaemia« (1971), den »Conway Evans Prize« der Royal Society und des Royal College of Physicians (1976) und den »Wellcome Prize« der British Association for the Advancement of Science (1978). Die Universität Frankfurt am Main verlieh ihm 1972 einen Ehrendoktor. In Großbritannien wurde er 1980 zum »Commander of the Order of the British Empire«, von der Elfenbeinküste 1981 zum »Officier de l'Ordre national de la République de Côte d'Ivoire« ernannt.

Hilde Levi

Kaiser-Wilhelm-Institut für physikalische Chemie und Elektrochemie,
Berlin-Dahlem

Geboren am 9. Mai 1909 in Frankfurt am Main, gestorben am 26. Juli 2003 in Kopenhagen.

Hilde Levi, Tochter des Direktors der Forschungsabteilung der Frankfurter Metallgesellschaft Adolf Levi und seiner Frau Clara, geb. Reis, stammte aus dem assimilierten jüdischen Bürgertum. Sie besuchte in ihrer Heimatstadt ein Oberrealgymnasium und machte 1928 das Abitur. Anschließend studierte sie Physik und Chemie an den Universitäten Frankfurt, München und Berlin. 1932-34 war sie als Doktorandin im Kaiser-Wilhelm-Institut für physikalische Chemie und Elektrochemie tätig. Sie promovierte im Januar 1934 bei Peter Pringsheim an der Berliner Universität mit der im KWI von Hans Beutler betreuten Dissertation »Über die Spektren der Alkalihalogen-Dämpfe«. Aufgrund der antijüdischen Bestimmungen des »Berufsbeamtengesetzes« bestand für sie keine Möglichkeit der Weiterbeschäftigung im Institut. Sie entschied sich deshalb für die sofortige Emigration. Die Doktorurkunde wurde, ihrer Bitte entsprechend, einige Monate später ihrem Bruder Edwin Levi ausgehändigt.

Mit Hilfe der dänischen Gruppe der International Federation of University Women konnte Hilde Levi nach Dänemark gehen. Sie wurde in Niels Bohrs Institut für Theoretische Physik an der Universität Kopenhagen aufgenommen. Anfangs noch von ihrem Vater finanziell unterstützt, erhielt sie in den folgenden Jahren Stipendien der Rockefeller Foundation und des »Rask-Ørsted-Fonds für wissenschaftliche Zusammenarbeit«. Gleich nach ihrer Ankunft wurde sie wissenschaftliche Assistentin von James Franck, der bereits 1933 aus Protest gegen die antisemitische Entlassungspolitik der Nationalsozialisten seine Professur in Göttingen aufgegeben hatte und nur wenige Tage vor ihr in Bohrs Institut eingetroffen war. Als Franck 1935 eine Professur in den USA annahm, wurde Hilde Levi auf Bohrs Vorschlag Assistentin von Georg von Hevesy, der – ebenfalls Opfer der antisemitischen Gesetzgebung – 1934 seine Professur in Freiburg aufgeben mußte und in das Bohr-Institut gekommen war, das ihm aus einem langjährigen früheren Forschungsaufenthalt (1920-27) wohlvertraut war. Mit Hevesy, der 1944 mit dem Nobelpreis ausgezeichnet wurde, arbeitete sie zunächst an Untersuchungen über die durch Neutronenbestrahlung in Seltene Erden und andere Substanzen induzierte Radioaktivität. Später galt ihre gemeinsame Arbeit vor allem der Verwendung radioaktiver Indikatoren beim Studium biologischer Prozesse.

1940, mit dem Beginn der deutschen Besatzung in Dänemark, wechselte Hilde Levi, der im Dezember 1938 von der Berliner Universität der Doktortitel aberkannt worden war, in das Carlsberg-Laboratorium, eine international angesehene, von den Deutschen zunächst aber weniger beachtete biologische Forschungseinrichtung. 1943 mußte sie jedoch in einem Fischerboot – gemeinsam mit ihrer als Jüdin ebenfalls gefährdeten Freundin Sophie Hellman, der persönlichen Sekretärin von Niels Bohr, und zwei Bohr-Söhnen – vor der drohenden Deportation nach Schweden fliehen. Dort fand sie eine Anstellung in dem von John Runnström geleiteten Wenner-Gren-Institut für experimentelle Biologie in Stockholm. Gleich nach dem Ende des Krieges kehrte sie nach Dänemark zurück. Da Bohr inzwischen die Entscheidung getroffen hatte, die biologischen Forschungen in seinem Institut nicht weiterzuführen, nahm sie eine Stelle in dem von dem Nobelpreisträger August Krogh geleiteten Zoophysiologischen Institut der Universität Kopenhagen an. Krogh hatte vor dem Krieg eng mit Hevesy zusammengearbeitet und war deshalb auch an Hilde Levis Forschungen besonders interessiert. In diesem Institut konnte sie fast 25 Jahre lang, bis zu ihrem Eintritt in den Ruhestand im Jahr 1979, mit ständig wachsendem Erfolg, seit 1960 auch als Dozentin, ihrer wissenschaftlichen Arbeit nachgehen. 1947-48 hatte sie die Möglichkeit, eine Forschungsreise in die USA zu unternehmen, bei der sie die neue Technik der Carbon-14-Methode zur Altersbestimmung von abgestorbenen Pflanzen oder anderen toten Organismen kennenlernte, die unter anderem für die Datierung archäologischer Funde von großer Bedeutung wurde. Mit Unterstützung des Dänischen Nationalmuseums entwickelte sie die erste einschlägige Meßapparatur in Europa, mit der schon bald Aufsehen erregende Ergebnisse erzielt werden konnten. 1954-71 wirkte sie auch als Beraterin der dänischen Gesundheitsbehörde für Fragen des Strahlenschutzes. Zudem organisierte und leitete sie die ersten Kurse für Ärzte und andere Benutzer radioaktiver Isotope.

Nach der Pensionierung begann Hilde Levi wissenschaftsgeschichtlich zu arbeiten. Sie erwarb sich große Verdienste um den Aufbau und die Erschließung des Niels-Bohr-Archivs und war unter anderem an der Vorbereitung der großen Ausstellung zum hundertsten Geburtstag von Niels Bohr beteiligt, die 1985 in der Kopenhagener Stadthalle gezeigt wurde. Im gleichen Jahr erschien ihr ganz aus den Quellen gearbeitetes, weithin bewundertes Buch: »George de Hevesy. Life and Work«. Als Wissenschaftlerin publizierte sie zahlreiche Beiträge in Fachzeitschriften, nicht wenige gemeinsam mit von Hevesy. Nach 1945 legte sie, vor der Hinwendung zur Wissenschaftsgeschichte, u. a. fünf größere Veröffentlichungen vor: »Note on the Permeability of Red Blood Corpuscles to Potassium« (1945), »Microweighing in the Gradient Tube« (1946, mit Erik Zeuthen), »Some Problems in Radiocarbon Dating« (1952, mit Ernest C. Anderson), »Quantitative Beta Track Autoradiography With Nuclear Track Emulsions« (1955, mit Niels Bohr und Anne S. Hogben) und »On the Quantitative Evaluation of Autoradiograms« (1963, mit Arthur William Rogers). 1975 wurde sie mit der goldenen Medaille der Georg von Hevesy-Stiftung ausgezeichnet.

Flora Alice Lilienfeld

Kaiser-Wilhelm-Institut für Biologie, Berlin-Dahlem

Geboren 1886 in Lemberg (Galizien), gestorben 1977, vermutlich in Japan. Über Flora Lilienfeld, Tochter des jüdischen Rechtsanwalts Dr. Siegmund Lilienfeld und seiner Frau Sarah, geb. Jampoler, liegen leider nur sehr bruchstückhafte Informationen vor. Sie war eine ausgebildete Botanikerin, Schülerin von Marian Raciborski an der Universität Lemberg (Łwów), doch fehlen nähere Angaben über ihr Studium und ihre Promotion. 1910 publizierte sie erste wissenschaftliche Arbeiten, u. a. im Bulletin der Akademie der Wissenschaften in Krakau. In der ersten Hälfte der zwanziger Jahre führte sie Untersuchungen in der Züchtungsstation einer Saatzuchtgesellschaft in Włoszanowo bei Gniezno (Gnesen) durch, die sie ab Herbst 1925 auf Einladung von Carl Correns im Kaiser-Wilhelm-Institut für Biologie fortsetzte. In den folgenden Jahren beschäftigte sie sich in diesem Institut, auch unter der Leitung von Richard Goldschmidt, vermutlich vor allem mit Problemen der Genanalyse und der Vererbung, wobei sie einige Untersuchungen gemeinsam mit dem japanischen Biologen Hitoshi Kihara publizierte. 1933 oder 1934 mußte sie das KWI für Biologie aus rassistischen Gründen verlassen. Sie setzte ihre wissenschaftlichen Arbeiten danach offenbar in Japan fort. 1936 war sie in Tokio, im gleichen Jahr publizierte sie im Rahmen der Kaiserlichen Universität Kyoto. In späteren Jahren war sie im National Institute of Genetics in Mishima tätig. Für 1962 liegt von ihr eine Veröffentlichung in den Publikationen des Kihara-Instituts für biologische Forschung der Universität Yokohama vor. 2003 wurde in der Zeitschrift *Wiadomości Botaniczne* in der Rubrik »Portrety Botaników Polskich – Portraits of Polish Botanists« ein Foto von Flora Lilienfeld aus dem Muzeum Tatrzańskie in Zakopane veröffentlicht, das sie in ihren jüngeren Jahren zeigt.

Flora Lilienfeld veröffentlichte ihre Forschungsergebnisse u. a. in polnischen, deutschen und japanischen Fachzeitschriften. Einzelne Titel sind aus den Jahren 1922, 1929, 1930, 1933, 1934, 1936, 1949, 1956 und 1962 bekannt. Selbständig erschien 1929, als 13. Band in der von Erwin Baur herausgegebenen Reihe »Bibliotheca Genetica«, die Studie »Vererbungsversuche mit schlitzblättrigen Sippen von Malva parviflora, I. Die laciniata-Sippe«.

Hans Löwenbach (Lowenbach)

Kaiser-Wilhelm-Institut für Hirnforschung, Berlin-Buch

Geboren am 31. Januar 1905 in Duisburg, gestorben am 19. Oktober 1983 in Durham, North Carolina. Hans Löwenbach wuchs in einer protestantischen Bürgerfamilie auf. Sein Vater Julius Löwenbach (verheiratet mit Hilde, geb. Neuhaus), der 1928 starb, war Richter. Seit 1923 studierte Hans Löwenbach Medizin in Freiburg, Bonn, München, Tübingen und Hamburg und promovierte 1929 an der Universität Hamburg bei Theodor Heynemann mit der Dissertation »Untersuchungen über Erythrozytenzahl und Hämoglobinwert bei Wöchnerinnen«. Danach war er Assistent am Physiologischen Institut der Universität Freiburg (1930-32) und an der Universitätsklinik Köln (1932-33). Wegen eines jüdischen Großelternteils fiel er 1933 unter die Bestimmungen des »Berufsbeamtengesetzes«, doch konnte er von März 1933 bis November 1934 noch im Berliner Kaiser-Wilhelm-Institut für Hirnforschung wissenschaftlich tätig sein. In der neurophysiologischen Abteilung befaßte er sich mit elektrophysiologischen Versuchen am vegetativen Nervensystem.

1935 emigrierte Löwenbach nach Norwegen, wo er zuerst mit einem Stipendium der Nansen-Stiftung in der psychiatrischen Klinik der Universität Oslo unterkam. Von 1936 an arbeitete er drei Jahre lang als Schiffsarzt auf einem amerikanisch-norwegischen Walfangschiff, das seinen Heimathafen in Wilmington, Delaware, hatte. Löwenbach nahm von dort aus Kontakt mit früheren Kollegen aus Deutschland auf, die inzwischen an der Johns Hopkins University in Baltimore, Maryland, arbeiteten. Mit ihrer Hilfe konnte er 1938 in die USA einreisen. Er begann 1939 als Assistent in der Psychiatrie-Abteilung der Johns Hopkins University und wurde 1940 als Associate Professor für Neuropsychiatrie an die School of Medicine der Duke University in Durham, North Carolina, berufen. 1953 ernannte man ihn zum Full Professor. 1941 heiratete er Ottilie Tusler, mit der er drei Töchter hatte. Nach ihrem Tod (1958) heiratete er 1963 ein zweites Mal (Eileen Sullivan).

Nach einem in den Medical Center Archives der Duke University überlieferten Lebenslauf veröffentlichte Hans Löwenbach, der Mitglied mehrerer Fachgesellschaften war, zwischen 1930 und 1969 insgesamt 61 wissenschaftliche Arbeiten, davon 47 während seiner Tätigkeit in Durham, North Carolina.

1947 reiste Löwenbach, der 1943 amerikanischer Staatsbürger geworden war, im Auftrag der Technical Industrial Intelligence Division des United

States Department of Commerce nach Deutschland, um die dort während des Zweiten Weltkrieges geleistete medizinische Forschung zu evaluieren und das ihm wichtig erscheinende Material zu verfilmen, damit es auf diese Weise für die USA gesichert wurde. Er selber schätzte, wie einem ausführlichen, im August 1947 im Magazin *The New Yorker* erschienenen Bericht (»A Reporter at Large: *Zweckwissenschaft*«) zu entnehmen ist, den in diesen Jahren in Deutschland erzielten medizinischen Fortschritt als erstaunlich gering ein und erklärte das mit der im Kriege vorherrschenden »Zweckwissenschaft« und einem damit verbundenen Niedergang der Grundlagenforschung. 1949-51 gehörte Lowenbach, der in seinem Namen inzwischen auf den Umlaut verzichtete, dem United States Army Medical Corps an, 1951-65 war er Oberst der Reserve. Im gleichen Zeitraum arbeitete er auch für das Office of Scientific Research and Development der US-Regierung. 1948 schon hatte er zu den Begründern der Southern Epilepsy & EEG (Electroencephalography) Society gehört.

Walter Marx

Kaiser-Wilhelm-Institut für medizinische Forschung, Heidelberg

Geboren am 26. Juni 1907 in Karlsruhe, gestorben im August 1984 in Los Angeles.

Walter Marx, Sohn des promovierten Gymnasialdirektors August Marx und seiner Frau Lise, geb. Gutmann, verbrachte seine Kindheit und Jugendzeit in Karlsruhe-Durlach. Seine Eltern waren jüdisch, er selber gehörte später keiner Religionsgemeinschaft an. 1925-33 studierte er Chemie an der Technischen Hochschule Karlsruhe. Er machte 1931 sein Diplom, hatte 1931-33 eine Assistentenstelle im Institut für Physikalische Chemie der TU Karlsruhe und promovierte 1933 bei Hermann Mark mit der Dissertation »Zur Kenntnis der Zersetzung aliphatischer Äther durch heterogene Katalyse« zum Dr.-Ing. Mit einem Stipendium der »Justus-Liebig-Gesellschaft zur Förderung des chemischen Unterrichts« arbeitete er von Januar 1933 bis Juli 1934 in der von Richard Kuhn geleiteten Abteilung des Kaiser-Wilhelm-Instituts für medizinische Forschung in Heidelberg. Weil es unter den Bedingungen des NS-Systems für ihn als »Nichtarier« in Deutschland keine wissenschaftlichen Entwicklungsmöglichkeiten mehr gab, entschloß er sich zur Emigration in die USA. Sein älterer Bruder, der Diplom-Ingenieur Erich Marx, war bereits 1927 in die

USA gegangen, und auch seine Schwester, die Biologin Lore Marx, die 1928-31 im Kaiser-Wilhelm-Institut für Biologie in Berlin gearbeitet hatte, emigrierte 1933 nach Dänemark und 1936 in die USA.

Marx war 1934-37 Research Fellow am Mount Sinai Hospital in New York, 1937-39 Research Associate der School of Medicine der Duke University in Durham, North Carolina und 1939-44 Research Associate des Institute for Experimental Biology der University of California in Berkeley. 1941 erhielt er die amerikanische Staatsbürgerschaft. 1944 wurde er vom National Defense Research Committee in das Office of Scientific Research and Development berufen. Nach einer weiteren Zwischenstufe als Research Associate für Biologie im California Institute of Technology in Pasadena 1945-46 bekam er schließlich die Chance einer kontinuierlichen akademischen Entwicklung im Department of Biochemistry der School of Medicine der University of Southern California in Los Angeles. Dort wurde er 1946 Assistant Professor, 1950 Associate Professor und 1954 Full Professor. Im gleichen Jahr heiratete er Marianne Wormser, mit der er einen Sohn (Thomas) hatte. In den sechziger Jahren amtierte er zeitweise als Acting Chairman des Departments. 1970 nahm er eine Gastprofessur an der Universität Bern wahr, 1976 wurde er emeritiert.

In Los Angeles beschäftigte Marx sich unter anderem mit Forschungen zu Hormonen, dem Cholesterin-Stoffwechsel, der Heparinbiosynthese und dem Hefestoffwechsel. Er veröffentlichte zahlreiche Abhandlungen in Fachzeitschriften wie *Experimental Biology and Medicine, Endocrinology, International Journal of Biochemistry & Cell Biology* und *Journal of Biochemistry*. Er war Mitglied der American Association for the Advancement of Science und mehrerer fachwissenschaftlicher Gesellschaften.

Lise Meitner

Kaiser-Wilhelm-Institut für Chemie, Berlin-Dahlem

Geboren am 17. November 1878 in Wien, gestorben am 27. Oktober 1968 in Cambridge.

Lise (ursprünglich Elise) Meitner, als deren Geburtsdatum im Geburtsregister der Jüdischen Gemeinde in Wien der 17. November notiert ist, während sie selber später den 7. November als ihren Geburtstag betrachtete, wuchs als drittes von acht Kindern des Hof- und Gerichtsadvokaten Dr. Philipp Meitner und seiner Frau Hedwig, geb. Skovran, in einer Familie des liberalen Wiener Bildungsbürgertums auf. Sie besuchte eine höhere Mädchenschule und erhielt im Anschluß daran eine Ausbildung als Lehrerin. Erst nach dem Lehrerexamen begann sie sich durch Privatunterricht auf die Reifeprüfung (Matura) vorzubereiten. Nachdem sie diese bestanden hatte, nahm sie mit 23 Jahren an der Universität Wien ein Studium der Physik und Mathematik auf, das sie im Dezember 1905 mit der Doktorprüfung abschloß. Die bei Franz Exner eingereichte Dissertation wurde wenig später unter dem Titel »Wärmeleitung in inhomogenen Körpern« in den *Sitzungsberichten der Wiener Akademie der Wissenschaften* veröffentlicht. Da Lise Meitner nicht sicher war, ob sie als Wissenschaftlerin tätig sein könne, legte sie auch die Lehramtsprüfungen in Mathematik und Physik ab. Nach der Promotion arbeitete sie im Physikalischen Institut der Universität mit Stefan Meyer, der sie in das neue Forschungsgebiet der Radioaktivität einführte. Teilweise parallel dazu absolvierte sie ihr Referendariat an einer Wiener Mädchenschule.

Um ihre Kenntnisse in der Theoretischen Physik zu vertiefen, ging sie 1907 an die Universität Berlin, wo sie wissenschaftlichen und auch persönlichen Zugang zu Max Planck fand, der ihr lebenslang ein bewundertes Vorbild blieb. Neben dem Besuch von Vorlesungen bemühte sie sich um einen Arbeitsplatz im Labor, was zu dieser Zeit für Frauen besonders schwierig war. Emil Fischer erlaubte ihr schließlich, in der Holzwerkstatt seines Chemischen Instituts zu arbeiten. Dort begann ihre drei Jahrzehnte während enge Zusammenarbeit mit dem fast gleichaltrigen, im Frühjahr 1907 habilitierten Radiochemiker Otto Hahn. Lise Meitner leistete Pionierarbeit auf dem Gebiet der Strahlungsmessung sowie beim Auffinden und Analysieren der in ihren Experimenten entdeckten neuen Elemente. Jahrelang geschah das ohne jede Bezahlung, und auch als sie 1912 mit Hahn in das neu gegründete Kaiser-Wilhelm-Institut für Chemie wechselte, war ihr Status zunächst nur der einer fachlich höchst willkommenen, aber nicht vom Institut finanzierten Gastforscherin. Ihr erstes kleines Einkommen erhielt sie für die von Ende 1912 bis 1915 zusätzlich ausgeübte Tätigkeit als Vorlesungsassistentin von Max Planck.

1913 kam der lang erhoffte Durchbruch: Lise Meitner erhielt im KWI für Chemie nicht nur eine Stelle, sondern übernahm auch, gemeinsam mit Hahn, die Leitung der Abteilung für Radioaktivitätsforschung. Durch den Ersten Weltkrieg wurde die gemeinsame Arbeit unterbrochen, weil Hahn 1914 eingezogen und zunächst als Soldat an die Front beordert, ab 1915 dann der Kampfstoff-Forschungsgruppe von Fritz Haber zugeteilt wurde. Lise Meitner absolvierte im Herbst 1914 eine Ausbildung als Röntgenassistentin und meldete sich im Sommer 1915 freiwillig zum Dienst in der österreichischen Armee. Sie wurde in Frontlazaretten eingesetzt, im Herbst 1916 aber zur Fortsetzung ihrer wissenschaftlichen Arbeit ent-

lassen. Im Juni 1917 wurde sie im KWI für Chemie mit dem Aufbau und
der Leitung einer eigenen Physik-Abteilung beauftragt. Zwei Jahre später
verlieh ihr die Kaiser-Wilhelm-Gesellschaft den Professorentitel. An der
Berliner Universität habilitierte sie sich 1922, auf der Basis ihrer inzwischen mehr als 40 wissenschaftlichen Veröffentlichungen, für das Fach
Physik. Ihre Antrittsvorlesung hielt sie über »Die Bedeutung der Radioaktivität für kosmische Prozesse«. Als erste Physikerin in Deutschland
wurde sie 1926 von der Universität zur (nichtbeamteten) außerordentlichen Professorin ernannt. Die Kaiser-Wilhelm-Gesellschaft machte sie
1929 zum Wissenschaftlichen Mitglied. Die hohe Anerkennung, die Lise
Meitner als Wissenschaftlerin genoß, spiegelte sich nicht zuletzt in der
ständig wachsenden Zahl ihrer Schüler und Mitarbeiter wie auch in den
zahlreichen in- und ausländischen Gastforschern in ihrer Abteilung.

Aus der Arbeitsgemeinschaft mit Otto Hahn gingen seit 1908 viele Aufsehen erregende wissenschaftliche Ergebnisse hervor. 1918 gelang ihr gemeinsam mit Hahn die Entdeckung eines neuen radioaktiven Elements,
das sie Protactinium nannten (ihr früherer Mentor Stefan Meyer äußerte
dazu mehr oder weniger scherzhaft, daß ihm die Bezeichnung »Liso-
nium« oder »Lisottonium«, in Anlehnung an die Vornamen der Entdecker,
besser gefallen hätte). Vier Jahre später stellte Max von Laue in seinem
Habilitationsgutachten fest, daß sie »zu den in der ganzen Welt anerkannten Forschern auf dem Gebiet der Radioaktivität« gehörte. Seit der
Mitte der zwanziger Jahre erhielt Lise Meitner eine Reihe wichtiger Auszeichnungen, u. a. die »Silberne Leibniz-Medaille« der Preußischen Akademie der Wissenschaften, den Ignaz-Lieben-Preis der Wiener Akademie
der Wissenschaften und den »Ellen Richards Prize« der American Association to Aid Scientific Research by Women. Albert Einstein sprach voller Hochachtung von Meitner als »unserer Frau Curie« und soll in privaten Äußerungen die Auffassung vertreten haben, daß sie sogar eine noch
begabtere Physikerin als die zweimalige Nobelpreisträgerin Marie Curie
sei. Unabhängig von Hahn entwickelte sie sich zu einem der führenden
Köpfe der entstehenden Kernphysik. Als Experimentalphysikerin, die
sich eng an der Theorie orientierte, wurde sie vor allem durch ihre Arbeiten über den Zusammenhang zwischen Beta- und Gammaspektren bekannt. Sie leistete wesentliche Beiträge zur Klärung der Anregungs- und
Grundzustände der Atomkerne und konnte 1932 zeigen, daß Positronen
und Elektronen paarweise auftreten. Obwohl Meitner und Hahn seit
Beginn der zwanziger Jahre in fachlicher Hinsicht überwiegend getrennte
Wege gingen, blieben sie enge, auch freundschaftlich miteinander verbundene Kollegen. Nachdem Enrico Fermi beim Beschuß des Uranatoms
mit Neutronen die Existenz von sogenannten Transuranen postuliert

hatte, überredete Lise Meitner 1934 Hahn zur Wiederaufnahme ihrer unmittelbaren Zusammenarbeit. Dabei galt ihr Interesse in den folgenden Jahren vor allem der Untersuchung der »Transurane«.

Im September 1933 wurde ihr, obwohl Hahn und Planck sich beim Ministerium für sie verwandt hatten, von der Berliner Universität die Lehrbefugnis entzogen. In seinem Schreiben an das Ministerium hatte Hahn unter anderem darauf hingewiesen, daß Lise Meitner »im In- und Ausland« als »führende Radiumforscherin« anerkannt sei und »in ihrer Bedeutung unmittelbar neben der Nobelpreisträgerin Frau Curie in Paris« stehe. Ungeachtet der Tatsache, daß sie 1908 in Wien zur evangelischen Kirche übergetreten war, wurde sie von dem zuständigen Ministerialreferenten als »100 % nichtarisch« klassifiziert. Das bedeutete in der Folgezeit auch den Ausschluß aus zahlreichen anderen Einrichtungen und einen weitgehenden Rückzug aus der wissenschaftlichen Öffentlichkeit innerhalb Deutschlands. Im KWI für Chemie genoß sie dagegen, nicht zuletzt wegen ihrer österreichischen Staatsangehörigkeit, einen relativen Schutz. So entschied sie sich, obwohl sie im November 1933 das Angebot erhielt, mit einem Stipendium der Rockefeller Foundation für ein Jahr zu Niels Bohr nach Kopenhagen zu gehen, und auch das angesehene Swarthmore College in den USA an ihr interessiert war, in Berlin zu bleiben und ihr wissenschaftliches Lebenswerk unter dem Dach der Kaiser-Wilhelm-Gesellschaft fortzusetzen. Unter ihren Mitarbeitern und Studenten befanden sich in den folgenden Jahren viele Nationalsozialisten, doch vertraute sie für die Arbeit im Institut nicht ohne Grund, wie sich zeigte, auf die disziplinierende und politisch neutralisierende Kraft der Wissenschaft.

Die Situation änderte sich jedoch grundlegend im Frühjahr 1938, als sie mit dem »Anschluß« Österreichs an das Deutsche Reich ihre österreichische Staatsangehörigkeit verlor und als »Inländerin« künftig uneingeschränkt unter die im »Deutschen Reich« geltenden antisemitischen Bestimmungen fiel. Besonders dramatisch wurde die Situation in dem Augenblick, als ihr Reisepaß seine Gültigkeit verlor und ein generelles Ausreiseverbot für hochqualifizierte Wissenschaftler angekündigt wurde. Als in der Reisepaß-Angelegenheit selbst eine direkte Intervention des damaligen Präsidenten der Kaiser-Wilhelm-Gesellschaft Carl Bosch beim Reichsinnenminister erfolglos blieb und Lise Meitner offensichtlich in das Visier der nationalsozialistischen Polizei geriet, blieb ihr nur die Flucht. Holländische Freunde verschafften ihr eine Einreiseerlaubnis in die Niederlande und organisierten die illegale Ausreise aus Deutschland, die ihr am 13. Juli 1938 gelang.

Mit nicht mehr als leichtem Handgepäck, »staatenlos«, ohne gültigen Reisepaß und ohne Geld war sie als fast Sechzigjährige jenseits der deutschen Grenzen auf die Hilfe von Freunden und Kollegen angewiesen. Schon die Weiterreise aus den Niederlanden nach Dänemark und von dort nach Schweden erwies sich als schwierig. In dem neu errichteten Stockholmer Nobel-Institut für Experimentalphysik, in dem sie in den nächsten Jahren tätig war, bekam sie zwar den ihr vorher zugesagten Arbeitsplatz, aber keine ihren Fähigkeiten und Erfahrungen entsprechende Stellung. Sie galt als Gastwissenschaftlerin und blieb ohne eigene Mitarbeiter und ohne angemessene Ausstattung. Ein bescheidenes Gehalt zahlte ihr die Schwedische Akademie der Wissenschaften; die bei der Kaiser-Wilhelm-Gesellschaft beantragten Ruhestandsbezüge, auf die sie insofern einen Anspruch hatte, als man ihr Ausscheiden aus dem KWI für Chemie offiziell als Emeritierung behandelte, wurden ihr mit der Begründung, daß sie sich im Ausland aufhalte, nicht ausgezahlt. Erst im Alter von 68 Jahren erhielt sie im Frühjahr 1947 an der Königlichen Technischen Hochschule in Stockholm eine volle Professur (ohne Lehrverpflichtungen) und ein eigenes Laboratorium für ihre kernphysikalischen Forschungen. Auf die Regelung ihrer Pensionsansprüche an die Kaiser-Wilhelm-Gesellschaft bzw. Max-Planck-Gesellschaft mußte sie noch länger warten. Erst nach jahrelangen juristischen Auseinandersetzungen wurde schließlich eine Einigung erreicht.

Die politisch erzwungene Emigration Meitners war in ein fortgeschrittenes Stadium ihrer Zusammenarbeit mit Otto Hahn und Fritz Straßmann gefallen, an deren Ende die Entdeckung der Kernspaltung stand. Trotz der räumlichen Trennung stand sie auch in den folgenden Monaten in einem intensiven schriftlichen Meinungsaustausch über die in Berlin durchgeführten Experimente und deren Ergebnisse. So wurden die entscheidenden Versuche im Dezember 1938 zwar von Hahn und Straßmann ohne ihre unmittelbare Beteiligung durchgeführt, doch gelang es ihr nur wenig später gemeinsam mit ihrem Neffen Otto Robert Frisch, die Spaltung des Uran-Atoms nach dem Bohrschen »Tröpfchenmodell« zu deuten und als »Kernspaltung« theoretisch überzeugend zu begründen. Im Vorfeld der Entscheidung, Otto Hahn 1945 mit dem Nobelpreis auszuzeichnen, wurde deshalb auch über die Einbeziehung Lise Meitners in die Preisverleihung diskutiert. Es kam allerdings damals ebensowenig wie in den folgenden Jahren und Jahrzehnten, in denen sie immer wieder für den Nobelpreis nominiert wurde, zu einer positiven Entscheidung.

Weder 1945 noch später erwog Lise Meitner ernsthaft eine Rückkehr nach Deutschland. Sie nahm zwar den Kontakt mit ihren alten Freunden wieder auf, war aber gegenüber den Entwicklungen im Nachkriegsdeutschland außerordentlich kritisch. Das Angebot, die Stelle einer Institutsdirektorin und Leiterin der Physik-Abteilung in dem nach Mainz verlegten KWI für Chemie zu übernehmen, das ihr im Spätjahr 1947 gemacht wurde, lehnte sie ab, obwohl es von dem von ihr hoch geschätzten Fritz Straßmann kam und von Otto Hahn unterstützt wurde. Einer Freundin vertraute sie in diesem Zusammenhang an, daß sie »nicht in Deutschland leben« könne: »Nach allem, was ich aus den Briefen meiner deutschen Freunde sehe und von anderer Seite über Deutschland höre, haben die Deutschen noch immer nicht begriffen, was geschehen ist, und alle Greuel, die ihnen nicht persönlich widerfahren sind, völlig vergessen. Ich glaube, ich würde in dieser Atmosphäre nicht atmen können.« Ihre erste Reise nach Deutschland unternahm sie im April 1948, um in Göttingen an der Trauerfeier für Max Planck teilzunehmen. Im gleichen Jahr akzeptierte sie auch ihre Ernennung zum Auswärtigen Wissenschaftlichen Mitglied der Max-Planck-Gesellschaft.

Als sie 1946 eine Gastprofessur an der Catholic University of America in Washington D.C. wahrnahm, war das mit einer Reise durch die USA verbunden, die große öffentliche Aufmerksamkeit fand. Die amerikanische Presse feierte sie als »Wegbereiterin der Atombombe«, der Women's National Press Club zeichnete sie in Anwesenheit von Präsident Harry S. Truman als »Woman of the Year« aus. Sie hielt Vorträge an den großen amerikanischen Universitäten (u. a. Princeton, Harvard, Chicago), empfing Ehrendoktorwürden der Brown University und der Purdue University und traf ebenfalls emigrierte alte Freunde und Kollegen wieder. In den folgenden Jahren erhielt sie von vielen wissenschaftlichen Gesellschaften und an vielen Orten hohe Auszeichnungen. Die Deutsche Physikalische Gesellschaft verlieh ihr 1949 zusammen mit Otto Hahn die Max-Planck-Medaille. 1955 war sie die erste Empfängerin des Otto-Hahn-Preises. 1957 wurde sie in den Orden »Pour le mérite für Wissenschaft und Künste« aufgenommen, 1959 mit dem Bundesverdienstkreuz ausgezeichnet. 1960 bekam sie in Wien die Wilhelm-Exner-Medaille, 1962 in Göttingen die Dorothea-Schlözer-Medaille. 1966 wurde sie zusammen mit Hahn und Straßmann von der US-Atomenergiebehörde mit dem Enrico-Fermi-Preis geehrt. Im Frühjahr 1959 erhielt das »Institut für Kernforschung Berlin« bei seiner Eröffnung den Namen »Hahn-Meitner-Institut für Kernforschung«. 1994 schließlich wurde dem neu entdeckten Element Nr. 109 der Name »Meitnerium« gegeben.

Obwohl Lise Meitner 1949 schwedische Staatsbürgerin geworden war (ohne ihre österreichische Staatsangehörigkeit aufzugeben), verlegte sie 1960, als sie mit 82 Jahren endgültig in den Ruhestand ging, ihren Wohnsitz nach Cambridge, um ihren Lebensabend in der Nähe ihres Neffen Otto Robert Frisch und seiner Familie zu verbringen. Sie starb im Oktober 1968, wenige Tage vor ihrem 90. Geburtstag. Auf ihrem Grabstein in Bramley (Hampshire) steht: »Lise Meitner: a physicist who never lost her humanity«.

Otto Fritz Meyerhof

Kaiser-Wilhelm-Institut für medizinische Forschung, Heidelberg

Geboren am 12. April 1884 in Hannover, gestorben am 6. Oktober 1951 in Philadelphia.

Otto Meyerhof entstammte einer wohlhabenden Familie des gebildeten jüdischen Bürgertums. Seine Eltern waren der Kaufmann Felix Meyerhof und seine Frau Bettina, geb. May. Er verlebte seine Schulzeit – die durch eine schwere Nierenerkrankung und eine anschließende viermonatige Erholungsreise nach Ägypten unterbrochen wurde – in Berlin, wo er 1903 das Abitur machte. Schon als Schüler war er auffallend vielseitig interessiert und belesen, und auch als Medizinstudent in Freiburg, Berlin, Straßburg und Heidelberg ging er neben dem Fachstudium seinen Neigungen in Philosophie, Psychologie und Literatur nach. An der Berliner Universität war er aktives Mitglied und später Vorsitzender einer von der Freien Studentenschaft gegründeten »Kommission für Arbeiter-Unterrichtskurse«, deren Tätigkeit er 1907 in der Zeitschrift *Comenius-Blätter für Volkserziehung* vorstellte. 1908 legte er in Heidelberg das medizinische Examen ab, 1910 promovierte er bei dem Heidelberger Psychiater Franz Nißl mit der Dissertation »Beiträge zur psychologischen Theorie der Geistesstörungen«. Danach war Meyerhof, der sich bereits in jungen Jahren auch sozial engagierte, in Heidelberg als Armenarzt und als Assistenzarzt bei Ludolf von Krehl tätig. Ein Stipendium ermöglichte ihm von November 1910 bis Juni 1911 einen Forschungsaufenthalt im Zoologischen Institut in Neapel, wo er von dem Biochemiker Otto Warburg mit Forschungsproblemen der Zellphysiologie näher vertraut gemacht wurde. In diesen Jahren begann er sich durch Fachbeiträge zur Psychologie und eine 1910 erschienene Abhandlung über »Goethes Methode der Naturforschung« einen Namen zu machen. Nach einer kurzen Tätigkeit im Physiologischen Institut der Universität Zürich wechselte er im Frühjahr 1912 auf eine Assistentenstelle im Physiologischen Institut der Universität Kiel. Schon im August 1913 wurde er dort für das Fachgebiet Physiologie habilitiert. Die Antrittsvorlesung war der »Energetik der Zellvorgänge« gewidmet. 1914-15 leistete Meyerhof Militärdienst, kam wegen seiner schwachen Gesundheit aber nicht zum Fronteinsatz. Im Juni 1914 heiratete er Hedwig Schallenberg, die Mathematik studiert hatte und später Malerin wurde. Aus der Ehe gingen drei Kinder (Stefanie, Georg Gottfried und Walter Ernst) hervor.

Obwohl Meyerhofs Forschungsergebnisse in ständig wachsender Zahl Aufsehen erregten, schien seine wissenschaftliche Karriere zunächst zu stagnieren. Er wurde in Kiel 1918 zum außerplanmäßigen Professor und 1921 zum nichtbeamteten außerordentlichen Professor ernannt, empfing aber keinen Ruf an eine auswärtige Universität. Das änderte sich allerdings rasch, als er 1923 für seine Arbeiten über den Stoffwechsel der Muskelbewegung gemeinsam mit dem Engländer Archibald Vivian Hill mit dem Medizin-Nobelpreis für das Jahr 1922 ausgezeichnet wurde. In den USA bot ihm die Yale University die Position des Chairman des Department of Biochemistry an, und wenig später erhielt er ein großzügiges Angebot der Kaiser-Wilhelm-Gesellschaft in Berlin. Im April 1924 wurde er zum Wissenschaftlichen Mitglied und Leiter einer neu geschaffenen physiologischen Abteilung des Kaiser-Wilhelm-Instituts für Biologie in Berlin ernannt. Ende 1929 wechselte er als Direktor des (Teil-)Instituts für Physiologie an das neue Kaiser-Wilhelm-Institut für medizinische Forschung in Heidelberg. Gleichzeitig übernahm er eine Honorarprofessur an der Heidelberger Universität. Die Kaiser-Wilhelm-Gesellschaft bot ihm optimale Arbeitsbedingungen, und noch aus der zeitlichen und räumlichen Distanz des Jahres 1948 in den USA erklärte er gegenüber der Max-Planck-Gesellschaft, die ihm eine Auswärtige Wissenschaftliche Mitgliedschaft angetragen hatte, »daß ich meine 14jährige Tätigkeit als wissenschaftliches Mitglied und Direktor der Kaiser-Wilhelm-Gesellschaft in Dahlem und in Heidelberg als die erfolgreichste Periode meiner wissenschaftlichen Existenz betrachte, daß ich diese Jahre und die Arbeitsgemeinschaft mit den dortigen Kollegen in freundlichster Erinnerung habe und daß ich mich freue, diese Beziehungen wiederaufzunehmen«.

Meyerhof, der aus der jüdischen Religionsgemeinschaft ausgetreten, aber nicht in eine der christlichen Kirchen eingetreten war, also »konfessionslos« war, gehörte nach den im »Dritten Reich« gültigen Definitionen zu den »Nichtariern«. Dennoch konnte er, wenn auch unter zunehmenden Schwierigkeiten, sein Direktorenamt nach 1933 nicht nur solange weiter ausüben, wie er als »Altbeamter« (vor 1914) vor Entlassung geschützt war, sondern aufgrund besonderer vertraglicher Vereinbarungen sogar noch nach 1935. Eine wichtige Voraussetzung dafür war, daß seine Mitdirektoren in Heidelberg und die Generalverwaltung in Berlin sich darin einig waren, daß er dem Heidelberger Institut unbedingt erhalten bleiben sollte. Allerdings erschien es schon Anfang 1934 allen Beteiligten nicht mehr opportun, daß er die für ihn vorgesehene Aufgabe des geschäftsführenden KWI-Direktors übernahm. Meyerhof versuchte, seine von der Verfolgung bedrohten Mitarbeiter so gut wie möglich zu schützen, und nahm auch während der NS-Zeit noch jüdische Mitarbeiter und Doktoranden in sein Institut auf. Allerdings wurde der politische Druck ständig größer. Im Juni 1938 notierte der Generalsekretär der Kaiser-Wilhelm-Gesellschaft in einem Vermerk für den Reichsminister für Wissenschaft, Erziehung und Volksbildung: »Meyerhoff [!] scheidet spätestens 31.III.39 offiziell aus. Eventuell früher.«

Die Lehrbefugnis an der Universität war Meyerhof bereits im Dezember 1935 entzogen worden, und im August 1938 sah er sich gezwungen, mit seiner Frau zu emigrieren. In Paris wurde er noch im gleichen Jahr zum Directeur de recherche im Institut de biologie physico-chimique ernannt. Nach dem Sieg der deutschen Truppen über Frankreich mußte er im Mai 1940 unter dramatischen Umständen fliehen. Über Spanien und Portugal gelangte er in die USA, wo er die Unterstützung der Rockefeller Foundation und des Emergency Committee for Displaced German Scholars fand. Die School of Medicine der University of Pennsylvania in Philadelphia bot ihm eine Forschungsprofessur mit einem eigenen Laboratorium an, eine Position, die er von 1940 bis zu seinem Tod im Jahre 1951 – er starb an einem Herzleiden, das ihm schon seit vielen Jahren zu schaffen gemacht hatte – wahrnahm. Die Sommermonate verbrachte er in der Regel mit seiner Frau im Marine Laboratory in Woods Hole.

Otto Meyerhof gehörte zu den international führenden Biochemikern der ersten Hälfte des 20. Jahrhunderts. Seine Arbeiten über die chemischen Prozesse im Muskel waren grundlegend für die Erklärung der Energiegewinnung in biologischen Prozessen. Mit der Analyse des Glykogen-Milchsäurezyklus wies er erstmalig den zyklischen Charakter der Energietransformationen in lebenden Zellen nach. Auch die Rolle von Adenosintriphosphat (ATP) für die energiespendenden Reaktionen des Körpers wurde von Meyerhof in Zusammenarbeit mit Karl Lohmann geklärt. Über sein wissenschaftliches Selbstverständnis schrieben seine Schüler Fritz A. Lipmann (Nobelpreisträger für Medizin), David Nachmansohn und Severo Ochoa (ebenfalls Nobelpreisträger für Medizin): »Meyerhof was one of the greatest thinkers among the biologists of our time. He repeatedly raised the question of the philosophical basis and background of physiology and the relation of life phenomena to physics and chemistry. He staunchly supported the view that the laws of physics and chemistry must be applicable to the forces acting in the living organism. He was convinced that many of the manifestations of life will eventually become understandable in physicochemical terms, and he fought vigorously against vitalistic and neovitalistic views.«

Schon in jungen Jahren hatte Meyerhof, der in engem Kontakt mit dem Philosophen Leonard Nelson stand, sich mit der Philosophie Immanuel Kants, aber auch mit Jakob Friedrich Fries, dessen Schriften er mitherausgab, auseinandergesetzt. Er blieb sein Leben lang an den Problemen der Philosophie interessiert und war ein Kenner und Bewunderer der deutschen und der europäischen Literatur. 1949 hielt er auf Einladung der Rudolf Virchow Medical Society eine Rede in New York, in der er unter anderem sein Verhältnis zu Deutschland und zur deutschen Kultur nach den Erfahrungen der NS-Herrschaft und der NS-Verbrechen reflektierte: »Wenn wir uns hier in der Rudolf Virchow Gesellschaft in New York versammelt haben, das Andenken Johann Wolfgang Goethes anläßlich seines 200jährigen Geburtstages zu feiern, so tun viele von uns es mit zwiespältigen Gefühlen. Wir wissen, daß Goethe der Größte war, den die deutsche Erde und der deutsche Geist der Welt geschenkt haben, der lebendigste Ausdruck allumfassender Humanität. Wir wissen gleichzeitig, daß das Deutschland unserer Tage dieses Erbe verraten und geschändet hat über jedes vorstellbare Maß hinaus. Ja, daß wir hier fern der Heimat in einem fremden Weltteil versammelt sind, um Goethe zu feiern, macht uns diese Aufgabe eher leichter, wir knüpfen an sein Weltbürgertum an, an das übernationale, alles durchdringende Geistige seines Wesens. Wir bewahren so die Flamme seines lebendigen Geistes, wenn auch alle Goethestätten in Trümmern liegen als ein schauriges Symbol dieses Verrats.«

Meyerhof veröffentlichte über 400 Artikel in Fachzeitschriften. Zu seinen wichtigsten Werken zählen: »Zur Energetik der Zellvorgänge« (1913), »The Chemical Dynamics of Life Phenomena« (1925), »Die chemischen Vorgänge im Muskel und ihr Zusammenhang mit Arbeitsleistung und Wärmebildung« (1930) und »Chimie de la contraction musculaire« (1933). Er war Mitglied und Ehrenmitglied zahlreicher wissenschaftlicher Gesellschaften, u. a. der Preußischen Akademie der Wissenschaften in Berlin, der Medizinischen Akademie in Rom, der Royal Society London und der National Academy of Sciences in Washington. Von der University of Edinburgh wurde ihm die Ehrendoktorwürde verliehen. Im Nachkriegsdeutschland ernannte ihn die Max-Planck-Gesellschaft 1948 zum Auswärtigen Wissenschaftlichen Mitglied, und 1949 machte ihn die Universität Heidelberg erneut zum »ordentlichen Honorarprofessor«. Die Einrichtung für »Ambulante Medizin und Klinische Forschung« des Heidelberger Universitätsklinikums trägt den Namen »Otto-Meyerhof-Zentrum«.

Hermann Muckermann

Kaiser-Wilhelm-Institut für Anthropologie, menschliche Erblehre und Eugenik, Berlin-Dahlem

Geboren am 30. August 1877 in Bückeburg, gestorben am 27. Oktober 1962 in Berlin. Hermann Muckermann entstammte einer niedersächsischen Bauern- und Handwerkerfamilie. Sein Vater Hermann Johann Muckermann, verheiratet mit Anna Rüther, war Kaufmann. Hermann Muckermann besuchte das Gymnasium in Bückeburg und trat 1896 in den Jesuitenorden ein. Im Ignatiuskolleg im holländischen Valkenburg erhielt er seine erste theologische und philosophische Ausbildung. Ergänzend dazu widmete er sich den Naturwissenschaften. Ab 1899 besuchte er in den USA das jesuitische College of the Sacred Heart in Wisconsin, das er 1902 als Doktor der Philosophie verließ. Der Titel seiner Dissertation lautete: »The Humanizing of the Brute or the Essential Difference Between the Human and the Animal Soul Proved from Their Specific Activities«. 1902-07 unterrichtete er an mehreren Ordenskollegien Mathematik und Naturwissenschaften. Er kehrte dann nach Valkenburg zurück, setzte seine theologischen Studien fort und wurde 1909 zum Priester geweiht. 1910 begann er an der Universität Löwen ein Zoologiestudium, das er 1913 mit dem Examen abschloß. Daneben arbeitete er in diesen Jahren im Institut Carnoy auf dem Gebiet der Zellforschung. 1913-16 war er Herausgeber und Redakteur der von ihm initiierten Kulturzeitschrift *Stimmen der Zeit*.

Von 1916 an begann Muckermann die Eugenik zum Schwerpunkt seiner wissenschaftlichen und publizistischen Tätigkeit zu machen. Er wurde rasch zu einem der bekanntesten Vertreter der Sozial- und Rassenhygiene in Deutschland, zu einem begehrten Vortragsredner – er soll jährlich über 100 Vorträge im In- und Ausland gehalten haben – und Autor vielgelesener Bücher. 1921-33 war er auch Herausgeber und Redakteur der Zeitschrift *Das kommende Geschlecht. Zeitschrift für Eugenik*. 1926 ließ er sich von seinen Ordensverpflichtungen entbinden, um sich noch intensiver dem Studium und der Popularisierung eugenischer Probleme widmen zu können. Als 1927 das Kaiser-Wilhelm-Institut für Anthropologie, menschliche Erblehre und Eugenik geschaffen wurde, dessen Gründung Muckermann durch seine vielfältigen politischen Beziehungen wesentlich gefördert und auch persönlich unterstützt hatte, berief ihn der Gründungsdirektor Eugen Fischer als Leiter der Eugenik-Abteilung. Das Institut ermöglichte ihm in den folgenden Jahren eine weitere Intensivierung seiner

Arbeit. Überzeugt vom Nutzen der Eugenik zum Wohl zukünftiger Gesellschaften, war Muckermann auch politisch beratend tätig. Er stand in engem Kontakt zu dem Zentrumspolitiker und langjährigen Chef des preußischen Ministeriums für Volkswohlfahrt Heinrich Hirtsiefer und war unter anderem 1932 an der Formulierung eines Gesetzentwurfes zur Freigabe der freiwilligen Sterilisierung beteiligt, der in der Endphase der Weimarer Republik zwar nicht mehr verabschiedet wurde, aber einen wichtigen Schritt auf dem Wege zu dem nationalsozialistischen »Gesetz zur Verhütung erbkranken Nachwuchses« vom 14. Juli 1933 bedeutete.

Wegen seiner ausgeprägt katholischen Grundanschauungen und seiner Beziehungen zum politischen Katholizismus war Muckermann für die Nationalsozialisten in einer leitenden Stellung im KWI für Anthropologie, menschliche Erblehre und Eugenik, dem für die Bearbeitung rassentheoretischer und rassenhygienischer Fragen unter nationalsozialistischen Vorzeichen eine wichtige Rolle zugedacht war, von Anfang an untragbar. Ende Juni 1933 schrieb das Reichsinnenministerium deshalb an den für die Kaiser-Wilhelm-Gesellschaft zuständigen preußischen Minister für Wissenschaft, Erziehung und Volksbildung, daß Muckermann in einem »grundsätzlichen Gegensatz zu der Weltanschauung des Nationalsozialismus« stehe: »Es ist unmöglich, ihn dort als Lehrer unserer Amtsärzte zu verwenden, die die Leiter unserer späteren Rassenämter werden sollen. Das Institut fällt für jede Mitarbeit aus, solange Herr Muckermann sich an ihm befindet.« Andererseits wolle man »keinen Märtyrer« schaffen, so daß es am besten wäre, wenn er an einer katholischen Universität untergebracht werden könne. Eugen Fischer, der zu jener Zeit selber unter politischem Druck stand und sein Institut gefährdet sah, trennte sich unter diesen Umständen von Muckermann, mit dem er bis dahin nicht nur fachlich, sondern auch freundschaftlich verbunden war. Muckermann mußte aus dem Institut ausscheiden. Er galt zunächst als »beurlaubt« und verlor 1936 aufgrund einer Intervention Eugen Fischers bei der Generalverwaltung der Kaiser-Wilhelm-Gesellschaft endgültig seinen Status als Institutsmitglied. Fischer schrieb am 14. Juni 1936: »Nachdem Herr Muckermann nun schon so lange und aus politischen Gründen ausgeschieden ist, möchte ich aus eben diesen Gründen seinen Namen nicht mehr in meinem Haushaltsplan sehen.«

Muckermann erhielt während der NS-Zeit keine andere Stelle in einer namhaften wissenschaftlichen Einrichtung. Er zog sich aus der Öffentlichkeit weitgehend zurück und betätigte sich im Rahmen einer von der katholischen Kirche finanzierten privaten »Forschungsstelle für die Gestaltung von Ehe und Familie«, unterstützt von seiner früheren KWI-Assistentin Ida Frischeisen-Köhler. Vom »Sicherheitsdienst des Reichsführers SS« wurde er bei der Erfassung der »führenden Männer der Systemzeit« (d. h. der Weimarer Republik) als »Förderer einer von katholischen Gesichtspunkten aus beeinflußten Erbbiologie und Eugenik« klassifiziert und entsprechend überwacht, zumal er im Juni 1934 anläßlich des sogenannten Röhm-Putsches, der auch konservative Gegner des Nationalsozialismus das Leben kostete, dem Zentrumspolitiker und früheren Reichskanzler Heinrich Brüning und dem ehemaligen deutschnationalen Reichsminister Gottfried Reinhold Treviranus unter persönlichem Einsatz zur Flucht in die Niederlande verholfen hatte. 1936 wurde ein Buch Muckermanns von der »Prüfkommission zum Schutze des NS-Schrifttums« verboten. Im gleichen Jahr erhielt er ein Redeverbot für alle Auftritte außerhalb kirchlicher Räume. 1937, im Jahr, in dem auch die »Forschungsstelle für die Gestaltung von Ehe und Familie« ihre Tätigkeit einstellen mußte, wurde gegen ihn ein allgemeines Publikations-, Rede- sowie Ausreiseverbot verhängt.

Nach dem Ende des »Dritten Reiches« bemühte sich Muckermann, der die NS-Herrschaft und den Krieg mit finanzieller Unterstützung der katholischen Kirche als Privatgelehrter in Berlin überlebt hatte, um die Fortsetzung seiner 1933 abgebrochenen Arbeiten. Er gründete und leitete in Dahlem ein »Kaiser-Wilhelm-Institut für angewandte Anthropologie«, das 1948 in die »Forschungsgruppe Berlin-Dahlem« überführt wurde. 1952 wurde daraus das »Institut für natur- und geisteswissenschaftliche Anthropologie«. 1954 ernannte ihn die Max-Planck-Gesellschaft zum Wissenschaftlichen Mitglied. Schon 1947 hatte Muckermann einen Lehrauftrag für angewandte Anthropologie an der Technischen Universität Berlin erhalten. Im April 1948 wurde er im Rahmen der neuen »Humanistischen Fakultät« der Technischen Universität zum ordentlichen Professor für Angewandte Anthropologie und Sozialethik berufen, nachdem er ein entsprechendes Angebot der Universität Frankfurt am Main abgelehnt hatte. 1949 übernahm er zusätzlich eine Honorarprofessur an der Freien Universität. Noch einmal entfaltete er eine weitausgreifende Lehr- und Publikationstätigkeit. Er war ein sehr beliebter und erfolgreicher Universitätslehrer, veröffentlichte zahlreiche Bücher mit zum Teil hohen Auflagen, hielt öffentliche Vorträge und war Redakteur der neuen Zeitschrift *Humanismus und Technik* (1956-62). 1955 wurde er emeritiert, 1961 zog er sich auch aus der Leitung des »Instituts für natur- und geisteswissenschaftliche Anthropologie« zurück.

Hermann Muckermann veröffentlichte eine kaum überschaubare Zahl von Büchern, Vorträgen, Zeitschriftenaufsätzen und Beiträgen zu Sammelwerken. Er war außerdem Herausgeber, teilweise auch Redakteur, von Zeitschriften und Schriftenreihen. Von seinen Veröffentlichungen zu nennen sind u. a.: »Grundriß der Biologie« (1908), »Kind und Volk. Der biologische Wert der Treue zu den eugenischen Gesetzen beim Aufbau der Familie« (1919), »Erblichkeitsforschung und Wiedergeburt von Familie und Volk« (1919), »Neues Leben« (4 Bde., 1924-26), »Rassenforschung und Volk der Zukunft« (1928), »Grundriß der Rassenkunde« (1934), »Feiertag und Feierabend. Ein religiöses Hausbuch im Anschluß an das Kirchenjahr« (1951), »Die Familie im Lichte der Lebensgesetze« (1952) und »Vom Sein und Sollen des Menschen« (1954).

Muckermann wurde 1952 mit dem Großen Bundesverdienstkreuz ausgezeichnet. 1957 ernannte ihn die Technische Universität Berlin in Würdigung »seiner großen Verdienste um die Gründung und den Aufbau der ›Humanistischen Fakultät‹« zu ihrem Ehrensenator.

Carl Neuberg

Kaiser-Wilhelm-Institut für Biochemie, Berlin-Dahlem

Geboren am 29. Juli 1877 in Hannover, gestorben am 30. Mai 1956 in New York.

Carl Neuberg, Sohn des Textilkaufmanns Julius Sandel Neuberg und seiner Frau Alma, geb. Niemann, wuchs in einer wohlhabenden jüdischen Bürgerfamilie auf. Nach dem Abitur an einem humanistischen Gymnasium in Hannover (1896) studierte er Chemie und Medizin an den Universitäten Würzburg und Berlin und promovierte 1900 in Berlin bei Alfred Wohl mit der Dissertation »Zur Kenntnis des Acroleins und Glycerinaldehyds. Über saure Ester der Borsäure. Über die Reinigung der Osazone und zur Bestimmung ihrer optischen Drehungsrichtung«. Schon 1898 hatte Neuberg, der auch von Emil Fischer gefördert wurde, eine Assistententätigkeit bei Ernst Salkowski in der Chemischen Abteilung des Pathologischen Instituts der Berliner Universität aufgenommen, die er bis 1909 ausübte. Im Sommersemester 1903 wurde er auf der Grundlage von vier Abhandlungen, die Fragen des Stoffwechsels der Kohlenhydrate und der Proteine gewidmet waren, sowie einer Antrittsvorlesung »Über die Bildung von Zucker aus Eiweiß« für das Fach Chemie habilitiert. 1906 erhielt er »in Anerkennung seiner wissenschaftlichen Leistung« den Titel eines außerplanmäßigen Professors. 1909 übernahm er die Leitung der Chemischen Abteilung des Tierphysiologischen Instituts der Landwirtschaftlichen Hochschule in Berlin, an der 1922 für ihn eine ordentliche Professur für Biochemie geschaffen wurde.

Inzwischen war er im Jahr 1913 zum Wissenschaftlichen Mitglied und Leiter der Chemischen Abteilung des neuen Kaiser-Wilhelm-Instituts für experimentelle Therapie berufen worden. Neuberg, der 1906 die *Biochemische Zeitschrift* gegründet hatte, die er bis 1935 herausgab und auch redigierte, genoß großes wissenschaftliches Ansehen als einer der Begründer – und Namengeber – der modernen Biochemie. Um ihn trotz verlockender Angebote anderer Universitäten in Berlin zu halten, wurde er von der Universität, die ihn 1917 zum außerordentlichen Professor gemacht hatte, 1919 zum »ordentlichen Honorarprofessor« ernannt. Die Kaiser-Wilhelm-Gesellschaft beschloß im Frühjahr 1920 die Gründung eines von ihm zu leitenden eigenen Instituts für Biochemie, konnte allerdings aufgrund der besonderen Probleme der Nachkriegszeit dessen Finanzierung nicht sichern. Statt dessen machte man 1922 aus dem bereits bestehenden Institut ein »Kaiser-Wilhelm-Institut für experimentelle Therapie und Biochemie« und ernannte Neuberg zum zweiten Direktor. Die damit eingeleitete Entwicklung kam 1925 zum Abschluß, als der bisherige 1. Direktor August von Wassermann starb und Neuberg alleiniger Direktor des Instituts wurde, das von da an als KWI für Biochemie firmierte. In den folgenden Jahren wurde das Institut, das in ständig wachsender Zahl begabte Nachwuchswissenschaftler und ausländische Gäste anzog, zu einem weltweit anerkannten Zentrum der biochemischen Forschung.

1933 schien Neuberg, der in der Weimarer Republik zu den politisch selbstbewußten liberalen Juden gehörte und auch im Vorstand des »Centralvereins deutscher Staatsbürger jüdischen Glaubens« aktiv war, gegenüber den antijüdischen Bestimmungen des »Berufsbeamtengesetzes« in doppelter Weise geschützt, weil er schon vor Beginn des Ersten Weltkrieges Beamter war, während des Krieges für den freiwillig geleisteten Frontdienst mit dem Eisernen Kreuz Erster und Zweiter Klasse ausgezeichnet worden war und mit der Entwicklung eines Verfahrens zur Massenproduktion von Glycerin einen entscheidenden Beitrag zur deutschen Explosivstoff-Produktion geleistet hatte. Schon im Sommer 1933 kam es jedoch zu Turbulenzen in seinem Institut, als er einen Mechaniker, der bei politischen Auseinandersetzungen andere Mitarbeiter tätlich angegriffen hatte, fristlos entließ, obwohl dieser Obmann der »Nationalsozialistischen Betriebszellen-Organisation« im KWI für Biochemie war. Neuberg wurde in diesem Zusammenhang unter anderem vorgeworfen, daß er sich abfällig über Hitler geäußert habe. Obwohl gerichtlich festgestellt wurde, daß »kein Anlaß zu einem Dienststrafverfahren« bestand, galt er von da an als politisch nicht mehr tragbar. Am 28. März 1934 teilte ihm das zuständige Ministerium mit, daß er »hiermit als ordentlicher Professor der Landwirtschaftlichen Hochschule [zum 30. September 1934] in den Ruhestand versetzt« sei. »Gleichzeitig«, so der Minister weiter, »entziehe ich Ihnen die Lehrbefugnis als Honorar-Professor an der Universität Berlin.«

Während die Kaiser-Wilhelm-Gesellschaft mit Max Planck an der Spitze sich nachdrücklich für Neuberg einsetzte, bestand das Ministerium schon wenig später darauf, daß er auch aus seinem Direktorenamt ausscheiden müsse. So wurde Neuberg ab 1. Oktober 1934 »beurlaubt«, konnte allerdings das Institut bis zum Amtsantritt seines Nachfolgers noch kommissarisch leiten. Seine Bemühungen, nicht pensioniert, sondern (den Rechten eines ordentlichen Professors entsprechend) emeritiert zu werden, scheiterten. »Mir liegt es fern«, hieß es in einem seiner Schreiben, »über irgendwelche Maßnahmen der Staatsnotwendigkeit überhaupt zu sprechen, aber jeder weiß, daß ich im Frieden wie im Kriege meine Pflicht zu tun mich bemüht und keinerlei Schuld auf mich geladen habe.« Als Adolf Butenandt im Herbst 1936 die Leitung des Instituts übernahm, mußte Neuberg von der Kaiser-Wilhelm-Gesellschaft endgültig Abschied nehmen. Da er sich zu diesem Zeitpunkt bereits im 60. Lebensjahr befand, hielt er es für richtiger, nicht zu emigrieren, sondern in Berlin zu bleiben. Gemeinsam mit Theodor Sabalitschka gründete er ein Privatlaboratorium, die »Biologisch-Chemische Forschungsanstalt Berlin«, die er im Einvernehmen mit Butenandt teilweise mit Geräten und Materialien ausstatten konnte, die wegen der Neuausrichtung des Forschungsprogramms in seinem bisherigen Institut nicht mehr gebraucht wurden.

Die Entscheidung für die Emigration fiel erst kurz vor Kriegsbeginn, nachdem ihm, wie er später (1949) schrieb, »Freunde in den Potsdamer Militärkreisen« dringend geraten hatten, »das Land sofort zu verlassen«, und für ihn eine Ausreisegenehmigung erwirkten. Am 1. August 1939 meldete er sich polizeilich ab, um nach Palästina auszuwandern, am 16. August reiste er mit kleinem Handgepäck und »10 holländischen Gulden« von Berlin nach Amsterdam. Sein gesamtes Vermögen hatte er, der ein wohlhabender Mann gewesen war, inzwischen verloren. Allein die »Vermögensabgabe«, die den deutschen Juden nach dem 9./10. November 1938 als angebliche »Sühneleistung« auferlegt worden war, betrug in seinem Falle 46.400 Reichsmark, dazu kamen unter anderem die Zwangsverpfändung von Wertgegenständen und die »Reichsfluchtsteuer«. Etwa fünf Monate lang arbeitete Neuberg in Johann Pieter Wibouts Laboratorium für Organische Chemie an der Universität Amsterdam, ehe er Ende Februar 1940 mit einem Transitvisum nach Marseille gelangte, um von dort mit einem französischen Truppentransporter nach Beirut zu reisen. Anfang März traf er in Jerusalem ein. Im August 1940 wurde Neuberg von der Hebräischen Universität, die bereits im Sommer 1938 versucht hatte, ihn für einen Lehrstuhl zu gewinnen, zum Professor und Leiter der Abteilung für Krebsforschung im Chemischen Institut ernannt. Schon nach wenigen Monaten ließ er sich jedoch beurlauben, um eine Forschungsprofessur an der New York University für zunächst ein Jahr wahrzunehmen. Am 20. November 1940 trat er eine fast dreimonatige Reise an, die ihn über Jordanien, den Irak und den Iran, Indien, Indonesien, Neuguinea und Hawaii nach Kalifornien und schließlich New York führte.

Neuberg urteilte später, daß er »10 Jahre zu spät« in die USA gekommen sei und deshalb »keine richtige Stelle mehr erhalten« habe. Tatsächlich war er ab Februar 1941 Research Professor an der New York University, doch mußte er in sehr beengten Verhältnissen arbeiten und erhielt von der Universität kein Gehalt. Die ersten beiden Jahre war er finanziell durch einen Verwandten abgesichert, danach lebte er von Stipendien, Forschungsaufträgen und der industriellen Verwertung seiner Forschungsarbeiten. 1948 mußte er aus Altersgründen aus der Universität ausscheiden. Die Fakultät machte ihn zum »Research Professor Emeritus«, was, wie der Dekan betonte, keine Routineangelegenheit war, »but given only and definitively for merit«. Eine Altersversorgung war damit freilich nicht verbunden. Neuberg übernahm deshalb 1949 für weitere sechs Jahre eine Position als Adjunct Professor bzw. Visiting Professor am Brooklyn Polytechnical Institute, um dort seine Forschungsarbeiten fortsetzen zu können. Von 1951 bis zu seinem Tod arbeitete er auch, zeitweise parallel, am New York Medical College. Eine Pension erhielt er erst 1954 von der Bundesregierung im Rahmen des »Wiedergutmachungs«-Programms. Seit dem Frühjahr 1950 hatte ihm die Max-Planck-Gesellschaft bis zur Klärung seiner Ansprüche einen Vorschuß gewährt.

Die Wahl zum Auswärtigen Wissenschaftlichen Mitglied der Max-Planck-Gesellschaft nahm Neuberg 1948 an, doch lehnte er das Angebot Butenandts ab, in das Institut für Biochemie zurückzukehren. Obwohl er den Verhältnissen in den USA eher kritisch gegenüberstand und trotz der Erfahrung des Nationalsozialismus und mancher scharfsinnig-boshaften Bemerkungen über das Verhalten seiner früheren Kollegen an ein besseres Deutschland glaubte, gab es für ihn, dessen zwei Töchter (die promovierte Biochemikerin Irene Stephanie, geb. 1908, und Marianne, geb. 1911) aus der Ehe mit seiner 1929 verstorbenen Frau Hela, geb. Lewinski, ebenfalls in den USA lebten, in seinen späten Lebensjahren offensichtlich kein Zurück mehr. Eine zweite Ehe, die er 1949 eingegangen war, scheiterte; seit 1952 lebte er von seiner Frau getrennt. Über sein Verhältnis zu Deutschland und zum Judentum schrieb David Nachmansohn 1956 in den *Pro-*

ceedings of the Rudolf Virchow Medical Society in the City of New York: »He loved Germany as he had known her in his younger days. He felt deeply rooted in German culture and civilization. Nazi persecution and personal tragedy did not change his deep attachment. His strong character did not allow him to burn what he adored yesterday. Strength of character is also reflected in his attitude towards the Jewish issue. Although completely unorthodox he was a straight and proud Jew. He was full of scorn and contempt for Jews who tried to hide their origin.«

Carl Neuberg gehörte zu den großen Gestalten der Biochemie in der ersten Hälfte des 20. Jahrhunderts (zwischen 1921 und 1935 wurde er immer wieder für den Chemie-Nobelpreis nominiert). In einer ersten Phase seiner wissenschaftlichen Arbeiten befaßte er sich vor allem mit Problemen der biochemischen Analytik. Danach forschte er unter anderem auf dem Gebiet der Chemotherapie von Krebs bei Mäusen. 1913 isolierte er das Enzym Carboxylase und das Fructose-6-Phosphat, das heute den Namen »Neuberg-Ester« trägt. Darüber hinaus entdeckte er sieben weitere Enzyme. Auch auf den Gebieten der Gärungsprozesse und des gesamten Zellstoffwechsels legte er grundlegende Arbeiten vor. Das 1913 entworfene Reaktionsschema der alkoholischen Gärung war ein Meilenstein auf dem Wege zur detaillierten Darstellung biologischer Abläufe. In seinen späteren Schaffensjahren widmete er sich vor allem der Erforschung der Löslichmachung schwerlöslicher organischer Verbindungen in der Natur mit Hilfe der sogenannten Hydrotropie. Er war Autor bzw. Mitautor von ca. 700 wissenschaftlichen Veröffentlichungen, darunter »Physiologie und Pathologie des Mineralstoffwechsels nebst Tabellen über die Mineralstoffzusammensetzung der menschlichen Nahrungs- und Genußmittel, sowie der Mineralbrunnen und -bäder« (1906, mit Albert Albu), »Chemische sowie physikalisch-chemische Wirkungen radioaktiver Substanzen und deren Beziehungen zu biologischen Vorgängen« (1913), »Die Gärungsvorgänge und der Zuckerumsatz der Zelle« (1913), »Beziehungen des Lebens zum Licht« (1913) und »Invertase« (1946, mit seiner Tochter Irene S. Roberts). 1911 erschien unter seiner Herausgeberschaft das Standardwerk »Der Harn sowie die übrigen Ausscheidungen und Körperflüssigkeiten von Mensch und Tier, ihre Untersuchung und Zusammensetzung in normalem und pathologischem Zustande. Ein Handbuch für Ärzte, Chemiker und Pharmazeuten sowie zum Gebrauche an landwirtschaftlichen Versuchsstationen« (2 Bde., bearbeitet von Albert Albu u. a.).

Neuberg wurde für seine wissenschaftlichen Leistungen auf vielfältige Weise geehrt. Er war Mitglied, häufig auch Ehrenmitglied, vieler wissenschaftlicher Gesellschaften und Akademien, u. a. in Göttingen, Halle

(Leopoldina), Kopenhagen, Lund, Uppsala, Helsinki, Leningrad, Budapest, Wien, Prag, Rom, Barcelona, Lissabon und New York. In den USA wurde zu seinen Ehren eine Carl-Neuberg-Medaille gestiftet. Zwischen 1921 und 1952 verliehen ihm acht Universitäten eine Ehrendoktorwürde, die Berliner Humboldt-Universität ehrte ihn sogar noch Mitte Juni 1956, zwei Wochen nach seinem Tod. Von 1913 bis in die Mitte der dreißiger Jahre erhielt er rund zwanzig Orden und Ehrenzeichen. 1954 wurde ihm das Große Verdienstkreuz der Bundesrepublik Deutschland verliehen.

Irene Stephanie (Stefanie) Neuberg (Rabinowitsch/Roberts; Forrest)

Kaiser-Wilhelm-Institut für Biochemie, Berlin-Dahlem

Geboren am 20. August 1908 in Berlin, gestorben am 22. Dezember 1994 in Menlo Park, California.

Irene Neuberg war die ältere Tochter des Biochemikers und späteren Direktors des Kaiser-Wilhelm-Instituts für Biochemie Carl Neuberg und seiner Frau Hela, geb. Lewinski. Sie wuchs in Berlin auf und besuchte die Auguste-Viktoria-Schule, ein Realgymnasium, an dem sie im Frühjahr 1927 das Abitur machte. Nach einem viermonatigen Aufenthalt in Paris studierte sie Chemie und Physik an der Landwirtschaftlichen Hochschule Berlin (ein Semester) und der Universität Berlin. 1929 und 1931 legte sie die entsprechenden Examina ab. 1930-33 war sie als Doktorandin im Kaiser-Wilhelm-Institut für Biochemie tätig. Sie promovierte im Oktober 1932 an der Universität Berlin bei Wilhelm Schlenk und Max Bodenstein mit der im KWI für Biochemie erarbeiteten Dissertation »Untersuchungen in der 3-Kohlenstoffreihe und Gewinnung von Zuckern aus ihren Hydrazonen«. Für das von ihr gemeinsam mit Herbert Collatz entwickelte »Verfahren zur Reindarstellung von Zuckern und Zuckerlösungen« erhielt sie 1932 ein Patent.

In Paris, wo sie vorübergehend im Institut Pasteur arbeitete, lernte sie den Chemiker Bruno Rabinowitsch kennen, der aus Wien stammte und 1930-33 im Kaiser-Wilhelm-Institut für Chemie in Berlin tätig gewesen war. Da in Deutschland für sie als Jüdin seit 1933 keine Entwicklungsmöglichkeiten mehr bestanden, entschied sie sich, anders als ihr Vater, frühzeitig für die Emigration. Nach der Heirat mit Rabinowitsch ging Irene Neuberg 1934 mit ihrem Mann nach Istanbul, wo beide am Lehrstuhl von Reginald Oliver Herzog in der Universität von Istanbul arbeite-

ten. Nach Herzogs Tod folgten kurze Zwischenstationen in der Sowjetunion und in Palästina, bevor die Eheleute, die inzwischen eine Tochter
hatten, sich 1936 in den USA niederließen und ihren Familiennamen in
Roberts änderten. Irene S. Roberts arbeitete 1941-43 als Biochemikerin in
den Laboratorien der New York University, war 1944 für General Motors
in Dayton, Ohio tätig und arbeitete 1945-47 als Übersetzerin für das United States War Department. Ab 1948 betätigte sie sich wieder in der Wissenschaft, zunächst an der New York University, dann am St. Clare's
Hospital in New York, am Brooklyn Polytechnical Institute und am New
York Medical College, wobei sie in den späten vierziger und frühen fünfziger Jahren auch mit ihrem Vater Carl Neuberg zusammen arbeitete und
publizierte. 1957-61 leitete sie das Biochemical Research Laboratory des
Veterans Administration Hospital in Brockton, Massachusetts, 1961-78 das
Biochemical Research Laboratory des Veterans Administration Hospital
in Palo Alto, California. 1961-73 war sie außerdem Research Associate der
School of Medicine der Stanford University und später Senior Research
Scientist der University of San Francisco.

Als Biochemikerin bekannt wurde sie vor allem durch ihre Forschungen auf dem Gebiet der Psychopharmakologie. Gemeinsam mit dem
Chemiker und Psychiater Fred M. Forrest, mit dem sie in zweiter Ehe
verheiratet war, entwickelte sie 1960 den »FPN Forrest test for urinary
phenothiazine derivatives« als ersten einer Reihe von toxikologisch bedeutsamen Screeningtests auf der Basis einer Reagenz aus Eisenchlorid,
Perchlor- und Salpetersäure (ferric chloride perchloric nitric acid, abge-
kürzt FPN), mit deren Hilfe die Anwesenheit von Phenothiazinderivaten
und -metaboliten im Harn oder in der Magenspülflüssigkeit, also die Ein-
nahme neuroleptischer Wirkstoffe, noch nicht quantitativ, aber qualitativ
präzise und leicht durchführbar anhand von Farbreaktionen nachzuwei-
sen ist. 1962 gehörte Irene S. Forrest zu den Organisatoren und Präsidenten der ersten »International Conference on Phenothiazine Metabolism«,
die vom Psychopharmacology Center des National Institute of Mental
Health veranstaltet wurde. Auch in späteren Jahren spielte sie bei den
internationalen Konferenzen in diesem Forschungsbereich eine wichtige
Rolle.

Irene S. Neuberg (Roberts, Forrest) veröffentlichte zahlreiche Beiträge
in Fachzeitschriften, darunter allein acht Arbeiten in den Jahren 1930-33,
die aus ihren Forschungen im KWI für Biochemie hervorgingen. Aus den
späteren Jahren in den USA sind neben den Veröffentlichungen in Fachzeitschriften vor allem der in Co-Autorschaft mit Carl Neuberg verfaßte
Band »Invertase« (1946) und diverse Publikationen als Herausgeberin zu
nennen: »Proceedings [of the] International Symposium on Action Mecha-

nism and Metabolism of Psychoactive Drugs Derived from Phenothiazine and Structurally Related Compounds« (1968, mit Bruno Weber), »Phenothiazines and Structurally Related Drugs« (1974, mit Charles Jelleff Carr und Earl Usdin), »Psychotherapeutic Drugs, Part I: Principles, Part II: Applications« (2 Bde., 1976/77, mit Earl Usdin) und »Phenothiazines and Structurally Related Drugs: Basic and Clinical Studies« (1980, mit Earl Usdin und Helmut Eckert).

Sie war Mitglied der American Chemical Society, der Society of Experimental Biology and Medicine, der American Society of Pharmacology and Experimental Therapeutics und der Society of Biological Psychiatry.

Karl Theodor Neubürger

Deutsche Forschungsanstalt für Psychiatrie (Kaiser-Wilhelm-Institut), München

Geboren am 5. März 1890 in Frankfurt am Main, gestorben am 7. März 1972 in Denver, Colorado.

Karl Neubürger, der einer jüdischen Bürgerfamilie entstammte – sein Vater Otto Neubürger (verheiratet mit der Bankierstochter Henriette Hallgarten) war praktischer Arzt und Sanitätsrat –, besuchte das Frankfurter Goethe-Gymnasium, das er im Frühjahr 1908 mit dem Abitur verließ. 1908-13 studierte er in München und Freiburg Medizin und promovierte im Frühjahr 1913 an der Universität Freiburg bei Alfred Erich Hoche mit der Dissertation »Neuere Anschauungen über das Zustandekommen von Sinnestäuschungen«. Nach Beendigung seines praktischen Jahres als Mediziner war er vom Beginn des Ersten Weltkrieges an bis zu dessen Ende als Truppenarzt an der Front. Er wurde mit dem Eisernen Kreuz Erster und Zweiter Klasse ausgezeichnet und erhielt außerdem ein Verwundetenabzeichen. Seit Dezember 1918 arbeitete er im Pathologischen Institut der Frankfurter Universität sowie von Mai 1920 bis Herbst 1922 im Histologischen Laboratorium der Deutschen Forschungsanstalt für Psychiatrie (DFA). Nach weiteren drei Jahren im Pathologischen Institut des Krankenhauses München-Schwabing übernahm er im Frühjahr 1926 die Leitung der neuropathologischen Prosektur der seit 1924 zur Kaiser-Wilhelm-Gesellschaft gehörenden DFA in den Heil- und Pflegeanstalten Haar-Eglfing bei München. 1931 habilitierte er sich an der Universität München mit Studien zur pathologischen Anatomie unter besonderer Berücksichtigung des Nervensystems. Am 20. Januar 1931 hielt er seine Antrittsvorlesung über das Thema »Zur Anatomie der peripheren Gefäßstörungen«.

Schon im März 1933 untersagte die oberbayerische Regierung Neubürger aus rassistischen Gründen die Fortsetzung seiner Arbeit und verbot ihm zugleich das Betreten der Prosektur. Aufgrund der Proteste des DFA-Direktors Walther Spielmeyer, der auf die unverzichtbaren wissenschaftlichen Fähigkeiten Neubürgers und auf die bei seiner Entlassung entstehenden Probleme mit der für die DFA so wichtigen Rockefeller Foundation hinwies, aber auch weil ihn die »Frontkämpfer«-Klausel des Anfang April erlassenen »Berufsbeamtengesetzes« vor der Entlassung schützte, wurde seine Weiterbeschäftigung ermöglicht. Nach der Verabschiedung der »Nürnberger Gesetze« im September 1935 ordnete das bayerische Kultusministerium jedoch Neubürgers »Beurlaubung« an, und zum Jahresende 1935 verlor er endgültig seine Stelle als Leiter der Prosektur. Dank einer Finanzierung durch die Rockefeller Foundation konnte er allerdings seine Forschungsarbeiten in der DFA, mit Unterstützung des Institutsdirektors Ernst Rüdin, noch bis in den Sommer 1938 hinein fortführen.

Im August 1938 emigrierte Neubürger, der 1925 zur katholischen Kirche übergetreten war und im gleichen Jahr die Ärztin Katharina Wisbaum geheiratet hatte, mit seiner Frau und den drei Kindern (Maria, Henriette und Otto) in die USA, wo er an der School of Medicine der University of Colorado in Denver eine Stelle als Instructor erhielt. Schon im nächsten Jahr wurde er zum Assistant Professor, 1944 zum Associate Professor und 1946 zum Full Professor ernannt. Bis zu seiner Emeritierung im Jahr 1958 vertrat er das Fach Pathologie mit einem Forschungsschwerpunkt auf dem Gebiet der Neuropathologic. 1951-60 arbeitete er auch als Pathologe im General Rose Memorial Hospital in Denver.

Karl Neubürger veröffentlichte »Beiträge zur Histologie, Pathogenese und Einteilung der arteriosklerotischen Hirnerkrankungen« (1930), den »Atlas of Histologic Diagnosis in Surgical Pathology« (1951) und ca. 90 Aufsätze in Fachzeitschriften wie *Deutsche Medizinische Wochenschrift, Münchner Medizinische Wochenschau, Virchows Archiv, Journal of Neuropathology and Experimental Pathology, American Journal of Pathology* und *Archives of Pathology.*

1966 wurde Neubürger von der Stiftung »Deutsche Forschungsanstalt für Psychiatrie« mit der »Goldenen Kraepelin-Medaille« geehrt.

Käte Pariser

Kaiser-Wilhelm-Institut für Biologie, Berlin-Dahlem

Geboren am 17. März 1893 in Berlin, gestorben am 2. August 1953 in Sydney. Käte Pariser wuchs in einer jüdischen Unternehmerfamilie in Berlin auf. Ihre Eltern waren Paul Pariser und seine Frau Cäcilie, geb. Mende. Ihr Vater, Miteigentümer einer großen und bis zur Weltwirtschaftskrise 1929 erfolgreichen Feintuchfabrik im brandenburgischen Luckenwalde (Tannenbaum, Pariser & Co.), ließ seiner Tochter vor und nach dem Besuch einer Höheren Töchterschule Privatunterricht erteilen. So vorbereitet, bestand sie 1911 am Königstädtischen Realgymnasium zu Berlin die externe Abiturprüfung. Vom Herbst 1913 bis 1919 studierte sie Zoologie und Chemie an den Universitäten Berlin und Frankfurt am Main. Zwischendurch leistete sie im Sommer 1917 Kriegshilfsdienst in einer chemischen Fabrik. Anfang 1919 schloß sie ihr Promotionsverfahren an der Berliner Universität mit der von Karl Heider und Willy Kükenthal begutachteten Dissertation »Beiträge zur Biologie und Morphologie der einheimischen Chrysopiden« ab.

1924-30 war sie wissenschaftliche Mitarbeiterin und 1930-33 »inoffizielle«, d. h. nicht aus Institutsmitteln bezahlte Mitarbeiterin des Kaiser-Wilhelm-Instituts für Biologie. In der von Richard Goldschmidt geleiteten Abteilung für genetische Forschung arbeitete sie vor allem an Schmetterlingen über genetische und zytologische Fragen. 1933 wurde ihre Position im Institut aufgrund der rassistischen Bestimmungen des »Berufsbeamtengesetzes« unhaltbar. Sie emigrierte in die Schweiz und von dort nach Spanien. Von Goldschmidt war sie zur Unterstützung des von der Rockefeller Foundation finanzierten Ausbaus der genetischen Forschungen von Antonio de Zulueta im Laboratorio de Biología des Naturwissenschaftlichen Museums (Museo de Ciencias Naturales) in Madrid empfohlen worden. Während der Beginn ihrer Tätigkeit in dem Laboratorium ursprünglich für 1934 geplant war, bot man ihr nach ihrer Vertreibung aus dem nationalsozialistischen Deutschland an, ihre Arbeit schon 1933 aufzunehmen. Fast drei Jahre lang wurde ihre Assistentenstelle durch ein Stipendium der Asociación Universitaria Femenina, der spanischen Sektion der International Federation of University Women, finanziert. Aus den in dieser Zeit veröffentlichten Arbeiten ist ersichtlich, daß sie sich in Madrid vor allem mit Fragen der Geschlechtsdetermination befaßte und auch über Fehlbildungen als Folge zwischenartlicher Kreuzungen von Molchen nach künstlicher Befruchtung forschte.

1936 entschied Käte Pariser sich, möglicherweise unter dem Eindruck des beginnenden Spanischen Bürgerkriegs, Spanien vorzeitig zu verlassen und nach Tel Aviv zu gehen, wo sie offenbar Verwandte hatte. Im Herbst 1937 hielt sie sich, vermutlich aus familiären Gründen, noch einmal in Berlin auf, wo sie unter anderem eine Immobilie in der Kurfürstenstraße im Bezirk Tiergarten verkaufte. Es ist ungewiß, ob sie danach nach Tel Aviv zurückkehrte. Während des Zweiten Weltkrieges lebte sie jedenfalls, wie die Akten der Oberfinanzdirektion Berlin-Brandenburg belegen, in Sydney. Sie blieb unverheiratet und erwarb 1944 die australische Staatsbürgerschaft. Über ihr Leben in Australien liegen keine näheren Angaben vor.

Käte Pariser publizierte in ihrer Berliner Zeit, teilweise gemeinsam mit Richard Goldschmidt, in Fachzeitschriften wie dem *Biologischen Zentralblatt*, der *Zeitschrift für Zellforschung und mikroskopische Anatomie* und der *Methodik der wissenschaftlichen Biologie*. 1933-36 veröffentlichte sie in der Zeitschrift *Investigación y Progreso* und in der *Revista Española de Biología*.

Lydia Leonidovna Pasternak (Slater)

Deutsche Forschungsanstalt für Psychiatrie (Kaiser-Wilhelm-Institut), München

Geboren am 21. März 1902 in Moskau, gestorben am 4. Mai 1989 in Oxford.

Lydia Pasternak war das jüngste Kind des Malers Leonid Osipovic Pasternak und der Pianistin Rosalia Isidorovna Kofman (auch: Rosa Kaufmann). Ihre Geschwister waren der Dichter Boris Pasternak, der Architekt Aleksandr Pasternak und die Philosophin und Poetin Josephine Pasternak. Sie wuchs in einem künstlerisch und intellektuell geprägten Milieu auf und besuchte bis 1918 ein Moskauer Mädchengymnasium. 1919-21 studierte sie zunächst Medizin an der II. Moskauer Universität, dann Naturwissenschaften (Anatomie, Physik, Chemie und Botanik) an der I. Moskauer Universität (Lomonossov-Universität). 1921 zog sie mit den Eltern und ihrer Schwester nach Berlin, wo sie ihr Studium an der Berliner Universität bis 1925 fortsetzte. Ihr Promotionsverfahren mit der im Pharmazeutischen Institut entstandenen, von Karl Wilhelm Rosenmund betreuten Dissertation »Beitrag zur Kenntnis der halogenierten Tyrosinderivate« wurde im Dezember 1926 abgeschlossen. Da sie nicht sofort eine Stelle fand, auf der sie ihre wissenschaftlichen Studien fortführen konnte, absolvierte sie 1927-28 eine Ausbildung zur Fotografin. Im August 1928 erhielt sie dann an der Deutschen Forschungsanstalt für Psychiatrie (Kaiser-Wilhelm-Institut) in München eine Position als wissenschaftliche Mitarbeiterin in der von Irvine H. Page als Gast geleiteten, von der Rockefeller Foundation finanzierten Chemischen Abteilung, in der vor allem neurochemisch gearbeitet wurde. Ihre eigenen Forschungen, bei denen sie eng mit Page zusammenarbeitete, galten in erster Linie den Wirkungen bestimmter Chemikalien auf den Stoffwechsel im Gehirn.

Wegen der Rockefeller-Gelder blieb die Chemische Abteilung 1933 von der nationalsozialistischen Entlassungspolitik verschont, so daß Lydia Pasternak trotz ihrer jüdischen Herkunft (ihre Eltern waren zur russisch-orthodoxen Kirche übergetreten) zunächst ihre Forschungen fortsetzen konnte. Allerdings mußten die Bilder ihres Vaters, die im Kasino der DFA hingen, auf Drängen nationalsozialistischer Institutskollegen zugunsten eines »Führerbildes« abgehängt werden, und mit einem von ihr verfaßten, bei einer Faschingsfeier 1934 vorgetragenen Spottgedicht auf die neue Art der Rassenforschung im Institut machte sie sich unter den Anhängern des NS-Regimes auch keine Freunde. 1935 endete ihre Tätigkeit im Institut, als die von Page geleitete Abteilung geschlossen wurde. Inzwischen hatte sie den englischen Mediziner und Psychologen Eliot Trevor Oakeshott Slater kennengelernt, der als Rockefeller-Stipendiat in der DFA arbeitete. Sie heirateten im Dezember 1935 und lebten seitdem in Oxford. Dorthin folgten ihr 1938 ihre Eltern und wenig später auch die Schwester Josephine mit Familie.

Lydia Pasternak Slater, die in München eine wissenschaftliche Karriere begonnen hatte, nahm ihre naturwissenschaftlichen Forschungen in Oxford nicht wieder auf. Sie zog zwei Töchter (Catherine und Anne) und zwei Söhne (Michael und Nicolas) groß und entwickelte ihr poetisches Talent. Ihre Ehe wurde 1946 geschieden. Nachdem ihr Bruder Boris Pasternak 1958 den Nobelpreis für Literatur erhalten hatte, übersetzte sie dessen Gedichte und andere Texte mit großem Erfolg ins Englische. Ihre eigenen Gedichte erschienen 1971 auf Englisch (»Before Sunrise. Poems by Lydia Pasternak Slater«) und 1974 auf Russisch (»Vspyshki magniia« [»Flashes of Magnesium«]). Als sie im Mai 1989 im Alter von 87 Jahren starb, ehrte die British Broadcasting Corporation (BBC) sie mit einem von Isaiah Berlin und Christopher Barnes verfaßten Nachruf.

Während ihrer Tätigkeit in dem Münchener Institut veröffentlichte Lydia Pasternak, mehrfach auch zusammen mit Irvine H. Page, ihre Forschungsergebnisse vor allem in der Zeitschrift *Die Naturwissenschaften*.

Tibor Péterfi

Kaiser-Wilhelm-Institut für Biologie, Berlin-Dahlem

Geboren am 22. Juni 1883 in Dés, Ungarn, gestorben am 13. Januar 1953 in Budapest. Tibor Péterfi begann nach dem Besuch des Gymnasiums ein Medizinstudium an der Universität Koloszvár (Klausenburg), das er 1906 mit der Promotion beendete. Als Schüler und Student veröffentlichte er Gedichte und andere literarische Texte, so daß er 1905 in ein Nachschlagewerk über ungarische Schriftsteller aufgenommen wurde. 1905-08 war er Assistent am Lehrstuhl für Serologie von István Apáthy an der Universität Koloszvár, 1908-14 am I. Anatomischen Institut der Universität Budapest bei Mihály Lenhossék. Im Ersten Weltkrieg wurde er als Soldat der österreichisch-ungarischen Armee an der russischen Front eingesetzt. 1916 erfolgte seine Habilitation an der Universität Budapest. Von der Universität in Preßburg (Bratislava) wurde er 1918 zum ordentlichen Professor ernannt. Er konnte diese Professur jedoch kaum wahrnehmen, weil er 1919 während der kurzlebigen ungarischen Räterepublik eine Funktion im Volkskommissariat für Bildung übernahm und nach dem Scheitern des kommunistischen Räteexperiments im August 1919 aus politischen Gründen emigrieren mußte. Nach Zwischenstationen in Prag und Jena ließ er sich zu Beginn der zwanziger Jahre in Berlin nieder. Von 1921 bis 1934 arbeitete er als ständiger Gastforscher im Kaiser-Wilhelm-Institut für Biologie in der von Richard Goldschmidt geleiteten Abteilung. Hauptberuflich redigierte er 1927-33 im Berliner Verlagshaus Springer die *Zeitschrift für Wissenschaftliche Biologie*. Darüber hinaus war er als wissenschaftlicher Berater der Carl-Zeiss-Werke in Jena tätig.

In Berlin geriet er 1933 im Verlauf des nationalsozialistischen »Machtergreifung«-Prozesses zunehmend unter politisch-rassistischen Druck. 1934 emigrierte er deshalb nach Großbritannien, wo er mit Hilfe des Academic Assistance Council bis 1936 im Zoologischen Laboratorium der Cambridge University arbeiten konnte. Im Hinblick auf seine frühere Tätigkeit im Kaiser-Wilhelm-Institut für Biologie urteilte der Institutsdirektor Max Hartmann zu dieser Zeit in einem Empfehlungsschreiben: »Durch die Konstruktion eines Mikromanipulators [der für alle Arten von zytologischen Untersuchungen von großer Bedeutung war] hat er sich um die biologische Wissenschaft große Verdienste erworben und auch dem Institut und seinen Angehörigen stets wesentliche Dienste geleistet.« John Runnström, Professor für experimentelle Zoologie an der Universität Stockholm, rühmte Péterfi in diesen Jahren als »Meister der Mikrochirurgie«. 1936-39 hatte Péterfi in Kopenhagen eine Anstellung im Medizinisch-Physiologischen Institut der Universität. Daneben arbeitete er im Biologischen Institut der Carlsberg-Stiftung, teilweise auch in der Abteilung für Hals-Nasen-Ohren-Heilkunde des Städtischen Krankenhauses. Im Frühjahr 1939 akzeptierte er schließlich ein Angebot aus der Türkei: Er übernahm zunächst eine »Vertragsprofessur« im Institut für Histologie und Embryologie an der Universität Istanbul. Im Herbst 1944 wurde er zum ordentlichen Professor und Direktor des Instituts ernannt.

Nach dem Ende des Krieges kehrte er, bereits schwer krank und depressiv, nach Ungarn zurück. Er erhielt 1946 eine ordentliche Professur der Budapester Universität, konnte seine Professorentätigkeit aus gesundheitlichen Gründen aber nur noch für eine kurze Zeit ausüben. Seine letzten Jahre (1948-53) mußte er in einer Budapester Krankenanstalt verbringen. Üveis Maskar, sein früherer Mitarbeiter und kommissarischer Nachfolger als Institutsdirektor an der Universität Istanbul, veröffentlichte 1953 in den *Acta Anatomica* (einer 1945 von Péterfi mitbegründeten, heute unter dem Titel »Cells, Tissues, Organs« erscheinenden Zeitschrift) einen Nachruf, in dem er nicht nur die Forschungsleistungen, sondern auch die Lehrtätigkeit und die Persönlichkeit Tibor Péterfis würdigte.

Péterfi, der internationales Ansehen insbesondere durch die Erfindung und Anwendung des »Mikromanipulators« und die Einführung des Begriffs der »Mikrochirurgie« gewonnen hatte, publizierte u. a. auf Ungarisch ein Handbuch der Histologie (»Szövettan«, 2 Bde., 1909/11); auf Deutsch: »Die Beziehungen zwischen den Muskelfasern und Sehnenfasern« (1913), »Die Muskulatur der Harnblase« (1914), »Mikrurgische Methodik« (in Emil Aberhaldens »Handbuch der biologischen Arbeitsmethoden«, Abt. V, Teil 2, 1928), »Methodik der wissenschaftlichen Biologie« (als Mitherausgeber und Mitverfasser, 2 Bde., 1928) und »Mikrophotographie« (in Alfred Hays »Handbuch der wissenschaftlichen und angewandten Photographie«, Bd. 6, 1933); ein Lehrbuch der Histologie in türkischer Sprache (»Histoloji«, 1942, 2. Aufl.: »Genel Histoloji«, 1943) und einen histologischen Atlas (»Histoloji atlası«, 1943). Ein Gesamtverzeichnis seiner wissenschaftlichen Arbeiten wurde 1953 in den *Acta Anatomica* (Bd. 19, Nr. 1) veröffentlicht.

Ursula Philip

Kaiser-Wilhelm-Institut für Biologie, Berlin-Dahlem

Geboren am 6. September 1908 in Berlin, gestorben nach 1977, vermutlich in Newcastle-upon-Tyne. Ursula Philip, Tochter des Kaufmanns Dagobert Philip und seiner Frau Hedwig, geb. Orkin, wuchs in Berlin auf und machte das Abitur 1928 an der Gertrauden-Schule in Dahlem. 1928-33 studierte sie an den Universitäten Freiburg und Berlin Mathematik, Biologie und Zoologie. An der Universität Freiburg legte sie 1929 auch ein Examen als akademische Turn- und Sportlehrerin ab. Von April 1931 bis Mai 1933 arbeitete sie als Doktorandin in der von Richard Goldschmidt geleiteten Abteilung des Kaiser-Wilhelm-Instituts für Biologie. Dort war sie 1932-33 außerdem als Bibliothekarin tätig. Sie promovierte an der Berliner Universität bei Paula Hertwig und Richard Hesse mit der von Curt Stern im KWI für Biologie betreuten Dissertation »Die Paarung der Geschlechtschromosomen von Drosophila melanogaster, untersucht an Translokationen des langen Armes des Y-Chromosoms nebst einem cytologisch-genetischen Beweis der Morganschen Theorie des Faktorenaustausches«. Die Doktorprüfung fand im Juli 1933 statt, doch kam das Promotionsverfahren erst im Dezember 1934 zum Abschluß.

Da sie im nationalsozialistischen Deutschland als »nichtarische« Wissenschaftlerin keine berufliche Perspektive mehr hatte, bemühte sich Ursula Philip um eine Emigrationsmöglichkeit. Mit Unterstützung des Academic Assistance Council gelangte sie in das Department of Zoology des University College London, wo sie 1934-47 als Stipendiatin verschiedener Stiftungen in der von John B. S. Haldane geleiteten Forschungsgruppe arbeiten konnte. Ihre Arbeit war so erfolgreich, daß Haldane am 22. November 1939 an die Society for the Protection of Science and Learning schrieb:»I find Dr. Philip an invaluable asssistant. I should like nothing better than to have her permanently attached to me as demonstrator.« 1946 erhielt sie die britische Staatsbürgerschaft. Ab 1947 war sie als Lecturer, ab 1961 als Senior Lecturer für das Fachgebiet Zoologie im King's College in Newcastle-upon-Tyne an der Durham University (ab 1963: Newcastle University) tätig. Die Universität verlieh ihr 1958 den Titel eines Master of Science. 1973 ging sie in den Ruhestand. 1957 wurde sie Mitglied, 1977 Fellow der British Eugenics Society. Über ihre späteren Jahre liegen keine weiteren Informationen vor.

Seit der Emigration veröffentlichte sie u. a. in *Nature* und in *The Eugenics Review*.

Felix Plaut

Deutsche Forschungsanstalt für Psychiatrie (Kaiser-Wilhelm-Institut),
München

Geboren am 7. Juli 1877 in Kassel, gestorben am 27. Juni 1940 in Epsom
(Surrey).
Felix Plaut, Sohn des schon 1889 verstorbenen Hermann Plaut und
seiner Ehefrau Johanna, geb. Ullmann, stammte aus einer wohlhabenden
jüdischen Bankiersfamilie. Er wuchs in Kassel auf und machte Anfang
1896 am dortigen Wilhelmsgymnasium sein Abitur. Im gleichen Jahr begann er in Genf ein Medizinstudium, das er trotz Unterbrechung durch
die Ableistung seines Militärdienstes in einem hessischen Husaren-Regi-
ment und zweifachem Studienortwechsel (erst Berlin, dann München) zü-
gig zum Abschluß brachte. Im Frühjahr 1902 erhielt er die Approbation
als Arzt, im darauffolgenden Juni wurde er an der Universität München
bei Otto von Bollinger mit der Dissertation »Über kryptogene Septico-
Pyämie nach subcutaner Muskelzerrung« promoviert. Danach arbeitete
er unter anderem in einem Privatlaboratorium in Berlin und im Tropen-
institut in Liverpool, ehe er in der Psychiatrischen Klinik der Universität
München 1904 Volontärarzt und ab 1907 wissenschaftlicher Assistent von
Emil Kraepelin wurde. In dieser Stellung, die er aufgrund seines privaten
Vermögens unentgeltlich wahrnehmen konnte, leitete Plaut bis 1918 das
von Kraepelin vor allem zur Erforschung des Zusammenhangs zwischen
Lues und der Paralyse neu gegründete serologische Laboratorium der
Psychiatrischen Universitätsklinik. 1906 war er für einen siebenmonatigen
Forschungsaufenthalt im Robert-Koch-Institut in Berlin beurlaubt. 1909
habilitierte er sich für das Fach Psychiatrie, 1915 wurde er zum außerordentlichen Professor für Psychiatrie an der Universität München ernannt. Im gleichen Jahr heiratete er Adelheid Liepmann (von der er 1929
geschieden wurde). 1918 wurde er als Direktor des Serologischen Instituts
in die Deutsche Forschungsanstalt für Psychiatrie berufen. Als die DFA
1924 von der Kaiser-Wilhelm-Gesellschaft übernommen wurde, erhielt
er den Status eines Wissenschaftlichen Mitgliedes.
    Seines hohen wissenschaftlichen Ansehens ungeachtet geriet Plaut,
der im August 1932 die jüdische Religionsgemeinschaft verlassen hatte,
wegen seiner Eltern und Großeltern aber als »Volljude« galt, schon in den
ersten Monaten der NS-Herrschaft in Deutschland unter Druck. Im Juli
1933 wandte sich Max Planck als Präsident der Kaiser-Wilhelm-Gesellschaft direkt an das bayerische Kultusministerium mit der Bitte, Plaut als
einem herausragenden Wissenschaftler, dessen Forschungen und nicht

zuletzt auch dessen internationale Beziehungen für die deutsche Wissenschaft insgesamt von Bedeutung seien, »Kränkungen zu ersparen« und
ihn in seinen bisherigen Positionen zu belassen. Tatsächlich wurde diesem Wunsch im Rahmen der durch das nationalsozialistische »Berufsbeamtengesetz« zugelassenen Ausnahmeregelungen zunächst entsprochen.
Mit der Verabschiedung der »Nürnberger Gesetze« im September 1935
ging diese Schonfrist jedoch zu Ende. Der Institutsdirektor Ernst Rüdin
teilte Plaut Ende Oktober 1935 im Auftrag des Reichsministers für Wissenschaft, Erziehung und Volksbildung und des bayerischen Kultusministeriums mit, daß er ab 1. Januar 1936 seiner Rechte und Funktionen
im Institut enthoben sei und bis auf weiteres als »beurlaubt« gelte. Im
Stiftungsrat der DFA gab Rüdin 1936 darüber hinaus zu bedenken, ob
man künftig nicht auf den serologischen Forschungsschwerpunkt ganz
verzichten solle, weil »viele Serologen Nichtarier« seien und deshalb
kaum ein qualifizierter Nachfolger zu finden sein werde. Zum Jahresende
1935 wurde Plaut auch die Lehrbefugnis an der Universität München entzogen.
    Plaut litt sehr unter seiner Entlassung, zumal er sich angesichts seines
Alters – im Juli 1936 hatte er das 60. Lebensjahr begonnen – nur geringe
Chancen ausrechnen konnte, in einem anderen Land eine angemessene
Beschäftigung zu finden. Offenbar ermöglichte ihm die Rockefeller
Foundation, noch einige Forschungen in München fortzuführen, doch
war der Zwang zur Emigration unabweisbar. Ein Repräsentant der Stiftung notierte im Januar 1937 nach einem Treffen mit Plaut, daß dieser
sichtlich gealtert sei und dringend der Hilfe bedürfe, um Deutschland
verlassen zu können. Mehrere Vermittlungsversuche scheiterten, bevor
Plaut schließlich 1939 eine durch ein kleines Stipendium finanzierte
Tätigkeit im Horton Mental Hospital im englischen Epsom (Surrey) aufnehmen konnte. Als deutscher Staatsbürger verlor er diese Stelle jedoch
schon bald nach Kriegsbeginn, weil die Anstalt auch vom britischen Militär genutzt wurde. Plauts Depressionsleiden verschlimmerte sich, und
als ihm der Aufenthalt in einem Internierungslager für »enemy aliens«
drohte, nahm er sich Ende Juni 1940 mit einer Überdosis von Schlaf-
tabletten das Leben. »[…] he felt that he could not face up to the situation
any longer«, schrieb ein Kollege in einem Brief an die Society for the
Protection of Science and Learning.
    Felix Plaut war ein Psychiater, Neurologe und Serologe, dessen For-
schungen vor allem der Diagnostik sowie experimentellen Therapie der
Syphilis des Nervensystems und der krankhaften Veränderungen des
Liquor cerebrospinalis galten. Er veröffentlichte ca. 180 Arbeiten in Fachzeitschriften, war Mitherausgeber der *Zeitschrift für die gesamte Neuro-*

logie und Psychiatrie und Autor von »Die Wassermann'sche Serodiagnostik der Syphilis in ihrer Anwendung auf die Psychiatrie« (1909). Als Mitautor verfaßte er einen »Leitfaden zur Untersuchung der Zerebrospinalflüssigkeit« (1913), schrieb »Über Halluzinosen der Syphilitiker« (1913) und beteiligte sich an einer »Paralysestudie bei Negern und Indianern. Ein Beitrag zur vergleichenden Psychiatrie« (1926).

Michael Polanyi

Kaiser-Wilhelm-Institut für physikalische Chemie und Elektrochemie, Berlin-Dahlem

Geboren am 12. März 1891 in Budapest, gestorben am 22. Februar 1976 in Northampton.

Michael Polanyi war das fünfte Kind des wohlhabenden jüdischen Ingenieurs und Unternehmers Mihály Polanyi (Polaczek), der im Eisenbahnbau tätig war. Das elterliche Vermögen ging allerdings durch einen Bankrott des Unternehmens schon im Jahr 1900 vollständig verloren, der Vater starb 1905. Den Mittelpunkt der Familie, in der auch von den Kindern Ungarisch, Deutsch, Französisch und Englisch gesprochen wurde, bildete die vielseitig begabte Mutter Cecile Polanyi, geb. Wohl, die trotz ihrer finanziell bedrängten Verhältnisse einen großen Kreis junger ungarischer Künstler und Intellektueller um sich zu scharen wußte. Mit einem Stipendium für arme jüdische Schüler konnte Michael Polanyi das traditionsreiche humanistische Minta-Gymnasium in Budapest besuchen, zu dessen Absolventen einige der großen Naturwissenschaftler des 20. Jahrhunderts wie Georg von Hevesy, John von Neumann, Leo Szilard, Edward Teller und Eugene Wigner gehören.

Im Herbst 1908 begann Polanyi ein Medizinstudium an der Budapester Universität. Während des Studiums konnte er schon sehr früh in Ferenc Tangls Laboratorium eigene Forschungen betreiben. Noch vor der Promotion im Sommer 1912 verbrachte er ein Semester in Karlsruhe, um seine naturwissenschaftlichen Studien im Chemischen Institut der Technischen Hochschule zu vertiefen. Nach Abschluß seiner Ausbildung in Budapest ging er im Herbst 1913 erneut nach Karlsruhe, um sich dort vor allem Problemen der physikalischen Chemie zu widmen. Inzwischen hatte er erste eigene Theorien zur Thermodynamik und zu den Wärmetheorien ausgearbeitet, die durch Vermittlung seiner Karlsruher Professoren die zustimmende Aufmerksamkeit Albert Einsteins fanden, mit dem

Polanyi auch in den folgenden Jahren in fachlichem Kontakt blieb. Der Beginn des Ersten Weltkrieges brachte ihn noch einmal zur Medizin zurück, da er sich im August 1914 freiwillig zum medizinischen Dienst in der österreichisch-ungarischen Armee meldete. Er war sowohl in Seuchen- als auch in Frontlazaretten tätig, ehe er aus gesundheitlichen Gründen zunächst beurlaubt und im Sommer 1917 aus dem Militärdienst entlassen wurde.

Danach erfolgte die vollständige Hinwendung zu den Naturwissenschaften. Polanyi arbeitete eine zweite Dissertation aus (»Thermodynamik der Adsorption bei Gasen«), die schon 1917 von Gustav Buchböck akzeptiert wurde, wenn auch das Promotionsverfahren an der Budapester Universität erst im Juli 1919 zum offiziellen Abschluß kam. In der Zwischenzeit war Polanyi vorübergehend in der Politik tätig. Er engagierte sich für die neue ungarische Republik und wurde Sekretär des Gesundheitsministers. Als die liberale Regierung im März 1919 gestürzt wurde, schied er aus seinem Regierungsamt aus und übernahm kurzzeitig eine Assistentenstelle bei Georg von Hevesy an der Universität. Im Dezember 1919 ging er dann ein drittes Mal nach Karlsruhe. Einen Monat zuvor war Polanyi, der bereits 1917 erklärt hatte, daß er sich dem Judentum nicht mehr zugehörig fühle, zum Katholizismus konvertiert. Offenbar aus Protest gegen die immer stärker werdenden nationalistischen und antisemitischen Tendenzen in Ungarn entschied er sich im Frühjahr 1920 für die österreichische Staatsbürgerschaft.

In Karlsruhe festigte er mit seinen Forschungen und Veröffentlichungen rasch seinen Ruf als ein besonders einfallsreicher und erfolgreicher jüngerer Vertreter der physikalischen Chemie. Nachdem Otto Warburg schon 1915 vergeblich versucht hatte, ihn an das Kaiser-Wilhelm-Institut für Biologie in Berlin zu holen, wurde nun auch Fritz Haber auf ihn aufmerksam. Ein konkretes Angebot erhielt Polanyi aber zuerst von Reginald Oliver Herzog, dem Direktor des neuen Kaiser-Wilhelm-Instituts für Faserstoffchemie in Berlin. Im Herbst 1920 begann er dort als wissenschaftlicher Mitarbeiter, im Mai 1923 wurde er zum Wissenschaftlichen Mitglied und Leiter der physikalisch-chemischen Abteilung ernannt. Die Technische Hochschule Berlin machte ihn im Frühjahr 1923 aufgrund seiner Forschungen über die Struktur und Eigenschaften von Kristallen zum Privatdozenten für das Fachgebiet Physikalische Chemie. Nur drei Jahre später, im Dezember 1926, folgte die Ernennung zum außerordentlichen Professor.

Im September 1923 gelang es Haber, Polanyi zu einem Wechsel innerhalb der Kaiser-Wilhelm-Gesellschaft zu überreden und ihn als Wissenschaftliches Mitglied und Abteilungsleiter an sein eigenes Institut für

physikalische Chemie und Elektrochemie zu binden. 1928/29 wurden
Polanyi ordentliche Professuren an der Deutschen Universität in Prag
und an der ungarischen Universität in Szeged angeboten, die er jedoch
mit Blick auf die in Berlin bestehenden Forschungsmöglichkeiten ebenso
ablehnte wie ein Angebot der Harvard University, das ihm im Sommer
1929 während einer USA-Reise gemacht wurde. 1930 übertrug man ihm
die ehrenvolle Aufgabe, als Nachfolger von Herbert Freundlich die legendären Haber-Colloquien zu organisieren. Gleichzeitig ging er auch seinen
wirtschafts- und sozialwissenschaftlichen Interessen weiter nach. Unter
anderem kam 1930-31 im Harnack-Haus der Kaiser-Wilhelm-Gesellschaft in Berlin-Dahlem regelmäßig eine von ihm initiierte und geleitete
Arbeitsgruppe von Wirtschaftsfachleuten und Naturwissenschaftlern zusammen.

1933 gehörte Polanyi zu der sehr kleinen Zahl von Wissenschaftlern, die
sich von Anfang an weigerten, ihre Arbeit unter nationalsozialistischer
Herrschaft fortzusetzen. Mitte Januar 1933 hatte er ein großzügiges Angebot der University of Manchester ausgeschlagen. Nach der nationalsozialistischen »Machtergreifung« hielt er das schon wenige Wochen später für
einen großen Fehler, war er doch jetzt entschlossen, Deutschland möglichst rasch zu verlassen. Einem befreundeten englischen Kollegen schrieb
er deshalb am 10. April 1933, daß er inzwischen den Lehrstuhl an der
Manchester University akzeptieren würde, und zwar »on any conditions
that are considered fair and reasonable by the university«. Kurz darauf bat
er offiziell um die Versetzung in den Ruhestand, die ihm von der Kaiser-
Wilhelm-Gesellschaft zum 30. September des Jahres gewährt wurde. Der
Abschied von Berlin fiel ihm allerdings sehr schwer, weil er nicht nur die
außergewöhnlich guten Forschungsmöglichkeiten im KWI für physikalische Chemie und Elektrochemie aufgeben, sondern auch auf das reiche
kulturelle und gesellige Leben, das seine Jahre in Berlin wesentlich geprägt hatte, verzichten mußte.

Polanyi erhielt die Professur in Manchester, baute dort schnell neue
Forschungsgruppen auf und konnte bis 1936 allein auf dem Gebiet der
»reaction kinetics« 37 neue Arbeiten veröffentlichen. Er war in diesen Jahren außerdem mit großem Engagement darum bemüht, vielen aus
Deutschland vertriebenen Wissenschaftlern zu helfen. Spätestens seit dem
Beginn des Zweiten Weltkrieges traten seine philosophischen, wirtschafts-
und sozialwissenschaftlichen Interessen immer stärker in den Vordergrund,
so daß die Universität sich auf seine Bitte hin schließlich sogar bereit
fand, ihn von seinen Verpflichtungen auf dem Gebiet der physikalischen
Chemie ganz zu befreien und für ihn einen »Personal Chair« auf dem
Gebiet der »Social Studies« zu schaffen. Dadurch konnte er sich seit 1948

in vollem Umfang jenen Themen widmen, die die zweite Hälfte seines akademischen Lebens bestimmten.

Einen ersten Schwerpunkt seiner neuen Arbeiten bildeten wirtschaftliche Fragen. »Running through all his writings in economics«, schrieb John Jewkes in einem Nachruf, der im Mai 1976 in *Nature* erschien, »there seems to be one central strand: How best to reconcile the safeguarding of individual liberty with the controls upon the individuals inseparable from a complex and organized society [...]. His analysis was pointing not only to the inhumanities of totalitarianism but also to the muddle and drift which so often result from overconfident planning in freer societies.« Im Hinblick auf Polanyis philosophisches Hauptwerk »Personal Knowledge« (1958) urteilten Eugene P. Wigner und Robin A. Hodgkin 1977 in den *Biographical Memoirs of Fellows of the Royal Society*: »Polanyi's concern, which had been growing for more than twenty years, was, in its negative form, a fear of the dehumanizing of science and, indeed, of all knowledge. The extreme manifestation of that was in the totalitarian states of Europe [...]. It seemed to Polanyi that the intellectual resistance being offered by most liberals was both shallow and divided. So it was the positive task of articulating a new world view, adequate to the crisis facing all advanced societies, that he turned his mind.« Aus solchen Überzeugungen heraus war Michael Polanyi unter anderem in der »Society for Freedom in Science« und bis 1968 auch im Executive Committee des »Congress of Cultural Freedom« tätig. Als Gesellschaftstheoretiker und als Wissenschaftsphilosoph wurde er vor allem in den USA sehr populär. Dabei war er, besonders unter seinen naturwissenschaftlichen Kollegen, mit seinen Veröffentlichungen und sonstigen Aktivitäten keineswegs unumstritten. Wigner und Hodgkin brachten die skeptische Distanz sogar im Nachruf deutlich zum Ausdruck: »Posterity will judge just how important Polanyi's writings about science and society were.« Seine großen Leistungen als Naturwissenschaftler genossen dagegen weiterhin uneingeschränkte Anerkennung.

1958 ließ Polanyi sich als Professor für »Social Studies« emeritieren, zugleich nahm er das Angebot an, als Senior Research Fellow an das Merton College in Oxford zu wechseln. In den nächsten anderthalb Jahrzehnten befand er sich nahezu ständig auf Vortragsreisen oder längeren Auslandsaufenthalten. Er war Fellow des Center for Advanced Studies in the Behavioral Sciences in Stanford und Senior Fellow des Center for Advanced Studies der Wesleyan University in Connecticut, nahm zudem Gastprofessuren der großen amerikanischen Universitäten von Stanford und Yale bis Chicago und Duke wahr. Auch mit deutschen Kollegen trat er, der seit 1948 Auswärtiges Wissenschaftliches Mitglied der Max-Planck-

Gesellschaft war, wieder in engeren Kontakt, obwohl eine seiner Schwestern mit ihrem Ehemann während der NS-Zeit ermordet worden war. Verheiratet war er seit 1921 mit Magda Kemeny, einer Studienkollegin aus der Karlsruher Zeit, mit der er zwei Söhne hatte: George Michael, geb. 1922, den späteren Wirtschaftswissenschaftler, und Hans Karl (John Charles), geb. 1929, der 1978 als Physikochemiker mit dem Chemie-Nobelpreis ausgezeichnet wurde. Seine letzten Lebensjahre verbrachte Michael Polanyi in Oxford.

Bei Polanyis Veröffentlichungen ist deutlich zwischen seinen naturwissenschaftlichen Arbeiten und den philosophischen, wissenschafts- und gesellschaftstheoretischen Schriften zu unterscheiden. Das Verzeichnis seiner naturwissenschaftlichen Veröffentlichungen enthält 219 Titel, von denen die ersten drei 1910-11 erschienen, die letzten drei 1948-49. Eine Auswahl der übrigen Publikationen umfaßt ohne Zeitungsartikel und Buchkritiken 156 Titel, darunter zahlreiche Buchveröffentlichungen, von denen viele hohe Auflagen erzielten und auch in andere Sprachen übersetzt wurden, etwa: »USSR Economics. Fundamental Data, System, and Spirit« (1936), »Full Employment and Free Trade« (1945), »Science, Faith, and Society« (1946), »Personal Knowledge. Toward a Post-Critical Philosophy« (1958), »Tyranny and Freedom, Ancient and Modern« (1958), »The Study of Man. The Lindsay Memorial Lectures, 1958« (1959), »Beyond Nihilism« (1960), »The Tacit Dimension« (1966) und »Scientific Thought and Social Reality. Essays« (1974). 1969 erschien der Band »Knowing and Being. Essays by Michael Polanyi«, herausgegeben von Marjorie Grene.

Michael Polanyi ist vielfältig geehrt und ausgezeichnet worden. Neun Universitäten verliehen ihm in den fünfziger und sechziger Jahren einen Ehrendoktortitel, von der Princeton University 1945 bis zur University of Toronto 1967. Er war Mitglied, auch Ehrenmitglied vieler gelehrter Gesellschaften, u. a. der Royal Society London, der International Academy of Philosophy of Science und der American Academy of Arts and Sciences. Die Royal Society of Medicine zeichnete ihn 1970 mit der »Nuffield Gold Medal« aus. 1968 widmete man ihm den von Thomas Anderson Langford und William H. Poteat herausgegebenen Band »Intellect and Hope. Essays in the Thought of Michael Polanyi«.

Ernst Rabel

Kaiser-Wilhelm-Institut für ausländisches und internationales
Privatrecht, Berlin-Mitte

Geboren am 28. Januar 1874 in Wien, gestorben am 7. September 1955 in
Zürich. Ernst Rabel entstammte dem liberalen Wiener Großbürgertum. Sein
Vater, ein promovierter Jurist, war der angesehene und erfolgreiche
Rechtsanwalt Albert Rabel (»Hof- und Gerichtsadvokat«), verheiratet
mit Berta Ettinger. Der vielseitig begabte Sohn, der auch in seinen späteren Jahren noch als ausgezeichneter Pianist gerühmt wurde, erhielt Kla-
vierunterricht bei Anton Bruckner. Er besuchte das Gymnasium und studierte anschließend Jura an der Wiener Universität. Im Dezember 1895,
im Alter von nur 21 Jahren, wurde er von Ludwig Mitteis zum Doktor
der Jurisprudenz promoviert. Nach einem Studienaufenthalt in Paris, der
Referendarausbildung und einer Zeit der praktischen Tätigkeit bei seinem Vater und in einer anderen Wiener Anwaltskanzlei holte ihn
Mitteis, der inzwischen eine Professur in Leipzig übernommen hatte,
1899 an die dortige Universität. Hier habilitierte sich Rabel mit der Untersuchung »Die Haftung des Verkäufers wegen Mangels im Rechte. Ge-
schichtliche Studien über den Haftungserfolg«. Mit dieser Arbeit und mit
anderen rechtsgeschichtlichen, teilweise auch schon rechtsvergleichenden Schriften, die nun in rascher Folge erschienen, machte er sich schnell
einen Namen, so daß die Leipziger Universität ihn 1904 zum außerordentlichen Professor ernannte. Zwei Jahre später wurde Rabel ordentlicher Professor in Basel (1906-10), wo er auch als Richter am Obergericht
tätig war; es folgten als weitere berufliche Stationen Kiel (1910-11) und
Göttingen (1911-16), ehe er 1916 an die Universität München berufen
wurde, wo er wiederum, als Mitglied des Zivilsenats des Oberlandes-
gerichts, auch Richteraufgaben wahrnahm. Eine entscheidende Weichenstellung für seine künftige wissenschaftliche Arbeit bedeutete die von
Rabel initiierte Gründung eines Instituts für Rechtsvergleichung an der
Münchener Universität, das er zehn Jahre lang mit großem Erfolg leitete
und zu einem ersten nationalen und internationalen Zentrum der rechtsvergleichenden Forschung ausbaute.

Im Frühjahr 1926 wechselte Rabel von München nach Berlin. Er wurde
Gründungsdirektor des Kaiser-Wilhelm-Instituts für ausländisches und
internationales Privatrecht, das seinen Sitz – ebenso wie das 1925 gegründete Parallelinstitut für ausländisches öffentliches Recht und Völkerrecht – im Berliner Schloß, der früheren Hohenzollern-Residenz, erhielt.

Zugleich übernahm er eine ordentliche Professur für »römisches Recht, bürgerliches Recht und ausländisches Recht sowie Rechtsvergleichung« an der Berliner Universität. Rabel, der als akademischer Lehrer keine großen Studentenzahlen anzog, aber die wissenschaftlich interessierten und begabten Studenten entschieden förderte, wirkte als Forscher und als Wissenschaftsorganisator vor allem im Rahmen der Kaiser-Wilhelm-Gesellschaft. Er baute eine große und in ihrer Art singuläre Fachbibliothek für die rechtsvergleichende Forschung auf und gründete die *Zeitschrift für ausländisches und internationales Privatrecht*, die er von 1927 bis 1936 herausgab und wissenschaftlich so sehr prägte, daß sie unter den Kollegen schon bald als »Rabels Zeitschrift« firmierte. Es gelang ihm vor allem, eine große Zahl ungewöhnlich begabter junger Juristen an das Institut zu binden. Mit Max Rheinstein, der zu seinen engsten und später international einflußreichsten Schülern gehörte, hatte er bereits in München zusammengearbeitet. In Berlin kamen unter anderem hinzu: Walter Hallstein, der die Außenpolitik der Adenauer-Zeit wesentlich mitgestaltete (»Hallstein-Doktrin«), Gerhard Schröder, der einflußreiche CDU-Innen- und Außenminister der fünfziger und sechziger Jahre, Ludwig Raiser, in den frühen Jahren der Bundesrepublik Präsident der Deutschen Forschungsgemeinschaft und Vorsitzender des Wissenschaftsrates, sowie die später prominenten Juristen Eduard Wahl, Wilhelm Wengler und Konrad Zweigert. Das Institut, dessen Arbeiten zu einem großen Teil durch die Gutachtertätigkeit für Behörden und Gerichte, Unternehmen und Verbände bestimmt wurden, war auch in erheblichem Umfang an den wissenschaftlichen Großprojekten der Rechtsvergleichung wie den »Zivilgesetzen der Gegenwart«, einer von Karl Heinsheimer begründeten »Sammlung europäischer und außereuropäischer Privatrechtsquellen« (1927-1939), und dem »Rechtsvergleichenden Handwörterbuch« (1929-1940) beteiligt.

Rabel selber veröffentlichte neben vielen anderen Studien 1936 den ersten Band seines großen Werkes »Das Recht des Warenkaufs. Eine rechtsvergleichende Darstellung« (der zweite Band erschien 1958 posthum). Neben der längerfristig angelegten Forschungsarbeit war er in zahlreichen internationalen Instituten und Gerichten tätig. Er gehörte dem Völkerbundinstitut für die Vereinheitlichung des Privatrechts (»Unidroit«) in Rom als Mitglied des Rates und des Exekutivausschusses an (1927-34), war Richter am Internationalen Gerichtshof in Den Haag (1925-27) und Mitglied der Ständigen Schiedskommissionen für Norwegen und Italien (1919-36), Deutschland und Italien (1928-35) sowie des Deutsch-Italienischen Schiedsgerichts (1921-1927). Auch in der akademischen Selbstverwaltung wurden ihm wichtige Ämter übertragen: Er war Vorsitzender des juristischen Fachausschusses der Notgemeinschaft der deutschen Wissenschaft (später: Deutsche Forschungsgemeinschaft) und 1932/33 Dekan der Juristischen Fakultät der Berliner Universität sowie Vorsitzender der Konferenz der Juristischen Fakultäten in Deutschland. Im In- und Ausland wurde er wegen seiner Arbeitskraft, seines Kenntnisreichtums, seiner wissenschaftlichen Phantasie und Urteilsfähigkeit bewundert und von vielen als ein juristisches Genie verehrt.

In diesem Augenblick, als, wie Rheinstein später schrieb, »nur noch die höchste Ehrung seiner Leistung entsprochen hätte«, begann die »Machtergreifung« der Nationalsozialisten Rabels Arbeit und Leben zu überschatten. Als »Alt-Beamter« vor dem Ersten Weltkrieg war er zwar selbst zunächst vor der Entlassung geschützt, doch verlor er mit den Referenten Max Rheinstein und Felix Eckstein sowie der Sekretärin Alice Breu schon nach wenigen Monaten einige seiner engsten Institutsmitarbeiter. Er hatte sich nachdrücklich für deren Weiterbeschäftigung eingesetzt und war im Falle Rheinsteins damit sogar erfolgreich gewesen, doch lehnte dieser, der sich zu der Zeit in den USA befand, wegen der politischen Verhältnisse eine Rückkehr nach Deutschland ab. Ende Mai 1935, also noch vor Erlaß der »Nürnberger Gesetze«, beantragte der Dekan der Juristischen Fakultät der Berliner Universität beim zuständigen Minister die sofortige »Beurlaubung« von Ernst Rabel und auch von Martin Wolff (der dem KWI für ausländisches und internationales Privatrecht als Wissenschaftlicher Berater eng verbunden war), weil es »eine schwere Belastung für die deutsche Studentenschaft« sei, »wenn zwei wichtige Ordinariate von Nichtariern versehen werden«. Rabel wurde am 26. Juli »beurlaubt« und zum Jahresende 1935 zwangsweise in den Ruhestand versetzt. Auf die offizielle Frage nach seiner Abstammung hatte er, der wie auch schon seine Eltern der katholischen Kirche angehörte, der Universität Mitte Oktober mitgeteilt: »Meine Großeltern waren alle volljüdischer Abstammung und gehörten der jüdischen Religion an.«

Die Leitung des Instituts wurde Rabel zu diesem Zeitpunkt noch nicht entzogen. Doch bedeutete das nur einen Aufschub von einem Jahr. Mitte Dezember 1936 hielt die Kaiser-Wilhelm-Gesellschaft nach Verhandlungen mit dem Ministerium in einem Vermerk fest: »Herr Prof. Rabel, dessen Verdienste um das Institut von seiten des Kultusministeriums anerkannt werden, muß von der Leitung des Instituts zurücktreten, da es für den Staat nicht tragbar ist, daß an der Spitze eines KWI eine Persönlichkeit steht, die auf Grund der Nürnberger Gesetze in den Ruhestand versetzt werden muß.« Rabel wurde aufgefordert, seinen Rücktritt zu erklären. Er könne dann, mit Zustimmung des Ministeriums, seine Forschungen im Institut als Privatperson weiterführen. So schied Rabel zum 15. Februar

1937 aus seinem Amt aus. Max Planck dankte ihm als Präsident für seine
»aufopferungsvolle und hervorragende Tätigkeit«, mit der er »dazu beigetragen« habe, »das Ansehen der Kaiser-Wilhelm-Gesellschaft in der Welt
zu mehren«. Man werde »alles« tun, um ihm »ein stilles Weiterarbeiten
im Institut zu ermöglichen«. Auch Rabels Nachfolger Ernst Heymann
formulierte noch Anfang 1938 in der Institutszeitschrift »ein Wort des
aufrichtigen Dankes für seine erfolgreiche Tätigkeit« und versicherte ausdrücklich, daß er sich »bemühen« werde, die von Rabel begründeten »guten Traditionen zu bewahren«. So versuchte man, das Gesicht zu wahren,
doch war die Trennung ebenso schmerzhaft wie endgültig.

Rabel emigrierte 1939 über die Niederlande in die USA, wo er sich
anfangs in Chicago, später in Ann Arbor niederließ. Dorthin folgten ihm
seine Frau Anny, geb. Weber, mit der er seit 1912 verheiratet war, und ihre
beiden Kinder (Lili und Frederick). Da Rabel damals bereits 65 Jahre alt
war, gelang es ihm trotz seines großen wissenschaftlichen Ansehens nicht
mehr, eine feste Universitätsanstellung zu erhalten. Die Law School der
University of Michigan in Ann Arbor ernannte ihn 1940 zum »Research
Associate«, stellte ihm ein kleines Arbeitszimmer und eine Schreibkraft
zur Verfügung, konnte ihm aber kein Gehalt zahlen. Vor allem mit For-
schungsstipendien des American Law Institute, der Law School der Harvard University und der Law School in Ann Arbor wurde es ihm ermöglicht, in diesen Jahren sein abschließendes großes Werk »The Conflict of
Laws. A Comparative Study« zu verfassen, das von 1945 bis 1958 in vier
Bänden erschien. Noch 1949 bezeichneten Fachkollegen seine wirtschaftliche und soziale Lage in den USA als außerordentlich schwierig. Er lebe
gesellschaftlich isoliert und sei, weil er erst in einem sehr fortgeschrittenen
Alter ins Land gekommen war, in vielen Dingen ein Fremder geblieben.

Auch deshalb war Rabel nach 1945 daran interessiert, wieder in Kontakt mit der Kaiser-Wilhelm-Gesellschaft bzw. der Max-Planck-Gesellschaft zu kommen. Er akzeptierte 1948 die Ernennung zum Auswärtigen
Wissenschaftlichen Mitglied der Max-Planck-Gesellschaft, lehnte jedoch
die schon 1946 von Hans Dölle ausgesprochene Einladung, erneut die
Leitung seines früheren Instituts zu übernehmen, aus verschiedenen
Gründen ab. 1950 wurde er zum Wissenschaftlichen Mitglied des Instituts
ernannt und für das Jahr 1950/51 sogar zum Vorsitzenden der Geisteswissenschaftlichen Sektion der Max-Planck-Gesellschaft gewählt. Vom
Herbst 1950 an lebte er mit seiner Frau in Tübingen, allerdings in räum-
lich und auch finanziell sehr beengten Verhältnissen. Es gelang ihm zunächst nicht, seine Pensionsansprüche durchzusetzen. Die Max-Planck-
Gesellschaft war erst ab April 1952 bereit, wenigstens Vorschußzahlungen
zu leisten. Von 1953 an erhielt er im Rahmen der staatlichen »Wiedergut-

machungs«-Regelungen endlich die ihm zustehenden Versorgungsbezüge. Schon zwei Jahre später, im Herbst 1955, starb er in einem Züricher Krankenhaus.

Ernst Rabels wichtigste Veröffentlichungen sind neben den bereits genannten Hauptwerken (»Die Haftung des Verkäufers wegen Mangels im
Recht«, 1902; »Das Recht des Warenkaufes«, 1936/58; »The Conflict of
Laws«, 1945-58) die »Grundzüge des römischen Privatrechts« (1915) und
die von Hans Georg Leser und Hans Julius Wolff in vier Bänden herausgegebenen »Gesammelten Aufsätze« (1965-71), die auch ein Gesamtverzeichnis seiner Veröffentlichungen enthalten. Als Begründer der modernen rechtsvergleichenden Forschung und als Pionier der internationalen
Standardisierung des Zivilrechts ist Rabel vielfältig geehrt worden. Er
war Mitglied zahlreicher wissenschaftlicher Gesellschaften, u. a. der Wissenschaftlichen Akademien von Bologna und Turin, der rechtsvergleichenden Institute in Mexiko und Córdoba und der International Federation
for Comparative Law and Political Economy. Die American Foreign Law
Association machte ihn ebenso zu ihrem Ehrenmitglied wie die Gesellschaft für Rechtsvergleichung in Deutschland. Von der Harvard Law
School wurde ihm der angesehene »Ames-Preis«, von der Accademia dei
Lincei in Rom der »Internationale Antonio-Feltrinelli-Preis« verliehen.
Er war Ehrendoktor der Universitäten Athen und Löwen. Die Universität
Tübingen und die Freie Universität Berlin ernannten ihn zum Honorar-
professor. Eine Festschrift zum 70. Geburtstag wurde ihm von Hans Julius
Wolff in Manuskripten überreicht, eine zweibändige Festschrift zum
80. Geburtstag, herausgegeben von Wolfgang Kunkel und Hans Julius
Wolff, erschien 1954 in Tübingen. Die Bundesrepublik Deutschland
zeichnete ihn 1954 mit dem »Großen Bundesverdienstkreuz mit Stern« aus.
1961 schließlich wurde die von ihm gegründete Zeitschrift offiziell in *Rabels
Zeitschrift für ausländisches und internationales Privatrecht* umbenannt.

»In all adversity«, schrieb Max Rheinstein im Frühjahr 1956 in seinem
Nachruf im *American Journal of Comparative Law*, »Rabel's spirit and creativity remained unbroken. Indefatigably, in full intellectual vigor, and with
ever-maturing wisdom, he carried on his work. It will stand as a monument
to a man of unique learning, vision, creativity, and self-discipline.«

Bruno Rabinowitsch (Bruno R. Roberts)

Kaiser-Wilhelm-Institut für Chemie, Berlin-Dahlem

Geboren am 5. April 1903 in Wien, gestorben am 16. Oktober 1968 in Los Angeles.

Bruno Rabinowitsch wuchs in Wien auf, besuchte das Staatsgymnasium und bestand 1921 die Maturitätsprüfung (Abitur). 1921-25 studierte er Technische Chemie an der Technischen Hochschule Wien, an der er 1926 die staatliche Prüfung als Ingenieur ablegte. Anschließend ging er nach Berlin und war 1926-27 »Privatassistent« bei Karl Weissenberg. 1927-30 arbeitete er in dem von Reginald Oliver Herzog geleiteten Kaiser-Wilhelm-Institut für Faserstoffchemie über die Technologie der Kunstseide. Dort entstand auch seine Doktorarbeit. 1929 promovierte er bei Emil Abel und Franz Halla an der Technischen Universität Wien mit der Dissertation »Zur physikalischen Chemie der Kolloide«. Wieder in Berlin, war er 1930-33 Mitarbeiter des Kaiser-Wilhelm-Instituts für Chemie. In der Abteilung von Kurt Hess beschäftigte er sich mit der Fasermorphologie mittels mikroskopischer und mikrokinematographischer Analysen und forschte über die Viskosität und Elastizität von Solen.

Als Jude verlor er 1933 seine Anstellung im KWI für Chemie. Er emigrierte nach Paris, wo er 1933-34 im Institut de biologie physico-chimique der Fondation Rothschild arbeitete. In Paris heiratete er 1934 die Berliner Naturwissenschaftlerin Irene Stephanie Neuberg, die als Jüdin ebenfalls von den antisemitischen Maßnahmen des NS-Regimes betroffen war und vorübergehend im Institut Pasteur arbeitete, nachdem sie zuvor als Doktorandin in dem von ihrem Vater Carl Neuberg geleiteten Kaiser-Wilhelm-Institut für Biochemie tätig gewesen war. Im gleichen Jahr folgte das Ehepaar einer Einladung an die Universität Istanbul, wo Rabinowitsch eine Assistentenstelle am Lehrstuhl für Technische Chemie übernahm. Inhaber des Lehrstuhls war zum damaligen Zeitpunkt der aus Berlin vertriebene frühere Direktor des KWI für Faserstoffchemie Reginald Oliver Herzog. Der neuerlichen Zusammenarbeit war jedoch keine Dauer beschieden. Als Herzog sich im Jahre 1935 das Leben genommen hatte, entschloß Rabinowitsch sich, die Türkei zu verlassen.

Nach Zwischenstationen in der Sowjetunion und in Palästina wanderte er 1936 mit Frau und Tochter in die USA ein, wo er (nunmehr unter dem Namen Bruno R[alph] Roberts) zunächst für das Boyce Thompson Institute for Plant Research in New York arbeitete (1936-37). 1938-40 war er als Manager für das in Woodstock, Ontario, ansässige Unternehmen Oxford Knitting Mills, Inc. tätig. 1941-42 arbeitete er in einem New Yorker

Privatlaboratorium, 1942-51 leitete er eine Forschungsgruppe der Zentralen Forschungsabteilung der Monsanto Chemical Company. Seit 1951 arbeitete er, 1955-59 als Abteilungsleiter, in der Forschungsabteilung des Unternehmens Chemstrand Corporation in North Carolina, einem 1950 zur Herstellung von synthetischen Fasern gegründeten Gemeinschaftsunternehmen der Monsanto-Gruppe und des Textilproduzenten American Viscose, das zehn Jahre später als 100prozentige Monsanto-Tochter weitergeführt wurde. Von 1959 bis zu seinem Tode (er starb auf einer Reise nach Kalifornien) war Roberts »Information Specialist« im Chemstrand Research Center, Inc.

Bruno R. Roberts, über dessen Leben und Tätigkeit in den USA nähere Informationen vor allem für die späteren Jahre fehlen, wurde von seiner Frau Irene S. Roberts (später Forrest), die eine eigene wissenschaftliche Karriere machte, in den vierziger oder fünfziger Jahren geschieden. Er war Fellow der New York Academy of Sciences und des Textile Institute of Great Britain sowie Mitglied des Textile Research Institute der American Association for the Advancement of Science. Er gehörte zahlreichen Fachverbänden an (u. a. der Chemical Society, der Fiber Society, der Society of Rheologists und der Association of Textile Chemists and Colorists). Ein Verzeichnis seiner Veröffentlichungen liegt nicht vor.

Alfred (J.) Reis

Kaiser-Wilhelm-Institut für physikalische Chemie und Elektrochemie, Berlin-Dahlem

Geboren am 1. November 1882 in Wien, gestorben am 19. Mai 1951 in New Brunswick, New Jersey.

Alfred Reis, Sohn eines Wiener Kaufmanns, besuchte ein Gymnasium und machte 1901 die Maturitätsprüfung (Abitur). Durch die Ableistung seines Militärdienstes (1903-04) unterbrochen, studierte er zunächst vier Semester an der Universität Wien und später acht Semester an der Universität Straßburg Chemie, Physik und Mathematik. 1909 promovierte er in Straßburg bei Johannes Thiele im Fach Chemie. Seine Dissertation trug den Titel »Über die Reduktion ungesättigter Karbonsäuren und über den Ersatz der Diazogruppe durch Wasserstoff«. Im Anschluß an die Promotion war er an der Technischen Hochschule Karlsruhe Assistent von Fritz Haber (1909-11) und nach dessen Weggang von Georg Bredig (1911-14). 1913 habilitierte er sich in Karlsruhe für das Fachgebiet Physikalische

Chemie mit der Studie »Beiträge zur Kenntnis der Flammen«, die 1914 in der *Zeitschrift für physikalische Chemie* veröffentlicht wurde. 1913-20 wirkte er im Institut für Physikalische Chemie der TH Karlsruhe als Privatdozent, 1920-28 als außerordentlicher Professor. 1928/29 wechselte er als Leiter des Hauptlaboratoriums des Vereins für chemische und metallurgische Produktion in Aussig (Ústí) in Nordböhmen (Tschechoslowakei) in die Industrie.

Von 1930 an lebte Reis in Berlin, wo er seit diesem Jahr als außerordentlicher Professor an der Technischen Hochschule Berlin tätig war und als ständiger Gastforscher im Kaiser-Wilhelm-Institut für physikalische Chemie und Elektrochemie in der von Michael Polanyi geleiteten Abteilung arbeitete (1930-33). In seinen Forschungen beschäftigte er sich vor allem mit Röntgenstrahlen, Photochemie, Spektroskopie und Metallographie. Die Rutgers University in New Jersey, an der er in den letzten Jahren seines Lebens forschte, faßte seine wichtigsten Forschungsleistungen in der Karlsruher und Berliner Zeit 1950 folgendermaßen zusammen: »In 1920 he first published his theory linking the cohesion of solids to their chemical constitution. Six years later he formulated a theory on the symmetry of molecular and crystal structure. Since then his work with x-ray diffraction has brought him world-recognition in the field.«

Reis, der jüdischer Herkunft war, erkannte 1933 sofort, daß er als Wissenschaftler unter der NS-Herrschaft sowohl in der Kaiser-Wilhelm-Gesellschaft als auch an den deutschen Universitäten und Technischen Hochschulen keine Chance mehr hatte. Er entschied sich deshalb schon im April 1933 für die Emigration und ging zunächst nach Paris, wo er in den folgenden Jahren in den Laboratorien von Georges Urbain und Paul Langevin an der Sorbonne arbeiten konnte. 1941 floh er aus Frankreich in die USA. Dort war er 1942-45 am Cooper Union College in New York als Adjunct Professor für die Bereiche »Physical metallurgy« und »Crystal structure« zuständig. 1945-46 arbeitete er in New York selbständig als »Consulting metallurgist« für eine Reihe von Unternehmen wie auch für das Locomotive Development Committee. Im Februar 1947 nahm er schließlich eine Stelle als Research Specialist im Institute for Materials Research der Rutgers University in New Brunswick, New Jersey an.

In einer Pressemitteilung bezeichnete ihn die Universität als »one of the world's leading experts on x-ray diffraction«, und der zuständige Dekan sprach auch die mit seiner Berufung verbundenen wirtschaftlichen Hoffnungen und Erwartungen an: »The addition of Dr. Reis to the Engineering Experiment Station staff opens up several new fields in which the station can be of help to New Jersey industry. His studies of the engineering characteristics of materials will no doubt lead to the development of new products and to new uses for those we already know about.« Hingewiesen wurde vor allem darauf, daß Reis einen neuen und bis dahin einzigartigen Röntgen-Spektrographen für die Untersuchung der Materialstrukturen entwickelt und mit Hilfe der General Electric Company gebaut habe, der nun in der Rutgers University genutzt werden könne.

Seine Tätigkeit in den nächsten Jahren war offensichtlich erfolgreich, doch starb er schon 1951, nach einem Krankenhausaufenthalt, an einem plötzlich eintretenden Herzversagen. Erst ein Jahr vorher war er endgültig von New York nach New Brunswick (Raritan Gardens) umgezogen. Er hinterließ seine Frau (Frieda Buchwald Reis) und zwei erwachsene Kinder, die in Baltimore bzw. New York lebten.

Ein Verzeichnis seiner wissenschaftlichen Veröffentlichungen liegt nicht vor. In seinen Karlsruher und Berliner Jahren publizierte Reis vor allem in der *Zeitschrift für physikalische Chemie*, der *Zeitschrift für Kristallographie* und der *Zeitschrift für Physik*. Neben der Dissertation und der Habilitationsschrift ist als selbständige Publikation der Band »Kleinere Veröffentlichungen aus dem Gebiete der physikalischen Chemie aus den Jahren 1914-1922« (1923) zu erwähnen.

Max Rheinstein

Kaiser-Wilhelm-Institut für ausländisches und internationales Privatrecht, Berlin-Mitte

Geboren am 5. Juli 1899 in Bad Kreuznach, gestorben am 9. Juli 1977 in Bad Gastein.

Max Rheinstein war das einzige Kind des schon 1904 verstorbenen Weingutsbesitzers Ferdinand Rheinstein und seiner Frau Rosalie, geb. Bernheim. Er verbrachte seine Jugend in München, wo er das Wittelsbacher Gymnasium besuchte. Von Juni 1917 bis November 1918 war er Soldat in der Ersatzabteilung des ersten bayerischen Feldartillerieregiments. Im Mai 1918 machte er am Münchener Ludwigsgymnasium das »Notabitur«. Rückblickend auf seine bayerische Schulzeit schrieb er gegen Ende seines Lebens in einem kleinen Essay (»Royal Bavarian«): »[…] we learned to think, logically, autonomously and critically. We became conscious of the Great Tradition, acquired a sense of history and with that, perhaps, a degree of conservatism, but conservatism of the liberal, Royal Bavarian kind.« Im Wintersemester 1918/19 begann Rheinstein ein Jurastudium an der Universität München, das er im Sommer 1922 abschloß. 1924 promovierte er bei Ernst Rabel mit der dem englischen Recht gewidmeten Dissertation »Störung der freien Erwerbstätigkeit durch rechtswidrige Beeinflussung Dritter«. Schon 1921 als »Bücherwart« in Rabels Münchener Institut für Rechtsvergleichung beschäftigt, arbeitete er 1922-25 als wissenschaftlicher Assistent in diesem Institut. Gleichzeitig absolvierte er seine juristische Referendarausbildung. Als Rabel 1926 die Leitung des neuen Kaiser-Wilhelm-Instituts für ausländisches und internationales Privatrecht in Berlin übernahm, erhielt Rheinstein dort eine Referentenstelle, die er bis 1933 innehatte. Er war wesentlich am Aufbau und den großen Forschungsvorhaben des Instituts beteiligt. 1932 ernannte ihn die Juristische Fakultät der Universität Berlin, der er die Habilitationsschrift »Die Struktur des vertraglichen Schuldverhältnisses im anglo-amerikanischen Recht« vorgelegt hatte, zum Privatdozenten.

1933 war Rheinstein, der Mitglied der evangelischen Kirche war, aufgrund der antijüdischen Bestimmungen des Anfang April erlassenen »Berufsbeamtengesetzes« als »Nichtarier« von der Entlassung bedroht. Rabel forderte in seinem Falle eine Ausnahmeregelung, und auch die Kaiser-Wilhelm-Gesellschaft rechnete ihn unter die »zweifelhaften Fälle«, weil er zwar keinen »Frontdienst« im Ersten Weltkrieg geleistet, wohl aber im Frühjahr 1919 gegen die »Räterepublik« in München gekämpft hatte. Tatsächlich entschied das zuständige Reichsministerium des Innern, daß in seinem Falle ausnahmsweise von einer Entlassung abzusehen sei, wobei offensichtlich unbekannt blieb, daß Rheinstein schon als Doktorand seit 1923 der »Arbeitsgemeinschaft republikanischer Studenten« angehört hatte und 1928 sogar Mitglied der SPD geworden war. Als die Entscheidung des Ministeriums fiel, befand Rheinstein sich bereits auf einer von der Rockefeller Foundation finanzierten Forschungsreise in den USA, wo er 1933-34 an der Columbia University in New York und der Harvard University in Cambridge, Massachusetts arbeitete. Er beschloß, von der Ausnahmeregelung zu seinen Gunsten keinen Gebrauch zu machen, und beantragte statt dessen für sich und seine Familie – er hatte 1929 die Bibliothekarin Elisabeth (Lilly) Abele geheiratet und 1930 einen Sohn bekommen (John, der später in leitender Stelle im Lincoln Laboratorium des Massachusetts Institute of Technology tätig war) – ein Einwanderungsvisum in die USA.

Rheinstein wurde Mitglied der Faculty of Law der University of Chicago: 1935 als Assistant Professor, 1937 als Associate Professor, 1940 als Full Professor (»Max Pam Professor of American and Foreign Law and Professor of Political Science«). Er begründete dort den Studiengang Comparative Law und blieb der Universität trotz seiner ungewöhnlich zahlreichen Gastaufenthalte an anderen Universitäten des In- und Auslandes mehr als vierzig Jahre lang treu, bis zu seiner Emeritierung im Jahr 1968 und darüber hinaus. Er galt als ein glänzender akademischer Lehrer, der auch von seinen Studenten zu lernen versuchte, und er war ein Professor, der nicht nur in den engen Grenzen seines eigenen Faches wirkte, sondern sich für die Universität als Ganzes mitverantwortlich fühlte.

1943-44 war Rheinstein Visiting Professor in Puerto Rico mit dem besonderen Auftrag, »to advise the Chancellor of that university as to the reorganisation of legal education«, wie das amerikanische »Emergency Committee for Displaced European Scholars« in einem Aktenvermerk festhielt. 1945-46 gehörte er der »Legal Division« der US-Militärregierung in Deutschland an und setzte sich in diesem Rahmen für die Entnazifizierung des deutschen Rechts und die Wiedereröffnung der Gerichte und Universitäten ein. Seit 1961 war er Honorarprofessor der Faculté internationale der Université de Strasbourg, seit 1962 auch Honorarprofessor der Juristischen Fakultät der Universität Freiburg. Er nahm außerdem Gastprofessuren an der University of Wisconsin (1945), der University of Michigan (1948), der Louisiana State University (1950), der Universität Frankfurt am Main (1951, 1954), der Cambridge University (1955), der Universität Tokio (1961), der Université libre de Bruxelles (1964) und der Universität München (1968) wahr. 1976 verlegte Rheinstein seinen Wohnsitz nach Palo Alto in Kalifornien. Er starb im Sommer 1977 während eines Ferienaufenthalts in den österreichischen Alpen und wurde in seiner früheren Heimatstadt München beerdigt.

Max Rheinstein war ein hochangesehener Experte auf dem Gebiet der Rechtsvergleichung und der Rechtssoziologie, der sich in den USA vor allem Fragen des Familienrechts, Erbrechts, Ehe- und Scheidungsrechts widmete, aber sich auch um die Rezeption Max Webers durch die amerikanischen Juristen besonders verdient machte. Schon in den fünfziger Jahren äußerten sich führende deutsche Gelehrte voller Bewunderung über sein wissenschaftliches Werk. So schrieb der Freiburger Ordinarius Fritz von Hippel 1956 in einem Gutachten: »Als er mir sein mächtiges Lehr- und Lesebuch des Erbrechts nach dem 2. Weltkrieg zusandte, bezeichnete ich meinen ersten Eindruck dem Autor gegenüber dahin, daß dieses Werk m. E. ›als eine Bereicherung der juristischen Weltliteratur‹ und als ›Muster eines modernen Lehrbuches für den denkenden Leser, dem man zugleich ein Bilderbuch des Lebens an die Hand gibt, wie man es sich nicht besser wünschen kann‹, zu betrachten sei.« Und Arnold Bergstraesser, der sein Kollege an der University of Chicago gewesen war, betonte entschieden »die ungewöhnlich starke Stellung, die er sowohl an der Universität Chicago wie in der amerikanischen Jurisprudenz und im internationalen Urteil gewonnen hat«. In den Nachrufen, die 1978 in der

Zeitschrift *The University of Chicago Law Review* veröffentlicht wurden, rühmte Mary Ann Glendon Rheinstein nicht nur als »one of the great scholars of our time«, sondern auch als eine große und liebenswerte Persönlichkeit: »A remarkable aspect of his personality was his gift for forming friendships with persons of all ages, from children to his own contemporaries and elders. His genuine liking for, interest in, and curiosity about people enabled him to bridge generational, cultural, racial, or religious differences with what seemed to be not only ease but enthusiasm.«

In Fachzeitschriften und Sammelbänden veröffentlichte Rheinstein rund 350 Beiträge. Darüber hinaus war er Autor und Herausgeber wichtiger Buchpublikationen wie »Die Struktur des vertraglichen Schuldverhältnisses im anglo-amerikanischen Recht« (1932), »Cases and Other Materials on the Law of Decedents' Estates: Intestacy, Wills, Probate, and Administration« (1947), »Max Weber on Law in Economy and Society« (Übersetzung aus Max Webers »Wirtschaft und Gesellschaft«, hrsg. mit Edward Shils 1954), »Marriage Stability, Divorce, and the Law« (1972). Seine »Gesammelten Schriften« wurden 1979 in zwei Bänden von Hans Georg Leser herausgegeben. »The bibliography«, urteilte Gerhard Casper zusammenfassend in seinem Nachruf in der *University of Chicago Law Review*, »attests not only to the universality of his knowledge and learning about substantive law, but also to his empiricist attitude to legal scholarship.«

Rheinstein war u. a. Mitglied der American Academy of Arts and Sciences, der Académie internationale de droit comparé (seit 1959 war er Vizepräsident), des American Law Institute und des National Council of Family Relations sowie Ehrenmitglied der American Bar Association und der Gesellschaft für Rechtsvergleichung. Die Ehrendoktorwürde wurde ihm von den Universitäten Stockholm (1956), Basel (1960), Löwen (1964), Brüssel (Freie Universität, 1965) und Aix-Marseille (1968) verliehen. Zu seinem 70. Geburtstag erschien 1969 in Tübingen die zweibändige Festschrift »Ius privatum gentium«, herausgegeben von Ernst von Caemmerer und anderen. 1953 wurde er in Frankreich zum »Officier dans l'Ordre national des Palmes académiques« ernannt und in der Bundesrepublik Deutschland mit dem Großen Bundesverdienstkreuz ausgezeichnet. Die University of Chicago schuf 1976 einen »Max Rheinstein Chair for Family Law«.

Boris Rosen

Kaiser-Wilhelm-Institut für physikalische Chemie und Elektrochemie, Berlin-Dahlem

Geboren am 31. August 1900 in St. Petersburg, gestorben am 2. Januar 1974 in Liège.

Boris Rosen wuchs in St. Petersburg auf. Nach Abschluß des Gymnasiums studierte er zuerst Mathematik in Simferopol (Krim) und seit 1922 Physik und Chemie an der Berliner Universität. Im Sommer 1927 promovierte er in Berlin mit der von Peter Pringsheim betreuten Dissertation »Resonanz-, Fluoreszenz- und Absorptionsspektra in der 6. Gruppe des periodischen Systems«. 1925-26 arbeitete er als Assistent bei Pringsheim im Physikalischen Institut der Universität, 1928-33 im Kaiser-Wilhelm-Institut für physikalische Chemie und Elektrochemie, wo er offenbar mit Herbert Freundlich und Hartmut Kallmann zusammenarbeitete, die er später als Referenzen angab.

Als Jude mußte er 1933 aus dem Institut ausscheiden. Er emigrierte mit seiner ebenfalls in Rußland aufgewachsenen Frau nach Belgien, bemühte sich aber über den britischen Academic Assistance Council auch um Arbeitsmöglichkeiten in anderen Ländern. Im Herbst 1933 erhielt er eine Anstellung im Institut d'astrophysique der Université de Liège. In der Korrespondenz des Rektors der Universität mit dem Academic Assistance Council hieß es 1935, daß man Rosen, der von Albert Einstein empfohlen worden sei, aus finanziellen Gründen leider nicht mehr weiter beschäftigen könne. Es scheint sich dann aber doch eine Möglichkeit ergeben zu haben, ihm einen langfristigen Vertrag zu geben, denn im Februar 1955 berichtete Rosen in einem Brief an Max von Laue, daß er seit 1933 in diesem Institut tätig sei und sich in seinen Forschungen allmählich »von der Molekularspektrographie zur Astrophysik« entwickelt habe. Allerdings mußte er sich und seine Familie (1934 war sein Sohn André geboren worden) während des Krieges mit Hilfe einer befreundeten Familie (Marissiaux) vor den Deutschen verstecken. In dem bereits erwähnten Brief an von Laue heißt es dazu: »In meiner wissenschaftlichen Laufbahn bin ich zweimal von dem Hitlerdeutschland schwer geschädigt worden. Das erste Mal, als ich aus Dahlem wegen der Rassengesetze entlassen wurde und längere Zeit ohne Arbeitsmöglichkeit blieb; das zweite Mal, in viel schlimmerer Weise, als ich während des Krieges jahrelang mit meiner Familie in Lüttich [Liège] unter falschem Namen und ohne Arbeitsmöglichkeit ein Geheimdasein führen mußte.« Rosen kehrte mit Kriegsende in das Institut d'astrophysique zurück. Die Universität machte ihn 1945 zum »Chef de travaux« und 1959 zum »Maître de conférences«. 1963 wurde er zum außerordentlichen Professor ernannt, 1970 trat er in den Ruhestand.

Boris Rosen beschäftigte sich mit Molekülphysik, Massenspektrometrie, Hochvakuumtechnik und allgemeiner Spektroskopie, vor allem in ihrer Anwendung auf dem Gebiet der Astrophysik. 1951 veröffentlichte er in Paris ein umfangreiches Werk: »Données spectroscopiques concernant les molécules diatomiques: Constantes sélectionnées«. Er publizierte außerdem in Fachzeitschriften wie *Physical Review, Annales d'astrophysiques, Bulletin de la Société belge d'astronomie, de météorologie et de physique du globe, Astronomical Journal* und *Astrophysical Journal* sowie in der Reihe »Tables internationales des constantes sélectionnées«. 1970 war er Herausgeber (mit Joseph Depireux) des Bandes »Optical Spectroscopy of Solids. Proceedings of the Xth European Congress of Molecular Spectroscopy«.

Rosen war Mitglied mehrerer Kommissionen der Union astronomique internationale und wurde vom belgischen Staat als »Commandeur de l'Ordre de Léopold II« ausgezeichnet.

Hans Sachs

Kaiser-Wilhelm-Institut für medizinische Forschung, Heidelberg

Geboren am 6. Juni 1877 in Kattowitz (Schlesien), gestorben am 28. März 1945 in Dublin.

Hans Sachs war der Sohn des jüdischen Kaufmanns, Bankgründers und Industrieunternehmers (»Kattowitzer AG für Eisenhüttenbetrieb«) Elias Sachs und seiner Frau Flora, geb. Hausdorff. Sein Vater, der sich bis zum Umzug der Familie nach Breslau auch in der Kommunalpolitik engagierte, wurde 1892 in Kattowitz zum »Stadtältesten« ernannt. Hans Sachs machte 1895 in Breslau das Abitur und studierte seit dem Wintersemester 1895/96 in Freiburg, Breslau und Berlin Medizin. 1899 legte er das medizinische Staatsexamen ab, 1900 promovierte er in Leipzig mit der in der III. medizinischen Klinik der Berliner Charité entstandenen Dissertation »Über das Verhalten der Laevulose im Stoffwechsel«. Danach war er zwanzig Jahre lang in Frankfurt am Main tätig. Nach einer Volontärzeit am Senckenbergischen Pathologischen Institut wurde er 1901 Assistent bei Paul Ehrlich im Institut für experimentelle Therapie. 1905 heiratete er Adelheid Sophie Charlotte Grelling (genannt Lotte), mit der er zwei Kinder hatte (Werner, geb. 1906, und Ilse, geb. 1909).

1910 (»rückwirkend ab 1908«) wurde er zum Wissenschaftlichen Mitglied des Instituts für experimentelle Therapie ernannt. 1907 erhielt er eine Titularprofessur, 1914 machte ihn die Universität Frankfurt zum außerordentlichen Honorarprofessor. Mit seinen Arbeiten auf den Gebieten der Immunitäts- und Serumforschung entwickelte er sich in den Frankfurter Jahren zu einem der Begründer der Serologie in Deutschland. Während des Ersten Weltkrieges beschäftigte er sich auch mit der Herstellung von Impfstoffen und der Prüfung des Tetanusserums für Heereszwecke. Den beruflichen Höhepunkt in dieser Zeit stellte seine Ernennung zum Stellvertretenden Direktor des Instituts für experimentelle Therapie im Jahre 1915 dar.

1920 wechselte Sachs nach Heidelberg, wo er zum Professor für Immunitäts- und Serumforschung an der Universität und zum Direktor der Wissenschaftlichen Abteilung des Instituts für experimentelle Krebsforschung ernannt wurde. 1928-29 war er auch Dekan der Medizinischen Fakultät der Universität. Mit der Eröffnung des Heidelberger Kaiser-Wilhelm-Instituts für medizinische Forschung wurde das Krebsforschungsinstitut 1930 als Institut für Serologie in das KWI integriert. Sachs wurde zum Wissenschaftlichen Mitglied und Mitdirektor des neuen Instituts ernannt. 1933 hätte er, weil er schon vor dem Ersten Weltkrieg Beamter war, vor den antijüdischen Maßnahmen auf der Grundlage des »Berufsbeamtengesetzes« eigentlich geschützt sein müssen. Von der badischen Regierung wurde er dennoch »beurlaubt«. Nach Protesten des KWI-Direktors Ludolf von Krehl und des Dekans der Medizinischen Fakultät machte man diese »Beurlaubung« rückgängig, doch wurde Sachs im Oktober 1935, nach dem Erlaß der »Nürnberger Gesetze«, aus rassistischen Gründen zum 31. Dezember des Jahres zwangspensioniert. Daraufhin entschied er sich, mit seiner Frau zu emigrieren.

Über die Schweiz und England gelangte das Ehepaar 1936 nach Irland und ließ sich in Dublin nieder. Leider fehlen über die Jahre, die Sachs in der Emigration verbrachte, genauere Informationen, so daß nicht bekannt ist, in welchem Umfang und unter welchen Bedingungen er, der als 59jähriger neu beginnen mußte, wissenschaftlich tätig sein konnte. In Dublin hatte er offensichtlich eine Verbindung zum Trinity College, wo er im Labor arbeitete. William Hayes, ein später sehr angesehener australischer Wissenschaftler, der in diesem Labor seit 1938 als Assistant und Senior Assistant arbeitete, erwähnt in seinen Erinnerungen, daß Sachs damals im Trinity College Untersuchungen für den Irish Medical Research Council durchgeführt habe. Hinsichtlich seiner eigenen Zusammenarbeit mit Sachs berichtete Hayes: »Sachs initiated me to the mysteries of serology and it was from him that I first learnt that what the textbooks say and the latest hypotheses proclaim are usually grossly over-simplified approximations to reality. Together we studied the nature of an unusual human serum that was falsely positive in the Wassermann Reaction; when heated to destroy the human complement, this serum inactivated the haemolytic properties of the standardised guinea pig complement used in the test. All the ideas in this research came from Sachs's great knowledge and experience, but he generously insisted on my being senior author of the paper that followed – my second publication.« Zumindest am Ende seines Lebens hatte Sachs, wie die Zeitschrift *Science* Anfang Mai 1945 in einer kurzen Mitteilung über seinen Tod erwähnte, eine Fellowship im Trinity College.

Hans Sachs' Forschungen galten vor allem der Immunitätsforschung und der Serologie. Er untersuchte die Immuneigenschaften des Blutserums und widmete sich insbesondere der Serodiagnostik der Syphilis (»Sachs-Georgi-Reaktion«) und anderen serodiagnostischen Reaktionen (»Sachs-Genzi-Reaktion«, »Sachs-Witebsky-Reaktion«). Er veröffentlichte mehr als 200 Arbeiten in Fachzeitschriften, war an der Abfassung zahlreicher Handbücher beteiligt und war Mitherausgeber der *Zeitschrift für Immunitätsforschung und experimentelle Therapie*. Zu seinen wichtigsten Veröffentlichungen gehören »Die Hämolysine und ihre Bedeutung für die Immunitätslehre« (1902), »Über die Beziehungen zwischen Toxin und Antitoxin und die Wege ihrer Erforschung« (1905, mit Paul Ehrlich), »Die Hämolysine und die cytotoxischen Sera. Ein Rückblick auf neuere Ergebnisse der Immunitätsforschung« (1907), »Über die Beziehungen des Kobragiftes zu den roten Blutzellen« (1908), »Methoden der Hämolyseforschung« (1928, mit Alfred Klopstock), »Probleme der pathologischen Physiologie im Lichte neuerer immunbiologischer Betrachtung« (1928).

1927 wurde Sachs korrespondierendes Mitglied der Gesellschaft für Mikrobiologie in Wien, 1932 Mitglied der Deutschen Akademie der Naturforscher Leopoldina in Halle an der Saale. 1930 wurde ihm der Ludwig-Darmstädter-Preis mit der Paul-Ehrlich-Plakette verliehen.

Leo Salzmann

Kaiser-Wilhelm-Institut für Lederforschung, Dresden

Geboren am 1. April 1904 in Olmütz, gestorben 1960, vermutlich in Petrolia, Pennsylvania.

Leo Salzmann, Sohn eines evangelischen Pfarrers, lebte mit seinen Eltern seit 1911 in Dresden. Nach dem Besuch der Oberrealschule machte er dort 1923 das Abitur. Im Wintersemester 1923/24 begann er an der Technischen Hochschule Dresden ein Chemiestudium, das er im Sommer 1927 mit dem Diplom (Dipl.-Ing.) abschloß. Im Januar 1930 promovierte er an der TH Dresden bei Walter König mit der im Laboratorium für Farben- und Textilchemie entstandenen, von der Notgemeinschaft der deutschen Wissenschaft geförderten Dissertation »Synthese und Untersuchung optisch aktiver Polymethinfarbstoffe aus einem primären aromatischen Amin«. Nach einem Jahr als Forschungsassistent in der Organisch-Chemischen Abteilung der Technischen Hochschule Breslau (1930-31) erhielt er 1931 eine Forschungsstelle in dem von Max Bergmann geleiteten Kaiser-Wilhelm-Institut für Lederforschung in Dresden.

1933 wurde Salzmann schon am 31. März, also noch vor der Verabschiedung des »Berufsbeamtengesetzes« vom 7. April, »vorsorglich« gekündigt, weil er »staatenlos« war. Seine Eltern waren Österreicher gewesen, und sein Vater war während des Ersten Weltkrieges Feldgeistlicher der österreichisch-ungarischen Armee. Da die Familie aus Böhmen stammte, wäre Leo Salzmann nach der Auflösung der Habsburger Monarchie gemeinsam mit seinen Eltern tschechoslowakischer Staatsbürger geworden, woran angesichts des dauernden Aufenthalts der Familie in Deutschland offensichtlich kein Interesse bestand. Vor Beginn seiner Tätigkeit im Kaiser-Wilhelm-Institut für Lederforschung hatte Salzmann die deutsche Staatsangehörigkeit beantragt, doch war über den Antrag noch nicht entschieden worden. Der Institutsdirektor glaubte unter diesen Umständen Anfang 1933, die Entlassung aussprechen zu müssen, weil, wie er zu Protokoll gab, »mit der politischen Neuordnung die Ausländerfrage wieder aktuell und die Einbürgerung zweifelhaft geworden« sei. Da Salzmann dem Institut noch nicht lange angehört hatte, erfolgte seine Entlassung schon zum 30. Juni 1933.

In dem Zeugnis, das ihm von Max Bergmann ausgestellt wurde, bestätigte dieser, er habe Salzmann »als sehr begabten, fleißigen und interessierten Mitarbeiter kennengelernt, der über sehr gute Kenntnisse verfügt und dazu in hohem Maße befähigt ist, sich schnell in neue Arbeitsgebiete einzufinden«. Zudem besitze er »ein gutes Urteilsvermögen und insbe-

sondere auch einen ausgezeichneten Blick für praktische Fragen«. Am
30. Juni 1934 emigrierte Salzmann in die USA. Dort fand er noch im gleichen Jahr eine Beschäftigung in der Privatwirtschaft. In der 9.
Auflage
des biographischen Handbuchs »American Men of Science« findet sich
1955 die Mitteilung, daß er zu diesem Zeitpunkt als »Senior Research
Chemist« und »Assistant to the Production Manager« bei Daugherty
Refining (Butler, Pennsylvania) tätig war und diesem Unternehmen seit
1934 ohne Unterbrechung angehört hatte. Als seine besonderen Arbeitsgebiete wurden »synthesis of dyes and peptides, sulfonation of hydrocar-
bons« genannt, doch fehlen nähere Angaben über Veröffentlichungen
oder Patente.

Leo Salzmann, der 1939 amerikanischer Staatsbürger geworden war und
1941 Agnes Gregel geheiratet hatte, stellte 1957 im Rahmen der »Wiedergutmachungs«-Regelungen einen Antrag auf Wiedereinstellung im Max-
Planck-Institut für Eiweiß- und Lederforschung. Der Direktor des Instituts Wolfgang Graßmann erklärte jedoch, daß er eine Wiedereinstellung
ablehne und auch andere, aus der Kündigung von 1933 abzuleitende materielle Ansprüche nicht für gerechtfertigt halte, weil der Antragsteller während seiner Zugehörigkeit zum Institut keine »überdurchschnittlichen«
Leistungen erbracht habe. Dabei wurde die positive Beurteilung durch den
früheren Direktor Bergmann ebenso ignoriert wie die Tatsache, daß Salzmann dem Institut nur für eine sehr kurze Zeit angehört und sich erst am
Anfang einer möglichen wissenschaftlichen Karriere befunden hatte. Obwohl das Bundesinnenministerium darauf hinwies, daß der Antragsteller
seinerzeit als Jude entlassen worden sei (Salzmann hatte vermutlich jüdische Vorfahren), lehnte die Max-Planck-Gesellschaft im September 1957
eine Wiedereinstellung oder Entschädigungsleistung endgültig ab.

Karl Schön

Kaiser-Wilhelm-Institut für medizinische Forschung, Heidelberg

Geboren am 8. November 1907 in Vacha (Rhön), gestorben am 25. Juni
1995 in Los Angeles.

Karl Schön, Sohn des Kaufmanns Louis Schön, besuchte in Vacha
(Rhön) ein Reformrealgymnasium, an dem er im Frühjahr 1926 das
Abitur machte. Er studierte 1926-30 Chemie in Frankfurt am Main, Göttingen, München und wieder Frankfurt. Im November 1928 machte er
sein Abschlußexamen als Chemiker, 1932 promovierte er bei Fritz Mayer
mit der im Chemischen Institut der Frankfurter Universität erarbeiteten

Dissertation »Über 4-Acethylphthalsäure und ihre Derivate«. Im Anschluß daran war er Gastforscher in der von Richard Kuhn geleiteten Abteilung des Kaiser-Wilhelm-Instituts für medizinische Forschung in Heidelberg (1932-34). Als Jude hatte er seit 1933 in Deutschland keine wissenschaftliche Zukunft mehr. Auf eine Anfrage der Generalverwaltung der Kaiser-Wilhelm-Gesellschaft teilte Kuhn im November 1933 mit, daß Schön voraussichtlich 1934 mit einem Stipendium in die USA gehen werde, so daß die Ausfüllung des Fragebogens im Hinblick auf die Bestimmungen des »Berufsbeamtengesetzes« in seinem Falle nicht mehr erforderlich sei.

Schön emigrierte jedoch statt in die USA zunächst nach Portugal. Dort war er 1934-41 in der Medizinischen Fakultät der Universität Coimbra als Leitender Chemiker für physikalische Chemie und Biochemie tätig. Zwischendurch war er Fellow der Van't Hoff Stiftung in der Königlichen Akademie der Wissenschaften in Amsterdam (1935). Während seiner Zeit in Portugal publizierte Schön mehrere Artikel über Carotinoide, die im *Biochemical Journal* erschienen. 1941 ging er mit Frau und Kind (er hatte 1934 geheiratet) schließlich in die USA, wo er fortan nicht mehr in der Universität, sondern in der Privatwirtschaft arbeitete. In der 10. Auflage des biographischen Handbuchs »American Men of Science« von 1961 ist er als »Research and Production Chemist« im Forschungslaboratorium der Firma Endo Products Inc. in New York ausgewiesen, der dem pharmazeutischen Unternehmen seit 1941 angehörte. »Vitamins; hormones; pharmaceutical development; chromatography; water soluble vitamin A preparations; soluble riboflavin preparation for medical purposes« wurden als seine Hauptarbeitsgebiete genannt. Es fehlen jedoch nähere Angaben über seine Veröffentlichungen und Patente wie auch über seine späteren Lebensjahre, in denen er in Garden City, New York, lebte. Karl Schön war Mitglied der American Chemical Society und der New York Academy of Sciences.

Ludwig Seligsberger

Kaiser-Wilhelm-Institut für Lederforschung, Dresden

Geboren am 3. Juli 1904 in Fürth, gestorben am 20. März 1991, vermutlich in Newton Centre, Massachusetts.

Ludwig Seligsberger, Sohn des Kaufmanns Leon Seligsberger und seiner Frau Centa, geb. Hirzinger, besuchte ein humanistisches Gymnasium in Fürth, an dem er im Frühjahr 1922 das Abitur machte. 1922-25 studierte er Chemie an der Universität Erlangen. Er promovierte Anfang 1928 bei Rudolf Pummerer mit der Dissertation »Untersuchungen im Gebiet des Quaterphenyls und Sexiphenyls«. Noch im gleichen Jahr wurde er Assistent in dem von Max Bergmann geleiteten Kaiser-Wilhelm-Institut für Lederforschung in Dresden. Seine Tätigkeit endete am 31. Mai 1934, als er das Institut aus rassistischen Gründen verlassen mußte. Max Bergmann, der inzwischen selber entlassen worden war, hatte in einer Institutsbesprechung Anfang April 1933, als er sich gegen antisemitische Angriffe, daß im Institut zu viele Juden tätig seien, verteidigen mußte, Seligsberger als einen der drei Mitarbeiter erwähnt, die »jüdischer Rasse« seien.

Seligsberger, der seit 1932 verheiratet war und ein Kind hatte, entschied sich für die Emigration in die Türkei, wo er offenbar zuerst in einer landwirtschaftlichen Hochschule in Ankara tätig war, dann aber eine Position als Leitender Chemiker in einem Unternehmen in Izmir übernahm (1934-36). Von dort aus gelang ihm die Einwanderung in die USA. 1937-53 war er in der Privatwirtschaft (Allied Kid Leather Company in Wilmington, Delaware) beschäftigt. 1954 wurde er Wissenschaftlicher Mitarbeiter, 1958 Leiter der »Leather Section« in der Abteilung für Forschung und Entwicklung des Quartermaster der US-Army. Über die Schwerpunkte seiner wissenschaftlichen Arbeit in den USA und über seine späteren Lebensjahre insgesamt fehlen nähere Informationen. Seit 1961 lebte er in Newton Centre, Massachusetts, wo er auch für das Jahr 1990 noch nachweisbar ist. Zumindest im Ruhestand beschäftigte er sich offensichtlich auch intensiv mit judaistischen Fragen und Problemen der Bibelübersetzung.

Ludwig Seligsberger, der während seiner Tätigkeit im KWI für Lederforschung u. a. in den Zeitschriften *Ledertechnische Rundschau* und *Collegium* veröffentlicht hatte, publizierte in den USA vor allem im *Journal of the American Leather Chemists Association* (zehn Artikel zwischen 1966 und 1975, ein letzter Artikel »Leather Research and Technology in the Age of Chrome« in seinem Todesjahr 1991). Er war Mitglied der Chemical Society und der American Leather Chemists Association. 1966 wurde er mit dem »Alsop Award« (»for outstanding scientific or technical contributions to the leather industry«) ausgezeichnet.

Ernst (Eytan) Simon

Kaiser-Wilhelm-Institut für Biochemie, Berlin-Dahlem

Geboren am 11. Juli 1902 in Berlin, gestorben am 31. März 1973 in Rehovot, Israel.

Ernst Simon, Sohn des Berliner Rechtsanwalts Hans Simon und seiner Frau Elisabeth, geb. Mirauer, wurde jüdisch erzogen, brach aber als Schüler und Student aus dem bürgerlich-liberalen Milieu aus und schloß sich dem »Jüdischen Wanderbund Blau-Weiß« (dem »zionistischen Wandervogel«) und später dem ebenfalls zionistisch orientierten KJV (»Kartell Jüdischer Verbindungen«) an. Nach dem Abitur am humanistischen Wilhelms-Gymnasium in Berlin studierte er seit dem Wintersemester 1920/21 Chemie an den Universitäten Jena und Berlin. Er promovierte 1925 an der Berliner Universität bei Carl Neuberg mit der Dissertation »I. Untersuchungen über die Sulfatase; II. Zur Kenntnis der biochemischen Acyloinkondensation«. Im selben Jahr erhielt er eine Assistentenstelle in dem von Neuberg geleiteten Kaiser-Wilhelm-Institut für Biochemie. 1933 – er war inzwischen Oberassistent – gehörte er zu den Wissenschaftlern und anderen Angestellten, die aufgrund der Bestimmungen des »Berufsbeamtengesetzes« sofort entlassen wurden.

Simon mußte zum 31. August 1933 aus dem Institut ausscheiden. Schon im Juni 1933 emigrierte er nach Frankreich, wo er bis Oktober 1933 auf Einladung der Universität Bordeaux als Gastwissenschaftler in der Station biologique in Arcachon (Gironde) und im Anschluß daran, mit Unterstützung der Alliance Israélite Universelle, bis Dezember 1934 im Institut de biologie physico-chimique in Paris, einer Einrichtung der Fondation Edmond de Rothschild, tätig war. Er arbeitete dort unter anderem mit Chaim Weizmann zusammen, der ihn einlud, seine Forschungen in Palästina fortzusetzen. Simon hatte das Land schon 1932 anläßlich der ersten Internationalen Makkabi-Spiele (der »Weltspiele« jüdischer Sportvereine) besucht. Im Januar 1935 wanderte er nach Palästina ein und übernahm eine Wissenschaftlerstelle im Daniel Sieff Research Institute in Rehovot, dem späteren Weizmann Institute of Science. Bald nach der Einwanderung änderte er seinen Vornamen Ernst zu Eytan. Nach einer ersten Ehe, die im Dezember 1933 geschlossen und 1944 geschieden wurde, heiratete er 1946 die aus Königsberg stammende Röntgenassistentin Edith Kahan, die im gleichen Jahr wie er nach Palästina eingewandert war. 1948 wurde ihr Sohn Elieser geboren, der später Maschineningenieur wurde. Zweimal unterbrach Eytan Simon seine Tätigkeit in Rehovot für längere Forschungsaufenthalte in den USA: 1952-53 arbeitete er im Mas-

sachusetts General Hospital der Harvard Medical School in Boston,
1960-61 in den National Institutes of Health in Bethesda, Maryland.
1960 erhielt er den Titel eines Associate Professor für Biochemie, 1969
den Titel »Professor emeritus«. Kurz vor seinem Tod plante er eine Reise,
die ihn seit 1933 zum ersten Mal wieder nach Berlin geführt hätte.

Bei der Trauerfeier, die am 30. April 1973 stattfand, würdigten seine
Kollegen ihn als einen erfolgreichen und einflußreichen Forscher (»typi-
cal of his generation in Europe«): »a scientist-humanist educated from
childhood to cherish all learning, to love the arts and literature as well as
science«. Man erinnerte auch an seine wissenschaftliche Prägung durch
das Kaiser-Wilhelm-Institut für Biochemie: »His exactness in thinking,
experimenting, preparing lectures and publications, his critical sense and
his fairness towards the work and ideas of others stem from both his nature and the time he spent in Dahlem during the very last years of that
fertile symbiosis of Jews and Germans at the K. W. I.« Die dankbare Erinnerung galt gleichermaßen dem Menschen und dem Wissenschaftler.
»The Ernst Simons«, so hieß es bedauernd, »are a disappearing breed in
the modern scientific world. Ernst practiced science because he loved
nature and enjoyed knowledge for its own sake and not for the status,
honour, and power which often accrue to the more aggressive among us.«

Aufgrund seiner biochemischen Arbeiten gilt Simon als Pionier der
Diabetes- und Insulinforschung. Mit Weizmann zusammen klärte er die
Mechanismen der Aceton-Butanol-Gärung. Außerdem entwickelte er
ein Verfahren zur Gewinnung von Hemizellulose als Verdickungsmittel
für die chemische Industrie. Er veröffentlichte zuerst vor allem in der von
seinem Doktorvater herausgegebenen *Biochemischen Zeitschrift*, später
u. a. in den Fachzeitschriften *Nature, Archives of Biochemistry, Journal of
Biological Chemistry, Archives of Biochemical Biophysics, American Journal
of Physiology* und *Israel Journal of Medical Sciences*.

Eytan Simon war Mitglied der Israel Biochemical Association und der
Israel Chemical Association. 1972 wurde er zum Ehrenmitglied der Israel
Diabetes Association ernannt. Die Max-Planck-Gesellschaft lehnte eine von
Simon 1957 im Rahmen der bundesdeutschen »Wiedergutmachungs«-
Gesetzgebung beantragte Entschädigung zunächst ab. Die Zahlungen,
die sie später, seit den sechziger Jahren, dennoch leistete, waren an den
»Wiedergutmachungs«-Regelungen für den öffentlichen Dienst orientiert. Das war durchaus ungewöhnlich und dürfte zum Teil dadurch zu
erklären sein, daß seit 1959 zwischen der Max-Planck-Gesellschaft und
dem Chaim-Weizmann-Institut eine besonders enge Zusammenarbeit
bestand.

Karl Söllner (Sollner)

Kaiser-Wilhelm-Institut für physikalische Chemie und Elektrochemie, Berlin-Dahlem

Geboren am 9. Januar 1903 in Wien, gestorben am 14. Juni 1986 in Chevy Chase, Maryland.

Karl Söllner, Sohn des Rechtsanwalts Anton Maria Söllner und seiner Frau Julie, geb. Karplus, wuchs in Wien auf. Er machte 1921 das Abitur (»Matura«) am Schottengymnasium und begann im gleichen Jahr an der Wiener Universität Chemie und Philosophie zu studieren. Vom 3. Semester an war er als studentischer Mitarbeiter (»Demonstrator«) im I. Chemischen Labor der Universität beschäftigt. Hier erarbeitete er auch seine Dissertation »Zur Kenntnis der thermischen Zersetzung der Salpetersäure«, mit der er 1926 bei Alfons Klemenc promovierte. Während der Jahre 1926-27, die er noch in Wien verbrachte, vertiefte Söllner seine Studien auf dem Gebiet der physikalischen Chemie und Elektrochemie an der Universität und der Technischen Hochschule. 1928 wurde er wissenschaftlicher Assistent in der von Herbert Freundlich geleiteten Abteilung des Kaiser-Wilhelm-Instituts für physikalische Chemie und Elektrochemie in Berlin. Anfang Mai 1933 habilitierte er sich an der Berliner Universität mit der von Fritz Haber, Max Bodenstein und Herbert Freundlich begutachteten Habilitationsschrift »Zur Erklärung der abnormen Osmose an nichtquellbaren Membranen, I.-III. Teil«.

Söllner, der in einem christlichen Elternhaus aufgewachsen war, fiel 1933 wegen seiner teilweise jüdischen Vorfahren unter die Bestimmungen des »Berufsbeamtengesetzes«. Ende Juli 1933 wurde ihm gekündigt. In einer Liste des im KWI für physikalische Chemie und Elektrochemie beschäftigten Personals vom September 1933 ist sein Name schon nicht mehr aufgeführt. Söllner emigrierte nach Großbritannien, wo er 1933-37 im Department of Chemistry des University College London tätig war und außerdem als Gastforscher und »Consultant« für die Imperial Chemical Industries arbeitete. 1937 erhielt er eine Einreiseerlaubnis in die USA. Dort begann er (1937) mit Unterstützung des Emergency Committee in Aid of Displaced German Scholars als Chemiker im Department of Agronomy der Cornell University in Ithaca, New York, ehe er 1938 in das Department of Physiological Chemistry der School of Medicine der University of Minnesota in Minneapolis eintrat und in rascher Folge verschiedene Karrierestufen durchlief: 1938 zunächst als Associate Chemist beschäftigt, wurde er 1939 Chemist, 1943 Associate Professor, 1947 Full Professor. Kurz nach der Ernennung zum Full Professor wechselte er an die National In-

stitutes of Health in Bethesda, Maryland. Hier arbeitete er im Labor des
National Institute of Arthritis Metabolism and Digestive Diseases: 1947
als Principal Research Analyst, ab 1948 als leitender physikalischer Biochemiker, ab 1965 als Leiter der Sektion für Elektrochemie und Kolloid-
Physik. Als Söllner 1973 offiziell in den Ruhestand ging, war er im Institut weiterhin als »Consultant« und Gastforscher tätig. 1975 wurde er zum
»Scientist Emeritus« ernannt. Nach seinem Tod erschien in der *Washington
Post* ein ausführlicher Nachruf (»Karl Sollner, NIH Scientist, Dies«) mit
einem Porträtfoto. Er wurde von seiner Frau Herta (Helen), geb. Rosenberg, überlebt, die er 1934 geheiratet hatte. Ihre 1948 geborene Tochter
Barbara Sollner-Webb, die am MIT studierte und an der Stanford University promovierte, schlug ebenfalls eine wissenschaftliche Laufbahn ein.

Karl Söllner war Spezialist für Ultraschall bei Kolloidsystemen. Er betrieb
Forschungen über Membranen und ihre elektrophysikalischen Eigenschaften sowie »studies of dispersion of solids, coagulation, and fog formation«.
Er trug vier Kapitel zu dem von Carl Drucker und Erich Proskauer herausgegebenen »Physikalisch-chemischen Taschenbuch« (2 Bde., 1932 f.) und
insgesamt 13 Kapitel zu verschiedenen Fachbüchern bei und veröffentlichte ca. 120 wissenschaftliche Arbeiten in Fachzeitschriften. Er war Mitglied der American Association for the Advancement of Science, des
American Institute of Chemistry und der New York Academy of Sciences
sowie Mitglied der American Chemical Society, der Society of General
Physiologists und der Electrochemical Society.

Berthold Schenk Graf von Stauffenberg

*Kaiser-Wilhelm-Institut für ausländisches öffentliches Recht
und Völkerrecht, Berlin-Mitte*

Geboren am 15. März 1905 in Stuttgart, gestorben am 10. August 1944 in
Berlin.

Berthold Schenk Graf von Stauffenberg entstammte einer in Schwa-
ben und Franken ansässigen altadeligen Familie, deren Name auf das Amt
des Mundschenken der Grafen von Zollern zurückgeht. Er war ein Sohn
des württembergischen Oberhofmarschalls Alfred Schenk Graf von Stauffenberg und seiner Frau Caroline, geb. Gräfin von Üxküll-Gyllenband,
die zu den Hofdamen der württembergischen Königin gehörte. Gemeinsam mit seinem Zwillingsbruder Alexander, dem späteren Professor für
Alte Geschichte in Würzburg und München, und seinem zwei Jahre jüngeren Bruder Claus, der am 20. Juli 1944 im Zentrum des Umsturzver-

suches stand, wuchs er in Stuttgart auf, wo er das humanistische Eber-hard-Ludwigs-Gymnasium besuchte und 1923 das Abitur machte. Im Anschluß daran leistete er als Freiwilliger Militärdienst in der Reichswehr und begann dann ein Jurastudium, das er nach Stationen in Jena, Tübin-gen, Berlin, München und noch einmal Berlin 1927 in Tübingen mit Auszeichnung abschloß. Nach längeren Auslandsaufenthalten in Eng-land und Frankreich widmete er sich seiner Referendarausbildung in einem Stuttgarter Amtsgericht und im Oberamt Reutlingen, ehe er Anfang 1929 bei Heinrich Pohl in Tübingen mit der Dissertation »Die Rechtsstellung der russischen Handelsvertretungen« promovierte. Aufgrund dieser Ar-beit und nicht zuletzt wegen seiner vielfältigen Sprachkenntnisse konnte er zum 1. März 1929 als Referent in das KWI für ausländisches öffent-liches Recht und Völkerrecht in Berlin eintreten.

Seit Anfang 1923 gehörten Berthold Schenk Graf von Stauffenberg und seine Brüder, deren Mutter eine Bewunderin und Korrespondenz-partnerin Rainer Maria Rilkes war, zu den Anhängern und Vertrauten Stefan Georges. Selber hochbegabt und selbstbewußt, kraftvoll und elitär, unterwarfen sie sich in den nächsten zehn Jahren bis in ihre persönlichen Lebensentscheidungen hinein dem unbedingten Führungsanspruch Ge-orges. Mit anderen zusammen bildeten sie in diesen Jahren den Kern des »George-Kreises«. Sie teilten die entschieden nationalen, auch antidemo-kratischen Einstellungen und Vorurteile dieses Kreises, distanzierten sich von der überlieferten Welt des Bürgertums ebenso wie von den Zukunfts-hoffnungen des Proletariats, verachteten die Weimarer Republik und glaubten an ein »geheimes Deutschland«, das sich im Kampf gegen De-kadenz und Gleichmacherei bewähren müsse.

1933 begrüßten sie deshalb die nationalsozialistische »Machtergreifung« als »nationale Revolution«. Sie hielten die innenpolitischen Grundent-scheidungen für richtig, sprachen sich für das »Führerprinzip« und die nationalsozialistisch gedachte »Volksgemeinschaft« aus und unterstütz-ten vor allem die Revision des Versailler Vertrages und die Aufrüstung als eine Politik zur Wiederherstellung der »nationalen Ehre«. Obwohl keiner der Brüder Mitglied der NSDAP wurde, fühlten sie sich trotz wachsender Kritik, die bei Berthold früher als bei Claus einsetzte, dem nationalsozia-listischen »Dritten Reich« bis in die Kriegsjahre hinein verpflichtet. Ste-fan George starb im Dezember 1933 in der Schweiz, nachdem er Berthold Schenk Graf von Stauffenberg zu einem seiner Nachlaßverwalter und Er-ben bestimmt hatte. Berthold und sein Bruder Claus hielten George die Treue bis zum bitteren Ende. Noch in den Tagen unmittelbar vor dem Umsturzversuch des 20. Juli 1944 waren sie mit der Sicherung des Nach-lasses und der Edition seiner Werke beschäftigt.

1928-29, vor dem Eintritt in das Kaiser-Wilhelm-Institut, war Berthold Schenk Graf von Stauffenberg mit seinen Bestrebungen gescheitert, eine Karriere im Auswärtigen Dienst zu beginnen. Im Sommer 1931 eröffnete sich ihm eine andere Möglichkeit, im internationalen Rahmen tätig zu werden, als er vom Institut beurlaubt wurde, um am Ständigen Internationalen Gerichtshof in Den Haag zu arbeiten. Dort war er Secrétaire-rédacteur adjoint, der das besondere Vertrauen des Präsidenten genoß und über seine unmittelbaren dienstlichen Verpflichtungen hinaus auch mit der Begutachtung schwieriger völkerrechtlicher Streitfragen betraut wurde. Zum 31. Dezember 1933 gab er diese Position auf, weil das Deutsche Reich inzwischen aus dem Völkerbund ausgetreten war und er sich unter diesen Umständen für eine Tätigkeit am Internationalen Gerichtshof nicht mehr legitimiert fühlte.

In das KWI für ausländisches öffentliches Recht und Völkerrecht kehrte er am 1. Januar 1934 als stellvertretender Leiter der Völkerrechtsabteilung zurück. Noch im gleichen Jahr veröffentlichte er das Buch »Statut et règlement de la Cour permanente de Justice internationale. Éléments d'interprétation«, sein wissenschaftliches Hauptwerk, in dem er nicht nur das Regelwerk des Haager Gerichtshofes, sondern auch dessen Praxis darstellte und kritisch interpretierte. Als erste Gesamtdarstellung des internationalen Prozeßrechtes fand das Werk national und international hohe Anerkennung und war vermutlich auch der Hauptgrund dafür, daß die Juristische Fakultät der Universität München umgehend versuchte, ihn für eine dem Völkerrecht gewidmete ordentliche Professur zu gewinnen. Um diesen Ruf abzuwehren, machte die Kaiser-Wilhelm-Gesellschaft im Juli 1935 den gerade 30jährigen Juristen zum Wissenschaftlichen Mitglied des Völkerrechtsinstituts, und ernannte ihn zwei Jahre später, am 1. Juli 1937, zum Leiter einer neu geschaffenen Abteilung für Kriegs- und Wehrrecht in dem Institut. Seit dem Sommer 1937 wurde Berthold Schenk Graf von Stauffenberg, wie dem Vertrag mit der Kaiser-Wilhelm-Gesellschaft vom 18. März 1938 zu entnehmen ist, wie ein ordentlicher Professor bezahlt und erhielt darüber hinaus eine »Funktionszulage«, die der Höhe der Kolleggelder entsprach, die ein Universitätsprofessor jährlich erwarten konnte. Im Sommer 1936 heiratete er die aus Rußland stammende Maria (Mika) Classen, die er schon 1927 kennengelernt hatte und spätestens 1932 ehelichen wollte. Jahrelang hatte er sich jedoch dem entschiedenen Einspruch Stefan Georges und auch den Widerständen in seiner Familie, vor allem der ablehnenden Haltung seines Vaters, gebeugt. Erst nachdem Anfang 1936, zwei Jahre nach dem Tod Georges, sein Vater gestorben war, fühlte er sich frei, die Frau seiner Wahl zu heiraten und eine Familie zu begründen. 1937 wurde der Sohn Alfred, 1939 die Tochter Elisabeth geboren.

Berthold Graf Stauffenberg war ein herausragender Jurist und zugleich eine beeindruckende Persönlichkeit, die den Zeitgenossen in lebhafter Erinnerung blieb. Sein Kollege im Kaiser-Wilhelm-Institut Alexander N. Makarov, der inzwischen Professor für Völkerrecht an der Universität Tübingen war, schrieb 1947 in der Zeitschrift *Die Friedens-Warte*: »Graf Berthold von Stauffenberg war eine schöne, schlanke, vornehme Erscheinung. Er war bei aller Liebenswürdigkeit des Umgangs ein verschlossener Mensch, der niemanden in sein Inneres hineinblicken ließ. Er war kein Redner, ich möchte beinahe sagen, daß das Schweigen sein eigentliches Element war. Aber hinter dem verschlossenen Äußeren spürte man immer ein intensives, hochgespanntes geistiges Leben.« Die von Makarov berichtete Äußerung Stauffenbergs, daß er zu Hause kein einziges juristisches Buch habe, mag übertrieben gewesen sein, weist aber darauf hin, daß diesem sehr viel an einer strikten Trennung zwischen der beruflichen Tätigkeit und seinen vielen anderen Interessen und Begabungen lag. Seit 1934 nahm er als Reserveoffizier auch an den jährlichen Übungen der Reichswehr bzw. der Wehrmacht teil.

Ein größeres juristisches Werk Stauffenbergs ist bis zum Beginn des Zweiten Weltkrieges nicht mehr erschienen. Wohl aber war er auf vielfältige Weise und mit zahlreichen Veröffentlichungen an den Arbeiten des Instituts beteiligt, nicht zuletzt als Mitherausgeber der Institutszeitschrift *Ausländisches öffentliches Recht und Völkerrecht*. In den späten dreißiger Jahren entwickelte er sich zunehmend zu einem Spezialisten des Kriegsrechts und hier vor allem des Seekriegsrechts. Mitte der dreißiger Jahre beendete Viktor Bruns, der Direktor des KWI für ausländisches öffentliches Recht und Völkerrecht, ein Gutachten, mit dem er die Berufung Stauffenbergs zum Wissenschaftlichen Mitglied des Instituts begründete, mit den Sätzen: »Die Selbständigkeit seines Denkens, sein absolut sicheres Urteil und die Gabe rascher Beherrschung auch der schwierigsten Materien befähigen ihn zu den besten Leistungen. Graf Stauffenberg ist eine Persönlichkeit von ungewöhnlichen Fähigkeiten. Er beherrscht das moderne Völkerrecht in seinen verschiedenen Zweigen wissenschaftlich und praktisch vollkommen. Es dürfte an den deutschen Universitäten wenig Vertreter dieser Disziplin geben, die ihm gleichgestellt werden können.«

Seit Kriegsbeginn 1939 gehörte Berthold Graf Stauffenberg dem Oberkommando der Marine an, wo er in der Operationsabteilung der Seekriegsleitung für völkerrechtliche Fragen zuständig war. Da diese Tätigkeit ihn in hohem Maße beanspruchte, war er während der Kriegsjahre nur noch gelegentlich im KWI für ausländisches öffentliches Recht und Völkerrecht, das ihn von seinen Pflichten freigestellt hatte. Er blieb aber im Kontakt mit den dortigen Kollegen. Seine Aufgabe im Ober-

kommando der Marine sah er insbesondere darin, als Jurist auf die Beachtung der Grundsätze des Völkerrechts in der deutschen Seekriegsfüh-
rung hinzuwirken. In diesem Anliegen befand er sich in Übereinstim-
mung mit Helmuth James Graf von Moltke, der seit September 1939 als
Völkerrechtler in dem von Admiral Wilhelm Canaris geleiteten »Amt
Ausland/Abwehr« des Oberkommandos der Wehrmacht tätig war. Zu
einer ersten, in der Folgezeit immer enger werdenden Zusammenarbeit
der beiden, deren Dienstsitze sich in demselben Gebäudekomplex am
Berliner Tirpitzufer befanden, kam es im Sommer 1943. Berthold Graf
Stauffenberg gehörte nicht zu dem personellen Kern der Widerstandsgruppe des »Kreisauer Kreises«, die sich um Moltke gebildet hatte, doch
stand er in persönlichem Kontakt zu einigen ihrer führenden Mitglieder,
und auch in der Kritik an den von der deutschen Wehrmacht vor allem
in Polen und in der Sowjetunion an der Zivilbevölkerung und den
Kriegsgefangenen verübten Verbrechen stimmte er mit Moltke vollständig überein.

Von dem Augenblick an, in dem sein Bruder Claus zu der Überzeugung
kam, daß ein Staatsumsturz moralisch und politisch notwendig war, wurde auch Berthold Graf Stauffenberg in die entsprechenden Überlegungen
und Planungen einbezogen. Er gehörte zu den engsten Vertrauten seines
Bruders, nahm an zahlreichen Gesprächen der Verschwörer teil und arbeitete gemeinsam mit dem Literaturwissenschaftler Rudolf Fahrner, den
die Brüder Stauffenberg aus dem »George-Kreis« kannten, an den Prokla-
mationen und Aufrufen, die für die Zeit nach dem erfolgreichen Umsturz vorbereitet wurden. Am 20. Juli 1944 war er als Verbindungsmann
zur Marine vorgesehen. Über die Erfolgsaussichten der Verschwörung
und die Gefahr, als »Verräter« in die Geschichte einzugehen, machte er
sich im Sommer 1944 allerdings keine Illusionen mehr. Es handelte sich
auch für ihn um einen »Aufstand des Gewissens«. Überliefert ist, daß er
am 16. Juli, vier Tage vor dem Umsturzversuch, feststellte: »Das Furcht-
barste ist, zu wissen, daß es nicht gelingen kann und daß man es dennoch
für unser Land und unsere Kinder tun muß.« Als sein Bruder Claus von
dem Attentat auf Hitler in der »Wolfsschanze« nach Berlin zurückkehrte,
befand sich auch Berthold Graf Stauffenberg in der Zentrale der Verschwörer. Während sein Bruder noch am Tag des gescheiterten Umsturzversuches mit drei Mitverschwörern zusammen standrechtlich erschossen
wurde, wurde er selber verhaftet und in der Gestapo-Zentrale inhaftiert.
Schon am 10. August stand er vor dem »Volksgerichtshof«, der ihn ohne
lange Verhandlungen und Beratungen zum Tode verurteilte. In der Hin-
richtungsstätte Berlin-Plötzensee wurde das Urteil nur wenige Stunden
später vollstreckt. Maria Gräfin Stauffenberg durchlitt mehrere Konzen-

trationslager; sie wurde in Buchenwald von den amerikanischen Truppen befreit. Die Kinder Alfred und Elisabeth wurden in »Sippenhaft« genommen und nach Bad Sachsa im Harz verschleppt.

Berthold Schenk Graf von Stauffenberg, der im Alter von 39 Jahren starb, ist unter den Wissenschaftlichen Mitgliedern der Kaiser-Wilhelm-Gesellschaft der einzige, der sein Leben im Widerstand verlor, im Kampf gegen das NS-Regime und seine Verbrechen. Dennoch gab es in den fünfziger und frühen sechziger Jahren langjährige Auseinandersetzungen mit der Max-Planck-Gesellschaft um eine angemessene Versorgung seiner Witwe und seiner Kinder, ehe schließlich 1964 eine einigermaßen erträgliche Regelung zustande kam. Ein Verzeichnis der wichtigsten Veröffentlichungen Stauffenbergs wurde 1947 im Anhang zu dem Artikel von A. N. Makarov in der *Friedens-Warte* veröffentlicht.

Gertrud Stein

Kaiser-Wilhelm-Institut für medizinische Forschung, Heidelberg

Geboren am 30. Juli 1905 in Göttingen.

Gertrud Stein, Tochter des Universitätsprofessors Walther Stein, wuchs in Göttingen auf und bereitete sich in einer privaten Studienanstalt auf das Abitur vor. Nachdem sie 1924 mit externer Prüfung an einer Oberrealschule in Hannover die Allgemeine Hochschulreife erlangt hatte, studierte sie seit dem Wintersemester 1924/25 in Göttingen Chemie. 1928 machte sie das Abschlußexamen, 1931 promovierte sie mit der von Adolf Windaus betreuten Dissertation »Über ein kristallisiertes Bestrahlungsprodukt des Ergosterins«. Seit Januar 1931 war sie als Wissenschaftliche Mitarbeiterin im Kaiser-Wilhelm-Institut für medizinische Forschung in dem von Richard Kuhn geleiteten (Teil-)Institut für Chemie beschäftigt. Diese Tätigkeit wurde am 31. Juli 1933 beendet. Da ihre Stelle wiederbesetzt wurde, mußte sie wahrscheinlich aus rassistischen Gründen (wegen jüdischer Vorfahren) ausscheiden. Sie trat zum 1. August 1933 eine Stelle als Wissenschaftliche Mitarbeiterin im Forschungslaboratorium der IG Farben in Wolfen (Sachsen-Anhalt) an und war dort bis zum Kriegsende und möglicherweise darüber hinaus beschäftigt. Über ihr weiteres Schicksal ist nichts bekannt. Während ihrer Zeit im Heidelberger Institut veröffentlichte sie mehrere Arbeiten in der *Zeitschrift für physikalische Chemie*.

Curt Stern

Kaiser-Wilhelm-Institut für Biologie, Berlin-Dahlem

Geboren am 30. August 1902 in Hamburg, gestorben am 23. Oktober 1981 in Sacramento, California.

Curt Stern war das einzige Kind des in Liverpool geborenen Kaufmanns Barned Stern und seiner aus Hamburg stammenden Frau Anna, geb. Liebrecht. Er wuchs zunächst in der Umgebung von Hamburg auf, besuchte eine »höhere Knabenschule« in Eichwalde bei Berlin und schließlich die Hindenburg-Schule (Realgymnasium) in Berlin-Oberschöneweide, an der er im Frühjahr 1919 das Abitur machte. 1919-23 studierte er in Marburg und Berlin Zoologie und promovierte 1923 als 21jähriger an der Berliner Universität bei Karl Heider mit der von Max Hartmann betreuten Dissertation »Untersuchungen über Acanthocystideen«. 1924 wurde er Assistent in der von Richard Goldschmidt geleiteten Abteilung des Kaiser-Wilhelm-Instituts für Biologie. Auf Goldschmidts Empfehlung erhielt er eines der ersten Stipendien des »International Fellowship Program« der Rockefeller Foundation, das ihm vom November 1924 an einen zweijährigen Forschungsaufenthalt an der Columbia University in New York ermöglichte. Dort wurde er in Thomas Hunt Morgans Laboratorium, der für die frühe genetische Forschung in den USA wichtigsten Einrichtung, in die Theorie der modernen Genetik und zugleich in die für die künftige Entwicklung des Fachs grundlegenden Drosophila-Experimente eingeführt. Diese Erfahrungen prägten, in Verbindung mit den hervorragenden Forschungsmöglichkeiten im KWI für Biologie, seine weiteren wissenschaftlichen Arbeiten. Ende 1926 nach Berlin zurückgekehrt, konnte Stern sich zum Abschluß des Wintersemesters 1927/28 an der Berliner Universität mit der von Richard Hesse und Carl Zimmer begutachteten Schrift »Ein genetischer und zytologischer Beweis für Vererbung im Y-Chromosom von Drosophila melanogaster« habilitieren. In den folgenden Jahren war er neben seiner Forschungsarbeit im KWI für Biologie auch als Privatdozent tätig. Hinsichtlich der Karrierechancen von Curt Stern urteilte Alfred Kühn, Direktor des Max-Planck-Instituts für Biologie, 1956 rückblickend: »Als Lehrer und Forscher ausgezeichnet, galt er als einer der aussichtsreichsten Kandidaten für eine Professur.« Tatsächlich jedoch kam Sterns wissenschaftliche Laufbahn in Deutschland mit dem Beginn der NS-Herrschaft zu einem abrupten Ende.

Stern, dem 1933 aufgrund seiner jüdischen Herkunft die Entlassung durch die Kaiser-Wilhelm-Gesellschaft und der Entzug der Lehrbefugnis durch die Universität drohte, befand sich zum Zeitpunkt der nationalsozialistischen »Machtergreifung« in den USA. Die Rockefeller Foundation hatte ihm für 1932-33 erneut einen Forschungsaufenthalt gewährt, den er an der University of Chicago und dem California Institute of Technology in Pasadena verbrachte. Wegen der politischen Verhältnisse in Deutschland entschloß er sich, nach Ablauf seiner Beurlaubung durch die Kaiser-Wilhelm-Gesellschaft nicht mehr nach Berlin zurückzukehren (die Universität entzog ihm später, im November 1939, aus politisch-rassistischen Gründen den Doktortitel). Der Entschluß zur Emigration fiel ihm nicht leicht, weil er, wie er im Mai 1933 an Max Hartmann schrieb, sich stets »ganz als Deutscher gefühlt« hatte und auch bei der Anerkennung, die seine wissenschaftliche Arbeit im Ausland fand, besondere Genugtuung darüber empfand, daß »sie mir als *deutschem* Wissenschaftler entgegengebracht wurde«. Andererseits fiel es ihm wegen seiner frühen Erfahrungen mit dem amerikanischen Wissenschaftsbetrieb sehr viel leichter, in den USA Fuß zu fassen, als den meisten seiner in die Emigration getriebenen Kollegen. In dem Nachruf, den die University of California 1985 veröffentlichte, hieß es ausdrücklich: »His career was a […] rare example of a European scholar who adapted flawlessly to American university life and immeasurably enriched it with his gift of Old World culture.« Hinzu kam, daß Stern im Sommer 1932 die aus Cincinnati, Ohio stammende Evelyn Sommerfield heiratete, mit der er im Laufe der Jahre drei Töchter (Hildegard, Holly Elizabeth und Barbara Ellen) hatte. Evelyn Stern war 1942-45 für das »Manhattan-Projekt« als Übersetzerin tätig, erwarb 1958 an der University of California in Berkeley einen Master in Social Welfare und engagierte sich in zahlreichen Wohlfahrtsorganisationen.

1933-47 war Stern, der 1939 die US-Staatsbürgerschaft erhielt, als Zoologe an der University of Rochester im Bundesstaat New York tätig, zunächst als Research Associate, dann als Assistant Professor (ab 1935), Associate Professor (ab 1937) und von 1941 an als Full Professor of Experimental Zoology sowie als Leiter des Department of Zoology und der Division of Biological Sciences. Während des Krieges arbeitete er außerdem für die biomedizinische Abteilung des »Manhattan-Projekts«. Schon früh setzte er sich für die Erforschung der genetischen Auswirkungen des Einsatzes atomarer Waffen ein, und nach dem Krieg gehörte er dem »Advisory Committee for Biology and Medicine« der amerikanischen Atomenergiebehörde an. 1947 ging Stern, der seine Tätigkeit an der University of Rochester lediglich 1944 für eine Gastprofessur an der Columbia University in New York unterbrochen hatte, schließlich als Nachfolger Richard Goldschmidts, des früheren Direktors des Kaiser-Wilhelm-Instituts für Biologie, an die University of California in Berkeley. Damit hatte er eine Position erreicht, »von wo aus man es«, wie Alfred Kühn Mitte der fünfziger Jahre formulierte, »nicht mehr wagen kann, ihn nach Deutschland zurückzuberufen«. Stern, der in Berkeley zuerst eine Professur für Zoologie, seit 1958 außerdem eine Professur für Genetik hatte, war ein begnadeter akademischer Lehrer, dessen Vorlesungen auch von seinen Kollegen besucht wurden: »Curt Stern's devotion to his teaching is legendary«, hieß es in dem Nachruf der University of California. 1970 wurde er als Professor of Zoology and Genetics emeritiert. Seine Interessen und auch sein öffentliches Engagement gingen immer über die rein fachwissenschaftliche Arbeit hinaus. So veröffentlichte er beispielsweise 1944 und 1945 in der *New York Times* ausführliche Stellungnahmen zur Einschätzung der politisch-gesellschaftlichen Verhältnisse in Deutschland, des deutschen Widerstands gegen den Nationalsozialismus und der Demokratisierungsmöglichkeiten im Nachkriegsdeutschland. 1954 wurde er auch in die American Philosophical Society aufgenommen.

Curt Stern, dessen letzte Jahre durch eine schwere Parkinson-Erkrankung überschattet waren, starb 1981 bei einem Krankenhausaufenthalt in Sacramento. In ihrem Nachruf schrieb die *New York Times* am 31. Oktober 1981: »Dr. Stern was known internationally for his work on the fundamental mechanisms of heredity and for his advocacy of teaching the principles of human genetics in medical schools.« Auch die *Washington Post* betonte in ihrer Ausgabe vom 26. Oktober 1981 seine herausragenden Leistungen auf dem Gebiet der modernen Genetik: »Dr. Stern […] helped create the modern science of genetics with his research into chromosome behavior.« Für eine breite Öffentlichkeit war er aber, wie die Doppel-Überschrift des Artikels erkennen läßt, nicht nur ein »Pioneer in Genetics Research«, sondern auch ein bekannter »Expert on Effects of Radiation«. Das ungewöhnlich große Ansehen, das Stern unter den Fachkollegen genoß, ist schon daran ablesbar, daß er von mehreren großen wissenschaftlichen Gesellschaften zum Präsidenten gewählt wurde, nämlich von der Genetics Society of America (1950), der American Society for Human Genetics (1957) und der American Society of Zoology (1962).

Curt Stern veröffentlichte mehr als 200 Artikel in Fachzeitschriften. Sein wissenschaftliches Hauptwerk waren die »Principles of Human Genetics« (1949), viele Jahre lang das meistbenutzte Lehrbuch in den USA (»a standard work of its time«, schrieb die Londoner *Times* am 28. Oktober 1981). Er war außerdem Autor von »Faktorenkopplung und Faktorenaustausch« (1933) sowie Mitherausgeber von »Origins of Genetics« (1966) und »Genetics Mosaics and Other Essays« (1968). 1942-47 gab er die Zeitschrift *Genetics* heraus.

Für seine wissenschaftliche Arbeit wurde er vielfach geehrt. Er war unter anderem Fellow der American Academy of Arts and Sciences und

Mitglied der American Association for the Advancement of Science. Die Japanese Genetic Society ernannte ihn zu ihrem Ehrenmitglied. Die Mc-Gill University in Montreal (1958) und die Universität München (1972) verliehen ihm einen Ehrendoktor. 1963 wurde er von der National Academy of Sciences mit der »Kimber Genetics Medal« ausgezeichnet (»for his contributions to the understanding of the mechanism of heredity and for his influential part in establishing the relevance of genetic studies to the practice of medicine«). 1975 erhielt er die Mendel-Medaille der Deutschen Akademie der Naturforscher Leopoldina.

Karl Stern

Deutsche Forschungsanstalt für Psychiatrie (Kaiser-Wilhelm-Institut), München

Geboren am 8. April 1906 in Cham (Bayern), gestorben am 7. November 1975 in Westmount, Kanada.

Karl Stern, Sohn des Kaufmanns Adolf Stern und seiner Frau Ida, geb. Rosenbaum, wuchs in einem bürgerlich-liberalen jüdischen Elternhaus auf. Der vielseitig begabte Schüler machte 1925 in München das Abitur. Danach studierte er Medizin in München, Berlin und schließlich Frankfurt am Main, wo er 1930 bei Franz Vollhard mit der Dissertation »Über die Bestimmung des Blutcholinspiegels mit einer chemischen Methode« promovierte. Er setzte seine medizinische Ausbildung 1931-32 in der neurologischen Abteilung des Städtischen Krankenhauses in Berlin-Moabit und in der Universitätsklinik Frankfurt am Main fort. Seit 1932 arbeitete er als Stipendiat der Rockefeller Foundation in der von Walther Spielmeyer geleiteten Abteilung der Deutschen Forschungsanstalt für Psychiatrie in München. Er war, wie die Witwe des 1935 gestorbenen Spielmeyer 1936 in einem Empfehlungsbrief schrieb, dessen »letzter Assistent und Lieblingsschüler«. Wegen einer schweren Tuberkulose-Erkrankung verbrachte er das Jahr 1934 im wesentlichen in einem Schwarzwald-Sanatorium.

Als Jude mußte er, nachdem er zwei Jahre lang als Rockefeller-Stipendiat geschützt war, das Institut nach der Verabschiedung der »Nürnberger Gesetze« verlassen. Er emigrierte nach Großbritannien, wo er in London die ebenfalls emigrierte Lieselotte von Baeyer wiedertraf, die er Anfang 1936 heiratete (aus der Ehe gingen drei Kinder hervor: Anthony, Katherine und Michael). In London arbeitete er 1936-39, unterstützt durch ein Stipendium des Medical Research Council, in einem Forschungsprojekt des National Hospital for Diseases of the Nervous System. 1939 ging er nach Kanada, wo er an der McGill University in Montreal seit 1940 als Lecturer für Neuropathologie und seit 1944 als Assistant Professor für Psychiatrie tätig war. 1952 wurde er von der University of Ottawa zum Full Professor für das Fachgebiet Psychiatrie ernannt. Er übte dieses Amt bis zu seiner Emeritierung im Jahr 1975 aus, war aber zudem noch als Associate Professor of Psychiatry der Université de Montreal (1946-75), als Leitender Psychiater des Ottawa General Hospital (1952-55) und des St. Mary's Hospital in Montreal (1958-75) sowie in seiner psychiatrischen Privatpraxis tätig. 1951-59 vertrat er Kanada im UNESCO Institute of Education. Als er im Alter von 63 Jahren einen Schlaganfall erlitt, von dem er sich weitgehend, aber nicht vollständig erholte, litt er am meisten darunter, daß er, der von früher Jugend an ein ausgezeichneter Pianist war, nicht mehr Klavier spielen konnte.

Als die *New York Times* im November 1975 über seinen Tod berichtete, wählte sie die Überschrift »Karl Stern, 69, Psychiatrist, Professor and Author, Dies«. Tatsächlich war Stern seit Anfang der fünfziger Jahre einem breiteren Publikum vor allem als Schriftsteller bekannt geworden. 1951 veröffentlichte er ein autobiographisches Werk »The Pillar of Fire« (deutsch 1954: »Die Feuerwolke. Lebensgeschichte und Bekenntnisse eines Psychiaters«), das nicht zuletzt deshalb sehr erfolgreich war, weil er in ihm seinen in Kanada erfolgten Übertritt vom Judentum zur katholischen Kirche thematisierte. Er begründete seine Glaubensentscheidung, warb aber gleichzeitig um Verständnis für die jüdische Religion. Es gehe ihm darum, schrieb er, »not only to explain how I became a Christian but equally to help Christians understand their brothers, the Jews«. Hierfür und für das 1954 erschienene Werk »The Third Revolution. A Study of Psychiatry and Religion« wurde er 1951 und 1954 mit dem katholischen »Christopher Award« ausgezeichnet. 1960 veröffentlichte er den Roman »Through Dooms of Love«. Danach folgten u. a. »The Flight from Woman« (1965) und »Love and Success and Other Essays« (1975).

Karl Stern publizierte mehr als 60 wissenschaftliche Arbeiten in deutschen, englischen, kanadischen, amerikanischen und französischen Fachzeitschriften. Er war Mitglied der American Psychiatric Association, der American Association of Neuropathologists, der Canadian Psychiatric Association, der Gerontological Society und der Canadian Medical Association. 1951 wurde er auch in den PEN-Club gewählt. 1961 erhielt er den kanadischen »Newman Award«. Die Université Laval in Quebec machte ihn zu ihrem Ehrendoktor.

Estera (Esther) Tenenbaum

Kaiser-Wilhelm-Institut für Hirnforschung, Berlin-Buch

Geboren am 27. Januar 1904 in Warschau, gestorben 1963 in Jerusalem. Estera Tenenbaum wuchs in Łódz auf und besuchte dort ein Mädchengymnasium, das sie 1921 erfolgreich abschloß. Sie studierte von 1921 bis Anfang 1923 Naturwissenschaften an der Universität Krakau. Im Frühjahr 1923 ging sie nach Berlin, wo sie sich vor allem der Zoologie und Botanik widmete, auch die »Ergänzungsprüfung für Ausländerinnen« absolvierte (Oktober 1925). Während des Studiums freundete sie sich mit der Chemikerin Marthe Vogt an, die später Abteilungsleiterin im KWI für Hirnforschung wurde. Estera Tenenbaum promovierte im Juli 1929 an der Berliner Universität bei Richard Hesse mit der im Kaiser-Wilhelm-Institut für Hirnforschung erarbeiteten Dissertation »Beiträge zur vergleichenden Anatomie der Hautdrüsen der einheimischen anuren Batrachier auf ökologischer Grundlage«. Seit dem Sommer 1928 war sie wissenschaftliche Assistentin in der von Nikolaj Timoféeff-Ressovsky geleiteten Genetischen Abteilung des Kaiser-Wilhelm-Instituts für Hirnforschung.

Da sie als Jüdin 1933 nicht weiter als Assistentin beschäftigt werden konnte, im Institut aber großes Interesse an ihren Forschungen bestand, erhielt sie ein Stipendium der Rockefeller Foundation, um ihre Arbeit fortsetzen zu können. 1934 mußte diese Konstruktion jedoch aus politischen Gründen beendet werden. Trotz der Proteste des KWI-Direktors Oskar Vogt und der Rockefeller Foundation konnte Estera Tenenbaum nicht länger im Institut bleiben. Sie emigrierte daraufhin nach Palästina, wo sie in den nächsten drei Jahrzehnten an der Medical School der Hebräischen Universität Jerusalem arbeitete. 1936 wurde sie dort zum Junior Assistant, 1940 zum Departmental Assistant, 1951 zum Instructor im Department of Experimental Medicine and Cancer Research, 1959 schließlich zum Lecturer in Experimental Pathology ernannt. Sie arbeitete vor allem zur Zellforschung und Virologie und betrieb außerdem Forschungen auf dem Gebiet der Ophthalmologie. Über ihre persönlichen Verhältnisse fehlen nähere Informationen, auch ihr genaues Todesdatum ist nicht bekannt.

Sie veröffentlichte zahlreiche wissenschaftliche Artikel, u. a. in den Fachzeitschriften *Die Naturwissenschaften, American Journal of Ophthalmology* und *Nature*.

Sergej (Serge, Sergius) Stepanovich Tschachotin (Ćachotin, Chakotin, Tchakhotine)

Kaiser-Wilhelm-Institut für medizinische Forschung, Heidelberg

Geboren am 13. September 1883 in Konstantinopel, gestorben am 24. Dezember 1973 in Moskau.

Sergej Tschachotin, dessen Name in unterschiedlichen Schreibweisen überliefert ist, war ein Sohn des russischen Diplomaten Stephane Tschachotin, der als Vizekonsul in Konstantinopel tätig war. Nachdem er die ersten zehn Jahre seiner Kindheit in der Hauptstadt des Osmanischen Reiches verbracht hatte, lebte Tschachotin in Odessa, der Stadt, aus der seine Mutter Alexandra, geb. Motzo, stammte. Er besuchte ein russisches Gymnasium, an dem er 1901 seine Reifeprüfung mit Auszeichnung (»Goldene Medaille«) machte. Danach nahm er ein Medizinstudium in Moskau auf, wo er 1902 wegen der Beteiligung an politisch-revolutionären Bewegungen verhaftet und anschließend des Landes verwiesen wurde. Er setzte sein Studium in Deutschland mit den Fächern Zoologie, Chemie und Physiologie in München, Berlin und Heidelberg (1902-07) fort und promovierte im Oktober 1907 bei Otto Bütschli an der Heidelberger Universität mit einer Dissertation über die Gleichgewichtsorgane der Schnecken (»Die Statocyste der Heteropoden«). In den folgenden Jahren arbeitete er in Italien (Messina, Neapel, später auch in Triest), Frankreich (Villefranche-sur-Mer) und auf der Insel Helgoland. 1912 kehrte er nach Rußland zurück, wo er 1912-17 als Assistent von Ivan P. Pavlov im Laboratorium der Akademie für Militärmedizin in St. Petersburg tätig war. 1912 erhielt er einen Akademie-Preis für seine Untersuchungen über die Physiologie des Gleichgewichts bei Tieren. Bekannt geworden war er zu diesem Zeitpunkt außerdem durch die Erfindung eines Mikromanipulators und eine Zelloperationsmethode (»mikroskopische Strahlenstichmethode«).

1917 beteiligte er sich in St. Petersburg an der Februarrevolution. Als sozialdemokratisch orientierter Menschewik mußte er im Januar 1918 vor den Bolschewisten in die Donregion fliehen, wo er sich dem Kosakengeneral Krashoff anschloß und in der Regierung der »Großarmee des Don« Informationsdirektor im Außenministerium, später Leiter der Propagandaabteilung der Armee wurde. Nach dem Sieg der »Roten« mußte er 1919 emigrieren. Er ging zunächst an das Ozeanographische Institut in Monaco, nahm dann ein Angebot der Universität Zagreb an, wo er im April 1920 als Assistent anfing, sich schon nach kurzer Zeit mit der Schrift »Experimentelle cytologische Untersuchungen nach der Methode der mikroskopischen Radiopunktur« habilitierte und wenig später zum Professor für Pathologie und Pharmakologie ernannt wurde. Aus politischen Gründen (er wurde als Kommunist denunziert) verlor er diese Position jedoch schon im Januar 1922. 1922-27 lebte Tschachotin, der inzwischen (1921) in einem Aufsehen erregenden Artikel in der Emigranten-Presse (*Smena vekh*) dazu aufgerufen hatte, den Sieg der Bolschewisten in Rußland anzuerkennen, in Berlin. Hier arbeitete er 1922-24 als Redakteur für eine in Berlin erscheinende russische Zeitung. Über ältere persönliche Verbindungen kam er auch in Kontakt mit offiziellen Vertretern der Sowjetunion. 1922 erhielt er die sowjetische Staatsbürgerschaft. 1924-27 war er Mitarbeiter der sowjetischen Handelsvertretung in Berlin, daneben war er aus der Ferne auch für das sowjetische »Volkskommissariat der Arbeiter- und Bauern-Inspektion« tätig.

In den nächsten Jahren wandte er sich wieder der wissenschaftlichen Arbeit zu. Seit 1927 gehörte er dem Pharmakologischen Institut der Universität Genua an, wo er auf dem Gebiet der Krebsforschung arbeitete. 1930 erhielt er von der Research Corporation in New York ein Dreijahresstipendium, um Forschungen in dem von Karl Wilhelm Hausser geleiteten (Teil-)Institut für Physik des Kaiser-Wilhelm-Instituts für medizinische Forschung in Heidelberg durchführen zu können. Diese Arbeit, die offensichtlich sehr erfolgreich verlief, begann er im September 1930. Angesichts der wachsenden nationalsozialistischen Bedrohung engagierte er sich in der Schlußphase der Weimarer Republik neben seiner wissenschaftlichen Betätigung noch einmal politisch. 1932 unterstützte er die deutsche Sozialdemokratie in mehreren Wahlkämpfen, indem er sie in Fragen der politischen Propaganda und der Mobilisierung der Massen beriet. Zuerst in Heidelberg, dann in Hessen und auf Reichsebene vor allem im Rahmen der »Eisernen Front«, des republikanischen Kampfbündnisses gegen den Nationalsozialismus, entwickelte er, nachdrücklich unterstützt von dem hessischen Reichstagsabgeordneten Carlo Mierendorff, eine neue Form der politischen Propaganda, die auf massenpsychologische Theorien gestützt und symbolpolitisch ausgerichtet war. Das reichte von Vorschlägen für die Durchführung von Massenveranstaltungen über die Entwicklung neuer Parolen und Rituale bis zu der »Drei-Pfeile-Kampagne«, mit der dem »Hakenkreuz« der NSDAP ein leicht erkennbares, kämpferisches Symbol entgegengestellt wurde. Die Kampagne erregte Aufsehen, galt auch als zumindest teilweise erfolgreich, scheiterte aber nicht zuletzt an der zögerlichen Haltung der SPD-Führung.

Obwohl Tschachotin sich noch im Laufe des Jahres 1932 aus der politischen Arbeit weitgehend zurückzog und sich wieder ganz seinen wissenschaftlichen Aufgaben widmete, führten diese Aktivitäten im Frühjahr

1933 zu seinem Ausscheiden aus dem Kaiser-Wilhelm-Institut. Als am
10. März 1933 auf dem Institutsgebäude die schwarz-weiß-rote Fahne und
die Hakenkreuzfahne gehißt wurden, kam es zu einer Durchsuchung von
Tschachotins Arbeitsraum durch Polizisten, SA- und SS-Männer, der wenig später eine Durchsuchung seiner Privatwohnung folgte. In beiden
Fällen wurde nichts Belastendes gefunden. Tschachotin wandte sich noch
am gleichen Tag schriftlich an den KWG-Präsidenten Max Planck, um
ihn zu informieren und um Schutz »vor Wiederholung solcher unlieb-
samen Vorkommnisse« zu bitten. In diesem Zusammenhang wurde deutlich, daß sein öffentliches Eintreten für die Sozialdemokratie und gegen
den Nationalsozialismus innerhalb der Kaiser-Wilhelm-Gesellschaft äu-
ßerst kritisch vermerkt worden war. So vertrat Planck die Auffassung,
»daß es zu einem derartigen Vorgehen gegen Professor Tschachotin wohl
kaum gekommen wäre, wenn Herr Tschachotin nicht sein Gastrecht insofern verletzt hätte, als er als Ausländer sich in dem Gastlande politisch
betätigt hat, wie er selbst zugibt«. Institutsdirektor Hausser erklärte, er
verstünde nicht, »wie man über verletzte Würde der Wissenschaft sich
beschweren will, wenn man sich selbst so extrem in den politischen Ta-
geskampf hineinbegibt«. Und Otto Warburg, an den Tschachotin sich
ebenfalls gewandt hatte, gab bei der Generalverwaltung sogar zu Protokoll, »daß es begrüßenswert wäre, wenn Herr Tschachotin möglichst bald
das Kaiser-Wilhelm-Institut verließe«. Hausser, der Planck versichert hatte,
daß Tschachotin im Institut »ausgezeichnet gearbeitet« habe, bat dagegen
ausdrücklich darum, ihn ungeachtet aller Kritik an seinem politischen
Verhalten »im Institut weiter beschäftigen zu dürfen«. Planck sah zwar
»keine Veranlassung, dies zu unterbinden«, wenn Hausser die Verantwortung dafür übernehme, formulierte aber unmißverständlich die »Erwar-
tung«, »daß Herr Tschachotin in Zukunft das Gastrecht im Deutschen
Reich unter keinen Umständen verletzt und sich von aller politischen
Betätigung, auch bezüglich Veröffentlichungen in der Presse, fernhält«.
Tatsächlich aber wurde Tschachotin, der aufgrund der bestehenden Vereinbarungen mindestens bis zum September 1933 hätte bleiben können,
kurz darauf sein Arbeitsverhältnis im Institut gekündigt, so daß er schon
zum 1. Mai »endgültig das Institut verlassen« mußte, wie ein Vertreter der
Generalverwaltung der KWG notierte.

Tschachotin verließ Heidelberg am 2. Mai 1933 und ließ sich zunächst
in Kopenhagen nieder, wo er sich bis April 1934 vor allem mit Fragen des
antifaschistischen Abwehrkampfes befaßte. Nach einem Zwischenaufent-
halt in Italien lebte er dann von 1934 bis 1955 in Frankreich. Er war dort in
erster Linie als Naturwissenschaftler, aber auch als politisch engagierter
Zeitgenosse und Sozialwissenschaftler tätig. Nach der 1932 gemeinsam

mit Carlo Mierendorff in Magdeburg publizierten Broschüre »Grundlagen und Formen politischer Propaganda« und dem 1933 in Kopenhagen auf Deutsch und Dänisch erschienenen Buch »Dreipfeil gegen Hakenkreuz«, erschien 1939 sein Hauptwerk bei Gallimard in Paris: »Le Viol des foules par la propagande politique« (erweiterte Neuauflage 1952, italienisch 1964), das seine größte Wirkung mit der von Routledge in London veröffentlichten englischen Ausgabe »The Rape of the Masses. The Psychology of Totalitarian Political Propaganda« (1940, Neuauflage in den USA 1971) entfaltete. Der Schriftsteller H. G. Wells feierte es als ein »meisterhaft geschriebenes Werk«, mit dem er inhaltlich völlig übereinstimme: Es sei, formulierte er, »das klarste und vollständigste Werk auf dem Gebiet der gegenwärtigen sozialen Psychologie«.

Als Naturwissenschaftler war Tschachotin in Frankreich seit 1934 unter anderem in dem Laboratoire d'évolution des êtres organisés der Sorbonne, dem Krebsforschungslaboratorium des CNRS und dem Institut für physikalisch-chemische Biologie tätig. Zwischen 1935 und 1939 veröffentlichte er etwa 35 Arbeiten in naturwissenschaftlichen Fachzeitschriften und Handbüchern. 1941 wurde er wegen seiner sowjetischen Staatsangehörigkeit verhaftet und sieben Monate lang im Lager Compiègne interniert. Nach Protesten deutscher und französischer Wissenschaftler wurde er wieder freigelassen. Allerdings konnte er seine wissenschaftliche Arbeit nicht fortsetzen, weil seine Instrumente und Präparate zerstört waren, er keine Arbeitserlaubnis erhielt und für ihn und seine Familie in Paris schon bald ein alle Kräfte beanspruchender Überlebenskampf begann. In den Nachkriegsjahren engagierte er sich politisch vor allem als Initiator und Generalsekretär der Organisation »Science – Action – Libération« und der »Confédération française des forces culturelles, économiques et sociales« im Kampf gegen die atomare Bedrohung und einen möglichen dritten Weltkrieg. 1955-58 war er noch einmal in Italien, wo er in den pharmakologischen Instituten der Universitäten Genua und Rom arbeitete. 1958, mit 75 Jahren, kehrte er in die Sowjetunion zurück. Hier forschte er zuerst in Leningrad im Akademie-Institut für Zytologie, dann in Moskau im Akademie-Institut für Biophysik. Schließlich war er als Mitglied des Akademie-Instituts für biologische Entwicklungen noch bis zu seinem Tod beratend tätig. Er war fünfmal verheiratet und hatte acht Söhne.

Sergej Tschachotin starb im Alter von 90 Jahren in Moskau. Seinem letzten Willen entsprechend wurden seine sterblichen Überreste in dem Dorf Cargèse auf Korsika beigesetzt. In der Pariser Zeitung *Le Monde* wurde er am 5. Januar 1974 als vielseitiger Natur- und Sozialwissenschaftler und politisch ungewöhnlich stark engagierter Bürger, vor allem aber als Autor von »Le Viol des foules« gewürdigt.

Neben seinen journalistischen Texten und den bereits genannten politischen und sozialpsychologischen Schriften veröffentlichte Tschachotin noch: »Organisation, Prinzipien und Methoden in Industrie, Handel, Verwaltung und Politik« (1923, russisch), »Europäische Literatur zur wissenschaftlichen Organisation der Arbeit« (1924, russisch) und »Rationelle Arbeitsweisen des Wissenschaftlers« (1930). Aus dem naturwissenschaftlichen Bereich kommen hinzu »Die Methode der ultravioletten Micropunktur« (1935) und eine große Zahl von Beiträgen zu Fachzeitschriften und Handbüchern. Er hinterließ zudem unveröffentlichte Memoiren über »80 Jahre erlebte Geschichte«.

Max Ufer

Kaiser-Wilhelm-Institut für Züchtungsforschung, Müncheberg

Geboren am 2. Dezember 1900 in Hamburg, gestorben am 19. März 1983 in Rom.

Max Ufer, Sohn des Kolonialwarenhändlers Wilhelm Ufer und seiner Frau Emma Wilhelmine Maria, geb. Paap, wuchs in Hamburg auf. Nach dem »Notabitur« im Juni 1918 an der »Oberrealschule vor dem Holstentor« und der anschließenden Einziehung zum Militär arbeitete er in Mecklenburg in der Landwirtschaft (1919-20), bevor er ein landwirtschaftliches Studium in Hamburg aufnahm, das er 1925 mit dem Diplom abschloß. 1927 promovierte er an der Hamburger Universität zum Dr. rer. nat. mit der Dissertation »Vergleichende Untersuchungen über Cleome spinosa, Cleome gigantea und ihre Gigasformen«. 1925-28 war er als Wissenschaftlicher Assistent an der württembergischen Landwirtschaftlichen Hochschule in Hohenheim tätig. 1928 erhielt er eine wissenschaftliche Mitarbeiterstelle in dem kurz vorher gegründeten, von Erwin Baur geleiteten Kaiser-Wilhelm-Institut für Züchtungsforschung in Müncheberg (Brandenburg). Er leitete eine Abteilung für Futterpflanzen, in der er sich vor allem mit der Züchtung von Steinklee und Luzerne sowie genetischen Untersuchungen an Pelargonien befaßte. Im September 1933 mußte Ufer, der 1931 die aus einer Getreidehändlerfamilie in Frankfurt an der Oder stammende Margot Holzheim geheiratet hatte, aus dem KWI für Züchtungsforschung ausscheiden, weil seine Frau jüdisch war und das als eine Belastung für das Institut, in dem es eine Gruppe entschieden nationalsozialistischer Wissenschaftler gab, angesehen wurde.

Ufer mußte unter diesen Umständen eine Tätigkeit in der Privatwirtschaft aufnehmen. Zum 1. Oktober 1933 wurde er von der Saatgut-Erzeugungsgesellschaft in Berlin angestellt. Dort arbeitete er bis 1939 als Technischer Direktor. Als ihm 1939 – vermutlich wiederum aus rassistischen Gründen – gekündigt wurde, entschied er sich für die Emigration. Er übernahm im Juni 1939 den Aufbau und die Leitung der Zweigstelle eines Unternehmens für Getreide und Hülsenfrüchte in der rumänischen Stadt Brăila. Anschließend wurde er Technischer Direktor eines einschlägigen Unternehmens in Bukarest (1942-44). Seine Frau und die 1934 geborene Tochter Marianne waren ihm Ende Oktober 1939 nach Brăila gefolgt. Ab 1942 war die Familie auch in Rumänien den Verfolgungen durch Gestapo und SS ausgesetzt. 1942 wurde Max Ufer von der Gestapo die Zustimmung zu einem Scheidungsverfahren abgezwungen, dessen Durchführung er jedoch in der Folgezeit erfolgreich zu verzögern wußte. Die Familie mußte sich 1942 trennen, und ab Mai 1943 versuchten Mutter und Tochter, sich der Verfolgung und der drohenden Deportation dadurch zu entziehen, daß sie »untertauchten« bzw. ihren Status als »Jüdin« und »Mischling« verschwiegen.

Nach der Befreiung Bukarests durch die Rote Armee wurde Max Ufer, der vorübergehend von der Gestapo verhaftet worden war, wegen seiner deutschen Staatsangehörigkeit ein Jahr lang in einem sowjetischen Internierungslager inhaftiert. Nach der Freilassung war er zunächst arbeitslos und versuchte dann, seine Familie mit Gelegenheitsarbeiten, unter anderem Vertretertätigkeiten, zu ernähren. Im Januar 1948 konnte er mit der Familie aus Rumänien nach Wien fliehen. Kurzzeitig (Juli bis November 1948) war er in Wien für die Flüchtlingsorganisation IRO (»International Refugee Organisation«) tätig, ehe er das Angebot annahm, die Regierung Afghanistans in Fragen des Pflanzenbaus und der Pflanzenzüchtung zu beraten. Im November 1948 traf er in Kabul ein, wo er unter schwierigen Bedingungen offensichtlich sehr erfolgreich arbeitete. Allerdings mußte er diese Tätigkeit wegen gesundheitlicher Probleme seiner Frau schon drei Jahre später, im November 1951, wieder aufgeben.

So kehrte Ufer aus Afghanistan nach Deutschland zurück. Er hielt sich vorläufig in Hamburg auf, um nun die Wiederaufnahme seiner wissenschaftlichen Arbeit in der Max-Planck-Gesellschaft zu betreiben. Schon im Frühjahr 1951 hatte Reinhold von Sengbusch, der Leiter der »Forschungsstelle von Sengbusch« (für Kulturpflanzenzüchtung) in der Max-Planck-Gesellschaft, der Generalverwaltung der MPG mitgeteilt, daß Ufer, der nicht seiner wissenschaftlichen Qualifikation entsprechend beschäftigt sei, Interesse an einer Arbeitsmöglichkeit innerhalb der Max-Planck-Gesellschaft geäußert habe. Nachdem die Generalverwaltung daraufhin Gutachten eingeholt hatte, die, mit einer Ausnahme, eindeutig zu seinen Gunsten ausfielen, erhielt Ufer das Angebot, als Wissenschaftler in dem nach Voldagsen im südlichen Niedersachsen verlegten Max-Planck-Institut für Züchtungsforschung zu arbeiten. Bei den Vorgesprächen mit dem Institutsdirektor Wilhelm Rudorf kam es jedoch zu einem Eklat, als dieser erklärte, daß Ufer, um seiner jüdischen Frau Unannehmlichkeiten zu ersparen, mit seiner Familie nicht wie die anderen Mitarbeiter auf dem Institutsgelände, sondern in der nahegelegenen Stadt Hameln wohnen sollte. Für Ufer war das ein Grund, die Verhandlungen sofort abzubrechen und Deutschland erneut zu verlassen. An die Generalverwaltung schrieb er am 18. März 1952: »Auf gut deutsch gesagt, es ist alles beim Alten geblieben, und wir sollen uns weiter verstecken und erneut unter diffamierenden Bedingungen arbeiten. Sie werden verstehen, wie ein solcher Vorschlag aus dem Munde eines Mannes, der nur in den Nationalsozialismus hineingeschliddert sein will, auf uns wirken mußte. Es ist für uns unmöglich, in einem Lande zu leben, in dem heute noch ein führender Wissenschaftler bei der Max-Planck-Gesellschaft solche Vorschläge zu machen wagt.«

Ende 1952 erfolgte die zweite Emigration, die Ufer und seine Familie nach Brasilien führte. Neuer Wohnsitz wurde São Paulo, wo Max Ufer etwas mehr als zehn Jahre lang für das Unternehmen Orquima arbeitete, das Pflanzenschutzmittel herstellte. Außerdem war er als Gutachter für die Food and Agriculture Organisation (FAO) der Vereinten Nationen tätig. Hermann Kuckuck, Professor für Pflanzenzüchtung an der Technischen Hochschule Hannover und früherer Mitarbeiter im KWI für Züchtungsforschung in Müncheberg, berichtete später (1957), daß er bei seinem Ausscheiden aus der FAO Max Ufer als Nachfolger vorgeschlagen habe und die Organisation »ihm gern diese Stelle übertragen« hätte, Ufer aber »durch andere vertragliche Bindungen nicht frei« gewesen sei.

1963 wechselte Ufer zum letzten Mal das Land und die Kontinente. Er zog mit seiner Frau nach Rom, wo seine Tochter schon seit 1955 lebte. Inzwischen hatte sich die Max-Planck-Gesellschaft im Rahmen eines »Wiedergutmachungs«-Verfahrens im Frühjahr 1957 bereit erklärt, ihm eine monatliche Entschädigung von 400,– DM zu zahlen, die Ende 1963 von der Generalverwaltung neu festgesetzt und auf 800,– DM verdoppelt wurde. Der Entscheidung von 1957 war ein erneutes Begutachtungsverfahren vorausgegangen, in dem es noch einmal um die von Ufer erbrachten wissenschaftlichen Leistungen ging. Hermann Kuckuck äußerte sich eindeutig positiv, ebenso Reinhold von Sengbusch, der auch seine schon 1951 geäußerte Bereitschaft wiederholte, Ufer in sein Institut aufzunehmen, wenn die Generalverwaltung die dafür erforderlichen Mittel zur

Verfügung stellen würde. Und selbst Hans Stubbe, der sich früher kritisch geäußert hatte und damit, wie er selber schrieb,»den Unwillen einiger Kollegen hervorgerufen« hatte, wollte einer Ufer entgegenkommenden Regelung nun nicht mehr im Wege stehen, weil er es»für möglich« hielt,»daß von anderen Fachkollegen, die Dr. Ufer besser kennen als ich, mein Urteil als zu streng angesehen wird«.

Max Ufer veröffentlichte zwischen 1926 und 1935 etwa 20 wissenschaftliche Arbeiten, u. a. in den Zeitschriften *Fortschritte der Landwirtschaft, Der Züchter, Die Naturwissenschaften* und *Zeitschrift für induktive Abstammungs- und Vererbungslehre.* Aus der zweiten Hälfte der dreißiger Jahre und aus der Nachkriegszeit sind nur noch wenige Arbeiten bekannt.

Cécile Vogt, geb. Mugnier, und Oskar Vogt

Kaiser-Wilhelm-Institut für Hirnforschung, Berlin-Buch

Cécile Vogt: Geboren am 27. März 1875 in Annecy (Savoyen), gestorben am 4. Mai 1962 in Cambridge.

Oskar Vogt: Geboren am 6. April 1870 in Husum, gestorben am 31. Juli 1959 in Freiburg.

Cécile Vogt, Tochter eines französischen Offiziers, der schon zwei Jahre nach ihrer Geburt starb, entschied sich in sehr jungen Jahren, gegen den Widerstand eines Teils ihrer Familie, für die berufliche Laufbahn einer Medizinerin. Sie wurde im Privatunterricht auf die Universität vorbereitet und bestand mit 17 Jahren das »baccalauréat ès lettres«, mit 18 das »baccalauréat ès sciences«. 1893 begann sie das Medizinstudium in Paris, das sie im Winter 1898/99 abschloß. 1900 promovierte sie bei dem Neurologen Pierre Marie mit der Dissertation »Étude sur la myélinisation des hémisphères cérébraux«, die als grundlegend für die moderne Thalamusforschung gilt. Anfang 1899 hatte sie in Paris Oskar Vogt kennengelernt, den sie ein Jahr später in Berlin heiratete. Sie brachte eine unehelich geborene Tochter (Claire) in diese Ehe, die von Oskar Vogt adoptiert wurde (über diese Tochter fehlen nähere Informationen; als junge Frau entschied sie sich, künftig in Frankreich zu leben). Gemeinsam hatte das Ehepaar Vogt zwei Töchter, Marthe (geb. 1903) und Marguerite (geb. 1913), die beide angesehene Naturwissenschaftlerinnen wurden.

Oskar Vogt, das älteste von fünf Kindern einer evangelischen Pfarrersfamilie, verlor seinen Vater mit neun Jahren. Mit Hilfe von Stipendien konnte er das Husumer Gymnasium besuchen, das er im Frühjahr 1888 mit dem Abitur verließ. Bereits während der Schulzeit entwickelte er ein ausgeprägtes Interesse an Zoologie und Insektenkunde. 1888 nahm er in Kiel ein Studium der Psychologie auf, wechselte aber nach zwei Semestern zur Medizin. 1890 ging er an die Universität Jena, wo er in seiner wissenschaftlichen Entwicklung vor allem von Ernst Haeckel und Otto Binswanger geprägt wurde. Noch als Student konnte er im Anatomischen Institut der Universität Assistentenaufgaben wahrnehmen (Sommer 1891 – Frühjahr 1893). 1893 legte er das medizinische Staatsexamen ab, Ende 1894 promovierte er bei Binswanger mit der hirnanatomischen Dissertation »Über Fasersysteme in den mittleren und kaudalen Balkenabschnitten«. Nach einem Jahr als Volontärassistent in der Psychiatrischen Klinik der Universität Jena (1893-94) kam es im Sommer 1894 zu einer Begegnung mit dem Schweizer Nervenarzt und Hirnanatom August Forel, die für seine weitere wissenschaftliche Entwicklung von großer Bedeutung war. Er konnte bei Forel, den er mehrfach in Zürich besuchte, seine psychiatrischen Kenntnisse vertiefen, fand Anerkennung für seine hirnanatomischen Arbeiten und wurde in die Hypnoseforschung eingeführt. Im gleichen Jahr wurde dem gerade 24jährigen von Forel die Herausgeberschaft der von ihm gegründeten Zeitschrift *Hypnotismus* angeboten. Dadurch wurde Oskar Vogt zu einem der Begründer der wissenschaftlichen Hypnoseforschung in Deutschland.

Währenddessen verfolgte er weiter seine hirnanatomischen Interessen. 1894 übernahm er eine Assistentenstelle in der Psychiatrischen Klinik der Universität Leipzig. Nach heftigen wissenschaftlichen und persönlichen Konflikten mit dem Klinikdirektor Paul Flechsig wurde der Assistentenvertrag jedoch schon 1895 wieder aufgelöst. Neben seiner Forschungstätigkeit wirkte Vogt seit 1893 als Nervenarzt und Psychotherapeut. Als Kurarzt im fränkischen Alexanderbad lernte er 1896 die Industriellenfamilie Krupp kennen, mit der er seitdem in enger Verbindung blieb. 1897 ging er zum ersten Mal für längere Zeit nach Paris, um sich bei den international führenden Neurologen wissenschaftlich weiterzubilden. Mit diesem Auslandsaufenthalt endeten gewissermaßen Vogts Lehrjahre. 1998 ließ er sich in Berlin als Nervenarzt nieder und gründete außerdem die »Neurobiologische Zentralstation«, ein privates Forschungsinstitut. Im Jahr darauf lernte er bei einem weiteren Parisaufenthalt seine spätere Frau kennen. Als Cécile Mugnier und Oskar Vogt im Jahr 1900 heirateten, war damit die Entscheidung verbunden, künftig gemeinsam wissenschaftlich zu arbeiten, und zwar außerhalb der üblichen Karrieremuster. Oskar Vogt, der ebenso wie seine Frau Cécile nie eine Habilitation anstrebte, erwies sich in der Folgezeit nicht nur als ein sehr erfolgreicher Forscher, sondern auch als ein ungewöhnlich effektiver Wissenschaftsorganisator, dem es immer wieder gelang, hervorragende Wissenschaftler als Mitarbeiter zu gewinnen. Cécile Vogt veröffentlichte Aufsehen erregende Forschungsergebnisse zur Hirnregion des Corpus striarum und zu den Ursachen von Bewegungsstörungen (»Vogtsche Krankheit«, auch »Vogt-Vogt-Syndrom« genannt, und Chorea Huntington). Bei den immer stärker in den Vordergrund tretenden gemeinsamen Forschungsvorhaben mit Oskar Vogt war sie eine gleichberechtigte Partnerin, die oft auch eine führende Rolle übernahm. Je länger die beiden zusammenarbeiteten, desto schwieriger wurde es, den individuellen Anteil an den erzielten Ergebnissen präzise zu bestimmen.

Die Außenvertretung der gemeinsamen Arbeit lag jedoch eindeutig bei Oskar Vogt. Gegen erhebliche Widerstände in der medizinischen Fakultät setzte er 1902 die Umwandlung der privaten »Neurobiologischen Zentralstation« in ein »Neurobiologisches Laboratorium der Universität« durch, wobei er als Direktor einem Universitätsprofessor gleichgestellt wurde, obwohl er den Professorentitel erst 1913 erhielt. Da die von den Vogts und ihren Mitarbeitern geleistete Forschung auch international große Anerkennung fand, beschloß die Kaiser-Wilhelm-Gesellschaft im März 1914, ein von Oskar Vogt zu leitendes Institut für Hirnforschung zu gründen. Dabei war, wie auch schon bei anderen Entscheidungen in vorausgegangenen Jahren, die Unterstützung durch die Familie Krupp sowohl in finanzieller als auch in politischer Hinsicht von großer, teilweise ausschlaggebender Bedeutung. Durch den Ersten Weltkrieg und die wirtschaftlichen Probleme der Nachkriegszeit verzögerte sich der geplante Institutsneubau allerdings erheblich, so daß das Institut als »Neurobiologisches Laboratorium der Universität und Kaiser-Wilhelm-Institut für Hirnforschung« für viele Jahre ein Provisorium blieb. Cécile Vogt wurde 1919 zur Abteilungsleiterin und als erste Frau zum Wissenschaftlichen Mitglied der Kaiser-Wilhelm-Gesellschaft ernannt. Oskar Vogts Verträge mit der KWG blieben lange Zeit befristet, erst Ende 1930 erhielt er einen Direktorenvertrag auf Lebenszeit.

Im Juni 1931 konnte schließlich in Berlin-Buch das nach Oskar Vogts Plänen errichtete Kaiser-Wilhelm-Institut für Hirnforschung eröffnet werden. Mit bis zu zwölf Forschungsabteilungen, einer angegliederten Forschungsklinik, über 100 Beschäftigten, darunter 30 Wissenschaftler, war es das damals größte Hirnforschungsinstitut der Welt. Cécile Vogt leitete die anatomische Abteilung, Max Bielschowsky die histologische Abteilung, Nikolaj Timoféeff-Ressovsky, der eng mit seiner Frau Elena zusammenarbeitete, die genetisch-experimentelle Abteilung und Marthe Vogt, die älteste Tochter von Cécile und Oskar Vogt, die chemische Abteilung. Hinzu kamen physiologische, physikalisch-technische und klinische Abteilungen sowie Abteilungen für Biophysik, Humangenetik und Phonetik, außerdem eine Foto- und Reproduktionsabteilung. Die damit gegebenen multidisziplinären Forschungsmöglichkeiten zur Untersuchung der Architektonik und der Funktionsweise des Gehirns wurden so intensiv genutzt, daß das Institut binnen kurzem zu einer nationalen und internationalen Vorzeigeeinrichtung der Kaiser-Wilhelm-Gesellschaft wurde. Die Institutsleitung lag bei Oskar Vogt, doch war es kein Geheimnis, daß wichtige Programmentscheidungen von den Eheleuten Vogt abgesprochen und wissenschaftliche Lenkungsaufgaben gemeinschaftlich wahrgenommen wurden. Obwohl beide auch individuell publizierten, legten sie jahrzehntelang alle größeren wissenschaftlichen Arbeiten gemeinsam vor.

Für die Entwicklungen ab 1933 wurde es bedeutsam, daß die Vogts nicht nur als herausragende Wissenschaftler, sondern auch als politische Außenseiter galten. Im Ersten Weltkrieg distanzierten sie sich von dem radikalen Nationalismus und der Kriegsbegeisterung, die sich unter ihren Kollegen geradezu epidemisch ausbreiteten. Sie galten als Pazifisten und »Franzosenfreunde«. Beide begrüßten die demokratische und soziale Neuordnung von 1918/19 und gehörten zu den Befürwortern der demokratisch-parlamentarischen Republik. Cécile Vogt identifizierte sich darüber hinaus öffentlich mit den Zielen der bürgerlichen Frauenbewegung, und Oskar Vogt wurde schließlich als »Kommunistenfreund« diffamiert, nachdem er 1925 einer Einladung der sowjetischen Regierung gefolgt war, in Moskau ein Institut für Hirnforschung einzurichten und zu leiten und in diesem insbesondere das Gehirn Lenins zu untersuchen. Das war eine Aufgabe, die großes politisches Aufsehen erregte. Er übernahm sie dennoch, weil er sich schon seit langem für die Hirnarchitektonik besonders begabter und leistungsstarker Menschen (»Elitegehirne«) interessierte. Auch nach 1930, als er begann, sich aus der Arbeit in dem Moskauer Institut zurückzuziehen, hielt er Kontakt mit sowjetischen Wissenschaftlern und Wissenschaftseinrichtungen.

Unter diesen Umständen war es nicht überraschend, daß Oskar und Cécile Vogt und mit ihnen das gesamte KWI für Hirnforschung vom Beginn der nationalsozialistischen »Machtergreifung« an unter politischen Druck gerieten. Zweimal, Mitte März und Mitte Juni 1933, kam es zu Überfällen und Ausschreitungen der SA im Institut. Oskar Vogt setzte sich dagegen energisch zur Wehr, doch bestand die Gestapo-Zentrale darauf, daß die »politischen und rassischen Verhältnisse am Kaiser-Wilhelm-Institut eine Nachprüfung von berufener Seite notwendig machen dürften«. In einem Schreiben an Max Planck, der sich als Präsident der Kaiser-Wilhelm-Gesellschaft über die SA-Terrorakte beschwert hatte, hieß es dazu: »Herausfordernde Bemerkungen des Institutsdirektors und seines

Anhanges über die SA und den Nationalsozialismus, seine immer wieder
zutage tretenden Begünstigungshandlungen Juden gegenüber, die Unterlassung der Unterbindung bzw. die stillschweigende Duldung kommunistischer Propaganda und die Beschäftigung von Ausländern hatten einen
Spannungszustand geschaffen, der in irgendeiner Form eine Auflösung
finden mußte.« Dennoch schien es zunächst, als könnte Oskar Vogt dem Druck stand-
halten. Am 17. Juli 1933, nachdem alle politischen Parteien außer der NSDAP
aufgelöst oder verboten worden waren, teilte er den Institutsmitarbeitern
in einem Rundschreiben mit: »Eingriffe lokaler Parteiinstanzen in das
Institut werden als Hausfriedensbruch verfolgt werden. [...] Während
der Dienstzeit hat jede politische Tätigkeit zu ruhen. Urlaub dafür kann
nicht erteilt werden.« Auf die Dauer war jedoch seine Position an der
Spitze eines Kaiser-Wilhelm-Instituts und damit auch die von Cécile
Vogt nicht zu halten. Obwohl sich Max Planck und Gustav Krupp von
Bohlen und Halbach, der Vorsitzender des Institutskuratoriums war,
nachdrücklich für ihn einsetzten, wurde Oskar Vogt im Herbst 1934 als
Institutsdirektor entlassen. Vom November 1934 bis zum 1. April 1937
amtierte er noch als kommissarischer Direktor, dann schied er, zusammen mit seiner Frau, endgültig aus dem Institut aus. Das Angebot, unter
Verzicht auf seine Leitungsfunktionen im Institut wissenschaftlich weiterzuarbeiten, empfand er mit guten Gründen als unzumutbar. Auch nach
ihrem Ausscheiden aus dem KWI wurden die Vogts noch im Juli und
August 1937 vom »Völkischen Beobachter«, dem Zentralorgan der NSDAP,
und von der SS-Zeitung *Das Schwarze Korps* öffentlich angegriffen.

Die großen Hoffnungen und Erwartungen, die Cécile und Oskar
Vogt mit dem neuen Institutsgebäude verbunden hatten, mußten auf
diese Weise schon nach wenigen Jahren begraben werden. Gleichwohl
bedeutete der erzwungene Abschied von dem Kaiser-Wilhelm-Institut
für die beiden Wissenschaftler, die zu diesem Zeitpunkt bereits 62 bzw.
67 Jahre alt waren, nicht das Ende ihrer Forschungstätigkeit. Mit der finanziellen Unterstützung durch Krupp von Bohlen und Halbach, Spen-
den von Oskar Vogts Patienten und eigenen Mitteln gelang ihnen noch
einmal eine Institutsgründung. 1937 wurde in Neustadt im Schwarzwald
das von beiden gemeinsam geleitete, private »Institut für Hirnforschung
und Allgemeine Biologie« eröffnet. Die in jahrzehntelanger Arbeit von
ihnen aufgebaute Sammlung von Gehirnen und Hirnschnitten konnten
die Vogts aus dem Kaiser-Wilhelm-Institut in das neue Institut überfüh-
ren, und etwa ein halbes Dutzend wissenschaftlicher Mitarbeiter, darunter ihre Tochter Marguerite Vogt, wechselte mit ihnen von Berlin-Buch
nach Neustadt. Hier wurden vor allem die Arbeiten über die Architekto-

nik des Großhirns und des Thalamus weitergeführt und die Untersuchungen der »somatischen Seite der Leib-Seele-Erscheinungen« zu einem Arbeitsschwerpunkt gemacht. Mehr als zwei Jahrzehnte lang setzten die Vogts ihre gemeinsame Arbeit fort. Oskar Vogt, der in seinem 90. Lebensjahr starb, erfreute sich »bis zuletzt« einer »beneidenswerten geistigen Frische«, wie Hugo Spatz, sein Nachfolger im KWI, schrieb. Mit dem Tod Oskar Vogts beendete auch Cécile Vogt ihre wissenschaftliche Arbeit. 1960 zog sie zu ihrer Tochter Marthe nach Cambridge, wo sie zwei Jahre später im Alter von 87 Jahren starb.

Die gemeinsame wissenschaftliche Arbeit von Cécile und Oskar Vogt umspannt sechs Jahrzehnte. Schon für die frühen Jahre gilt, was Hugo Spatz 1961 in einem Nachruf auf Oskar Vogt feststellte: »Es gibt nur wenige Beispiele einer solchen, von Erfolg gekrönten Zusammenarbeit eines Ehepaars in der Geschichte der Wissenschaften.« Igor Klatzo, Autor einer 2002 erschienenen Doppelbiographie (»Cécile and Oskar Vogt: The Visionaries of Modern Neuroscience«) formulierte zusammenfassend: »Cécile and Oskar Vogt were a unique couple. It is very seldom that such an incredible synchronisation of aims, dreams, mutual understanding, and respect takes place. Their intellectual endowments supplemented each other, as Cécile's critical and practical French mind was essential for giving reality to Oskar's grand conceptual ideas and visions, pronounced with unshakable German faith and certainty.« Von den gemeinsamen monographischen Studien, die sie, abgesehen von ihrem ersten größeren Werk (»Neurobiologische Arbeiten«, 2 Bde., 1902/04), durchweg nicht als Bücher, sondern in den von ihnen gemeinsam herausgegebenen Zeitschriften veröffentlichten (*Journal für Psychologie und Neurologie*, 1902-42, und *Journal für Hirnforschung*, 1954-60), sind vor allem zu nennen: »Allgemeine Ergebnisse unserer Hirnforschung« (1919, 182 Seiten), »Zur Lehre der Erkrankungen des striären Systems« (1920, 219 Seiten), »Erkrankungen der Großhirnrinde im Lichte der Topistik, Pathoklise und Pathoarchitektonik« (1922, 171 Seiten), »Sitz und Wesen der Krankheiten im Lichte der topistischen Hirnforschung und des Variierens der Tiere« (1937/38, 375 Seiten), »Thalamusstudien I-III« (1941, 122 Seiten) und »Morphologische Gestaltungen unter normalen und pathogenen Bedingungen« (1942, 359 Seiten).

Nicht wenige Ehrungen waren ihnen gemeinsam zugedacht. 1929 wurden sie zusammen in die Akademie der deutschen Naturforscher Leopoldina aufgenommen. 1950 wurden beide gleichzeitig mit der Ehrenmitgliedschaft der Deutschen Akademie der Wissenschaften in Berlin und außerdem mit dem Nationalpreis Erster Klasse der DDR ausgezeichnet. 1955 erhielten sie die Ehrendoktorwürde der Universitäten Freiburg und Jena. Cécile Vogt war zudem Ehrendoktorin der Humboldt-Universität in Berlin (1960) und Ehrenmitglied mehrerer Fachgesellschaften (u. a. der American Neurological Society). Oskar Vogt wurde 1925 zum Mitglied der Akademie der Wissenschaften in der UdSSR ernannt. Er war Mitglied der Akademie der Wissenschaften in Rom (1951) und Ehrenmitglied verschiedener nationaler und internationaler Fachgesellschaften. Von insgesamt acht in- und ausländischen Universitäten wurde ihm die Ehrendoktorwürde verliehen. Darüber hinaus erhielt er eine Reihe höchst angesehener wissenschaftlicher Preise, u. a. den Möbius-Preis (1921), die Erb-Medaille (1926) und die »Goldene Kraepelin-Medaille« (1928). 1959 wurde das Neustädter Institut in »Cécile und Oskar Vogt-Institut für Hirnforschung« umbenannt, 1969 schuf die Kyushu Universität in Fukuoka (Japan) ein »Oskar Vogt Institute for Neuro-Psycho-Physiological Research and Therapy«.

Marguerite Vogt

Kaiser-Wilhelm-Institut für Hirnforschung,
Berlin-Buch

Geboren am 19. Februar 1913 in Berlin, gestorben am 6. Juli 2007 in La Jolla (San Diego), California.

Marguerite Vogt, die jüngere Tochter von Cécile und Oskar Vogt, wuchs in einem großbürgerlichen Milieu in Berlin auf. Ihr Elternhaus war zweisprachig, da ihre Mutter aus Frankreich stammte, und zeichnete sich politisch durch den Mut zu eher unbequemen Positionen aus. Als Tochter zweier Forscher, die durch ihre Arbeit, insbesondere die Gründung des vom Vater geleiteten Kaiser-Wilhelm-Instituts für Hirnforschung, zu den angesehensten Wissenschaftlern ihrer Zeit gehörten, wurde Marguerite Vogt früh an Forschungsprobleme herangeführt. Schon als Schülerin veröffentlichte sie die Ergebnisse erster genetischer Experimente. Im Frühjahr 1931 machte sie das Abitur auf der Auguste-Viktoria-Schule (Realgymnasium) in Berlin-Charlottenburg. Danach studierte sie an der Berliner Universität Medizin und Naturwissenschaften (1931-1936). Im Herbst 1936 legte sie das medizinische Staatsexamen ab. Vom Wintersemester 1935/36 an arbeitete sie als Doktorandin in der von Nikolaj Timoféeff-Ressovsky geleiteten Genetischen Abteilung des Kaiser-Wilhelm-Instituts für Hirnforschung in Berlin-Buch. Im Herbst 1937 promovierte sie an der Berliner Universität bei Fritz Lenz mit der Dissertation »Zur

Unabhängigkeit der einzelnen Eigenschaften der Manifestierung einer schwachen polaren Genmutation (Venae abnormes) bei Drosophila melanogaster«.

Mit der politisch motivierten Verdrängung ihrer Eltern aus dem KWI für Hirnforschung endete auch ihre Tätigkeit in dem Institut. Sie folgte den Eltern nach Neustadt im Schwarzwald, wo sie von 1937 bis 1950 als wissenschaftliche Mitarbeiterin des privaten »Instituts für Hirnforschung und Allgemeine Biologie« ihre genetischen Forschungen fortsetzte. In Neustadt führte sie ein sehr zurückgezogenes, ganz der wissenschaftlichen Arbeit gewidmetes Leben. Rückblickend betrachtete sie, wie sie im Vorwort zu dem 2002 erschienenen Buch von Igor Klatzo über ihre Eltern schrieb, die NS-Zeit, aber auch die unmittelbare Nachkriegszeit als »einen traumatischen Abschnitt« ihres Lebens, den sie möglichst rasch vergessen wollte. Die Chance dazu bekam sie, als sie 1950 auf Einladung des Nobelpreisträgers Herman J. Muller in die USA reiste und die ihr angebotene Forschungsstelle (Senior Research Assistant) im California Institute of Technology in Pasadena annahm. Im Virology Laboratory von Renato Dulbecco widmete sie sich vor allem der Virusforschung, wobei im Zentrum ihrer Arbeit mit Dulbecco die Erforschung des Poliovirus stand. 1963 wechselte sie mit Dulbecco, der die Direktorenstelle übernahm, in das Molecular and Cell Biology Laboratory des neu eingerichteten Salk Institute for Biological Studies im südkalifornischen La Jolla. Den Schwerpunkt ihrer Arbeit dort bildeten die Virusforschung und die Tumorforschung. Sie war eine hochgeschätzte Forscherin und Professorin, die wissenschaftlich außerordentlich erfolgreich war, jedoch konsequent die Forschungstätigkeit dem öffentlichen Auftreten oder der Übernahme von Leitungsaufgaben außerhalb des Labors vorzog. Auch nach dem Erreichen der Altersgrenze setzte sie ihre Arbeit unbeirrt und ohne jede Einschränkung fort. Noch im Mai 2006 wurde in den Internet-Informationen des Salk Institute berichtet, daß sie, damals 93 Jahre alt, weiterhin mit aktuellen Forschungsaufgaben befaßt war.

Am 10. April 2001 widmete die *New York Times* der Genetikerin und Molekularbiologin einen großen, mit zwei Fotos bebilderten Artikel: »Scientist at Work: Marguerite Vogt«, von Natalie Angier. Darin wurden die wissenschaftlichen Leistungen, die Biographie und die Persönlichkeit einer Frau gewürdigt, die noch immer unermüdlich im Labor tätig war (»ten hours a day, seven days a week«). Sie entschied sich früh für die experimentelle Arbeit und ist ihr, wie die Journalistin bewundernd notierte, mehr als sieben Jahrzehnte lang treu geblieben. Sie sei »wellknown, deeply respected and frankly beloved, as few scientists are«, aber sie habe der Wissenschaft auch große persönliche Opfer gebracht und könne deshalb für jüngere Wissenschaftlerinnen der Gegenwart allenfalls als »a complicated sort of role model« gelten. Anders als ihre Mutter habe sie auf Ehe und Kinder verzichtet und sich so gut wie ausschließlich der wissenschaftlichen Arbeit gewidmet – auch in hohem Alter »still in love with the lab«.

Um so bemerkenswerter erschien es Natalie Angier, daß Marguerite Vogt mit ihrer wissenschaftlichen Arbeit nie in den Vordergrund drängte. Die Journalistin sprach von »Dr. Vogt's apparent willingness to remain in the background«. Das gelte nicht zuletzt für die gemeinsame Arbeit mit Dulbecco, der dafür mit dem Nobelpreis ausgezeichnet wurde. Daß sie auch sonst bei Preisen und prestigereichen Mitgliedschaften eher übergangen wurde, schien Marguerite Vogt durchaus recht zu sein. »When you get too famous«, argumentierte sie in dem genannten Artikel, »you stop being able to work.« David Baltimore, der Präsident des California Institute of Technology, wurde dazu mit der Bemerkung zitiert: »Marguerite is just a deeply devoted scientist who worked very hard, loved what she did and was uninterested in the professional side of the business, or in being recognized for what she did. She didn't try to establish herself in that way, or to get out there and tell her story. She let the stories tell themselves. Or, in the case of the work she did with Renato [Dulbecco], he was the spokesman for the pair of them.«

Allerdings wäre es falsch, wenn der Eindruck entstünde, daß es für Marguerite Vogt kein Leben außerhalb des Labors gegeben hat. Sie liebte die Musik, spielte auch im hohen Alter noch ausgezeichnet Klavier, hatte Freunde, mit denen sie möglichst jeden Sonntag musizierte. Sie nahm Anteil am politischen Leben, galt als eine überzeugte Demokratin und beteiligte sich sogar an Demonstrationen gegen den Vietnam-Krieg. 1990 überredete sie ihre zehn Jahre ältere, damals 87jährige Schwester Marthe Vogt aus Cambridge zu ihr nach Kalifornien zu kommen. Sie unternahmen gemeinsame Reisen in den USA und nach Europa (nicht nach Deutschland), und als Marthe Vogts Gesundheit in ihren letzten Jahren immer schlechter wurde, betreute und pflegte sie ihre Schwester bis zu deren Tod im Herbst 2003, unmittelbar nach ihrem 100. Geburtstag.

Mit Marguerite Vogt starb am 6. Juli 2007 die letzte Überlebende der aus der Kaiser-Wilhelm-Gesellschaft vertriebenen Wissenschaftler, aber auch »one of science's greatest unsung female researchers«, wie man in der Presseerklärung des Salk-Instituts anläßlich ihres Todes betonte. Außerdem hieß es dort: »During her nearly 80-year career as a scientist, Vogt educated or helped train scores of scientists, young postdoctoral fellows and graduate students. In addition to Dulbecco, those under her tutelage include four researchers who eventually won the Nobel Prize.«

Ein Verzeichnis der wissenschaftlichen Veröffentlichungen Marguerite Vogts fehlt. 2001 richtete das Salk Institute zu ihren Ehren eine »Marguerite Vogt Endowed Lecture« ein.

Marthe Louise Vogt

Kaiser-Wilhelm-Institut für Hirnforschung, Berlin-Buch

Geboren am 8. September 1903 in Berlin, gestorben am 9. September 2003 in San Diego.

Marthe Vogt, die ältere Tochter von Cécile und Oskar Vogt, empfing in ihrem großbürgerlichen, deutsch-französischen Elternhaus prägende Bildungseinflüsse. Beide Eltern waren erfolgreiche Wissenschaftler und unabhängig denkende Bürger mit einem hohen Arbeits- und Leistungsethos. Nach dem Abitur auf der Auguste-Viktoria-Schule (Realgymnasium) in Berlin-Charlottenburg begann Marthe Vogt im Sommer 1922 ein Doppelstudium in Medizin und Chemie an der Berliner Universität, das sie im Frühjahr 1927 mit dem medizinischen Staatsexamen und im Sommer 1928 mit dem Abschlußexamen in Chemie beendete. Im Frühjahr 1928 promovierte sie in Medizin bei Franz Keibel mit der in der anatomischen Abteilung des Kaiser-Wilhelm-Instituts für Hirnforschung erarbeiteten Dissertation »Über omnilaminäre Strukturdifferenzen und lineare Grenzen der architektonischen Felder der hinteren Zentralwindung des Menschen«. Im Herbst 1929 folgte die Promotion in Chemie bei Carl Neuberg mit der Dissertation »Untersuchungen über Bildung und Verhalten einiger biologisch wichtiger Substanzen aus der Dreikohlenstoffreihe«. Marthe Vogt war im Kaiser-Wilhelm-Institut für Biochemie 1927-28 als Doktorandin, 1928-29 als »sonstige Mitarbeiterin« tätig. 1929-30 arbeitete sie als Assistentin bei Paul Trendelenburg im Pharmakologischen Institut der Berliner Universität, ehe sie im Dezember 1930 als Wissenschaftliche Mitarbeiterin in das von ihrem Vater geleitete Kaiser-Wilhelm-Institut für Hirnforschung wechselte. Im Juni 1931 wurde sie dort zur Leiterin der Chemischen Abteilung ernannt. 1931-34 war sie außerdem Redakteurin der von Cécile und Oskar Vogt herausgegebenen Institutszeitschrift *Journal für Psychologie und Neurologie.*

Die im Kaiser-Wilhelm-Institut für Hirnforschung besonders heftigen politischen Konflikte, die SA-Überfälle und die Auseinandersetzungen über die Leitung des Instituts erlebte sie 1933 aus unmittelbarer Nähe. Sie hatte, wie sie später berichtete, Hitlers »Mein Kampf« gelesen und lehnte,

wie ihre Eltern, den Nationalsozialismus entschieden ab. 1935 bot sich ihr
die Möglichkeit, dem »Dritten Reich« den Rücken zu kehren, als sie ein
Reisestipendium der Rockefeller Foundation erhielt. Von April 1935 an
konnte sie sich ein Jahr lang im National Institute for Medical Research
in Hampstead bei London an Sir Henry Dales pharmakologischen Forschungen beteiligen, für die ihm ein Jahr später der Nobelpreis zuerkannt
wurde. Nach Ablauf des Stipendiums entschied sie endgültig, nicht mehr
nach Deutschland zurückzukehren. Noch in dem Nachruf, den ihr der
Daily Telegraph am 3. Oktober 2003 widmete, wurde explizit gewürdigt,
daß sie sich aus politischen Gründen gegen das NS-Regime entschieden
hatte: »she was not Jewish and left Germany not because she had to, but
because she detested Nazism«. Die nächsten Jahre (1936-40) verbrachte sie
in Cambridge im Department of Pharmacology bei Ernest Basil Verney.
Im ersten Jahr wurde sie aus Forschungsmitteln finanziert, die Verney
von der Royal Society bekam, und für die nächsten drei Jahre erhielt sie
eine Research Fellowship des Girton College, die es ihr unter anderem
ermöglichte, 1938 einen Ph.D. der Cambridge University in Pharmakologie zu erwerben.

Wegen ihrer deutschen Staatsbürgerschaft (1947 wurde sie britische
Staatsbürgerin) galt sie zu Beginn des Zweiten Weltkrieges als »enemy
alien«, doch blieb ihr, nachdem sich führende britische Wissenschaftler
für sie eingesetzt hatten, eine Internierung erspart. Während des Krieges
war sie zunächst in der Privatindustrie mit Problemen der biologischen
Standardisierung von Arzneimitteln beschäftigt und arbeitete dann in
den Pharmacological Laboratories der Pharmacological Society in London
vor allem mit John Henry Gaddum und Wilhelm Feldberg zusammen
(1941-46). 1947 holte Gaddum, der inzwischen eine Professur übernommen hatte, sie nach Schottland an die University of Edinburgh, an der sie
bis 1960 blieb. Sie war zuerst Lecturer, später (ab Oktober 1952) Reader
und konnte, was für sie am wichtigsten war, im Pharmacology Department eine eigene Arbeitsgruppe aufbauen. 1954 veröffentlichte sie die
Untersuchung »The Concentration of Sympathin in Different Parts of
the Nervous System Under Normal Conditions and After the Administration of Drugs«, eine wegweisende Studie zur Funktionsweise von
Neurotransmittern, die den meisten Fachleuten als ihre wichtigste und
folgenreichste Arbeit gilt. 1960 kehrte sie als Leiterin der pharmakologischen Abteilung des Institute of Animal Physiology in Babraham bei
Cambridge nach England zurück, wo sie noch einmal ihre besonderen
wissenschaftlichen Fähigkeiten zur Geltung bringen und zugleich eine
große Zahl von jüngeren Wissenschaftlern aus aller Welt anleiten und
betreuen konnte. Auch als sie 1968 das Ruhestandsalter erreicht hatte,

setzte sie ihre Forschungsarbeiten mit kaum nachlassender Energie und Effektivität fort. Endgültig beendete sie ihre Arbeit erst, als sie 1990 im Alter von 87 Jahren, bei schwächer werdender Gesundheit, dem Vorschlag ihrer Schwester Marguerite folgte, zu ihr nach Südkalifornien zu ziehen. Dort verbrachte Marthe Vogt, für die Literatur, Musik und bildende Künste, aber auch Geselligkeit, Reisen und Gartenarbeit ihr Leben lang von großer Bedeutung waren, noch etliche gute Jahre, ehe sie schließlich immer hinfälliger wurde und am Tag nach ihrem 100. Geburtstag in San Diego starb.

Nachdem sie als eine ungewöhnlich begabte Chemikerin und Neurologin begonnen hatte, wandte sich Marthe Vogt spätestens in Großbritannien ganz der Pharmakologie und hier vor allem der Neuropharmakologie zu. Schon bald war sie als eine Forscherin bekannt, die Maßstäbe setzte und sich zugleich unablässig weiterentwickelte. Für Susan Greenfield, Pharmakologin in Oxford und Direktorin der Royal Institution, die im Frühjahr 2004 einen Nachruf in den *Physiology News* veröffentlichte, war sie nicht nur »one of the world's greatest neurochemists«, sondern auch hinsichtlich der Stellung von Frauen in den Naturwissenschaften »a clear role model, an example of the highest possible achievement«. Der Zeitschrift *The Lancet* teilte Greenfield außerdem im November 2003 mit: »The importance of Vogt's pioneering work on neuropharmacology cannot be overstated. The concepts she developed helped lay the foundations for our current approach to treating mental illness.« Ganz ähnlich urteilte Erich Muscholl über Marthe Vogts wissenschaftliche Leistungen in seinem Nachruf auf den Internetseiten der Deutschen Gesellschaft für experimentelle und klinische Pharmakologie und Toxikologie (Stand: August 2006): »Ihr Name ist verbunden mit den wichtigsten Erkenntnissen, die seit den 30er Jahren des vergangenen Jahrhunderts über die anatomische Verteilung, die Bedingungen für die Freisetzung und die physiologischen Funktionen von Neurotransmittern und Nebennierenhormonen gewonnen worden sind.« Die allgemeine Verehrung, die nicht nur ihren Leistungen, sondern auch ihrer Persönlichkeit gezollt wurde, brachte *The Lancet* im November 2003 auf die knappe Formel: »Marthe Vogt was a brilliant scientist and a woman of indomitable spirit.«

Einige von Marthe Vogts wichtigsten Veröffentlichungen erschienen im *Journal of Physiology*: »Release of Acetylcholine at Voluntary Nerve Endings« (mit H. H. Dale und W. Feldberg, 1936); »Acetylcholine Synthesis in Different Regions of the Central Nervous System« (mit W. Feldberg, 1948); »The Concentration of Sympathin in Different Parts of the Central Nervous System Under Normal Conditions and After the Administration of Drugs« (1954); »Release Into the Cerebral Ventricles of Substances With

Possible Transmitter Function in the Caudate Nucleus« (mit P. J. Portig, 1969). Zu nennen ist außerdem der Beitrag »Some Functional Aspects of Central Serotonergic Neurones« in dem von Neville N. Osborne herausgegebenen Band »Biology of Serotonergic Transmission« (1982).

1952 wurde Marthe Vogt in die Royal Society London aufgenommen, was für eine Frau in dieser Zeit noch sehr ungewöhnlich war. Das Girton College ernannte sie bei ihrer Rückkehr nach Cambridge zum Life Fellow. An die Columbia University in New York (1949), die University of Sydney (1965) und die University of Montreal (1968) wurde sie als Gastprofessorin eingeladen. 1974 erhielt sie die »Schmiedeberg-Plakette«, 1976 die »Thudichum Medal«, 1981 die »Royal Society Gold Medal« und 1983 die »Wellcome Gold Medal« der British Pharmacological Society. Die Ehrendoktorwürde wurde ihr von den Universitäten Edinburgh (1974) und Cambridge (1983) verliehen. Sie war Mitglied vieler wissenschaftlicher Gesellschaften, Ehrenmitglied u. a. der Royal Society of Medicine, der Physiological Society, der British Neurological Society, der British Pharmacological Society, der British Association of Psychopharmacology, der American Academy of Arts and Sciences und der Ungarischen Akademie der Wissenschaften sowie Ehrenbürger der Universität Düsseldorf. 1979 wurde sie mit einer von Chris Bell und Bruce Holman herausgegebenen Festschrift geehrt.

Albert Wassermann

Kaiser-Wilhelm-Institut für medizinische Forschung,
Heidelberg

Geboren am 4. Dezember 1901 in Wien, gestorben am 2. Oktober 1971 in Aarsele, Belgien.

Albert Wassermann war ein Sohn des später berühmten Schriftstellers Jakob Wassermann (»Mein Weg als Deutscher und Jude«, 1921) und seiner Frau Julie, geb. Speyer, die aus dem jüdischen Wiener Großbürgertum stammte. Er wuchs in Wien auf, besuchte ein Realgymnasium und studierte seit dem Wintersemester 1920/21 Chemie, zuerst an der Universität Wien und dann bei Richard Willstätter und Richard Kuhn an der Universität München. 1925 promovierte er bei Kuhn mit der Dissertation »Messungen der Dissoziations-Konstanten einiger Benzolderivate und eine Betrachtung über die ›allgemeine Polarität‹ der Substituenten: Untersuchungen in der Fluoren-9-Reihe«. Danach folgte er Kuhn als Assistent an die Eidgenössische Technische Hochschule in Zürich und einige Jahre später (Frühjahr 1930) auch als Assistent an das Chemische (Teil-)Institut des Kaiser-Wilhelm-Instituts für medizinische Forschung in Heidelberg. Hier entwickelte er sich innerhalb weniger Jahre zu einem besonders produktiven und angesehenen Wissenschaftler. 1930-33 publizierte er 14 wissenschaftliche Arbeiten, von denen neun die Grundlage für seine Habilitation im Fach Chemie bildeten, die 1932 an der Technischen Hochschule in Karlsruhe erfolgte.

1933, im selben Jahr, in dem sein Vater, dessen Bücher kurz darauf verboten und verbrannt wurden, aus Protest gegen die nationalsozialistische »Machtergreifung« aus der Preußischen Akademie der Künste austrat, verlor Albert Wassermann nicht nur seinen Status als Privatdozent an der TH Karlsruhe, sondern auch seine Stellung im KWI für medizinische Forschung. Am 22. Juli wurde ihm unter Bezug auf die rassistischen Bestimmungen des »Berufsbeamtengesetzes« zum 30. September 1933 gekündigt. Vorangegangen waren wissenschaftliche und wohl auch persönliche Konflikte innerhalb des Instituts. In einem Schreiben an einen Kollegen in Edingburgh erklärte Kuhn Anfang Januar 1935 jedoch, daß Wassermann, »theoretisch sehr begabt und sehr belesen«, als Chemiker einen besonderen Sinn für »wichtige Zusammenhänge und auch wichtige Tatsachen« habe und »für die akademische Carrière geeignet« sei. 1932/33 hatte die IG Farben in Ludwigshafen versucht, Wassermann für das »Hauptlaboratorium« des Unternehmens zu gewinnen, doch kam es »wegen der politischen Veränderungen« des Jahres 1933 zu keinem Vertragsabschluß.

Wassermann emigrierte nach Großbritannien. 1933-35 arbeitete er als Assistent bei Frederick Donnan im University College London, 1936-39 war er Lecturer am University College in Southampton. 1939 erwarb er an der University of London den Titel eines »Doctor of Science«, im gleichen Jahr wurde er in das University College London als ständiges Mitglied aufgenommen. Er begann mit einem Stipendium der Imperial Chemical Industries (1939-45) und wurde danach ein »Collie Research Fellow« (1945-50). Während des Krieges beteiligte er sich an rüstungsrelevanten Forschungen bei Alfred Egerton im Imperial College for Science and Technology (1939-42) und im Research and Experiments Department des Ministry of Home Security (1942-45). 1955 wurde er im University College London zum Lecturer, 1958 zum Reader für das Fach Chemie ernannt. Auch nach dem Erreichen der Altersgrenze setzte er seine Laborarbeiten fort. Er starb im Oktober 1971 bei einem Flugzeugabsturz in Belgien.

Die wissenschaftlichen Arbeiten Albert Wassermanns erstreckten sich auf die Gebiete der Polymerchemie, der Biochemie und der Stereochemie.

Seine Forschungen galten insbesondere der Struktur von Säuren und den Absorptionsspektren verschiedener organischer Stoffe. Er veröffentlichte vor allem in folgenden Fachzeitschriften: *Zeitschrift für physikalische Chemie, Journal of the Chemical Society, Journal of Polymer Science* und *Nature*. 1965 publizierte er in Amsterdam die Monographie »Diels-Alder Reactions. Organic Background and Physico-Chemical Aspects«, die als Standardwerk gilt. In einem Nachruf, der am 8. Oktober 1971 in der Londoner *Times* erschien, schrieb Ronald Nyholm: »He and his wife Anni, who died several years ago, were popular colleagues in the department. He enjoyed a wide circle of friends, partly because of his enthusiasm for outdoor activities, including tennis and walking, but also because of his genuine concern for and courtesy towards other people.«

Joseph Joshua Weiss

Kaiser-Wilhelm-Institut für physikalische Chemie und Elektrochemie, Berlin-Dahlem

Geboren am 30. August 1905 in Wien, gestorben am 9. April 1972 in Newcastle-upon-Tyne.

Joseph Weiss, Sohn von Sandor Simon Weiss und seiner Frau Ernestine, geb. Steinhardt, wuchs in Wien auf. Im Juli 1923 legte er die Reifeprüfung an der Bundes-Realschule ab. 1923-28 studierte er an der Technischen Hochschule Wien das Fach Technische Chemie. Nach der Abschlußprüfung im Juli 1928 promovierte er noch im gleichen Jahr bei Emil Abel mit der im Institut für Physikalische Chemie der TH erarbeiteten Dissertation »Kinetik der Oxydation durch Salpetersäure« zum »Dr. techn.«. 1928-30 leitete er die chemische Abteilung des Textilinstituts in Sorau, Niederlausitz. 1930 wechselte er in das Kaiser-Wilhelm-Institut für physikalische Chemie und Elektrochemie in Berlin, wo er eine Assistentenstelle bei Fritz Haber erhielt.

1933 gehörte Weiss zu den jüngeren Wissenschaftlern, die aufgrund der Regelungen des »Berufsbeamtengesetzes« sofort entlassen wurden. Vergeblich versuchte Fritz Haber, ihn mit einer Finanzierung aus nichtöffentlichen Mitteln im Institut zu halten. In einem Schreiben vom 2. Mai an den Generaldirektor der Kaiser-Wilhelm-Gesellschaft erklärte Haber: »Sein Verbleiben im Institut ist […] für mich, der ich mit ihm auf das Unmittelbarste zusammenarbeite, von Wichtigkeit«, doch der Argumentation, daß das Verbleiben auch insofern gerechtfertigt sei, als Weiss

»2 arische Großelternteile« aufzuweisen habe, schloß sich die Generalverwaltung nicht an. Weiss entschied sich für die Emigration nach Großbritannien.

Im Herbst 1933 begleitete er Haber, der aus Protest gegen die Entlassungspolitik von seinem Direktorenposten zurückgetreten war, bei dessen
Übersiedlung nach Cambridge. Ein Jahr lang konnte Weiss Forschungsaufgaben an der Cambridge University wahrnehmen. Im Anschluß daran
arbeitete er 1934-37 im University College London. Nachdem er dort zum
»Doctor of Science« promoviert worden war, wurde er 1937 als »Demonstrator« in das Chemistry Department des King's College der Durham
University aufgenommen. 1939-40 war Weiss als »enemy alien« in einem
Internierungslager inhaftiert. 1942 heiratete er Frances Sonia Lawson,
mit der er zwei Söhne und eine Tochter hatte. Noch vor der Internierung
war er 1939 von der University of Newcastle-upon-Tyne zum Assistant
Lecturer ernannt worden. Es folgten die Ernennungen zum Lecturer
(1944), zum Reader (1948) und zum Professor of Radiation Chemistry
(1956). 1970 wurde er emeritiert.

Im gleichen Jahr begann Weiss eine auf mehrere Jahre angelegte Tätigkeit als Gastprofessor am Max-Planck-Institut für Kohlenforschung in
Mülheim/Ruhr. Günther O. Schenck, Leiter der Abteilung Strahlenchemie im MPI für Kohlenforschung, berichtete über seinen Aufenthalt
in Mühlheim: »Professor Weiss hat nach seiner Emeritierung vom Laboratory of Radiation Chemistry der University of Newcastle-upon-Tyne
im vergangenen Jahr mit der Max-Planck-Gesellschaft auf 3 Jahre einen
Vertrag als Gastwissenschaftler und Leiter einer Arbeitsgruppe in der Abteilung Strahlenchemie des Max-Planck-Instituts für Kohlenforschung
geschlossen. Mit geradezu jugendlicher Begeisterung ist Herr Weiss zum
Max-Planck-Institut nach Mühlheim-Ruhr gekommen, als wolle er die
im Kaiser-Wilhelm-Institut bei Fritz Haber begonnene wissenschaftliche
Laufbahn nach langer, erzwungener Unterbrechung wieder in Deutschland
in einem Institut der Nachfolgegesellschaft fortsetzen.« Kurz vor seinem
Tod im April 1972 war Weiss schließlich noch, nach vorgezogener Beendigung des Vertrages mit der Max-Planck-Gesellschaft, im Holt Radium
Institute in Manchester tätig.

Weiss arbeitete vor allem auf den Gebieten der Radiobiologie, Photochemie und Strahlenchemie sowie über den Mechanismus chemischer
Reaktionen in Lösungen. Sein besonderes Interesse galt den Strahlen-
schäden an der DNA. Er veröffentlichte zahlreiche Artikel in Fachzeitschriften wie der *Zeitschrift für physikalische Chemie*, den *Naturwissenschaften, Proceedings of the Royal Society, Transactions of the Faraday Society*,
dem *Journal of the Chemical Society* und den *Advances in Catalysis*. Er

erhielt 1960 einen Ehrendoktor der Technischen Universität Berlin und wurde 1970 mit der Marie-Curie-Medaille ausgezeichnet. Auf Einladung der Bunsengesellschaft hielt er 1969 die Haber-Gedächtnis-Vorlesung zum 100. Geburtstag von Fritz Haber. Die britische Association of Radiation Research verleiht seit 1971 eine »J. J. Weiss Medal«.

Karl Weissenberg

Kaiser-Wilhelm-Institut für Physik, Berlin

Geboren am 11. Juni 1893 in Wien, gestorben am 6. April 1976 in Den Haag.

Karl Weissenberg, Sohn des leitenden Angestellten (»Privatbeamten«) Heinrich Weissenberg und seiner Frau Irene, geb. Wiener, wuchs zunächst in Wien, dann in der Steiermark und schließlich in Deutschland auf. Nach dem Besuch des Landerziehungsheims Schloß Bieberstein (Rhön) machte er Ostern 1910, als noch nicht Siebzehnjähriger, das Abitur an einer Oberrealschule in Frankfurt am Main. Anschließend studierte er in Wien, Berlin und Jena Mathematik, Physik und Chemie. Vom August 1914 an leistete er in Wien seinen Militärdienst als »Einjährig-Freiwilliger«. Vom Herbst 1915 bis Ostern 1919 war er, inzwischen mit der silbernen Medaille des Roten Kreuzes ausgezeichnet, im Rahmen seines Kriegseinsatzes als »Landsturm-Ingenieur-Leutnant« in die Zentral-Röntgenstation des Allgemeinen Krankenhauses in Wien abkommandiert. Vorübergehend beurlaubt, promovierte er Anfang 1917 bei Robert Haussner in Jena mit der Dissertation »Die Algebra eines hyperkomplexen Systems mit 4 Einheiten«.

Nach dem Ende seines Militärdienstes wurde Weissenberg im Frühjahr 1919 Assistent bei Haussner im Mathematischen Institut der Universität Jena. Im Herbst 1920 wechselte auf eine Hilfsassistentenstelle bei Richard von Mises im Institut für angewandte Mathematik der Berliner Universität. Seit dem Frühjahr 1921 arbeitete er in Berlin bei der Kaiser-Wilhelm-Gesellschaft, zunächst als Assistent im Kaiser-Wilhelm-Institut für Faserstoffchemie, wo er der von Michael Polanyi geleiteten Arbeitsgruppe angehörte, dann als »wissenschaftlicher Hilfsarbeiter« im Kaiser-Wilhelm-Institut für Metallforschung und als Gastforscher im Kaiser-Wilhelm-Institut für physikalische Chemie und Elektrochemie. An der Berliner Universität habilitierte er sich 1925 mit der Untersuchung »Die Kristalle und ihre Bausteine« für das Fach Physik. Im gleichen Jahr erhielt er von der Kaiser-Wilhelm-Gesellschaft einen Vertrag als Wissenschaftlicher Berater und Gastforscher in drei Instituten: dem KWI für physikalische Chemie und Elektrochemie, dem Metallforschungsinstitut und dem Institut für Faserstoffchemie.

Im Juli 1926 erklärte der Kuratoriumsvorsitzende des Kaiser-Wilhelm-Instituts für Physik, es bestehe – so das Sitzungsprotokoll – die »Gefahr«, daß Weissenberg »aus dem Verbunde der Kaiser-Wilhelm-Institute ausscheidet, wenn ihm nicht eine finanziell gesicherte Stellung gegeben wird«. Er schlage daher vor, ihn im KWI für Physik anzustellen und aus den dort nicht besetzten Assistentenstellen zu finanzieren. Der Vorschlag fand die Zustimmung der Kaiser-Wilhelm-Gesellschaft, und Weissenberg erhielt ab Oktober 1926 eine Stelle im Physik-Institut, dem für eine kontinuierliche Arbeit noch immer die eigenen Räume fehlten. Ausdrücklich vereinbart wurde deshalb, daß er tatsächlich vor allem in den Instituten für physikalische Chemie und für Metallforschung (»sowie, falls dies erforderlich erscheint, in weiteren Kaiser-Wilhelm-Instituten«) tätig sein werde. Das war eine durchaus ungewöhnliche Regelung, die der Tatsache Rechnung trug, daß Weissenberg in seinen grundsätzlich interdisziplinären und multidisziplinären Arbeiten kaum auf ein einzelnes Fachgebiet festzulegen war. Der Kuratoriumsvorsitzende hatte dabei auch auf allgemeine Entwicklungsnotwendigkeiten innerhalb der Kaiser-Wilhelm-Gesellschaft hingewiesen: »Es hat sich in letzter Zeit geradezu ein Bedürfnis herausgestellt, einen Stab von wissenschaftlichen Arbeitern bei den K.-W.-Instituten heranzuziehen, die mehreren Instituten gleichzeitig zur Verfügung stehen und nicht, wie das bisher der Fall gewesen ist, nur in einem Institut für Zwecke tätig sind, bei denen nur ein Teil ihrer Fähigkeiten nutzbar gemacht werden kann.« So arbeitete Weissenberg in den folgenden Jahren weiterhin zwischen den Disziplinen und Instituten. Er produzierte ständig neue wissenschaftliche Ideen, war aber zugleich ein ungewöhnlich begabter Organisator und Koordinator, der an den Anwendungsmöglichkeiten der Forschung ebenso interessiert war wie an theoretischen Fortschritten. Einen erheblichen Teil seiner Energie setzte er seit der zweiten Hälfte der zwanziger Jahre auch für die wissenschaftliche Beratung großer Industrieunternehmen wie Siemens & Halske und IG Farben in Ludwigshafen ein.

Im Mai 1929 wurde Weissenberg – neben Albert Einstein und Max von Laue – zum Wissenschaftlichen Mitglied des KWI für Physik ernannt. In einem Schreiben an den Präsidenten der Kaiser-Wilhelm-Gesellschaft vom 28. Februar 1929 hatten Fritz Haber, Reginald Oliver Herzog und Max von Laue als die Direktoren der Institute, mit denen Weissenberg am engsten verbunden war, sich »wärmstens« für seine Berufung als Wissenschaftliches Mitglied ausgesprochen, um ihn damit »zur vollen Geltung des gleichgeordneten Collegen emporgehoben zu sehen«. »Nach seiner wissenschaftlichen Eigenart, die sich keiner herkömmlichen Facheinteilung eingliedert«, hieß es außerdem in diesem Schreiben, »ist die Berufung Weissenbergs in ein academisches Lehramt nicht zu erwarten. Andererseits aber hat diese wissenschaftliche Eigenart sich als so stark und so fruchtbar bewährt, daß seine dauernde Betätigung bei den Instituten der Kaiser-Wilhelm-Gesellschaft dieser Ehre bringt und den Instituten zum Vorteile gereicht.« Von der Berliner Universität, an der Weissenberg seit 1925 als Privatdozent lehrte, wurde er im Dezember 1932 zum nichtbeamteten außerordentlichen Professor ernannt.

Das Jahr 1933 nahm für Weissenberg schon vor dem Erlaß des »Berufsbeamtengesetzes« insofern eine unerfreuliche Entwicklung, als Max Planck als Präsident der Kaiser-Wilhelm-Gesellschaft ihm am 10. März mit »lebhaftem Bedauern« mitteilen mußte, daß sein Vertrag mit dem KWI für Physik wegen »der ernsten Finanzlage« der Gesellschaft nicht über den 30. September 1933 hinaus verlängert werden konnte. Dies tangierte zwar weder seine Rechte als Wissenschaftliches Mitglied noch seine Mitarbeit in den anderen Kaiser-Wilhelm-Instituten, doch war spätestens im April klar, daß infolge seiner jüdischen Herkunft (er selber gehörte der katholischen Kirche an) die Weiterbeschäftigung Weissenbergs grundsätzlich gefährdet war. Anfang September entzog ihm der preußische Minister für Wissenschaft, Kunst und Volksbildung unter Berufung auf das »Berufsbeamtengesetz« die Lehrbefugnis an der Universität. Weissenberg entschloß sich deshalb, obwohl seine Beraterverträge mit den deutschen Großunternehmen noch bis 1938 weiterliefen, zur sofortigen Emigration.

1933-34 war er Gastprofessor für Physik an der Sorbonne in Paris. Danach ging er nach Großbritannien, wo er zunächst, mit Unterstützung des Academic Assistance Council, als Gastforscher an der University of Southampton unterkam. Als sich 1936 die Möglichkeit abzeichnete, eine Stelle in der Sowjetunion zu erhalten, teilte er der Society for the Protection of Science and Learning, der Nachfolgerin des AAC, mit, daß er und seine Frau lieber dauerhaft in Großbritannien bleiben würden: »My wife and I like being in this country, and we would like making it our home.« 1937/38 scheint er als wissenschaftlicher Berater in Paris tätig gewesen zu sein. Im Mai 1939 stellte er in Großbritannien einen Einbürgerungsantrag, dem allerdings erst im August 1946 stattgegeben wurde. So wurde er nach Kriegsbeginn 1939 als »enemy alien« in einem Lager bei Liverpool interniert. Zum Lagerältesten (»Camp-Father«) gewählt, erkrankte er im Sommer 1940 schwer und wurde Ende August aus dem Lager entlassen,

nachdem sich unter anderem Albert Einstein für ihn eingesetzt hatte
(»Taking every responsibility for his loyalty to Great Britain I appeal to
you to intervene on his behalf«, schrieb dieser am 30. Juli 1940 an die
SPSL). Weissenberg erhielt im November 1940 eine Stelle im Shirley In-
stitute, Didsbury, Manchester, und war 1943-46 außerdem als »Scientific
Advisor« des Petroleum Warfare Department im Imperial College in
London tätig. 1948 wurde Weissenberg zum Head des Department of
Mathematics der Rayon Research Association in Manchester ernannt.
Auch in der Emigration übernahm Weissenberg umfangreiche Berater-
tätigkeiten. In Großbritannien beriet er Regierungsbehörden, Einrich-
tungen der Atomforschung und Großunternehmen wie Gilette Industries
und Sangemo Controls Ltd.; in den USA profitierten Ministerien, Uni-
versitäten, Krankenhäuser und Konzerne wie Shell, DuPont und American Oil von seinem Sachverstand. Im akademischen Bereich war er im
Laufe der Jahre in vier unterschiedlichen Disziplinen als Professor und
Gastprofessor tätig: Physik (Berlin, Southampton), Physikalische Chemie
(Sorbonne), Civil Engineering and Engineering Mechanics (Columbia
University, New York) und Human Anatomy (University of South Carolina, Chapel Hill). Der University of Southampton blieb er als »Honorary Associate« verbunden. Er hatte kein Interesse daran, nach Deutschland zurückzukehren, erklärte auch Mitte der fünfziger Jahre im Rahmen
seines »Wiedergutmachungs«-Verfahrens, daß er an einer Wiedereinstellung durch die Max-Planck-Gesellschaft nicht interessiert sei. Die letzten
Jahre seines Lebens (seit 1969) verbrachte er in Den Haag. In einem
Nachruf, der im Mai 1976 in *Nature* erschien, würdigte John Harris nicht
nur seine ungewöhnlichen wissenschaftlichen Leistungen, sondern auch
seine Persönlichkeit. »He was notable in his scientific achievements and
noble in his personal qualities«, hieß es dort. Und Harris fügte hinzu, daß
Karl Weissenberg »an entirely engaging and unselfish person« gewesen
sei, »a delightful companion, an ever helpful friend and also an excellent
tennis player«.
    Weissenberg, dessen Forschungen in nicht geringem Umfang ihren
Niederschlag in seinen Beratungstätigkeiten und in Patentschriften fanden,
veröffentlichte über 70 Arbeiten in den verschiedensten Wissenschafts-
bereichen. Sie galten unter anderem der Tensor- und Matrixalgebra, der
Analyse und Klassifikation von Symmetriegruppen sowie deren Anwendung auf polykristalline Festkörper, dem Molekularaufbau von Einkri-
stallen, der Röntgendiagnostik und -therapie, der Entwicklung eines
Röntgenstrahlen-Goniometers für dreidimensionale kristallographische
Untersuchungen und der Messung des Blutkreislaufs bei verschiedenen
Krankheitsbildern. Sein Hauptarbeitsfeld wurde die Rheologie (die Lehre

von den Flüssigkeiten und den Formveränderungen verschiedener Materialien), als deren eigentlicher Begründer er gilt. Er führte auf diesem Gebiet nicht nur grundlegende Untersuchungen durch, sondern entwickelte auch wichtige Forschungsinstrumente (»Weissenberg-Effekt«, »Weissenberg-Kennzahl«, »Weissenberg-Rheogoniometer«).

Karl Weissenberg war Mitglied vieler wissenschaftlicher Gesellschaften, Ehrenmitglied der British Society of Rheology, der British Society of Microcirculation und der European Society of Microcirculation, Life Member der Royal Institution in London, Fellow der World Academy of Arts and Sciences, Fellow der New York Academy of Sciences und Fellow des Institute of Physics in London. Unter den ihm verliehenen Preisen ragt die von der Physical Society in London vergebene »Duddell Medal« hervor, die höchste britische Auszeichnung für die Entwicklung neuer wissenschaftlicher Instrumente. Zu seinem 80. Geburtstag wurde er mit einer Festschrift geehrt, an der sich viele Fachkollegen beteiligten (»The Karl Weissenberg 80th Birthday Celebration Essays«, herausgegeben 1973 von John Harris). Die European Rheology Society vergibt als ihre bedeutendste Auszeichnung regelmäßig den »Weissenberg Award«.

Wilhelm Wengler

Kaiser-Wilhelm-Institut für ausländisches öffentliches Recht und Völkerrecht, Berlin-Mitte

Geboren am 12. Juni 1907 in Wiesbaden, gestorben am 31. Juli 1995 in Berlin.

Wilhelm Wengler war der Sohn von Wilhelm Wengler sen. und seiner Frau Anna Maria, geb. Haas. Er wuchs in Wiesbaden auf und machte das Abitur im Frühjahr 1926 auf dem dortigen Realgymnasium. 1927-31 studierte er Rechts- und Staatswissenschaften in Frankfurt am Main. Er legte die erste juristische Staatsprüfung im August 1930 ab und promovierte Ende Juli 1931 an der Frankfurter Universität bei Hans Lewald mit der Dissertation »Studien zur Lehre vom Primat des Völkerrechts« zum Dr. iur. und im Juli 1933 mit der Dissertation »Beiträge zum Problem der internationalen Doppelbesteuerung. Die Begriffsbildung im internationalen Steuerrecht« zum Dr. rer. pol. Während seiner Referendarzeit war er nebenamtlich Assistent an der Universität Frankfurt und ab Mai 1933 an dem von Ernst Rabel geleiteten Kaiser-Wilhelm-Institut für ausländisches und internationales Privatrecht in Berlin. Nach seinem zweiten juristischen Examen (Ende Mai 1935) erhielt er zum 1. Juni 1935 in Rabels

KWI eine Stelle als Referent. 1938 übernahm er eine Referentenstelle in dem von Viktor Bruns geleiteten Kaiser-Wilhelm-Institut für ausländisches öffentliches Recht und Völkerrecht, wobei er offenbar weiterhin auch im Privatrechtsinstitut arbeitete. Beide Institute waren im Berliner Schloß, das auch der Sitz der Generalverwaltung der Kaiser-Wilhelm-Gesellschaft war, unmittelbar benachbart.

Wengler war nicht Mitglied der NSDAP und gehörte auch keiner sogenannten »Partei-Gliederung« an. Er stand dem NS-System kritisch-ablehnend gegenüber. Nach dem Assessorexamen wurde ihm, wie er später berichtete, mitgeteilt, daß er aufgrund seiner politischen Einstellung für eine Beamtenlaufbahn nicht in Frage komme. Auch der Versuch einer Habilitation erschien unter diesen Umständen aussichtslos. Allerdings erhielt er 1941 an der Berliner Universität einen Lehrauftrag für vergleichendes Kolonialrecht, das einen der Schwerpunkte seiner wissenschaftlichen Tätigkeit in beiden Kaiser-Wilhelm-Instituten bildete. 1942 wurde er vom KWI für ausländisches öffentliches Recht und Völkerrecht als ständiger völkerrechtlicher Berater zu dem von Wilhelm Canaris geleiteten »Amt Ausland/Abwehr« des Oberkommandos der Wehrmacht abgeordnet, wo er besonders eng mit Helmuth James Graf von Moltke zusammenarbeitete, einem der führenden Köpfe des deutschen Widerstands, der später vom »Volksgerichtshof« zum Tode verurteilt und im Januar 1945 hingerichtet wurde. Gemeinsam mit Moltke bemühte sich Wengler vor allem um die Einhaltung der Regeln des Kriegsvölkerrechts durch die deutsche Wehrmacht, nicht zuletzt um eine diesem Recht gemäße Behandlung der Kriegsgefangenen und der Zivilbevölkerung in den von der Wehrmacht besetzten Ländern.

Im Oktober 1943 informierte ein wissenschaftlicher Mitarbeiter des KWI für ausländisches öffentliches Recht und Völkerrecht, der zugleich »Vertrauensmann des SD [des Sicherheitsdienstes der SS]« im Institut war, die Generalverwaltung der Kaiser-Wilhelm-Gesellschaft über politische Äußerungen Wenglers, die nicht zu dulden seien. Dieser habe einen holländischen Besucher des Instituts, der eine SS-Uniform trug, deswegen kritisiert und seiner Auffassung Ausdruck verliehen, daß ein Holländer sich nicht mit dem NS-System identifizieren dürfe, sondern in den Niederlanden gegen die deutsche Besatzungsherrschaft Widerstand leisten müsse. Auf die Frage, was er von einem solchen Verhalten konkret erwarte, habe Wengler geantwortet: »Wenn es nur wäre, um vor aller Welt deutlich zu zeigen, daß man mit dem heutigen deutschen System niemals einverstanden sein kann.« Es wird sich nicht mehr klären lassen, was damals tatsächlich gesprochen wurde, doch führte die Denunziation zu einer entsprechenden Mitteilung der Generalverwaltung an die Geheime Staatspolizei. Man verbot Wengler das Betreten des Instituts, und nach seiner Verhaftung durch die Gestapo am 14. Januar 1944 wurde er am 22. Februar von der Generalverwaltung fristlos entlassen. Auf seine Tätigkeit im Oberkommando der Wehrmacht gestützt, hatte Wengler wegen der ihm vorgeworfenen »staatsfeindlichen Äußerungen« inzwischen ein Untersuchungsverfahren im Rahmen der Militärgerichtsbarkeit gegen sich selber beantragt. Er wurde daraufhin im März aus der Gestapohaft entlassen und bis zur Entscheidung des Militärgerichts in Wehrmachts-Untersuchungshaft genommen. Da der holländische Belastungszeuge schließlich für unglaubwürdig erklärt wurde, stellte das Militärgericht das Untersuchungsverfahren Ende Mai ein. Als die Generalverwaltung der Kaiser-Wilhelm-Gesellschaft die fristlose Kündigung trotzdem nicht zurücknahm, klagte Wengler gegen sie, konnte aber mit dem im November 1944 ergangenen Gerichtsurteil nicht mehr als die Umwandlung in eine fristgemäße Kündigung erreichen. Schon Ende Juli 1944 war er als Sanitätssoldat zur Wehrmacht eingezogen worden.

Im August 1945 kehrte Wengler, der 1944 Käte Göring geheiratet hatte, aus amerikanischer Kriegsgefangenschaft nach Berlin zurück. 1945-48 war er stellvertretender Leiter der Rechtsabteilung in der Zentralverwaltung für Verkehr der sowjetischen Besatzungszone. Nach seiner 1948 erfolgten Habilitation wurde er noch im gleichen Jahr als »Professor mit vollem Lehrauftrag« an die Humboldt-Universität berufen. 1949 nahm er einen Ruf auf die ordentliche Professur für Internationales Recht, Rechtsvergleichung und Allgemeine Rechtslehre an der wenige Monate vorher gegründeten Freien Universität Berlin an. In den folgenden Jahrzehnten bis zu seiner Emeritierung im Jahr 1975 baute er in der Juristischen Fakultät ein Institut für internationales und ausländisches Recht mit einer ungewöhnlich reich ausgestatteten Spezialbibliothek auf und entfaltete eine so stark ausstrahlende Forschungs- und Beratungstätigkeit, daß das Institut zahlreiche Nachwuchswissenschaftler aus dem In- und Ausland anzog. Auch in der akademischen Selbstverwaltung übernahm Wengler bereitwillig immer wieder wichtige Aufgaben: als mehrfach gewählter Dekan, als Baubeauftragter für den 1959 bezogenen Neubau der Juristischen Fakultät, als Vorsitzender des Haushaltsausschusses der Freien Universität. Seine Lehrverpflichtungen erfüllte er gewissenhaft, doch wünschte er sich eigentlich, wie einer seiner früheren Kollegen überliefert hat, eine »Universität ohne Vorlesungen«.

Vermutlich hätte er deshalb eine Tätigkeit als Direktor eines Kaiser-Wilhelm- bzw. Max-Planck-Instituts seiner Professur vorgezogen. In der Generalverwaltung hat man sich jedoch niemals darum bemüht, die unter dem Druck der politischen Verhältnisse erfolgte Kündigung rückgängig zu machen und ihn erneut für die Arbeit in einem der juristischen Institute zu gewinnen. Der Bruch zwischen ihm und der Max-Planck-Gesellschaft wurde irreparabel, als Wengler 1949 beim Generalstaatsanwalt in Berlin eine Anzeige gegen den alten und neuen Generalsekretär Ernst Telschow wegen dessen Rolle bei seiner Verhaftung durch die Gestapo und der damit verbundenen fristlosen Kündigung erstattete. Die Anzeige war, obwohl in der Sache manches ungeklärt blieb, nicht zuletzt deshalb erfolglos, weil Telschow viele prominente Wissenschaftler zu seiner Verteidigung mobilisieren konnte. Das Verfahren wurde eingestellt.

Eine Bibliographie von Wenglers wissenschaftlichen Veröffentlichungen für die Zeit bis 1972 enthält über 260 Titel, wobei die große Zahl seiner Buchrezensionen noch nicht einmal einbezogen ist. Seine Hauptwerke sind das zweibändige »Völkerrecht« (1964) und das ebenfalls zweibändige »Internationale Privatrecht« (1981). An selbständig erschienenen Schriften sind außerdem zu nennen: »Die Verwaltungsorganisation der Kolonien im tropischen Afrika. Grundlinien des Kolonialverwaltungsrechts Englands, Frankreichs, Italiens und Belgiens« (1937); »Studien zur Eingeborenengerichtsbarkeit« (1938); »Friedenssicherung und Weltordnung« (1947); »Der Begriff des Politischen im internationalen Recht« (1956); »Völkerrecht und Reichskonkordat von 1933« (1956); »Die Kampfmaßnahme im Arbeitsrecht« (1960); »Das völkerrechtliche Gewaltverbot« (1967); »Gutachten zum internationalen und ausländischen Familien- und Erbrecht« (2 Bde., 1971); »Mitbestimmung und Völkerrecht« (1975); »Berlin in völkerrechtlichen Übereinkommen der Bundesrepublik Deutschland« (1984); »Der Inlandsbegriff im deutschen Recht, mit besonderer Berücksichtigung des Personenstandsrechts« (1986); »Das Selbstbestimmungsrecht der Völker als Menschenrecht« (1986); »Schriften zur deutschen Frage, 1948-1986« (1987). 1939-44 war Wengler Herausgeber der *Zeitschrift für vergleichende Rechtswissenschaft*, und seit 1956 war er Mitherausgeber der Zeitschrift *Internationales Recht und Diplomatie*.

Wilhelm Wengler war langjähriges Mitglied des Institut de droit international (der »Weltakademie des Rechts«), 1973-75 auch dessen Präsident. Von den Universitäten in Thessaloniki (1972), Löwen (1978) und Coimbra (1981) wurde er mit der Ehrendoktorwürde ausgezeichnet. 1973, zu seinem 65. Geburtstag, erhielt er eine zweibändige Festschrift: »Multitudo Legum Ius Unum«, herausgegeben von Josef Tittel und den Mitarbeitern des Instituts für internationales und ausländisches Recht an der Freien Universität Berlin.

Die wissenschaftliche Bedeutung Wenglers ist von Erik Jayme 1995 in der *Juristenzeitung* treffend benannt worden: »Wengler hat wie kaum ein

anderer in unserem Jahrhundert beide Bereiche der Wissenschaft vom
Internationalen Recht, das Völkerrecht und das Internationale Privatrecht, gleichermaßen beherrscht und geprägt.« Im Berliner »Tagesspiegel« äußerte sich Klaus Wähler am 9. August 1995 auch über die immer
wieder umstrittene Persönlichkeit Wenglers:»Er bekannte sich ausdrücklich dazu, als schwieriger Mensch zu gelten; das wollte er lieber sein als
ein ›Simpel‹. In der Gelehrtenrepublik hatte er treue Freunde, aber mindestens ebenso viele Gegner; persönliche Hochachtung hat ihm aber
keiner versagen können.« In der *Frankfurter Allgemeinen Zeitung* schrieb
Friedrich Karl Fromme am 5. August 1995:»Er ist immer unbequem gewesen und auch immer ein wenig unberechenbar«. Der Nachruf schloß
mit dem Satz:»Wenglers skeptisches Fazit, das schließlich wohl auch
seiner Lebensarbeit gilt, heißt: das Recht könne ›nur dazu beitragen, daß
das Leben in der Gesellschaft für die Menschen nicht ganz so unerträglich ist, wie es ohne rechtliche Ordnung sein würde‹.«

Woldemar Anatol Weyl

Kaiser-Wilhelm-Institut für Silikatforschung, Berlin-Dahlem

Geboren am 13. Juni 1901 in Darmstadt, gestorben am 30. Juli 1975 in
State College, Pennsylvania.

Woldemar Weyl, über dessen familiären Hintergrund und schulische
Ausbildung nichts bekannt ist, studierte an der Technischen Hochschule
Darmstadt Chemie. 1925 erwarb er den Titel »Diplom-Ingenieur«. Von
Februar 1924 bis September 1926 war er Assistent an der Versuchsanstalt
der landwirtschaftlichen Genossenschaften in Darmstadt. Im Oktober 1926
trat er als Assistent in das Kaiser-Wilhelm-Institut für Silikatforschung in
Berlin ein. 1931 promovierte er an der Technischen Hochschule Aachen
bei Hermann Salmang (Auswärtiges Wissenschaftliches Mitglied des
KWI für Silikatforschung) mit der Dissertation »Über Reaktionen der
Kohlensäure mit Silikaten unter hohen Drucken«.

1933 gehörte Weyl nicht zu den aus politischen oder rassistischen
Gründen Verfolgten. Als der Direktor des KWI für Silikatforschung Wilhelm Eitel im Dezember 1934 drei seiner Wissenschaftlichen Mitarbeiter
zu Abteilungsleitern ernannte, war darunter auch Weyl, der die Leitung
der Abteilung für Glastechnologie übernahm. Auf der anderen Seite gibt
es Hinweise darauf, daß er den politischen Verhältnissen im nationalsozialistischen Deutschland kritisch oder zumindest reserviert gegenüber-

stand. 1936 hatte er die Möglichkeit, eine Studien- und Forschungsreise in die USA zu unternehmen, bei der er unter anderem Vorträge am Massachusetts Institute of Technology und an der Princeton University hielt. Während dieser Reise erhielt er das Angebot, im akademischen Jahr 1936-37 im Pennsylvania State College eine Gastprofessur als »Associate Professor of Ceramics« wahrzunehmen. Vom KWI für Silikatforschung wurde er dafür beurlaubt, weil es, wie Eitel in einem Vermerk festhielt, »nur zu begrüßen« sei, »daß einer unserer Mitarbeiter nunmehr die Gelegenheit hat, die amerikanische Forschung und Industrie näher kennen zu lernen«. Während dieser Gastprofessur traf Weyl offensichtlich die Entscheidung, Deutschland endgültig zu verlassen. Im Juni 1937 erreichte ihn in Berlin die offizielle Mitteilung, daß er im Januar 1938 im Department of Ceramics des Pennsylvania State College eine zeitlich unbefristete Professur für »Non-Metallic Technology« übernehmen könne. Obwohl es keinen eindeutigen Beleg dafür gibt, sind eigentlich nur politische Gründe denkbar, die Weyl dazu bewogen, seine Stelle als Abteilungsleiter eines sehr erfolgreichen und expandierenden Kaiser-Wilhelm-Instituts mit einer College-Professur zu tauschen. Bis Ende 1937 war er noch im Silikatforschungsinstitut tätig, während er gleichzeitig seine Auswanderung in die USA vorbereitete. Insbesondere die Verschiffung seines Umzugsgutes gestaltete sich schwierig, weil es dabei nicht zuletzt um einen Teil seiner wissenschaftlichen Instrumente ging, deren Mitnahme ihm vom Institut bewilligt wurde. In dieser Zeit heiratete er Ilse Rudow, die ihn am 5. Januar 1938 in die USA begleitete (in State College, dem neuen Wohnort der Weyls, wurde ihre Tochter Karin geboren, die später an der Mayo Clinic in Rochester, Minnesota, tätig war).

Weyl gelang es, die Glastechnologie zu einem Forschungsschwerpunkt des Pennsylvania State College zu machen, der national und international große Beachtung fand. Von 1944 an war er, der 1943 US-Bürger geworden war, fünf Jahre lang neben seiner Professur zugleich Forschungsdirektor eines von führenden amerikanischen Glas-Firmen gegründeten Unternehmens (Glass Science Inc.). 1948 wurde er zum Chairman der Division of Mineral Technology gewählt. 1953 folgte die Ernennung zum Professor of Mineral Science an der Pennsylvania State University. 1960 machte ihn die Universität in Anerkennung seiner herausragenden Forschungsleistungen zum Evan Pugh Research Professor in Physical Science. Nach seiner Emeritierung im Jahr 1966 ging er auf Einladung der American University für ein Jahr als Gastprofessor (»Distinguished Visiting Professor«) nach Kairo. In den drei bis vier Jahrzehnten seiner universitären Tätigkeit widmete er sich immer wieder neuen Forschungsaufgaben, dabei arbeitete er eng mit der Industrie zusammen, betreute eine große

Zahl von Doktoranden und erwarb 14 Patente auf dem Gebiet der Glastechnologie.

Woldemar A. Weyl veröffentlichte mehr als 120 Artikel in Fachzeitschriften und eine Reihe von Monographien. Sein dreibändiges Hauptwerk »The Constitution of Glass: A Dynamic Interpretation« (verfaßt mit seiner langjährigen Mitarbeiterin und Kollegin Evelyn Chostner Marboe) erschien 1962-67. Außerdem sind als eigenständige Publikationen zu nennen: »Coloured Glasses. A New Approach to Surface Chemistry and to Heterogeneous Catalysis« (1951); »Christal Chemistry of Defective Structures« (1951); »A New Approach to the Chemistry of Solid State and Its Application to Problems in the Field of Silicate Industries« (1958). Weyl war Mitglied zahlreicher Fachgesellschaften und des National Research Council sowie Ehrenmitglied der American Ceramic Society. 1965 wurde ihm die ehrenvolle Aufgabe übertragen, den Eröffnungsvortrag des (7.) International Congress of Glass in Brüssel zu halten. 1968 erhielt er den »Toledo Glass and Ceramic Award« (»for outstanding achievements in the glass and other ceramics industries«). Von der *New York Times* wurde cr am 4. August 1975 in einem kurzen Nachruf als »an authority on the technology of glass« gewürdigt. Der International Congress of Glass vergibt alle drei Jahre einen »Woldemar Weyl International Glass Science Award« für herausragende Forschungsleistungen.

Ida Margarete Willstätter (Bruch-Willstätter)

Kaiser-Wilhelm-Institut für physikalische Chemie und Elektrochemie, Berlin-Dahlem

Geboren am 9. April 1906 in Zürich, gestorben am 9. Juli 1964 in Winnebago, Illinois.

Margarete Willstätter war die Tochter des Chemieprofessors an der Eidgenössischen Technischen Hochschule und späteren Nobelpreisträgers Richard Willstätter und seiner Frau Sophie, geb. Leser. Beide Eltern stammten aus dem süddeutschen Raum; die Mutter war eine Heidelberger Professorentochter, der Vater, geboren in Karlsruhe, hatte längere Zeit in Nürnberg und München gelebt. Margarete Willstätters frühe Kindheit war überschattet von zwei Todesfällen: Schon 1908 starb ihre Mutter, und sechs Jahre später verlor sie auch ihren einzigen Bruder (Ludwig Willstätter, geb. 1904). 1912 war sie mit ihrem Vater und ihrem Bruder von Zürich nach Berlin umgezogen, als Richard Willstätter Leiter der Abteilung für Organische Chemie im neuen Kaiser-Wilhelm-Institut für Chemie wurde. 1916 folgte der Wechsel von Berlin nach München, nachdem ihr Vater den Ruf auf die ordentliche Professur für Chemie an der Universität München angenommen hatte. Bis zu ihrem 14. Lebensjahr erhielt sie Privatunterricht. Danach besuchte sie die »Realen Gymnasialkurse« der Städtischen Höheren Mädchenschule in München, an der sie 1924 das Abitur machte. Ihr Studium der Naturwissenschaften an der Münchener Universität, mit einem Semester an der Universität Göttingen, mußte sie 1928-29 aus Krankheitsgründen ein Jahr lang unterbrechen. Anfang 1931 promovierte sie in München bei Arnold Sommerfeld in Physik (Nebenfächer: Mathematik und Philosophie) mit der Dissertation »Betrachtungen über das Wentzel-Brillouinsche Näherungsverfahren in der Wellenmechanik, insbesondere beim Wasserstoffmolekülion«.

Vom Sommer 1931 bis zum Sommer 1933 war Margarete Willstätter in dem von Fritz Haber, einem engen persönlichen Freund ihres Vaters, geleiteten Kaiser-Wilhelm-Institut für physikalische Chemie und Elektrochemie tätig, wo sie vor allem mit Hartmut Kallmann zusammenarbeitete. Als Jüdin konnte sie 1933 aufgrund der rassistischen Bestimmungen des »Berufsbeamtengesetzes« ihre Arbeit im Institut nicht mehr fortsetzen. Über ihre persönliche und wissenschaftliche Entwicklung seit dem erzwungenen Ausscheiden aus dem KWI ist leider nur wenig bekannt. Sie heiratete den Mediziner Ernst (Ernest) Bruch (1905-1974), mit dem sie im Herbst 1936 in die USA emigrierte (ihr Vater, Richard Willstätter, entschloß sich erst 1939 zur Emigration; er starb 1942 in der Schweiz). Ab Oktober 1936 arbeitete sie für ein akademisches Jahr als »postdoctoral assistant« bei der ebenfalls aus Deutschland emigrierten Hertha Sponer im Department of Physics der Duke University in Durham, North Carolina. Im Anschluß daran übte sie bis zum Sommer 1939 eine Assistententätigkeit bei John Warren Williams im Department of Chemistry der University of Wisconsin in Madison aus. Von 1939 bis zu ihrem Tod lebte Margarete Willstätter in Winnebago im Bundesstaat Illinois, wo ihr Mann als Arzt tätig war. Im Januar 1940 wurde ihr ältester Sohn Ludwig Walter geboren, dem drei Geschwister folgten: Carol Sophie (1941), Doris Betty (1944) und Richard Franklin (1948). Bis in die fünfziger Jahre widmete sie sich hauptsächlich der Erziehung ihrer Kinder und übernahm darüber hinaus als »community leader« ehrenamtliche Aufgaben im lokalen Bereich. Ab 1953 arbeitete sie in dem von ihrem Mann gegründeten und geleiteten Laboratorium für medizinische Radioisotope mit. Ihr Sohn Ludwig W. Bruch, dem Richard Willstätter seine 1949 posthum veröffentlichten Lebenserinnerungen widmete, wurde später Professor für Theoretische Physik an der University of Wisconsin in Madison (1994-95 war er Gastwissenschaftler am Max-Planck-Institut für Strömungsforschung in Göttingen).

Margarete Willstätter veröffentlichte 1927-31 in den *Annalen der Physik*. Ein gemeinsam mit Hartmut Kallmann verfaßter Artikel »Zur Theorie des Aufbaus kollodialer Systeme« erschien 1933 in den *Naturwissenschaften*. In den USA publizierte sie zusammen mit Hertha Sponer 1937 eine Studie über »The Lattice Energy of Solid CO_2« im *Journal of Chemical Physics*.

Ernst (Ernest) Witebsky

Kaiser-Wilhelm-Institut für medizinische Forschung, Heidelberg

Geboren am 3. September 1901 in Frankfurt am Main, gestorben am 7. Dezember 1969 in Buffalo, New York.

Ernst Witebsky, Sohn des Arztes Michael Witebsky und seiner Frau Hermine, geb. Neuberger, wuchs in Frankfurt am Main auf und machte 1920 das Abitur am Goethe-Gymnasium. Vom Sommersemester 1920 an studierte er Medizin in Frankfurt und Heidelberg. Das medizinische Abschlußexamen legte er 1925 in Frankfurt ab, im gleichen Jahr promovierte er in Heidelberg bei Hans Sachs mit der Dissertation »Über die Erzeugung von ›Labilitätsreaktionen‹ durch Calciumchlorid beim serologischen Luesnachweis mittels Ausflockung«. Anschließend setzte er seine medizinische Ausbildung in der III. Medizinischen Klinik der Universität Berlin und in dem von Sachs geleiteten Institut für experimentelle Krebsforschung der Universität Heidelberg fort. 1927 wurde er in dem Heidelberger Institut als »Hilfsassistent«, im Frühjahr 1928 als »Vollassistent« eingestellt. Als 1930 das Institut für experimentelle Krebsforschung als (Teil-)Institut für Serologie in das neu eröffnete Kaiser-Wilhelm-Institut für medizinische Forschung integriert wurde, übernahm man Witebsky als Mitarbeiter. Er hatte inzwischen an der Universität Heidelberg sein Habilitationsverfahren erfolgreich abgeschlossen (Habilitationsschrift: »Disponibilität und Spezifität alkohollöslicher Strukturen von Organen und bösartigen Geschwülsten«) und von der Medizinischen Fakultät im Juni 1929 die Venia legendi für Immunitätslehre und Serologie erhalten.

1933 galt Witebsky, der bis dahin 74 wissenschaftliche Arbeiten veröffentlicht hatte, »bereits als einer der besten Fachleute auf dem Gebiet der

Serologie«, wie das baden-württembergische Kultusministerium, das sich auf ein Gutachten der Heidelberger Medizinischen Fakultät stützte, in seinem »Wiedergutmachungs«-Bescheid vom Dezember 1956 formulierte. Dennoch wurde ihm, der seit dem Wintersemester 1929/30 in der Heidelberger Universität regelmäßig Vorlesungen gehalten und Übungen durchgeführt hatte, im Sommer 1933 aus rassistischen Gründen die Lehrbefugnis entzogen. An die Berufung auf eine Universitätsprofessur war unter diesen Umständen nicht mehr zu denken. Witebsky ging in die Schweiz (er war, wie er 1925 in seinem Lebenslauf für das Promotionsverfahren mitteilte, Schweizer Staatsbürger) und emigrierte nach vergeblichen Bemühungen, dort eine seiner Qualifikation entsprechende Beschäftigung zu finden, ein Jahr später in die USA. 1934-35 war er Fellow am Mount Sinai Hospital in New York City. Im Anschluß daran arbeitete er ein Jahr lang als Serologe und Bakteriologe im New Yorker Beth Israel Hospital, ehe er 1936 eine Stelle als Associate Professor für Bakteriologie an der School of Medicine der State University of New York in Buffalo erhielt.

Noch in New York hatte Witebsky 1935 Ruth Mueller-Erkelenz geheiratet, mit der er in den folgenden Jahren einen Sohn und eine Tochter hatte. 1939 erhielt er die US-Staatsbürgerschaft. In Buffalo wurde er 1940 zum Full Professor für Bakteriologie und Immunologie ernannt. 1941-67 war er Head of Department, von 1967 bis zu seinem Tod Direktor des neu geschaffenen Immunologiezentrums der Universität. 1959 zum Dean der School of Medicine gewählt, trat er von diesem ehrenvollen und einflußreichen Amt schon nach einem Jahr zurück, weil es ihm zu wenig Zeit für Lehre und Forschung ließ. Bereits 1954 hatte die Universität ihm den Titel eines »Distinguished Professor« verliehen. Neben seinen Universitätsverpflichtungen arbeitete er seit 1936 auch für das Buffalo General Hospital, seit 1941 als Direktor der Blutbank.

Ernst Witebsky war ein hochangesehener Spezialist auf den Gebieten der Blutgruppenforschung, der Transfusionsmedizin und der Serodiagnostik. Er leistete Pionierarbeit bei der Entdeckung und Erforschung der A- und B-Polysaccharide, der Anti-A- und Anti-B-Blutgruppenstoffe und Abwehrkörper. Dementsprechend würdigte ihn die *New York Times* am 10. Dezember 1969 als »a refugee from Germany who won wide recognition for his blood research«. Er veröffentlichte mehr als 300 Fachartikel, vor allem in der *Klinischen Wochenschrift*, der *Zeitschrift für Immunitätsfragen*, dem *Journal of Experimental Medicine* und dem *Journal of Immunology*. Er war Mitglied zahlreicher wissenschaftlicher Gesellschaften, u. a. der Deutschen Akademie der Naturforscher Leopoldina und der American Academy of Microbiology. 1958 machte ihn die Universität Freiburg zum Ehrendoktor, 1958 wurde er mit dem »Karl Landsteiner

Memorial Award« der American Association of Blood Banks, 1967 mit dem »Ward Burdick Award« der American Society of Clinical Pathologists ausgezeichnet. Die State University of New York in Buffalo verlieh dem von ihm gegründeten Forschungszentrum den Namen »The Ernest Witebsky Center for Immunology«.

Marguerite Wolff, geb. Jolowicz

Kaiser-Wilhelm-Institut für ausländisches öffentliches Recht und Völkerrecht, Berlin-Mitte

Martin Wolff

Kaiser-Wilhelm-Institut für ausländisches und internationales Privatrecht, Berlin-Mitte

Marguerite Wolff: Geboren am 10. Dezember 1883 in London, gestorben am 21. Mai 1964 in Hampstead, London.

Martin Wolff: Geboren am 26. September 1872 in Berlin, gestorben am 20. Juli 1953 in London.

Marguerite Wolff war die Tochter des wohlhabenden Londoner Seidenhändlers Hermann Jolowicz und seiner Frau Marie. Ihr Vater, in Posen geboren, hatte sich nach einem längeren Aufenthalt in Lyon in London niedergelassen. Er war geschäftlich auch in Deutschland tätig und besaß die deutsche und die britische Staatsbürgerschaft. Marguerite Wolff wuchs in einer jüdisch-liberalen, bildungsbürgerlichen Welt mit zwei Brüdern auf, von denen einer später das väterliche Geschäft übernahm, während der andere, Herbert Felix Jolowicz, ein angesehener Jurist wurde (University College London, später Cambridge University). Nach dem Besuch einer höheren Schule absolvierte sie ein Studium in Cambridge, das sie mit dem Master of Arts in Englisch abschloß. Im März 1906 heiratete sie Martin Wolff – die Familien Jolowicz und Wolff waren seit vielen Jahren miteinander befreundet – und zog mit ihm nach Berlin. Dort wurden ihre Söhne geboren: Konrad Martin Wolff (geb. 1907), der später ein erfolgreicher Musiker in den USA war, und Victor Wolff (geb. 1911), der Rechtsanwalt (Barrister) in London wurde und 1944 im Zweiten Weltkrieg als Angehöriger der Royal Air Force starb.

Martin Wolff, Sohn des Kaufmanns und späteren Bankiers Wilhelm Wolff und seiner Frau Lehna, geb. Ball, wuchs ebenfalls in einer gebildeten jüdischen Bürgerfamilie auf. Er machte das Abitur am Französischen Gymnasium in Berlin und studierte 1890-94 Rechtswissenschaften an der Universität Berlin, wobei er zwei Semester in Freiburg bzw. München verbrachte. 1894 machte er im Mai die erste juristische Staatsprüfung, im Juli bestand er vor der Juristischen Fakultät der Universität Berlin die Doktorprüfung mit der Dissertation »Das beneficium excussionis realis«. Im Anschluß daran absolvierte er in Berlin sein Referendariat und begann gleichzeitig, sich auf eine wissenschaftliche Laufbahn vorzubereiten. 1900 habilitierte er sich mit einer Schrift, die er noch im gleichen Jahr unter dem Titel »Der Bau auf fremdem Boden, insbesondere der Grenzüberbau, nach dem Bürgerlichen Gesetzbuch für das Deutsche Reich auf historischer Grundlage dargestellt« veröffentlichte. In den folgenden Jahren lehrte er als Privatdozent und ab 1903 als außerordentlicher Professor in der Juristischen Fakultät der Berliner Universität. Eine Berufung an die Universität Freiburg im Jahr 1902 kam, obwohl die Fakultät ihn auf die erste Stelle ihrer Vorschlagsliste gesetzt hatte, offenbar deshalb nicht zustande, weil die badische Regierung keinen Berliner »Israeliten« berufen wollte. So dauerte es trotz seiner unbestritten großen Forschungsleistungen fast anderthalb Jahrzehnte, ehe er 1914 als ordentlicher Professor nach Marburg berufen wurde. 1918/19 konnte er bereits zwischen zwei Universitäten wählen, wobei er sich gegen Göttingen und für Bonn entschied, und 1921 kehrte er schließlich als ordentlicher Professor für bürgerliches Recht und Handelsrecht, ausländisches und internationales Privatrecht an die Universität Berlin zurück. Obgleich er sich nie parteipolitisch engagierte, »besteht«, wie Ludwig Raiser 1972 im *Archiv für die civilistische Praxis* zum hundertsten Geburtstag Martin Wolffs schrieb, »aller Grund anzunehmen, daß er, darin kräftig bestärkt durch seine englische Frau, den Übergang vom preußisch-deutschen Obrigkeitsstaat zur Demokratie Weimarer Prägung aus voller Überzeugung begrüßt hat«. Er war Republikaner und Demokrat, aber zugleich auch auf eine eher traditionelle Weise national gesinnt.

Marguerite Wolff, die in Berlin zunächst Englisch unterrichtete und im Ersten Weltkrieg als freiwillige Krankenschwester arbeitete, nahm im Laufe der Jahre immer stärker Anteil an den Arbeiten ihres Mannes, so daß sie, obwohl sie keine formelle juristische Ausbildung hatte, eine ausgeprägte juristische Kompetenz, nicht zuletzt auf dem Gebiet der internationalen Rechtsvergleichung, durch »Osmose« erwarb, wie einer ihrer Neffen später formulierte. Als 1925 das Kaiser-Wilhelm-Institut für ausländisches öffentliches Recht und Völkerrecht gegründet wurde, war der Gründungsdirektor Viktor Bruns, ein Universitätskollege ihres Mannes und Freund der Familie, von ihren Fähigkeiten so überzeugt, daß er sie in die Gründungsmannschaft des Instituts berief. Von Januar 1925 bis Ende April 1933 war sie, erst als wissenschaftliche Assistentin, später als Referentin, im KWI für ausländisches öffentliches Recht und Völkerrecht tätig. Ihr »sachlicher Arbeitsbereich umfaßte«, wie Bruns im Dezember 1933 in einem Zeugnis für Marguerite Wolff schrieb, »das Völkerrecht mit besonderer Berücksichtigung Englands und der Vereinigten Staaten. Ihre Aufgabe bestand darin, die neuesten Vorgänge rechtlicher und politischer Art, die vom völkerrechtlichen Standpunkt aus von Bedeutung waren, in den genannten Ländern zu beobachten, für das Archiv und die Redaktion der Zeitschrift darüber Berichte anzufertigen sowie kleinere oder größere Spezialfragen wissenschaftlich zu bearbeiten.« Bruns fügte hinzu: »An der Schriftleitung der Zeitschrift des Instituts war Frau Wolff an hervorragender Stelle beteiligt. Während des Aufbaus des Instituts war sie mit organisatorischen Aufgaben beauftragt.« Sie war offensichtlich eine sehr elegante Frau, eine in der Wissenschaft tätige Großbürgerin, die außerdem schöne Autos liebte und 1931 sogar einen Lastwagen-Führerschein machte. Und sie war auch eine besonders beliebte Kollegin: Eine langjährige Mitarbeiterin der Generalverwaltung erinnerte sich noch 1951 an sie als »eine ungewöhnlich intelligente und liebenswürdige Frau«.

Ein Jahr nach Marguerite Wolffs Eintritt in das KWI für ausländisches öffentliches Recht und Völkerrecht wurde Martin Wolff zum Wissenschaftlichen Berater und zugleich zum Wissenschaftlichen Mitglied des 1926 gegründeten, von Ernst Rabel geleiteten Kaiser-Wilhelm-Instituts für ausländisches und internationales Privatrecht ernannt, das ebenso wie das andere rechtswissenschaftliche KWI im Berliner Schloß untergebracht war. Obwohl er weiterhin hauptamtlich seine Universitätsprofessur wahrnahm, beteiligte er sich in beträchtlichem Umfang an den Arbeiten des Instituts. Er wurde unter anderem Mitherausgeber der Institutszeitschrift (*Zeitschrift für ausländisches und internationales Privatrecht*) und trug auch als Autor wesentlich zum Renommee des Instituts bei. An dem »Rechtsvergleichenden Handwörterbuch für das Zivil- und Handelsrecht«, das seit 1927 in vier Bänden erschien, war er als Mitherausgeber maßgeblich beteiligt.

Als Jurist war Martin Wolff in den Jahren seiner Zugehörigkeit zum Kaiser-Wilhelm-Institut auf dem Höhepunkt seiner Karriere. Er war der Verfasser höchst erfolgreicher Lehrbücher und ein außerordentlich angesehener akademischer Lehrer. Mit Ludwig Enneccerus und Theodor Kipp veröffentlichte er das fünfbändige »Lehrbuch des Bürgerlichen Rechts«, von dem er den Band über das »Sachenrecht« (1910, 9. neubearbeitete Auflage 1932) allein und den Band »Familienrecht« (1912, 7. neubearbeitete Auflage 1931) gemeinsam mit Kipp verfaßte. Er war Mitherausgeber der von Karl Heinsheimer begründeten Publikationsreihe »Zivilgesetze der Gegenwart« und veröffentlichte 1933 das grundlegende Werk »Internationales Privatrecht«, das nach 1945 mehrfach wieder aufgelegt wurde. Unerreicht war er, darin waren sich die Zeitgenossen einig, als ein ebenso beeindruckender wie vollkommen uneitler Vortragender in seinen Vorlesungen und Seminaren. Rückblickend erklärte Hans Lewald 1953 in Basel: »Vielleicht hat es an den deutschen Juristenfakultäten seit Vangerow [Karl Adolph von Vangerow (1808-1879), Jurist in Heidelberg] keinen Dozenten gegeben, der es verstand, seine Hörer derart im Bann zu halten und zu fesseln, wie er.« Noch am 18. Februar 1933 war in der Berliner *Vossischen Zeitung* zu lesen, daß selbst der größte Hörsaal der Universität nicht genügend Platz für die Studenten bot, die seine Vorlesungen hören wollten. Walter Hallstein, der zu seinen Schülern gehörte, schrieb 1953 in der *Juristenzeitung* nach Wolffs Tod: »Er war anerkannt als die eindrücklichste Lehrerpersönlichkeit der Fakultät: ein schwer zu beschreibender Zauber bezwang das Auditorium, wenn der kleine Mann mit der zarten und gebrechlichen Gestalt und dem klugen Kopf seine leise Stimme erhob, ganz und gar unpathetisch, aber mit einer durchdringenden Klarheit und Einfachheit der Darstellung. Die Sache sprach aus ihm. Auch nicht der Schatten eines Bemühens oder Bedürfnisses war je erkennbar, sich selbst zur Geltung zu bringen.«

1933 wurde Marguerite Wolff aufgrund der Bestimmungen des »Berufsbeamtengesetzes« sofort entlassen. Martin Wolff war dagegen zunächst durch die Ausnahmeregelungen zugunsten derjenigen, die schon vor Beginn des Ersten Weltkrieges Beamte waren, geschützt. Anfang Mai 1933 kam es zu massiven Störungen seiner Vorlesungen durch nationalsozialistische Studenten, doch konnte er mit Unterstützung des damaligen Rektors der Universität seine Lehrveranstaltungen fortsetzen, bis 1935 weiterhin mit großen Studentenzahlen. Als jedoch im April 1935 mit Wenzeslaus Graf Gleispach ein neuer, entschieden nationalsozialistischer Dekan der Juristischen Fakultät eingesetzt wurde, beantragte dieser schon nach wenigen Wochen bei dem zuständigen Ministerium die Entlassung von Ernst Rabel und Martin Wolff, den einzigen zu diesem Zeitpunkt noch in der Fakultät verbliebenen jüdischen Professoren, weil es »eine schwere Belastung für die deutsche Studentenschaft [sei], wenn zwei wichtige Ordinariate von Nichtariern versehen werden«. Vor allem bei Wolff habe man zu bedenken, daß er »auf die akademische Jugend einen starken Einfluß und besondere Anziehungskraft ausübt und die Durchsetzung des nationalsozialistischen Geistes gerade im akademischen Nachwuchs durch ihn wesentlich erschwert wird«. Anfang Juli 1935 wurde Martin Wolff als Universitätsprofessor»beurlaubt« und im Dezember zwangsweise in den Ruhestand versetzt.

Seine Tätigkeit im Kaiser-Wilhelm-Institut für ausländisches und internationales Privatrecht war davon zunächst nicht betroffen, doch wurde den in der Kaiser-Wilhelm-Gesellschaft Verantwortlichen im Dezember 1936 vom Reichsministerium für Wissenschaft, Erziehung und Volksbildung mitgeteilt, daß es, wie in einem entsprechenden Aktenvermerk festgehalten wurde, nicht mehr erträglich sei,»daß die Herren Prof. Rabel und Wolff in einem ›offiziellen Verhältnis‹ zum Institut bleiben«. In Martin Wolffs Fall versuchte man, eine eigentliche Kündigung zu vermeiden. Unter dem Datum des 30. November 1937 erhielt er jedoch einen Brief des Kuratoriumsvorsitzenden des Privatrechtsinstituts, in dem ihm mitgeteilt wurde, daß der Senat der Kaiser-Wilhelm-Gesellschaft am 21. Juni 1937 beschlossen habe, die»Institution der ›wissenschaftlichen Berater‹ bei den beiden Rechtsinstituten« der Gesellschaft generell abzuschaffen. Damit war seine Tätigkeit für das Institut offiziell beendet, wenn er auch als»Privatperson« weiterhin im Institut arbeiten konnte.

Marguerite Wolff entschied sich 1935 für die Rückkehr nach London, wo sie und der Sohn Victor (ihr älterer Sohn Konrad Martin emigrierte nach Frankreich und später in die USA) und ab 1938 auch Martin Wolff in ihrem Elternhaus wohnen konnten (ihr Vater war 1934 gestorben). Spätestens von diesem Zeitpunkt an bemühten sich beide darum, in Großbritannien eine geeignete Stelle für Martin Wolff zu finden, was jedoch trotz der Einbeziehung des Academic Assistance Council bzw. der Society for the Protection of Science and Learning jahrelang vergeblich blieb. Erst Anfang August 1938 erhielt er vom All Souls College in Oxford das Angebot, seine Forschungen als Gast des College auf einer Stipendienbasis fortzusetzen. Er nahm sofort an und stellte, um seine Ruhestandsbezüge nicht zu gefährden, beim Reichsministerium für Wissenschaft, Erziehung und Volksbildung den Antrag, seinen Wohnsitz offiziell nach Großbritannien verlegen zu dürfen. Mitte September erhielt er diese Genehmigung»ausnahmsweise und jederzeit widerruflich«, allerdings unter der Voraussetzung, daß er»in England keine Lehrtätigkeit ausüben« und über seine Ruhestandsbezüge nur innerhalb Deutschlands verfügen werde. Im Oktober 1941 teilte die Geheime Staatspolizei der Berliner Universität mit, daß Martin Wolffs Inlandsvermögen beschlagnahmt worden sei. Die Universität stellte daraufhin noch im gleichen Monat die Zahlung der Ruhestandsbezüge ein. Anfang 1942 wurde Martin Wolff schließlich die deutsche Staatsangehörigkeit entzogen (die britische Staatsbürgerschaft erhielt er erst 1947).

Das All Souls College war eine erstklassige Adresse, aber Wolff führte dort ein außerordentlich bescheidenes und zurückgezogenes Leben, zumal sein Familienwohnsitz in London war. In den fast fünfzehn Jahren, die er in Oxford verbrachte, wurde er weder zum Fellow von All Souls gewählt, noch erhielt er irgendeinen anderen Status im College oder in der Universität. Das ist angesichts seines wissenschaftlichen Ranges ebenso auffällig wie schwer verständlich, doch mag dabei eine Rolle gespielt haben, daß er bei seiner Ankunft in Oxford bereits 66 Jahre alt war. Er blieb ein ständiger wissenschaftlicher Gast, dem man ein Arbeitszimmer zur Verfügung stellte und den man mit finanziellen Mitteln ausstattete, die zu wenig mehr als zum Überleben reichten. Wissenschaftlich erwies sich die Zeit in Oxford allerdings aller äußeren Schwierigkeiten ungeachtet als sehr fruchtbar. 1945 konnte »Private International Law«, Wolffs große vergleichende Untersuchung zum englischen Kollisionsrecht, erscheinen, und 1950-52 veröffentlichte er mit Pierre Arminjon und Boris Nolde die drei Bände »Traité de droit comparé«. Er blieb bis unmittelbar vor seinem Tod mit Forschungsarbeiten beschäftigt.

Marguerite Wolff unterstützte ihren Mann vor allem bei den Arbeiten für das 1945 erschienene Hauptwerk und dessen revidierte Neuauflage von 1950. Sie war ansonsten seit ihrer Rückkehr nach London als freie Übersetzerin erfolgreich, arbeitete während des Krieges für die Nachrichtensendungen der British Broadcasting Corporation (BBC) und war nach Kriegsende unter anderem als Übersetzerin bei den Nürnberger Kriegsverbrecherprozessen tätig. In ihrer Freizeit entwickelte sie ihre künstlerische Begabung als Malerin, und mit ihrem Mann, der als ein guter Pianist galt, teilte sie nicht zuletzt ein starkes Musikinteresse. Martin Wolff, der mit vielen Kollegen und früheren Schülern in aller Welt, auch in Deutschland, engen Kontakt hielt, hat nach 1945 deutschen Boden nicht wieder betreten. »Er mochte«, wie Raiser, der sich dabei offenbar auf persönliche Äußerungen Wolffs bezog, 1972 feststellte, »denen nicht begegnen, die nahe Angehörige von ihm in die Gaskammern geschickt hatten.«

Ein vollständiges Schriftenverzeichnis von Martin Wolff befindet sich in der ihm zu seinem 80. Geburtstag gewidmeten Festschrift. Unter den selbständig erschienenen Schriften sind neben der Dissertation und der Habilitationsschrift vor allem zu nennen: »Die Neugestaltung des Familienfideikommißrechts in Preußen« (1904); »Das Sachenrecht« (1910, 10. Bearbeitung in Verbindung mit Ludwig Raiser, 1957); »Das Familienrecht« (1912, mit Theodor Kipp, 7. Bearbeitung 1931); »Zivilrechtsfälle« (1924, mit Theodor Kipp); »Die Satzungen der deutschen Aktiengesellschaften« (1929, mit Julius Flechtheim und Maximilian Schmulewitz);

»Internationales Privatrecht« (1933, Neuauflagen unter dem Titel »Das internationale Privatrecht Deutschlands« 1949, 1954); »Private International Law« (1945, 2. Auflage 1950); »Traité de droit comparé« (3 Bde., 1950-52, mit Pierre Arminjon und Boris Nolde).

Als Martin Wolff im Alter von achtzig Jahren gestorben war, begann Walter Hallstein seinen Nachruf mit den Sätzen: »Es gibt keinen deutschen Juristen, der diesen Verlust nicht mit Schmerz empfindet. Ein Stück unserer Rechtsgeschichte – im besonderen der Geschichte unserer Rechtswissenschaft – ist mit ihm dahingegangen, ein Rechtsdogmatiker von unvergleichlicher Klarheit, einer der größten Rechtslehrer und Rechtserzieher seiner Generation.« Die wichtigsten Ehrungen erreichten Wolff allerdings erst in seinem letzten Lebensjahr. Zu seinem 80. Geburtstag wurde ihm von deutschen und englischen Freunden und Schülern eine Festschrift überreicht (»Festschrift für Martin Wolff«, herausgegeben von Ernst von Caemmerer, Walter Hallstein, Frederick A. Mann und Ludwig Raiser, 1952). Zum gleichen Anlaß erhielt er das Große Bundesverdienstkreuz, das ihm von Walter Hallstein, damals Staatssekretär im Auswärtigen Amt, in Oxford überreicht wurde. Am meisten bedeutete ihm jedoch, wie vielfach bezeugt ist, die Verleihung des juristischen Ehrendoktors der Oxford University im Dezember 1952.

Marie Wreschner

Kaiser-Wilhelm-Institut für physikalische Chemie und Elektrochemie, Berlin-Dahlem

Geboren am 20. September 1887 in Inowrazlaw (Hohensalza), gestorben am 17. November 1941 in Berlin.

Marie Wreschner war die Tochter des Bankiers Jakob Wreschner und seiner Ehefrau Paula, geb. Borinski. Da ihre Eltern schon ein Jahr nach ihrer Geburt den Wohnort wechselten, wuchs sie in Berlin auf. Sie besuchte das Dorotheen-Lyzeum, das sie 1904 mit dem Abgangszeugnis verließ. Zwischen 1904 und 1908 wird sie vermutlich eine berufliche Ausbildung erhalten haben und in dem erlernten Beruf tätig gewesen sein. Seit dem Herbst 1908 besuchte sie die von Helene Lange gegründeten »Strinzschen Gymnasialkurse für Frauen« und bestand im Frühjahr 1911 die Abiturprüfung am Kaiser-Wilhelm-Realgymnasium. 1911-17 studierte sie Physik und Chemie an den Universitäten Berlin, München, Freiburg, Heidelberg und wieder Berlin. Im Januar 1918 promovierte sie bei Arthur

Wehnelt an der Berliner Universität mit der von Hermann Grossmann im Technologischen Institut der Universität betreuten Dissertation »Über Drehungsumkehrung und anomale Rotationsdispersion«. Nach einer Assistententätigkeit im Fach Chemie bei Leopold Spiegel an der Landwirtschaftlichen Hochschule Berlin arbeitete sie ab Januar 1920 im Kaiser-Wilhelm-Institut für physikalische Chemie und Elektrochemie als Wissenschaftliche Mitarbeiterin in der Abteilung von Herbert Freundlich.

1933 mußte sie als Jüdin das Institut, nach mehr als dreizehn Jahren erfolgreicher wissenschaftlicher Arbeit, aufgrund der Bestimmungen des »Berufsbeamtengesetzes« verlassen. In den folgenden Jahren lebte sie in Berlin von dem ererbten väterlichen Vermögen. Sie war als »Privatgelehrte« tätig, hatte aber nach dem November 1938 keine wissenschaftlichen Publikationsmöglichkeiten mehr. Ihre Versuche, nun gemeinsam mit ihrer Mutter, die im September 1940 starb, nach Großbritannien zu emigrieren, waren vergeblich. In Berlin mußte sie nunmehr Zwangsarbeit leisten. Als im Spätherbst 1941 die Deportation der Juden aus Berlin begann, machte Marie Wreschner ihrem Leben ein Ende. Sie starb an einer Gasvergiftung.

Schwerpunkte ihrer Forschungen im KWI für physikalische Chemie und Elektrochemie waren die Untersuchung der Wirkung radioaktiver Strahlen auf Organismen und die Entwicklung der dafür nötigen Untersuchungsmethoden und Meßinstrumente. Gemeinsam mit Lawrence Farmer Loeb erhielt sie mehrere Patente. Sie veröffentlichte in Fachzeitschriften wie *Colloid and Polymer Science* und *Die Naturwissenschaften*, außerdem »Die anomale Rotationsdispersion« (1921, mit Hermann Grossmann) sowie »Lichtquellen für wissenschaftliche Zwecke« (1938) und nicht zuletzt zahlreiche Beiträge in Emil Abderhaldens »Handbuch der biologischen Arbeitsmethoden«, u. a. »Methoden zur Bestimmung des kolloid-osmotischen Druckes in biologischen Flüssigkeiten« (1929), »Methoden zur Bestimmung des elektrischen Widerstandes« (1930), »Rotationsdispersion« (1934), »Elektrokapillarität« (1934), »Methoden zur Untersuchung der Wirkung von α- und β-Strahlen« (1935), »Lichtelektrische Zellen und ihre Anwendung für wissenschaftliche Messungen« (1936) und »Instrumente und Methoden zur elektrischen Strom- und Spannungsmessung« (1938). Zeitweise war sie auch als Übersetzerin tätig (Robert Robinson, Versuch einer Elektronentheorie organisch-chemischer Reaktionen, autorisierte Übertragung aus dem Englischen von Dr. M. Wreschner, Stuttgart 1932).

Teil III
Fotodokumentation

1. Vorbemerkung

Die bildliche Überlieferung für die aus der Kaiser-Wilhelm-Gesellschaft vertriebenen Forscherinnen und Forscher ist, wie zu erwarten, sehr ungleichmäßig und alles andere als vollständig. Bei den Berühmten unter ihnen, von Einstein und Haber über Meitner, Meyerhof, Neuberg und das Ehepaar Vogt bis zu Max Delbrück und Curt Stern, besteht selbstverständlich kein Mangel an Fotografien, und die schönsten und interessantesten dieser Fotos sind inzwischen vielfach publiziert worden. Ausgesprochen problematisch ist die Situation dagegen hinsichtlich der zum Zeitpunkt der Vertreibung noch jungen Wissenschaftler, über deren weitere Entwicklung nur sehr wenige oder gar keine Informationen vorliegen. Auch bei denen, die in die Privatwirtschaft wechseln mußten, fehlen in vielen Fällen nahezu alle biographischen Materialien. Nicht selten erwies sich die Suche nach Fotos sogar dann als schwierig, wenn die Betroffenen als Wissenschaftler weiterarbeiten und eine neue Karriere starten konnten. Dennoch ist es gelungen, für 79 der 104 von den Nationalsozialisten Vertriebenen einschlägiges Bildmaterial zu sichern.

Die Qualität der Fotos ist, der jeweiligen Überlieferungssituation entsprechend, durchaus unterschiedlich, insgesamt jedoch erstaunlich gut. Häufig handelt es sich um offensichtlich professionelle Arbeiten, wenn auch die Namen der Fotografen oder Fotoateliers nur ganz selten bekannt sind. Lediglich ein geringer Teil der Aufnahmen ist eindeutig und verläßlich datiert. In allen übrigen Fällen ist bei der Beschriftung der Fotos aus der Kenntnis der jeweiligen Biographie und der allgemeinen Zeitverhältnisse heraus eine grobe zeitliche Zuordnung vorgenommen worden. Die Beschriftung der Gruppenfotos und die Benennung der auf diesen Fotos zu sehenden Personen folgt in der Regel den Angaben auf den Originalabzügen oder den in den Archiven und Sammlungen überlieferten Informationen. Daraus erklären sich Ungleichmäßigkeiten wie die teilweise fehlenden Vornamen, zeittypische Besonderheiten wie die Benennung als »Frau Müller« oder »Frl. Fischer« (während bei den Männern auf den Zusatz »Herr« grundsätzlich verzichtet wurde), die Bezeichnung als »Gast« (»russischer« oder »japanischer«) oder die Mitteilung »unbekannt«. Bei unsicheren Zuschreibungen ist hinter den jeweiligen Namen ein Fragezeichen in Klammern gesetzt worden.

Der Sammlung von Porträtaufnahmen – in einigen Fällen auch Kleingruppenfotos – folgen in einem zweiten Abschnitt Fotos von den Kaiser-Wilhelm-Instituten, in denen die vertriebenen Forscherinnen und Forscher ihre Arbeitsplätze hatten. Dabei sind nicht alle 18 Einrichtungen berücksichtigt worden, die Verluste unter ihren Institutsangehörigen zu beklagen hatten, sondern die zehn, bei denen die politischen Eingriffe der Nationalsozialisten besonders spürbar waren. Im einzelnen handelt es sich um das KWI für physikalische Chemie und Elektrochemie, das KWI für medizinische Forschung, das KWI für Biologie, das KWI für Hirnforschung und das KWI für Faserstoffchemie, aber auch die Deutsche Forschungsanstalt für Psychiatrie (Kaiser-Wilhelm-Institut), das KWI für Biochemie, das KWI für Lederforschung, das KWI für Chemie und das KWI für Züchtungsforschung. Die ebenfalls relativ stark betroffenen juristischen Institute (KWI für ausländisches öffentliches Recht und Völkerrecht, KWI für ausländisches und internationales Privatrecht), die im Berliner Schloß untergebracht waren, verfügten ebenso wie das KWI für Physik über kein eigenes Institutsgebäude. In der Generalverwaltung und im »Harnack-Haus«, dem sozialen und kulturellen Zentrum der Kaiser-Wilhelm-Gesellschaft, gab es keine, in den übrigen fünf Instituten nur vereinzelte Entlassungen. Wenn dennoch Fotos vom Berliner Schloß als dem Sitz der Generalverwaltung mit den Dienstzimmern des Präsidenten und des Generaldirektors bzw. (ab 1937) Generalssekretärs sowie dem Sitzungssaal der Kaiser-Wilhelm-Gesellschaft abgebildet werden, so deshalb, weil in diesen Räumen wichtige Entscheidungen im Zusammenhang mit den Vertreibungsvorgängen fielen.

Die Gebäudefotos sind, soweit entsprechendes Bildmaterial vorlag, durch Gruppenfotos von Institutsangehörigen oder einzelner Abteilungen ergänzt worden. Das gilt vor allem für das KWI für physikalische Chemie und Elektrochemie, mit einem deutlichen Abstand auch für das KWI für Hirnforschung. Mit Walter Beck, Leopold Frommer, Hans Laser und Joseph Weiss sind auf den Gruppenfotos auch vier Wissenschaftler zu sehen, für die keine Porträtaufnahmen zu ermitteln waren. Für andere Personen – insgesamt 25 – bieten die Gruppenfotos eine ergänzende bildliche Dokumentation, insbesondere für Fritz Haber, Lise Meitner, Cécile und Oskar Vogt, aber auch für Hilde Levi oder Marie Wreschner, um nur wenige Namen zu nennen. Auf einigen dieser Fotos sind neben den Wissenschaftlern nichtwissenschaftliche Institutsangehörige abgebildet, darunter auch Sekretärinnen, Techniker und Laboranten, die aus politischen und rassistischen Gründen ebenfalls entlassen wurden. Nicht zuletzt sind auf den Gruppenfotos einige der Ehefrauen zu sehen, die das Schicksal ihrer aus der Kaiser-Wilhelm-Gesellschaft vertriebenen Männer teilten: Maria Helene Freundlich, geb. Gellert; Clara Gaffron, geb. Ostendorf; Käthe Goldfinger, geb. Deppner; Liesel Jacobsohn (Geburtsname unbekannt); Erika Kallmann, geb. Müller; Hedwig Weissenberg, geb. Kind.

Die große Mehrheit der Fotos, darunter alle Abbildungen zu den Instituten, stammt aus dem Archiv zur Geschichte der Max-Planck-Gesellschaft. Auch von den Personenfotos ist ein beträchtlicher Teil in diesem Archiv zugänglich. Knapp die Hälfte der Aufnahmen mußte jedoch aus anderen Quellen – aus den Archiven von Universitäten, Akademien und anderen gelehrten Gesellschaften, aus kommerziellen Bildarchiven und privaten Beständen – zusammengetragen werden, in vielen Fällen mit erheblichem Zeitaufwand, teilweise auch entsprechenden Kosten.

Trotz der umfangreichen Recherchen, die für die Fotodokumentation unternommen worden sind, ist es nicht nur möglich, sondern wahrscheinlich, daß künftig das eine oder andere Personenfoto, das bislang schmerzlich vermißt wird, im Privatbesitz oder in Archiven, die im Rahmen dieses Projekts nicht systematisch erschlossen werden konnten, auftauchen wird. In solchen Fällen wird im Interesse einer möglichst vollständigen Dokumentation des Schicksals der von den Nationalsozialisten verfolgten und vertriebenen Wissenschaftlerinnen und Wissenschaftler um eine Mitteilung an das Archiv zur Geschichte der Max-Planck-Gesellschaft gebeten (Boltzmannstr. 14, 14195 Berlin; e-mail: mpg-archiv@archiv-berlin.mpg.de).

2. Die vertriebenen Forscherinnen und Forscher

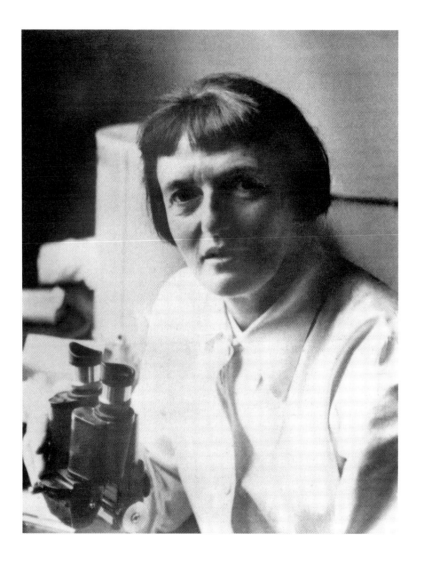

Abb. 1: Charlotte Auerbach (1899-1994), 25. September 1953
Foto: Yataro Tazima

Abb. 2: Hans Jakob von Baeyer (1912-1998), 1970

Abb. 3: Max Bergmann (1886-1944), Anfang 1930er Jahre

Abb. 4: Hans Beutler (1896-1942), Anfang 1930er Jahre
(Siehe auch Abb. 76, 77 und 80.)

Abb. 5: Max Bielschowsky (1869-1940), 1931
Im KWI für Hirnforschung.

Abb. 6: Jacob Joseph Bikermann (Bikerman) (1898-1978), 1936

Abb. 7: Vera Birstein (1898 – ?), vermutlich Anfang 1930er Jahre
(Siehe auch Abb. 76.)

Abb. 8: Hermann (Hugh) Blaschko (1900-1993), vermutlich 1963
(Siehe auch Abb. 82.) Foto: Walter Bird

Abb. 9: Dietrich Bodenstein (1908-1984), vermutlich 1960er Jahre
Foto: Ed Roseberry

Abb. 10: Fritz Buchthal (1907-2003), vermutlich 1960er Jahre
Bei einer Konferenz der American Association of Neuromuscular
and Electrodiagnostic Medicine.

Abb. 11: Hans (Hanan) Bytinski-Salz (1903-1986),
vermutlich 1970er Jahre

Abb. 12: Max Delbrück (1906-1981), 1969

Abb. 13: Albert Einstein (1879-1955), 1927
In seinem Arbeitszimmer in Berlin-Schöneberg, Haberlandstraße.

Abb. 14: Hans Eisner (1892-1983), um 1930

Abb. 15: Friedrich (Fritz) Epstein (1882-1943), Juni 1931
Bei einem Institutsausflug des KWI für physikalische Chemie
und Elektrochemie. (Siehe auch Abb. 77 und 80.)

Abb. 16: Georg Ettisch (1890 – ?), Anfang 1930er Jahre
(Siehe auch Abb. 76, 78 und 80.)

Abb. 17: Ladislaus (László) Farkas (1904-1948), Ende 1920er Jahre
Ladislaus Farkas (unten l.) mit Institutskollegen auf dem Gelände
des KWI für physikalische Chemie und Elektrochemie: Adalbert Farkas
(unten r.), Paul Harteck (oben l.) und Karl Friedrich Bonhoeffer (oben r.).
(Für L. Farkas siehe auch Abb. 19, 77 und 80.)

Abb. 18: Herbert Freundlich (1880-1941), 1931
(Siehe auch Abb. 80.)

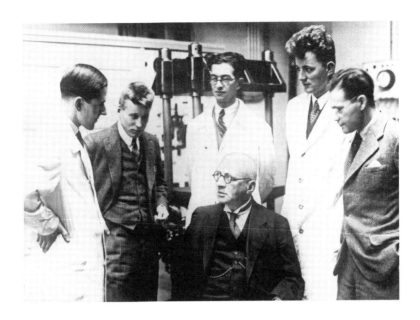

Abb. 19: Erich Friedländer (1901-1997), Anfang 1930er Jahre
Erich Friedländer (l.) im KWI für physikalische Chemie und Elektrochemie
mit (v. l.): Hans Dietrich Graf von Schweinitz, Paul Goldfinger,
Fritz Haber (sitzend), Paul Harteck und Ladislaus Farkas.

Abb. 20: Hans Gaffron (1902-1979), 1960er Jahre
Hans Gaffron (4. v. r., im dunklen Anzug) und Clara Gaffron (5. v. l.) mit
Mitarbeitern des Institute of Molecular Biophysics, Tallahassee, Florida.

Abb. 21: Paul Goldfinger (1905-1970), Juni 1931
Paul Goldfinger (r.) mit seiner Frau Käthe Goldfinger (M.)
und Fritz Haber (l.) auf einem Institutsausflug des KWI für physikalische
Chemie und Elektrochemie. (Für Goldfinger siehe auch Abb. 19.)

Abb. 22: Richard Benedikt Goldschmidt (1878-1958), 1920er Jahre
Im KWI für Biologie.

Abb. 23: Kurt Guggenheimer (1902-1975), vermutlich Anfang 1930er Jahre
(Siehe auch Abb. 80.)

Abb. 24: Fritz Haber (1868-1934), vermutlich vor 1914
Im KWI für physikalische Chemie und Elektrochemie.
(Siehe auch Abb. 19, 21, 77 und 80.)

Abb. 25: Wilfried Heller (1903-1982), um 1930
(Siehe auch Abb. 80.)

Abb. 26: Gertrude Henle (1912-2006) und Werner Henle (1910-1987),
vermutlich 1960er Jahre

Abb. 27: Mathilde Hertz (1891-1975), vermutlich 1920er Jahre

Abb. 28: Reginald Oliver Herzog (1878-1935), vermutlich 1910
Foto: Clara Behncke

Abb. 29: Kurt Jacobsohn (1904-1991), 1951
Kurt Jacobsohn (l.), Joaquim Fontes (2. Direktor des Instituts, M.) und
Liesel Jacobsohn (r.) bei der Feier des 25jährigen Bestehens des Instituto
de Investigação Científica Bento da Rocha Cabral in Lissabon.

Abb. 30: Hartmut Kallmann (1896-1976), Anfang 1930er Jahre
(Siehe auch Abb. 76 und 80.)

Abb. 31: Erich Kaufmann (1880-1972), 1940

Abb. 32: Walter Kempner (1903-1997), vermutlich 1960er Jahre
Walter Kempner (M.) mit Patienten in dem von ihm geleiteten
»Rice Diet Center« in Durham, North Carolina.

Abb. 33: Alfred Klopstock (1896-1968), vermutlich 1950er Jahre

Abb. 34: Edgar Lederer (1908-1988), vermutlich 1970er Jahre

Abb. 35: Hermann Lehmann (1910-1985), 1980
Foto: Godfrey Argent Studio

Abb. 36: Hilde Levi (1909-2003), 1963
Bei einer Konferenz in Kopenhagen, im Gespräch mit Lise Meitner (l.).
(Für Levi siehe auch Abb. 77.)

Abb. 37: Flora Lilienfeld (1886-1977), vermutlich vor 1920

Abb. 38: Hans Löwenbach (Lowenbach) (1905-1983), 1970er Jahre

Abb. 39: Lise Meitner (1878-1968), 1931
Im KWI für Chemie. (Siehe auch Abb. 36 und 89.)
Foto: New York Times

Abb. 40: Otto Meyerhof (1884-1951), 1949
(Siehe auch Abb. 82.) Foto: Lotte Jacobi

Abb. 41: Hermann Muckermann (1877-1962),
vermutlich 1950er Jahre

Abb. 42: Carl Neuberg (1877-1956), vermutlich 1920er Jahre
Im KWI für Biochemie.

Abb. 43: Karl Neubürger (1890-1972), 1966

Abb. 44: Lydia Pasternak (1902-1989), vermutlich Anfang 1930er Jahre
Lydia Pasternak im Vordergrund (M.),
die anderen Personen sind unbekannt.

Abb. 45: Tibor Péterfi (1883-1953),
vermutlich Anfang 1940er Jahre

Abb. 46: Felix Plaut (1877-1940), vermutlich 1920er Jahre

Abb. 47: Michael Polanyi (1891-1976), Anfang 1930er Jahre
(Siehe auch Abb. 79 und 80.)

Abb. 48: Ernst Rabel (1874-1955), 1930

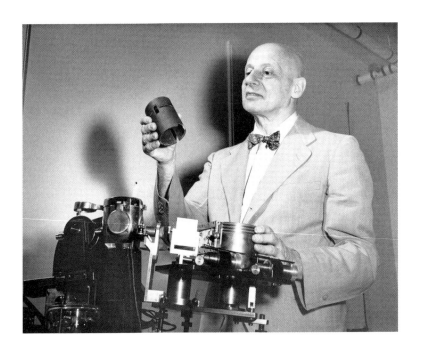

Abb. 49: Alfred Reis (1882-1951), 1950
Im Institute for Material Research, Rutgers University, New Brunswick.

Abb. 50: Max Rheinstein (1899-1977), Ende 1930er Jahre

Abb. 51: Boris Rosen (1900-1974), vermutlich 1920er Jahre
(Siehe auch Abb. 80.)

Abb. 52: Hans Sachs (1877-1945), um 1930

Abb. 53: Karl Schön (1907-1995), 1932

Abb. 54: Ernst (Eytan) Simon (1902-1973),
vermutlich um 1970

Abb. 55: Karl Söllner (Sollner) (1903-1986),
vermutlich Anfang 1930er Jahre
(Siehe auch Abb. 77, 78 und 80.)

Abb. 56: Berthold Schenk Graf von Stauffenberg (1905-1944),
10. August 1944
Vor dem »Volksgerichtshof«, am Tag der Verurteilung und Hinrichtung.

Abb. 57: Curt Stern (1902-1981), 1951
In der University of California, Berkeley.
(Siehe auch Abb. 87.) Foto: Oliver P. Pearson

Abb. 58: Karl Stern (1906-1975), 19. März 1968

Abb. 59: Estera Tenenbaum (1904-1963), Mitte 1930er Jahre
Estera Tenenbaum (1. Reihe l.) im KWI für Hirnforschung mit
(1. Reihe v. l.) Irmgard Leux, Cécile Vogt, eine russische Besucherin
(mit Kind), (?) Zimmermann; (2. Reihe v. l.) Elena Timoféeff-Ressovsky,
zwei russische Besucher, Eberhard Zwirner, Walter Kaldewey,
ein russischer Besucher und Nikolaj Timoféeff-Ressovsky.
(Für Tenenbaum siehe auch Abb. 84.)

Abb. 60: Sergej S. Tschachotin (1883-1973), vermutlich 1930er Jahre

Abb. 61: Max Ufer (1900-1983), 1932
Im KWI für Züchtungsforschung.

Abb. 62: Cécile Vogt (1875-1962), 1937
(Siehe auch Abb. 59, 84 und 85.)

Abb. 63: Marguerite Vogt (1913-2007), 2000
Im Salk Institute for Biological Studies, La Jolla, California.
(Siehe auch Abb. 84.)

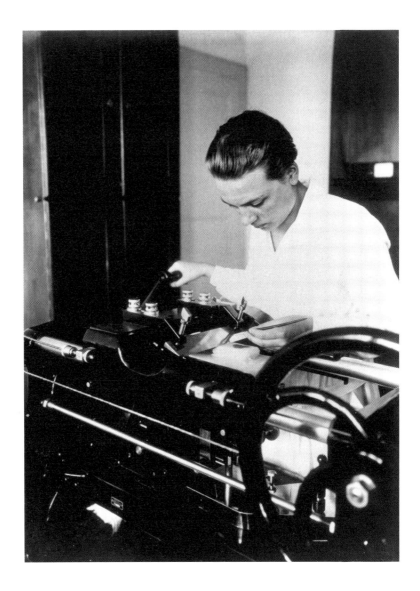

Abb. 64: Marthe Vogt (1903-2003), vermutlich Anfang 1930er Jahre
Im KWI für Hirnforschung.

Abb. 65: Oskar Vogt (1870-1959), vermutlich Anfang 1930er Jahre
Im KWI für Hirnforschung. (Siehe auch Abb. 84 und 85.)

Abb. 66: Albert Wassermann (1901-1971), Anfang 1930er Jahre

Abb. 67: Karl Weissenberg (1893-1976), vermutlich 1920er Jahre

Abb. 68: Wilhelm Wengler (1907-1995), Anfang 1970er Jahre

Abb. 69: Woldemar Weyl (1901-1975),
vermutlich 1940er Jahre

Abb. 70: Margarete Willstätter (1906-1964), Mai 1933
(Siehe auch Abb. 77.)

Abb. 71: Ernst Witebsky (1901-1969), vermutlich 1960er Jahre

Abb. 72: Marguerite Wolff (1883-1964), 1931
In Berlin, vermutlich mit dem eigenen Auto.

Abb. 73: Martin Wolff (1872-1953), 1950
Foto: Ilse Bing

Abb. 74: Marie Wreschner (1887-1941), um 1930
Im KWI für physikalische Chemie und Elektrochemie.
(Siehe auch Abb. 76.)

3. Die Institute der Kaiser-Wilhelm-Gesellschaft

Abb. 75: Kaiser-Wilhelm-Institut für physikalische Chemie
und Elektrochemie, Berlin-Dahlem, 1930er Jahre
Haupt- und Nebengebäude des Instituts,
rechts unten (am Bildrand) die Direktorenvilla (»Haber-Villa«).

Abb. 76: Kaiser-Wilhelm-Institut für physikalische Chemie
und Elektrochemie, Berlin-Dahlem, Mitte 1920er Jahre

Feier anläßlich der Verlobung von Hans Zocher. Im Vordergrund (Mitte)
vermutlich die Verlobte, die nur mit dem Nachnamen (Adler) ausgewiesen ist; 1. Reihe (v. l.): (?) Matthias, Kurt Quasebarth, Hedwig Weissenberg (geb. Kind), Hans Beutler, (?) Adler (vermutlich der Brautvater), Hans
Zocher, Georg Ettisch; 2. Reihe (v. l.): Erika Müller (spätere Frau von Hartmut Kallmann), Marga Stern-Haber, Marie Wreschner, Hartmut Kallmann; hintere Reihen (v. l.): Karl Friedrich Bonhoeffer, Frau Müller, Rudolf
Ladenburg, Frau Berson, Vera Birstein, (?) Michaelis, Rita Cracauer, Frau
Zocher (Mutter von Hans Zocher).

Abb. 77: Kaiser-Wilhelm-Institut für physikalische Chemie
und Elektrochemie, Berlin-Dahlem, um 1930/31

Institutsfeier: 1. Reihe (v. l.): unbekannt, Gustav Mie, unbekannt, unbekannt, Rita Cracauer, Hans Beutler, Karl Söllner; 2. Reihe (v. l.): unbekannt, unbekannt, Frau Donnevert (?), Fritz Haber, Margarete Willstätter,
unbekannt, Friedrich Epstein; 3. Reihe (v. l.): Hans Kopfermann, Hans
Dietrich Graf von Schweinitz, Ladislaus Farkas, unbekannt, Hilde Levi.

Abb. 78: Kaiser-Wilhelm-Institut für physikalische Chemie
und Elektrochemie, Berlin-Dahlem, 1920er Jahre

Abteilung von Herbert Freundlich: 1. Reihe (v. l.): (?) Lindau, unbekannt, (?) Cohn, Hans Zocher, Georg Ettisch, unbekannt, unbekannt, Karl Söllner; 2. Reihe (v. l.): unbekannt, russischer Gast, unbekannt, (?) Jakobsohn, Gretl Magnus, unbekannt, Paul Freiherr von Mutzenbecher, Walter Beck, unbekannt; im Hintergrund (v. l.): russischer Gast, unbekannt, unbekannt, unbekannt, Hans von Recklinghausen (?), Günter Viktor Schulz.

Abb. 79: Kaiser-Wilhelm-Institut für physikalische Chemie
und Elektrochemie, Berlin-Dahlem, 1933

Abschiedsfoto der bereits reduzierten Abteilung von Michael Polanyi:
1. Reihe (v. l.): (?) Hille, von den zwei Frauen ist nur eine benannt, der
Name (Irene Sackur) ist aber nicht eindeutig zugeordnet, András Szabó;
darüber (v. l.): (?) Hausschild (Laborant), Erika Cremer, Michael Polanyi,
Frau Gehrte (Putzfrau), Hedwig Weissenberg (geb. Kind), unbekannt.

Abb. 80: Kaiser-Wilhelm-Institut für physikalische Chemie
und Elektrochemie, Berlin-Dahlem, Sommer 1933

Abschiedsfoto für Fritz Haber im Garten des Instituts: 1. Reihe, auf dem
Rasen (v. l.): (?) Klein (Glasbläser), Fr. Gehricke (kniend), Hedwig Kirsch-
ner, Hedwig Weissenberg (geb. Kind), Käthe Freundlich, Putti Freundlich,
Rita Cracauer, Hans Dietrich Graf von Schweinitz; 2. Reihe (v. l.): Fr. Mül-
ler, Herbert Freundlich, Maria Helene Freundlich, Fritz Haber, Michael
Polanyi, Hartmut Kallmann; 3. Reihe (v. l.): (?) Asada, (?) Ihme, Oskar Ens-
lin, Karl Hermann Geib, Ladislaus Farkas, Georg Ettisch, (?) Sachsse, Hans
Beutler, Fr. Donnevert, Joseph Weiss, Friedrich Rogowski (?), japanischer
Gast, (?) Andersen, Leopold Frommer (?), japanischer Gast, Wilfried Hel-
ler (?); rechts neben dem Baum: (?) Zimmermann (Glasbläser-Lehrling),
(?) Becker (Glasbläser), Friedrich Epstein, unbekannt; letzte Reihen: (?)
Dreschner (Laborant), (?) Franke (Feinmechaniker), (?) Kühn, unbekannt,
(?) Rostagui, Boris Rosen, Günter Viktor Schulz, Paul Freiherr von Mut-
zenbecher, unbekannt, Walter Beck (?), Kurt Guggenheimer, (?) Schulz
(Laborant), Georg Groscurth (?), Karl Söllner, (?) Hausschild (Laborant),
Hans von Recklinghausen.

Abb. 81: Kaiser-Wilhelm-Institut für medizinische Forschung,
Heidelberg, ca. 1930

Abb. 82: Kaiser-Wilhelm-Institut für medizinische Forschung,
Heidelberg, Anfang 1930er Jahre

Sitzend (v. l.): Otto Meyerhof und Archibald Vivian Hill; stehend (v. l.):
Karl Lohmann, Alexander von Muralt, Grigore Alexandru Benetato, Her-
mann Blaschko, Arthur Grollman, Hans Laser, Frl. Fischer, Walter Schulz
(Techniker), Eric Boyland.

Abb. 83: Kaiser-Wilhelm-Institut für Hirnforschung,
Berlin-Buch, 1930er Jahre

Institutsgebäude (im Zentrum), Klinik des Instituts (l.), Direktorenvilla (hinter dem Institut), Mitarbeiterheim (r.) und eine Friedhofskapelle (im Hintergrund).

Abb. 84: Kaiser-Wilhelm-Institut für Hirnforschung,
Berlin-Buch, Mitte 1930er Jahre

1. Reihe (v. l.): Oskar Vogt, Lazar S. Minor, Cécile Vogt, Elena und Nikolaj Timoféeff-Ressovsky, (?) Zimmermann; 2. Reihe (v. l.): Wilhelm Tönnies, Eberhard Zwirner, Estera Tenenbaum, Walter Kaldewey, (?) Popoff, Marguerite Vogt, (?) Gutenberg; 3. Reihe (v. l.): Ngowyang Gü, Irmgard Leux.

Abb. 85: Kaiser-Wilhelm-Institut für Hirnforschung,
Berlin-Buch, Mitte 1930er Jahre

Institutsangehörige, vermutlich anläßlich der Verabschiedung von Oskar
und Cécile Vogt, Mitte vorn: Oskar Vogt (neben dem Herrn mit Vollbart,
vermutlich ein russischer Gast) und Cécile Vogt (r. neben Oskar Vogt).

Abb. 86: Kaiser-Wilhelm-Institut für Biologie, Berlin-Dahlem, um 1920

Abb. 87: Kaiser-Wilhelm-Institut für Biologie,
Berlin-Dahlem, 1920er Jahre
Institutsbibliothek, sitzend (v. l.): Annelise Kaiser, Frl. Severin,
auf der Leiter: Curt Stern.

Abb. 88: Kaiser-Wilhelm-Institut für Chemie, vermutlich 1930er Jahre
Mit Direktorenvilla (l.). Berlin-Dahlem.

Abb. 89: Kaiser-Wilhelm-Institut für Chemie, Berlin-Dahlem, 1928/29
Besuch von Ernest Rutherford: (v. l.) Otto Hahn, Lise Meitner
und Rutherford.

Abb. 90: Deutsche Forschungsanstalt für Psychiatrie
(Kaiser-Wilhelm-Institut), München, 1935

Abb. 91: Kaiser-Wilhelm-Institute für Faserstoffchemie
und Silikatforschung, Berlin-Dahlem, 1920er Jahre

Abb. 92: Kaiser-Wilhelm-Institut für Biochemie,
Berlin-Dahlem, um 1935

Abb. 93: Kaiser-Wilhelm-Institut für Lederforschung,
Dresden, um 1930

Abb. 94: Kaiser-Wilhelm-Institut für Züchtungsforschung,
Müncheberg, um 1930

Abb. 95: Generalverwaltung der Kaiser-Wilhelm-Gesellschaft,
Berliner Schloß, vermutlich 1930er Jahre
Eosander Portal (Haupteingang), mit Löwenfigur
des Denkmals für Wilhelm I.

Abb. 96: Generalverwaltung der Kaiser-Wilhelm-Gesellschaft,
Berliner Schloß, vermutlich 1930er Jahre
Arbeitszimmer des Präsidenten der Kaiser-Wilhelm-Gesellschaft.

Abb. 97: Generalverwaltung der Kaiser-Wilhelm-Gesellschaft,
Berliner Schloß, vermutlich 1930er Jahre
Arbeitszimmer des Generaldirektors bzw. Generalsekretärs
der Kaiser-Wilhelm-Gesellschaft.

Abb. 98: Generalverwaltung der Kaiser-Wilhelm-Gesellschaft, um 1928
Sitzungsraum des Senats und des Verwaltungsrates.

Dank

Wie das gesamte Forschungsvorhaben »Geschichte der Kaiser-Wilhelm-Gesellschaft im Nationalsozialismus« ist auch der vorliegende Band von der Max-Planck-Gesellschaft großzügig gefördert worden. Dem früheren Präsidenten Professor Dr. Hubert Markl ist für die Initiative zu diesem Gedenkbuch ebenso herzlich zu danken wie dem gegenwärtigen Präsidenten Professor Dr. Peter Gruss für das Geleitwort. Die Generalverwaltung, vertreten durch den damaligen stellvertretenden Generalsekretär Dr. Bernd Ebersold und Dr. Patricia Drück, hat das Gedenkbuch-Projekt wohlwollend begleitet und die finanziellen Mittel für einen Werkvertrag mit Michael Schüring, später für die Unterstützung der weiteren Arbeiten durch eine studentische Hilfskraft und für das abschließende Lektorat zur Verfügung gestellt.

Ein besonderer Dank gilt den Mitarbeiterinnen und Mitarbeitern der benutzten Archive und Bibliotheken, die wegen der großen Zahl nicht alle namentlich aufgeführt werden können. An erster Stelle ist das Archiv zur Geschichte der Max-Planck-Gesellschaft zu nennen, das über einen großen Teil der einschlägigen Akten und Bildquellen verfügt. Der damalige Archivdirektor Professor Dr. Eckart Henning und seine Stellvertreterin Dr. Marion Kazemi haben mit ihren Mitarbeitern, vor allem Bernd Hoffmann und Susanne Uebele, die Arbeiten an dem Gedenkbuch ebenso geduldig wie nachhaltig unterstützt. Für Hilfestellungen bei der Erschließung des biographischen Materials ist darüber hinaus vor allem Thomas Rosenbaum und Leo Hiltzik im Rockefeller Archive Center in Tarrytown, New York, Colin Harris in der Bodleian Library, Oxford, Dr. Klaus Dettmer im Landesarchiv Berlin, Barbara Welker im Archiv der Stiftung »Neue Synagoge Berlin – Centrum Judaicum«, Urs Schöpflin als Leiter der Bibliothek im Max-Planck-Institut für Wissenschaftsgeschichte in Berlin und den Mitarbeitern zahlreicher Akademie-, Universitäts- und Hochschularchive zu danken, unter denen die Archive der Berlin-Brandenburgischen Akademie der Wissenschaften, der Humboldt-Universität zu Berlin, der Universitäten in Heidelberg, Leipzig und München sowie der ETH Zürich eine besondere Erwähnung verdienen. Stellvertretend für alle, die zu persönlichen Auskünften bereit waren oder die Arbeit an dem Gedenkbuch mit Materialien aus Privatbesitz unterstützten, seien Professor Dr. Ludwig W. Bruch (Madison, Wisconsin), Veronika Finckh (Spardorf), Dr. Anne Pasternak-Slater (Oxford), Professor Dr. André Rosen (Liège), Boris Hars-Tschachotin (Berlin) und Marianne Ufer (Rom) genannt.

Innerhalb des Forschungsprogramms »Geschichte der Kaiser-Wilhelm-Gesellschaft im Nationalsozialismus« haben Professor Dr. Wolfgang Schieder als Mitherausgeber der Schriftenreihe das gesamte Manuskript und Professor Dr. Rüdiger Hachtmann als letzter Projektleiter und bester Kenner der Generalverwaltung der Kaiser-Wilhelm-Gesellschaft in der NS-Zeit den einleitenden Teil »Der Nationalsozialismus und die Kaiser-Wilhelm-Gesellschaft: Verfolgung und Vertreibung« gelesen und kommentiert. Die biographischen Skizzen sind mit naturwissenschaftlicher Kompetenz von Professor Dr. Ursula Tödheide-Haupt, Professor Dr. Klaus Tödheide (beide Karlsruhe), Professor Dr. Rudolf Rass (Berlin) und Dr. Wolfgang Vahrson (Basel) durchgesehen worden. Besonders wertvoll war die kollegiale Unterstützung von Dr. Annette Vogt im Max-Planck-Institut für Wissenschaftsgeschichte, die die von ihr gesammelten Materialien zu den in der Kaiser-Wilhelm-Gesellschaft beschäftigten Wissenschaftlerinnen großzügig zur Verfügung gestellt und einen ersten Teilentwurf der biographischen Skizzen kritisch kommentiert hat.

In der vorliegenden Form hätte das Buch nicht ohne die Mitarbeit von Natascha Butzke und Christine Rüter erscheinen können. Natascha Butzke hat als studentische Hilfskraft in beträchtlichem Umfang Bibliotheks-, Archiv- und Internetarbeiten geleistet, dabei auch Kontakte mit Familienangehörigen der ab 1933 vertriebenen Wissenschaftlerinnen und Wissenschaftler aufgenommen. Sie hat sich besondere Verdienste um den Fototeil des Gedenkbuches erworben und war im Laufe der Projektmitarbeit immer wieder auch eine sachkundige, kritisch mitdenkende Gesprächspartnerin. Christine Rüter (Speyer) ist eine Lektorin, wie man sie sich als Autor nur wünschen kann, in der Sache engagiert und zugleich kritisch distanziert, überaus sorgfältig im Detail, aber auch mit einem ausgeprägten Sinn für Stilfragen und übergreifende Problemstellungen. Ihr sind nicht zuletzt auch die umfangreichen Register zu verdanken.

Im Wallstein Verlag ist die Herstellung des Buches im Rahmen der Schriftenreihe »Geschichte der Kaiser-Wilhelm-Gesellschaft im Nationalsozialismus« in der inzwischen vielfach erprobten Weise zuverlässig betreut worden. Dem Verleger Thedel von Wallmoden und der Projektbetreuerin Diane Coleman Brandt gilt darüber hinaus ein herzlicher Dank für die Geduld, mit der sie die mehrfach eingetretenen Verzögerungen bei der Fertigstellung des Manuskripts ertragen haben.

Abkürzungen

AAC	Academic Assistance Council
AEG	Allgemeine Elektricitäts-Gesellschaft
AIDS	Acquired Immune Deficiency Syndrome
AG	Aktiengesellschaft
BASF	Badische Anilin- & Sodafabrik AG
BBC	British Broadcasting Corporation
BDM	Bund Deutscher Mädel
Cie.	schweizerisch, sonst veraltet für: Co.
CNRS	Centre national de la recherche scientifique
Co.	Company, Compagnie, Kompanie
DDR	Deutsche Demokratische Republik
DFA	Deutsche Forschungsanstalt für Psychiatrie (Kaiser-Wilhelm-Institut)
DFG	Deutsche Forschungsgemeinschaft
DNA	Deoxyribonucleid Acid
ETH	Eidgenössische Technische Hochschule
FAO	Food and Agriculture Organisation
FBI	Federal Bureau of Investigation
FPN	ferric chloride perchloric nitric acid
Gestapo	Geheime Staatspolizei
IG Farben	Interessengemeinschaft Farbenindustrie AG
Inc.	Incorporated
IRO	International Refugee Organisation
KAPD	Kommunistische Arbeiterpartei Deutschlands
KJV	Kartell Jüdischer Verbindungen
KPD	Kommunistische Partei Deutschlands
KPdSU	Kommunistische Partei der Sowjetunion
KWG	Kaiser-Wilhelm-Gesellschaft
KWI	Kaiser-Wilhelm-Institut
KZ	Konzentrationslager
Ltd.	Limited
MIT	Massachusetts Institute of Technology
MPG	Max-Planck-Gesellschaft
MPI	Max-Planck-Institut
MRC	Medical Research Council
NIH	National Institute(s) of Health
NS	Nationalsozialismus
NSBO	Nationalsozialistische Betriebszellenorganisation
NSDAP	Nationalsozialistische Deutsche Arbeiterpartei
PEN	Poets, Essayists, Novelists (internationale Schriftstellervereinigung)
Ph.D.	Philosophiae Doctor
S. A.	société anonyme
SA	Sturmabteilung (der NSDAP)

SD	Sicherheitsdienst (der SS)
SPD	Sozialdemokratische Partei Deutschlands
SPSL	Society for the Protection of Science and Learning
SS	Schutzstaffel (der NSDAP)
TH	Technische Hochschule
TU	Technische Universität
UdSSR	Union der sozialistischen Sowjetrepubliken
UNESCO	United Nations Educational, Scientific and Cultural Organization
UNO	United Nations Organization
US[A]	United States [of America]

Quellen und Literatur

1. Archive und Sammlungen

1.1 Max-Planck-Gesellschaft

Archiv zur Geschichte der Max-Planck-Gesellschaft, Berlin
Max-Planck-Institut für Physik, München
Max-Planck-Institut für Psychiatrie, München

1.2 Universitätsarchive

Berkeley, University of California, Bancroft Library
Berkeley, University of California, Museum of Vertebrate Zoology
Berlin, Freie Universität
Berlin, Humboldt-Universität
Berlin, Technische Universität
Cambridge, Newnham College
Chicago, University of Chicago, Library
Dresden, Technische Universität
Durham, Durham University, Library
Durham, North Carolina, Duke University, Medical Center Archives
Erlangen-Nürnberg
Frankfurt am Main
Freiburg im Breisgau
Glasgow
Göttingen
Halle
Heidelberg
Karlsruhe
København, Niels-Bohr-Archiv
Kraków, Uniwersytetu Jagiellońskiego
Leipzig
Montreal, McGill University
Montreal, Université de Montréal
München, Ludwig-Maximilians-Universität
München, Technische Universität
New Brunswick, New Jersey, Rutgers University, Library
Newcastle-upon-Tyne, Durham, Robinson Library
Oxford, Oxford University, Bodleian Library
Tel Aviv
University Park, Pennsylvania, Pennsylvania State University, Libraries
Wien, Technische Universität
Wien, Universität

Wrocław
Zürich, Eidgenössische Technische Hochschule

1.3 Weitere Archive

American Association of Neuromuscular and Electrodiagnostic Medicine, Rochester, Minnesota
American Institute of Physics, Emilio Segrè Visual Archives, College Park, Maryland
American Philosophical Society, Philadelphia
Badisches Generallandesarchiv, Karlsruhe
Berlin-Brandenburgische Akademie der Wissenschaften, Berlin
Bildarchiv Preußischer Kulturbesitz, Berlin
Brandenburgisches Landeshauptarchiv, Potsdam
Bundesarchiv, Berlin-Lichterfelde
Bundesarchiv, Koblenz
Centre d'études et de documentation. Guerre et sociétés contemporaines, Brüssel
Centre national de la recherche scientifique, Meudon, Hauts-de-Seine
Chaim Weizmann Institute of Science, Rehovot
Churchill Archive Centre, Cambridge
Deutsches Museum, München
Deutsche Schillergesellschaft, Schiller-Nationalmuseum, Deutsches Literaturarchiv, Marbach a. N.
Institut de chimie des substances naturelles, Gif-sur-Yvette, Essonne, Île-de-France
Institut für Zeitgeschichte, München
Instituto de Investigação Científica Bento da Rocha Cabral, Lissabon
KZ-Gedenkstätte Dachau, Bayern
Landesarchiv Berlin
Leo Baeck Institute, New York
Muzeum Tatrzańskie, Zakopane, Tatra
Nationaal Memoriaal van het Fort van Breendonk, Willebroeck
New York Public Library, New York
Nobel Foundation, Stockholm
Nordrhein-Westfälisches Hauptstaatsarchiv, Düsseldorf
Pasternak Trust, Oxford
Roche Historical Collection and Archive, Basel
Rockefeller Archive Center, Sleepy Hollow, New York
Royal Society, London
Salk Institute for Biological Studies, La Jolla, California
Staatsarchiv des Kantons Basel-Stadt
Stiftung Neue Synagoge Berlin – Centrum Judaicum, Berlin
Zivilstandsamt Basel

1.4 Private Sammlungen und Auskünfte

Professor Dr. Carl L. von Baeyer, Saskatoon, Saskatchewan
Cornelius von Baeyer, Ottawa

Professor Dr. Hans Christian von Baeyer, Williamsburg, Virginia
Harald Bredohl, Liège
Professor Dr. Ludwig W. Bruch, Madison, Wisconsin
Dr. Steven D. Douglas, Philadelphia
Veronika Finckh, Spardorf, Bayern
Boris Hars-Tschachotin, Berlin
Professor Dr. Hüsrev Hatemi, Istanbul
Professor Dr. Peter H. Homann, Tallahassee, Florida
Professor Dr. Konrad Kwiet, Sydney
Anne Meitner, Moor Court, Sparsholt, Winchester
Dr. Ann Pasternak-Slater, Oxford
Pierre Renson, Liège
André Rosen, Liège
Dr. Jerome Rosenberg, Pittsburgh
Professor Dr. Ulrich Schmidt-Rohr, Heidelberg
Dr. Rebecca Schwoch, Hamburg
Eugène Tchakotine, Gif-sur-Yvette, Essonne, Île-de-France
Dr. Marianne Ufer, Rom
Dr. Annette Vogt, Berlin
Herbert Zimmermann, Heidelberg

2. Biographische Nachschlagewerke

American Men of Science. A Biographical Directory, 9.-11. Aufl., New York 1955-1967.
American Men & Women of Science. A Biographical Directory Founded in 1906. The Physical and Biological Sciences, 12.-13. Aufl., New York 1971-1976.
American Men & Women of Science. The Medical Science, New York 1975.
American Men & Women of Science. Physical and Biological Sciences, 14.-15. Aufl., New York 1979-1982.
American Men & Women of Science. A Biographical Directory of Today's Leaders in Physical, Biological and Related Sciences, 19. Aufl., New Providence 1996.
Asimov, Isaac: Biographische Enzyklopädie der Naturwissenschaften und der Technik, Freiburg 1973.
Baden-Württembergische Biographien, hg. v. Bernd Ottnad u. a., Bde. 1-3, Stuttgart 1994-2002.
Badische Biographien. Neue Folge, hg. v. Bernd Ottnad u. a., Bde. 1-4, Stuttgart 1982-1996.
Bindman, Lynn u. a. (Hg.): Women Physiologists. An Anniversary Celebration of Their Contributions to British Physiology, London 1993.
The Biographical Dictionary of Women in Science. Pioneering Lives from Ancient Times to the Mid-20th Century, hg. v. Marilyn Ogilvie u. Joy Harvey, 2 Bde., New York 2000.
Biographisches Handbuch der deutschsprachigen Emigration nach 1933/International Biographical Dictionary of Central European Émigrés 1933-1945, hg. v. Werner Röder u. Herbert A. Strauss, 3 Bde., München 1980-1983.

Biographisches Lexikon der hervorragenden Ärzte der letzten fünfzig Jahre, hg. v. Isidor Fischer u. Peter Voswinckel, Bde. 1-2, Berlin 1932/33; Bd. 3, Hildesheim 2002.

Biographisches Lexikon für Schleswig-Holstein und Lübeck, hg. v. Dieter Lohmeier u. a. im Auftrag der Gesellschaft für Schleswig-Holsteinische Geschichte u. a., Bde. 6-11, Neumünster 1982-2000 (vorh. Titel: Schleswig-Holsteinisches Biographisches Lexikon, 5 Bde., Neumünster 1970-1979).

Biographisches Lexikon zur Weimarer Republik, hg. v. Wolfgang Benz u. Hermann Graml, München 1988.

Biographisch-literarisches Handwörterbuch der exakten Naturwissenschaften, begründet v. Johann C. Poggendorff, hg. v. der Sächsischen Akademie der Wissenschaften zu Leipzig, Bd. 7a: Berichtsjahre 1932 bis 1953, redigiert von Rudolph Zaunick und Hans Salié, 4 Teile, Berlin 1956-1962.

Biographisch-literarisches Handwörterbuch der exakten Naturwissenschaften, begründet v. Johann C. Poggendorff, hg. v. der Sächsischen Akademie der Wissenschaften zu Leipzig, Bde. 1-8, 2., vervollst. Aufl. [CD-ROM], Weinheim 2004.

British Biographical Index/Britischer Biographischer Index, 2., erw. Ausgabe, hg. v. David Bank u. Theresa McDonald, 7 Bde., München 1998.

Canadian Who's Who. A Biographical Dictionary of Notable Living Men and Women, Bde. 1-34, Toronto 1910-1999.

Catholic Authors. Contemporary Biographical Sketches, hg. v. Matthew Hoehn, Newark 1952.

Dansk Biografisk Leksikon, 3. Aufl., hg. v. Svend Cedergreen Bech, 10 Bde., København 1979-1984.

Deutsche Biographische Enzyklopädie, hg. v. Walther Killy u. Rudolf Vierhaus, 13 Bde., München 1995-2000.

Deutsche Forscher aus sechs Jahrhunderten. Lebensbilder von Ärzten, Naturwissenschaftlern und Technikern, Leipzig 1965.

Deutscher Biographischer Index, 3., erw. Ausgabe, hg. v. Victor Herrero Mediavilla, 8 Bde., München 2004.

The Dictionary of Modern American Philosophers, hg. v. John R. Shook, 4 Bde., Bristol 2005.

Dictionary of National Biography, Oxford 1885-1996.

Fachlexikon abc: Forscher und Erfinder, hg. v. Hans-Ludwig Wußing, Thun 1992.

Gedenkbuch Berlins der jüdischen Opfer des Nationalsozialismus: »Ihre Namen mögen nie vergessen werden!«, hg. v. der Freien Universität Berlin und dem Zentralinstitut für Sozialwissenschaftliche Forschung, Berlin 1995.

Gedenkbuch. Opfer der Verfolgung der Juden unter der nationalsozialistischen Gewaltherrschaft in Deutschland 1933-1945, hg. v. dem Bundesarchiv Koblenz und dem Internationalen Suchdienst, Arolsen, 2., erw. Aufl., 4 Bde., Koblenz 2006.

Grüttner, Michael: Biographisches Lexikon zur nationalsozialistischen Wissenschaftspolitik, Heidelberg 2004.

Haines, Catharine M. C./Helen M. Stevens: International Women in Science. A Biographical Dictionary to 1950, Santa Barbara 2001.

Harenberg Lexikon der Nobelpreisträger, hg. v. Frank Amoneit u. a., Dortmund 1998.

Heidelberger Gelehrtenlexikon 1803-1932, hg. v. Dagmar Drüll, Berlin 1986.

Heinrichs, Helmut u. a. (Hg.): Deutsche Juristen jüdischer Herkunft, München 1993.

Index biographique français/Französischer Biographischer Index, hg. v. Tommaso Nappo, 3., erw. Ausgabe, Bde. 1-7, München 2004.

Juristen. Ein biographisches Lexikon. Von der Antike bis zum 20. Jahrhundert, hg. v. Michael Stolleis, München 1995.

Kazemi, Marion: Nobelpreisträger in der Kaiser-Wilhelm-/Max-Planck-Gesellschaft zur Förderung der Wissenschaften (= Veröffentlichungen aus dem Archiv zur Geschichte der Max-Planck-Gesellschaft, Bd. 15), Berlin 2002.

Klee, Ernst: Deutsche Medizin im Dritten Reich. Karrieren vor und nach 1945, Frankfurt/Main 2001.

Ders.: Das Personenlexikon zum Dritten Reich. Wer war was vor und nach 1945, 2. Aufl., Frankfurt/Main 2003.

Kleinheyer, Gerd/Jan Schröder: Deutsche Juristen aus fünf Jahrhunderten. Eine biographische Einführung in die Geschichte der Rechtswissenschaft, Heidelberg 1983.

Kosch, Wilhelm: Das Katholische Deutschland. Biographisch-bibliographisches Lexikon, 3 Bde., Augsburg 1933-1938.

Ders./Eugen Kuri: Biographisches Staatshandbuch. Lexikon der Politik, Presse und Publizistik, 2 Bde., Bern 1959-1963.

Kreuter, Alma: Deutschsprachige Neurologen und Psychiater. Ein biographisch-bibliographisches Lexikon von den Vorläufern bis zur Mitte des 20. Jahrhunderts, 3 Bde., München 1996.

Kürschners Deutscher Gelehrten-Kalender. Ein bio-bibliographisches Verzeichnis deutschsprachiger Wissenschaftler der Gegenwart, 1.-16. Aufl., Berlin 1925-1992.

Lexikon der Frau, hg. v. Gustav Keckeis [Chef d. Red.], 2 Bde., Zürich 1953/54.

Lexikon der Naturwissenschaftler. Astronomen, Biologen, Chemiker, Geologen, Mediziner, Physiker, hg. v. Doris Freudig u. Klaus-Günter Collatz, Heidelberg 1996.

Lexikon der Naturwissenschaftler. Astronomen, Biologen, Chemiker, Geologen, Mediziner, Physiker, hg. v. Rolf Sauermost, Heidelberg 2000.

Lunds Universitets Matrikel 1967-68. Utgiven med anledning av universitetets 300-årsjubileum, hg. v. Eva Gerle, Lund 1968.

Magyar írók. Élete és munkái, hg. v. Gulyás Pál, 17 Bde., Budapest 1939-1995.

Neue Deutsche Biographie, hg. v. der Historischen Kommission bei der Bayerischen Akademie der Wissenschaften, Bde. 1-22, Berlin 1953-2005.

Nouvelle Biographie nationale, hg. v. der Académie royale des sciences, des lettres et des beaux-arts de Belgique, Bde. 1-4, Bruxelles 1988-1997.

Österreichisches biographisches Lexikon 1815-1950, hg. v. Eva Obermayer-Marnach u. a., 11 Bde., Wien 1954-1999.

J. C. Poggendorff's biographisch-literarisches Handwörterbuch zur Geschichte der exacten Wissenschaften, enthaltend Nachweisungen über Lebensverhältnisse und Leistungen von Mathematikern, Astronomen, Physikern, Chemikern, Mineralogen, Geologen, Geographen u.s.w. aller Völker und Zeiten, begründet v. Johann C. Poggendorff, hg. v. der Sächsischen Akademie der Wissenschaften zu Leipzig, Bd. 4: Die Jahre 1883 bis zur Gegenwart umfassend, hg. v. Arthur J. von Oettingen, Leipzig 1904, unveränd. Nachdruck Leipzig 1967.

Quem é alguém. Dicionário biográfico das personalidades em destaque do nosso tempo [Who's Who in Portugal], Lisboa 1947.

Reichshandbuch der deutschen Gesellschaft. Das Handbuch der Persönlichkeiten in Wort und Bild, 2 Bde., Berlin 1930/31.

Répertoire des scientifiques français. Délégation générale à la recherche scientifique et technique, 5 Bde., Paris 1962-1967.

Roissard, Pierre: Personnalités de France, Grenoble 1986.

Russischer Biographischer Index, hg. v. Axel Frey, 4 Bde., München 2002.

Scandinavian Biographical Index, hg. v. Laureen Baillie u. a., 4 Bde., London 1994.

Schleswig-Holsteinisches Biographisches Lexikon, hg. v. Olaf Klose u. a. im Auftrag der Gesellschaft für Schleswig-Holsteinische Geschichte u. a., 5 Bde., Neumünster 1970-1979.

Tetzlaff, Walter: 2000 Kurzbiographien bedeutender deutscher Juden des 20. Jahrhunderts, Lindhorst 1982.

Trendelenburg, Ullrich: Verfolgte deutschsprachige Pharmakologen 1933-1945, Frechen 2006.

Ungarischer Biographischer Index, hg. v. Ulrike Kramme u. Zelmíra Urra Muena, München 2005.

Vogt, Annette: Wissenschaftlerinnen in Kaiser-Wilhelm-Instituten. A-Z, Berlin 1999.

Volbehr, Friedrich/Richard Weyl: Professoren und Dozenten der Christian-Albrechts-Universität zu Kiel, 1665-1954, Kiel 1956.

Walk, Joseph: Kurzbiographien zur Geschichte der Juden 1918-1945, München 1988.

Wer ist Wer? Das deutsche Who's who, Jgg. 11-43, Lübeck 1951-2004.

Wer war wer in der DDR. Ein biographisches Handbuch, hg. v. Helmut Müller-Enbergs, Berlin 2000.

Who's Who of American Women, 3.-21. Aufl., Chicago 1964-2000.

Who's Who in British Science, London 1953.

Who's Who in World Jewry. A Biographical Dictionary of Outstanding Jews, 7 Bde., Baltimore 1949-1987.

Wissenschaftlerinnen in der biomedizinischen Forschung, hg. v. Luise Pasternak, Frankfurt/Main 2002.

Zivilrechtslehrer deutscher Sprache. Lehrer, Schüler, Werke, hg. v. Hyung-Bae Kim u. Wolfgang Freiherr Marschall von Bieberstein, Seoul 1988.

3. Biographische Literatur

Albrecht, Richard: »... daß Sie Ihre Tätigkeit einstellen müssen«. Die Entlassung Sergej Tschachotins aus dem Heidelberger Kaiser-Wilhelm-Institut 1933, in: Berichte zur Wissenschaftsgeschichte 10, Nr. 2, 1987, S. 105-112.

Ders.: Symbolkampf in Deutschland 1932: Sergej Tschachotin und der »Symbolkrieg« der Drei Pfeile gegen den Nationalsozialismus als Episode im Abwehrkampf der Arbeiterbewegung gegen den Faschismus in Deutschland, in: Internationale wissenschaftliche Korrespondenz zur Geschichte der deutschen Arbeiterbewegung 22, Nr. 4, 1986, S. 498-533.

Angier, Natalie: Marguerite Vogt. A Lifetime Later, Still in Love With the Lab, in: The New York Times, 10.4.2001.

Beale, Geoffrey H.: Charlotte Auerbach. 14 May 1899 – 17 March 1994, in: Biographical Memoirs of Fellows of the Royal Society 41, 1995, S. 20-42.

Beese, Wolfgang: Max Delbrück und die Entstehung der Molekulargenetik. Bemerkungen zum Verhältnis von Disziplingenese und Wissenschaftlerpersönlichkeit, in: Wissenschaftliche Zeitschrift der Friedrich-Schiller-Universität Jena, Naturwissenschaftliche Reihe 37, Nr. 2, 1988, S. 295-300.

Bern, Howard A. u. a.: Curt Stern. Zoology, Genetics, Berkeley 1985.

Biewer, Ludwig: Erich Kaufmann – Jurist aus Pommern im Dienste von Demokratie und Menschenrechten, in: Baltische Studien, Neue Folge 75, 1989, S. 115-124.

Bigazzi, Pierluigi L.: Necrologio Ernest Witebsky (1901-1969), in: Folia Allergol 17, Nr. 1, 1970, S. 79-81.

Blaschko, Hugh: Memories of My Early Life, hg. v. Mary Blaschko, Oxford 1997.

Bodenstein, Max: Gedächtnisrede des Hrn. Bodenstein auf Fritz Haber, in: Sitzungsberichte der Preussischen Akademie der Wissenschaften, Berlin 1934, S. CXX-CXXIX.

Born, Gustav V. R./P. Banks: Hugh Blaschko, 4 January 1900 – 18 April 1993, in: Biographical Memoirs of Fellows of the Royal Society 42, 1996, S. 39-60.

Born, Max: Mein Leben. Die Erinnerungen des Nobelpreisträgers, München 1972.

Brink, Royal Alexander: Victor Jollos: 1887-1941, in: Science 94, Nr. 2438, 1941, S. 270-272.

Butenandt, Adolf: Ansprache bei der Einweihung des neuen physiologisch-biochemischen Universitätsinstituts und des neuen Institutsgebäudes für das Max-Planck-Institut für Biochemie in München an der Goethestraße (1957), in: ders., Das Werk eines Lebens. Wissenschaftspolitische Aufsätze, Ansprachen und Reden, Bd. 2, Göttingen 1981, S. 458-466 [betr. Carl Neuberg].

C. D. H.: In memoriam Paul Goldfinger, in: Industrie chimique belge 35, Nr. 6, 1970, S. 489-491.

Caemmerer, Ernst von u. a. (Hg.): Festschrift für Martin Wolff. Beiträge zum Zivilrecht und internationalen Privatrecht, Tübingen 1952.

Casper, Gerhard: Max Rheinstein, in: The University of Chicago Law Review 45, 1978, S. 511-513.

Chayut, Michael: From Berlin to Jerusalem: Ladislaus Farkas and the Founding of Physical Chemistry in Israel, in: Historical Studies in the Physical and Biological Sciences 24, 1994, S. 237-265.

Chiltz, G.: In Memoriam. Professeur Paul Goldfinger (1905-1970), in: Bulletin des Sociétés chimiques belges 81, 1972, S. 3-6.

Coates, J. E.: The Haber Memorial Lecture, in: Journal of the Chemical Society, 1939, S. 1642-1672 [betr. Fritz Haber].

Conrads, Hinderk: Carl Neuberg (1877-1956). Eine Biographie, Diss., Medizinische Hochschule Hannover, 2001 (Masch.).

Cuthbert, Alan W.: Marthe Louise Vogt. 8 September 1903 – 9 September 2003, in: Biographical Memoirs of Fellows of the Royal Society 51, 2005, S. 409-423.

Dacie, John: Hermann Lehmann, 8 July 1910 – 13 July 1985, in: Biographical Memoirs of Fellows of the Royal Society 34, 1988, S. 407-449.

Dähnhardt, Willy/Birgit S. Nielsen (Hg.): Exil in Dänemark. Deutschsprachige Wissenschaftler, Künstler und Schriftsteller im dänischen Exil nach 1933, Heide 1993 [betr. Hilde Levi].

Dannemann, Gerhard: Rechtsvergleichung im Exil. Martin Wolff und das englische Recht, Berlin 2004.

Ders.: Martin Wolff (1872-1953), in: Jack Beatson/Reinhard Zimmermann (Hg.), Jurists Uprooted. German-Speaking Emigré Lawyers in Twentieth-Century Britain, Oxford 2004, S. 441-461.

Davies, Mansel: Peter Joseph Wilhelm Debye. 1884-1966, in: Biographical Memoirs of Fellows of the Royal Society 16, 1970, S. 175-232.

Dietrich, Donald J.: Catholic Eugenics in Germany 1920-1945: Hermann Muckermann, S. J. and Joseph Mayer, in: Journal of Church and State 34, Nr. 3, 1992, S. 575-600.

Dietrich, Michael R.: On the Mutability of Genes and Geneticists: The »Americanization« of Richard Goldschmidt and Victor Jollos, in: Perspectives on Science 4, Nr. 3, 1996, S. 321-345.

Donêth, Tibor: Dr. Péterfi Tibor (1983-1953), in: Orvosi Hetilap 124, Nr. 50, 1983, S. 3061 f.

Donnan, Frederick George: Herbert Freundlich 1880-1941, in: Obituary Notices of Fellows of the Royal Society 4, Nr. 11, 1942, S. 27-50.

Duden, Konrad: Max Rheinstein – Leben und Werk, in: Ernst von Caemmerer u. a. (Hg.), Ius privatum gentium. Festschrift für Max Rheinstein zum 70. Geburtstag am 5. Juli 1969, Bd. 1, Tübingen 1969, S. 1-14.

Ebert, Hans: Hermann Muckermann. Profil eines Theologen, Widerstandskämpfers und Hochschullehrers der Technischen Universität Berlin, in: Humanismus und Technik 20, Nr. 1, 1976, S. 29-40.

Engel, Michael: Max Bergmann und das Kaiser-Wilhelm-Institut für Lederforschung, in: Werner Kroker (Hg.), Vom Leder zum Chemiewerkstoff, Bochum 2000, S. 77-105.

Feiner, Edith: Oskar Vogt, in: Schleswig-Holsteinisches biographisches Lexikon 2, 1971, S. 238-242.

Fischer, Peter: Licht und Leben. Ein Bericht über Max Delbrück, den Wegbereiter der Molekularbiologie, Konstanz 1985.

Flammersfeld, Arnold: Lise Meitner 80 Jahre, in: Physikalische Blätter 14, 1958, S. 511-513.

Fölsing, Albrecht: Albert Einstein. Eine Biographie, Frankfurt/Main 1993.

Friedrich, Manfred: Erich Kaufmann (1880-1972). Jurist in der Zeit und jenseits der Zeiten, in: Heinrichs u. a. (Hg.), Deutsche Juristen, S. 693-704.

Frisch, Otto Robert: Lise Meitner, 1878-1968, in: Biographical Memoirs of Fellows of the Royal Society 16, 1970, S. 405-420.

Glendon, Mary Ann: Max Rheinstein, in: The University of Chicago Law Review 45, Nr. 3, 1978, S. 516-518.

Glum, Friedrich: Zwischen Wissenschaft, Wirtschaft und Politik. Erlebtes und Erdachtes in vier Reichen, Bonn 1964.

Goenner, Hubert: Einstein in Berlin 1914-1933, München 2005.

Ders./Britta Scheideler: Albert Einstein in Politics – A Comparative Approach, in: Guiseppe Castagnetti u. a. (Hg.), Foundation in Disarray, Berlin 1997, S. 1-29.

Goldblatt, David: Star: Karl Stern (1906-1975), in: Seminars in Neurology 12, Nr. 3, 1992, S. 279-282.

Goldschmidt, Richard Benedict: Im Wandel das Bleibende. Mein Lebensweg, Hamburg 1959 (engl.: In and Out of the Ivory Tower. The Autobiography, Seattle 1960).

Golomb, Solomon W.: Max Delbrück. An Appreciation, in: The American Scholar 51, Nr. 3, 1982, S. 351-367.

Greenfield, Susan: Marthe Louise Vogt F. R. S. (1903-), in: Bindman u. a. (Hg.), Women Physiologists, S. 49-51.

Dies.: Marthe Louise Vogt, 1903-2003, in: Physiology News, Nr. 53, 2004, S. 50 f.

Grosch-Obenauer, Dagmar: Hermann Muckermann und die Eugenik, Mainz 1986.

Grünfeld, Walter: Rückblicke, o.O. o.J. [Selbstverlag, ca. 1990, betr. Hans Sachs].

Hahn, Otto: Erlebnisse und Erkenntnisse, hg. v. Dietrich Hahn, Düsseldorf 1975.

Ders.: Mein Leben. Die Erinnerungen des großen Atomforschers und Humanisten, hg. v. Dietrich Hahn, erw. Neuausgabe, München 1986.

Hallstein, Walter: Martin Wolff, in: Juristenzeitung 8, 1953, S. 580 f.

Harris, John (Hg.): The Karl Weissenberg 80th Birthday Celebration Essays, Kampala 1973.

Ders.: Obituary. Karl Weissenberg, in: Nature 261, 1976, S. 353.

Havemann, Florian: Havemann, Frankfurt/Main 2007.

Havsteen, Bent: Otto Meyerhof, in: Biographisches Lexikon für Schleswig-Holstein und Lübeck 10, 1994, S. 253-256.

Heilbron, John Lewis: The Dilemmas of an Upright Man. Max Planck and the Fortunes of German Science; with a new afterword, Cambridge, Mass. 2000 (Erstausgabe mit dem Untertitel »Max Planck as a Spokesman of German Science«, Berkeley 1986).

Heller, Wilfried: Herbert Freundlich, in: Journal of Colloid and Interface Science 90, Nr. 1, 1982, S. 1-16.

Hermann, Armin: Einstein. Der Weltweise und sein Jahrhundert. Eine Biographie, München 1994.

Ders.: Max Planck in Selbstzeugnissen und Bilddokumenten, Reinbek bei Hamburg 1973.

Herzfeld, K. F.: Reginald Oliver Herzog, in: Science 81, Nr. 2112, 1935, S. 607 f.

Hoffmann, Peter: Claus Schenk Graf von Stauffenberg und seine Brüder, Stuttgart 1992 [betr. Berthold Schenk Graf von Stauffenberg].

Holloway, Bruce/Paul Broda: William Hayes 1913-1994, in: Historical Records of Australian Science 11, Nr. 2, 1996, S. 213-228 [betr. Hans Sachs].

Homann, Peter H.: Hydrogen Metabolism of Green Algae: Discovery and Early Research – a Tribute to Hans Gaffron and His Coworkers, in: Photosynthesis Research 76, 2003, S. 93-103.

Horowitz, Steven H./Christian Krarup: Fritz Buchthal, MD, in: Muscle & Nerve 30, 2004, S. 1 f.

Hummeler, Klaus/Steven D. Douglas: In Memoriam. Werner Henle, M.D. 1910-1987, in: The Journal of Immunology 139, Nr. 15, 1987, S. 2118.

Husserl, Gerhart: Ernst Rabel – Versuch einer Würdigung, in: Juristenzeitung 11, Nr. 13, 1956, S. 385-392.

Innis, Robert E.: In memoriam Michael Polanyi (1891-1976), in: Zeitschrift für allgemeine Wissenschaftstheorie 8, 1977, S. 22-29.

Jäger, Siegfried: Vom erklärbaren, doch ungeklärten Abbruch einer Karriere. Die Tierpsychologin und Sinnesphysiologin Mathilde Hertz (1891-1975), in: Horst Gundlach (Hg.), Untersuchungen zur Geschichte der Psychologie und der Psychotechnik, München 1996, S. 229-262.

Jaenicke, Lothar: »Bevor ick mir so wund're, jloob ick's nicht«. Carl Neuberg, 1877-1956, in: BIOspektrum 7, Nr. 2, 2001, S. 133-136.

Ders.: Charlotte Auerbach, 14.05.1899 (Krefeld) – 17.03.1994 (Edinburgh), in: BIOspektrum 11, Nr. 4, 2005, S. 404-406.

Ders.: Curt Stern, 20. August 1902 (Hamburg) – 23. Oktober 1981 (Berkeley). Wegbereiter der Kombinationsgenetik bei Fliege und Mensch, in: BIOspektrum 12, Nr. 4, 2006, S. 452-455.

Ders.: Fabius Gross (1906-1950), a Protistologist Almost Lost from History, in: Protist 157, Nr. 4, 2006, S. 235-244.

Ders.: Hermann K. F. Blaschko (04.01.1900 – 11.04.1993). Ein Selfmademan mit den richtigen Schuhen im Startloch der funktionellen Pharmakologie, in: BIOspektrum 11, Nr. 1, 2005, S. 53-55.

Ders.: Max Bergmann (12.02.1986, Fürth – 07.11.1944, New York). Ein Chemiker in Emil Fischers Tradition, in: BIOspektrum 11, Nr. 6, 2005, S. 734-738.

Ders.: Richard Goldschmidt (1878-1958) und die Theorie der Vererbung. Ein origineller Kopf und Anreger, in: BIOspektrum 9, Nr. 2, 2003, S. 156-159.

Jayme, Erik: Wilhelm Wengler, in: Juristenzeitung 50, Nr. 21, 1995, S. 1058.

Kay, Lily E.: Conceptual Models and Analytical Tools: The Biology of Physicist Max Delbrück, in: Journal of the History of Biology 18, Nr. 2, 1985, S. 207-246.

Kegel, Gerhard: Ernst Rabel (1874-1955). Vorkämpfer des Weltkaufrechts, in: Heinrichs u. a. (Hg.), Deutsche Juristen, S. 571-593.

Kenéz, János: Tibor Péterfi, in: Orvosi Hetilap 119, Nr. 10, 1978, S. 589-595.

Kilbey, Brian J.: Obituary Notice of Charlotte Auerbach, in: Royal Society of Edinburgh Year Book, S. 87 f.

Klarsfeld, Serge: Le Memorial de la deportation des Juifs de France, 3 Bde., Paris 1978-1981.

Klatzo, Igor: Cécile and Oskar Vogt. The Visionaries of Modern Neuroscience, New York 2002.

Kleist, Karl: Oskar Vogt zum Gedächtnis, in: Der Nervenarzt 31, Nr. 8, 1960, S. 337-340.

Krafft, Fritz: Lise Meitner – ein deutsches Frauenschicksal, in: Marianne Hassler u. a. (Hg.), Der Exodus aus Nazideutschland und die Folgen. Jüdische Wissenschaftler im Exil, Tübingen 1997, S. 32-58.

Ders.: Lise Meitner. Eine Biographie, Berlin 1988.

Krebs, Sir Hans: Otto Warburg. Biochemiker, Zellphysiologe, Mediziner, in: Jahrbuch der Max-Planck-Gesellschaft, Göttingen 1978, S. 79-96.

Kressley-Mba, Regina A./Siegfried Jaeger: Rediscovering a Missing Link: The Sensory Physiologist and Comparative Psychologist Mathilde Hertz (1891-1975), in: History of Psychology 6, Nr. 4, 2003, S. 379-396.

Kuckuck, Hermann: Wandel und Beständigkeit im Leben eines Pflanzenzüchters, Berlin 1988.

Kühn, Alfred: Zum 70. Geburtstag Richard Goldschmidts am 12. April 1948, in: Experientia 4, Nr. 6, 1948, S. 239-242.

Kugler, Jehoshua: Hanan (Hans) Bytinski-Salz 1903-1986, in: Israel Journal of Entomology 20, 1986, S. 95-97.

Kunkel, Wolfgang: Ernst Rabel als Rechtshistoriker, in: ders./Hans Julius Wolff (Hg.), Festschrift für Ernst Rabel, Bd. 2, Tübingen 1954, S. 1-6.

Kunze, Rolf Ulrich: Ernst Rabel und das Kaiser-Wilhelm-Institut für ausländisches und internationales Privatrecht 1926-1945 (= Geschichte der Kaiser-Wilhelm-Gesellschaft im Nationalsozialismus, Bd. 8), Göttingen 2004.

Lasareff, Vladimir: La Vie remporta la Victoire, Liège 1945.

Laue, Max von: Fritz Haber, in: Die Naturwissenschaften 22, Nr. 7, 1934, S. 91.

Lederer, Edgar: Adventures and Research, in: Giorgio Semenza (Hg.), Selected Topics in the History of Biochemistry. Personal Recollections, Amsterdam 1986, S. 437-490.

Lemmerich, Jost (Hg.): Lise Meitner – Max von Laue. Briefwechsel 1938-1948, Berlin 1998.

Lerche, Peter: Erich Kaufmann, in: Archiv des öffentlichen Rechts 98, 1973, S. 115-118.

Leser, Hans G.: Einleitung des Herausgebers, in: Ernst Rabel, Gesammelte Aufsätze, Bd. 1: Arbeiten zum Privatrecht 1907-1930, hg. v. Hans G. Leser, Tübingen 1965, S. XI-XXXIX [betr. Ernst Rabel].

Lewald, Hans: Martin Wolff zum Gedächtnis, in: Neue Juristische Wochenschrift 6, Nr. 34, 1953, S. 1253 f.

Lewy, Friedrich H.: Max Bielschowsky 1869-1940, in: Transactions of the American Neurological Association 67, 1941, S. 243 f.

Lipmann, Fritz u. a.: C. Neuberg, Biochemist, in: Science, New Series 124, 1956, S. 1244 f.

Lösch, Niels C.: Rasse als Konstrukt. Leben und Werk Eugen Fischers, Frankfurt/Main 1997.

Lützeler, Paul Michael (Hg.): Der Tod im Exil: Briefwechsel 1950/51. Hermann Broch und Annemarie Meier-Graefe, Frankfurt/Main 2001 [betr. Friedrich Epstein].

Makarov, Alexander N.: Vorkämpfer der Völkerverständigung und Völkerrechtsgelehrte als Opfer des Nationalsozialismus: Berthold Schenk Graf von Stauffenberg (1905-1944), in: Die Friedens-Warte 47, 1947, S. 360-365.

Mark, A.: Dr. Karl Weissenberg, 1922-1928, in: Harris (Hg.), Karl Weissenberg, S. 145-147.

Martens, G./G. Huybrechts: Paul Goldfinger (1905-1970), in: International Journal of Chemical Kinetics 2, Nr. 4, 1970, S. 263 f.

Maskar, Üveis/Robert Chambers: Tibor Péterfi, in: Acta Anatomica 19, Nr. 1, 1953 S. 1-7.

Mathot, V.: In Memoriam Paul Goldfinger, in: Revue d'Information d'ASeBR 314, Nr. 46, 1971, S. 9.

Medicus, Dieter: Martin Wolff (1872-1953). Ein Meister an Klarheit, in: Heinrichs u. a. (Hg.), Deutsche Juristen, S. 543-569.

Meessen, Hubert: Oskar Vogt, in: Deutsche Medizinische Wochenschrift 84, Nr. 39, 1959, S. 1796 f.

Meitner, Lise: Einige Erinnerungen an das Kaiser-Wilhelm-Institut für Chemie in Berlin-Dahlem, in: Die Naturwissenschaften 41, 1954, S. 97-99.

Dies.: Max Planck als Mensch, in: Die Naturwissenschaften 45, 1958, S. 406-408.

Meyer, Alexander: Berthold Schenk Graf von Stauffenberg (1905-1944). Völkerrecht im Widerstand, Berlin 2001.

Mildenberger, Florian: Ein Zoologe auf Abwegen – Richard B. Goldschmidt (1878-1958) als Sexualforscher und seine Rezeption im Dritten Reich, in: Sudhoffs Archiv. Zeitschrift für Wissenschaftsgeschichte 85, 2001, S. 64-81.

Minckler, Jeff: In memoriam: Karl T. Neubuerger, M.D. (1890-1972), in: Journal of Neuropathology & Experimental Neurology 31, Nr. 4, 1972, S. 559-561.

Model, Anselm: Otto Meyerhof, in: Badische Biographien. Neue Folge, hg. v. Bernd Ottnad u. a., Bd. 4, Stuttgart 1996, S. 212-215.

Møller-Christensen, Vilhelm: Fritz Buchthal, Neurophysiologe, in: Dähnhardt/Nielsen (Hg.), Exil, S. 141-146.

Mosler, Hermann: Erich Kaufmann zum Gedächtnis, in: Zeitschrift für ausländisches öffentliches Recht und Völkerrecht 32, 1972, S. 235-238.

Murray, James: Dietrich H. F. A. Bodenstein, February 1, 1908 – January 5, 1984, in: Biographical Memoirs. National Academy of Sciences 63, 1994, S. 48-67.

Nachmansohn, David u. a.: Otto Meyerhof: 1884-1951, in: Science 115, Nr. 2988, 1952, S. 365-368.

Nachtsheim, Hans: Richard Goldschmidt zum 70. Geburtstage, in: Forschungen und Fortschritte 24, Nr. 11/12, 1948, S. 140-142.

Nadelmann, Kurt H.: Ernst Rabel, in: The American Journal of Comparative Law 5, Nr. 1, 1956, S. 173 f.

Nagy, Paul: Polanyi, Michael (1891-1876), in: The Dictionary of Modern American Philosophers, hg. v. John R. Shook, Bd. 3, Bristol 2005, S. 1934-1940.

Neffe, Jürgen: Einstein. Eine Biographie, Reinbek bei Hamburg 2005.

Newborg, Barbara (Hg.): Scientific Publications by Walter Kempner, MD, 2 Bde., Durham, North Carolina 2002.

Nordwig, Arnold: Vor fünfzig Jahren: der Fall Neuberg. Aus der Geschichte des Kaiser-Wilhelm-Instituts für Biochemie zur Zeit des Nationalsozialismus, in: MPG-Spiegel 6, 1983, S. 49-53.

Nye, Mary Jo: Michael Polanyi (1891-1976), in: HYLE – International Journal for Philosophy of Chemistry 8, Nr. 2, 2002, S. 123-127.

Ostertag, Berthold: In memoriam Max Bielschowsky, 19.2.1869 – 15.8.1940, in: Deutsche Medizinische Wochenschrift 84, 1959, S. 765 f.

Pagel, W.: Alfred Klopstock, in: International Archives of Allergy and Applied Immunology 35, Nr. 3, 1969, S. 308.

Pasternak, Boris: Eine Brücke aus Papier. Die Familienkorrespondenz 1921-1960, hg. v. Johanna R. Döring-Smirnov, Frankfurt/Main 2000 [betr. Lydia Pasternak-Slater].

Peters, G.: In Memory of Karl Th. Neubuerger (3.5.1890 – 3.7.1972), in: Verhandlungen der Deutschen Gesellschaft für Pathologie 57, 1972, S. 478-479.

Peters, Rudolph A.: Otto Meyerhof, 1884-1951, in: Obituary Notices of Fellows of the Royal Society 9, Nr. 1, 1954, S. 174-200.

Planck, Max: Mein Besuch bei Adolf Hitler, in: Physikalische Blätter 3, 1947, S. 143.

Portrety Botaników Polskich – Portraits of Polish Botanists, in: Wiadomości Botaniczne 47, Nr. 3/4, 2003, S. 49 [betr. Flora Lilienfeld].

Przyrembel, Alexandra: Friedrich Glum und Ernst Telschow. Die Generalsekretäre der Kaiser-Wilhelm-Gesellschaft: Handlungsfelder und Handlungsoptionen der »Verwaltenden« von Wissen während des Nationalsozialismus (= Ergebnisse. Vorabdrucke aus dem Forschungsprogramm »Geschichte der Kaiser-Wilhelm-Gesellschaft im Nationalsozialismus«, Heft 20), Berlin 2004.

Raiser, Ludwig: Martin Wolff, 26.9.1872 – 20.7.1953, in: Archiv für die civilistische Praxis, Neue Folge 52, Nr. 6, 1972, S. 489-497.

Reindl, Josef: Believers in an Age of Heresy? Oskar Vogt, Nikolai Timoféeff-Ressovsky and Julius Hallervorden at the Kaiser Wilhelm Institute for Brain Research, in: Margit Szöllösi-Janze (Hg.), Science in the Third Reich, Oxford 2001, S. 211-241.

Rheinstein, Max: In Memory of Ernst Rabel, in: The American Journal of Comparative Law 5, Nr. 2, 1956, S. 185-196.

Rife, Patricia: Lise Meitner. Ein Leben für die Wissenschaft, Hildesheim 1992.

Rivnay, Ezekiel: Prof. Dr. Hanan Bytinski-Salz – 65 Years, in: Israel Journal of Entomology 4, 1969, S. 207-215.

Röwekamp, Marion: Wolff, Marguerite, in: dies. (Hg.), Juristinnen. Lexikon zu Leben und Werk, Baden-Baden 2005, S. 436-438.

Roueché, Berton: *Zweckwissenschaft*, in: The New Yorker, 9. August 1947, S. 46-50 [betr. Hans Löwenbach].

Rudolph, Katrin: Kaufmann, Franz Herbert, in: Biographisch-Bibliographisches Kirchenlexikon, Bd. 23, 2004, Sp. 770-775 [betr. Erich Kaufmann].

Satzinger, Helga: Die Geschichte der genetisch orientierten Hirnforschung von Cécile und Oskar Vogt (1875-1962, 1870-1959) in der Zeit von 1895 bis ca. 1927, Stuttgart 1998.

Dies.: Weiblichkeit und Wissenschaft. Das Beispiel der Hirnforscherin Cécile Vogt (1875-1962), in: Johanna Bleker (Hg.), Der Eintritt der Frauen in die Gelehrtenrepublik. Zur Geschlechterfrage im akademischen Selbstverständnis und in der wissenschaftlichen Praxis am Anfang des 20. Jahrhunderts, Husum 1998, S. 75-93.

Dies./Annette Vogt: Elena Aleksandrovna und Nikolaj Vladimirovic Timoféeff-Ressovsky (1898-1973; 1900-1981) (= Max-Planck-Institut für Wissenschaftsgeschichte, Preprint 112), Berlin 1999.

Schattenberg, Gerlinde/Dieter Spaar, Rudolf Schick. Pflanzenzüchter und Hochschullehrer. Ein biographisches Porträt, Müncheberg 2000.

Schlabrendorff, Fabian von: Wilhelm Wengler – Wesen und Gestalt, in: Tittel u. a. (Hg.), Multitudo Legum Ius Unum, Bd. 1, S. 1-10.

Scholes, George: Professor J. J. Weiss, 1905-1972, in: International Journal of Radiation Biology 22, Nr. 4, 1972, S. 311 f.

Schüring, Michael: »Ein unerfreulicher Vorgang«. Das Max-Planck-Institut für Züchtungsforschung in Voldagsen und die gescheiterte Rückkehr von Max Ufer, in: Susanne Heim (Hg.), Autarkie und Ostexpansion. Pflanzenzucht und Agrarforschung im Nationalsozialismus (= Geschichte der Kaiser-Wilhelm-Gesellschaft im Nationalsozialismus, Bd. 2), Göttingen 2002, S. 280-299.

Ders.: Der Vorgänger. Carl Neubergs Verhältnis zu Adolf Butenandt, in: Wolfgang Schieder/Achim Trunk (Hg.), Adolf Butenandt und die Kaiser-Wilhelm-Gesellschaft. Wissenschaft, Industrie und Politik im »Dritten Reich« (= Geschichte der Kaiser-Wilhelm-Gesellschaft im Nationalsozialismus, Bd. 7), Göttingen 2004, S. 346-368.

Schweiger, Hans-Georg: Otto Meyerhof 1884-1951, in: Wilhelm Doerr u. a. (Hg.), Semper Apertus. Sechshundert Jahre Ruprecht-Karls-Universität Heidelberg 1386-1986. Festschrift, Bd. 3: Das zwanzigste Jahrhundert, 1918-1985, Berlin 1985, S. 359-375.

Scott, William Taussig/Martin X. Moleski: Michael Polanyi. Scientist and Philosopher, Oxford 2005.

Seaman, Geoffrey V. J. u. a.: Karl Weissenberg 1893-1976, in: Biorheology 14, 1977, S. 63 f.

Seebohm, H. B.: Biographical Notes on Karl Weissenberg, in: Harris (Hg.), Karl Weissenberg, S. 1-4.

Seiler, Jakob: Richard Goldschmidt, 12.4.1878 – 24.4.1958, in: Bayerische Akademie der Wissenschaften, Jahrbuch, 1960, S. 153-157.

Sime, Ruth Lewin: From Exceptional Prominence to Prominent Exception. Lise Meitner at the Kaiser Wilhelm Institute for Chemistry (= Ergebnisse. Vorabdrucke aus dem Forschungsprogramm »Geschichte der Kaiser-Wilhelm-Gesellschaft im Nationalsozialismus«, Heft 24), Berlin 2005.

Dies.: Lise Meitner. Ein Leben für die Physik, Frankfurt/Main 2001.

Spatz, Hugo: Oskar Vogt, 6. April 1870 bis 31. Juli 1959, in: Wilhelm Tönnis/Frank Marguth (Hg.), Kreislaufstörungen des Zentralnervensystems. Bericht über den Kongreß des Gesamtverbandes deutscher Nervenärzte, Köln, 14. bis 16. September 1959, Wien 1961, S. 3-10.

Stern, Curt: Richard Goldschmidt, Biologist, in: Science, New Series 128, 1958, S. 1069 f.

Stern, Fritz: Einstein's German World, Princeton 1999.

Ders.: Freunde im Widerspruch. Haber und Einstein, in: ders., Verspielte Größe. Essays zur deutschen Geschichte des 20. Jahrhunderts, München 1996, S. 214-282.

Ders.: Fritz Haber. Politik und Wissenschaft, in: ders., Der Traum vom Frieden und die Versuchung der Macht. Deutsche Geschichte im 20. Jahrhundert, Berlin 1988, S. 62-89.

Stoff, Heiko: Eine zentrale Arbeitsstätte mit nationalen Zielen. Wilhelm Eitel und das Kaiser-Wilhelm-Institut für Silikatforschung 1926-1945 (= Ergebnisse. Vorabdrucke aus dem Forschungsprogramm »Geschichte der Kaiser-Wilhelm-Gesellschaft im Nationalsozialismus«, Heft 28), Berlin 2006.

Stoltzenberg, Dietrich: Fritz Haber. Chemiker, Nobelpreisträger, Deutscher, Jude. Eine Biographie, Weinheim 1994.

Straßmann, Fritz: Lise Meitner, in: Physikalische Blätter 24, 1968, S. 508.

Ders.: Lise Meitner (7.11.1878 – 27.10.1968), in: Mitteilungen aus der Max-Planck-Gesellschaft 6, 1968, S. 373-376.

Szöllösi-Janze, Margit: Fritz Haber, 1868-1934. Eine Biographie, München 1998.

Tittel, Josef u. a. (Hg.): Multitudo Legum Ius Unum. Festschrift für Wilhelm Wengler zu seinem 65. Geburtstag, 2 Bde., Berlin 1973.

Ufer, Marianne: Dreifaches Exil: Rumänien, Afghanistan, Brasilien (= Ergebnisse. Vorabdrucke aus dem Forschungsprogramm »Geschichte der Kaiser-Wilhelm-Gesellschaft im Nationalsozialismus«, Heft 8), Berlin 2003 [betr. Max Ufer].

Verhaegen, Georges: Paul Goldfinger, in: Nouvelle Biographie nationale, hg. v. der Académie royale des sciences, des lettres et des beaux-arts de Belgique, Bd. 4, Bruxelles 1997, S. 191-193.

Vogt, Annette: Fellow of the Royal Society. Die Wissenschaftlerin Marthe Vogt, in: Berlinische Monatsschrift 11, 1999, S. 44-49.

Dies.: Die Pasternaks in »Charlottengrad«, in: Berlinische Monatsschrift 9, 1998, S. 39-45 [betr. Lydia Pasternak-Slater].

Dies.: Seltene Karriere einer Emigrantin. Die Wissenschaftlerin Charlotte Auerbach (1899-1994), in: Berlinische Monatsschrift 10, 1999, S. 54-59.

Dies.: Von Warschau nach Berlin, von Berlin nach Jerusalem – das Schicksal der Biologin Estera Tenenbaum, in: Jörg Schulz (Hg.), Fokus Biologiegeschichte. Zum 80. Geburtstag der Biologiehistorikerin Ilse Jahn, Berlin 2002, S. 65-85.

Wähler, Klaus: Ein wacher Beobachter und weltweit geachteter Gelehrter. Zum Tode des Berliner Juristen Wilhelm Wengler, in: Der Tagesspiegel, 9.8.1995.

Weber, Matthias M.: Ernst Rüdin. Eine kritische Biographie, Berlin 1993.

Werner, Petra: Otto Warburg. Von der Zellphysiologie zur Krebsforschung. Biografie, Berlin 1988.

Dies./Angelika Irmscher (Hg.): Fritz Haber. Briefe an Richard Willstätter 1910-1934, Berlin 1995.

Wigner, Eugene Paul/Robin Allason Hodgkin: Michael Polanyi, 12 March 1891 – 22 February 1976, in: Biographical Memoirs of Fellows of the Royal Society 23, 1977, S. 413-448.

Ders. u. a.: Obituary Notice: Michael Polanyi, in: Nature 261, 1976, S. 83 f.

Williams, J. W.: Peter Debye, in: Biographical Memoirs. National Academy of Sciences 46, 1975, S. 51-68.

Willstätter, Richard: Aus meinem Leben. Von Arbeit, Muße und Freunden, hg. v. Arthur Stoll, 2. Aufl., Weinheim/Bergstraße 1973.

Witschi, Emil: Richard B. Goldschmidt. Zum Gedächtnis, in: Biologisches Zentralblatt 78, Nr. 2, 1959, S. 209-213.

Wolff, Hans Julius: Ernst Rabel, in: Zeitschrift der Savigny-Stiftung für Rechtsgeschichte/Romanistische Abteilung 73, 1956, S. XI-XXVIII.

Wright, Pearce: Marthe Louise Vogt, in: The Lancet 362, Nr. 9397, 2003, S. 1769.

Wundrig, Gertrud: Hermann Muckermann (1877-1962), in: Niedersächsische Lebensbilder, hg. v. Edgar Kalthoff, Bd. 7, Hildesheim 1971, S. 157-166.

Yntema, Hessel Edward: In Memoriam Ernst Rabel, in: The American Journal of Comparative Law 5, Nr. 1, 1956, S. 173 f.

Zweigert, Konrad: Max Rheinstein: European, in: The University of Chicago Law Review 45, Nr. 3, 1978, S. 514 f.

4. Allgemeine Literatur

Adam, Uwe Dietrich: Judenpolitik im Dritten Reich, Düsseldorf 1972.

Albrecht, Helmuth, Max Planck: »Mein Besuch bei Adolf Hitler« – Anmerkungen zum Wert einer historischen Quelle, in: ders. (Hg.), Naturwissenschaft und Technik in der Geschichte. 25 Jahre Lehrstuhl für Geschichte der Naturwissenschaft und Technik am Historischen Institut der Universität Stuttgart, Stuttgart 1993, S. 41-63.

Ders./Armin Hermann: Die Kaiser-Wilhelm-Gesellschaft im Dritten Reich (1933-1945), in: Vierhaus/vom Brocke (Hg.), Forschung, S. 356-406.

Albrecht, Richard: Exil-Forschung. Studien zur deutschsprachigen Emigration nach 1933, Frankfurt/Main 1988.

Alter, Peter: Die Kaiser-Wilhelm-Gesellschaft in den deutsch-britischen Beziehungen, in: Vierhaus/vom Brocke (Hg.), Forschung, S. 726-746.

Amaral, Isabel: The Emergence of Biochemistry in Portugal during the 20th Century, in: Denis Buican/Denis Thieffry (Hg.), Proceedings of the XXth International

Congress of History of Science (Liège, 20-26 July 1997), Bd. ii: Biological and Medical Sciences, Turnhout 2002, S. 251-262.

Ash, Mitchell G./Alfons Söllner (Hg.): Forced Migration and Scientific Change. Emigré German-Speaking Scientists and Scholars after 1933, Cambridge 1996.

Barkai, Avraham: Vom Boykott zur »Entjudung«. Der wirtschaftliche Existenzkampf der Juden im Dritten Reich, 1933-1943, Frankfurt/Main 1988.

Ders.: »Wehr Dich!«. Der Centralverein deutscher Staatsbürger jüdischen Glaubens (C. V.) 1893-1938, München 2002.

Ders./Paul Mendes-Flohr: Aufbruch und Zerstörung, 1918-1945; mit einem Epilog von Steven M. Lowenstein (= Deutsch-jüdische Geschichte in der Neuzeit, hg. v. Michael A. Meyer unter Mitwirkung von Michael Brenner, Bd. 4), München 1997.

Beatson, Jack/Reinhard Zimmermann (Hg.): Jurists Uprooted. German-Speaking Émigré Lawyers in Twentieth-Century Britain, Oxford 2004.

Becker, Heinrich u. a. (Hg.): Die Universität Göttingen unter dem Nationalsozialismus. Das verdrängte Kapitel ihrer 250jährigen Geschichte, 2., erw. Ausgabe, München 1998.

Becker, Josef/Ruth Becker (Hg.): Hitlers Machtergreifung 1933. Vom Machtantritt Hitlers 30. Januar 1933 bis zur Besiegelung des Einparteienstaates 14. Juli 1933, 2., erw. Aufl., München 1992.

Bentwich, Norman: The Rescue and Achievement of Refugee Scholars. The Story of Displaced Scholars and Scientists 1933-1952, Den Haag 1953.

Benz, Wolfgang (Hg.): Das Exil der kleinen Leute. Alltagserfahrung deutscher Juden in der Emigration, München 1991.

Ders. (Hg.): Die Juden in Deutschland 1933-1945. Leben unter nationalsozialistischer Herrschaft, 4. Aufl., München 1996.

Bergemann, Claudia: Mitgliederverzeichnis der Kaiser-Wilhelm-Gesellschaft zur Förderung der Wissenschaften, 2 Bde., Berlin 1991.

Beveridge, Lord William: A Defence of Free Learning, London 1959.

Beyerchen, Alan D.: Wissenschaftler unter Hitler. Physiker im Dritten Reich, Frankfurt/Main 1982.

Beyler, Richard H.: »Reine« Wissenschaft und personelle »Säuberungen«. Die Kaiser-Wilhelm-/Max-Planck-Gesellschaft 1933 und 1945 (= Ergebnisse. Vorabdrucke aus dem Forschungsprogramm »Geschichte der Kaiser-Wilhelm-Gesellschaft im Nationalsozialismus«, Heft 16), Berlin 2004.

Blau, Bruno: Das Ausnahmerecht für die Juden in den europäischen Ländern 1933-1945, New York 1952.

Böhne, Edith/Wolfgang Motzkau-Valeton (Hg.): Die Künste und Wissenschaften im Exil 1933-1945, Gerlingen 1992.

Bracher, Karl Dietrich: Stufen der Machtergreifung, Frankfurt/Main 1983.

Bramwell, Anna C. (Hg.): Refugees in the Age of Total War, London 1988.

Breunung, Leonie: Analysen der Wissenschaftsemigration nach 1933. Soziologische und methodologische Überlegungen zum Fall der deutschen Rechtswissenschaft, in: Zeitschrift für Soziologie 25, Nr. 5, 1996, S. 395-411.

Brocke, Bernhard vom: Friedrich Glum (1891-1974), in: Kurt A. Jeserich/Helmut Neuhaus (Hg.), Persönlichkeiten der Verwaltung. Biographien zur deutschen Verwaltungsgeschichte 1648-1945, Stuttgart 1991, S. 449-454.

Ders.: Die Kaiser-Wilhelm-Gesellschaft im Kaiserreich. Vorgeschichte, Gründung und Entwicklung bis zum Ausbruch des Ersten Weltkriegs, in: Vierhaus/vom Brocke (Hg.), Forschung, S. 17-162.

Ders.: Die Kaiser-Wilhelm-Gesellschaft in der Weimarer Republik. Ausbau zu einer gesamtdeutschen Forschungsorganisation, in: Vierhaus/vom Brocke (Hg.), Forschung, S. 197-355.

Ders.: Die Kaiser-Wilhelm-/Max-Planck-Gesellschaft und ihre Institute zwischen Universität und Akademie. Strukturprobleme und Historiographie, in: ders./Laitko (Hg.), Kaiser-Wilhelm-/Max-Planck-Gesellschaft, S. 1-32.

Ders./Hubert Laitko (Hg.): Die Kaiser-Wilhelm-/Max-Planck-Gesellschaft und ihre Institute. Studien zu ihrer Geschichte: Das Harnack-Prinzip, Berlin 1996.

Broszat, Martin: Der Staat Hitlers. Grundlegung und Entwicklung seiner inneren Verfassung, 15. Aufl., München 2000.

Bruch, Rüdiger vom/Brigitte Kaderas (Hg.): Wissenschaften und Wissenschaftspolitik. Bestandsaufnahmen zu Formationen, Brüchen und Kontinuitäten im Deutschland des 20. Jahrhunderts, Stuttgart 2002.

Burchardt, Lothar: Wissenschaftspolitik im Wilhelminischen Deutschland. Vorgeschichte, Gründung und Aufbau der Kaiser-Wilhelm-Gesellschaft zur Förderung der Wissenschaften, Göttingen 1975.

Cornwell, John: Forschen für den Führer. Deutsche Naturwissenschaftler und der Zweite Weltkrieg, Bergisch-Gladbach 2004.

Crawford, Elisabeth: German Scientists and Hitler's Vendetta against the Nobel Prizes, in: Historical Studies in the Physical and Biological Sciences 31, 2000, S. 38-53.

Deichmann, Ute: Biologen unter Hitler. Porträt einer Wissenschaft im NS-Staat, 2., überarbeitete und erw. Aufl., Frankfurt/Main 1995.

Dies.: Biologie und Chemie, in: Krohn u. a. (Hg.), Handbuch, S. 704-720.

Dies.: The Expulsion of Jewish Biochemists from Academia in Nazi Germany, in: Perspectives on Science 7, Nr. 1, 1999, S. 1-87.

Dies.: Flüchten, Mitmachen, Vergessen. Chemiker und Biochemiker in der NS-Zeit, Weinheim 2001.

Dies./Anthony S. Travis: A German Influence on Science in Mandate Palestine and Israel: Chemistry and Biochemistry, in: Israel Studies 9, Nr. 2, 2004, S. 34-70.

Doerr, Wilhelm u. a. (Hg.): Semper Apertus. Sechshundert Jahre Ruprecht-Karls-Universität Heidelberg 1386-1986. Festschrift, 6 Bde., Berlin 1985.

Düwell, Kurt: Berliner Wissenschaften in der Emigration. Das Beispiel der Hochschullehrer nach 1933, in: Tilmann Buddensieg u. a. (Hg.), Wissenschaften in Berlin, Bd. 3: Gedanken, Berlin 1987, S. 126-134.

Ders.: Die deutsch-amerikanischen Wissenschaftsbeziehungen im Spiegel der Kaiser-Wilhelm- und der Max-Planck-Gesellschaft, in: Vierhaus/vom Brocke (Hg.), Forschung, S. 747-777.

Duggan, Stephen/Betty Drury: The Rescue of Science and Learning, New York 1948.

Engel, Michael: Dahlem als Wissenschaftszentrum, in: Vierhaus/vom Brocke (Hg.), Forschung, S. 552-578.

Ders.: Geschichte Dahlems, Berlin 1984.

Essner, Cornelia: Die »Nürnberger Gesetze« oder Die Verwaltung des Rassenwahns 1933-1945, Paderborn 2002.

Feldman, Gerald D.: Historische Vergangenheitsbearbeitung. Wirtschaft und Wissenschaft im Vergleich (= Ergebnisse. Vorabdrucke aus dem Forschungsprogramm »Geschichte der Kaiser-Wilhelm-Gesellschaft im Nationalsozialismus«, Heft 13), Berlin 2003.

Ferber, Christian von: Die Entwicklung des Lehrkörpers der deutschen Universitäten und Hochschulen 1864-1954, Göttingen 1956.

Fermi, Laura: Illustrious Immigrants. The Intellectual Migration from Europe 1930-1941, Chicago 1968.

Fijal, Andreas: Die Rechtsgrundlagen der Entpflichtung jüdischer und politisch miß-liebiger Hochschullehrer nach 1933 sowie der Umbau der Universitäten im natio-nalsozialistischen Sinne, in: Fischer u. a. (Hg.), Exodus, S. 101-115.

Fischer, Klaus: Die Emigration deutschsprachiger Kernphysiker nach 1933. Eine kol-lektivbiographische Analyse ihrer Wirkung auf der Basis szientometrischer Daten, in: Exilforschung 6, 1988, S. 44-73.

Ders.: Die Emigration von Wissenschaftlern nach 1933. Möglichkeiten und Grenzen einer Bilanzierung, in: Vierteljahrshefte für Zeitgeschichte 39, 1991, S. 535-549.

Ders.: Physik, in: Krohn u. a. (Hg.), Handbuch, S. 824-835.

Fischer, Wolfram u. a. (Hg.): Exodus von Wissenschaften aus Berlin. Fragestellungen – Ergebnisse – Desiderate. Entwicklungen vor und nach 1933, Berlin 1994.

Fosdick, Raymond Blaine: The Story of the Rockefeller Foundation, New York 1989.

Fraenkel, Ernst: Der Doppelstaat. Recht und Justiz im »Dritten Reich«, Frankfurt/ Main 1984 (zuerst erschienen unter dem Titel »The Dual State. A Contribution to the Theory of Dictatorship«, New York 1941).

Frei, Norbert: Der Führerstaat. Nationalsozialistische Herrschaft 1933 bis 1945, 6., erw. Aufl., München 2001.

Friedländer, Saul: Das Dritte Reich und die Juden, Bd. 1: Die Jahre der Verfolgung 1933-1939, München 1998.

Frühwald, Wolfgang/Wolfgang Schieder (Hg.): Leben im Exil. Probleme der Integra-tion deutscher Flüchtlinge im Ausland 1933-1945, Hamburg 1981.

25 Jahre Kaiser-Wilhelm-Gesellschaft zur Förderung der Wissenschaften, 3 Bde., Ber-lin 1936-37.

50 Jahre Kaiser-Wilhelm-Gesellschaft und Max-Planck-Gesellschaft zur Förderung der Wissenschaften, 1911-1961. Beiträge und Dokumente, Göttingen 1961.

Gausemeier, Bernd: Natürliche Ordnungen und politische Allianzen. Biologische und biochemische Forschung an Kaiser-Wilhelm-Instituten 1933-1945 (= Ge-schichte der Kaiser-Wilhelm-Gesellschaft im Nationalsozialismus, Bd. 12), Göt-tingen 2005.

Gemelli, Giuliana (Hg.): The »Unacceptables«: American Foundations and Refugee Scholars Between the Two Wars and After, Bruxelles 2000.

Göppinger, Horst: Juristen jüdischer Abstammung im »Dritten Reich«: Entrechtung und Verfolgung, München 1990.

Grau, Conrad: Genie und Kärrner – zu den geistesgeschichtlichen Wurzeln des Harnack-Prinzips in der Berliner Akademietradition, in: vom Brocke/Laitko (Hg.), Kaiser-Wilhelm-/Max-Planck-Gesellschaft, S. 139-144.

Greenberg, Karen J.: Crossing the Boundary. German Refugee Scholars and the American Academic Tradition, in: Ulrich Teichler/Herbert Wasser (Hg.), German and American Universities. Mutual Influences in the Past and Present, Kassel 1992, S. 67-79.

Grüttner, Michael: Die deutschen Universitäten unter dem Hakenkreuz, in: John Connelly/Michael Grüttner (Hg.), Zwischen Autonomie und Anpassung: Universitäten in den Diktaturen des 20. Jahrhunderts, Paderborn 2003, S. 67-100.

Ders.: Studenten im Dritten Reich, Paderborn 1995.

Ders.: Wissenschaft, in: Enzyklopädie des Nationalsozialismus, hg. v. Wolfgang Benz u. a., München 1997, S. 135-153.

Ders.: Wissenschaftspolitik im Nationalsozialismus, in: Kaufmann (Hg.), Geschichte, Bd. 2, S. 557-585.

Ders./Sven Kinas: Die Vertreibung von Wissenschaftlern aus den deutschen Universitäten 1933-1945, in: Vierteljahrshefte für Zeitgeschichte 55, 2007, S. 123-186.

Gruner, Wolf: Judenverfolgung in Berlin 1933-1945. Eine Chronologie der Behördenmaßnahmen in der Reichshauptstadt, Berlin 1996.

Hachtmann, Rüdiger: Eine Erfolgsgeschichte? Schlaglichter auf die Geschichte der Generalverwaltung der Kaiser-Wilhelm-Gesellschaft im »Dritten Reich« (= Ergebnisse. Vorabdrucke aus dem Forschungsprogramm »Geschichte der Kaiser-Wilhelm-Gesellschaft im Nationalsozialismus«, Heft 19), Berlin 2004.

Ders.: Wissenschaftsmanagement im »Dritten Reich«. Die Generalverwaltung der Kaiser-Wilhelm-Gesellschaft (= Geschichte der Kaiser-Wilhelm-Gesellschaft im Nationalsozialismus, Bd. 15), 2 Bde., Göttingen 2006.

Haevecker, Herbert: 40 Jahre Kaiser-Wilhelm-Gesellschaft, in: Jahrbuch der Max-Planck-Gesellschaft, Göttingen 1951, S. 7-59.

Harnack, Adolf von: Vom Großbetrieb der Wissenschaft, in: ders., Aus Wissenschaft und Leben, Bd. 1, Gießen 1911, S. 10-20 (zuerst in: Preußische Jahrbücher 119, 1905, S. 193-201).

Hartshorne, Edward Y.: The German Universities and National Socialism, London 1937.

Hassler, Marianne u. a.: Der Exodus aus Nazideutschland und die Folgen. Jüdische Wissenschaftler im Exil, Tübingen 1997.

Hausmann, Frank-Rutger (Hg.): Die Rolle der Geisteswissenschaften im Dritten Reich 1933-1945, München 2002.

Heiber, Helmut: Universität unterm Hakenkreuz, 3 Bde., München 1991-1994.

Heim, Susanne: Kalorien, Kautschuk, Karrieren. Pflanzenzüchtung und landwirtschaftliche Forschung an Kaiser-Wilhelm-Instituten 1933-1945 (= Geschichte der Kaiser-Wilhelm-Gesellschaft im Nationalsozialismus, Bd. 5), Göttingen 2003.

Heinemann, Manfred: Der Wiederaufbau der Kaiser-Wilhelm-Gesellschaft und die Neugründungen der Max-Planck-Gesellschaft (1945-1949), in: Vierhaus/vom Brocke (Hg.), Forschung, S. 407-470.

Henning, Eckart: Das Harnack-Haus in Berlin-Dahlem. »Institut für ausländische Gäste«, Clubhaus und Vortragszentrum der Kaiser-Wilhelm-/Max-Planck-Gesellschaft (= Max-Planck-Gesellschaft, Berichte und Mitteilungen, Heft 2/96), München 1996.

Ders./Marion Kazemi: Chronik der Max-Planck-Gesellschaft zur Förderung der Wissenschaften 1948-1998 (= Veröffentlichungen aus dem Archiv zur Geschichte der Max-Planck-Gesellschaft, Bd. 16), Berlin 1998.

Diess.: Dahlem – Domäne der Wissenschaft/Dahlem – Domain of Science, Berlin 2002.

Diess.: Die Harnack-Medaille der Kaiser-Wilhelm-/Max-Planck-Gesellschaft, 1924-

2004 (= Veröffentlichungen aus dem Archiv zur Geschichte der Max-Planck-Gesellschaft, Bd. 19), Berlin 2005.

Hepp, Michael (Hg.): Die Ausbürgerung deutscher Staatsangehöriger 1933-1945 nach den im Reichsanzeiger veröffentlichten Listen, 3 Bde., München 1985-1988.

Herf, Jeffrey: Reactionary Modernism. Technology, Culture, and Politics in Weimar and the Third Reich, Cambridge 1984.

Hirschfeld, Gerhard: »The defence of learning and science ...«. Der Academic Assistance Council in Großbritannien und die wissenschaftliche Emigration aus Nazi-Deutschland, in: Exilforschung 6, 1988, S. 28-43.

Hoch, Paul K.: The Reception of Central European Refugee Physicists of the 1930s: U. S. S. R., U. K., U. S. A., in: Annals of Science 40, Nr. 3, 1983, S. 217-246.

Hölblin, Walter/Reinhold Wagenleitner (Hg.): The European Emigrant Experience in the USA, Tübingen 1992.

Hohlfeld, Johannes (Hg.): Dokumente der Deutschen Politik und Geschichte von 1848 bis zur Gegenwart, Bd. 4: Die Zeit der nationalsozialistischen Diktatur. Aufbau und Entwicklung 1933-1938, Berlin o.J. [ca. 1953].

Hueck, Ingo: Die deutsche Völkerrechtswissenschaft im Nationalsozialismus. Das Berliner Kaiser-Wilhelm-Institut für ausländisches Recht und Völkerrecht, das Hamburger Institut für Auswärtige Politik und das Kieler Institut für Internationales Recht, in: Kaufmann (Hg.), Geschichte, Bd. 2, S. 490-527.

Jansen, Christian: Professoren und Politik. Politisches Denken und Handeln der Heidelberger Hochschullehrer 1914-1935, Göttingen 1992.

Jarausch, Konrad: Die Vertreibung der jüdischen Studenten und Professoren von der Berliner Universität unter dem NS-Regime, in: Jahrbuch der Universitätsgeschichte 1, 1998, S. 112-133.

Jasper, Gotthard: Die gescheiterte Zähmung. Wege zur Machtergreifung Hitlers 1930-1934, Frankfurt/Main 1986.

Kaufmann, Doris (Hg.): Geschichte der Kaiser-Wilhelm-Gesellschaft im Nationalsozialismus. Bestandsaufnahme und Perspektiven der Forschung (= Geschichte der Kaiser-Wilhelm-Gesellschaft im Nationalsozialismus, Bd. 1), 2 Bde., Göttingen 2000.

Kieffer, Fritz: Judenverfolgung in Deutschland – eine innere Angelegenheit? Internationale Reaktionen auf die Flüchtlingsproblematik 1933-1939, Stuttgart 2002.

Kohl, Ulrike: Die Kaiser-Wilhelm-Gesellschaft zur Förderung der Wissenschaften im Nationalsozialismus. Quelleninventar, Berlin 1997.

Dies.: Die Präsidenten der Kaiser-Wilhelm-Gesellschaft im Nationalsozialismus. Max Planck, Carl Bosch und Albert Vögler zwischen Wissenschaft und Macht, Stuttgart 2002.

Kolb, Eberhard: Die Weimarer Republik und das Problem der Kontinuität vom Kaiserreich zum »Dritten Reich«, in: ders., Umbrüche deutscher Geschichte: 1866/71 – 1918/19 – 1929/33, hg. v. Dieter Langewiesche u. Klaus Schönhoven, München 1993, S. 359-372.

Kornaś, Jan (Hg.): Marian Raciborski. Studia nad życiem i działalnością naukową [praca zbiorowa pod redakcją Jana Kornasia], Warszawa 1986.

Kreutzberg, Georg W.: Betroffen von der Erbarmungslosigkeit. Ansprache des Direktors des Theoretischen Instituts des MPI für Psychiatrie, in: MPG-Spiegel 4, 1990, S. 33-35.

Ders.: Irrwege und Abgründe von Wissenschaft, in: Münchener Medizinische Wochenschrift 132, Nr. 26, 1990, S. 16-19.

Ders.: Verwicklung, Aufdeckung und Bestattung: Über den Umgang mit einem Erbe, in: Franz-Werner Kersting u. a. (Hg.), Nach Hadamar. Zum Verhältnis von Psychiatrie und Gesellschaft im 20. Jahrhundert, Paderborn 1993, S. 300-308.

Kröner, Hans-Peter: Die Emigration deutschsprachiger Mediziner 1933-1939, in: vom Bruch/Kaderas (Hg.), Wissenschaften, S. 83-97.

Krohn, Claus-Dieter u. a. (Hg.): Handbuch der deutschsprachigen Emigration 1933-1945, Darmstadt 1998.

Ders.: Vertriebene intellektuelle Eliten aus dem nationalsozialistischen Deutschland, in: Günther Schulz (Hg.), Vertriebene Eliten. Vertreibung und Verfolgung von Führungsschichten im 20. Jahrhundert, München 2001, S. 61-83.

Laitko, Hubert: Persönlichkeitszentrierte Forschungsorganisation als Leitgedanke der Kaiser-Wilhelm-Gesellschaft. Reichweite und Grenzen, Ideal und Wirklichkeit, in: vom Brocke/Laitko (Hg.), Kaiser-Wilhelm-/Max-Planck-Gesellschaft, S. 583-632.

Lehmann, Hartmut/Otto Gerhard Oexle (Hg.): Nationalsozialismus in den Kulturwissenschaften, Bd. 1: Fächer – Milieus – Karrieren, Göttingen 2004.

Lösch, Anna-Maria Gräfin von: Der nackte Geist. Die Juristische Fakultät der Berliner Universität im Umbruch von 1933, Tübingen 1999.

Löser, Bettina: Zur Gründungsgeschichte und Entwicklung des Kaiser-Wilhelm-Instituts für Faserstoffchemie in Berlin-Dahlem (1914/19-1934), in: vom Brocke/Laitko (Hg.), Kaiser-Wilhelm-/Max-Planck-Gesellschaft, S. 275-303.

Lundgreen, Peter (Hg.): Wissenschaft im Dritten Reich, Frankfurt/Main 1985.

Macrakis, Kristie: Exodus der Wissenschaftler aus der Kaiser-Wilhelm-Gesellschaft, in: Fischer u. a. (Hg.), Exodus, S. 267-283.

Dies.: Surviving the Swastika. Scientific Research in Nazi Germany, New York 1993.

Markl, Hubert: Blick zurück, Blick voraus. Ansprache auf der Festveranstaltung zum 50jährigen Gründungsjubiläum der Max-Planck-Gesellschaft, in: MPG-Spiegel 2, 1998, S. 5-19.

Mehrtens, Herbert/Steffen Richter (Hg.): Naturwissenschaft, Technik und NS-Ideologie. Beiträge zur Wissenschaftsgeschichte des Dritten Reichs, Frankfurt/Main 1980.

Meinel, Christoph/Peter Voswinckel (Hg.): Medizin, Naturwissenschaft, Technik und Nationalsozialismus. Kontinuitäten und Diskontinuitäten, Stuttgart 1994.

Meyer, Beate: »Jüdische Mischlinge«. Rassenpolitik und Verfolgungserfahrung 1933-1945, Hamburg 1999.

Michalka, Wolfgang (Hg.): Das Dritte Reich. Dokumente zur Innen- und Außenpolitik, Bd. 1: »Volksgemeinschaft« und Großmachtpolitik 1933-1939, München 1985.

Ders. (Hg.): Die nationalsozialistische Machtergreifung, Paderborn 1984.

Möller, Horst: Exodus der Kultur. Schriftsteller, Wissenschaftler und Künstler in der Emigration nach 1933, München 1984.

Mommsen, Hans: Beamtentum im Dritten Reich. Mit ausgewählten Quellen zur nationalsozialistischen Beamtenpolitik, Stuttgart 1966.

Mühl-Benninghaus, Sigrun: Das Beamtentum in der NS-Diktatur bis zum Ausbruch des Zweiten Weltkrieges. Zu Entstehung, Inhalt und Durchführung der einschlägigen Beamtengesetze, Düsseldorf 1996.

Mußgnug, Dorothee: Die vertriebenen Heidelberger Dozenten. Zur Geschichte der Ruprecht-Karls-Universität nach 1933, Heidelberg 1988.

Neliba, Günter: Wilhelm Frick, der Legalist des Unrechtsstaates. Eine politische Biographie, Paderborn 1992.

Niederland, Doron: Back into the Lion's Jaws: a Note on Jewish Return Migration to Nazi Germany, in: Peter Y. Medding (Hg.), Values, Interests, and Identity. Jews and Politics in a Changing World, New York 1995, S. 174-189.

Ders.: The Emigration of Jewish Academics and Professionals from Germany in the First Years of Nazi Rule, in: Leo Baeck Institute Year Book 33, 1988, S. 285-300.

Pätzold, Kurt: Faschismus, Rassenwahn, Judenverfolgung. Eine Studie zur politischen Strategie und Taktik des faschistischen deutschen Imperialismus (1933-1935), Berlin 1975.

Paucker, Arnold (Hg.): Die Juden im nationalsozialistischen Deutschland/The Jews in Nazi Germany, 1933-1943, Tübingen 1986.

Peiffer, Jürgen: 100 Jahre deutsche Neuropathologie, in: Der Pathologe 18, 1997, S. 21-32.

Ders.: Hirnforschung in Deutschland 1849 bis 1974. Briefe zur Entwicklung von Psychiatrie und Neurowissenschaften sowie zum Einfluss des politischen Umfeldes auf Wissenschaftler, Berlin 2004.

Remy, Steven P.: The Heidelberg Myth. The Nazification and Denazification of a German University, Cambridge, Mass. 2002.

Richarz, Monika (Hg.): Jüdisches Leben in Deutschland, Bd. 3: Selbstzeugnisse zur Sozialgeschichte 1918-1945, Stuttgart 1982.

Rürup, Reinhard: Deutsche Studenten »wider den undeutschen Geist«. Die Bücherverbrennungen vom 10. Mai 1933, in: Friedrich Meschede (Hg.), Micha Ullman: Bibliothek, Amsterdam 1999, S. 27-36.

Ders.: Das Ende der Emanzipation. Die antijüdische Politik in Deutschland von der »Machtergreifung« bis zum Zweiten Weltkrieg, in: Paucker (Hg.), Juden, S. 97-114.

Ders.: Kontinuität und Neuanfang. Die Kaiser-Wilhelm-Gesellschaft im Nationalsozialismus und die Vergangenheitspolitik der Max-Planck-Gesellschaft, in: Jürgen Matthäus/Klaus-Michael Mallmann (Hg.), Deutsche, Juden, Völkermord. Der Holocaust als Geschichte und Gegenwart [Festschrift für Konrad Kwiet], Darmstadt 2006, S. 257-274.

Ders. (Hg.): Wissenschaft und Gesellschaft. Beiträge zur Geschichte der Technischen Universität Berlin 1879-1979, 2 Bde., Berlin 1979.

Sachse, Carola: »Persilscheinkultur«. Zum Umgang mit der NS-Vergangenheit in der Kaiser-Wilhelm-/Max-Planck-Gesellschaft, in: Bernd Weisbrod (Hg.), Akademische Vergangenheitspolitik. Beiträge zur Wissenschaftskultur der Nachkriegszeit, Göttingen 2002, S. 217-246.

Dies. (Hg.): Die Verbindung nach Auschwitz. Biowissenschaften und Menschenversuche an Kaiser-Wilhelm-Instituten (= Geschichte der Kaiser-Wilhelm-Gesellschaft im Nationalsozialismus, Bd. 6), Göttingen 2003.

Dies.: Wissenschaftseliten und NS-Verbrechen. Zur Vergangenheitspolitik der Kaiser-Wilhelm-/Max-Planck-Gesellschaft, in: Sigrid Oehler-Klein/Volker Roelcke (Hg.), Vergangenheitspolitik in der universitären Medizin nach 1945. Institutionelle und individuelle Strategien im Umgang mit dem Nationalsozialismus, Stuttgart 2007, S. 43-64.

Dies./Mark Walker (Hg.): Politics and Science in Wartime. Comparative International Perspectives on the Kaiser-Wilhelm-Institutes (= Osiris, 2nd Series, Bd. 20), Chicago 2005.

Sauder, Gerhard (Hg.): Die Bücherverbrennung. Zum 10. Mai 1933, München 1983.

Schleunes, Karl A.: The Twisted Road to Auschwitz. Nazi Policy Towards German Jews, 1933-1939, Urbana 1970.

Schmaltz, Florian: Kampfstoff-Forschung im Nationalsozialismus. Zur Kooperation von Kaiser-Wilhelm-Instituten, Militär und Industrie (= Geschichte der Kaiser-Wilhelm-Gesellschaft im Nationalsozialismus, Bd. 11), Göttingen 2005.

Schmuhl, Hans-Walter: Grenzüberschreitungen. Das Kaiser-Wilhelm-Institut für Anthropologie, menschliche Erblehre und Eugenik 1927-1945 (= Geschichte der Kaiser-Wilhelm-Gesellschaft im Nationalsozialismus, Bd. 9), Göttingen 2005.

Ders.: Hirnforschung und Krankenmord. Das Kaiser-Wilhelm-Institut für Hirnforschung 1937-1945 (= Ergebnisse. Vorabdrucke aus dem Forschungsprogramm »Geschichte der Kaiser-Wilhelm-Gesellschaft im Nationalsozialismus«, Heft 1), Berlin 2000.

Ders. (Hg.): Rassenforschung an Kaiser-Wilhelm-Instituten vor und nach 1933 (= Geschichte der Kaiser-Wilhelm-Gesellschaft im Nationalsozialismus, Bd. 4), Göttingen 2003.

Schottlaender, Rudolf: Verfolgte Berliner Wissenschaft. Ein Gedenkwerk, Berlin 1988.

Schüring, Michael: Ein Dilemma der Kontinuität. Das Selbstverständnis der Max-Planck-Gesellschaft und der Umgang mit den Emigranten in den 50er Jahren, in: vom Bruch/Kaderas (Hg.), Wissenschaften, S. 453-463.

Ders.: Minervas verstoßene Kinder. Vertriebene Wissenschaftler und die Vergangenheitspolitik der Max-Planck-Gesellschaft (= Geschichte der Kaiser-Wilhelm-Gesellschaft im Nationalsozialismus, Bd. 13), Göttingen 2006.

Schwartz, Philipp: Notgemeinschaft. Zur Emigration deutscher Wissenschaftler nach 1933 in die Türkei, Marburg 1995.

Seidler, Eduard u. a. (Hg.): Die Elite der Nation im Dritten Reich. Das Verhältnis von Akademien und ihrem wissenschaftlichen Umfeld zum Nationalsozialismus, Leipzig 1995.

Siegele-Wenschkewitz, Leonore/Gerda Stuchlik: Hochschule und Nationalsozialismus. Wissenschaftsgeschichte und Wissenschaftsbetrieb als Thema der Zeitgeschichte, Frankfurt/Main 1990.

Staab, Heinz A.: Kontinuität und Wandel einer Wissenschaftsorganisation: 75 Jahre Kaiser-Wilhelm-/Max-Planck-Gesellschaft, in: MPG-Spiegel 4, 1986, S. 37-52.

Steinweis, Alan E.: Art, Ideology, and Economics in Nazi Germany. The Reich Chambers of Music, Theater, and the Visual Arts, Chapel Hill 1997.

Strauss, Herbert A. (Hg.): Emigration. Deutsche Wissenschaftler nach 1933. Entlassung und Vertreibung, Berlin 1987.

Ders. u. a. (Hg.): Die Emigration der Wissenschaften nach 1933. Disziplingeschichtliche Studien, München 1991.

Szöllösi-Janze, Margit (Hg.): Science in the Third Reich, Oxford 2001.

Thamer, Hans-Ulrich: Verführung und Gewalt. Deutschland 1933 bis 1945, Berlin 1986.

Tollmien, Cordula: Das Kaiser-Wilhelm-Institut für Strömungsforschung, verbunden mit der Aerodynamischen Versuchsanstalt, in: Becker u. a. (Hg.), Universität Göttingen, S. 684-708.

Turner, Henry Ashby: Hitlers Weg zur Macht. Der Januar 1933, München 1996.

Vierhaus, Rudolf: Bemerkungen zum sogenannten Harnack-Prinzip. Mythos und Realität, in: vom Brocke/Laitko (Hg.), Kaiser-Wilhelm-/Max-Planck-Gesellschaft, S. 129-138.

Ders./Bernhard vom Brocke (Hg.): Forschung im Spannungsfeld von Politik und Gesellschaft. Geschichte und Struktur der Kaiser-Wilhelm-/Max-Planck-Gesellschaft, Stuttgart 1990.

Vogt, Annette: Vertreibung und Verdrängung. Erfahrungen von Wissenschaftlerinnen mit Exil und »Wiedergutmachung« in der Kaiser-Wilhelm-/Max-Planck-Gesellschaft (1933-1955), in: Dahlemer Archivgespräche 8, 2002, S. 93-136.

Walk, Joseph (Hg.): Das Sonderrecht für die Juden im NS-Staat. Eine Sammlung der gesetzlichen Maßnahmen und Richtlinien – Inhalt und Bedeutung, 2. Aufl., Heidelberg 1996.

Wegeleben, Christel: Beständeübersicht des Archivs zur Geschichte der Max-Planck-Gesellschaft in Berlin-Dahlem, Berlin 1997.

Weindling, Paul: Health, Race, and German Politics Between National Unification and Nazism, 1870-1945, Cambridge 2002.

Ders.: An Overloaded Ark? The Rockefeller Foundation and Refugee Medical Scientists, in: Studies in History and Philosophy of Biology and Biomedical Sciences 3, 2000, S. 477-489.

Ders.: The Rockefeller Foundation and German Biomedical Sciences, 1920-1940. From Educational Philanthropy to International Science Policy, in: Nicolaas A. Rupke (Hg.), Science, Politics, and the Public Good. Essays in Honour of Margaret Gowing, Basingstoke, Hampshire 1988, S. 119-141.

Weizmann, Chaim: Trial and Error. The Autobiography of Chaim Weizmann, 2 Bde., New York 1949.

Wendel, Günter: Die Kaiser-Wilhelm-Gesellschaft 1911-1914. Zur Anatomie einer imperialistischen Forschungsgesellschaft, Berlin 1975.

Widmann, Horst: Exil und Bildungshilfe. Die deutschsprachige akademische Emigration in die Türkei nach 1933, Frankfurt/Main 1973.

Witt, Peter-Christian: Wissenschaftsfinanzierung zwischen Inflation und Deflation: Die Kaiser-Wilhelm-Gesellschaft 1918/19 bis 1934/35, in: Vierhaus/vom Brocke (Hg.), Forschung, S. 579-656.

Zimmermann, Moshe: Die deutschen Juden 1914-1945, München 1997.

5. Internet

5.1 Internet-Datenbanken

The Central Database of Shoah Victims' Names, www.yad-vashem.org.il.

Janus [Archivkataloge Cambridge], http://janus.lib.cam.ac.uk/.

Jewish Records Indexing – Poland, http://www.jewishgen.org/jri-pl/.

Online Archive of California der California Digital Library, http://oac.cdlib.org.

Ahnenforschung.Net – das deutsche genealogische Webverzeichnis [Zusammenstellung genealogisch bedeutsamer Datenbanken], http://fernabfrage.ahnenforschung.net/.

5.2 Internetseiten

Aaserud, Finn: Hilde Levi 1909-2003, in: Niels Bohr Archive (http://www.nba.nbi.dk), http://www.nbi.dk/NBA/hilde.htm (19.9.2006).

Amaral, Isabel/Ruy E. Pinto: Kurt Paul Jacobsohn (1904-1992), in: Sociedade portuguesa de química (http://www.spq.pt), http://www.spq.pt/docs/Biografias/Kurt%20Jacobsohn%20ing.pdf (19.9.2006).

Bell, Chris: Marthe Louise Vogt (1903-2003), in: pA$_2$ online. E-journal of the British Pharmacological Society 2, Nr. 1, 2006, http://www.pa2online.org/articles/article.jsp?volume=2&issue=4&article=20 (19.9.2006).

Berger, Manfred: Frauen in der Geschichte des Kindergartens: Emmy Bergmann, in: Kindergarten. Online-Handbuch zur Kindergartenpädagogik, hg. v. Martin R. Textor (http://www.kindergartenpädagogik.de), http://www.kindergartenpädagogik.de/751.html (19.9.2006) [betr. Max Bergmann].

Engstrom, Eric J.: Emil Kraepelin. Leben und Werk des Psychiaters im Spannungsfeld zwischen positivistischer Wissenschaft und Irrationalität, in: Eric J. Engstrom Online Curriculum Vitae Index (http://www.engstrom.de), http://www.engstrom.de/KRAEPELINBIOGRAPHY.pdf (19.9.2006) [betr. Felix Plaut, S. 106-112].

Entretien avec Edgar Lederer (durchgeführt v. Jean-François Picard u. Elisabeth Pradoura, 19.3.1986), in: Archives orales du CNRS (http://picardp1.ivry.cnrs.fr), picardp1.ivry.cnrs.fr/Lederer.html (19.9.2006).

Evolución de teorías y métodos en biología. Guión de prácticas, in: Universidad Complutense Madrid (http://www.ucm.es), http://www.ucm.es/info/antilia/asignatura/practicas/Guion_practicas_ETMB.pdf (19.9.2006) [betr. Käte Pariser, S. 83, 90, 93].

[Ladislaus Farkas] Curriculum Vitae, in: Farkas-Center for Light Induced Processes (http://www.chem.ch.huji.ac.il/farkas/farkas.html), http://chem.ch.huji.ac.il/farkas/proffarkas.htm (19.9.2006).

Herde, Oliver H.: Lise Meitner. Lebensweg und Erfolg, in: ders., Webseiten (http://www.user.cs.tu-berlin.de/~ohherde), http://www.user.cs.tu-berlin.de/~ohherde/MeitnerBio.htm (19.9.2006).

[William Herz, Lebensdaten und Familienstammbaum], in: RootsWeb.com [kostenfreie genealogische Website], Peter Lowe Index Page (http://www.freepages.genealogy.rootsweb.com/~pnlowe/index.htm), http://freepages.genealogy.rootsweb.com/~pnlowe/loewenheim/g0000039.html (19.9.2006).

Katz, Eugenii: Julius Edgar Lilienfeld, in: ders., The History of Electrochemistry, Electricity and Electronics (http://chem.ch.huji.ac.il/~eugeniik/history/electrochemists.htm), http://chem.ch.huji.ac.il/~eugeniik/history/lilienfeld.htm (19.9.2006) [betr. Flora Lilienfeld].

Keyfitz, Nathan: Notes of a Wayfarer [Memoiren], in: The Keyfitz Family Homepage (http://www.keyfitz.org), http://www.keyfitz.org/nathan/memoir (19.9.2006) [Erwähnung von Ursula Philip in Sektion 1 (Familienstammbaum) und Sektion 8].

Longtime Salk Researcher Marguerite Vogt Dies, in: Salk Institute for Biological Studies (Hg.), Press Releases, http://www.salk.edu/news/news_press_details_20070706.php (25.8.2007) [Presseerklärung vom 6.7.2007 zum Tod von Marguerite Vogt].

Muscholl, Erich: Marthe Louise Vogt (1903-2003), in: Deutsche Gesellschaft für experimentelle und klinische Pharmakologie und Toxikologie (http://www.dgpt-online.de), http://www.dgpt-online.de/material/Nachruf_Vogt.pdf (19.9.2006).

[Ursula Philip], in: Eugenics-watch.com, British Eugenics Society (Memberlist), http://www.eugenics-watch.com/briteugen/eug_pq.html (19.9.2006).

Schirmer, Heiner/Stephan Gromer: Meyerhof in Heidelberg – Der Aufbruch der Zellbiologie. Zum 50. Todestag von Otto Fritz Meyerhof am 6.10.2001 [aktualisierte Fassung des Vortrags »Otto Meyerhof und die Medizin in Heidelberg« von Prof. Dr. Heiner Schirmer bei der feierlichen Übergabe des Otto-Meyerhof-Zentrums für Ambulante Medizin und Klinische Forschung am 25. April 2001 in Anwesenheit der Familie von Otto Fritz Meyerhof (http://www.uni-heidelberg.de/presse/news/2104meyerhof.html)], in: Biochemie-Zentrum der Universität Heidelberg (http://www.bzh.uni-heidelberg.de), http://www.rzuser.uni-heidelberg.de/~hp3/Meyerhof.htm (19.9.2006).

Tri alphabétique des personnes décédées en déportation, in: Die in der Zwangsverschleppung Gestorbenen (http://www.mortsdanslescamps.com), http://www.mortsdanslescamps.com/general.html (19.9.2006) [Todesdatum von Friedrich Duschinsky in Auschwitz].

Fotonachweise

Soweit nicht anders angegeben, stammen die Fotos aus dem Archiv zur Geschichte der Max-Planck-Gesellschaft, Berlin.

Charlotte Auerbach: Royal Society, London.

Hans Jakob von Baeyer: Privatsammlung Veronika Finckh, Spardorf, Bayern.

Jacob Joseph Bikermann (Bikerman): American Institute of Physics, Emilio Segrè Visual Archives, College Park, Maryland.

Hermann (Hugh) Blaschko: Royal Society, London.

Dietrich Bodenstein: James Murray, Dietrich H. F. A. Bodenstein. February 1, 1908 – January 5, 1984, in: Biographical Memoirs. National Academy of Sciences of the United States of America 63, 1994, S. 48.

Fritz Buchthal: American Association of Neuromuscular and Electrodiagnostic Medicine, Rochester, Minnesota.

Hans (Hanan) Bytinski-Salz: Israel Journal of Entomology, Tel Aviv.

Max Delbrück: Nobel Foundation, Stockholm.

Albert Einstein: Bildarchiv Preußischer Kulturbesitz, Berlin.

Hans Gaffron: Privatsammlung Prof. Dr. Peter H. Homann, Tallahassee, Florida.

Generalverwaltung der KWG: Handbuch der Kaiser-Wilhelm-Gesellschaft zur Förderung der Wissenschaften, hg. v. Adolf von Harnack, Berlin 1928, S. 32.

Gertrude und Werner Henle: Privatsammlung Dr. Steven D. Douglas, Philadelphia.

Mathilde Hertz: Siegfried Jaeger, Vom erklärbaren, doch ungeklärten Abbruch einer Karriere – Die Tierpsychologin und Sinnesphysiologin Mathilde Hertz (1891-1975), in: Untersuchungen zur Geschichte der Psychologie und Psychotechnik, hg. v. Horst Gundlach, München 1996, S. 229.

Kurt Jacobsohn: Instituto de Investigação Científica Bento da Rocha Cabral, Lissabon.

Erich Kaufmann: Bildarchiv Preußischer Kulturbesitz, Berlin.

Walter Kempner: Duke University, Medical Center Archives, Durham, North Carolina.

Alfred Klopstock: Archiv der Tel Aviv University.

Edgar Lederer: Photothèque du Centre national de la recherche scientifique, Meudon-Cedex, Hauts-de-Seine.

Hermann Lehmann: Royal Society, London.

Hilde Levi: Niels-Bohr-Archiv, Kopenhagen.

Flora Lilienfeld: Muzeum Tatrzańskie, Zakopane, Tatra.

Hans Löwenbach (Lowenbach): Duke University, Medical Center Archives, Durham, North Carolina.

Hermann Muckermann: Archiv der Technischen Universität Berlin.

Karl Neubürger: Archiv des Max-Planck-Instituts für Psychiatrie, München.

Lydia Pasternak: Pasternak Trust, Oxford.

Tibor Péterfi: Privatsammlung Prof. Dr. Hüsrev Hatemi, Istanbul.

Alfred Reis: Rutgers University Library, Special Collections and University Archives, New Brunswick, New Jersey.

Max Rheinstein: University of Chicago Library, Special Collections Research Center.

Hans Sachs: Archiv der Universität Heidelberg.

Karl Schön: Archiv der Universität Frankfurt am Main.

Berthold Schenk Graf von Stauffenberg: Gedenkstätte Deutscher Widerstand, Berlin.

Curt Stern: University of California, Berkeley, Museum of Vertebrate Zoology.

Karl Stern: Université de Montréal, Division des archives.

Sergej S. Tschachotin: Privatsammlung Boris Hars-Tschachotin, Berlin.

Max Ufer: Privatsammlung Dr. Marianne Ufer, Rom.

Marguerite Vogt: Salk Institute for Biological Studies, La Jolla, California.

Wilhelm Wengler: Multitudo Legum Ius Unum. Wilhelm Wengler zu seinem 65. Geburtstag, hg. v. Josef Tittel u. a., Bd. 1, Berlin 1973.

Woldemar Weyl: Pennsylvania State University Libraries, Penn State University Archives, University Park, Pennsylvania.

Margarete Willstätter: Privatsammlung Prof. Dr. Ludwig W. Bruch, Madison, Wisconsin.

Ernst (Ernest) Witebsky: Archiv der Universität Heidelberg.

Martin Wolff: Festschrift für Martin Wolff. Beiträge zum Zivilrecht und internationalen Privatrecht, hg. v. Ernst von Caemmerer u. a., Tübingen 1952.

Register der Einrichtungen
der Kaiser-Wilhelm-/Max-Planck-Gesellschaft

Personenregister

Fettdruck verweist auf biographische Skizzen.

Register der Länder und Orte

Bibliografische Information der Deutschen Nationalbibliothek

Die Deutsche Bibliothek verzeichnet diese Publikation in der
Deutschen Nationalbibliografie; detaillierte bibliografische Daten
sind im Internet über http://dnb.d-nb.de abrufbar.

© Wallstein Verlag, Göttingen 2008
www.wallstein-verlag.de
Vom Verlag gesetzt aus der Adobe Garamond
Umschlaggestaltung: Basta Werbeagentur, Steffi Riemann
unter Verwendung von Fotografien von Max Bergmann, Richard B. Goldschmidt.
Lise Meitner, Otto F. Meyerhof, Carl Neuberg und Ernst Rabel
Druck: Hubert & Co, Göttingen

ISBN: 978-3-89244-797-9

Geschichte der Kaiser-Wilhelm-Gesellschaft im Nationalsozialismus

Herausgegeben von Reinhard Rürup und Wolfgang Schieder

Bereits erschienen: